국립중앙도서관 출판시도서목록(CIP)

한국현대정치사론/
김일영 지음; 김도종 엮음.
 – 서울 : 논형, 2012
       p. ;   cm

ISBN 978-89-6357-121-8 94910 : ₩27000

한국 정치사[韓國政治史]

340.911-KDC5
320.9519-DDC21   CIP2012000135

한국현대정치사론

김일영 지음 | 김도종 엮음

2012년도
대한민국학술원 선정
우수학술도서

이 도서는 대한민국학술원에서 선정한
"2012년도 우수학술도서"로서 교육과학기술부의
지원으로 구입 배부한 것임.

한국현대정치사론

초판 1쇄 발행 2011년 12월 20일
초판 2쇄 발행 2012년 8월 30일
초판 3쇄 발행 2019년 9월 25일

지은이 김일영
엮은이 김도종

펴낸곳 논형
펴낸이 소재두
등록번호 제2003-000019호
등록일자 2003년 3월 5일
주소 서울시 영등포구 양산로 19길 15 원일빌딩 204호
전화 02-887-3561
팩스 02-887-6690
ISBN 978-89-6357-121-8 94910

값 27,000원

편집자 서문

　이 책은 지난해 초에 결성된 '김일영유고집간행위원회'의 여섯 번째이자 마지막 성과물이다. 이 위원회는 2009년 11월 말 49세로 별세한 고 김일영 교수의 학문적 역량과 학자적 인품을 존경하고 흠모했던 학계의 동료, 선후배 학자들이 그의 업적을 기리고자 만든 모임이다. 그는 본격적인 학문활동을 전개한 20여 년 동안 균형된 시각으로 사실과 이론을 조화시켜 우리나라의 현대정치사를 분석하고 재해석함으로써 한국정치사의 연구를 한 단계 격상시킨 이 시대 최고의 학술가 중 한 분이다. 이 책은 김일영 교수가 그동안 발표한 수십 편의 논문들 중에서 한국현대정치사의 전반적인 흐름을 이해하는 데 필수적인 논문 13편을 선정하여 저서 발간 형식에 맞게 편집한 것이다. 일부 중첩되는 서술 부분은 교열작업을 통해 교정·보완하였으며 각 장의 제목과 소제목을 일반 독자들의 이해를 높일 수 있도록 수정하였다. 이러한 작업이 김일영 교수 연구물의 완성도를 해쳤다면 그것은 온전히 편집자의 책임으로 돌려져야 할 것이다.

　대부분의 인간이 태어나면서 죽을 때까지 가장 천착하는 문제 중 하나가 "나란 존재는 무엇인가" 하는 정체성의 추구다. 정체성은 자기 스스로의 주관적 평가가 근본을 이룬다. 하지만 외부와의 접촉 과정에서 타인의 객관적인 평가가 외삽되면서 둘 사이의 균형점을 찾지 못할 때 혼돈을 불러일으키기도 한다. 객관성을 무시한 주관적 평가에 전적으로 의지할 때 그 개인은 사회적응에 실패하기 쉬우며, 반대로 객관성을 우선시하면 스스로의 확고한 자아정체성을 확립하지 못한 타자의존형 인간이 되기 쉽다.

개인처럼 국가도 마찬가지다. 구성원들이 국가에 대한 바람직하고 일치된 정체성을 지니고 있을 때 그 국가는 통합되고 안정된 가운데 국가발전을 도모할 수 있는 것이다. 현재 우리가 속한 대한민국은 이같은 바람직한 국가정체성과 관련하여 상당한 혼돈상태에 있다. 과연 바람직한 정체성이란 무엇인가 하는 문제를 떠나 대한민국이 선진국의 문턱에 와 있는 상황에서도 우리의 정체성에 대한 국민적 합의가 전혀 이루어지지 않은 상태이다. 이같은 혼돈은 1980년대 사회변혁운동 시기에 심화되기 시작하여 이미 한 세대가 지나고 21세기의 두 번째 10년 주기에 접어든 이 시점에 오히려 더 심화되고 있다.

이 책은 대한민국의 정체성이 어떻게 형성되어왔는가에 대한 방향성을 제시하는 노작이라 하겠다. 현재 대한민국은 분단국가로서 핵무기를 보유한 북한과 대치상태에 있으며, 6·25 전쟁 이후 지금까지도 전쟁억지력을 갖춘 미지상군이 주둔하고 있는 국가다. 또한 산업화와 민주화에 성공하여 세계 12위의 경제력을 유지하고 있으며 영토 내에 120만 명 이상의 외국인이 거주 내지 생산활동을 하고 있는 다문화국가다. 이러한 결과적 차원뿐만 아니라 그 결과의 성취 과정에 대한 이해가 있어야 우리는 대한민국의 정체성을 세우는 데 올바른 인식을 갖게 될 것이다.

김일영 교수는 한국현대사에 대한 수정주의적 해석이 한창 고조에 올랐을 무렵인 1990년대 초부터 구체적인 사료에 근거하여 객관적인 시각으로 이를 분석하여 수정주의적 접근에 내재된 편향성을 바로잡으려는 노력을 꾸준히 진행해왔다. 그는 자신의 논리와 주장을 뒷받침할 수 있는 자료만을 발굴·인용하려는 학문적 편협성을 배제하고 수많은 자료의 섭렵을 통해

당대의 관점에서 정치사를 분석하여 자신의 주장을 펼쳤다. 그럼에도 불구하고 일부 학자들은 김일영 교수의 수정주의에 근거한 학술적 오류에 대한 지적을 받아들이지 않고 있지만, 그의 철저한 실증적 접근에 기반한 연구 방법 및 자세에 대해서는 긍정적인 평가를 하고 있다.

대한민국이 농업국가에서 산업국가로 급속한 전환을 이루며 근대정상국가의 모습을 갖추는 데는 정부수립 후 토지를 매개로 한 봉건관계의 해소가 절대적인 영향을 미쳤다. 농지개혁은 우리나라가 근대정상국가로 향하는 첫 걸음이었던 것이다. 이 책은 농지개혁을 둘러싼 쟁점을 첫 번째 논의로 시작한다. 6·25 전쟁은 한민족 전체에 엄청난 피해를 준 유사 이래 최대의 민족비극이지만 그 와중에도 국가형성을 위한 노력은 꾸준히 진행되었다. 전쟁 중 겪은 부산정치파동은 그 파행성의 부정적 측면이 강조되고 있지만 우리나라 정당정치의 원형을 형성하는 계기가 되었다. 이승만 대통령은 미국으로부터 막대한 군사·경제원조를 받으면서도 전쟁기간 중 또 전후복구 시기 미국이 일방적으로 강요하는 대아시아 정책구상에서 벗어나려고 꾸준히 노력하였다. 정부수립과 대한민국의 국가형성을 이해하는 데 반드시 필요한 부분이라 하겠다.

다음으로 근대화와 관련하여 박정희 시대에 대한 검토는 필수적이다. 이 책은 권위주의적 발전국가라고 명명될 수 있는 산업화 추진과정의 대한민국에 나타난 발전국가와 권위주의의 특성을 정치경제적 차원에서 분석한다.

우리나라는 1980년대 후반부터 민주주의의 공고화가 시작되어 안팎의 우려와는 달리 거의 완벽한 수준의 절차적 민주주의를 성취하였다. 그런데 민주주의 공고화가 진행되면서 오히려 정치퇴행적인 모습이 더 많이 등장하고 있으며 이념적 갈등이 격화되어왔다. 과연 대한민국의 정체성을 확립하기 위한 새로운 이념적 좌표는 없는가?

이 책은 큰 흐름 속에서 건국 이후 최근까지의 주요 쟁점에 대해 맥을 잡으려 노력하고 있으며 그 맥은 과연 대한민국의 정체성은 무엇인가에 대한 답을 찾기 위한 긴 여정이라 하겠다. 물론 이러한 문제에 대한 해결방안을 이 책이 직설적으로 제시하고 있지는 않으며, 설사 그렇다 해도 우리 사회구성원이 그것에 모두 동의하지도 않을 것이다. 그러나 김일영 교수의 분석은 적어도 그 방향성 제시에 있어서 편협성이나 편향성이 배제되어 있다는 점이 이 책이 현대한국사연구에 대한 기여라고 하겠다.

다시 한 번 그의 학문적 성과에 머리숙여 경의를 표한다.

김일영유고간행위원회 위원장
김도종

차례

편집자 서문　5

1부 한국 현대정치사의 쟁점

1장 농지개혁을 둘러싼 신화의 해체　17
　　1. 농지개혁, 산업화 그리고 민주화의 변증법　17
　　2. 농지개혁법 제정을 둘러싼 신화의 해체: '이승만 퍼즐'의 풀이　19
　　　　1) 신화 1: 이승만이 지주계급을 옹호했기 때문에 농지개혁에 소극적이었다　22
　　　　2) 농지개혁법과 귀속재산처리법: 정부부처, 정파 그리고 계급분파의 상호작용　29
　　3. 농지개혁의 시행과정을 둘러싼 신화의 해체　35
　　　　1) 신화 2: 6·25 전쟁 전에 농지개혁이 이루어지지 않았다　35
　　　　2) 농지개혁과 5·30 선거에서 민국당의 패배: 하나의 가설　41
　　4. 농지개혁과 전쟁 그리고 계급구조의 변화　44
　　　　1) 지배계급의 교체: 지주의 몰락과 신흥 자본가의 등장　45
　　　　2) 농민의 보수화와 이승만 지지기반의 형성　49
　　5. 농지개혁, 전쟁 그리고 경제발전: 발전국가의 사회적 토대 형성　52

2장 전시정치의 재조명　59
　　1. 전쟁과 정치　59
　　2. 원내 세력의 이합집산: 가변적 정립 구도　61
　　3. 게임의 규칙을 바꾸어라: 두 갈래의 개헌공작　66
　　　　1) 내각제 개헌론과 미국의 지원　67
　　　　2) 북진통일론과 직선제 개헌공작　71
　　4. 부산정치파동: 정부, 국회, 군부 그리고 미국의 상호작용　75
　　5. 보나파르트의 등장　82
　　6. 북진통일론과 두 갈래 개헌론의 관계　89

3장 이승만정부의 외교정책과 국내정치 93
　1. 빠진 고리를 찾아서 93
　2. 미국의 대한정책과 북진(통일)정책의 성립 96
　3. 국가형성과 휴전 및 한미상호방위조약 체제의 성립 103
　　　1) 남진, 북진 그리고 휴전체제의 형성 103
　　　2) '조약'으로 남진 막고, '의사록'으로 북진 막기 112
　4. 반일정책, 경제부흥 그리고 정권유지의 삼중주 115
　　　1) 흔들리는 북진정책 115
　　　2) 이승만의 반일, 경제부흥 그리고 정권유지의 삼중주 118
　5. 불협화음과 이승만의 붕괴 122

4장 이승만정부의 산업정책과 렌트추구 127
　1. 렌트추구와 부패 127
　2. 왜 소비재 위주의 수입대체산업화 정책을 추진했는가? 129
　3. 수입대체산업화의 렌트 및 부패 생성의 네 가지 경로 135
　4. 렌트추구 활동과 부패의 유형별 내용 141
　　　1) 중석불 사건: 저환율정책과 보호무역정책이 결합된 유형 142
　　　2) 국방부 원면 부정 사건: 원조물자의 특혜배정 유형 144
　　　3) 산업은행 연계자금 사건: 금융통제 유형 146
　　　4) 금융오직 사건: 귀속기업체 특혜불하 유형 148
　5. 렌트추구 및 부패와 경제발전 150

5장 5·16군사쿠데타, 군정 그리고 미국 157
　1. 한국의 빅 브라더, 미국 157
　2. 이중권력하에서 '이미' 정치화된 한국군: 중립도 정치적 선택이다 158
　3. 기이한 쿠데타 음모: 다수가 알고 있었으나 아무도 저지하지 않았다 166
　4. 쿠데타가 '혁명'으로: 유약한 장면과 근시안적 윤보선 그리고 미국의 묵인 171
　5. 빅 브라더의 분할지배전략: 박정희와 김종필을 분리시켜라 179
　6. 역사는 반복되는가? 186

6장 1960년대 한국 발전국가의 형성과정 189

1. '국가의 시대'의 개막과 '발전국가'의 등장   189
2. '혁명'의 제도화과정: 발전국가의 물리적 기초와 정당성 기반의 형성   192
3. 대외개방전략   197
    1) 한일국교정상화   198
    2) 한국군의 베트남 파병   202
4. 수출지향형 지배연합과 발전국가의 물적 기초의 형성   206
5. 발전국가의 완성을 향하여: 정치에 대한 행정의 추월   213
    1) 두 번째 승부: 1967년 선거   214
    2) 정치실종의 시발점, 삼선개헌   215
6. 발전국가의 위기   220

7장 박정희체제 18년   227

1. 최근의 사관논쟁: 망령을 불러내는 망령   227
2. 가치판단의 준거점: 희생이 수반된 선택의 문제   230
3. 민주주의와 경제발전은 양립가능한가?   238
    1) 발전지향적 권위주의체제와 경제발전 사이의 선택적 친화성   238
    2) 발전지향적 권위주의체제하에서 이루어진 경제발전을 어떻게 볼 것인가?   244
4. 박정희 체제에서 진행된 발전의 동인과 과정   248
    1) 리더십이냐 편승이냐   248
    2) 과학적 분석틀의 구성: 세계체제, 사회계급 그리고 국가의 성격   250
    3) 박정희체제하에서의 정치·경제적 발전과정   258
5. 발전지향적 권위주의체제의 변증법적 자기부정   266

8장 권위주의체제의 한국적 특성과 변화   275

1. 문제제기   275
    1) 권위주의체제의 한국적 특성   275
    2) 정체체제의 구성요소와 권위주의체제   277
2. 한국 권위주의체제의 기원: 국가로부터 정치와 관료의 분화로   279
3. 한국 권위주의체제의 성격   284
    1) 대표와 선출의 메커니즘: 불완전포괄형   284
    2) 정치제도들 간의 관계: 일인지배하의 여당우위형에서 관료우위형으로   295
    3) 통제와 동원의 메커니즘: 방어적 근대화를 위한 동원형   306
4. 민주화와 한국 권위주의체제의 변화   309
5. 맺음말   315

2부 한국의 정치지형 변화와 이념적 좌표

9장 노태우정부에서의 정치사회적 갈등양상과 해결경험 323
  1. 민주화와 정치사회적 갈등양상의 변화 323
  2. 과도기로서의 노태우정부 325
  3. 6·29 선언과 요구의 분출 그리고 '87년 체제'의 탄생 327
  4. 여소야대 구도하에서의 정치사회적 갈등해결 방식 329
     1) 야당에 떠밀린 권위주의 청산 329
     2) 분배를 둘러싼 갈등의 분출과 그에 대한 수동적 대응 331
     3) 통일운동의 분출과 그에 대한 선제적 대응 335
  5. 여대야소 구도하에서의 갈등해결 방식의 변화 337
  6. '87년 체제'와 노태우정부, 어떻게 볼 것인가? 341

10장 참여민주주의인가 신자유주의적 포퓰리즘인가 347
  1. 신자유주의와 포퓰리즘의 이율배반적 결합 347
  2. 신자유주의적 포퓰리즘의 등장과 변화 메커니즘 350
     1) 포퓰리즘: 민주주의의 그림자 350
     2) 신자유주의적 포퓰리즘의 역동성 355
  3. 김대중정권: 신자유주의적 관치경제하에서의 포퓰리즘 357
     1) 지역연합을 통해 탄생한 소수파 정권 358
     2) 협공 당하고 있는 개혁정책: 신자유주의적 관치경제 359
     3) 정치적 난관극복 전술과 포퓰리즘의 유혹 363
     4) 김대중정권과 신자유주의적 포퓰리즘 현상 369
  4. 노무현정권: 경제정책 부재 속에서의 디지털 포퓰리즘의 가능성 370
     1) 경제정책의 실종 371
     2) 디지털 참여인가, 디지털 포퓰리즘인가 372
  5. 대표성과 책임성있는 포퓰리즘은 불가피한가? 375

11장 한국정치의 새로운 이념적 좌표를 찾아서 381
  1. 정체성 혼란에 빠진 한국 381
     1) 기억을 둘러싼 계급투쟁 381
     2) 냉전적·배타적인 국민적 정체성의 형성 382
     3) 남북화해와 새로운 국민적 정체성 형성의 필요성 384
  2. 한국에서 보수와 진보의 의미 변화 386
     1) 진보가 유행인 시대 386
     2) 첫째 기준: 국가권력과 국가기능의 차원 387
     3) 둘째 기준: 통일 및 대북정책 390
     4) 셋째 기준: 미국과 글로벌화에 대한 태도 393

3. 한국의 보수와 진보가 직면한 딜레마　395
　　1) 진보의 딜레마: 자유주의에 대한 인식 부족　395
　　2) 보수의 딜레마: 자유주의에 대한 편협한 이해　397
4. '뉴라이트'와 '뉴레프트'의 만남의 광장: 자유주의　399
　　1) 미완의 프로젝트로서의 한국 자유주의　399
　　2) 자유주의의 전제 위에서 생산적으로 경쟁하는 '뉴라이트'와 '뉴레프트'　400
5. '뉴라이트'의 지향점: 작지만 강한 국가, 책임 있는 강한 사회　404
　　1) 작지만 강한 국가　404
　　2) 여전히 남은 문제　406

12장 현대 한국에서 자유주의의 전개과정　411
1. 왜 자유주의가 문제인가?　411
2. 자유주의, 헌정주의 그리고 민주주의　413
3. 권위주의 시대 헌법규범 속에서 구현된 한국 자유주의　418
4. 권위주의 시대의 헌법현실과 한국 자유주의의 빈곤　423
　　1) 집권 세력의 논리: 단계론과 국가유기체론　424
　　2) 반대 세력의 논리: 병행론과 민족(통일)지상주의　428
　　3) 차별성 못지않은 유사성: 집단주의와 국가개입주의 그리고 자유주의의 빈곤　434
5. 민주화 이후의 한국 자유주의　440
6. '미완의 프로젝트'로서의 한국 자유주의　444

13장 한반도의 '긴 평화'와 한미동맹　451
1. 정전체제: '불안정한 안정'이자 '긴 평화'　451
2. 냉전기 미국의 동아시아 봉쇄정책: 적극적 및 소극적 개입주의　454
3. 한미동맹의 원형적 구조('삼위일체+1')의 형성　456
4. 냉전기 및 탈냉전 초기 '삼위일체+1' 구조의 변화　462
　　1) 닉슨 독트린과 '삼위일체+1' 구조의 부분 조정　463
　　2) 카터의 철군정책: '삼위일체+1' 구조에 대한 전면적 구조조정 시도와 좌절　465
　　3) 탈냉전 초기 미국의 주한미군 정책 변화: '삼위일체+1' 구조의 변화 조짐　469
5. '삼위일체+1' 구조의 근본적 재조정 움직임　474
　　1) 미국의 군사변환과 주한미군의 성격변화: 인계철선에서 신속기동군으로　474
　　2) 전시작통권 환수와 '한미연합사' 해체 그리고 평화협정의 모색　477
6. 도미노 효과의 지속인가 혹은 새로운 균형의 모색인가?　479

　　김일영 교수 연구업적 목록　484
　　색인　496

1부
한국 현대정치사의 쟁점

1장
농지개혁을 둘러싼 신화의 해체

1. 농지개혁, 산업화 그리고 민주화의 변증법

　정부수립 이후 한국현대정치사에는 시대적 흐름을 바꾸는 전환기적 계기가 크게 네 차례 있었다. 농지개혁, 6·25 전쟁, 권위주의적 산업화 그리고 민주화가 그것이다. 농지개혁은 수백 년간 지속된 봉건적 생산관계(지주-소작관계)를 일거에 혁파했다. 6·25 전쟁은 농지개혁과 거의 동시에 진행되면서 이러한 파괴과정을 가속화시켰고, 아울러 건국 초기 한국사회를 빠른 속도로 보수화시켰다. 1960년대 들어 본격적으로 시작된 권위주의적 산업화는 놀라울 정도로 짧은 기간에 한국을 농업사회에서 산업사회로 변모시켰다. 마지막으로 이러한 산업화의 결과로 형성된 중산층 및 노동계급이 자신들의 모태라고 할 수 있는 권위주의체제를 부정하고 정치적 자유의 쟁취를 위해 투쟁하는 과정이 1980년대 중반부터 본격화된 민주화였다.[1)]
　농지개혁이 한국의 정치경제적 발전과정에 미친 영향은 지대했다. 특히

---

* 이 글은 『한국과 국제정치』, Vol. 11 No. 1(1995)에 게재된 것을 수정 보완한 것임.
1) 1997년 경제위기 이후 한국사회에서는 산업화와 민주화 사이의 시간적 격차를 메우는 작업이 진행 중이다. 이 작업의 성공 여부가 한국의 미래를 결정짓는다는 점에서 현재 우리는 다섯 번째 전환기를 겪고 있다고 할 수 있다.

그것은 곧이어 발발한 6·25 전쟁과 어우러지면서 한국의 계급구조를 근본적으로 뒤바꾸어놓았다. 전통적 지배계급인 지주는 몰락했고, 신흥 자본가계급이 생겨났지만 아직 그 규모가 미미하였고 또한 자기재생산 능력의 결여로 영향력이 한정적일 수밖에 없었다. 그리고 해방 이후 활성화되었던 노동자, 농민 등의 기층 사회계급 역시 농지개혁과 전쟁을 거치면서 그 세력이 급격히 약화되거나 보수화되어버리고 말았다. 이러한 사회 세력의 약화는 사회에 대해 국가를 상대적으로 높은 자율성을 지닌 존재로 만들었다. 1960년대 이후 한국 경제발전을 이끈 '발전국가(the developmental state)'는 바로 이러한 조건 위에서 등장할 수 있었다(김일영, 1999, 287-289). 만약 농지개혁이 없었더라면 전통적 지배계급인 지주는 그대로 세력을 온존시켰을 것이고, 그러면 한국에서도 발전국가 대신 남미나 필리핀과 같은 지주과두제 국가가 등장했을지 모른다. 그 경우 한국의 산업화와 민주화는 오늘날과는 전혀 다른 방향과 내용으로 전개되었을 것이다.

이러한 중요성에도 불구하고 그동안 한국정치 연구에서 농지개혁은 6·25 전쟁이나 산업화, 민주화에 비해 상대적으로 주목을 받지 못했다. 그리고 연구가 이루어진 경우에도 많은 점에서 그것은 신화에 물들어 있었다. 농지개혁법안이 만들어지는 과정과 시행과정 그리고 그것의 결과와 영향에 대해 많은 오해들이 있었던 것이다.

이 글의 목적은 농지개혁을 둘러싼 이러한 신화들을 해체·재구성하는 것이다. 그동안 정치학에서는 박종철(1988), 신병식(1992) 그리고 필자(1991, 1995) 등이 농지개혁 연구과정에서 드러난 문제점들을 보완·교정하기 위해 노력을 기울였다. 이러한 정치학자들의 연구에는 한국농촌경제연구원에서 김성호의 주도하에 이루어진 농지개혁에 관한 광범위한 실증연구(1985, 1989)가 큰 밑거름이 되었다. 그러나 이러한 노력에도 불구하고 커밍스(B. Cumings, 1990), 강정구(1993, 1994), 사꾸라이 히로시(櫻井浩, 1976,

1987, 1988)와 같은 몇몇 수정주의계열의 현대사 연구자들에 의해 여전히 농지개혁에 관한 신화가 재생산되고 있으며, 국제학계에도 그 영향을 미치고 있다. 그러므로 여기서는 농지개혁과 관련된 주요 쟁점들을 다시 한 번 짚어보면서 이러한 오해들을 바로잡아보도록 하겠다.

이 글에서 필자가 주장하려는 바는 다음과 같다. 첫째, 이승만은 정부수립 초기부터 농지개혁과 귀속재산불하에 적극적이었다. 이 과정에서 그가 애초 대변한 것은 지주도 자본가도 농민도 아닌 자신(정부)의 이익이었다. 그러나 결과적으로는 이승만이 자신의 이해와 함께 자본가의 이해를 대변했다고 볼 수 있다. 둘째, 이러한 이승만의 의지 덕분에 전쟁발발 전인 1950년 3월에서 5월 사이에 전체 농지의 70~80% 가량의 분배가 진행되어 있었다. 셋째, 1950년 5·30 선거 결과, 친이승만 세력과 무소속이 거둔 성과와 비교할 때 민주국민당(이하 민국당으로 약칭)은 크게 패한 것으로 나타났다. 이러한 민국당의 패배는 선거 전에 농지가 분배되었다는 사실과 깊은 연관성이 있다고 여겨진다. 넷째, 농지를 분배받은 농민들은 전쟁 전부터 이미 보수화되기 시작했다. 6·25 전쟁 기간 중 북한의 점령정책(특히 토지개혁)도 이들의 보수성을 변화시키지 못했다. 바로 이러한 소농이 1950년대 이승만의 소극적 지지기반을 이루었다. 다섯째, 농지개혁과 전쟁에 따른 지주의 몰락과 정치의존적 자본가의 등장 그리고 농민의 보수화는 의회에 대한 행정부의 우위와 사회에 대한 국가의 우위를 가져오는 계기가 되었다. 1960년대의 발전국가는 바로 이러한 조건 위에서 등장했다.

2. 농지개혁법 제정을 둘러싼 신화의 해체: '이승만 퍼즐'의 풀이

농지개혁을 둘러싼 오해의 출발점은 이승만이 지주계급을 옹호했기 때문에 농지개혁에 소극적이었다는 것이다. 유인호(1975), 김병태(1974), 황한식(1985) 등 1970~80년대에 이루어진 연구는 대개 이러한 견해를 취하고 있었다. 이 무렵까지 농지개혁에 대한 연구는 거의 경제(사)학자들에 의해 독점되고 있었다. 미국의 한국현대사 연구자인 커밍스는 6·25 전쟁의 기원을 규명하면서 농지개혁에 관한 이러한 통설을 그대로 수용했다. 더 나아가 그는 서울 수복 이후인 1950년 10월에도 이승만은 여전히 지주를 편들면서 농지분배에 소극적이었다는 주장까지 했다(B. Cumings, 1990, 472).

이러한 주장은 지난 10여 년 사이에 이루어진 몇몇 연구들(김성호, 1985, 1989; 박종철, 1988; 김일영, 1991, 1995; 신병식, 1992)을 통해 상당 부분 오류임이 밝혀졌다. 김성호를 제외한다면, 이 연구들은 주로 정치학자들에 의해 이루어졌다. 이들은 기존의 경제사적 연구가 상대적으로 등한시한 미국의 대한정책과 제헌국회 내에서의 각 세력의 활동을 치밀하게 분석했다. 국회에서 농지개혁법안이 만들어지는 과정을 추적하면서 이들은 이승만의 새로운 면모를 발견할 수 있었다. 정치적으로 극우반공적이며 보수적인 이승만이 농지개혁과 관련해서는 상대적으로 적극적이고 개혁적인 모습을 보여주고 있다는 사실이었다. 그동안 이승만의 반동성에만 익숙해져 있던 연구자들에게 이러한 이승만의 양면성 내지 복합성은 새로운 퍼즐처럼 여겨졌다. 이승만의 정치적 보수성과 경제적 개혁성을 양립시켜 설명하는 것, 즉 '이승만 퍼즐(Rhee's puzzle)'의 풀이가 이들의 과제로 등장한 것이다.

이 연구들이 새로 규명한 점은 다음 세 가지였다. 첫째, 제헌국회는 친이승만 세력, 한민(국민)당, 소장파가 각각 맞서는 정립(鼎立)구도였다.[2] 이들은 정치권력의 배분, 경제적 이해관계, 통일방안 등에서 이견을 보였다. 따

---

[2] 제헌국회 초반 친이승만 세력의 중심은 이정회(以正會)였고, 소장파의 중심은 동성회(同成會)였다. 그 후 전자는 대한국민당으로 재집결했으나, 후자는 국회프락치 사건으로 여러 정치집단들로 흩어지고 말았다.

라서 이들은 쟁점별로 서로 다른 합종연횡을 연출했다.

둘째, 이승만과 한민(민국)당은 통일방안에서는 큰 이견을 보이지 않았지만, 여타 면에서는 이해관계가 첨예하게 대립했다. 두 세력은 정치적으로는 권력구조 문제(대통령중심제/내각제)로 대립했고, 경제적으로는 농지개혁의 추진 속도나 내용을 두고 서로 부딪혔다. 특히 농지개혁과 관련하여 이승만은 지주도 농민도 아닌 자신(정부)의 이해관계를 위해 그것을 조속히 단행하고 싶어했다.

셋째, 소장파는 상대적으로 진보적인 입장에서 의정활동을 전개했다. 이들은 통일방안(남북협상론/북진론)에서 위의 두 세력과 확연히 구분되었다. 정치적 권력구조 문제에서 이들은 이론상으로는 내각제를 선호하면서도 현실 정치에서는 반민국당 입장을 보여주었다.[3] 그것은 이승만을 지지해서가 아니라 원내에서 민국당의 힘이 지나치게 커지는 것을 견제하기 위해서였다. 농지개혁에 관해서도 이들은 지주의 입장을 옹호하는 민국당에 반대했고, 이승만과 마찬가지로 그것의 조속한 단행을 원했다. 그러나 이승만이 자신(정부)의 이해관계를 위해 농지개혁을 추진한 것과는 달리 이들은 보다 친농민적인 입장에서 농지개혁을 실행하기 위해 애썼다.

이러한 새로운 사실규명을 통해 농지개혁법안의 입법 및 개정과정에서 이승만이 지주를 옹호해 소극적이었다는 오해는 많이 불식되었다. 다만 이러한 연구들에서 상대적으로 조명을 받지 못한 부분이 하나 있었다. 당시 농지개혁법안과 거의 동시에 입법화가 진행되었던 것이 귀속재산처리법안이었다. 두 법안은 시기뿐 아니라 내용상으로도 밀접한 연관성을 지니고 있

---

3) 1950년 1월 27일 민국당 주도로 제출된 내각제개헌안이 3월 14일 179명 출석에 찬성 79, 반대 33, 기권 66, 무효 1로 부결되었다. 이것은 친이승만 세력인 대한국민당이 애쓴 탓도 있지만, 국회프락치 사건 이후 각 계파로 흩어져 있던 소장파 의원들이 민국당의 일당독재를 막기 위해 이승만 편을 든 탓도 컸다. 소장파에 속하지는 않았지만 조봉암 같은 사람도 이때 대한국민당에 가담해 내각제개헌안 저지에 나설 정도로 당시 민국당에 대한 원내외의 반감은 컸다(국회사무처, 1971, 239-241, 258-263).

었다. 농지개혁법안은 귀속재산처리법안과 연결시켜 생각할 때 비로소 온전하게 설명될 수 있다. 그런데 위의 연구들에서는 이 점에 대한 고려가 조금 부족했다. 따라서 여기서는 두 법안 사이의 관련성을 염두에 두면서 농지개혁법안이 만들어지고 개정되는 과정을 다시 한 번 자세히 짚어보도록 하겠다.

1) 신화 1: 이승만이 지주계급을 옹호했기 때문에 농지개혁에 소극적이었다

1940년대 후반 남한 전체 인구의 70.9%가 농민이었으며, 그 중 80% 이상이 소작 내지는 자소작농이었다(조선은행 조사부, 1948, 28-29). 당시 농민은 두 가지 정치적 태도 사이에서 오락가락하고 있었다. 그들은 소작지를 매개로 한 지주(및 그들의 이해를 대변하던 한민[국]당)의 정치·경제적 영향력으로부터 벗어나기 어려웠다. 따라서 그들은 표면적으로는 지주들에게 복종하는 태도를 보였다. 그러나 그들은 심정적으로는 무상몰수·무상분배 방식의 농지개혁을 부르짖는 좌파(남노당)에게 동조하고 있었다. 북한이 1946년 3월에 이미 민주제개혁의 일환으로 토지개혁을 단행했다는 사실도 남한 농민들의 농지분배에 대한 열망을 부추기는 요인이 되었다.

농민이 어떤 태도를 보이건, 분명한 사실은 그들이 아직 이승만의 영향력 하에 포섭된 것은 아니었다는 점이다. 이승만은 하루빨리 농민에 대한 한민(국)당과 남로당의 영향력을 차단하고, 그들을 자신의 지지기반으로 끌어들이고 싶어했다. 이를 위해서는 당시 농민의 가장 큰 이해관계이자 관심거리인 농지 문제를 해결해주는 것이 급선무였다. 그에게 있어 농지개혁은 농민포섭전략의 일환으로 서둘러야 하는 것이었다.

농지개혁에 대한 이승만의 의지는 정부가 수립되기 전인 1948년 3월 20일 친구이자 정치고문인 올리버(R. T. Oliver)에게 보낸 그의 편지에서도 확인될 수 있다.

정부를 갖게 되면 우리는 이 나라를 엄청나게 자유화시킬 것입니다. 한국의 파시스트, 반동 세력 그리고 극우파 운운하던 사람들은 그것을 보고 대경실색할 것이요, 농지개혁법이 가장 먼저 제정될 것이고, 다른 많은 자유주의적 조치들도 차례대로 단행될 것입니다(R. T. Oliver, 1978, 152-153).[4]

이러한 이승만의 의지는 정부수립 이후에도 이어졌다. 그는 과거 공산주의자였던 조봉암을 초대 농림부장관에 임명했다. 그는 올리버에게 보낸 8월 4일자 편지에서 그 이유를 평소 농지개혁을 역설해온 조봉암을 통해 '농민을 장악하기 위해서'라고 밝히고 있다(R. T. Oliver, 1978, 186). 그는 또한 공산혁명을 막기 위해서도 시급히 농지개혁을 해야 한다는 말도 했다(『서울신문』, 1948. 12. 7.).

그러나 이승만에게 농민은 포섭과 장악의 대상이었지 존중의 대상은 아니었다. 그는 농민유인전략의 하나로 농지개혁을 서둘렀지 진정으로 농민을 위한 개혁을 추진한 것은 아니었다. 이 점은 그가 농지분배과정에서 농민의 부담을 덜기 위해 정부가 재정적 부담을 조금이라도 지는 것을 가급적 피하고자 했다는 점에서도 드러났다. 그는 다음의 〈표 1-1〉에 나와 있는 많은 시안(試案)들 중 농민상환액과 지주보상액 사이에 편차가 있고, 그 차이를 정부가 메우는 것으로 되어 있는 안 ―조봉암이 주도해 만든 농림부안과 1949년 6월 국회에서 통과된 최초 법률안― 에 대해서는 극력 반대했다.

---

4) 한편 이 편지와 올리버가 이승만에게 보낸 3월 29일자 서신에서 우리는 5·10 선거 직전 미군정이 농지개혁을 단행한 이유와 그에 대한 이승만의 생각을 읽을 수 있다. 미군정은 이 선거에 출마한 우파 세력을 돕는 한편 그들이 물러간 후에도 농지개혁이 계속 추진되어야 한다는 사실을 우파 세력에게 주지시키기 위해 신한공사 소유의 토지를 서둘러 분배했다. 이에 대해 이승만은 자신이 일찍이 발표한 '민주원칙 27개조'에서 농지분배의 조속한 단행을 천명했음을 상기시키면서, 그렇더라도 모든 토지는 한국정부가 수립된 후에 분배되어야 마땅하다고 주장했다(R. T. Oliver, 1978, 153-156).

<표 1-1> 농지개혁법안 비교

내용 \ 시안	농림부안	기획처안	산업위안	최초 법률안	개정 법률안
분배대상 농지	2정보 이상	3정보 이상	3정보 이상	3정보 이상	3정보 이상
보상지가	15할	20할	30할	15할	15할
보상방식과 내용	3년 거치 10년 (연2할) 기업자금 담보 활용	10년 균분 (연2할) 기업자금 담보 활용	10년 균분 (연3할) 지주전업 알선	5년 균분 (연3할) 지주전업 알선	5년 균분 (연3할) 지주전업알선과 기업자금담보
상환지가	12할	20할	30할	12.5할	15할
상환방식과 내용	6년 균분 (연2할)	10년 균분 (연2할)	10년 균분 (연3할)	5년 균분 (연2.5할) 영세농에 대한 국가보조	5년 균분 (연3할)

출처: 김성호 외, 『농지개혁사 연구』(1989, 1188-1218).

그렇다고 이승만이 지주계급을 편든 것도 아니었다. 그는 "지주들에게 토지를 내놓게 하는 대신 그들이 상당한 자본을 얻을 수 있게 하는 것이 긴요하다"고 말했다(『서울신문』, 1948. 12. 10.).[5] 이것은 언뜻 보면 지주를 옹호하는 것으로 들릴 수도 있는 말이다. 그러나 그 후 농지개혁법 입법 및 실행과정에서 드러난 그의 언행으로 보아 이 말은 다음과 같은 복합적인 함의를 지녔다고 보는 것이 옳을 것 같다.[6] 그가 지주에 대한 대책을 강조한 일차적 이유는 그것을 통해 농지개혁에 대한 한민(민국)당과 지주의 반발을 누그러뜨리기 위해서였다. 그러나 그는 지주들에게 특혜를 주어 그들이 공업화를 떠맡게 해야 한다고 생각하지는 않았다. 토지에 묻혀 있는 대부분의 자본을 하루빨리 공업화로 전용하자는 것이 그의 생각의 요체였다. 그가 원한 것은 '토지자본의 산업자본화'였지 '토지자본가의 산업자본가화'는 아니었다(신병식 1992).

---

5) 12월 17일 라디오 방송에서도 그는 "지주들이 받은 보상금을 공업에 투자할 수 있도록 정부와 국회가 무슨 특별한 대책을 강구"하기 바란다는 말을 했다(신병식, 1992, 250).
6) 자세한 것은 뒤에서 귀속재산불하와 함께 설명될 것이다.

요컨대 이승만은 농지개혁에 적극적이었지만, 그 과정에서 그가 대변한 것은 지주나 농민의 이해가 아니라 재정절약이라는 정부 자체의 이해였다.[7] 이 점에서 그의 농지개혁은 개혁성과 반개혁성을 동시에 지니고 있었다. 그것은 전체적 방향에서 봉건적인 지주-소작관계의 해체를 꾀한다는 점에서 분명 개혁적이었다. 하지만 그것은 구체적 시행방법에서 농민을 위한 것은 아니었다. 아울러 농지를 빼앗긴 지주계급에게 충분한 반대급부를 제공한 것도 아니었다. 이러한 농지개혁의 양면성을 이해할 때, 비로소 '이승만 퍼즐'은 풀이에 한 걸음 더 다가서게 될 것이다.

한민(민국)당에게 가장 유리한 것은 농지개혁을 무산시키는 것이었다. 그러나 당시의 시대적 분위기와 압력 때문에 그들은 농지분배를 회피할 수는 없었다. 우선 그들은 농민들의 농지개혁 열망을 무시하기 어려웠고, 그에 편승한 좌익의 도전도 그들에게는 큰 위협으로 다가왔다. 제헌헌법 86조에 농지분배가 명문화되었다는 점도 그들에게는 부담으로 작용했다. 그러나 무엇보다도 큰 압력은 미국으로부터 왔다. 미국은 한국을 비롯한 동아시아국가들에서 혁명의 물결이 확산되는 이유가 토지 문제에 있다고 여겼다. 이에 미국은 한국의 우익 세력들에게 농지개혁을 단행하도록 끊임없이 압력을 가했고(신병식, 1992, 179-198), 한민(민국)당으로서는 이러한 압력을 뿌리칠 수 없었다. 따라서 그들은 농지개혁을 최대한 지연시키되, 그것을 가급적 지주들에게 유리한 방향으로 시행하려고 애썼다. 그들은 농지소유상한선(분배대상 농지의 범위)을 가급적 올리려고 했으며, 지주에 대한 보상률을 높이고, 지주가 산업자본가로 전신(轉身)할 수 있는 제도적 보장을 받아내려고 애썼다.

한편 소장파 의원들은 가급적 농민에게 유리한 방향으로 농지개혁을 단행하려고 애썼다. 이들은 농지소유상한선을 가급적 낮추고, 농민의 상환부

---

7) 이것은 농지개혁은 조속히 하되 재정안정이 훼손되는 것은 바라지 않는 미국의 입장과도 상통하는 것이다.

담을 덜어주려고 노력했다. 그리고 지주에게 지나친 특혜적 보상(예컨대 높은 보상률 책정이나 지주전업대책의 마련 등)을 해주는 것도 막으려고 했다. 1949년 중반 국회프락치 사건이 나면서 이들의 영향력은 크게 쇠퇴되었다. 이로써 이들의 친농민적인 노력은 위기를 겪기도 했다. 하지만 이들은 분산된 상태에서도 민국당의 친지주적인 농지개혁 기도를 저지하기 위해 애쓰는 모습을 보여주었다.

앞의 〈표 1-1〉에서 보듯이 농지개혁법안이 처음 만들어지는 과정에서는 농림부와 기획처 그리고 국회 산업위원회에서 제출된 세 가지 안이 등장했었다. 분배대상 농지의 범위설정이나 상환액 면에서 농민들에게 가장 유리한 것은 농림부가 제출한 안이었다. 이 안은 앞서 설명했듯이 정부의 재정부담을 꺼려한 이승만의 거부감 때문에 국회에 제출할 정부의 공식안으로 채택되지 못했다. 그러나 이 안이 지닌 친농민적인 입장은 원내 심의과정에서 소장파 의원들에 의해 대변되었다. 정부는 농림부안 대신 기획처안을 만들어 국회에 제출했다. 이것은 재정부담을 지지 않으면서 농지분배를 실시하려는 이승만의 생각이 충실하게 반영된 안이었다. 한편 국회는 산업위원회를 중심으로 독자적인 안을 마련했다. 〈표 1-1〉에서 보듯이 산업위원회안은 지주보상률이 가장 높고 지주전업을 알선하는 등 기존의 어떤 안보다도 지주에게 우호적인 내용이었다. 따라서 그것은 당시 산업위원회를 장악하고 있던 한민(민국)당을 통해 지주의 이해관계가 가장 잘 반영된 안이라고 할 수 있다.

원내 심의과정에서 정부안은 그다지 고려되지 못했다. 논란은 지주의 이해를 대변하는 한민(민국)당 의원들과 농민을 대변하는 소장파 의원들 간에 주로 벌어졌다. 한민(민국)당이 주도해 만든 산업위원회안에 대해 소장파 의원들은 지주보상 및 농민상환 비율은 100~150%로, 농지소유상한은 2정보로 고치자고 했다. 또 그들은 농지를 매수당한 지주에게 사업체 참여를 '우선'적으로 알선하는 것은 지주계급에게 새로운 경제권을 장악하게 하는 것이므로 용납할 수 없다고 주장했다. 결국 양 세력은 한민(민국)당이 보상 및 상환율에서 양보하고, 소장파가 농지소유상한과 지주전업보장 문제에서 물러서는 방식으로 절충안을 마련했다. 그 결과 1949년 4월 농지개혁법안이 국회에서 통과되었다. 통과된 법의 골자는 다음과 같이 요약된다.

> 지가보상은 연평균 생산량의 15할, 상환은 12.5할로 하고, 그 차액은 지주에 대한 보상에 적용하고 있는 체감률로 충당하도록 한다. 정부는 농지를 매수당한 지주에게 국가경제발전에 유조(有助)한 사업에 우선 참여케 할 수 있으며, 영세농민에 대해서는 농지대가의 30%를 정부가 보조하도록 한다.

그런데 정부는 법조문 간에 모순이 있다는 점과 정부의 재정부담이 크다는 이유를 들어 이 법안을 국회로 환송했다. 그 후 약 한 달여 동안 정부와 국회 간에 실랑이가 거듭된 끝에 6월 15일 국회의 결의로 이 법안은 확정되고, 25일 정부는 정식으로 공포할 수밖에 없었다(신병식, 1992, 281-287).

그러나 정부의 거듭된 수정요청에 따라 농지개혁법은 시행도 되지 못한 채 국회에서 개정작업에 들어갔다. 이 과정에서 민국당 의원들은 개정작업을 최대한 지연시키는 한편, 법안의 내용을 지주에게 가급적 유리하게 고치려고 애썼다.[8] 그들은 지주보상과 농민상환을 공히 24할, 8년 분할로 바꾸고, 영세농에 대한 정부보조를 없애며,[9] 지가증권을 기업자금에 사용할 경우 정부가 융자보증을 해준다는 등의 친지주적 조항을 넣으려고 애썼다. 이 무렵 민국당의 영향력은 그 어느 때보다도 컸다. 민국당계열의 인사가 무려 7명이나 내각에 참여하고 있었다(국회사무처, 1971, 133, 170). 반면 이전까지 민국당에 맞서던 소장파 의원들은 이 당시 터진 국회프락치 사건으로 원내 영

---

[8] 정부의 개정요청 이후 의원들은 많은 개정안을 국회에 제출했다. 그러나 국회가 이 법의 개정 문제를 공식적으로 다시 논의하기 시작한 것은 1950년 1월부터였다. 그 사이(1949. 5.~1950. 2.)에 매수대상농지 60만 정보 중 절반 가량인 28만 정보가 방매(放賣) 또는 은폐되었다(김성호, 1989, 659).

[9] 이것은 재정부담의 경감이라는 정부의 이해를 반영한 것이다.

향력이 크게 감퇴되어 있었다. 민국당 의원들은 이 틈을 타서 농지개혁법 개정안에 자신들의 경제적 이해관계를 최대한 반영시키려고 했다.

그러나 국회프락치 사건 이후 신변보호를 위해 일단 신정회, 일민구락부, 대한노농당 등으로 흩어졌던 소장파 의원들은 곧 이러한 민국당의 개악(改惡) 시도에 강하게 반발했다. 그리고 이 무렵 민국당의 독주를 견제하기 위해 대한국민당으로 결집한 친이승만 세력도 민국당의 반동적 움직임에 반대했다. 이러한 반대 때문에 민국당은 자신들의 이해관계를 농지개혁법 개정안에 부분적으로밖에 반영시킬 수 없었다. 보상과 상환은 '24할-8년 분할'에서 '15할-5년 분할'로 낮추어졌다. 이로써 지주들에게 높은 보상을 해주려던 민국당의 기도는 좌절되었다. 개정법안에서 지주에게 유리하게 고쳐진 내용은 원안에 있던 지주전업알선 외에 기업자금담보에 관한 조항이 신설되는 정도에 불과했다.[10] 이러한 개정안은 1950년 2월 국회에서 통과되었고, 정부는 이것을 3월 10일 법률 108호로 공포했다.

이 법안을 통해 각 세력은 어떤 득실을 얻었는가? 애초 농지개혁을 빨리 단행함으로써 민국당과 남노당의 농민기반을 와해시키고 그것을 자신이 흡수하려 했던 이승만으로서는 법의 성안(成案) 자체가 정치적 승리였다. 더구나 그는 재정부담을 주는 조항을 삭제시킴으로써 자신(정부)의 이해를 관철시키기도 했다. 힘이 약화된 소장파는 원안의 친농민적인 조항들을 지키지 못하고 보상과 상환액을 15할로 낮추는 선에서 만족해야만 했다.

민국당은 이승만과 소장파 의원들의 공세로 15할의 보상에 만족할 수밖에 없었다. 대신 그들은 지주가 자본가로 전환할 수 있는 어느 정도의 제도적 보장을 받아냈다. 그러나 실제로 이 조항의 혜택을 누릴 수 있는 지주는

---

10) 농지매수의 대가로 발급받은 "지가증권을 기업자금에 사용할 때에 정부는 융자의 보증을 한다"(제8조)는 것과 "본법에 의하여 농지를 매수당한 지주에게는 그 희망과 능력, 기타에 의하여 정부는 국가경제발전에 유조한 사업에 우선 참획케 알선할 수 있다"(제10조)는 것이 그 내용이다.

얼마 되지 않았다. 우선 귀속기업체를 불하받기에는 대다수의 지주가 규모 면에서 너무 영세했다. 당시 50석 미만을 보상받는 영세지주가 84.2%였으며, 97.8%가 400석 미만을 보상받았다(한국은행, 1955). 이 정도의 보상액을 5년 분할로 받으면서 사업체를 넘겨받기란 그렇게 용이하지 않았다. 아울러 농지개혁법안에 명기된 지주전업알선 조항이 실질적인 효력을 발휘하기 위해서는 이 법안과 동시에 심의가 진행되고 있던 귀속재산처리법안의 관련 조항으로부터 제도적 뒷받침이 있어야만 했다. 아래에서 살펴보겠지만, 귀속재산처리법안에는 지주전업알선을 보장하는 조항들이 들어 있었다. 그러나 실제 시행과정에서 이러한 조항들은 실효성(實效性) 있게 지켜지지 못했다. 따라서 농지개혁과정에서 대다수의 지주들은 규모의 영세성과 제도시행과정의 문제로 인해 큰 타격을 받을 수밖에 없었다.[11]

2) 농지개혁법과 귀속재산처리법: 정부부처, 정파 그리고 계급분파의 상호작용

그러면 이 당시 자본가계급의 이해는 어느 세력에 의해 대변되었는가? 대부분의 연구들(손관수, 1992; 신병식, 1992)이 이승만정부가 그것을 대변했다고 보고 있다. 이 주장은 결과적으로는 맞다. 하지만 이승만정부가 처음부터 자본의 이익만을 대변한 것은 아니었다. 이 주장은 정부(국가)를 단일체(monolithic entity)로 보는 잘못된 전제에서 출발했기 때문에 문제를 너무 단순화시킨 감이 없지 않다.[12] 이 문제를 제대로 규명하기 위해서는 이승만정부 내 부처 간 이해관계의 차이를 고려하면서 농지개혁법안과 귀속재산처리법안의 입법과정을 연결시켜 살펴볼 필요가 있다.

---

11) 지주몰락에 관한 자세한 설명은 이 글의 제4절 참조.
12) 일찍이 풀란차스는 국가를 지배계급의 도구로 보는 견해를 비판하고, 국가기구들(state apparatuses)과 계급분파들(class fractions) 사이의 관계를 역동적인 것으로 파악한 바 있다(N. Poulantzas, 1973). 그리고 관료정치(bureaucratic politics) 모델도 정책결정과정에서 관료의 자기 이해에 근거한 정부 내 부처들 간의 갈등에 주목하고 있다(G. T. Allison, 1971).

당시 정부의 각 부처는 상이한 이념적 지향과 이해관계를 보여주고 있었다. 이미 설명했듯이 농림부는 가급적 친농민적인 입장에서 농지개혁을 실시하려고 했다. 하지만 상공부는 경제활성화를 첫 번째 과제로 생각했다. 그것을 위해서는 귀속재산을 조속히 불하해 민간경제를 활성화시켜야 하는데, 그 경우 이미 귀속기업체를 관리하고 있는 연고자들에게 불하가 이루어져야 생산이 차질 없이 이루어질 수 있다는 게 상공부의 입장이었다. 그리고 재무부는 재정안정을 최우선 과제로 삼고 있었다. 재정안정은 당시 미국이 가장 큰 관심을 가지고 한국을 몰아붙인 문제였다. 재정안정을 통한 경제안정을 이루지 못할 경우 한국에 심각한 정치·사회적 불안이 초래될 것이라는 게 미국의 생각이었다. 이승만은 경제안정보다는 정치적 및 군사적 지원의 확보에 더 관심이 많았다. 이때문에 미국과 이승만 사이에는 갈등이 많았지만, 이승만이 미국의 경제안정화 요구를 전적으로 무시하기는 어려웠다. 따라서 이승만은 재무부를 통해 이러한 미국의 안정화 요구에 어느 정도 부응하고자 했다(정진아, 1999, 162-167).[13]

이러한 부처 간의 이해관계의 차이는 정부가 국회에 제출할 농지개혁법안과 귀속재산처리법안을 마련할 때 그대로 표출되었다. 이때 재정안정정책에 어긋나는 입장은 정부안으로 채택되기 어려웠다. 농지개혁법안의 경우, 앞서 설명했듯이, 농림부안은 친농민적이었지만 정부에 재정부담을 안 겨주는 것이었기에 정부안으로 채택될 수 없었다. 따라서 재정안정정책이 반영된 기획처안이 정부안으로 국회에 제출되었다. 귀속재산처리법안의 경우 재무부는 재정안정을 위해 조속히 귀속재산을 불하하려 했고, 상공부는 조선상공회의소 등을 통한 자산가집단의 로비(대한상공회의소, 1949, 194-200)를 받아 연고자 위주로 불하를 진행하려고 했다. 이 경우 두 입장이 모

---

13) 그밖에 영향력이 크지는 못했지만 상대적으로 노동자의 이익을 대변하는 부처로 사회부가 있었다.

두 재정안정원칙에 위배되는 것은 아니었기 때문에 결국 두 입장이 절충되는 형식으로 정부안이 마련되어 국회에 제출되었다.

이러한 정부안은 국회심의과정에 농민과 노동자(종업원)의 이해를 대변하는 소장파, 민국당의 친지주적 분파(산업위원회) 및 친자본가적 분파(재경위원회) 등과 맞닥뜨리면서 또 한 차례 조정을 거쳐야 했다(손관수, 1992, 22-67). 귀속재산처리법안을 둘러싼 국회 내의 논란을 구체적으로 살펴보기 전에 먼저 입법과정에서 등장했던 여러 안들을 정리하면 아래 〈표 1-2〉와 같다.

〈표 1-2〉 귀속재산처리법안 비교

	불하 우선권자 규정	관재위원회의 자격
정부안	합리적, 사상온건, 운영능력이 있는 임차인, 관리인, 연고자에게 우선 불하 불하대금을 농지증권으로 지불 가능	관재청의 하부행정기관으로서의 귀속재산관리위원회
산업위안	연고자 불인정 및 자격심사 농지개혁으로 농지를 매수당한 자도 우선권 인정	국회의 통제를 받는 동의기관
국회상정안 (산업·재경위 합의안)	합리적, 사상온건, 운영능력이 있는 선량한 연고자 및 농지개혁으로 농지를 매수당한 자에게 우선 불하 불하대금을 농지증권으로 지불 가능	국회의 통제를 받는 동의기관
국회통과법안 (1949. 11.)	합리적, 사상온건, 운영능력이 있는 선량한 연고자 및 종업원 조합 또 농지개혁으로 농지를 매수당한 자에게 우선 불하(종업원 조합의 3할 출자권 인정) 불하대금을 농지증권으로 지불 가능	자문기관에 불과
최종확정 법률안 (1949. 12. 19.)	합리적, 사상온건, 운영능력이 있는 선량한 연고자 및 종업원 또 농지개혁으로 농지를 매수당한 자에게 우선 불하(종업원 조합의 3할 출자권 삭제) 불하대금을 농지증권으로 납부 가능	자문기관에 불과

출처: 조선은행 조사부, 『경제연감』(1949, 28-33); 『국회속기록』 제5회 32호, 42호, 44호; 손관수, 「귀속재산처리법 제정과정에 관한 연구」(1992, 93-108)

민국당의 친지주적 분파는 우선 농지개혁법안에 지주에게 유리한 조항을 넣기 위해 애썼다. 그들은 지주보상액을 높이려고 했으며, 지주전업을 알선하는 조항을 넣으려고 했다(〈표 1-1〉의 산업위안 참조). 그리고 그들은 귀속재산처리법안에서는 그들은 정부안에 나와있는 연고자 우선권을 인정하지 않고 농지를 매수당한 지주에게도 우선권을 주자고 주장했다. 이러한 이해관계가 반영된 것이 〈표 1-2〉의 산업위안이다. 이들은 한 걸음 더 나아가 법안이 만들어지고 있는 중에 정부가 미군정 당시의 관행에 따라 귀속재산을 임의로 불하하는 것을 막기 위해 불하동결을 규정한 '귀속재산임시조치법'을 제정하기도 했다.

〈그림 1-1〉 농지개혁법안과 귀속재산처리법안의 입법과정

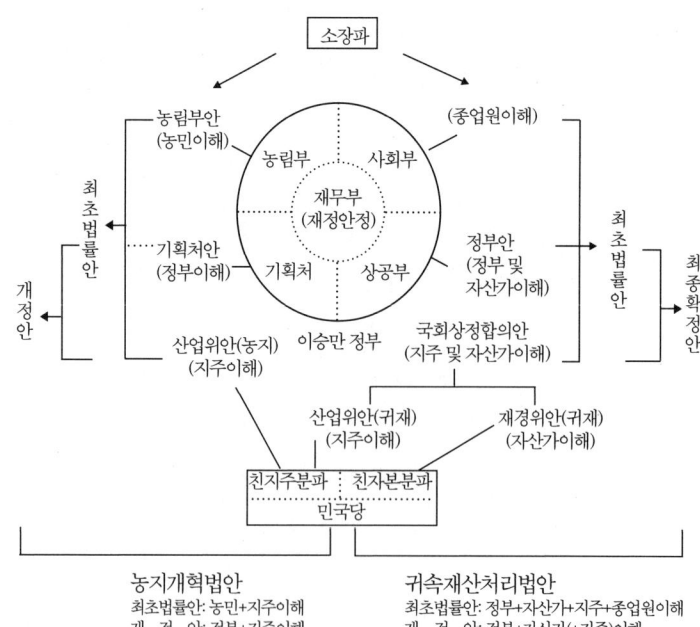

그러나 주로 재정경제위원회에서 활동하던 민국당 내의 친자본가적 분

파는 귀속재산처리에서 연고자 우선권을 인정하고 싶어했다. 따라서 그들은 가급적 정부안에 동조적인 모습을 보여주었다. 결국 민국당 내의 친지주적 분파와 친자본가적 분파는 서로 의견을 조율할 수밖에 없었다. 그 결과 만들어진 것이 연고자와 지주에게 모두 우선권을 주는 산업·재경위 합의안이며, 그것이 〈표 1-2〉의 국회상정안이다.

소장파 의원들도 민국당의 친지주적 분파와 마찬가지로 정부가 제출한 귀속재산처리법안에 반대했다. 그러나 이유는 민국당과 전혀 달랐다. 소장파가 귀속재산임시조치법 제정에 동조하고, 연고자 우선권을 부인하려 한 것은 소수의 자산가들에게 재산이 집중되는 것을 막기 위해서였다. 이들은 농지개혁법에 지주전업알선 조항이 들어가는 것에 대해서도 반대했다. 대신 이들은 종업원 조합에게도 귀속재산에 대한 우선적 불하권을 주기 위해 애썼다.

1949년 11월 국회는 귀속재산처리법안을 통과시켰다. 〈표 1-2〉에서 보듯이 그것은 연고자와 지주 그리고 종업원 조합 모두에게 우선적 불하권을 인정하는 내용이었다. 이는 민국당의 친자본적 분파와 친지주적 분파 그리고 소장파의 이해가 서로 절충된 법안이라고 할 수 있다.

그런데 이승만은 이 법안에 대해 거부권을 행사하면서 국회에 재심의(再審議)를 요청했다. 한 사람이 불하받을 수 있는 귀속재산의 한도를 1천만 원으로 제한한 조항이 비현실적이라는 점과 종업원 조합에게 기업자금의 3할 출자권을 인정한 조항이 기업가와 종업원 조합 간에 알력을 조장할 수 있다는 것이 재심의 요청의 공식적 이유였다.[14] 그러나 이러한 거부권 행사의 배경에는 자산가들의 강력한 로비가 있었다.[15] 이들의 로비는 국회에까지 영

---

14) 『국회속기록』, 제5회 제57호, p. 2, 손관수(1992, 68)에서 재인용.
15) 이 무렵 조선상공회의소나 조선재산관리인연합회 등이 나서서 정부와 국회에 대해 집요한 로비활동을 벌였다. 당시 자산가 집단의 조직과 움직임에 대해서는 최봉대(1995) 참조.

향을 미쳤고, 결국 국회는 이 법안의 재심의에 들어갔다.

1949년 12월 19일 최종 확정된 귀속재산처리법안은 최초 통과법안에 비해 친자산가적인 정부의 요구가 대폭 수용된 내용을 지니고 있었다. 그것은 국회프락치 사건 이후 세력이 약화된 소장파 의원들이 재심의 과정에서 자산가들의 로비를 받은 정부의 요구를 제대로 제어하지 못했기 때문이었다. 그 결과 최초 국회통과법안에 보장되어 있던 노동자 배려 조항과 소유집중 방지 조항이 형해화(形骸化)되고 말았다(손관수, 1992, 68-72). 예컨대 최대의 쟁점이었던 불하우선권 조항의 경우 선량한 연고자(자산가를 배려)와 농지를 매수당한 지주(지주 배려)에게는 여전히 우선권이 보장되었다. 그러나 종업원 조합에게 주었던 우선권과 3할 출자권은 박탈되었다. 대신 능력을 갖춘 종업원에게만 우선권을 부여함으로써 실제로 종업원들이 집단적으로 참여할 수 있는 길은 배제되고 말았다. 그리고 소유집중을 막기 위해 만들었던 한 사람이 1천만 원 한도 내에서 귀속재산을 불하받을 수 있다는 조항도 삭제되고 말았다.

한편 귀속재산처리법안은 지주에게 귀속재산불하의 우선권을 인정했고, 귀속재산불하대금도 농지증권으로 지불할 수 있도록 허용했다. 이러한 규정들은 농지개혁법안의 지주전업알선 조항과 연결되는 것으로서, 이를 통해 지주는 자본가로 전환할 수 있는 제도적 보장을 어느 정도 받았다고 할 수 있다. 그러나 이러한 제도적 보장은 실제 시행과정에서는 그다지 실효성을 발휘하지 못했다. 1950년 3월 귀속재산처리법 시행령이 만들어 졌는데, 거기서 모법(母法)에서 지주에게 인정되었던 불하우선권은 무용지물이 되고 말았다. 시행령 10조에 따르면 "귀속기업체를 우선적으로 매수할 수 있는 자의 순위는 임차인 및 관리인, 해당기업체의 주주, 사원, 조합원 및 2년 이상 계속 근무한 종업원, 농지개혁법에 의해 농지를 매수당한 자의 순"으로 되어 있었다(강명옥, 1950, 87-89, 이지수, 1994, 26에서 재인용). 지주는 귀속재산을 매수할 수 있는 실제 순위에서 가장 하위로 밀려나고 만 것이다. 이 시행령 대로라면 농지개혁 이전에 이미 귀속기업체의 연고권을 확보해둔 극소수의 지주를 제외한 대부분의 지주가 실제로 귀속재산을 불하받아 전업에 성공하기란 대단히 어려웠다. 따라서 대부분의 지주는 규모의 영세성과 실질적인 법적 뒷받침의 부족 때문에 몰락의 길을 걸을 수밖에 없었다.

농지개혁법안과 귀속재산처리법안이 동전의 양면과 같이 서로 연결된 채 만들어지는 과정에서 정부부처들과 의회 내의 정파들 그리고 여러 사회계급 분파들이 보여준 상호작용을 간단히 정리해보면 다음의 〈그림 1-1〉과 같다.

3. 농지개혁의 시행과정을 둘러싼 신화의 해체

농지개혁의 시행과정과 관련하여 여기서는 다음 세 가지 신화를 문제삼아 보겠다. 첫째는 6·25 전쟁 발발 이전에 농지분배가 이루어지지 않았다는 것이고, 둘째는 1950년 5·30 선거에서 단정파 전체가 위기에 빠지고 중간파가 대거 원내에 진출했다는 것이며, 마지막은 북한이 남한을 점령한 기간 동안에 토지개혁을 단행함으로써 농민들로부터 상당한 지지를 얻었다는 것이다.[16]

1) 신화 2: 6·25 전쟁 전에 농지개혁이 이루어지지 않았다

그동안 농지가 실제로 분배된 시점에 대해 심각한 오해가 계속되어 왔다.

---

16) 그밖에 첫 번째 신화에서 파생되는 것으로 남한에서 농지개혁이 이루어질 경우 농민들이 이승만정부 편으로 돌아설 것을 두려워했기 때문에 북한이 서둘러 개전(開戰)했다는 신화(櫻井浩, 1987, 99-112)도 있으며, 두 번째 신화와 연결되는 것으로 6·25 전쟁의 발발이 5·30 선거로 궁지에 빠진 이승만을 오히려 구해주었다는 신화도 있다. 그러나 여기서는 지면관계상 이에 대해서는 생략한다. 자세한 것은 김일영(1995) 참조.

농지개혁법안이 최종 확정되어 정부에 의해 공포된 것은 1950년 3월 10일이었다. 같은 달 25일 이 법의 시행령이 공포되며, 4월 28일에는 시행규칙이 그리고 농지분배에 관한 세부규정과 요령을 담은 농지분배점수제규정(農地分配點數制規程)은 6월 23일에 공포되었다. 이로부터 이틀 후에 전쟁이 터졌기 때문에 많은 학자들은 농지에 대한 실질적 매수 및 분배는 전쟁 전에 이루어질 수 없었다고 생각했다. 그것은 북한의 점령으로부터 서울을 되찾은 그해 가을이나 되서야 실시될 수밖에 없었다는 것이 중론이었다.[17]

그런데 국회의 공식 기록에는 이와 다른 내용이 들어 있다. 1951년 2월 16일 피난 수도 부산에서 열린 국회에서 박원만 외 23명의 의원들이 농지개혁 실시 여부에 대해 질의하자, 농림부는 이미 "1950년 4월 15일에 완료"했다는 답변을 했던 것이다(국회사무처, 1971, 392).

이에 대해 일본의 사꾸라이는 시행규칙이 공포되기도 전인 4월 15일에 농지개혁이 완료되었다는 정부의 주장은 무리라고 하면서, 전쟁 전에 농지가 분배되지 않았다는 견해를 편다. 농지분배에 관한 세부규칙이 전쟁 발발 이틀 전인 6월 23일에 공포되었다는 사실로 미루어볼 때, 전쟁이 벌어지기 전에 농지가 분배될 수는 없었다. 따라서 농지개혁은 서울을 수복한 이후인 10월경에야 이루어질 수 있었다는 것이다(櫻井浩, 1976, 114).[18]

커밍스 역시 기밀해제된 미국측 자료를 근거로 하여 전쟁 발발 이전에 농지가 전혀 분배되지 않았으며, 서울 수복 이후에도 이승만은 지주계급의 압력 때문에 농지개혁에 미온적이었다고 주장했다.

---

17) 북한도 유사한 주장을 하고 있다. 그에 따르면 남한 정부는 어떻게든 농지분배를 하지 않으려다가 '조선전쟁 개시 후 인민군이 전체 면의 78.5%에 해당되는 1,198개 면에서 토지개혁을 실시한 후'에야 마지못해 실시했다는 것이다(佐佐木隆爾, 1968, 202).
18) 더 나아가 사꾸라이는 남한에서 농지개혁이 이루어질 경우 농민들이 이승만정부 편으로 돌아설 것을 두려워했기 때문에 북한이 서둘러 6월 25일을 개전(開戰) 날짜로 잡았다는 가설도 내놓았다(櫻井浩 1987, 99-112).

비록 농지개혁법이 국회에서 통과되자마자 개혁이 단행되었다고 흔히들 믿고 있으나, 불행하게도 전쟁 발발 이전에 새로운 법에 따라 소유권이 바뀐 농지는 전혀 없었다. 대한민국은 1950년 4월경 농지개혁을 강행할 행정기구를 갖추지 못하고 있었다. 따라서 정부는 6월과 7월을 이용하여 지주·소작분쟁을 해결하고 관료제의 미비점을 보완한 후, 추수 이후에야 농지분배를 행할 생각이었다. 1950년 11월 비밀문건에서 미국 관리가 증언한 바에 따르면, "전쟁이 터지기 전에 우리는 경제협력처(ECA)로부터 한 필지의 땅에 대한 분배도 완료되었다는 보고를 받은 바가 없었다. 그리고 다른 곳으로부터도 우리는 이러한 보고를 받은 바 없었다"는 것이다. 미중앙정보국(CIA)의 보고에 따르면, 이승만은 1950년 10월에도 다시 농지분배를 연기하려고 했다는 것이다. 그것은 그가 개혁을 늦추거나 없앰으로써 "한국의 정치경제적 삶에서 자신들이 누려왔던 전통적 지배권을 유지"하려는 "지주계급"의 압력에 영향을 받았기 때문이었다(B. Cumings, 1990, 472).

이러한 사꾸라이와 커밍스의 주장이 사실인가? 결론부터 밝힌다면 그렇지 않다. 이승만이 정부수립 이전부터 농지개혁에 적극적이었다는 점에 대해서는 앞에서 이미 살펴보았다. 이러한 그의 의지 덕분에 전쟁이 터지기 전인 1950년 3월에서 5월 사이에 적어도 농지의 70~80% 정도에 대한 분배가 단행되었다.

1980년대 중반 한국농촌경제연구원은 그동안 여러 가지 사정으로 완성을 보지 못했던 농지개혁사 편찬사업을 다시 추진하면서, 농지의 실제 분배 과정을 정밀하게 추적해보았다. 그 결과 농지의 분배가 시행령이 공포(3월 25일)되기도 전에 거의 완료되었음을 밝혀냈다(김성호, 1985, 4-6). 물론 '완료'라는 표현은 약간 지나친 감이 있지만, 이 연구에 따르면 이미 그 전년도부터 개혁실시에 대한 준비작업을 해왔기 때문에 이러한 사태전개는 그 연장선상에서 이해될 수 있다는 것이다.

이 연구가 밝혀낸 농지분배의 실제 진행과정은 이러했다. 1949년 6월 농지개혁법(당초 법안)이 공포된 후 곧 '농촌실태조사'가 시작되었다. 이 조사는 그해 말 완료되어 매수농지의 면적이 확정되었다. 그 후 매수농지의 지번·지목·지적·등급·임대가격·주재배물·지주·경작자 등이 기재된 '농지소표(農地小票)'가 작성되었고, 그것을 다시 분배받을 농가별로 정리한 '농가별 분배농지 일람표'가 리·동별로 1950년 3월 10일까지 만들어졌다. 이 일람표는 3월 15일에서 24일 사이에 시·읍·면사무소에서 모든 이들에게 공람되었다. 만약 이 기간 중에 이의신청이 없으면 모든 분배대상 농지는 일람표에 적힌 농가의 소유로 확정되어 4월 5일부터 농지분배예정통지서가 발송되었다. 따라서 이때 이의가 제기된 경우라면 농지위원회의 조정을 거쳐야 하므로 약간 늦어지겠지만, 그렇지 않은 경우는 3월 24일에 원칙적으로 분배가 확정된 것으로 볼 수 있다. 아울러 5월 27일에는 분배농지에 대한 상환대장(償還臺帳)을 작성하라는 상부의 지시가 있었고, 6월 9일부터는 분배된 밭으로부터 하곡(夏穀: 주로 보리)의 상환이 시작되었다. 이로 미루어 보아 전국의 농지분배 확정일자가 모두 3월 24일인 것은 아니겠지만, 적어도 그를 전후한 시기에 농지분배가 이루어진 것만은 분명했다(김성호, 1989, 601-602, 648-650, 935-941, 996-998).

그러면 이 기간 중에 실제로 농지가 얼마나 분배되었다고 볼 수 있는가? 당시의 신문보도를 보면 그 진행 정도가 행정당국의 주장만큼 그렇게 완벽하지는 못했다고 여겨진다. 1950년 5월 23일자 『동아일보』 보도를 보자.

> 그러면 실지(實地)는 어떠하냐! 기자가 본 바에 의하면…4월 10일까지 분배예정 통지서가 각 소작인에게 교부되었다는 중앙당국의 말과는 어긋나 예정보다 한 달이 넘은 5월 중순에도 충북 같은 도에서는 아직껏 이것이 5할밖에 발부되지 못하고 있었고 다른 도 역시 이 교부를 전부 완료하였다는 도는 한 곳도 없었다. 그리고 최초에 5월 3일까지 신청하여야 된다던 지주보상신청 역시…제일 우수하다는 도가 7할을 넘지 못하는 형편이었다('농개(農改) 앞둔 호남의 실정(하),' 『동아일보』, 1950년 5월 23일).

그러나 이러한 신문보도는 진행 정도의 차이를 말하는 것이지 분배가 이루어졌다는 사실 자체를 부인하는 것은 아니다. 오히려 우리는 이것을 통해 농지분배가 실제로 관련 행정법규의 정비를 앞질러 진행되고 있음을 확인할 수 있다.

지방신문인 『부산일보』를 통해서도 경남지방의 농지분배가 행정제도의 구비에 앞서 진행되고 있음을 확인할 수 있다. 이 신문은 농지분배예정통지서의 발송이 시작된 4월 5일자 기사에서 이것의 발송은 "오늘부터 이 땅은 당신에게 분배되었음"을 의미하는 것이라고 썼다(『부산일보』, 1950년 4월 5일, 김성보, 1999, 15에서 재인용).

이러한 여러 가지 증거들로 미루어볼 때 6·25 전쟁이 터지기 전에 농지의 상당 부분이 분배되었다는 사실은 부인되기 어려울 것 같다. 문제는 어떻게 관련법규가 정비되기도 전에 정책이 먼저 시행되는 일이 발생했는가이다. 정상적인 근대국가에서는 생각하기 어려운 일이 1950년 봄 한국에서 발생되었다. 이것이 어떻게 가능했을까?

이러한 해프닝이 벌어질 수 있었던 것은 무엇보다도 소관부처의 행정적 판단과 이승만의 독려가 어우러졌기 때문이다. 정부는 1949년 6월 21일 우여곡절 끝에 농지개혁법(당초법안)을 공포하지만, 그 법안은 내용상 논리적 모순을 안고 있었기 때문에 곧이어 국회에서 개정작업에 들어갔다. 이때 행정부의 관련부처에서는 개정안의 국회통과가 시간 문제일 뿐 반드시 이루어진다는 판단 아래 시행령과 시행규칙을 마련하기 위해 애썼다. 그 결과 세부규칙들은 형식상 공포되지 않았을 뿐 내부적으로는 이미 분배시행 훨씬 전인 1949년 후반에 마련되어 있었다. 1950년에 들어서자마자 농지개혁시행에 관한 통첩뿐 아니라 그에 필요한 각종 용지 등이 일선행정관서에 보내질 수 있었던 것도 이때문이다(김성호, 1989, 648, 998-999).[19]

---

19) 이에 비추어볼 때 당시 남한정부가 농지개혁을 수행할 만한 행정기구를 지니지 못했다는

주무부서인 농림부로서도 농지개혁사업이 순조롭게 추진되려면 농지분배가 늦어도 보리수확 및 모내기작업이 시작되는 6월 이전에 끝마쳐야 한다고 생각했다. 그렇지 않으면 농민들이 곧 누구의 소유가 될지도 모를 농지에 파종하려 들지 않아 올 한 해 농사가 망쳐질 우려가 있었다. 또한 농림부는 농민들에게 서둘러 농지를 분배하고 그들로부터 하곡(夏穀)을 대상으로 상환을 받아야, 한편으로는 곧 닥쳐올 지주들에 대한 보상(補償)에 충당하고 다른 한편으로는 당시 식량수급과 관련하여 중요한 행정수단인 양곡수집을 제대로 할 수 있다고 생각했다.

한편 이러한 관련부서의 과잉신속을 부추긴 것은 이승만의 독려였다. 당시 이승만이 농지분배를 조속히 시행토록 재촉한 증거는 여러 곳에서 나타나고 있는데, 여기서는 1950년 2월 22일에 있은 '서산군 농지개혁사무 주무자회의 서류'와 1950년 4월 25일 농림부에서 작성한 '농지개혁지침'의 해당 내용을 소개해보겠다.

> 농지개혁사무는…예산의 불성립과 지방기구 및 각급 농지위원회 미구성으로 천연 중이었던바 대통령각하께서는 이에 대하여 각별히 진념하시어 작년 12월 13일 국무회의에서 특별교시로 금년 춘경기(春耕期) 이전에 완수하게 하라는 분부가 있었고 또 1월 17일에는 국회의장에게 공한을 보내시어 농지개혁관계 추가예산안을 우선 상정케 하라 하였으며…사무추진에 적극 매진함을 요함('서산군 농지개혁사무 주무자회의 서류', 김성호, 1989, 936에서 재인용).
>
> 춘경기가 촉박하였으므로 추진상 불소(不小)한 곤란이 유(有)하였으나, 만난(萬難)을 배제하고 단행하라는 대통령각하의 유시를 받들어 정부로서는 최선을 다하여 실행단계에 돌입한 것이다. 제1단계로서는 소작인에게 파종기전(播種期前), 즉 4월 10일까지 농지분배예정통지서를 교부하여 장차 자기 농지가 된다는 것을 전제로 하여 안심하고 파종하라는 것이다('농지개혁지침', p. 4, 김성호, 1989, 603에서 재인용).

커밍스의 주장은 사실과 다르다.

그러면 이승만은 왜 이렇게 농지분배를 서둘렀는가? 그것은 곧 다가올 선거와 관련이 있다는 것이 필자의 생각이다. 이와 관련하여 필자는 다음 절에서 농지개혁의 단행과 5·30 선거에서 민국당의 패배 사이에 상관성이 있음을 가설로 제시해보고자 한다.

2) 농지개혁과 5·30 선거에서 민국당의 패배: 하나의 가설

농지개혁과 6·25 전쟁이란 중요한 두 사건 사이에 치러진 것이 5·30 선거다. 우리는 당시 인구의 70% 이상을 점하던 농민들에게 농지개혁이 어떤 영향을 미쳤는지를 이 선거를 통해 가늠해볼 수 있다. 또한 이 선거는 전쟁 직전의 남한의 정치적 상황을 가장 잘 보여준다는 점에서 6·25 전쟁의 발발과정을 이해하는 데에도 중요하다.

이 선거의 결과에 대해서는 그동안 '단정파 전체(이승만 세력과 민국당)가 위기에 빠지고 진보적이고 통일지향적인 중간파가 대거 원내에 진출했다'[신화 3]는 견해가 지배적이었다(B. Cumings, 1990, 484; 강정구, 1993, 1994). 그러나 필자가 분석한 바에 따르면 이것은 전적으로 오해였다(김일영, 1995, 309-323; 2000b, 4-10). 이 선거에서 총 210명의 국회의원 중 순수 무소속의 비중은 60여 명을 넘지 않으며, 그 중 진보적인 중도계 인사들은 10명 남짓했다. 선거에서 패배한 것은 45석 정도를 차지하는 데 그친 민국당뿐이며, 이승만은 100석 정도를 차지함으로써 세력규모 면에서 별 타격을 받지 않았다.[20] 따라서 이 선거에서 패배한 것은 민국당뿐이며, 이승만과 순수 무소속은 현상을 유지했다. 이 선거로 단정파 전체가 위기에 빠졌다는 것은 사실과 다르다.[21]

---

20) 이들 100여 명 전부를 열렬한 이승만 지지자로 보기는 어렵다. 그들 중 상당수(약 40명으로 추산)는 권력해바라기형 내지는 부화뇌동형 인물들로 추정된다. 허나 분명한 사실은 선거 직후 그들이 친이승만 정당에 일단 가담했다는 점이다.

21) 맥도날드(D. S. MacDonald, 1978, 282)와 메릴(J. Merrill, 1989, 171) 역시 이 선거에서 보

여기서 이러한 선거결과 분석에 대한 자세한 논증을 제시할 여유는 없다.[22] 다만 여기서 문제삼고자 하는 바는 5·30선거에서 이승만과 순수 무소속은 현상을 유지했던 데 반해, 왜 민국당만이 큰 손실을 보았는가이다. 그 원인으로는 이승만의 방해공작,[23] 입후보자의 난립 그리고 농지분배의 단행이라는 세 가지가 제시될 수 있는데, 여기서 특히 문제삼고자 하는 바는 세 번째 요인이다.[24] 이와 관련하여 필자는 "선거 이전에 농지가 분배되었다는 사실과 민국당의 선거 패배 사이에 상당한 상관성이 있다"는 가설을 제시하고자 한다.

앞에서 살펴보았듯이 이승만은 정부수립 직후부터 농민에 대한 한민(민국)당과 남노당의 영향력을 차단하고 그들을 자신의 지지기반으로 끌어들이기 위해 농지개혁을 서둘렀다. 그러나 그가 법이 공포된 이후 행정절차를 추월하면서까지 농지개혁을 재촉했던 이유는 5·30선거와 관련해 생각해보아야 한다. 1949년 겨울을 지나면서 남한 내에서 좌파의 영향력은 대폭 축소되었으며(J. R. Merrill, 1989, 160-165), 또 그렇지 않더라도 그들이 공식적인 정치무대인 선거에 등장하는 것이 이미 불가능했다. 따라서 선거와 관련하여 이승만이 주로 의식한 세력은 토지를 물적 토대로 하는 민국당이었

수파가 원내의 압도적 다수를 차지했다고 보고 있다.
22) 이에 관해서는 김일영(1995; 2000b) 참조.
23) 1950년 4월말~5월초 이승만은 내무책임자 및 경찰에 대한 대대적 인사이동을 단행하여 이 조직에 남아 있던 친민국당 계열 인사들을 제거했다(FRUS 1950, 58-63; B. Cumings, 1990, 489-495). 이로써 이승만은 이 조직을 민국당 및 중간파의 선거운동을 방해하는 데 동원할 수 있게 되었다. 또한 대한정치공작대 사건, 남반부정치위원회 사건, 남로프락치 사건 등의 공안사건들을 통해서도 민국당을 압박했다(이임하, 1993, 49-53). 그리고 선거가 다가오자 이승만은 몸소 삼남지방의 주요 도시를 돌며 '공산주의자'(중간파를 지칭)와 '민족반역자'(민국당을 지칭)에게는 표를 주지 말라는 유세(D. S. MacDonald, 1978, 277)를 하고 다녔는데, 이것도 이 선거에서 표의 향방에 상당히 영향을 미쳤다(서병조, 1981, 248-249; 김도연, 1968, 227).
24) 이 선거에는 모두 2,209명이 입후보했는데, 그 중 무소속이 1,513명이었고 민국당 입후보자는 154명에 불과했다. 더구나 민국당은 그 중 24개의 선거구에서는 2명 이상을 복수공천하여 제 살 뜯어먹기 식의 경쟁을 벌였으며, 이 당의 공천에서 탈락한 자가 무소속으로 입후보한 곳도 적지 않았다.

다. 그로서는 농지를 하루라도 빨리 분배함으로써 지주·소작관계를 매개로 민국당이 농민에게 행사했던 영향력을 감소시키고, 그들을 조속히 자신의 편으로 끌어들이고 싶었다. 이것이 제도적 정비에 앞서 이승만이 농지개혁의 단행을 재촉한 중요한 이유였다.

그러면 이러한 농지의 사전분배 조치가 과연 선거(특히 민국당의 패배)에 얼마나 영향을 미쳤을까? 자료의 제약으로 이러한 사실을 실증적으로 증명하기는 어렵다. 한민당과 민국당이 1948년 5·10 선거와 1950년 5·30 선거에서 얻은 지역별 득표율을 비교해볼 때, 그들의 전통적 지지기반인 호남지방에서의 득표율 하락 —전북은 26.1%에서 11.6%로, 전남은 37.7%에서 20.0%로— 이 다른 지방들보다도 컸다(중앙선거관리위원회, 1971, 71, 174)는 정도가 유일하게 눈에 띄는 사실이나, 그 역시 충분한 실증적 근거로 보기는 어렵다.

따라서 여기서는 간접적인 방식으로 이 문제에 접근해보도록 하겠다. 이 당시 이승만의 독려 속에 분배가 강행된 농지의 면적은 매수농지(342,365정보)와 귀속농지(262,502정보)를 합쳐서 모두 604,867정보였으며, 이것이 1,671,270호의 농가에 분배되었다(김성호, 1989, 661). 만약 수혜농가의 수를 유권자의 수로 환산시켜 생각한다면, 이들이 선거에서 차지하는 비중이 만만치 않음을 알 수 있다. 당시 전체 유권자의 수가 약 900만 명이었는데, 호당 평균 2인의 유권자가 있다고 가정할 경우 수혜농가는 유권자 총수의 1/3이 넘는 330여 만 표에 해당됨을 알 수 있다. 이렇게 많은 사람들이 농지개혁으로 선거 이전에 한꺼번에 소작농에서 영세하지만 자작농으로 전환되었다. 그렇다면 이것이 어떤 형태로든 선거에 상당한 영향을 미치지 않았을까?

대개 농민의 계급적 성향은 보수적이라고들 한다. 그러나 농민은 땅(토지)에 대해 원초적 애착을 지니고 있기 때문에 농지를 소유하지 못한 농민(소작농)과 그것을 분배받은 농민(소농: small-holding peasants)의 정치적 성향은 판이하게 다르다. 소작농은 평소에는 지주의 영향 아래 길들여져 있으나, 외부로부터 토지의 소유권과 관련된 선동과 자극이 있으면 대단히 급진화될 소지를 지니고 있었다. 해방 이후 한국의 많은 농민들이 보여준 급진성은 전체 농민의 80%를 점하는 소작농에 대해 토지를 나누어주겠다는 좌파의 선동이 먹혀 들어간 결과였다. 그러나 이러한 농민들도 일단 작은 토지라도 갖게 되면, 그 순간부터 소(小)소유계급(the small propertied class)의 행태를 보여주게 된다. 이러한 소농의 계급적 속성에 대해서는 맑스(K. Marx)가 『루이 보나빠르뜨의 브뤼메르 18일』(1873)에서 프랑스의 농민들을 대상으로 훌륭하게 묘사한 바 있다.

프랑스혁명으로 농지를 분배받아 소농이 된 프랑스의 농민들이 보나빠르뜨를 지지했듯이, 농지개혁으로 소농화된 한국의 농민들도 좌파에 대한 지지를 거두고 민국당(지주)의 영향으로부터 벗어나 이승만정부의 지지기반이 되었다(김일영, 1991). 다만 5·30 선거에서는 이승만을 내세우는 정당(예컨대 대한국민당, 국민회, 일민구락부 등)은 많았지만, 자유당처럼 이승만과 동일시될 수 있는 단일정당은 아직 없었다. 따라서 소농화된 농민들의 표는 민국당에 대한 지지로부터 철수하여 이승만을 표방하는 다수의 정당이나 무소속에 대한 지지로 흩어질 수밖에 없었고, 그것이 결국 이승만과 무소속의 현상유지와 민국당의 패배라는 선거결과를 가져왔다고 볼 수 있다. 선거 전에 농지가 분배되었다는 사실과 민국당의 패배 사이에 상당한 연관성이 있다는 가설은 바로 이러한 근거에서 제시된 것이다.

4. 농지개혁과 전쟁 그리고 계급구조의 변화

농지분배가 70~80% 가량 진행된 상태에서 전쟁이 터졌다. 농지개혁은 그 자체만으로도 사회 전반에 심원한 영향을 미칠 수 있는 것이었다. 그런데 거기에 전쟁까지 겹쳐짐으로써 한국의 정치 및 사회경제적 구조는 근본적인 변화를 겪게 되었다. 두 사건을 계기로 농민은 보수화 내지는 탈정치화되었고, 지주는 몰락했으며, 국가를 매개로 새로 등장한 자본가들이 그 공백을 메우기 시작했다.

1) 지배계급의 교체: 지주의 몰락과 신흥 자본가의 등장

앞에서 지적했듯이 농지개혁법과 귀속재산처리법에서 지주가 상업 내지 산업자본가로 전환할 수 있는 어느 정도의 제도적 보장을 받아냈다고는 하나 실제로 이 조항의 혜택을 누릴 수 있는 지주는 얼마 되지 않았다. 대부분의 지주는 규모의 영세성과 실질적인 법적 뒷받침의 부족 그리고 제도시행 과정에서의 차별 때문에 큰 타격을 받을 수밖에 없었다.

당시 농림부는 400석 이상을 보상받는 지주라야 전업이 가능할 것으로 파악했다. 그런데 이러한 지주의 수는 전체 지주의 2.2%인 3,400명에 불과했다(김성호, 1989, 776). 대다수의 지주들은 농지를 매수당한 대가로 1년 소출량의 15할을 5년 동안 나누어 보상을 받아봐야 그것으로는 생활비를 대기에 벅찰 정도였다. 따라서 이러한 영세지주들은 농지개혁으로 몰락의 길을 걸을 수밖에 없었다. 더 큰 문제는 전업이 가능한 소수의 대지주들도 곧이어 터진 전쟁과 재정안정을 우선시하는 정부의 정책 때문에 자본가로 변신할 수 있는 기회를 놓치고 말았다는 점이다.

전쟁이 터지자 정부는 전비조달을 위한 재정확보에 총력을 쏟았다. 이 과정에서 정부가 가장 중점을 둔 분야는 농업부문이었다. 정부는 농지를 분배받은 농민들로부터 상환곡을 철저하게 징수했다. 더 나아가 정부는 임시토지수득세라는 것을 만들어 농민들로부터 현물 형태로 세금을 거두어들였다. 당시 농민들은 이런저런 명목으로 생산물의 절반 이상을 국가에 징수당해야 했다(이대근, 1987, 170-175).

그런데 농민들로부터 상환곡과 세금을 현물로 빠짐없이 거두어들이던 것과는 대조적으로 정부는 지주들에 대한 보상에는 상당히 태만했다. 원래 예정대로라면 1955년 5월 말까지 지가보상이 끝나도록 되어 있었으나 그때까지의 실제 보상실적은 전체의 28%에 불과할 정도로 보상의 진행 속도가 느렸다. 정부는 보상을 할 경우에도 법안대로 1년 단위로 지급하는 것이 아니라 월별로 생활비 정도만을 지급하는 정책을 폈다.[25] 그리고 제때에 보상을 받은 경우에도 지주들은 큰 손해를 감수해야만 했다. 지가증권이란 보상받을 석수를 기입하고 그것을 5년으로 나누어 지급하되 그 방식은 각 년도의 법정(공정)미가로 환산한 현금으로 지급할 것을 규정한 증권이었다. 그런데 전시 중 법정미가는 시중의 실제 미가의 30~40%에 불과했으며, 매년 인플레율은 서울도매물가지수를 기준으로 보아 거의 1,000%를 상회했다. 이를 생각할 때 지주들이 현금으로 보상받는 금액의 가치가 얼마나 형편없었던가를 짐작할 수 있다.

정부가 이렇게 지주보상에 무성의했던 것은 전비(戰費)확보와 재정안정이라는 두 가지 이유 때문이었다. 전전(戰前)부터 정부는 재정적자에 시달리고 있었지만, 전쟁이 터지자 재정결핍의 정도는 훨씬 심해졌다. 이에 정부는 농민상환액과 지주보상액 사이의 시세차익과 시차(時差)를 이용해 부족한 재정을 메우려고 했다. 농민에게서 현물로 거두어들여 지주에게 법정미가로 보상하는 과정에서 정부는 커다란 차익을 남길 수 있었다. 더구나 인플레이션이 심한 상황에서 보상을 지연시킴으로써 정부가 얻는 이익도 만만치 않았다. 전쟁기간(1950~1953) 중 이러한 방식으로 상환액과 보상액 사이

---

25) 그밖에 정부는 일반지주에 대한 보상보다 귀속재산매각대금으로 들어오는 관재국수납분을 먼저 보상하는 귀속재산매각대금 우선보상정책이나 지가증권에 대한 담보융자를 사실상 금지하는 금융정책 등을 통해서도 지주들에게 불이익을 안겨주었다(이지수, 1994, 36-61).

에서 정부가 남긴 차액은 모두 38억 환 정도였고, 1950년부터 1959년 사이에는 총 270억 환에 달했다(한국농촌경제연구원, 1984, 100-101). 또한 정부는 인플레이션을 억제하고 재정안정을 꾀한다는 명분으로도 지주들에 대한 보상을 가급적 미루었다. 정부가 월별보상금지불정책, 관재국수납분 지가증권 우선보상정책, 지가증권담보융자 금지정책 등을 시행한 것은 재정안정과 밀접한 관계가 있었다.

이렇게 정부가 지주들에 대한 보상을 의도적으로 천연(遷延)시키는 가운데 대부분의 지주들은 피난처에서 생계비조달을 위해 지가증권을 헐값으로 팔아버릴 수밖에 없었다. 당시 지가증권은 액면가의 20~70% 정도의 값에 방매되었다(김기원, 1989, 186-187). 이러한 상황에서 일제하에서부터 이미 전업에 나섰거나 농지개혁 이전에 별도의 방도를 마련한 극소수의 지주를 제외하고, 소작료 수입에만 의존하던 대부분의 지주들은 몰락하지 않을 수 없었다.[26]

지주의 몰락으로 생긴 빈 공간을 메우고 들어온 것은 자본가였다. 이들이 부상하는 방법은 원조물자를 특혜 배정받아 (가공)유통시키거나 달러를 특혜 불하받아 환차익을 노리는 것, 독점적 수입허가권을 따내는 것, 정부재산을 불하받는 것 등 다양했다(공제욱, 1993; 김일영, 1999, 332). 이 중 농지개혁 및 지주의 몰락과 관련이 깊은 것은 귀속재산불하였다. 전쟁이 터지자 정부는 물자공급의 증대와 재정적자의 보충 등을 위해 귀속기업체불하에 박차를 가했다. 당시 귀속재산은 정부사정가격의 평균 50~60%밖에 안되는 싼 값에 불하되었다. 불하대금도 원래 법에는 전액을 일시에 내는 것으로 되어 있었지만, 실제로는 최고 15년의 분할납부가 인정되었다. 고율의 인플레이

---

26) 이와 관련하여 약 2,000명으로 추산되는 600석 이상을 보상받는 대지주 중 실제로 귀속기업체를 불하받은 사람은 34명에 불과했다는 연구(김윤수, 1988, 64-65)와 호남지역에서 보상 규모가 크고 일제하에서 이미 사업경험이 있는 지주들일수록 전업에 성공할 확률이 높았다는 연구(이지수, 1994, 62-90)를 참조할 수 있다.

선하에서 15년 분할납부도 대단한 특혜였는데, 불하받은 자본가들은 연체까지 일삼았다(재무부, 1958, 162; 김대환, 1981, 183). 그리고 납부한 불하대금도 저리의 특혜융자로 메워진 경우가 많았다. 이러한 상황에서 누구든 귀속기업체를 불하받기만 한다면 그것은 곧 자산가로의 길을 보장받는 것과 마찬가지였다.

그런데 귀속기업체를 불하받은 자의 대금상환을 보다 용이하게 만든 또 하나의 방법이 있었는데, 그것은 시중에 액면가의 20~70%로 나도는 지가증권을 구입하여 불하대금으로 충당하는 것이었다. 이미 언급했듯이 600석 이상을 보상받는 대지주 중 귀속기업체를 불하받은 사람은 1.7% 정도에 지나지 않았다. 그런데도 1958년까지 불입된 귀속재산 분납금 중 약 40%가 지가증권의 형태였다. 이것은 결국 지주의 재산이 전쟁 중에 거의 절반에도 못 미치는 가격으로 자본가들에게 이전되었음을 뜻하는 것이다(김윤수, 1988, 56-58, 69-70; 김기원, 1989, 186-187).

당시 국가는 이러한 자본이전을 방조 내지는 조장했다. 국가는 보상을 지체함으로써 지주가 지가증권을 헐값에 방매하도록 만들었다. 더 나아가 국가는 지주가 지가증권을 담보로 융자받는 것을 사실상 금지시켰고, 대신 자본가들이 타인명의의 지가증권을 사들여 손쉽게 귀속재산매각대금으로 납입할 수 있도록 절차를 대폭 간소화시켰다.[27] 국가는 재정보충과 안정확보를 위해 이러한 정책을 취했는데, 이에 대해서는 이미 충분히 설명했으므로 반복하지 않겠다.

이상에서 설명한 농지개혁과 전쟁 그리고 국가의 재정안정정책이 지배계급의 교체에 미친 영향은 다음의 〈그림 1-2〉와 같이 요약될 수 있다.

---

27) 그밖에 지가증권 액면표시금액 전체를 매수대금으로 인정한다는 조치도 취했다(이지수, 1994, 44-61).

<그림 1-2> 농지개혁과 국가의 정책 및 계급구조 변화

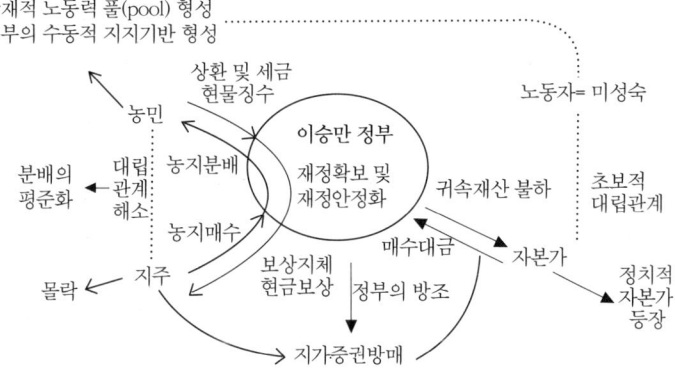

2) 농민의 보수화와 이승만 지지기반의 형성

북한은 "조선전쟁 개시 후 인민군이 전체 면의 78.5%에 해당되는 1,198개 면에서 토지개혁을 실시했다"고 주장했다(『로동신문』, 1950년 9월 30일). 6·25 전쟁 이전에 남한에서 농지분배가 이루어지지 않았다고 여긴 대다수의 기존연구들은 이러한 '북한의 토지개혁이 남한의 농민들로부터 상당한 호응을 얻었다'[신화 4]고 생각했다. 이것은 서울 수복 이후 남한정부가 농민의 마음을 돌리기 위해 농지분배를 서둘렀다는 논리로 이어졌다.

점령기간 중 북한은 남한에서 당과 인민위원회 조직의 재건, 친일파나 이승만 세력에 대한 숙청, 전시동원 그리고 토지개혁 등의 정책을 시행했다. 반혁명 세력에 대한 숙청작업은 정치보위부의 지도를 받기는 했지만, 실제 현장에서는 해당 지역의 자위대(치안대)에 의해 수행되는 것이 일반적이었다. 당시 자위대는 대체로 전쟁 전 좌익활동으로 투옥되었다가 풀려난 사람들이나 지주에 의해 억눌렸던 빈농이나 고농(雇農: 머슴)들이 중심이었다. 이들의 숙청작업은 전전(戰前)이나 전쟁 초기에 이루어진 좌익숙청이나 지주에 대한 보복의 성격을 띠는 수가 많았다. 따라서 이 작업에 대해서는 다소 무리하게 진행됨으로써 공산주의에 대한 공포심과 혐오감을 불러일으키고 민심의 이반을 초래했다는 부정적 평가가 많다(권영진, 1989, 94-95; 김동춘, 2000, 137-147, 155-165).

북한은 남한 주민들에 대한 전시동원을 "전쟁 승리를 위한 남한 주민들의 자발적 염원의 표시"라고 선전했지만, 사실은 남한 주민들에게 그것은 전쟁 못지 않게 위험하고 어려우며 고통스러운 일이었다. 따라서 이 역시 주민들의 호응을 얻었다고 보기 힘든데, 이 점은 김일성이 1950년 12월 21일 조선노동당 중앙위원회 제3차 정기회의에서 "후방 공급사업들이 잘 조직되지 못했다"고 자책한 데서도 드러났다(권영진, 1989, 92-94; 서용선, 195 40-54; 김동춘, 2000, 172-177).

그러면 토지개혁은 어떠했는가? 전쟁 전부터 북한이 남한의 토지개혁을 준비했던 것은 사실이다. 1949년 남한정부가 농지개혁에 대한 준비를 서두르자 북한은 남한에서 실시할 토지개혁에 대한 기준을 세우기 위해 홍명희, 박문규 등 21명의 위원으로 구성된 '토지개혁법령 준비위원회'를 구성하고, 법령 초안을 작성했다. 그리고 이에 의거하여 점령 이후 즉각 남한에 대한 토지개혁에 착수하여 78.5%를 수행했다고 북한 당국은 발표했다(櫻井浩, 1988, 9-15).

그러나 실제로는 북한이 토지개혁을 시작했다가 중도에 그치고 그대로 후퇴한 곳도 많기 때문에 78.5%라는 북한의 발표는 과장된 것이기 쉽다(김남식, 1984, 450; 중앙일보사, 1983, 142). 아울러 당시 북한에 의한 토지개혁이 농민들로부터 반드시 호감만 샀는가에 대해서도 의문의 여지가 있다. 특히 전전(戰前)에 이미 농지를 분배받았던 대다수 농민들에게 북한에 의한 토지개혁은 성가신 재분배 이상의 의미를 지니기 힘들었다. 그것은 상환부담을 면제시켜주었다는 점에서는 나았을지 모른다. 그러나 그 이면에 토지에 대한 소유권행사(매매, 저당 등)의 금지라는 사회주의적 제약이 있었기 때문에 이러한 재분배 조치가 과연 농민들로부터 얼마나 환영을 받았을지는 의문이다.[28] 그리고 실제 재분배과정을 주도한 것은 고농, 즉 머슴과 토지가 없거나 적은 농민들이었는데,[29] 이 중 특히 전쟁 이전 남한의 농지개혁 대상에서 제외된 머슴들[30]이 상답(上畓)을 선점하는 등의 횡포를 부려 여타 농민들의 반발을 사기도 했다(김성호 1985, 6). 따라서 이미 농지를 분배받아 소농화된 대다수의 농민들에게 북한에 의한 재분배는 큰 호응을 불러일으키지 못했다(중앙일보사, 1983, 142-144; 김성칠, 1993, 180-182, 196-197; 김동춘, 2000, 150-152).

북한은 '농업현물세제'를 시행하는 과정에서도 많은 무리를 범해 농민들의 불만을 샀다. 이 제도는 수확량의 25%만을 현물세로 걷고 여타 조세나 공출은 모두 폐지하는 것으로서 농민들에게 환영받을 수도 있는 것이었다. 그런데 현물세를 부과하기 위해 예상수확량을 조사하는 과정에서 북한이 제일 잘 익은 곡식의 낱알을 헤아려 전체 수확량을 추정하고, 그것을 기준으로 세금을 부과하자 농민들 사이에서는 "왜놈들도 그러지 않았다"는 등의 불만이 터져나왔다. 더구나 실제 수확기 이전에 북한이 퇴각함으로써 농민들의 머리 속에는 북한에 대한 나쁜 인상만 남게 되었다. 따라서 수복 이후 이승만정부로부터 임시토지수득세, 강제양곡매상, 농지상환금 등으로 생산량의 절반 이상을 징발당하면서도 농민들은 인공치하(人共治下)보다는 낫다는 생각을 갖게 되었다.[31]

---

28) 미국도 유사한 이유를 들면서 "공산주의자들의 선전과는 달리 그들의 토지개혁이 대다수의 남한 농민들로부터 환영받았다는 증거는 없다"고 평가했다(FRUS 1950, 1011-1013).
29) 1950년 7월 4일 북한이 발표한 토지개혁에 관한 정령에 토지의 분배량과 방법은 머슴, 토지 없거나 적은 농민들의 총회에서 정하고, 해당 인민위원회의 비준을 얻도록 규정되어 있었다(「북조선 토지개혁에 관한 법령」, 국방군사연구소 소장 특수자료, 관리번호 90-157, 서용선, 1995, 31-32에서 재인용).
30) 남한의 농지개혁은 해당농지를 경작(소작)하는 자에게 우선적으로 분배하는 방식으로 진행되었다. 따라서 전체 농가의 93.1%가 이 원칙에 의거해 농지를 분배받았으며, 이 과정에서 소작인이 아닌 머슴은 자연히 배제되었다(김성호, 1989, 657).
31) 더 나아가 농민들은 쌀밥 먹는 것이 이승만 덕분이라는 의식까지 갖게 되었다(김성호, 1989, 6).

한국의 농민들은 전쟁 발발 이전에 이미 농지분배를 통해 보수적인 소농으로 변해가고 있었다. 북한이 점령기간 중 시행한 토지개혁은 이러한 농민들의 보수성을 바꾸는 데 그다지 성공적이지 못했다. 북한의 점령정책과 수복 이후 부역자들에 대한 남한측의 대대적인 탄압을 겪으면서 농민들은 오히려 보수성을 강화시켰다. 물론 이러한 농민들의 보수성은 적극적 내용을 지닌 것이기 보다는 탈정치성에 기초한 소극적 순응에 가까운 것이었다. 1950년대 내내 이승만의 지지기반을 구성했던 것은 바로 이러한 내용을 지닌 농민들의 보수성이었다(김일영, 1991). 그리고 이 모든 사태의 시발점은 전쟁이 터지기 전 이승만정부가 주도했던 농지개혁이었다.

5. 농지개혁, 전쟁 그리고 경제발전: 발전국가의 사회적 토대 형성

한국이 경제발전에 성공한 요인으로 가장 많이 지적되는 것이 효과적인 국가개입과 그것을 가능하게 만든 발전국가이다. 발전국가의 속성으로는 높은 국가의 자율성과 능력이 흔히 거론된다. 자율성이란 국가가 사회의 지배계급의 의사에 반해 정책을 입안·추진할 수 있는 정도이며, 능력은 관료조직의 효율성과 정책의 적실성 등을 일컫는다. 한국에서 이러한 발전국가가 형성·발전된 것은 1960년대 이후이지만, 그 사회적 토대는 1950년대에 만들어졌다(김일영, 2000a, 41-46, 50-52). 특히 농지개혁과 전쟁은 자율성이 큰 국가를 낳는 데 결정적으로 기여했다.[32]

장기적인 관점에서 볼 때, 지주계급의 몰락은 한국 민주주의 발전에 긍

---

32) 한국에서 국가개입이 성공할 수 있었던 또 다른 요인으로 초기 조건이 좋았다는 점이 거론되고 있다. 이 점을 지적하는 사람들은 한국을 비롯한 동아시아 국가들이 누린 양호한 초기 조건으로 현저하게 낮은 소득불평등과 높은 교육열로 인한 양질의 풍부한 노동력을 들고 있다. 이 중 분배의 상대적 형평성은 특히 농지개혁 및 전쟁과 관련성이 깊다(S. Haggard, 1990, 223-253; D. Rodrik, 1994; 1995; Jong-Il You, 1998).

정적인 영향을 미쳤다.[33] 그것은 한국정치에서 지주과두제적 요소의 등장을 완전히 배제시키는 결과를 가져왔기 때문이다. 만약 다수의 지주가 자본가로의 전신(轉身)에 성공해 그 세력을 유지했다면, 그들을 경제적 기반으로 삼고 있는 민국당은 권력에 보다 근접했을 수도 있다. 그 경우 한국정치에는 내각제적 권력구조 아래서 지주과두제적 요소가 어느 정도 존속되었을지도 모른다. 그러나 지주가 전업에 실패함으로써 이러한 가능성은 전면 차단되고 말았다.[34]

한편 단기적으로 볼 때, 지주계급의 몰락은 국민대의기관으로서 행정부를 감시·견제해야 하는 역할을 수행해야 하는 국회가 이 기능을 제대로 발휘하지 못하는 약한 의회의 시발점이 되었다. 당시는 아직 정당정치가 확립되지 않아 의원들 간에 이합집산이 심했지만, 그래도 국회 안에서 이승만에 맞서는 세력의 중심은 민국당과 무소속 의원들이었다. 따라서 민국당의 약화는 곧 원내에서 반이승만 세력의 약화로 이어지며, 궁극적으로는 의회의 약화로 연결될 수 있었다. 이미 5·30선거에서 세력이 약화된 민국당은 한때 순수 무소속 의원들과 힘을 합쳐 이승만정부를 압박하기도 했다.[35] 그러나 이승만이 스스로의 권력을 강화시키기 위해 일으킨 친위쿠데타인 부산정치파동이 성공하면서 민국당을 비롯한 반이승만 세력은 결정적 타격을 입고 말았다(김일영, 1993; 2000b). 이 파동의 결과 이루어진 발췌개헌에서 의회가 대통령 선출권을 빼앗긴 것이 한국정치에서 의회 약화의 결정적 계기가 되었다. 그리고 이때 확립된 의회에 대한 행정부 우위현상은 오늘날까

---

33) 지주계급의 운명과 정치발전의 다양한 경로 사이의 상관관계에 관한 논의는 김일영(1992) 참조.

34) 그 후 1980년대 후반 민주화가 시작되기 전까지의 한국정치는 뿌리뽑힌 지주출신 정치인들(주로 구파)이 친일관료출신들(주로 신파)과 연합과 분열을 거듭하며, 공권력을 등에 업고 전횡을 일삼는 여당(자유당, 공화당, 민정당 등)과 맞서는 형상으로 전개되었다. 그러나 어떤 경우에도 지주과두제적인 요소가 부활되지는 않았다.

35) 이에 관한 자세한 설명은 김일영(2000b) 참조.

지도 이어지고 있다(김일영, 1998, 212-222).

농지개혁과 전쟁은 지주에게는 악몽이었지만, 자본가로 부상하려는 사람들에게는 기회였다. 전쟁 중 이들은 온갖 방법을 동원해 한몫 잡으려고 했다. 이들이 자본가로 성장하기 위해 사용한 방법들은 국가 내지는 정치권력을 끼지 않고는 성사되기 어려운 것들이었다. 이 점에서 한국에서 자본가들의 부상은 철저히 국가 내지는 정치의존적이었다. 당시 자본가들은 지주가 몰락한 틈을 비집고 들어오기는 했지만, 그들의 부상이 곧 지주 몰락이 가져온 사회세력의 공백을 메워주지는 못했다. 그렇게 되기에는 당시 자본가들은 너무 자생력이 약했다. 그들은 국가나 정치를 좌우하는 것이 아니라 오히려 거기에 의존해야만 클 수 있는 정치적 자본가들(political capitalists)이었다.

농지개혁과 전쟁을 거치면서 보수화·탈정치화되기 시작한 농민들은 1950년대 내내 이승만의 수동적 지지기반을 형성했다. 이승만정부가 전중(戰中)은 물론이고 전후에도 계속 농업희생적인 경제정책을 폈고, 이때문에 이들의 경제적 형편이 다시 악화되었다(이대근, 1987).[36] 그럼에도 불구하고 이들은 이승만에 대한 수동적 지지를 철회하지 않았다. 노동계급의 활성화를 기대하기 어려운 당시 조건에서 이러한 농민의 탈정치화는 결국 기층 계급 전체의 침묵을 의미했다.

요컨대 농지개혁이 전쟁과 어우러지면서 지주가 몰락하고, 자본가가 국가의존적이 되었으며, 기층 사회계급이 숨죽이고 있는 상황이 조성되었다. 이러한 사회 세력의 전반적 약화는 한국의 국가를 사회에 대해 상대적으로 높은 자율성을 지닌 존재로 만들었다. 이로써 이미 살펴본 의회에 대한 행정부의 우위에 덧붙여 사회에 대한 국가의 우위도 나타나게 되었다. 1960년대의 발전국가는 바로 이러한 조건 위에서 등장한 것이다.

---

36) 이들은 농촌에 유휴노동력으로 잠복해 있거나 도시 주변으로 흘러들어 주변계층을 형성했다. 1960년대 산업화의 토대가 되는 풍부한 양질의 저임노동력의 풀(pool)은 이때 형성되었다.

참고문헌

강명옥, 『귀속재산처리법해의』, 명세당, 1950.
강정구. 「5·10선거와 5·30선거의 비교연구」, 『한국과 국제정치』, 9권 1호, 1993, 봄·여름.
_____. 「전상인 반론에 대한 답론」, 『한국과 국제정치』, 10권 1호, 1994, 봄·여름.
공제욱. 『1950년대 한국의 자본가연구』, 백산서당, 1993.
국회사무처. 『국회사: 제헌, 2대, 3대 국회』, 국회사무처위원국자료편찬과, 1971.
권영진. 「북한의 남한 점령정책」, 『역사비평』, 1989, 여름.
김기원. 「미군정기 귀속재산에 관한 연구」, 서울대 경제학박사논문, 1989.
김남식. 『남노당연구』, 돌베개, 1984.
김대환. 「1950년대 한국경제 연구」, 『1950년대의 인식』, 한길사, 1981.
김도연. 『나의 인생백서』, 강우출판사, 1968.
김동춘. 『전쟁과 사회』, 돌베개, 2000.
김병태. 「농지제도와 농업생산」, 『농업정책연구』, 2호, 1974.
김성보. 「한국 농지개혁의 입법과정과 실행과정」, 연세대 현대한국학연구소 제3회 학술회의(『농지개혁의 역사적 재조명』) 발표논문(1999. 12. 17.).
김성칠. 『역사 앞에서』, 창작과 비평사, 1993.
김성호. 「한국토지제도의 연속성과 단절성(하)」, 『농촌경제』, 8권, 4호, 1985, 12월.
김성호 외. 『농지개혁사연구』, 한국농촌경제연구원, 1989.
김윤수. 「8·15 이후 귀속기업체 불하에 관한 일연구」, 서울대학교 경제학석사논문, 1988.
김일영. 「이승만 통치기 정치체제의 성격에 관한 연구」, 성균관대학교 정치학박사논문, 1991.
_____. 「계급구조, 국가, 전쟁 그리고 정치발전: B. Moore 테제의 한국 적용 가능성에 대한 예비적 고찰」, 『한국정치학회보』, 26집 2호, 1992.
_____. 「부산정치파동의 정치사적 의미」, 『한국과 국제정치』, 9권 1호, 1993, 봄·여름.
_____. 「농지개혁, 5·30선거 그리고 6·25 전쟁」, 『한국과 국제정치』, 11권 1호, 1995, 봄·여름.
_____. 「한국 권위주의체제의 성격과 변화: 불완전포괄형, 일인지배하의 관료우위형 그

　　　　리고 방어적 근대화를 위한 동원형」, 김영명 편,『동아시아의 정치체제』, 한림대 아시아문화연구소, 1998.

_____.「1960년대의 정치지형 변화: 수출지향형 지배연합과 발전국가의 형성」, 한국정신문화연구원 편,『1960년대의 정치사회변동』, 백산서당, 1999.

_____.「한국의 근대성과 발전국가」,『사회과학』, 39권 1호, 2000a.

_____.「전쟁과 정치: 6·25 전쟁 중 북진통일론과 두 갈래 개헌론의 관계」, 연세대 현대한국학연구소 제4차 국제학술회의(『한국과 6·25 전쟁』) 발표논문(2000b. 10. 6.).

대한상공회의소.『대한상공회의소 3년사』, 1949.

박종철.「한국의 산업화정책과 국가의 역할, 1948-1972」, 고려대 정치학박사논문, 1988.

서병조.『정치사의 현장: 제1공화국』, 중화출판사, 1981.

서용선.「6·25 전쟁시 점령정책 연구」, 서용선 외,『점령정책, 노무운용, 동원』, 국방군사연구소, 1995.

손관수.「귀속재산처리법 제정에 관한 연구」, 서울대 정치학석사논문, 1992.

신병식.「한국의 토지개혁에 관한 정치경제적 연구」, 서울대 박사논문, 1992.

유인호.『한국농지제도의 연구』, 백문당, 1975.

이대근.『6·25 전쟁과 1950년대 자본축적』, 까치, 1987.

이지수.「해방 후 농지개혁과 지주층의 자본전화문제」, 연세대 석사논문, 1994.

정진아.「제1공화국 초기(1948-1950)의 경제정책」, 42회 전국역사학대회 발표요지, 1999.

재무부.『재정금융의 회고: 건국10년 업적』, 1958.

조선은행 조사부.『조선경제연보』, 1948.

_____.『경제연감』, 1949.

중앙선거관리위원회.『역대국회의원선거상황』, 1971.

중앙일보사(편).『민족의 증언』 2권, 중앙일보사, 1983.

최봉대.「초기 상공회의소 활동을 통해 본 해방 후 자산가 집단의 정치 세력화 문제」, 한국사회사학회(편),『해방후 정치 세력과 지배구조』, 문학과 지성사, 1995.

한국농촌경제연구원,『농지개혁사관계자료집』 제3집(통계편), 1984.

한국은행.『경제연감』, 1955.

황한식.「한국농지개혁연구」, 최장집 편,『한국현대사』 I , 열음사, 1985.

佐佐木隆爾.「第二次大戰後の南朝鮮解放戰爭における土地改革について」,『朝鮮史研究會論文集』, 第4輯, 1968.

櫻井浩.『韓國農地改革の再評價』, 東京: アジア經濟研究所, 1976.

_____.「한국의 토지개혁과 6·25 전쟁」, 6·25 전쟁연구 국제학술회의 발표논문 모음집,『6·25 전쟁전후 민족격동기의 재조명』, 1987.

_____.「1950年における朝鮮民主主義人民共和國による韓國地域の土地改革」,『アジア經濟』, 1988年 1月.

Allison, Graham T., *Essence of Decision*, Boston: Little Brown: 1971.

Cumings, Bruce, *The Origins of the Korean War, Vol II: The Roaring of the Cataract 1947-1950*, Princeton: Princeton University Press, 1990.

Evans, Peter, *Embedded Autonomy: States and Industrial Transformation*, Princeton: Princeton University Press, 1995.

Haggard, Stephan., *Pathways from the Periphery*, Ithaca: Cornell University Press, 1990.

MacDonald, Donald S., "Korea and The Ballot: The International Dimension in Korean Political Development as Seen in Elections," Ph.D. dissertation, George Washington University, 1978.

Marx, Karl, *The Eighteenth Brumaire of Louis Bonaparte*, New York: International Publishers, 1973.

Merrill, John R., *Korea: The Peninsular Origins of The War*, London and Toronto: Associated University Presses, 1989.

Oliver, Robert T., *Syngman Rhee and American Involvement in Korea, 1942-1960: A Personal Narrative*, Seoul: Panmun Book Company, 1978.

Poulantzas, Nicos, *Political Power and Social Classes*, London: New Left Books, 1973.

Rodrik, D., "King Kong Meets Godzilla: The World Bank and the East Asian Miracle," CEPR Discussion Paper, no.944, 1994.

_____. "Getting Interventions Right: How South Korea and Taiwan Get Rich," *Economic Policy*, April, 1995.

U.S. Department of State, *FRUS 1950 Vol. VII: Korea*, Washington: Government Printing Office, 1976.

You, Jong-Il, "Income Distribution and Growth in South Korea," *Journal of Development Studies*, 34/6, 1998.

2장
전시정치의 재조명
6·25 전쟁 중 북진통일론과 두 갈래 개헌론

1. 전쟁과 정치

전쟁과 정치는 밀접한 관계를 지니고 있다. 레닌(V. I. Lenin)은 이 관계를 "전쟁은 정치를 다른 수단으로 연장한 것"이라고 했고, 마오쩌둥(毛澤東)은 "정치는 피를 흘리지 않는 전쟁이고, 전쟁은 피를 흘리는 정치"라고 했다. 두 혁명가는 전쟁과 정치가 수단을 달리하는 권력추구방식이라는 점을 잘 알고 있었다.

1950년 6월 25일부터 1953년 7월 27일 사이 한반도에서는 전쟁과 정치가 동전의 양면처럼 긴밀한 관계에 있음을 잘 보여주는 상황이 연출되었다. 한편에서는 총을 쏘고 피를 흘리는 정치(즉, 전쟁)가 벌어졌지만, 다른 한편에서는 총도 쏘지 않고 피도 흘리지 않는 전쟁(즉, 정치)이 전개되고 있었다. 전선에서 수많은 사람들이 죽거나 다치고 있는 동안에도 후방에서는 전시 상황을 최대한 활용하여 권력을 유지하거나 탈환하기 위한 정치가 계속되고 있었다. 이 당시 정치는 전쟁의 일부분이었으며, 전쟁 역시 정치의 연장선상에서 이루어졌다. 이승만은 바로 이러한 전시정치를 통해 1960년까지 장기집권을 할 수 있는 정치적 토대를 마련했다.

---

* 이 글은 『한국정치외교사논총』, Vol. 23 No. 2(2002)에 게재된 것을 수정 보완한 것임.

이 글은 전쟁과 정치의 긴밀성에 유념하면서 6·25 전쟁 중에 벌어진 국내정치를 살펴보고자 한다. 1948년 8월 15일 정부수립 이후부터 1952년 중반의 부산정치파동이 있기까지 이승만정부는 항상 의회로부터 쫓기는 입장이었다. 전시정치는 이러한 상황을 반전(反轉)시키려는 이승만의 노력으로 특징지어질 수 있으며, 그 정점이 부산정치파동과 발췌개헌이었다. 이승만이 물리적 힘(주로 군과 경찰)을 어떻게 장악했고, 정치적 조직기반(주로 자유당과 지방행정조직)을 어떻게 형성했는지, 국민적 지지(주로 선거에서의 지지표)를 동원하기 위해서는 어떤 노력을 기울였으며, 이 모든 작업에 들어가는 자금은 어떻게 조달했는지 그리고 반(反)이승만 세력은 이러한 이승만의 기도를 막기 위해 어떤 노력을 기울였는지 등이 전시정치라는 범주 아래서 이 글이 살펴보려는 주요내용이다.

이 글의 주된 목적은 이승만의 북진통일론을 키워드로 하여 전시정치를 재조명하는 것이다. 주지하듯이 전시정치는 내각제와 대통령직선제라는 두 갈래의 개헌 움직임이 서로 대결하는 형국이었다. 그동안 이 문제는 단순히 권력을 장악하기 위한 정쟁(政爭)의 차원에서만 해석되었다. 그러나 여기서는 이러한 두 움직임을 작게는 미국의 영향권 내에 들어간 의회와 상대적으로 독자적인 이승만정부 사이의 힘 겨루기로 그리고 크게는 6·25 전쟁의 수행방향을 둘러싼 미국·일본과 한국 사이의 갈등으로 해석할 수 있음을 보여주고자 한다. 이러한 관점에서 이 글은 이승만이 직선제 개헌의 관철을 자신의 권력연장의 수단뿐 아니라 미국의 휴전론 —한반도 재(再)분단론— 에 맞서는 자신의 북진통일론의 실현수단으로 보고 있었다는 점을 제시하고자 한다. 반면 민주국민당(이하 민국당으로 약칭)과 무소속 등 의회 세력은 한편으로는 미국의 비호 아래 이승만으로부터 권력을 탈취하기 위해 내각제 개헌을 추진하면서도 다른 한편으로는 미국의 의사에 반해 이승만의 북진통일론을 지지하는 모순된 태도를 보이고 있었다. 이렇게 두 갈래 개헌공작과 통일론이 지닌 관계에 주목함으로써 이 글은 이승만이 정치를 전쟁정책의 연장선상에서 이해하고 있었던 유일한 정치가였음을 보여줄 것이다.

2. 원내 세력의 이합집산: 가변적 정립 구도

전쟁 직전인 1950년 5월 30일 총선거가 거행되었다. 그런데 국회가 정식으로 원(院)구성을 끝내기 전에 전쟁이 터졌다. 따라서 본격적인 전시정치는 1951년 1·4 후퇴 이후 임시수도 부산에서 시작되었다. 전시정치하에서 각 정파는 매우 잦은 이합집산을 보여주었다. 각 정파들이 이렇게 혼란스럽게 이합집산을 거듭하는 이유는 무엇인가? 그리고 이러한 이합집산 속에서 어떤 흐름을 찾아볼 수는 없을까? 결론부터 말한다면, 1952년 중반 ―이 무렵 부산정치파동, 발췌개헌, 제2대 정부통령 선거가 잇따라 진행되고 있었다― 까지 원내 세력의 움직임은 크게 보아 친이승만 세력, 민국당 그리고 무소속이 서로 맞서는 정립구도를 벗어나지 못했다. 그러나 삼각관계의 내용은 수시로 변했다. 셋이 서로의 이해관계에 따라 연합의 대상을 자주 바꾸었기 때문이다. 따라서 이것은 대단히 가변적인 정립구도였다.

1951년 초에는 수적으로 열세인 공화구락부(무소속: 40석)와 민국당(40석)이 힘을 합쳐 다수파인 신정동지회(친이승만 세력: 70석)에 맞섰다.[1] 이 무렵 이승만과 신정동지회에 대한 경계를 풀 수 없게 만드는 동시에 공화구락부와 민국당의 결속을 두텁게 만드는 사건들이 연달아 터졌다. '국민방위군' 사건과 '거창양민학살' 사건이 그것이었다. 1·4 후퇴를 전후해 약 50만 명의 청장년들이 국민방위군의 이름으로 동원되었다. 하지만 정부의 준비부족과 방위군 간부들의 예산횡령 때문에 그들 중 많은 사람들이 먹지도 입

---

1) 그밖에 민우회 20, 무소속 5 등이 있었다.

지도 못한 상태에서 죽어갔다. 이것이 국민방위군 사건의 요지였다(부산일보사, 1985, 111-187). 이 사건을 조사하는 과정에 방위군 간부들이 빼돌린 자금의 일부가 신정동지회 소속의원들에게 제공되었다는 사실이 드러나면서 국회 내에서 반이승만 분위기와 신정동지회에 대한 견제 움직임은 더욱 심해졌다.

같은 시기에 국군이 거창군 신원면 일대에서 양민 700여 명을 통비(通匪)분자로 몰아 총살했다는 거창양민학살 사건까지 폭로되면서 국회 내의 반이승만 분위기는 더욱 고조되었고, 반대로 공화구락부와 민국당의 밀착은 더욱 견고해졌다(부산일보사, 1985, 67-109). 특히 국회는 이 모든 일의 책임을 물어 신성모 국방장관을 즉각 해임할 것을 이승만에게 요구했다. 내각 안에서도 장면 총리와 조병옥 내무장관 등이 국회의 요구에 동조하며 이승만에게 국방장관의 교체를 요청했다. 이에 5월 7일 이승만은 두 사건에 대한 책임을 물어 신정동지회와 가까운 신성모를 이기붕으로 바꾸는 동시에 내각 내에 있던 민국당 세력을 제거하기 위해 이미 사표를 낸 조병옥과 김준연 법무장관도 각각 이순용, 조진만으로 경질시켜버렸다(부산일보사, 1985, 95-99).

조병옥의 해임이 가져온 파장은 컸다. 그와 함께 민국당과 가까웠던 경찰 간부나 내무관료들도 대거 해임되었기 때문이었다(국회사무처, 1971, 411). 이승만에게 있어 조병옥의 해임은 한국정치에 대한 미국의 영향력을 제거하는 것이면서 동시에 일 년 뒤에 있을 대통령선거를 미리 대비하는 의미를 지닌 것이었다. 이승만의 측근비서가 작성한 이 무렵의 경무대 일지(log)에서 이러한 이승만의 생각을 엿볼 수 있다. 조병옥이 사표를 던진 4월 24일자 일지를 보면, 이승만은 조병옥의 경질을 민국당의 사전선거운동을 차단하는 차원으로 생각하고 있음을 알 수 있다.

상당 기간 동안 내무장관(조병옥)은 그의 권력과 정부의 돈을 그의 당(민국당:

필자)과 흥사단을 위해 사용했다. 그는 다음 선거를 위해 경찰과 행정당국에 대한 통제권을 확보할 목적으로 전부는 아니지만 대다수의 도지사를 민국당 인사로 교체했다.…조병옥은 결국 신익희를 그의 편으로 끌어들이는 데 성공했다. 신익희 역시 선거운동에 매진하고 있었다. 이들은 마침내 신익희를 대통령으로 하고 조병옥을 총리로 하는 데 합의했다. 여기에 김성수를 부통령으로 하는 조합도 고려되었다. 때로는 장면도 총리로 고려되었다.…조병옥은 다량의 기밀자금을 사용하여 국회의원들을 접대하고 지원했다. 한국인들이나 콜터(Coulter)나 무초(Muccio) 같은 미국인들을 위한 그의 파티는 세간의 화제거리이다.…조병옥은 국방장관 자리를 얻으려고 애쓰고 있다. 왜냐하면 그 직위를 차지하면 그가 임명할 수 있는 자리가 더 많아져 결국 더 많은 사람들을 통제할 수 있게 되고, 그것이 궁극적으로는 그의 계획을 실현하는 데 도움이 되기 때문이었다…그는 국회의원들에게 소동을 일으킬 수 있는 정보를 끊임없이 제공했다(R. T. Oliver, 1978, 380-381).[2]

그리고 5월 4일자 일지를 보면, 이승만은 조병옥의 경질을 한국정치에 대한 미국의 간섭을 차단하고, 더 나아가 미국이 6·25 전쟁을 자국에게 유리하게 끌고 가려는 것에 대한 저항의 차원에서 이해하고 있었음을 알 수 있다.

무초 대사가 대통령을 방문해 조병옥의 사표를 수락한 데 대해 항의했다. 조병옥은 무초의 사람이었으며, 그를 통해 미국인들은 다음 선거를 통제하려고 했다.…이제 조병옥이 사라졌기 때문에…무초는 다른 인물을 찾고 있었는데, 그것은 바로 온화한 장면이었다. 무초는 자신의 인물을 잃었지만, 아직도 다음 선거에서 이길 생각을 가지고 있었다. 국무부는 다가올 몇 해 동안 한국을 그들의 손아귀 안에 두고 싶어했다. 선거는 한국전쟁을 제한전(조기 휴전을 의미: 필자)으로 끌어가려는 미국의 계획을 실현시키는 데 있어 매우 중요한 것이었다. 만약 미국이 자신들의 계획에 동조하는 한국의 대통령을 갖게 된다면, 미국으로서는

---

[2] 조병옥에 대한 이승만의 평가를 확인해주는 또 다른 증언을 선우종원의 회고록에서 찾을 수 있다. 그를 장면 총리의 비서실장으로 천거한 사람이 조병옥이었다. 당시 조병옥은 그가 비서실장을 맡아야 하는 이유로 "이승만이 너무 연로해서 혹시 무슨 일이라도 생기면 장면과 나 사이에 가교역할을 할 사람이 필요"하다는 말을 했다고 한다. 그럴 경우 "자신이 대통령을 할 수도 있다"는 뉘앙스를 지닌 말이었다는 것이다(선우종원, 1998, 130).

중국에게 한반도의 절반을 갖게 할 수도 있다. 이승만의 재선은 이러한 미국의 계획과 맞지 않을 것이다. 이승만이 어떤 조건도 붙이지 않고 한국의 완전독립을 계속 주장하리라는 사실을 그들은 알고 있었다.…5월 2일 부통령이 대통령에게 와서 말하기를, '모든 사람들'이 총리와 국방장관을 묶어 그 자리에 장면을 앉히는 것이 최선이라고들 한다고 말했다(R. T. Oliver, 1978, 381-382).

이승만정부에 대한 비판적 분위기는 5월 9일 이시영 부통령이 이승만을 비난하면서 사표를 제출함으로써 더욱 격화되었다. 이시영은 국회에 제출한 사직서에서 이승만의 '독선적인 인사행정'과 이 정부하에서의 '문란한 관기'(官紀)를 자신의 힘으로는 더 이상 막을 수 없다고 하면서 이 문제를 "국회가 나서 해결해줄 것"을 촉구했다.[3] 5월 16일 국회는 민국당과 공화구락부가 공동으로 지지하는 김성수를 이시영 후임으로 선출했다. 부통령 선출과정에서 두 세력의 공조는 다시 한 번 확인되었다.

그런데 그로부터 얼마 지나지 않은 5월 29일 공화구락부와 신정동지회가 공화민정회로 갑자기 통합되어 원내의석분포가 공화민정회 108, 민국당 39석, 민우회 22, 무소속 6 등으로 변하는 사태가 벌어졌다. 이제까지의 원내 활동에 비추어볼 때 언뜻 이해되기 어려운 일이 발생한 것이었다. 이에 대해 한편으로는 정부가 민국당과 공화구락부 사이를 이간질시키는 공작을 폈고, 다른 한편으로는 공화구락부가 민국당의 독주에 불안을 느꼈기 때문에 이런 일이 생겼다는 설명도 있다(국회사무처, 1971, 412). 이승만의 공작설에 대해서는 구체적인 자료의 부재로 확인되지 않고 있다. 다만 민국당 독주에 대한 경계설에 대해서는 보충설명이 필요하다.

당시 신정동지회는 국민방위군 사건 등으로 실추된 이미지와 원내 세력의 열세를 극복하는 것이 시급했다. 이 정파는 공화구락부와 합침으로써 이 목적을 달성하려 했다. 한편 공화구락부는 숫자도 작았지만 휘하에 지방조

---

3) 『국회속기록』(제10회 78차 본회의, 1951. 5. 10., 696).

직이나 대중조직을 전혀 거느리지 못했다는 치명적인 약점을 지니고 있었다. 따라서 이 정파는 원내 다수 세력이면서 산하조직도 지니고 있는 신정동지회와의 합작을 통해 이러한 취약점을 극복하려고 했다. 아울러 두 정파 모두 민국당이 국회의장과 부통령 등을 독식한 채 독주하고 있는 것에 대해 경계심도 지니고 있었다. 결국 둘 사이에 이해관계가 일치하여 며칠 사이에 이러한 변화가 일어났던 것이다(연정은, 1996, 44-45).

당시 통합을 주도했던 공화구락부 인사들은 자신들의 행위를 단순한 이해관계의 합치보다는 상당히 진보적인 목적을 가진 것으로 평가하고 있었다. 엄상섭은 그것이 보수적인 민국당과 맞설 수 있는 상대적으로 혁신적이고 민주적인 원내 다수당을 만들려는 시도였다고 주장했다(엄상섭, 1954, 43). 오위영은 공화구락부 내에서 반발하는 의원들이 있었지만 합작 후 신정동지회 의원 중 국민방위군 사건에 연루된 자가 밝혀지면 당에서 추방하기로 했다는 말에 그들도 합당에 합류했다고 말했다(우인기, 1954, 23).

그러나 이것은 지나친 과대평가이자 사후적 합리화다. 공화구락부 의원 중 이러한 목적의식을 지닌 의원은 얼마 되지 않았다. 다수 의원들에게는 이러한 거창한 목적보다는 역시 이해관계의 일치가 더 중요했다. 이 점은 국민방위군 사건을 앞장서서 파헤쳤고, 신정동지회의 정치자금 수수설까지 폭로했던 엄상섭이 역시 공화구락부 출신 의원인 조주영과 함께 7월부터 시작된 이 사건관련 재판에서 갑자기 태도를 바꾸어 피고인측의 변호사로 등장한 것이라든지, 국회의 조사활동을 방해하면서 정치자금 수수설을 그만 덮어두자고 발언한 것 등에서도 드러난다(부산일보사, 1985, 168-171; 국회사무처, 1971, 589-591). 그리고 오위영의 말처럼 국민방위군 사건과 관련된 자들이 공화민정회에서 추방되지도 않았다. 이 점은 약속이 지켜지지 않은 데 반발해 합당한 지 얼마 지나지 않아 박순천, 윤길중, 서민호, 정일형, 김

종렬, 한필수, 김택천, 유덕천, 민영복 등이 탈당해버린 데서도 알 수 있다.[4]

그 후로도 공화민정회에서 민우회나 무소속으로 이탈하는 의원들이 꾸준히 생겨났다. 그 결과 원내 및 원외 자유당이 출범하기 직전인 12월 19일 경까지는 공화민정회 85, 민국당 39석, 민우회 34, 무소속 17 등 또 다른 내용의 정립구도가 원내에 형성되었다.

본격적인 피난국회가 시작된 1951년 한 해 동안 국회는 형식상으로는 친이승만 세력, 민국당 그리고 무소속이 서로 맞서서 정쟁(政爭)을 벌이는 삼각구도를 보여주었다. 그러나 삼각구도의 내용은 대단히 가변적이었고, 이러한 가변성은 무소속 의원들의 무원칙성 때문에 가중되었다.

3. 게임의 규칙을 바꾸어라: 두 갈래의 개헌공작

가변적 정립구도는 어느 세력에게도 만족할 만한 것이 되지 못했다. 대통령에 재선되길 원했던 이승만은 의회를 장악하지 못해 불안해했고, 다른 두 정파는 이승만의 전횡을 견제하고 싶으면서도 서로를 믿지 못해 불안해했다. 이것은 어느 한 세력의 독주를 막을 수 있으면서 동시에 어느 세력도 국면을 자기에게 일방적으로 유리하게 끌고 가기 어려운 구도, 즉 어느 세력도 헤게모니적 지배를 유지할 수 없는 '파국적 힘의 균형(catastrophic balance of power)' 상태였다. 그러기에 이것은 각 세력에게 안주할 만한 느낌을 주는 상태가 되지 못했다. 이에 각 정파는 보다 안정적인 구도를 모색하게 되는데, 그것이 바로 개헌이었다.

---

4) 그밖에 오위영은 이 무렵 백두진 재무장관을 동원해 신탁은행에서 36억 원을 부정대출받았다는 혐의로 국회의 조사를 받고 있었다(국회사무처, 1971, 513, 588). 이 건은 진실이 밝혀지지 못한 채 흐지부지되고 말았지만, 국회에서 특별위원회까지 구성되었던 것으로 보아 무엇인가 석연치 않은 구석이 있는 사건이었던 것 같다.

개헌공작은 크게 두 갈래로 진행되었다. 하나는 이승만의 독주를 견제하기 위해 반이승만 세력이 추진한 내각제 개헌의 움직임이고, 다른 하나는 국회에서 재선될 가망성이 희박한 이승만이 선거방식을 직선제로 바꾸려는 개헌공작이었다. 여기서는 이러한 두 갈래의 개헌 움직임에 대해 살펴보겠다.

1) 내각제 개헌론과 미국의 지원

공화민정회는 이념이나 원칙보다는 일시적인 이해관계로 탄생한 정치집단이었다. 따라서 이것은 내적 견고함이나 단결성을 보여주기 어려웠고, 이탈자가 자꾸 생겨났다. 이에 공화민정회 내부에서는 조직체계를 보다 체계적인 정당형태로 바꾸려는 움직임이 생겨났다. 종래에는 정당을 부정적으로 바라보던 이승만이 1951년 8월 15일 광복절 기념사에서 "농민과 노동자의 지위를 향상시키는 새 정당"을 결성할 필요가 있다고 언급하면서 이러한 창당 움직임은 활기를 띠기 시작했다.

이미 1951년 초부터 원외에서는 이승만의 언질에 따라 창당작업이 몇 갈래로 진행되고 있었다. 국민회 출신인 이활은 양우정, 배은희, 이갑성 등과 함께 당을 새로 만드는 작업을 하고 있었고, 채규항이 이끄는 대한농민총연맹과 주용필이 주도하던 대한노동총연맹 등도 노농당을 만드는 작업을 하고 있었다. 이러한 원외의 움직임들이 이승만의 연설을 계기로 하나로 모이기 시작했다. 더 나아가 원내외에서 따로따로 진행되던 창당 움직임이 이승만의 권유에 따라 통합을 모색하기 시작했다. 이들은 각 집단의 대표들로 원내외 합동준비위원회를 구성하고, 농민과 노동자 그리고 소시민을 토대로 한 대중정당(가칭 통일노농당)을 결성하자는 데 원칙적 합의를 보았다.

그러나 원외와 원내 사이에 그리고 원내의 공화민정회 내에서도 공화구락부 출신과 신정동지회 출신 사이에 근본적으로 이견이 좁혀지지 않는 부분이 있었는데, 그것은 바로 개헌문제였다. 공화구락부 출신들은 국민방위군 사건이나 거창양민학살 사건 등을 겪으면서 이승만의 지도력이나 행정능력에 대해 회의를 품게 되었다. 따라서 그들은 한 사람이 전횡을 휘두르는 대통령제보다 의회에서 선출된 내각이 행정을 맡아 국민에 대해 책임을 지게 하는 내각제 개헌을 점차 의중에 두게 되었다.[5] 이에 반해 신정동지회 출신 의원들이나 원외 집단들이 희망하는 개헌의 내용은 대통령직선제였다. 직선제 개헌은 이승만의 의중을 충실하게 반영한 것이었다. 당시 이승만은 원내 세력의 열세로 대통령에 재선되기 어렵자 헌법을 직선제로 바꾸기를 원했다. 그는 자신의 이러한 속마음을 8월 15일 기념사에서 "나는 국회에 수차 헌법상의 두 조건을 개정하기를 부탁하였다. 하나는 대통령을 국민이 직접투표 선거하자는 것이고, 둘째는 국회의 단원제를 상하양원제로 변경함으로써 민주정부를 더욱 공고히 하자는 것"(공보처, 1952, 61)이라고 내비친 바 있었다.

이렇게 개헌 문제를 둘러싸고 내부갈등이 계속되는 가운데 이승만은 1951년 11월 30일 직선제와 양원제를 골자로 하는 개헌안을 국회에 제출했다. 이로써 원내와 원외가 이승만을 중심으로 합작하려던 노력은 수포로 돌아가게 되었다. 12월 17일 원외 세력은 이승만과 이범석을 당수와 부당수로 하여 자유당(원외)을 결성했고, 원내 세력도 같은 달 23일 중앙위원회 의장은 공석으로 둔 채 부의장에 이갑성과 김동성을 선출하여 자유당(원내)을 만들었다.

이 무렵 원내의석분포는 자유당(원내) 93, 민국당 39석, 민우회 25, 무소속 18 등이었다. 아직 원내에는 자유당(원내), 민국당 등 이승만의 직선제 개헌안에 반대하는 세력이 압도적으로 많았다. 따라서 이승만이 내놓은 직선제개헌안은 1952년 1월 18일 찬성 19, 반대 143, 기권 1로 부결되었다.

개헌안 부결에 대한 이승만의 대응은 크게 세 가지로 나타났다. 하나는 국회의원 소환운동이고, 다른 하나는 자유당(원내) 의원들에 대한 포섭공작

---

[5] 이때 내각제하에서의 대통령을 그냥 이승만에게 맡길 것이냐 아니면 다른 사람을 물색할 것이냐에 대해서는 사람들마다 서로 생각이 달랐다(윤길중, 1991, 103-105, 121).

그리고 이 모든 것을 바탕으로 다시 한 번 직선제 개헌을 추진하는 것이 마지막이었다.

이승만은 국회의 개헌안 부결도 "민중이 원한다면 교정될 수 있다"는 성명서를 발표했다(공보처, 1953, 67). 그는 국민은 직접 대통령을 뽑고 싶어한다는 전제 아래, 이러한 민의를 배신한 국회의원을 소환하는 운동을 벌일 것을 지시했다. 양우정, 문봉제, 조영주 등이 이 운동을 주도했다. 그들은 대한청년단이나 국민회, 자유당(원외) 등의 조직을 이 운동에 동원했다. 부산 일원에서는 백골단, 땃벌떼, 민중자결단 등의 정치폭력조직이 만들어져 연일 국회의원소환을 위한 관제데모에 동원되었다. 그리고 지방에서는 '국회의원 환영 군민대회'나 '농업증산 군민대회'란 명목으로 집회를 열어 해당 지역 국회의원을 불러놓고 직선제 개헌에 찬성하든지 소환을 당하든지 양자택일하라고 공개적으로 강요하는 일이 벌어졌다(부산일보사, 1985, 224-232; 윤길중, 1991, 108-112).

이승만 세력은 이에 그치지 않고 갖가지 방법을 동원해 자유당(원내) 의원들을 포섭하려고 들었다. 자유당(원내)은 결성 직후부터 이미 친이승만적인 신정동지회 출신들과 공화구락부 출신들 간에 마찰이 끊이지 않고 있었다.[6] 이런 차에 직선제 개헌을 통과시키기 위해 의원이 더 필요했던 자유당(원외)은 막강한 자금을 동원해 자유당(원내) 내의 반(反)직선제파 의원들을 공략하기 시작했다(부산일보사, 1985, 219-223). 이에 자유당(원내)은 자유당(원외)과 합하자는 합동파와 그냥 있자는 잔류파로 분열하기 시작했다.

이승만 세력의 소환공세와 포섭 및 와해공작에 대응해 자유당(잔류)은 다시 한 번 내각제 개헌 세력의 결집에 나섰다. 이들은 민국당, 민우회, 일부 무소속 의원 등과 연합해 재적의원 2/3인 123명의 서명을 받은 내각제 개헌안을 4월 17일 국회에 제출했다. 이들이 내각제 개헌안을 제출하면서 내

---

[6] 이들은 잘 모이던 음식점의 이름을 따서 전자는 삼우장파와 후자는 신성파로 각각 불렀다.

심 대통령으로 염두에 둔 인물은 당시 총리였던 장면이었다. 이들과 장면과의 인연은 1951년 8월경으로 거슬러 올라간다. 당시 이미 김영선, 정헌주, 김봉재, 김용우 등 공화민정회 내의 공화구락부 출신 의원들은 '금요회'라는 비밀조직을 만들어 장면의 비서실장이었던 선우종원과 연락을 가지면서 장면을 대통령으로 추대하기 위한 공작을 추진하고 있었다(선우종원, 1998, 145-146). 그 후 금요회가 윤길중, 서민호, 권중돈, 서범석, 정헌주 등이 모인 7·7구락부와 융합되면서 이 작업을 이어갔다(연정은, 1996, 66-67).

이승만의 후임으로 장면을 내세우는 방안은 미국에 의해서도 적극 지지되고 있었다. 1952년 2월 15일자 전문(電文)에서 무초 대사는 차기 대통령으로는 장면이 최선이라고 쓰고 있다.

> …다른 두 (대통령: 필자)후보인 이범석과 신익희는 우리가 볼 때 격이 좀 떨어진다. 최선의 두 후보는 장면과 허정인데, 그들은 추종자가 적고 좀 허약하다. 내각제를 도입하면서 이승만을 재선시키는 방법도 있다. 그것은 다른 강력한 후보자가 없는 상태에서 이승만의 영향력을 제한시키는 한 가지 방법일 수 있다. 그러나 이승만이 원치 않을 것이고, 내가 보기에도 그것은 '프라이팬에서 나와 불로 뛰어드는 격'이다. 왜냐하면 한국인들은 내각제를 운영할 능력이 전혀 없기 때문이다. 국회에서 대통령을 뽑을 때 장면이 당선되는 것이 우리의 최선의 희망이다.…미국이 그를 좋아하고 있다는 사실이 아마도 원내에서 그가 지닌 가장 큰 강점일 것이다(미국외교기밀 문서 *FRUS* 1952-1954, 50-51).[7]

그러나 이 전문에서도 드러나듯이 미국은 내각제가 한국에 맞지 않는다고 생각했다. 따라서 미국은 현행 제도하에서 장면의 당선을 최선의 방안으로 간주하고 있었다는 점에서 내각제 개헌과 장면 추대를 동시에 꿈꾸고 있던 자유당(원내) 내 공화구락부 출신들과는 생각이 달랐다.

---

7) 선우종원에 따르면 내각제 개헌안이 제출된 다음 날 무초가 장면을 찾아와 "미국은 다음 선거에서 이승만을 배제키로 했다"고 은밀히 알려주고 갔다고 한다(선우종원, 1998, 152).

2) 북진통일론과 직선제 개헌공작

이러한 내각제 개헌파들의 움직임에 대항해 이승만은 5월 14일 다시 직선제 개헌안을 국회에 내놓았다. 이승만은 직선제 개헌안과 내각제 개헌안 사이의 대립을 단순히 국내 정쟁의 차원에서 바라보지 않았다. 그는 그것을 작게는 미국의 영향권 내에 들어간 한국의회와 독자적인 한국정부 사이의 힘 겨루기로 간주했으며, 크게는 6·25 전쟁의 수행방향을 둘러싼 미국·일본과 한국 사이의 갈등으로 보았다. 이 점은 그가 친구인 올리버에게 한 다음의 말에서 잘 드러난다.

> 일본인들과 미국인들은 모두 자기 나름의 이유 때문에 대통령이 바뀌기를 바라고 있다. 국회는 한국인이 아닌 외국인의 이익을 위해 봉사하도록 매수되고 압력을 받고 있다.…(일본이 자신을 반대하는 이유는 자기가, 즉 이승만이 배상금을 받을 때까지: 필자)한일강화조약을 반대하기 때문이고, 또 한국에게는 소비재 원조만 하면서 일본의 산업건설을 위해 거액의 원조자금을 제공하는 미국의 정책에 자기가 반대하기 때문이다.…미국의 고위관리들은 전쟁의 목표뿐 아니라 휴전회담에 관해서도 자기와의 의견차이때문에 골머리를 앓고 있다. 장면은 미국이 다시 한국에 1945년과 같은 분단선을 설치하려는 타협안을 받아들일 사람이다. 만약 미국이 한반도 전체가 무력으로 재통일될 때까지 전쟁이 계속되어야 한다고 주장하는 자신 대신 장면 같은 인물로 대통령을 교체시킨다면, 그들에게는 커다란 이익이 될 것이다(R. T. Oliver, 1978, 388-389).

전쟁정책을 둘러싼 이승만과 미국 사이의 갈등의 시작은 1950년 말로 거슬러 올라간다. 그해 11월 말 20여 만 명이 넘는 중국군의 공세로 유엔군이 밀리기 시작하자 미국은 전쟁에 관한 기본방침을 재검토하기 시작했다. 38선 돌파로 시작된 롤백(roll-back)정책을 계속 밀고 나갈 것인가(확전), 냉전의 기본노선인 봉쇄(containment)정책으로 복귀할 것인가(봉합), 아니면 한국을 포기할 것인가(철수) 사이에서 미국은 고민하기 시작했다. 미국의 최종 선택은 제한전, 즉 휴전을 통한 봉합이었다(FRUS, 1951, 155-158; 김일영,

1999, 250). 이러한 미국의 정책선회로 가장 큰 타격을 입은 것은 이승만의 북진정책이었다. 북진은 롤백과는 잘 어울렸지만, 봉쇄와는 양립 불가능했기 때문이다.[8] 그 후 미국이 확전을 주장하던 맥아더(D. MacArthur)를 해임(1951년 4월 11일)하고 휴전회담을 개시(7월 10일)하자, 이승만은 미국이 북진을 주장하는 자신을 제거하고 미국의 전쟁정책에 보다 순응적인 인물을 내세우려는 것은 아닌가 하는 점을 몹시 우려했다(백두진, 1975, 147-148). 그의 눈에 미국의 영향력 아래에서 자신과 정부를 공격하는 의회 세력의 행동은 통일을 저버린 매국행위이자 개인의 영달(榮達)만을 추구하는 이기적 행위로 보였다(FRUS 1952-1954, 254-255). 한반도가 재차 분단되는 것을 막기 위해서는 반드시 북진통일을 달성해야 하고, 그를 위해서는 직선제 개헌을 관철시켜 자신이 대통령에 재선되어야 한다는 것이 그의 논리였다. 요컨대 그는 직선제 개헌의 관철을 자신의 북진통일론의 실현과 연결시켜 생각하고 있었던 것이다.

다시 제출된 직선제 개헌안의 내용은 전의 것과 동일했다. 하지만 이번에는 지난 번처럼 아무런 대책 없이 내놓은 것이 아니었다. 그것을 관철시키는 데 필요한 자금과 조직력 그리고 물리적 힘까지 어느 정도 구비된 상태에서 개헌안이 제출되었다.

직선제 개헌을 실현시키기 위한 자금의 마련은 여러 경로로 이루어졌지만, 가장 대표적인 것은 역시 중석불(重石弗) 사건을 통해서였다. 1952년 3월부터 7월 사이 정부는 중석을 수출해 벌어들인 달러를 6천대 1의 공정환율(시중환율은 이의 두 배가 넘었음)로 특정업자들에게 특혜 불하했다. 업자들은 이 달러로 당시 턱없이 부족한 양곡과 비료를 도입하여 자유 판매했는데, 그 가격이 3만대 1에 이르렀다. 이렇게 특정업자들에게 폭리를 취하게

---

8) 미국의 세계전략을 국제주의·봉쇄·롤백으로 나누고, 그것을 미국의 대한(對韓)정책과 연관시켜 잘 설명하고 있는 글로는 B. Cumings(1983, 3-55; 1990, 35-182).

한 대가로 이승만 세력이 수백억 원의 정치자금을 강제로 받아내 직선제 개헌공작에 썼다는 것이 이 사건의 대강이다(부산일보사, 1985, 587-622; 박병윤, 1982, 125-129).

이 사건을 통해 정치자금이 얼마나 조성되었고, 어디에, 어떻게 쓰였는지는 정확히 알 수 없다. 다만 당시 이승만 세력이 각종 관제시위를 동원하고, 새로운 당조직을 만들며, 반대파 의원들을 매수하고, 각종 지방선거를 유리하게 치르기 위해 막대한 자금을 필요로 했던 것은 사실이고, 그에 들어간 비용의 상당 부분이 이 사건을 통해 조달되지 않았겠는가 여겨진다.

직선제 개헌안 관철을 위한 조직기반의 마련 역시 여러 갈래로 진행되었다. 자유당(원외) 창당작업과 반대파(자유당[원내]) 의원 포섭공작을 통한 당세 불리기에 대해서는 이미 앞에서 살펴보았다. 그 결과 5월 19일 자유당(원내) 중 합동파는 의원 52명의 명의로 자유당(합동)이라는 이름의 원내 교섭단체를 등록했다. 다음 날에는 장택상 총리가 자유당(합동), 자유당(잔류), 민우회 등에서 40여 명의 의원을 포섭해 '신라회'라는 친목단체를 결성했다. 신라회에 가담한 의원들 중에는 내각제 개헌에 반대하는 사람도 일부 있었으나 대부분은 이미 내각제 개헌안 발의에 찬성하는 서명을 한 자들이었다. 많은 의원들이 내각제 개헌안에 서명했으면서 친이승만 세력인 신라회에도 가담하는 양다리를 걸쳤던 것이다. 이를 통해 우리는 이미 이때부터 내각제 개헌파의 전열이 동요되고 있음을 알 수 있다. 그것은 곧 원내에서 직선제 개헌파 세력이 그만큼 커가고 있음을 말하는 것이었다.

이승만은 중앙 및 지방행정조직도 탄탄히 다져놓고 있었다. 이것은 우선은 직선제 개헌안 관철을 위한 것이었지만, 그것이 관철되었을 경우 시행될 대통령선거를 겨냥한 장기포석의 의미도 지니고 있었다. 이승만은 우선 법규가 마련되었음에도 그동안 유보해오던 지방의회신거를 갑자기 실시하겠다고 발표했다. 지방자치제는 제헌헌법에 명문화되어 있고, 1949년 7월 4일에는 지방자치법까지 마련되었다. 그러나 이승만은 신생국에서는 "지방적 요청이나 특수성보다 국가적 요청이나 통일성이 더 중요하다"는 이유로 그것의 시행을 차일피일 미루고 있었다. 이런 이승만이 전쟁 중에 갑자기 지방의회선거를 시행하겠다는 것은 직선제 개헌을 관철시키기 위한 사전포석으로 지방조직을 정비할 필요가 있었기 때문이었다. 정부는 4월 25일에는 시·읍·면의회 의원선거를 그리고 5월 10일에는 도의회 의원선거를 실시했다. 그 결과 예상대로 자유당과 국민회, 대한청년단 등 각종 단체를 합한 친이승만 세력은 전체의 60%가 넘는 의석을 차지했다. 이들 지방의원들은 앞서 설명한 각 지방의 국회의원 소환운동을 주도했으며, 경찰과 합세해 관제민의를 일으키는 데 주도적인 역할을 담당했다. 더 나아가 8월 5일 대통령 선거과정에서도 이승만의 의사를 관철시키는 선봉장 역할을 했다. 이 점에서 지방자치제를 자신의 지방조직 확충의 도구로 사용하려는 이승만의 계산은 적중했다고 할 수 있다(손봉숙, 1985, 29-33, 93-100).

4월 22일 장면이 총리직을 사임하자 이승만은 후임에 장택상을 임명했다. 그리고 4월 19일부터 24일 사이에 일어났던 격렬했던 관제데모를 제대로 막지 못한 책임을 물어 내무장관마저 이범석으로 바꾸어버렸다. 이것은 이승만의 절묘한 인사포석이었다. 그는 직선제 개헌을 관철시키기 위해서는 이범석이 이끌던 민족청년단(이하 족청)계가 가진 전국적인 조직망이 필요했다. 따라서 그는 이범석을 자유당(원외)의 부당수로 끌어들였고, 더 나아가 지방행정조직 전체와 경찰을 관장하는 내무장관으로까지 발탁했던 것이다.[9] 그러나 이범석의 힘은 원내에까지 미치지는 못했다. 이 점에서 이범석의 빈 공간을 메워줄 수 있는 인물이 장택상이었다. 그는 이러한 이승만의 기대에 부응이라도 하듯이 신라회라는 친목모임을 만들어 자유당(잔류)을

---

9) 이에 부응하듯 이범석은 짧은 기간 내에 지방행정 및 경찰조직에서 조병옥이 심어놓은 민국당계를 몰아내고 자신의 족청계로 물갈이시켰다.

잠식해 들어갔다. 아울러 이승만은 또 다른 기대를 가지고 장택상을 발탁했다. 이승만은 어느 누구도 그 세력이 너무 커지는 것을 달가워하지 않았다. 이 점에서 이승만에게 이범석은 절실히 필요하면서 한편으로는 경계의 대상이었다. 바로 이러한 이범석의 견제역할을 해줄 수 있는 사람으로 이승만이 고른 인물이 바로 장택상이었다.

이렇게 이승만은 자금과 조직 면에서 상당한 준비를 갖춘 후에 다시 직선제 개헌안을 국회에 제출했다. 그러나 그는 원내 세력 면에서는 여전히 열세였다. 엄청난 포섭과 협박공작을 폈음에도 불구하고 아직 내각제 개헌파가 수적으로 더 우세했던 것이다. 좀 더 시간이 있었더라면, 그는 이러한 공작을 지속적으로 펴서 좀 더 많은 의원들을 그의 편으로 끌어들였을지도 모른다. 그러나 그에게는 시간이 없었다. 대통령 임기종료 날짜가 다가온다는 점도 문제였지만, 그를 몰아내고 장면을 옹립하려는 갖가지 공작이 진행되고 있음이 감지되었기 때문이었다. 그는 다급했고, 마침내 비정상적인 방법을 동원하기로 결심했다. 권력의 마지막 보루인 총구에 의존하기로 결심한 것이다.

4. 부산정치파동: 정부, 국회, 군부 그리고 미국의 상호작용

부산정치파동이 시작되기 전에 이미 미국과 국회 그리고 군부를 중심으로 다음 선거에서 이승만을 낙선시키고 장면을 당선시키려는 공작이 진행되고 있었다. 이 작업의 중심에는 미국이 있었다. 무초 대사는 원내의 반이승만 의원들을 맡았고, 미8군사령관 밴 플리트(J. A. Van Fleet)는 한국군 장성들을 상대로 이 일을 진행시키고 있었다. 두 사람은 모두 의원들이나 장성들에게 미국 측이 반이승만 입장임을 암시하고 다녔다. 특히 밴 플리트는 이러한 암시를 통해 한국군이 이승만에 의해 정치적으로 이용되는 것을 막으려고 했다.

그런데 한국군 수뇌부 일각에서 이러한 미국의 암시를 이승만 제거 쿠데타로까지 확대시키려는 움직임이 있었다. 1952년 5월 14일 육군본부(이하 육본으로 약칭) 작전국장이던 이용문 준장이 장면 전 총리의 비서실장이던 선우종원을 찾아와 "이종찬 참모총장도 알고 있고, 밴 플리트 장군의 묵계도 얻어 두었으니" 반이승만적인 의원들과 힘을 합쳐 쿠데타를 일으키자는 제안을 한 것이 대표적 예였다(선우종원, 1998, 153-155).

당시 이승만은 경찰과 특무대를 통해 "육본 내의 홍사단(평안도) 인맥이 장면과 결탁해 반역을 꾀하고 있다"는 정보보고를 받고 있었다. 이용문은 평양출신으로서 육본 평안도 인맥의 핵심이었다(조갑제, 1998, 32). 또 국회 내의 반이승만 의원들은 5월 29일 국회에서 대통령선거를 전격적으로 실시해 장면을 대통령으로 선출할 계획을 세워놓고 있었다(선우종원, 1998, 157). 이승만은 다급했다.

이에 이승만은 공비출몰을 이유로 5월 25일 부산, 경남, 전남북 일원에 비상계엄령을 선포했다. 그는 국방장관 특별보좌관으로 있던 원용덕을 부산과 경남북을 관할하는 영남지구 계엄사령관에 임명하여 이 지역의 계엄업무를 총괄토록 했다. 당시 부산지역에는 치안을 담당하는 헌병을 빼고는 군병력이 전혀 없었다. 전투부대병력은 모두 일선에서의 전투나 지리산 일원의 공비토벌에 투입되어 있었다. 따라서 이승만은 대구에 있는 육군본부에 군병력의 출동을 명령했다. 그러나 육군참모총장 이종찬 중장은 군이 정치에 개입할 수 없다는 이유로 그 명령을 거부했다. 이승만이 원용덕의 헌병대에 의존해 친위쿠데타를 일으킬 수밖에 없었던 사정은 바로 여기에 있었다.

당시 한국군은 이중권력하에 있었다. 전쟁발발 직후인 1950년 7월 15일 이승만은 "한반도에서 전쟁행위가 종식될 때까지"라는 단서조항을 붙여 한국군에 대한 지휘권을 유엔군 사령관에게 넘겼다(외무부, 1979, 105; 김일영, 1999, 254-256). 따라서 이 무렵 한국군은 대통령의 통수권 아래 있으면서 동시에 유엔군 사령관의 작전지휘권 아래에 속하는 이중의 지배구조 아래에 있었다. 이러한 이중적 지배구조는 두 지배력 사이에 협조가 잘 될 때에는 별 문제가 없었다. 그러나 만약 둘 사이에 불협화음이 생겨 양쪽에서 오는 명령이 다를 경우 한국군은 '정치적 결단'에 직면할 수밖에 없었다. 지난 50여 년간 한국군은 몇 차례 이러한 상황에 직면했다. 그것은 4·19 혁명, 5·16 군사쿠데타, 12·12 군반란 등 모두 한국정치가 격변과 혼란에 휩싸였을 때 일어났다. 부산정치파동은 한국군이 정치적 결단에 봉착한 첫 경우였다.

이때 한국군 수뇌부는 정치적 중립을 택했다. 이 결단은 분명 높이 평가할 만한 것이다. 하지만 이 일이 있기 전부터 군 수뇌부가 미군 측으로부터 이승만에 대한 미국의 평가가 부정적이라는 점을 계속 들어오고 있었다는 사실을 상기할 필요가 있다. 이렇게 본다면 당시 군 수뇌부의 결단은 형식상 중립을 택한 것이지만, 사실은 미국의 의중을 반영한 것이라고 할 수 있다.[10]

5월 25일 계엄령이 발표되고 이튿날 의원 10명이 국제공산당에 관련되었다는 이유로 체포된 이후, 정치상황은 이승만에게 불리하게만 돌아가고 있었다. 군대는 그의 출동명령을 거부했고, 5월 28일 국회는 계엄령 즉각 해제를 결의했다. 다음 날에는 부통령 김성수가 그의 행동을 '반란적 쿠데타'라고 비난하면서 사표를 냈다. 미국은 유엔한국위원단(UNKURK)을 내세워 계엄령 해제와 국회의원 석방을 요구했다. 라이트너(E. A. Lightner) 대리대사도 5월 30일 이승만을 방문해 미국정부가 유엔한국위원단의 결정을 지지한다고 말하면서 한국정부에 압력을 가했다(FRUS 1952-1954, 266-267). 같은 날 미국 국무부는 만약 유엔군이 부산에서 경찰권을 행사하거나 계엄령을 선포할 경우 발생할 수 있는 여러 가지 문제에 대해 문의하는 전문을 부

---

10) 5월 28일 이종찬은 이승만의 소환명령을 받고 부산으로 갔다. 그는 이승만을 면담하기 전에 미대사관에서 미해군무관과 먼저 접촉을 가졌다. 그 후 밴 플리트와 함께 이승만을 면담했는데, 거기서 그는 이승만에게 자신은 유엔군사령관의 동의 없이 병력을 움직일 수 없다고 했고, 밴 플리트 역시 이를 확인해주었다(부산일보사, 1985, 199-200).

산의 미대사관에 보내기도 했다(*FRUS* 1952-1954, 269-270).

그러나 6월 4일 미국정부가 이승만을 계속 유지시키기로 입장을 정하면서 그에게 불리하던 상황이 역전되기 시작했다. 국무장관 애치슨(D. Acheson)은 주한미대사관에 보낸 전문에서 이러한 미국정부의 결정사항을 알리면서 사태의 해결책까지 제시하고 있다.

> …한국정부에는 어느 정도의 리더십이 있어야만 한다. 만약 이승만이 약간 통제되고 부드러워질 수 있다면, 그야말로 이러한 리더십을 가장 잘 제공할 수 있는 사람이다. 최종 결과가 이승만이 대통령에 남아 있는 것일 때, 미국과 유엔의 이해관계는 가장 잘 보장될 수 있을 것 같다. 국회가 강압 때문에 마지못해 이승만을 대통령으로 뽑는 것보다 국민들이 투표를 통해 그를 대통령으로 선출할 때, 그는 한국 내외에서 더욱 확고한 지위를 갖게 될 것이다. 그러나 우리는 이승만이 국회의 통제 아래 있어야만 한다고 생각한다. 이 경우 지난 6월 3일 부산에서 우리에게 보낸 전문[11]에 나와 있는 (장택상: 필자) 총리의 제안 중 2항과 3항과 같은 것이 그 예에 해당될 것이다. 그러므로 우리는 대통령직선제와 대통령에 대한 의회의 통제권을 높이는 방향으로 개헌을 하는 것이 현재의 위기를 타개하는 가장 바람직한 방안이라고 생각한다(*FRUS* 1952-1954, 303).

미국정부가 이승만을 계속 지지하기로 한 결정은 6월 4일 애치슨 국무장관이 국무부와 합동참모본부의 연석회의를 주재한 뒤 내려진 것이었다(*FRUS* 1952-1954, 295-301). 이것은 한국 문제에 대해 서로 다른 해법을 지니고 있던 주한미대사관과 유엔군(주로 미군) 사이에서 후자의 의견이 반영

---

11) 장택상이 그날 있었던 국무회의 내용을 미대사관 직원에게 보고(?)한 것이 이 전문의 주요 내용이다. 그에 따르면, 이승만이 각료들에게 국회를 해산하지 않는 대신 다른 대안을 마련하라고 다그치자, 장택상이 타협적인 개헌안을 제시했고, 이승만이 장택상에게 그것을 가지고 중재에 나서보라고 암시했다고 한다(*FRUS* 1952-1954, 293-295). 장택상의 타협안은 다음 3가지 항목이었다. ① 대통령 직선제, ② 대통령이 지명한 총리에 대한 국회의 동의절차; 국회의원 2/3이 불신임하면 총리는 사직해야 함, ③ 대통령이 총리가 제청한 사람을 각료로 지명할 때, 비로소 국회는 그 각료에 대한 동의절차에 들어감. 발췌개헌안은 이 타협안을 토대로 만들어진 것이다.

된 것이었다.[12] 유엔군보다는 대사관이 이승만에 대해 강경한 입장을 보였다. 대사관은 유엔군이 직접 개입해 이승만을 감금하고 조속히 사태를 해결하자고 했다.[13] 그러나 유엔군은 외교적 해결을 주장했다. 후방으로 돌릴 병력의 여유가 없다는 것이 그 이유였다. 유엔군 지도부에게 보다 중요한 것은 전쟁이었지 한국의 민주주의가 아니었다. 그들 중 일부는 한국과 같은 나라에서는 이승만과 같은 확고한 반공 지도자가 필요하다고 여기기도 했다. 유사한 의견대립이 워싱턴(Washington D.C.)에서도 있었다. 국무부 동북아시아과(課)의 한국담당 실무자들은 주한미대사관의 입장에 가까웠다. 그러나 고위정책결정자들은 군부의 의견을 선호해 이승만 배제에는 소극적이었다.[14] 결국 조정회의를 거쳐 군부의 입장이 수용되었고, 그 결과가 위에서 인용한 6월 4일자 전문이었다.

이러한 미국의 입장은 본국 출장에서 돌아온 무초에 의해 즉각 실천에 옮겨지기 시작했다. 그는 귀임 즉시 이승만을 방문해 계엄해제를 요구하는 미국정부의 공식입장을 다시 전달했다. 다음날 그는 신익희 국회의장을 찾아가 "이제는 양측이 조금씩 양보할 때"라고 말했다(조갑제, 1998, 47).

이러한 미국의 정책변화에 발맞추어 한국 내부에서도 수습책이 본격적으로 논의되기 시작했다. 장택상이 주도하는 신라회는 양측의 개헌안을 절충한 4원칙을 내걸고 쌍방의 타협을 시도했다. 6월 5일부터 각파 대표 2명

---

12) 5월 28일부터 6월 3일 사이 미국 외교문서를 보면 이러한 입장차이가 잘 나타나 있다 (FRUS 1952-1954, 264-295).

13) 이러한 적극개입정책에는 한국군에 의한 쿠데타를 지원하는 등의 방안도 포함되어 있었다. 이러한 방안들은 1953년 5월 소위 '에버레디'계획(Plan Everready)으로 총괄되었다. 이 계획에 대해서는 李鍾元(1994, 1995).

14) 고위정책 결정자들이 내세운 표면적인 이유는 이승만을 대신할 좋은 인물이 없다는 것이었다. 그러나 실제로 이들의 판단에 많은 영향을 미친 것은 당시 미국의 국내정치적 사정이었다. 1952년 미국은 매카시즘(McCarthyism)이 몰아치는 속에서 대통령선거진을 치르고 있었고, 집권 민주당은 공화당에 밀리고 있었다. 이런 판국에 트루먼(H. Truman) 행정부는 공화당 보수파와 깊숙한 유대를 지니고 있는 이승만을 몰아내는 정치적 모험을 하려고 들지 않았다 (E. C. Keefer, 1991, 158-160; D. S. Macdonald, 1992, 53-54).

씩이 사태수습책을 협의하기 시작했다. 6월 12일 신라회와 자유당(합동)은 발췌개헌안의 기초를 거의 마련했다. 그러나 반이승만 의원들은 여전히 타협하려 들지 않았다.

양측의 충돌은 더욱 격화되어갔다. 6월 12일과 13일에는 지방의원들이 부산에 와서 직선제 개헌안 통과를 요구하는 격렬한 시위를 벌였다. 그들은 국회와 미대사관에 난입하려고 했으나 저지되었다(『동아일보』, 1952. 6. 14). 한편 반이승만 세력은 6월 20일 '국제구락부'에 모여 '반독재호헌구국선언대회'를 열었다. 여기에는 김성수, 이시영, 조병옥, 김준연, 서상일, 김창숙 등 야당 의원들을 포함한 반이승만 인사들이 다수 참여했다. 그러나 폭력배들의 난입으로 모임은 제대로 열리지 못했다(부산일보사, 1985, 296-307).

6월 21일 드디어 신라회와 자유당(합동)이 서명한 발췌개헌안이 국회에 상정되었다. 그러나 국회는 정족수가 미달되어 개헌안을 표결할 수 없었다. 반이승만 의원들 중 일부는 경찰의 체포를 피해 숨어버렸고, 나머지는 국회 활동을 거부하고 있었기 때문이었다. 그러나 이 무렵부터 원내의 내각제 개헌 세력은 급속히 무너지기 시작했다. 상당수는 돈에 매수되어 넘어갔고, 감투를 약속받고 변절하는 의원도 일부 있었다. 그래도 반발하면서 국회에 출석하기를 거부하는 의원들에 대해서는 타협을 거부할 경우 유엔군이 군정을 실시할지도 모른다는 위협논리로 그들을 설득했다. 이 논리는 끝까지 발췌개헌안에 반대하던 의원들을 돌아서게 만드는 데 상당한 효과가 있었다. 그들 중 다수는 유엔군의 군정보다는 발췌개헌안이 낫지 않겠느냐는 차악(次惡)을 선택하는 심정으로 그것에 찬성할 수밖에 없었다(부산일보사, 1985, 332-335).

당시 미국이 한국에서 정치적 타협이 실패할 경우에 대비한 비상계획안으로 유엔군에 의한 군정실시안을 가지고 있었던 것은 사실이다. 6월 25일 합동참모본부의 지시에 따라 유엔군 사령관 클라크(M. W. Clark)가 작성한 비상계획안에는 이승만과 장택상이 모두 미국의 타협안을 거부할 경우 최후의 수단으로 "유엔군 과도정부를 수립한다"는 내용이 들어 있었다(FRUS 1952-1954, 377-379).[15] 이것은 최악의 경우를 상정한 안이었다. 그런데 이런 계획안이 어떤 경로로 반이승만측 의원들에게 유포되었는지는 정확히 알 수 없다. 다만 당시 신익희 국회의장과 조봉암 부의장이 유엔군 군정설을 들어 완강한 반대의원들을 설득하고 있었으며, 조봉암은 가까운 의원들에게 "혼란이 계속되면 유엔군이 계엄을 선포해 권력을 장악하겠다는 비밀각서를 보내왔다"는 말까지 했다는 점이다(윤길중, 1991, 125-126). 어쨌든 분명한 사실은 유엔군 군정설의 유포가 지닌 설득효과는 대단했다는 점이다.

7월 4일 국회는 드디어 의결정족수를 만드는 데 성공했다. 온갖 회유와 협박으로 의원들을 동원하는 데도 정족수가 모자라자 국제공산당 관련자로 구속했던 10명의 의원들까지 석방시켜 출석시킨 결과였다. 이날 국회는 재적의원 185명 중 166명이 참석한 가운데 기립표결한 결과 찬성 163, 기권 3으로 발췌개헌안을 통과시켰다.

이로써 짧게는 5월 25일부터 시작된 헌정중단의 사태, 소위 부산정치파동이 40여 일 만에 끝을 맺었으며, 길게는 1951년 중반부터 시작된 두 갈래의 개헌공작 간의 투쟁이 1년 여 만에 막을 내리게 되었다. 이것은 국내적으로는 이승만을 지지하는 자유당(합동), 자유당(원외) 휘하의 우익단체, 헌병대, 특무대, 경찰의 연합 세력이 장면을 옹립하려는 국회 내의 반이승만 세력 및 육군 수뇌부와 대결하는 양상을 띠었다. 미국은 처음에는 장면옹립 세력의 편을 들었으나 어느 순간부터 중재라는 이름으로 이승만 세력에게 기울었다. 결과는 미국의 지원을 받는 이승만 세력의 승리였다.

---

15) 이것은 이미 상황이 종료된 7월 5일에 만들어졌다. 물론 그보다 전인 6월 13일 국무부 동북아문제담당 책임자인 영(K. T. Young)이 작성한 종합보고서에도 유사한 방안이 최후의 수단으로 들어 있었다.

5. 보나파르트의 등장

1952년 7월 7일 발췌개헌 헌법이 공포되었고, 새 헌법에 따라 8월 5일 제2대 정부통령선거를 치르게 되었다. 새 헌법에서 정부통령을 선출하는 방식은 간선제에서 직선제로 바뀌었다. 하지만 런닝메이트(running mate) 제도가 도입되지는 않았다. 따라서 제헌헌법과 마찬가지로 대통령과 부통령은 별개로 선출되어야 했다.

대통령후보로는 이승만, 조봉암, 이시영, 신흥우 등 4명이 출마했으며, 부통령후보로는 이범석, 이갑성, 함태영, 임영신, 조병옥, 이윤영, 전진한, 백성욱, 정기원 등이 난립했다. 당시 분위기로 보아 이승만이 대통령에 당선되는 것은 거의 기정사실이었다. 문제는 누가 부통령이 되느냐는 것이었다. 부통령 후보들 중 조병옥을 제외한 나머지는 모두 이승만을 대통령으로 지지한다고 선언했다. 이승만의 후광을 입는 것이 부통령 당선에 결정적이었기 때문이었다. 따라서 이 선거의 관전(觀戰) 포인트는 이승만이 어느 후보를 부통령으로 지지하는가였다.

사람들은 모두 이승만이 개헌공작에서 공이 큰 이범석을 부통령으로 밀 것으로 생각했다. 그러나 이승만의 생각은 달랐다. 이승만에게 있어 이범석과 그의 세력기반인 족청계는 개헌추진과정에서는 필요했지만 그 목표가 달성된 후에는 정치적으로 부담스러운 존재였다. 따라서 7월 19일 원외 자유당이 임시전당대회를 열어 당수인 이승만과 부당수인 이범석을 각각 정부통령 후보로 지명했지만, 이승만은 성명을 통해 자신은 원외 자유당의 당수직과 대통령후보직을 모두 수락하지 않겠다고 발표했다. 더 나아가 이승만은 7월 26일 진해에서 자신은 특정인물을 런닝메이트로 지명한 일이 없다고 밝혔다. 이러한 이승만의 발언은 모두 이범석을 견제하기 위한 것이었다. 그밖에 자유당(합동)이 7월 18일 저녁 삼우장(三友莊)에서 중앙상무집

행위원회를 열어 이승만을 대통령 후보로, 이갑성을 부통령 후보로 지명하기도 했지만, 이 역시 이승만의 관심을 끌지 못했다. 이 무렵 이승만의 의중은 이미 부통령으로 함태영에게 가 있었다. 이승만은 자신에게 도전하지 않을 부통령을 원했다. 이 점에서 고령에 무명이고 세력기반이 없는 함태영이 적격자로 여겨졌던 것이다(부산일보사, 1985, 351-363).

이승만이 이범석을 배제한 데에는 스스로의 정치적 계산 외에 미국의 영향력도 적지 않게 작용했다. 이미 설명했듯이 부산정치파동 당시 미국은 군사적 불개입정책을 통해 이승만을 유지시키기로 결정했다. 그러나 이 결정이 한국에 대한 정치적 개입까지 포기한다는 뜻은 아니었다. 미국은 이승만을 대신할 마땅한 인물이 없는 상황에서 그를 유지시키는 대신 주변의 과격한 세력으로부터 그를 격리시켜야 한다고 생각했다. 미국이 위험하다고 본 주변인물들로는 이범석, 원용덕, 임영신, 윤치영, 안호상 등이 있었지만, 그중 핵심은 이범석이었다. 미국은 이범석 집단을 대중조직과 경찰을 장악하고서 테러와 공포정치를 주도하는 위험한 세력으로 보았다. 특히 미국이 경계한 것은 이승만과 이범석이 군대까지 장악하는 것이었다. 따라서 이 무렵 미국 문서에는 이범석과 그의 세력을 제거하고 이승만의 지위를 제한하는 것이 미국의 당면과제라는 표현이 자주 눈에 띤다(FRUS 1952-1954, 274-276, 325, 334-337). 그리고 그 후의 미국 문서에는 이승만과 이범석 분리공작의 경과를 보고하는 내용이 자주 등장하고 있다. 무초는 한국에 행정능력이 있으면서 온건하고 성실한 세력이 있는데 이들이 이범석 집단을 대신할 수 있다고 하면서, 자신이 그동안 "이승만의 마음속에 이범석 집단이 이승만 자신과 한국 그리고 유엔에 대해 위험한 존재라는 사실을 심어놓는 데 어느 정도 성공했다"고 쓰고 있다(FRUS 1952-1954, 363-364). 그로부터 보름쯤 후의 보고서에서 무초는 "여러 사람들이 이승만을 이범석과 격리시키기 위해 막후에서 노력한 일들이 목적을 달성했다고 말하기는 너무 이르다. 그럼에도 불구하고 이승만이 최근 나와의 면담에서 이범석을 비난하는 발언을 한 점이나 국무회의에서도 이범석이 여러 차례 비판을 받았다는 사실은 이러한 캠페인이 어느 정도 성공을 거두고 있음을 시사하는 것"이라고 쓰고 있다(FRUS 1952-1954, 403). 이에 비추어볼 때 이승만이 이범석을 배제하게 된 데에는 미국의 공작이 적지 않게 작용했다고 볼 수 있다.

이승만이 이범석을 견제하고 함태영을 부통령으로 만들기 위해 동원한 사람은 장택상 국무총리였다. 이범석과 장택상은 이승만을 위해 발췌개헌안을 통과시키는 데 앞장선 두 인물이었지만, 제2인자 자리를 두고 서로 경쟁하는 사이이기도 했다. 이 점을 잘 아는 이승만은 분할지배전술을 구사해 이범석을 견제하기 위해 장택상을 이용했던 것이다. 미국 문서에서도 지적되고 있듯이 이범석은 본래 대중조직과 경찰을 장악하고 있었다. 이범석은 원외 자유당을 만들면서 자신의 전통적 세력기반인 족청계 외에 여타 대중조직들에까지 영향력을 확대시켰고, 내무장관을 지내면서 경찰과 지방행정조직까지 장악했다. 그러나 내무장관을 물러난 후 경찰과 지방행정조직에 대한 이범석의 영향력은 약화될 수밖에 없었는데, 이 점을 간파한 장택상은 이범석을 낙선시키고 함태영을 당선시키기 위해 김태선 내무장관과 그 휘하의 경찰 및 지방행정조직을 동원했다.[16] 경찰은 공권력이라는 제도적 이점을 십분 활용해 이범석의 전국적인 대중조직망을 일시에 무력화시켰다. 경찰의 조직적인 방해공작과 탄압 때문에 이범석 조직은 제대로 선거운동을 할 수 없었다. 대신 경찰은 이범석은 '헛 공천'이며 이승만의 의중은 함태영에게 있다는 말을 퍼뜨리고 다녔다.

결과는 성공적이었다. 8월 5일 정부통령 선거에서 이승만이 74.6%인 523

---

16) 내무장관이 이범석에서 김태선으로 바뀐 것은 선거 2주 전인 7월 22일이었다. 그런데도 짧은 기간 동안 지방조직과 경찰의 주요 포스트에서 이범석 계열은 대거 물갈이되었다. 당시 경찰의 선거개입에 대해서는 부산일보사(1985, 357-363) 자료 참조.

만 표를 획득해 대통령에 당선되었고, 290만 표를 얻은 함태영이 180만 표를 얻는데 그친 이범석을 누르고 부통령에 당선되었던 것이다.

그러나 대통령에 재선되자 이범석과 장택상을 둘러싼 이승만의 분할지배전술은 또 한 번 발휘되었다. 비록 장택상이 이범석 견제에 공이 많았다고는 하나 그가 제2인자 자리를 독차지하는 것을 이승만은 바라지 않았다. 따라서 선거가 끝나자 이승만은 장택상을 견제하기 위해 족청계를 다시 기용하기 시작했다. 족청계인 진헌식과 신중목이 각각 내무와 농림장관에 임명되었다. 특히 진헌식은 장관이 되자마자 경찰과 지방행정조직에서 장택상 계열을 몰아내고 족청계열을 다시 불러들였다(부산일보사, 1985, 366). 이렇게 수족이 잘려나가던 장택상은 마침내 족청계가 불러일으킨 소위 '후루이치(古市進) 사건'[17]으로 치명타를 맞고 9월 30일 물러나고 말았다. 후임에는 역시 족청계인 백두진 재무장관이 서리로 기용되었으며, 상공장관에도 족청계인 이재형이 기용되었다. 이로써 이범석의 낙선으로 잠시 주춤했던 족청계는 선거가 끝난 지 3개월이 채 되지 않아 내각의 주요 포스트를 모두 장악하는 회복세를 보였다.

더 나아가 족청계는 원외 자유당까지 완전히 장악하려고 했다. 족청계는 당의 지방조직은 장악하고 있었지만 중앙조직은 완전히 손에 넣지 못하고 있었다. 중앙조직은 족청계 외에 국민회, 한국청년단, 노총, 농총, 부인회 등 애초 원외 자유당 구성에 참여했던 여러 사회단체들이 권력을 분점하고 있었다. 1952년 9월부터 이듬해 5월 사이에 이들 기간단체들을 장악하기 위한 족청계와 비족청계 사이의 싸움이 진행되었다. 이 갈등의 정점은 1953년 5월 10일 대전에서 개최된 전당대회였다.

이 대목에서 우리는 두 가지 의문에 대해 해명할 필요를 느낀다. 왜 이승

---

17) 일제 때 경성부윤이었던 후루이치가 몰래 한국에 와서 장택상과 요담하였다는 것인데, 족청계 신문인 연합신문이 장택상을 겨냥해 터뜨린 사건이었다.

만은 족청계를 다시 기용했을까? 그리고 그것은 이승만과 이범석의 격리를 바라던 미국의 정책과 어떻게 조화될 수 있을까?

이미 지적했듯이 족청계를 재기용한 일차적 목적은 장택상의 견제였으나 그밖에 이승만은 북진통일운동에 족청계의 대중조직을 이용할 수 있다는 점도 염두에 두었던 것 같다. 당시 북진통일투쟁위원회가 전국적으로 결성되었는데, 족청계가 장악하고 있던 자유당의 지방조직이 그 역할을 같이 하는 경우가 대부분이었다. 이승만은 이 위원회에게 휴전반대와 북진통일에 대한 국민들의 의지를 보여주는 것은 물론 제한된 성격의 반미운동도 전개하라고 지시했다. 미국 기관 앞에 가서 시위도 벌이고 혈서도 쓰라고 지시했으며, 지나친 친미분자들에게는 테러도 가하라고 명령했다(부산일보사, 1985, 379). 이러한 지시는 휴전협정에 동의하는 대신 한미상호방위조약을 얻어내려는 이승만의 계산에서 나온 것이었지만, 어쨌든 이러한 은밀한 일을 처리하기에는 족청계만한 조직이 없다고 이승만은 생각했던 것이다.

이 무렵 이승만과 미국 사이에는 휴전 문제를 둘러싸고 다시 긴장이 고조되기 시작했다. 포로교환 문제를 둘러싼 의견차이로 6개월 정도 공전(空轉)되던 휴전회담이 1953년 4월 26일 재개되자 한국에서도 휴전반대의 움직임이 다시 거세기 일기 시작했다. 4월 한 달 동안 휴전반대와 북진통일을 주장하는 대규모 군중시위가 꼬리를 물었고, 국회도 같은 내용의 결의안을 채택하는 등 전국적으로 그리고 여야를 막론하고 이승만이 내세운 북진정책에 호응하는 모습이 연출되었다. 미국은 이승만의 이러한 반대행동을 미국에 대한 협상력을 극대화하려는 시도로 보면서도, 그에 대한 한국 내의 대대적 호응 때문에 곤혹스러워했다. 4월 22일 이승만은 또 "유엔이 공산측과 휴전 이후 중국군을 압록강 남쪽에 잔류시키는 협정을 맺는다면 한국군을 유엔의 지휘권에서 철수시킬 것"이라는 각서를 아이젠하워에게 전달했다(*FRUS*

1952-1954, 935). 이것은 전부터 이승만이 휴전반대를 위해 사용하던 위협수단이었다. 그러나 북진에 관한 국내의 분위기가 그 어느 때보다도 고조된 상황에서 미국은 이것을 단순한 공갈로 보기가 어려웠다. 특히 군을 관장하던 클라크는 한국군의 단독행위 가능성을 심각한 위협으로 받아들였다(FRUS 1952-1954, 940-943).

조속한 휴전을 바라던 미국은 이러한 곤혹스러운 상황에서 이승만 제거 작전안인 '에버레디 계획'을 다시 한 번 검토하기도 했다. 그러나 그 계획을 실행하지는 않았다. 대신 미국은 국무부의 국방부 그리고 합참 관계자들 사이의 심도 있는 협의를 거쳐 한미상호방위조약을 이승만에게 제시하기로 정책방향을 정했다. 이에 따라 한국이 휴전에 협조할 경우 한국과 미국 사이에 상호방위조약에 관해 논의할 의사가 있다는 것을 이승만에게 통보하였다. 그럼에도 불구하고 이승만은 유엔군과 중국군의 동시철수를 계속해서 주장했다. 그리고 이승만은 유엔과 공산측이 6월 8일 휴전협상에서 가장 타결이 힘든 사안이었던 포로교환 문제에 대해 합의에 도달하자 곧이어 6월 18일 약 27,000여 명의 반공포로를 유엔군과 협의 없이 일방적으로 석방하였다. 이는 이승만이 휴전협정을 거부하고 파기할 수 있다는 자신의 의사와 능력을 미국에게 과시한 것이다. 미국은 이승만의 반공포로석방에 매우 분개하였지만 결국 국무부 극동담당 차관보 로버트슨(W. Robertson)을 한국에 보내 이승만과 한미 간의 입장 차이를 조율하려고 시도함으로써 긴장관계의 해소를 위해 노력하였다.

흥미로운 것은 한미 간의 긴장이 타결의 실마리를 보이는 무렵부터 이승만이 다시 족청계를 본격적으로 공격하기 시작했다는 점이다. 족청계의 자유당 장악 시도에 이승만이 제동을 걸기 시작한 것은 5월 10일의 대전 전당대회부터였다. 하지만 본격적인 거세가 시작된 것은 6월 들어서였다. 이범석을 반강제적으로 외유(外遊) 보낸 것(6월 5일)을 시작으로 족청계의 주요인물들인 자유당 징계위원장 신형식의 구속(6월 30일), 연합신문 편집국장 정국은의 간첩혐의 체포(8월 31일), 신중목 농림장관과 진헌식 내무장관의 파면과 이재형 상공장관의 해임(9월 10일), 이승만의 족청거세성명(9월 12일), 족청계에서 배신한 백두진 국무총리의 이름으로 제출된 양우정 의원 구속동의안의 가결(10월 17일), 이범석의 귀국과 때를 맞춘 자유당 내 족청계 간부 8명의 제명(12월 9일) 등이 이어졌다(부산일보사, 1985, 373-403).

결국 한미 간의 긴장이 다시 고조되었을 때 이승만에게는 족청계와 같은 조직력이 다시 필요했지만, 이러한 갈등이 해소되면서 족청계의 효용성도 함께 사라졌던 것이다. 미국이 이승만을 그대로 유지시키기로 최종 결정한 1953년 6월부터 다시 족청계 제거가 본격 시작되는 것은 이러한 맥락에서 이해될 수 있다. 그 후 미국의 의도대로 이범석과 족청계는 완전히 제거되며, 그 빈 자리를 미국이 원하는 "행정능력이 있으면서 온건하고 성실한 세력", 즉 이기붕과 같은 인물들이 메우게 된다.

이로써 의회와 미국 그리고 족청계와 벌인 이승만의 오랜 투쟁은 그의 승리로 끝나게 된다. 정부수립 이후부터 줄곧 이승만을 공격하던 의회 세력은 부산정치파동을 계기로 급속하게 힘을 잃고 말았다. 미국은 도합 세 차례 이승만 제거를 검토했지만 대안부재라는 이유로 결국 그를 인정하고 말았다. 족청계의 거센 도전도 이승만의 반격에 물거품처럼 사라지고 말았다. 모든 도전을 물리친 이승만은 1960년까지 한국사회에서 보나파르트(Bonaparte)[18]로 군림할 수 있게 되었다.

---

18) 이 말은 맑스(K. Marx)가 처음 사용한 것이지만, 여기서는 진보당 강령에 나오는 한국판 '보나파르티즘'이라는 말에서 차용한 것이다(권대복, 1985, 35). 부산정치파동을 보나파르트 쿠데타로 해석한 글로는 김일영(1993).

6. 북진통일론과 두 갈래 개헌론의 관계

　전시정치는 내각제와 대통령직선제라는 두 갈래의 개헌 움직임이 서로 대결하는 형국이었다. 이 갈등은 단순히 권력을 장악하기 위한 정쟁(政爭)의 차원에 그치는 것이 아니었다. 그것은 작게는 미국의 영향권 내에 들어간 한국의 의회와 상대적으로 독자적인 한국정부 사이의 힘 겨루기로 그리고 크게는 6·25 전쟁을 휴전으로 봉합하여 또 한 번 분단선을 설정하려는 미국과 북진통일을 주장하는 이승만 사이의 싸움으로 볼 수 있다. 이러한 갈등의 정점이 부산정치파동이었다.

　미국은 처음에는 자신들의 전쟁수행방침에 반기를 드는 이승만을 제거하고 유순한 장면을 대신 앉히려 했다. 그러나 결국 미국은 이승만을 계속 지원하기로 마음을 바꾸었다. 따라서 부산정치파동은 이승만의 승리로 끝났고, 발췌개헌을 통해 이승만은 재집권에 성공했다.

　그러나 미국은 이승만을 계속 지원키로 함으로써 새로운 문제에 봉착하게 되었다. 미국은 전쟁수행정책을 둘러싼 이승만과의 이견을 조정해야 하는 문제에 직면하게 되었던 것이다. 미국의 전쟁봉합론(휴전론)과 이승만의 확전론(북진통일론)은 다시 맞부딪치게 되었고, 이 문제는 휴전이 이루어지던 순간까지도 한미 간의 쟁점으로 남아 있었다. 이 문제의 완전한 해결은 1953년 10월에 체결되는 한미상호방위조약과 1년 후에 체결되는 한미합의의사록까지 기다려야만 했다(김일영, 1999, 249-256).

　미국의 휴전기도에 맞서 북진통일을 이룩하기 위해서는 직선제 개헌을 통해 자신이 대통령이 되어야 한다는 이승만의 논리는 자신의 집권연장욕심을 북진통일론이란 명분으로 포장한 것일 수도 있다. 그리고 미국 문서를 비롯한 많은 증거들이 미국이 실제로 6·25 전쟁을 조기에 끝내기 위해 한국정치에 영향력을 행사했고 야당을 대상으로 공작을 했음을 보여주는 것도 사실이다.

따라서 이 문제에 대한 가치판단은 단순히 민주냐 독재냐의 차원을 넘어서는 복잡한 차원을 내포하고 있다고 할 수 있다. 여기서 필자는 이승만의 전횡과 독선을 옹호하고 싶은 생각은 추호도 없다. 다만 전시정치를 평가함에 있어 민주냐 독재냐는 흑백논리식의 구분만으로는 해명될 수 없는 복잡한 문제가 있었음을 지적하고 싶다.

북진통일을 어떻게 평가하느냐에 따라 우리는 이승만의 개헌공작이 지닌 또 다른 측면을 평가해야 하는 과제에 직면한다. 북진통일론을 단순히 호전적 반공주의자의 공갈로만 본다면, 직선제 개헌론 역시 독재자의 권력연장술책에 불과한 것이 될 것이다. 그러나 북진통일론을 일본을 중심으로 생각하는 미국의 동아시아정책과 재분단을 겨냥한 미국의 한반도정책에 대한 약소국의 견제수단이자 협상수단으로 생각한다면, 직선제 개헌론은 집권연장책 이상의 의미를 지니게 된다.

한편 야당 세력은 국회에서 북진통일과 휴전반대를 계속 외치고 결의[19]까지 했으면서도 정작 그러한 전쟁정책과 국내정치를 어떻게 연결시켜 풀어나가야 하는지에 대해서는 전혀 고민을 하지 않고 있었던 것 같다. 그들은 한편으로는 미국의 비호 아래 이승만으로부터 권력을 탈취하기 위해 내각제 개헌을 추진하면서도 다른 한편으로는 미국의 의사에 반해 이승만의 북진통일론을 지지하는 모순된 태도를 보이고 있었다. 이 점에서 이승만은 정치를 전쟁정책의 연장선상에서 이해하고 있었던 유일한 정치가였다고 할 수 있다.

---

19) 국회는 반이승만 세력에 장악되고 있었지만 전쟁에 대해서만은 1951년 6월부터 이미 '정전설 반대 결의안'을 내는 등 이승만과 공동 보조를 취하고 있었다.

참고문헌

공보처. 『대통령 이승만박사 담화집』, 1952년(정치편).

_____. 『대통령 이승만박사 담화집』, 1953년.

국회사무처, 『국회사: 제헌, 2대, 3대 국회』, 국회사무처위원국 자료편찬과, 1971.

권대복 엮음. 『진보당』, 지양사, 1985.

김일영. 「이승만정부에서의 외교정책과 국내정치: 북진·반일정책과 국내정치경제와의 연계성」, 『국제정치논총』, 39집, 3호, 1999.

_____. 「부산정치파동의 정치사적 의미」, 『한국과 국제정치』, 제9권 제1호, 1993, 봄·여름.

나종일. 「1952년의 정치파동: 행정부, 의회, 군부, 외국의 상호작용」, 『한국정치학회보』, 22집, 2호, 1988.

박병윤. 『재벌과 정치』, 한국양서, 1982.

백두진. 『백두진 회고록』, 대한공론사, 1975.

부산일보사. 『임시수도 천일』, 부산일보사, 1985.

서병조. 『정치사의 현장』, 중화출판사, 1981.

선우종원. 『격랑 80년: 선우종원 회고록』, 인물연구소, 1998.

손봉숙. 『한국지방자치연구』, 삼영사, 1985.

엄상섭. 「국회 와중기」, 『신천지』, 1954년 2월호.

연정은. 「제2대 국회내 공화구락부-원내자유당의 활동에 대한 연구」, 성균관대 사학과 석사논문, 1996.

외무부. 『한국 외교 30년』, 외무부, 1979.

우인기. 『제2대 국회를 움직였던 인물』, 국회타임스사, 1954.

윤길중. 『청곡 윤길중 회고록: 이 시대를 앓고 있는 사람들을 위하여』, 호암출판사, 1991.

조갑제. 『내 무덤에 침을 뱉어라』 3권, 조선일보사, 1998.

중앙선거관리위원회. 『대한민국정당사』 제1집: 1945-1972, 중앙선관위, 1989.

_____. 『역대국회의원선거상황』, 중앙선관위, 1971.

한표욱. 『이승만과 한미외교』, 중앙일보사, 1996.

李鍾元. 「米韓關係における介入の原型: 'エヴァ-レディ計劃'再考」, 『法學』, 第58卷 第1號(1), 1994, 第59卷 第1號(2), 1995.

『동아일보』. 1952년 6월 14일.

Cumings, Bruce, "Introduction: The Course of Korean-American Relations, 1943-1953," B. Cumings ed., *Child of Conflict: The Korean-American Relationship, 1943-1953*, Seattle: University of Washington Press, 1983.

_____. *The Origins of The Korean War, Vol II : The Roaring of the Cataract 1947-1950*, Princeton: Princeton University Press, 1990.

Department of State, *Foreign Relations of the United States 1951*, Vol.Ⅶ, Part 1, Washington D.C.: Government Printing Office, 1983.

_____. *Foreign Relations of the United States 1952-1954*, Vol. ⅩⅤ, Part 1, Washington D.C.: Government Printing Office, 1984.

Keefer, Edward C., "The Truman Administration and the South Korean Political Crisis of 1952: Democracy's Failure?" *Pacific Historical Review*, Vol.60 No.2, May 1991.

Kim, Se-Jin, *Documents on Korean-American Relations 1943-1976*, Seoul: Research Center for Peace and Unification, 1976.

Kotch, John, "The Origins of the American Security Commitment to Korea," B. Cumings ed., *Child of Conflict*, 1983.

Macdonald, Donald S., *U.S.-Korean Relations from Liberation to Self-reliance, The Twenty-Year Record: An Interpretative Summary of the Archives of the U.S. Department of State for the Period 1945 to 1965*, Boulder: Westview Press, 1992.

Oliver, Robert T., *Syngman Rhee and American Involvement in Korea, 1942-1960: A Personal Narrative*, Seoul: Panmun Book Company, 1978.

3장
이승만정부의 외교정책과 국내정치
북진 · 반일정책과 국내정치경제와의 연계성

1. 빠진 고리를 찾아서

1980년대 이후 한국현대사(정치사 및 외교사) 연구는 양적인 면에서 비약적인 성장을 보였다. 당시의 연구들을 지배한 것은 커밍스(B. Cumings)를 필두로 한 수정주의 물결이었다. 그것은 '광주학살'이라는 원죄(原罪)를 공유한 미국과 군부지배 세력에 대한 사회적 반감과 어우러지면서 연구자들 사이에서 상당한 호응을 불러일으켰다.

그러나 1980년대 말 국내외 분위기는 반전되었다. 국내적으로 '수동적 민주화(passive democratization)'가 진척되는 가운데 외부로부터 사회주의권의 붕괴라는 폭풍이 불어닥쳤다. 이러한 변화가 연구자들에게 끼친 영향은 복합적이었다. 그들은 일차적으로는 공황에 가까운 정신적 혼란상태를 겪었지만, 다른 한편으로 그것은 그들에게 격동과 흥분 속에서 보낸 1980년대를 성찰할 수 있는 기회를 제공하기도 했다. 아울러 탈냉전은 연구자들에게 사회주의권의 자료에 대한 접근 가능성을 열어주기도 했다.

이러한 복합국면이 1990년대의 한국현대사 연구의 방향성을 규정지었는데, 그것은 한마디로 '수정주의에 대한 수정' 경향으로 요약될 수 있다. 이것

---

* 이 글은 『國際政治論叢』, Vol. 39 No. 3(1999)에 게재된 것을 수정 보완한 것임.

이 단순히 전통주의로의 복귀인지, 아니면 과거와 질적 차별을 지닌 '포스트 수정주의(post-revisionism)'로 나아갈 수 있는지는 좀 더 지켜보아야 할 것 같다. 그러나 분명한 것은 지난 수 년 사이에 나온 주목할 만한 연구성과들이 1980년대보다 풍부해진 자료를 성찰의 시간에서 오는 상대적으로 균형 잡힌 시각에서 검토한 결과물이라는 점이다. 그것은 지난날 격정과 흥분 속에서 역사연구로 침윤되었던 편향적 '거품'이 빠지는 과정이기도 했다.

그러나 이러한 발전 속에서도 연구의 공백지대는 여전히 남아 있었다. 바로 1950년대 시기에 관한 연구다. 기존의 한국현대사 연구는 국내외를 막론하고 주로 1945~1953년의 시기에 집중되었다. 그리고 1960년대 이후에 대해서는 역사적 연구는 아니었지만 한국의 급속한 경제발전 ―소위 신흥공업국(NICs)에로의 길― 을 해명하려는 정치경제학적 연구가 많이 이루어졌다. 그러나 그 사이를 점하는 1950년대, 특히 6·25 전쟁 종료 이후부터 1960년 사이의 기간에 대해서는 별반 연구가 이루어지지 않았다. 이 점에서 1950년대는 한국현대사 연구의 '빠진 고리(missing link)'라고 할 수 있다.

물론 그 사이 이 시기에 대한 외교사적 연구가 전혀 없었던 것은 아니다. 하지만 기존연구들은 대개 연구의 시각과 내용에서 편협성과 불충분함을 드러냈다. 우선 연구시각 면에서 기존연구는 이승만정부의 외교정책을 추켜세우는 측과 비판적으로 바라보는 입장으로 대비될 수 있다. 이승만 외교의 대명사처럼 거론되는 북진통일과 반일노선을 예로 들어보자. 이것을 식민통치의 깊은 상처가 채 아물지 않은 상태에서 국가를 건설하고 국민들을 결집·동원하여 전쟁이란 국난을 극복하는 데 효과/효율적이었다고 평가하는 견해가 있는가 하면, 대중을 통제·억압하는 수단 내지는 자신의 취약한 정치적 정당성을 보완하기 위한 정치적 상징조작 정도로 폄하(貶下)하는 입장도 있다. 전자가 이승만이 지닌 국부(國父)적 이미지와 국가건설자로서의 공헌을 강조하는 전통주의적 평가(허만, 1990)라면, 후자는 그의 통치의 반통일적·반민족적·반민주적 성격을 강조하는 수정주의적 해석(서중석, 1995)이라고 할 수 있다.

냉전을 넘어선 현시점에서 우리에게 필요한 것은 기존연구들이 보여준 양분법을 한 단계 높은 차원으로 지양(止揚)시키는 일이다. 그것은 선언만으로 이루어지지는 않는다. 새로운 자료를 발굴하고 그것을 해석하는 종합적이고도 참신한 시각이 확보될 때 비로소 단순한 절충이 아닌 종합적 지양이 가능할 것이다.

한편 연구의 내용 면에서 기존연구의 대부분은 1950년대의 외교사를 독립된 주제로 다루기보다는 그 이후의 시기를 연구하기 위한 배경 정도로 간주하면서 표피적으로 간략히 검토하는 데 그치고 있다(김의곤·이범준, 1993; 이춘근, 1993). 이러한 연구들에서 1차 자료가 풍부하게 사용되기를 기대하기는 어려울 것이다.

많지는 않지만 이승만정부의 외교정책만을 집중적으로 조명한 연구들도 있다. 그 중 일부는 한국현대사에 대한 연구가 활성화되기 전에 이루어졌음에도 불구하고 상당한 통찰력을 보여주었고(이호재, 1969), 또 1차 자료에 대한 충분한 검토 위에서 작성된 것도 있었다(김계동, 1989, 1990). 그러나 양자는 공히 연구의 범위가 휴전이 성립하는 1953년을 넘지 못한다는 점에서 아쉬움을 보여주었다.

그러나 최근에는 이러한 연구범위의 제한성을 넘어서는 연구들도 나왔다. 홍용표(1995)와 이종원(1996)의 연구가 대표적이다. 두 연구는 우선 주된 분석의 대상을 휴전 이후부터 1960년까지로 하고 있다는 점에서 앞의 두 연구의 한계를 극복하고 있다. 아울러 그들은 이 시기에 관련된 미국, 영국, 한국의 1차 자료를 풍부하고도 엄밀하게 활용한 최초의 연구라는 점에서 평가받을 만하다. 다만 홍용표는 이승만정부의 북진통일을 주로 국내정치적 차원(특히 정권안보)과 연결시키고 있고, 이종원은 이승만의 반일외교를 국

내경제적 차원(특히 경제부흥)과 연계시켜 설명하는 데 그치고 있다(김일영, 1998).[1]

이 논문의 목적은 이승만정부하에서 외교정책이 국내정치와 얼마나 밀접하게 연계되어 있는가를 밝히는 데 있다. 이승만정부의 외교정책은 외견(형식)상으로는 북진통일과 반일정책으로 요약될 수 있다. 그러나 이러한 정책의 실제(내용)적 목적은 미국으로부터 가급적 많은 원조와 지원을 끌어내는 것이었다. 여기서는 이러한 이승만정부의 외교정책의 형식과 내용이 그 시기의 국내정치의 주요한 차원들, 즉 국가형성, 경제부흥 그리고 정권유지와 어떻게 연관되는지를 추적해볼 생각이다. 이 글이 주장하려는 것은 이승만의 북진·반일정책이 단순히 정권유지를 위한 국민동원의 메커니즘으로만 기능한 것이 아니라 냉전체제하에서 국가가 살아남기 위한 다목적 포석을 지닌 정책이었다는 점이다. 즉, 그것은 대내적인 동원의 기능 외에도 국가형성을 마무리하고, 일본에 대한 경제종속을 거부하면서 경제부흥을 꾀하며, 동시에 자신의 지지 세력들에게 지속적인 지대추구(rent-seeking)의 기회를 허용하는 복합적 기능을 했다는 것이다.[2]

2. 미국의 대한정책과 북진(통일)정책의 성립

1948년 8월 15일 정부수립 직후 외교적인 면에서 이승만정부의 당면과제는 네 가지였다. 우선 점령당국(미군정)과 권력이양 절차를 마무리짓고, 신정부에 대한 국제적 승인을 따내며, 미국으로부터 한국의 안위에 관한 확실한

---

[1] 외교정책을 다룬 것은 아니지만, Woo-Cumings(1991)가 이미 이승만의 반일정책이 지닌 국내경제적 차원에 주목한 바 있다.
[2] 지면의 제약(200자 원고지 150매 이하) 때문에 이 논문은 반일정책과 경제부흥과의 관련성에 대해서는 원래의 글을 대폭 축소하여 간략한 묘사에 그칠 수밖에 없었다. 따라서 이 관계에 대해서는 별도의 글에서 자세히 규명할 생각이다.

보장을 얻어내면서 동시에 그것을 바탕으로 통일을 추구하는 것이었다.

첫째 문제에 관한 논의는 정부수립 직전인 8월 9일과 11일 이승만과 하지(J. R. Hodge)가 정권이양에 관해 상호 간의 협조를 구하는 각서를 교환함으로써 시작되었다(FRUS 1948 Vol.Ⅵ 1974, 1268-1269, 1271). 구체적인 논의는 정부수립 다음날부터 시작되어 9월 11일 양측은 '대한민국 정부와 미합중국 간의 재정 및 재산에 관한 최초협정'을 체결했다(외무부, 1962, 151-157). 이에 따라 한국정부는 미군정청과 남조선과도정부가 보유했던 일체의 재산과 현금, 은행예금 그리고 미국정부로부터 도입된 구호 및 재건 물자에 대한 권리와 명의를 이양받았다. 동시에 한국정부의 일체의 채무도 인수받음으로써 미국정부는 이에 관한 책임을 면할 수 있게 되었다.

신생국이 국제적으로 승인을 받기 위해 노력하는 것은 당연한 일이지만, 분단된 한반도에서 이 문제는 남북 간의 체제경쟁이란 특수한 차원도 지니고 있었다. 따라서 이승만정부는 수립 직후 대한민국이 한반도에서 유일 합법정부임을 천명하고, 그것을 국제적으로 승인받기 위해 노력했다. 그것은 같은 해 12월 12일 제3차 국제연합(U.N.) 총회에서 결의 제195호(Ⅲ)로 한국을 승인함으로써 어느 정도 결실을 맺었다. 하지만 그 내용(Se-Jin Kim, 1976, 70)을 면밀히 살펴보면 한국을 "선거감시가 가능했던 지역에서 합법적으로 수립된 정부"로 승인한 것이지 우리 정부에서 말하듯 "한반도 내의 유일한 합법정부"로 승인(외무부, 1959, 93)한 것은 아니었다. 물론 국제무대에서의 남북한 간의 외교경쟁에서 이 정도의 결의안이라도 끌어낸 것은 분명 우리의 외교적 성과라고 할 수 있지만, 이것을 유일 합법정부로 과대해석하는 것은 이제 지양할 필요가 있다.[3] 어쨌든 이 결의안이 발표된 후 미국

---

3) 실제로 1965년 한일국교정상화 당시 조약의 관할범위가 문제시될 때 한국과 일본은 이 조항을 자국에 유리한 방향으로 해석하여 각자의 국회에서 비준을 받은 바 있다(이도형, 1986, 339-341).

(1949년 1월 1일)을 필두로 많은 국가들이 한국정부를 승인[4]함으로써 한국은 독립국가로서 국제무대에 등장할 수 있게 되었다.

해방부터 6·25 전쟁까지의 미국의 대한정책은 개입과 불개입, 보다 구체적으로는 점령과 철수 그리고 참전 사이를 오락가락했다. 해방과 더불어 찾아온 미군의 점령은 1948년 정부가 수립될 때까지 계속되었다. 정부수립 이후 미국의 대한정책의 기본방향은 한국정부가 존속할 수 있도록 정신적, 물질적 지원은 하되 군사적 개입은 가급적 하지 않겠다는 것이었다(김계동, 1990). 이러한 기본 방침은 미군철수 결정으로 나타났다. 따라서 이승만정부는 미군철수를 저지하기 위해 노력하는 한편, 미군이 철수할 경우 그에 상응하는 보장과 지원을 확보하기 위해 애썼다. 이승만의 북진(통일)정책은 이러한 과정에서 형성된 것이다.

미국 내에서 철군을 둘러싼 논쟁은 1947년 후반부터 이미 나타났다. 군부는 한국의 전략적 가치를 낮게 평가하면서 주둔비용의 부담을 들어 조기철군을 주장했다. 반면 국무성은 대비책을 마련치 않은 상태에서의 조기철군은 돌이킬 수 없는 결과를 낳을 것이라고 우려하면서 철군연기를 요구했다. 이 논쟁은 1948년 4월 2일 미국 국가안보회의(National Security Council)가 NSC 8에서 가급적 부정적 영향을 줄이면서 그해 12월 31일까지 철군을 완료한다고 결정함으로써 일단은 종결되었다(FRUS 1948 Vol. VI 1974, 1163-1169).

그 후 구체적인 철군계획은 9월 15일에 시작하여 이듬해 1월 15일에 완료되는 것으로 조금 수정되지만, 미국은 예정대로 9월 15일부터 철군을 시작했다. 다만 철군에 따른 과도기적 부작용을 줄이기 위해 8월 24일 미국은 한국과 '과도기의 잠정적 군사 및 안보에 관한 행정협정'을 체결했다. 이 협정의 주요 내용은 다음과 같다. ① 주한미군사령관은 주한미군이 완전 철수할

---

4) 1950년 3월까지 26개국이 한국을 승인했다.

때까지 계속해서 한국군을 조직·훈련·무장시킨다. ② 동(同)사령관은 대한민국정부에 한국군의 감독의무를 점진적으로 이양하고, 미군이 완전 철수할 때까지 한국군에 대한 작전권을 행사할 수 있는 권한을 보유한다. ③ 동사령관은 중요한 지역과 시설에 대한 통제권과 주한미군사령부의 인원에 대한 치외법권을 보유한다(Se-Jin Kim, 1976, 55-57).[5]

그러나 철군에 대한 한국의 반발도 만만치 않았다. 한국정부는 윤치영 내무장관의 성명(9월 8일)이나 조병옥 특사의 미국 파견(9월말-10월초) 등 갖가지 방법을 동원해 미군철수의 연기와 한국에 대한 충분한 군사적 지원을 요청했다. 그 와중에 일어난 여수·순천 반란 사건(1948년 10월)은 미국인들에게 한국의 안보불안에 대해 다시 한 번 생각하도록 만들었다. 이 무렵 위기감을 느낀 이승만은 계엄령을 선포하고, 미군의 잔류와 침략에 대한 억제책으로 육해군사절단의 파견을 요청하는 각서를 트루먼(H. Truman) 대통령에게 보냈으며, 국회도 미군의 계속 주둔을 요청하는 결의안을 채택했다(『동아일보』, 1948년 11월 20일-21일).

당시 미국 대통령 특별사절(special representative) 무초(J. Muccio)도 11월 12일 북한의 침략으로부터 한국정부의 패망을 막을 수 있는 유일한 길은 미군의 주둔뿐이라고 하면서 철군연기를 요청하는 전문(電文)을 본국에 보냈다(FRUS 1948 Vol. VI 1974, 1325-1327).

이러한 사태전개는 미군철수를 잠시 연기시킬 수는 있었지만 궁극적으로 저지하지는 못했다. 11월 15일 미육군성은 맥아더(D. MacArthur)에게 한국에 1개 연대의 전투부대만 무기한 잔류시키되 7,500명을 넘지 않도록 하라고 명령했다(구영록·배영수, 1982, 67). 철군이 잠정 연기된 것이다. 그러나 이것도 12월 12일 유엔에서 한국에 대한 승인이 이루어지고, 12월 25

---

5) 사실 이 협정은 철군에 따른 안보적 불안을 최소화한다는 측면 외에 정부수립 직후부터 무력에 의한 통일도 불사하겠다고 공언한 한국정부를 견제하려는 속셈도 지니고 있었다.

일 소련군이 철수를 완료했다는 성명을 발표하면서 다시 요동치기 시작했다. 미행정부 안에서 철군파들의 목소리가 다시 높아지기 시작한 것이다. 결국 1949년 3월 22일 미국국가안보회의는 NSC 8/2를 통해 철군은 늦어도 그해 6월 30일까지 완료되어야 하고, 대신 한국에 군사장비 이양과 군사고문단 설치 그리고 65,000명의 군대와 35,000명의 경찰 그리고 4,000명의 해안경비대를 유지할 정도의 지원을 하기로 결정함으로써 이 문제에 관한 종지부를 찍었다(FRUS 1949 Vol.VII Part 2 1976, 969-978, 특히 977-978). 이 와중에 국무성은 중국이 위급한 상황에서 극동, 특히 일본의 안보와 관련하여 한국이 지닌 전략적 가치를 강조(FRUS 1948 Vol.VI 1974, 1337-1340)했으나 대세를 돌이키기에는 역부족이었다(김계동, 1990, 155-157).

   미국은 이러한 철군계획을 5월 17일에야 이승만에게 통보했다. 그것도 구체적 날짜를 밝히지 않은 채 "수주일 이내에" 완전철군할 것이라는 식으로 통고했다. 이에 대해 이승만은 그 즈음 그가 자주 꺼내던 몇 가지 대안을 미국측에 제시했다. 즉, 대서양조약과 유사한 태평양조약을 체결하거나, 한미 간에(또는 몇 나라를 끼워 넣어서) 상호방위협정을 맺든지, 아니면 1882년 조미(朝美)우호조약을 재확인해줄 것을 요구했다(FRUS 1949 Vol.VII Part 2, 1976, 1029). 이에 대한 미국의 반응은 부정적이었고, 미국은 한국과 1950년 1월 26일 '상호방위원조협정' 및 '주한미군사고문단설치협정'을 맺는 데 그쳤다(Se-Jin Kim, 1976, 89-95).

   그러나 이승만은 이 정도의 보상에 만족하지 못했다. 이때 그가 동원한 가장 커다란 무기는 북진정책이었다. 이승만정부는 처음부터 공공연히 북진통일을 표방하고 나섰다. 수립 직후 정부는 통일방안으로 유엔 감시하의 북한지역에 대한 선거실시를 촉구하면서도 동시에 북한 주민들의 자유의사가 계속적으로 억압될 경우 "대한민국은 무력으로라도 북한에 대한 주권을 회복할 권한이 있음"을 강조하였다(외무부, 1959, 93). 그 후 이런 식의 발언은 윤치영, 이범석, 신성모 등 사람을 바꾸어가며 계속되었다. 특히 이승만은 1949년 2월 8일 내한한 로열(K. C. Royall) 미육군성장관과의 회담에서 자신은 장비와 규모 면에서 한국군을 증강시키길 원하며 그리고 나서는 곧 북진하겠다고 말했다(FRUS 1949 Vol.Ⅶ Part 2, 1976, 956-958). 그 후 9월 30일과 10월 7일 기자회견에서 동일한 발언을 한 이승만은 이듬해 3·1절 기념사에서 노골적으로 북진에 필요한 비행기, 군함, 탱크를 달라고 미국에 요구하기도 했다(『조선일보』, 1949년 10월 2일, 8일, 1950년 3월 3일).

당시 한국의 군사력으로 보아 북진통일은 허황된 발상이었다. 그럼에도 1948년에서 1950년 사이에 이승만정부가 이 정책을 거듭 주장한 것은 국내 정치적 목적과 대미외교용이라는 두 가지 이유 때문이었다. 이 무렵 이승만에게 북진정책은 부족한 정당성을 메워주면서 동시에 북한과의 정통성 경쟁에서 우위를 점할 수 있는 정치적 선전의 도구였다. 남북한 주민들 모두가 분단을 잠정적인 것으로 여기는 상황에서 통일 문제에서 우위를 점하는 것은 정치적으로 커다란 상징효과를 지니고 있었다. 따라서 이승만은 북진정책을 당시 한독당과 중도파 그리고 소장파 의원들이 주장하던 남북협상(에 의한 평화통일)론과 통일에 관한 북한의 갖가지 선전공세에 맞설 수 있는 대국민 선전 및 동원논리로 사용하고자 했던 것이다. 북진정책의 또 다른 목적은 대미협상에서 유리한 위치를 점하겠다는 것이었다. 미군철수가 강행되는 시점에서 그것을 늦추거나 또는 철군에 따른 충분한 보상과 보장을 받기 위해서는 한반도의 긴장을 높일 필요가 있었고, 그 수단의 하나로 사용된 것이 북진정책이었다(FRUS 1949 Vol.Ⅶ Part 2, 1976, 1014-1016).[6]

이 시기 이승만의 북진정책이 거둔 성과에 대해서는 많은 학자들이 부정

---

[6] 이승만은 긴장을 높이는 또 다른 방법으로 38선상에서 잦은 충돌을 일으키기도 했다(J. Merrill, 1983).

적으로 평가하고 있다.[7] 대외적으로는 오히려 미국의 반발과 경계를 불러일으키는 역효과를 가져왔으며, 대내적 효과도 미미했다는 것이다. 특히 국내적으로는 6·25 전쟁 발발 이후 남한이 패퇴를 거듭하면서 국민들을 오히려 실망에 빠뜨렸다고 지적하고 있다. 하루 만에 평양이나 원산을 점령하겠다던 말과는 달리 사흘 만에 서울을 내주자 국민들은 그간의 북진주장이 허세였음을 깨닫게 되었던 것이다. 아울러 남한의 거듭된 북진론은 북한이 '북침설'을 조작하는 근거로 이용되기도 했다.

북진정책의 가장 큰 악영향은 대미관계에서 나타났다. 이승만의 기대와는 달리 미국은 지원을 강화하기보다는 기회 있을 때마다 이 정책에 대한 우려와 그것의 호전성 및 무모성을 경고하고 견제하는 발언과 정책을 쏟아내었다. 1950년 1월 12일 애치슨(D. Acheson) 국무장관이 내셔널 프레스 클럽에서 한 연설이 그 대표적 예다. 주지하듯이 그는 이 연설에서 미국의 태평양방위선(defensive perimeter)은 알류산열도에서 일본과 류큐열도(오키나와)를 거쳐 필리핀에 이른다고 밝혔다. 그러나 곧이어서 그는 여타 지역에 대한 공격이 이루어진다면 "우선은 공격받은 국민들이 그에 저항해야 하지만, 그 다음에는 유엔헌장 아래에서 전체 문명세계가 개입"(Se-Jin Kim, 1976, 87-88)할 것이라고 밝히고 있는 점으로 미루어보아, 이 연설의 요체는 흔히 알려져 있듯이 한국을 포기하겠다는 것이 아님을 알 수 있다. 오히려 그것은 한국과 대만을 방위선에서 제외시킴으로써 재정지출 삭감을 주장하는 미의회와 군비의 효율적 사용을 주장하는 군부를 다독거리면서, 북진통일이나 본토수복을 외치는 이승만과 장개석의 무모한 모험을 견제하고, 그러면서도 유엔을 끌어들여 두 나라의 안전을 확보하겠다는 다목적 발언이라고 보는 것이 타당하다(B. Cumings, 1983, 44-49).

애치슨에 뒤이어 주한미군사고문단장 로버츠(W. L. Roberts)는 한국이

---

[7] 이호재(1969, 359-360)는 이것을 이승만의 '공갈(恐喝, Bluff)정책'이라고 혹평했다.

북한을 공격한다면 미국은 한국에 대한 모든 지원을 중단할 것이라는 경고성 성명을 발표했다(김계동, 1990, 161). 그리고 1월 19일 미하원은 유사한 맥락에서 트루먼 대통령이 요청한 9천만 달러의 대한원조지출안을 부결시키기도 했다.

이렇게 미군이 철수하고, 이승만의 북진정책은 기대했던 미국의 지원 대신 우려와 견제만 증폭시키는 가운데 6월 25일 6·25 전쟁이 일어났다. 그 사이 북의 위협을 강조하는 정보보고가 수 차례 있었다(B. Cumings, 1983, 41). 하지만 한국의 전략적 가치를 낮게 평가하면서 가급적 한국 문제에 개입하길 꺼려하는 워싱톤의 분위기는 그것을 과소평가하도록 만들었다(김계동, 1990, 166-167).

북한의 기습남침이 있고 나서야 미국은 판단착오를 깨달았다. 개입(점령)에서 불개입(철수)으로 갔던 미국의 대한정책은 다시 개입(참전)으로 급선회했다. 그러나 이번 개입은 계획대로 유엔을 앞세운 참전의 형태를 띠었다.

3. 국가형성과 휴전 및 한미상호방위조약 체제의 성립

1) 남진, 북진 그리고 휴전체제의 형성

전쟁은 이승만의 북진정책에 새로운 힘을 불어넣었다. 전쟁은 미국의 적극 개입(참전)을 가져왔다. 그리고 이승만은 이때를 기다렸다는 듯이 7월 10일 "이제 38선은 자연해소되었다"고 선언했다(외무부, 1979, 105). 이제 이승만은 잘 만 하면 미국의 지원하에 38선을 허물어뜨릴 수 있는 기회를 잡은 것이다. 그에게 이러한 호기회를 준 것은 아이러니하게도 북한의 남침이었다.

이승만이 꿈을 실현시킬 수 있는 시간은 빨리 왔다. 9월 15일 유엔군이 인천상륙작전에 성공하여 전세가 역전되자 38선 월경(越境)이 현실적인 문제로 대두되었던 것이다. 이미 38선의 해소를 선언했던 이승만으로서는 이 문제에 대해 망설일 것이 없었다. 9월 19일 그는 부산에서 행한 연설에서 유엔군은 38선에서 진격을 멈출 수도 없고, 또 그래서도 안 된다고 주장했다 (구영록·배영수, 1982, 87-88). 그리고 9·28 서울 수복 이후인 10월 1일 한국군은 동해안에서부터 38선을 넘어 진격하기 시작했다.

미국정부 내에서도 38선을 넘는 문제를 둘러싸고 논란이 있었으나 결국 그것을 돌파하는 것으로 결론이 났다.[8] 이러한 미국의 입장을 가장 잘 대변하는 것이 9월 30일 주유엔미국대사 오스틴(W. Austin)의 발언이다. 그는 유엔에서 "남북한의 분단장벽은 법적·논리적으로 존재근거가 없는 것이다. 더구나 북한은 무력남침을 감행함으로써 스스로 이 선의 존재를 부인했다. 더 이상 이런 선을 존속시키지 말자"고 역설했다(Se-Jin Kim, 1976, 123-126).

유엔도 뒤따라 유엔군의 38선 돌파를 묵인하는 결의안을 통과시켰다. 10월 7일 유엔은 영국, 호주 등 8개국이 제출한 공동결의안을 결의 제376(Ⅴ)호로 채택하였는데, 그 골자는 이러했다. 즉, ① 유엔은 전체 한국의 안정 보장을 위한 모든 적절한 조치를 취한다. ② 한국에 통일, 독립된 민주정부를 수립하기 위해 유엔 감시 하의 총선거를 실시한다. ③ '한국통일부흥위원단(U.N. Commission for the Unification and Rehabilitation of Korea: UNCURK)'을 설치하여 기존의 '유엔한국위원단(UNCOK)'의 한국통일에 관한 업무를 계승하고 한국에 대한 구제와 부흥에 관련된 일을 담당토록 한다 (FRUS 1950 Vol.Ⅶ 1976, 904-906). 이 결의는 명시적으로 유엔군에게 38선을 넘어 진격할 권한을 부여하고 있지는 않으나 문맥으로 보아 그런 함의를 내포하고 있었다.[9] 이 결의안에 입각해 유엔군도 10월 8일 38선을 넘기 시작

---

8) 이 논란의 자세한 경과는 한표욱(1996, 103-106) 참조.
9) 6월 27일 유엔 안보리의 결의(제1511호)가 침략군 철퇴와 평화회복이란 소극적 내용이었다

했으며, 26일에는 한만(韓滿)국경선까지 진격했다. 북진통일이란 이승만의 꿈은 이제 그 실현을 목전에 둔 것처럼 보였다.

그러나 11월 5일 유엔군사령부가 자신들이 '새로운 적'을 만나기 시작했다고 발표(구영록·배영수, 1982, 90-91)하면서 이승만의 꿈은 다시 멀어지기 시작했다. 11월 말 20여 만 명의 중국군이 공세를 취하자 유엔군은 밀리기 시작하며, 이를 계기로 미국은 전쟁에 관한 기본방침을 재검토하기 시작했다. 38선을 돌파하면서 미국이 구체화했던 롤백(roll-back)정책을 계속 밀고 나갈 것인가(확전), 냉전의 기본노선인 봉쇄(containment)정책으로 복귀할 것인가(봉합), 아니면 한국을 포기할 것인가(철수) 사이에서 미국은 고민하기 시작했다. 미국의 선택은 봉합이었다.[10] 미국은 이 전쟁을 '외교'적으로 끝내기로 마음을 바꾼 것이다. 이러한 미국의 정책선회는 이승만의 북진정책에 커다란 타격을 입혔다. 현상타파적이란 점에서 북진은 롤백과 조화를 이루는 정책이었다. 따라서 미국의 정책이 현상유지적인 봉쇄로 복귀했다는 것은 그만큼 북진정책의 앞날이 험난함을 예고하는 것이었다(B. Cumings, 1983, 3-55; 1990, 35-182).

한국정부는 갖가지 경로를 통해 휴전 움직임에 반대하면서 한국군을 유

면, 한국의 통일을 천명한 10월 7일의 결의는 적극적이고 공세적인 성격을 지녔다고 볼 수 있다(외무부, 1959, 98, 123). 그 사이 미국 당국자들의 발언을 추적해보면, 그 수위가 서서히 높아져감을 볼 수 있다. 예컨대 오스틴이 8월 17일 유엔 안보리 연설에서 북한붕괴를 언급한 것이나 9월 8일 리(T. Lie) 유엔사무총장이 남한의 해방이 아닌 통일한국이 목표라고 천명한 것 그리고 9월 27일 트루먼이 중소의 참전이 없을 것이라는 전제하에서 38선 돌파를 고려하도록 맥아더에게 지시한 것 등을 참조할 것.

10) 미국이 롤백정책을 포기할 조짐은 유엔군이 밀리기 시작한 직후인 12월 1일 이미 감지될 수 있다. 이날 합동참모본부(JCS) 회의에서 애치슨을 비롯한 관계자들은 "한국에서 버틸 수 있는 데까지 버티다가 휴전이나 팔레스타인식의 휴전을 확보하는 방향으로 나아갈 수도 있다"는 데 의견의 일치를 보았다(FRUS 1950 Vol.VII, 1976, 1276-1281, 특히 1279). 이후 워싱턴과 유엔에서는 이 방향이 계속 힘을 얻어갔다. 한편 이 무렵 미국의 고민과 선택을 가장 잘 보여주는 것은 1951년 2월 6일 합동참모본부가 국무성과 협의하여 만든 한반도에 관한 5가지 정책선택지에 관한 문서이다. 여기에는 무력에 의한 통일, 완전철수, 중국으로의 확진, 현 전선에서의 장기교착, 협상을 통한 해결 등 5가지 가능한 코스가 상정되어 있었는데, 애치슨은 결국 마지막 방향, 즉 전전(戰前)의 상태를 회복시키는 방향에서 한국 문제를 해결하기로 마음을 먹게 된다(FRUS 1951 Vol.VII Part1, 1983, 155-158).

엔군 산하에서 철수시키겠다는 위협까지 했다. 그러나 미국의 정책방향은 바뀌지 않았으며, 결국 1951년 7월 10일 개성에서 유엔과 공산측 사이에 휴전회담이 개시되었다. 이 회담은 군사분계선 설정, 휴전감시기구 구성, 관련 국가들에 대한 권고사항 등 세 가지 쟁점에 대해서는 1952년 5월경까지 쌍방 간에 합의가 도출되었다. 그러나 전쟁포로 문제 때문에 논란을 거듭하던 양측은 결국 1952년 10월 8일 무기휴회에 들어갔다(B. J. Bernstein, 1983, 261-307).

1953년 2월 미국에서는 6·25 전쟁의 조기해결을 공약으로 내건 아이젠하워(D. D. Eisenhower)가 새로운 대통령으로 취임했다. 3월 5일 스탈린(J. Stalin)이 사망하자 공산권 내에서도 조기(早期) 종전을 원하는 분위기가 고조되었다. 이런 가운데 부상포로를 우선 교환하자는 유엔군사령관 클라크(M. W. Clark)의 제의를 공산측이 수용함으로써 4월 26일 회담이 판문점에서 재개되었다.

그러자 한국에서는 휴전반대의 움직임이 다시 거세기 일기 시작했다. 4월 한 달 동안 휴전반대와 북진통일을 주장하는 대규모 군중시위가 꼬리를 물었고, 국회도 같은 내용의 결의안을 채택하는 등 전국적으로 그리고 여야를 막론하고 이승만이 내세운 북진정책에 호응하는 모습이 연출되었다. 이승만의 북진정책이 유엔(미국)과의 정책공조 면에서는 불협화음과 위기에 직면했지만, 국내적으로는 그 어느 때 보다도 탄탄한 지지기반을 구축했던 것이 바로 이때였다고 할 수 있다.

미국은 이승만의 이러한 반대행동을 미국에 대한 협상력을 극대화하려는 시도로 보면서도, 그에 대한 한국 내의 대대적 호응 때문에 곤혹스러워했다. 주한미대사 브릭스(E. O. Briggs)는 당시 미국의 딜레마를 이렇게 쓰고 있다. "한국을 만족시킬 최선의 방책은 그들의 요구대로 쌍무적인 방위조약을 맺는 것이지만 그것은 많은 난점을 야기시킬 것이고, 차선책은 미국 대통령이 한국을 포기하지 않겠다고 공언하는 것이지만 한국이 그에 만족할지가 의문이다"(FRUS 1952-1954 Vol. XV Part1, 1984, 906-907).[11]

이 와중인 4월 22일 이승만은 또 "유엔이 공산측과 휴전 이후 중국군을 압록강 남쪽에 잔류시키는 협정을 맺는다면 한국군을 유엔의 지휘권에서 철수시킬 것"이라는 각서를 아이젠하워에게 전달했다(FRUS 1952-1954 Vol. XV Part1, 1984, 935). 이것은 전부터 이승만이 휴전반대를 위해 사용하던 위협수단이었다. 그러나 북진에 관한 국내의 분위기가 그 어느 때보다도 고조된 상황에서 미국은 이것을 단순한 공감로 보기가 어려웠다. 특히 군을 관장하던 클라크는 한국군의 단독행위 가능성을 심각한 위협으로 받아들였다(FRUS 1952-1954 Vol. XV Part1, 1984, 940-943). 4월 30일 이승만은 7개의 전제조건을 내걸며 중국군과 유엔군의 동시철군을 수용할 의사가 있다는 편지를 클라크에게 보냈다(FRUS 1952-1954 Vol. XV Part1, 1984, 955-956). 그러나 그가 내건 조건들은 한미상호방위조약의 체결, 외침이 있을 때 미국의 즉각 개입, 한국군의 증강 등 미국이 수용할 수 없는 것들이 대부분이었다.

이러한 상태에서 5월에 들어서자 미국은 골치거리인 이승만 대신 보다 다루기 쉬운 사람을 한국의 지도자로 세울 것을 신중하게 고려하기 시작했다. 이것은 미국에게 생소한 선택이 아니었다. 1952년 '부산정치파동' 당시 미국은 이미 이러한 이승만 전복계획을 세운 바 있었기 때문이다(김계동, 1992, 298-303; 홍석률, 1994, 139-150). 미8군사령관 테일러(M. Taylor)는 이러한 기존계획을 토대로 하여 '에버레디 계획'을 작성했다. 그것은 한국군이 유엔군의 작전권을 벗어날 경우 반항적인 지도자들을 제거하고, 그들에 대한 모든 지원을 중단하며, 필요할 경우 유엔군 지휘하의 군사정부수립도 검

---

11) 당시 미국이 상호방위조약 체결에 반대한 이유는 ① 그 경우 한국전에 참전하고 있는 유엔군의 성격을 유지하기가 힘들고, ② 국방성의 '종합전쟁계획(general war plan)'에 세계대전 발발 시 한국의 방어가 포함되어 있지 않았기 때문이었다(김계동, 1992, 305).

토한다는 내용이었다(FRUS 1952-1954 Vol. ⅩⅤ Part1, 1984, 965-968).

그러나 이 계획은 실행에 옮겨지지는 않았다. 5월 29일과 30일 미국무성과 국방성 그리고 합참의 관계자들이 한국 문제에 관해 광범위한 토론을 벌였는데, 거기서 이승만을 전복시키는 대신 미국-필리핀 방위조약이나 ANZUS(호주-뉴질랜드-미국)조약과 유사한 성격의 상호방위조약을 한국과 맺기로 결론이 내려졌기 때문이다(FRUS 1952-1954 Vol. ⅩⅤ Part1, 1984, 1114-1119, 1126-1129; J. Kotch, 1983, 244-246). 이 회의의 결론은 아이젠하워에 의해 즉각 수용되었으며, 클라크 사령관과 브릭스 대사에게도 통보되었다. 그 내용은 한국이 휴전에 협조하고 유엔군의 지휘권 내에 남아 있겠다는 조건하에서 미국은 한국과 상호방위조약에 관해 논의할 준비가 되어 있음을 이승만에게 통보하라는 것이었다(FRUS 1952-1954 Vol. ⅩⅤ Part1, 1984, 1122-1123). 그러나 두 사람은 이것을 알리지 않았고, 결국 그것은 5월 30일자 이승만의 서한에 대해 아이젠하워가 보낸 6월 6일자 답신으로 통보되었다(Se-Jin Kim, 1976, 151-153). 이에 대한 이승만의 반응은 부정적이었다. 대신 그는 유엔군과 중국군의 동시철수를 주장했다(J. Kotch, 1983, 247).

그 사이 유엔과 공산 양측은 오랜 쟁점이었던 포로교환 문제에 관해 합의에 도달했고, 그 결과 6월 8일 본국송환을 거부하는 포로들을 관리할 중립국위원단에 관한 협정이 체결되었다. 이제 휴전은 목전에 다가왔고, 이승만의 북진정책은 위기에 봉착하는 듯했다. 그러나 이승만은 6월 18일 약 27,000명의 반공포로를 부산, 대구, 광주, 마산, 영천, 논산, 부평 등에 있던 수용소에서 전격적으로 석방시킴으로써 미국에게 휴전을 거부하고 또 그것을 파기시킬 의사와 능력이 있음을 보여주었다(한표욱, 1996, 149-156).

이에 미국은 이승만에게 유엔사령부의 권위를 인정치 않으면 '모종의 조치'를 취할 수 있다고 경고하면서 그동안 넣어두었던 '에버레디 계획'을 다시 고려하기도 했다. 그러나 결국은 원래 한국과 합의한 대로 국무성 극동담당 차관보 로버트슨(W. Robertson)을 한국에 보내 이승만과 휴전과 그에 따른 제반 문제를 협상하는 것으로 결론이 났다(김계동, 1992, 310-312).

6월 25일 시작된 이-로버트슨 회담은 쉽게 타협이 이루어지지 않았다(J. Kotch, 1983, 248-257; 한표욱, 1996, 158-163). 쟁점은 상호방위조약의 체결 시점, 한국군의 규모, 유엔군이 지닌 한국군에 대한 지휘권의 지속 여부, 휴전 후 정치회담의 기한 등이었다. 이 와중에 미국은 미군철수, 한국에 대한 보급품 및 장비 인도의 지연, 한국군 증강계획의 지연 등을 가지고 이승만을 위협하기도 했다(FRUS 1952-1954 Vol. ⅩⅤ Part2, 1984, 1287-1288, 1332-1333, 1347-1350). 결국 7월 9일 이승만은 로버트슨에게 서한을 보내 "유엔군이 한국의 이익에 배치되는 행동을 하지 않는 한 한국군을 그 휘하에 남겨둘 것"이고, "휴전에 서명은 않겠지만 그것을 방해하지도 않을 것"이며, 휴전 이후 상호방위조약을 체결하는 것에 동의하겠다고 밝힘으로써 협상은 거의 마무리되었다.[12] 이때 두 사람 간에는 상호방위조약의 초안(FRUS 1952-1954 Vol. ⅩⅤ Part2, 1984, 1359-1361)이 교환되었으며, 7월 11일 공동성명(Se-Jin Kim, 1976, 155)이 발표되는 것으로 이 회담은 끝났다.

그러나 여전히 문제는 남아 있었다. 휴전 후 정치회담의 기한과 그 이후에 취할 조치들이 미해결된 상태였던 것이다. 이승만은 휴전은 정치회담이 개최되는 90일에 한하여 유효하며, 그 사이 한국통일 문제에 관해 진전이 없으면 다시 전쟁을 시작할 것이라고 주장했다. 그는 휴전협정이 조인되는 순간은 물론 그 이후에도 이러한 주장을 되풀이했다(외무부, 1959, 100).

이승만이 이러한 시한부 휴전론을 주장한 것은 두 가지 목적 때문이었다. 우선 그는 국민들에게 휴전이 자신이 평소 주장하던 북진통일과 모순되지 않는다는 것을 보여줄 필요가 있었다. 전국적으로 휴전반대의 열기가 달아올라 있고, 그 열기를 자신의 정치적 기반으로 이용하고 있던 그가 갑자기

---

12) "Rhee to Robertson, Jul 9, 1953," FRUS 1952-1954 Vol. ⅩⅤ Part2, 1984, 1357-1359.

휴전을 전면적으로 수용하는 것은 스스로의 기반을 무너뜨리는 일이었다. 따라서 휴전 앞에 '시한부'라는 수식사를 붙여 완충장치로 삼고자 했던 것이다. 그리고 그는 아직 정식 체결되지 않은 상호방위조약에서 미국으로부터 가급적 많은 양보를 얻어내기 위한 협상의 수단으로도 이것을 이용하고자 했다. 요컨대 시한부 휴전론은 국내적 대중조작과 대미협상용 무기라는 두 가지 고려에서 주장된 것이며, 휴전을 거부할 수 없는 시점에서 북진정책이 잠시 모습을 바꾼 변형태라고 할 수 있다.

어쨌든 전쟁은 7월 27일 휴전으로 마무리되었다. 3년 동안 유엔측 33만 명, 공산측 48만 명, 민간인 76만 명의 인명피해가 있었고, 유엔측의 전쟁비용만도 150억 달러나 들었으며, 주택손실 60만 호, 전쟁고아 10만 명, 전쟁미망인 50만 명이라는 엄청난 피해를 낳은 전쟁이었지만, 결과는 아무것도 해결되지 않은 채 문제를 봉합하는 것으로 끝났다. 대부분의 한국 사람들은 휴전을 원하지 않았지만, 그렇다고 전쟁이 계속되길 바라지도 않았다. 그런 점에서 휴전은 차악(次惡)의 선택에 불과했다.

그러나 일단 체결되자 휴전협정은 작게는 남북한 그리고 크게는 유엔측과 공산측의 행위 및 그들 간의 관계를 규정·통제하는 현실적 메커니즘이 되었다. 이 협정의 서언에도 나와 있듯이 이것은 오로지 무력충돌을 중지시키기 위한 '군사적' 성격을 지닌 임시조치였다. 그러나 일단 성립하자 그것은 하나의 실체로서 양측을 규정하기 시작했으며, 남북 간의 긴장고조와 더불어 자기역동성(self-dynamics)을 지닌 실체로 커갔다. 크래스너(S. Krasner)의 정의에 따라 체제(regime)를 "주어진 국제관계의 영역에서 행위자들의 기대가 수렴하는 공식, 비공식의 원칙, 규범, 규칙 그리고 정책결정 과정"(S. Krasner, 1983, 1-21)으로 개념규정한다면, 이제 한반도에는 체제로서의 휴전(armistice as a regime) 또는 휴전체제(armistice regime)가 성립했다고 볼 수 있다.

이러한 휴전체제는 당시 형성 중에 있던 남북한 국가의 불가결한 일부분을 차지하게 되었다. 베버(M. Weber)의 국가개념(M. Weber, 1958, 78)을 원용하여 국가형성(state formation)을 "특정한 영역 내에서 폭력에 대한 배타적 독점권을 합법적으로 확보해가는 과정"이라고 볼 경우, 휴전협정의 많은 조항들이 한국의 국가형성과정을 규정 내지는 제약하고 있었기 때문이다. 휴전협정은 크게 다음 다섯 부분으로 구성되어 있었다(외무부, 1979, 349-370). 군사분계선과 비무장지대 설치에 관한 조항(제1조 1-11항), 구체적인 정전(停戰)조건과 군비증강 금지 그리고 군사정전위원회 설치와 중립국감시위원단 구성에 관한 조항(제2조 12-50항), 포로송환 규정(제3조 51-59항), 정치회담 개최에 관한 규정(제4조 60항), 이 협정의 시효와 수정 및 대체 방안에 관한 조항(제5조 61-63항). 이 중 첫째 부분(제1조)은 국가형성의 기본 요건인 영토와 관련된 내용이다. 특히 제10항은 38선 이북의 비무장지대 남방지역에 대한 행정권을 유엔군사령부에 귀속시킴으로써 1954년 8월 9일 그것을 되찾기 전까지는 온전한 국가형성의 제약요건으로 작용하였다. 둘째 부분(제2조)는 합법적 무력독점권에 관한 것으로서 역시 국가형성의 요건 중 하나였다. 특히 제13항의 ㉢은 군비의 반출입을 통제하는 내용으로서 1957년 6월 21일 제75차 군사정전위원회에서 유엔측이 이 조항의 기능정지를 선언하기 전까지는 국가형성의 또 다른 제약으로 작용하였다.

그러나 국가형성의 구성요소로서 휴전체제가 지닌 가장 큰 문제점은 역시 그것의 임시성에 있었다. 그것은 본질적으로 불안정한 체제로서 보완이 필요했다. 양측 간에 평화정착을 포함한 정치적 문제를 풀기 위한 후속회담이 필요했으며, 당사자에 속하지 않은 남한으로서는 미국과의 관계에서 미해결의 과제를 해결하기 위한 별도의 만남이 필요했다. 그것이 바로 제네바 정치회담과 상호방위조약 및 합의의사록을 체결하기 위한 한미 간의 협상이었다.

한미 간의 협상에 대해서는 뒤에서 별도로 고찰하고, 여기서는 제네바

회담에 대해서만 간략히 살펴보겠다. 휴전협정 제60조에 따라 정치회담 개최를 위한 예비회담이 1953년 10월 26일 판문점에서 시작되었으나 아무 성과 없이 12월 12일 무기휴회에 들어갔다. 이듬해 2월 18일 베를린에서 미·영·불·소 4개국 외상들은 그해 4월 26일 한반도 문제에 관한 정치회담을 제네바에서 열기로 합의했다. 이에 이승만은 한국군의 증강을 회의참가의 조건으로 내걸었고, 미국이 휴전 직전 한미 간에 합의된 한국군의 규모(20개 사단의 육군 655,000명과 해공군 24,000명)를 넘지 않는 수준에서 해공군의 질적 수준을 약간 높여주는 선에서 타협함으로써 예정대로 회담이 개최되었다(홍석률, 1994, 152-156).

그러나 이 회담 역시 아무런 성과 없이 종결(외무부, 1959, 103-108; 한표욱, 1996, 177-207)됨으로써 임시적 군사조치로 마련된 휴전협정은 명실상부한 휴전체제로서 자리잡게 되었다.

2) '조약'으로 남진 막고, '의사록'으로 북진 막기

휴전 이후에도 한미 간에는 해결해야 할 쟁점들이 많았다. 그것은 크게 정치·군사적인 문제와 경제 문제로 나누어 볼 수 있다. 전자와 관련하여 미국이 가장 신경을 쓰는 문제는 역시 이승만의 북진정책이었다. 비록 그가 휴전을 수용하기는 했지만, '시한부'라는 수식사를 사용하여 북진의 고삐를 늦추지 않고 있었기 때문이다. 이에 대한 견제책으로 미국이 주목한 것은 한국군에 대한 지휘권을 계속 유엔군 산하에 두는 것[13]과 한국군의 규모를 방어는 하되 공격은 하지 못할 수준으로 유지시키는 것 그리고 유엔군과는 별도로 미군의 한국주둔 근거를 만드는 일이었다. 그리고 경제적으로는 원조의

---

13) 이것이 문제가 되는 이유는 1950년 7월 15일 이승만이 맥아더에게 한국군의 작전권을 넘길 때,"한반도에서 전쟁행위가 종식될 때까지"라는 단서조항(외무부, 1979, 105)이 달려 있었기 때문이다.

양과 구성내용 그리고 사용방식이 주로 쟁점이 되었으며, 여기에는 한일 간의 관계도 밀접하게 연관되어 있었다. 경제현안에 관해서는 뒤에서 별도로 고찰하고, 여기서는 주로 정치·군사적 쟁점만 살펴보겠다.

휴전이 된 지 일주일이 채 되지 않은 8월 3일 미국무장관 덜레스(J. F. Dulles)가 방한하여 이승만과 회담을 가졌다. 그의 방한은 지난번 왔던 로버트슨의 약속에 따른 것이었지만, 주된 목적은 앞서 제시한 미해결의 과제들을 풀기 위해서였다. 회담을 마친 두 사람은 8월 8일 공동성명을 발표했는데, 거기에는 당시의 현안에 관한 양국의 이해관계가 모두 표현되어 있었다(Se-Jin Kim, 1976, 183-185). 우선 한국의 숙원이던 한미상호방위조약을 가조인[14]했지만, "그것이 <u>발효되는 날까지</u> 한국에 있는 우리의 군대(미군과 한국군: 필자)는 유엔군의 지휘권 아래에서 휴전협정에 의거해 행동"(Se-Jin Kim, 1976, 183: 밑줄은 필자)할 것이라고 못 박았다. 그리고 "<u>정치회담을 열기로 합의한 기간 동안</u> 한국이 무력에 의해 통일하려는 독자적인 행동을 하지 않겠다는 약속을 했다"(Se-Jin Kim, 1976, 184: 밑줄은 필자)고 밝힘으로써 미국은 한국의 북진의 가능성에 대해 '임시'적이나마 족쇄를 마련할 수 있었다. 그 밖에도 이 성명에는 조약의 발효 이후 주한미군의 지위에 관해 양국이 조속히 협의하기로 합의했다는 것과 한국에 대한 경제적 지원 문제에 대한 언급도 있었다.

그런데 이러한 족쇄가 임시적인 것에 불과하다는 데 미국의 고민이 있었다. 미국으로서는 보다 항구적인 제도적 견제책이 필요했다. 우여곡절을 거쳐 1954년 11월 17일 이러한 보완책으로 마련되는 것이 '경제 및 군사 문제에 관한 한미 합의의사록(Agreed Minute Relating to Continued Cooperation in Economic and Military Matters)'이었다.

---

14) 정식 조인은 그 해 10월 1일 워싱턴에서 변영태 외무장관과 덜레스 국무장관 사이에 이루어졌다.

그 사이, 즉 한미 간에 합의된 시한부 기간 동안에도 이승만은 북진과 관련된 의사표명 및 돌출행동을 그치지 않았다(구영록·배영수, 1982, 116-118). 특히 12월 12일 판문점에서의 예비회담이 성과 없이 끝나고, 26일 미국이 주한미군 8개 사단 중 2개의 철수를 발표하자 한국의 반발은 더 심해졌다. 이에 미국은 다시 이승만 제거를 포함한 특별대책을 마련하는 한편, 닉슨(R. Nixon) 부통령을 보내 이승만의 단독행동 가능성을 저지하려고 했다(홍석률, 1994, 147-151). 또 미국은 1954년 1월 15일과 26일 각각 한국과 미국의 의회에서 비준이 이루어진 '한미상호방위조약'의 비준서 교환을 늦춤으로써 이승만의 군사적 모험을 견제하려 했다(FRUS 1952-1954 Vol. XV Part2, 1984, 1767).[15] 조약이 발효되기까지는 한국군에 대한 지휘권을 유엔사령부가 확보할 수 있었기 때문이었다.

그러나 이승만이 3개월 시한부로 응했던 제네바 정치회담마저 6월 15일 성과 없이 종결되자 미국은 다급해졌다. 이에 미국이 이승만을 초청해 정상회담을 하면서 내놓은 카드가 '한미합의의사록'이었다. 이것은 그 후 3개월여에 거친 실무진 간의 조정을 거쳐 11월 17일 서울에서 변영태 외무장관과 브릭스 주한미대사 사이에 작성되었다(홍석률, 1994, 165). 그리고 같은 날 워싱톤에서는 '한미상호방위조약'의 비준서 교환이 이루어졌다.

미국의 입장에서 볼 때 '상호방위조약'의 핵심은 한국에 대한 안보공약과 함께 미국이 유엔군과는 별개로 미군을 한국에 주둔시킬 수 있는 법적 근거를 마련했다는 점이었다(J. Kotch, 1983, 257-258). 그러나 미국은 아직 한국군에 계속적인 지휘권을 확보하지 못하고 있었는데, 그것을 해결해준 것이 '합의의사록'이었다(FRUS 1952-1954 Vol. XV Part2, 1984, 1876-1882). "대한민국은 상호협의에 의하여 그렇게 하는 것이 상호이익에 가장 유리하기

---

15) 이 조약의 제5조에 따르면 "비준서가 워싱톤에서 교환될 때 효력을 발생"한다고 되어 있다 (Se-Jin Kim, 1976, 186).

때문에 변경하는 경우가 아니면, 유엔군 사령부가 대한민국의 방위를 책임지는 한 그 군대를 유엔군사령부의 작전지휘권하에 둔다"고 규정한 제2조가 미국의 숙원을 풀어준 해결사였던 것이다. 이로써 미국은 이승만의 북진정책을 견제할 수 있는 제도적 보장을 확보하게 되었다. 요컨대 미국은 '조약'으로는 남진을 그리고 '의사록'으로는 북진을 막을 수 있게 됨으로써 한반도에 관한 그들의 기본정책인 현상유지를 이룰 수 있게 되었다. 바로 이 점에서 '조약'과 '의사록'은 앞서 살펴본 '휴전협정'과 상호보완적인 관계를 이루고 있고, 그들이 모여 하나의 체제를 이루었다고 볼 수 있다.

한편 '상호방위조약'을 통해 한국이 얻은 가장 큰 소득은 자체의 군사적 능력이 부족한 상황에서 국가의 안보를 보장받았다는 점이었다. 그러나 이 '조약'에는 여타 면에서의 지원에 관한 내용이 없었다. 이러한 군사 및 경제 면에서의 지원을 약속한 것이 '합의의사록'이었다. 거기에는 한국군의 규모에 대해 '경제안정과 확보가능한 자원의 범위 내'라는 기준을 제시하면서, 부속문서(B)를 통해 총 72만 명의 병력과 10개 사단 규모의 예비군을 유지시키도록 미국이 원조하겠다는 내용도 있고, 또 7억 달러에 달하는 원조에 관한 내용도 있었다. 그러나 이승만은 반대급부로 북진을 포기해야 했고, 그 과정에서 한국군에 대한 작전지휘권을 상실함으로써 주권의 일부를 침해당하는 대가를 치러야 했다.

4. 반일정책, 경제부흥 그리고 정권유지의 삼중주

1) 흔들리는 북진정책

'한미합의의사록'이 체결됨으로써 이승만의 북진정책은 이제 불가능하게 되었다. 그런데도 이승만은 북진정책을 계속 주장했다. 1955년 3월 13일

국회는 휴전협정 폐기 권고안을 결의했으며, 유엔 총회에서도 정부의 대표는 휴전협정의 폐기를 거듭 주장했다.

이와 관련하여 이 시기의 가장 특기할 만한 행동은 역시 중립국감시단 철수운동이었다. 이 요구는 1954년 7월 30일 처음 제기되었지만, 본격화된 것은 이듬해 8월이었다. 당시 정부는 성명을 발표하고, "38선 이남에 있는 우리의 모든 영토에 대한 권리를 회복하고 방위선을 강화키 위해 중요한 지역들(개성, 옹진 등)에 대한 수복을 포함한 필요한 조치를 취할 준비를 갖추고 있다"고 하면서, 중립국감시단은 8월 13일까지 물러가라고 주장했다. 그리고 이를 요구하는 시위가 수백만 명이 동원되어 그해 말까지 계속되었다. 1956년에도 이러한 요구가 계속되자 결국 6월 9일 중립국감시위원단은 철수하고 만다(외무부, 1959, 138-140).

그리고 정부는 휴전협정 제13항 ㉣(군비의 반출입 통제)을 공산측이 지키지 않는다는 이유로 이 조항의 무효화를 계속 주장한 끝에 결국 1957년 6월 21일 제75차 군사정전위원회에서 이 조항의 기능정지를 공식 선언하기도 했다.

이러한 일련의 조치들은 '합의의사록'으로 북진정책이 실질적으로 불가능해진 상태에서 휴전협정을 무력화(無力化)시키는 갖가지 행동을 통해 북진정책을 둘러싼 국민적 합의와 동원을 유지해보려는 시도들이라고 할 수 있다.

그러나 북진정책의 정치적 및 외교적 효과는 갈수록 떨어졌다. 한때 여야를 막론하고 전국적으로 그리고 이승만이 내세운 북진정책에 호응하는 모습이 연출되기도 했었다. 휴전을 전후한 1953년이 그 절정이었으며, 이러한 관성은 1954년까지는 지속되었다. 이를 토대로 이승만은 자신의 국내적 지지기반을 크게 강화했고, 미국에 대해 '벼랑 끝 전술(brinkmanship)'을 구사함으로써 약소국의 지도자로서는 보기 드문 자율성을 과시하기도 했다. 하지만 '합의의사록'으로 족쇄를 채운 이후 이승만의 북진정책에 대한 미국의 우려는 한결 작아졌다. 외교정책의 수단으로서의 북진정책의 효력이 그만큼 줄어든 것이라고 할 수 있다. 이제 그것은 외교정책의 수단이라기보다는 국내정치의 도구로 변했다. 그리고 1955년을 넘어서면서 그것의 국내정치적 선전효과마저 퇴색되기 시작했다.

1954년 11월 이승만의 무리한 개헌추진(소위 사사오입개헌)은 그동안 휴전반대와 북진통일로 쌓아올려진 그의 신화적 이미지를 많이 훼손시켰다. 뒤이어 통합야당인 민주당이 생겨남으로써 원내에서도 이승만은 강력한 경쟁 세력을 만나게 되었다. 그리고 1956년 정부통령선거에서 이승만은 당선은 되었지만 진보계열인 조봉암의 약진(유효투표의 30% 획득)과 민주당 후보인 장면이 부통령에 당선되는 쓰라림을 맛봐야 했다(김일영, 1991, 220-232).

이러한 국내정치적 분위기의 반전은 통일방안의 통일성도 붕괴시키기 시작했다. 그동안 정치권 내에는 북진 이외에는 다른 통일방안이 존재할 수 없었다. 적어도 이 점에서는 여야가 있을 수 없었다. 6·25 전쟁 발발 이래 국회에서 수없이 통과시킨 휴전반대나 철폐 그리고 북진관련 결의안이 그 증거였다. 그런데 1950년대 중반을 넘어서면서 보수야당인 민주당에서도 다른 목소리가 새어나오기 시작했다. 처음에는 '화전양양(和戰兩樣)'이라는 애매한 양면정책을 주장하는데 그치다가, 드디어 1957년 10월 전당대회부터 '유엔감시하의 남북한총선'을 당의 공식적인 통일방안으로 들고 나왔다. 사실 이것은 유엔의 결의사항을 채택한 것으로 전혀 새로울 것이 없었지만, 북진통일만이 우리가 살 길이라고 외치던 1950년대의 시점에서 보수야당이 이것을 들고 나왔다는 것은 이승만에게는 충격이었다. 더 큰 충격은 평화통일을 들고 나온 진보당으로부터 왔다. 더구나 이 당의 조봉암이 대통령선거에서 예상외로 많은 득표를 하자 이승만의 충격은 상당했다.

북진정책에 대한 도전은 외부로부터도 왔다. 1956년 흐루시초프가 스탈린을 비판한 이후 미국과 소련 간에는 평화공존의 움직임이 생겨나고 있었다.16) 1957년 소련의 인공위성 발사성공 이후 현실적 문제로 대두된 공포의 핵균형도 이러한 변화를 가져오는 데 기여했다. 게다가 북한도 1958년 초부터 남한에 대해 평화통일의 공세를 취하기 시작했다(외무부, 1959, 109-116). 이러한 분위기 속에서 한국만이 북진을 계속 주장하기는 점점 어려워졌다.

그럼에도 불구하고 이승만은 끝까지 북진주장을 포기하지는 않았다. 그러나 정책의 무게중심은 북진에서 다른 것으로 조금씩 이동하기 시작했다. 외교정책은 물론 국내정치의 수단으로서 효력이 떨어지기 시작한 북진 대신에 대내용으로는 반공이 그리고 대외용으로는 반일이 강조되기 시작했다. 특히 1950년대 후반에 반공을 강조하는 과정에서 정치적으로 경직되고 무리한 일들이 많이 저질러졌는데, 대표적 예가 반공법 개정이나 경향신문 폐간이었다(김일영, 1991, 232-245).

2) 이승만의 반일, 경제부흥 그리고 정권유지의 삼중주

일반적으로 이승만의 반일정책은 자신의 정당성 부족을 메우려는 상징적 대중조작 정도로 이해되는 경우가 많다. 북진과 반공을 통해서도 충분히 확보하지 못한 국민적 지지기반을 보충하고, 또 정부 내에 친일파가 많다는 주장을 잠재우기 위해 동원한 정책에 불과하다는 것이다. 이러한 견해는 틀리지는 않지만 불충분하다. 왜냐하면 이승만의 반일정책은 대중조작이라는 소극적인 면 말고 일본을 중심으로 하는 미국의 동아시아 정책구도에 대한 한국의 대응논리라는 적극적인 측면도 지니고 있기 때문이다.

---

16) 물론 이러한 공존의 움직임의 이면에는 중국을 중심으로 한 긴장조성 세력이 여전히 존재했다(G. H. Chang, 1995, 191-205).

아이젠하워정부의 대외정책은 '뉴룩(New Look)전략'이었다. 그것은 공화당 내의 대외개입주의 노선과 재정보수주의 노선 사이의 타협의 산물이었다. 아이젠하워는 공화당 내에서 고립주의에 반대하는 대외개입주의의 대변자였다. 그러면서도 그는 전임 트루만 행정부의 과다한 군사비 및 대외경제원조 지출에 대해 비판적이었다. 이 점에서 그는 전통적인 공화당식의 재정보수주의자였다. 문제는 대외개입주의와 재정보수주의가 병립되기 어렵다는 점이었는데, 여기서 찾아진 접점이 개디스(L. A. Gaddis)가 말했듯이 '경제성'의 원칙이었다. 그는 뉴룩 전략을 핵무기, 동맹, 심리전, 비밀공작 그리고 외교교섭의 다섯 가지 요소로 정리하면서, 이들의 이면에 깔린 공통 요소로 '경제성'에 대한 관심을 지적하고 있다. 미국은 해외기지(직접 주둔)를 줄이기 위해 국지전에 대비하는 재래식 전력의 유지비는 동맹국에게 부담시켰고 그들 간의 군사동맹(지역적 집단안보체제)의 구축에 적극 나섰다. 대신 미국은 비용-편익(cost-benefit) 면에서 상대적으로 효과가 큰 핵전력과 해공군력에 중점을 두기 시작했다(J. L. Gaddis, 1982, 127-163).

이런 뉴룩 전략의 두 요소, 즉 통상전력의 강화와 '건전한 경제'의 확립은 미국에 대해서는 상대적으로 조화로운 결과를 낳을 수 있었으나, 동맹국들에서는 잠재적 대립관계에 서는 경우가 많았다. 이 전략에 따라 동맹국들의 방위비 부담은 가중되었고, 그것은 곧 경제발전과 길항관계에 서는 수가 많았기 때문이다. 그리고 이런 모순은 이 전략이 동아시아의 국가들 간에 차별적으로 적용됨으로써 보다 심화되었다. 이 전략에 따라 일본은 미국의 용인 아래 경제를 중시하는 노선을 선택할 수 있었던 반면, 여타 국가들, 특히 한국과 대만은 군사우선정책을 취할 수밖에 없었다(李鍾元, 1996, 11-41).

6·25 전쟁 이후(특히 스탈린 사망을 계기로) 전 세계적 수준에서는 미소 간에 긴장이 완화되었으나 동아시아에서는 중국의 공세로 오히려 군사적 긴장이 고조되고 있었다. 미국은 중국을 봉쇄하기 위해 지역적 집단방위기

구 창설을 서둘렀다. 그러나 영국 및 영연방국가들의 반대와 일본의 소극적 자세로 그것은 부분적으로만 실현(주로 미국과 동맹국 간의 쌍무조약형태)되는 데 그쳤다. 그러자 미국은 한국, 대만과 같은 냉전 전초국가들의 군사력을 강화하기 시작했다. 미국은 이 국가들의 군사력을 일국 차원이 아닌 극동 전체의 세력균형의 일부로 재규정하면서 이들에게 자국의 경제력을 훨씬 초과하는 군사력을 보유하도록 했다.

그러면 이러한 미국의 세계전략 및 동아시아전략에서 한국에 대한 원조정책이 차지하는 위상은 어떠했는가? 주지하듯이 당시 미국의 대아시아 경제정책은 일본을 중심으로 한 수직적 지역분업을 지향하고 있었다. 따라서 한국에 대해서는 공업화 억제방침이 취해졌고, 일본을 중심으로 한 지역적 분업체제에의 편입이 대한정책의 여러 국면에서 강제되었다. 미국의 대아시아 정책이 지닌 이런 지역적 편차를 6·25 전쟁 이후 한국에 제공된 부흥원조의 성격과 운용을 둘러싼 한미 간의 대립을 추적해보면 쉽게 드러난다.

당시 미국은 한국을 동아시아 냉전의 전초기지로 유지시키기 위해 연평균 2억 달러가 넘는 원조를 제공했다. 종래의 연구에서는 이 원조의 내용(주로 소비재)을 주로 문제삼으면서, 그것을 자본논리적으로만 이해하는 것이 일반적이었다(김양화, 1992, 47-60). 그러나 우리는 여기서 한걸음 더 나아가 원조가 지닌 동아시아 지역통합적 의미를 문제삼을 필요가 있다. 6·25 전쟁 이전부터 미국측의 기록에 등장하는 '원조의 조정', '달러의 이중적 움직임', '원조달러의 이중사용' 등의 용어들이 전후에도 계속되고 있음에 주목할 필요가 있다. 그것은 한국정부로 하여금 미국이 제공한 원조의 상당 부분을 일본으로부터의 물자구입에 돌리게 강제함으로써 동일한 액수의 원조로 한일 양국을 동시에 부양한다는 것이었다. 그러나 그것이 두 나라에 가져오는 결과는 차별적이었다. 일본은 경제를 발전시키겠지만, 한국의 부흥노력은 그만큼 더뎌지고, 경제면에서 일본에 종속될 수밖에 없다. 더구나 한국은 일본이 면제받은 군사비 부담까지 져야 했다(李鍾元, 1996, 105-127).

1950년대 아시아 최대의 원조수혜국이었던 한국의 이승만정부와 미국 사이에 원조물자의 대일구매를 둘러싸고 격한 대립(때로는 원조의 일시적 정지까지도 포함한)이 전개된 것은 이러한 배경에서였다. 그리고 이것을 이해할 경우 우리는 이승만의 반일노선의 이면에 깔린 또 다른 측면을 발견하게 된다. 그것은 단순히 정치적 상징조작에 그치지 않고, 동아시아에서 한국의 정치·경제적 위상을 정립하는 문제와도 관련된 것이라고 할 수 있다.

아울러 이승만의 반일정책은 앞서 살펴본 북진정책과 함께 미국의 뉴룩전략의 동아시아적 전개 속에서 한국의 전략적 가치를 높이는 수단으로서의 의미도 지녔다고 할 수 있다. 그에게 있어 한반도의 긴장을 고조시킴으로써 미국의 대한원조와 개입을 확대시키는 것과 한국이 일본의 배후지 역할을 맡기를 거부하는 것은 동전의 양면과도 같은 관계였다.

마지막으로 이승만의 반일정책은 국내에서의 그의 권력기반의 확충과도 관련된 문제였다. 당시 미국이 한국에 바랬던 것은 다음 세 가지였다. 첫째, 미국은 한국이 냉전의 전초기지 역할을 충분히 수행할 정도로 강하면서도 북진을 감행할 정도로까지는 강하지 않은 국가가 되기를 원했다. 둘째, 미국은 한국이 경제적으로 발전보다는 안정을 우선시하는 국가, 즉 작은 정부(small or liberal state)이길 희망했다. 끝으로 미국은 한국이 자신들의 동아시아전략에 따라 일본에 종속적인 국가(dependent state)가 될 것을 요구했다. 이승만은 한국에 대한 미국의 이런 요구사항들 사이에 서로 상충되는 면이 있음을 간파했다. 따라서 그는 첫째 요구사항을 확실하게 수행하는 대가로 나머지 요구들로부터 어느 정도 자율성을 확보하고자 했다. 아울러 미국의 요구사항들 중 둘째와 셋째는 이승만과 그 주변 세력의 권한과 기반을 잠식시킬 수 있는 것들이었다. 그것이 실현될 경우 그들이 귀속재산과 미국원조를 둘러싸고 지대를 추구(rent-seeking)할 여지는 축소될 수밖에 없었기 때문이었다(Woo-Cumings, 1991, 43-72). 따라서 이승만이 갖가지 수단을 동원하여, 때로는 무리를 범하면서까지 원조의 양과 구성성분 그리고 그것의 운용방식에 대해 미국과 충돌한 까닭은 바로 이때문이었다.

5. 불협화음과 이승만의 붕괴

아이젠하워 행정부의 두 번째 임기가 시작되는 1957년을 전후하여 미국의 대외(특히 대아시아)정책은 군사우선에서 경제중시로 전환되기 시작했다. 그것의 직접적 계기는 소련·중국·북한 등 사회주의국가들이 급속한 산업화에 성공함으로써 제3세계 국가들에게 하나의 대안모델로서 부상했다는 점이다. 이런 사회주의권의 경제적 공세는 냉전의 성격을 군사적인 것에서 정치·경제적인 것으로 바뀌게 만들었다. 이제 미국은 아시아를 포함한 제3세계 국가들의 경제개발의 중요성을 인식하게 되었고, 그것은 뉴룩전략의 내용에도 반영되었다. 이 전략의 핵심인 '건전한 경제'의 확립은 과거에는 미국에 대해서만 강조되었고, 여타 동맹국들은 통상전력의 강화라는 명목하에 더 많은 군비를 부담할 수밖에 없었다. 그런데 이제 '건전한 경제'의 확립에 대한 관심은 한국을 위시한 주변부국가들로까지 확대되게 되었다.

이러한 미국의 정책변화에 대응하여 한국 내부에서도 리더십과 제도 그리고 정책이 변화할 조짐을 보였다. 1950년대 후반 자유당 내부에 형성된 이기붕을 중심으로 한 관료정치가 집단(온건파)과 해방 후 미국의 지원 아래 여러 프로그램을 통해 훈련된 기술관료들이 이러한 미국의 정책변화에 대응하는 주체였다. 그들은 부흥부와 몇몇 위원회를 중심으로 재정안정계획과 장기경제개발계획 등의 정책을 추진했다. 그러나 변화의 조짐은 결국 꽃피지 못하고 좌절되고 말았다. 그 이유는 이승만 말기로 갈수록 개발보다는 정권에 집착하는 강경파가 득세하게 되었고, 미국은 원조를 대폭 삭감했으며, 미국을 대신하여 재원을 공급할 일본과의 관계개선은 여전히 부진했기 때문이었다.

특히 이러한 동아시아 정책변화 속에서 한일 간의 조속한 관계개선을 바랬던 미국 입장에서는 이승만의 반일정책은 이제 점차 용인하기 어려운 것이 되고 있었다. 북진정책 이후 한국외교를 이끌어온 반일정책이 드디어 이승만에게 부담으로 작용하기 시작했다. 이런 와중에 국내정치에서 터져 나온 터무니없는 부정선거와 그에 대한 한국민의 분노는 미국에게 이승만이란 부담을 덜 수 있는 기회를 제공했다. 1950년대에 네 차례 입안되고 검토되었던 미국의 '비상한 조치'가 한국민들의 분출에 편승하여 성공을 거두는 순간이었다.

참고문헌

구영록·배영수. 『한미관계 1882-1982』, 서울대학교 미국학연구소, 1982.
김계동. 「한미방위조약 체결과정과 개선방안」, 『사상과 정책』, 여름호, 1989.
_____. 「미국의 대한반도 군사정책변화: 1948-1950」, 『군사』, 20호, 1990.
_____. 「강대국 군사개입의 국내정치적 영향」, 『국제정치논총』, 32집 1호, 1992.
김양화. 「1950년대의 경제협정: 원조와 종속의 메커니즘」, 『역사비평』, 여름, 1992.
김의곤·이범준 공편. 『한국외교정책론』, 법문사, 1993.
김일영. 「이승만 통치기 정치체제의 성격에 관한 연구」, 성균관대 박사논문, 1991.
_____. 「이승만 수정주의에 대한 수정」, 『한국현대사연구』, 한국정신문화연구원, 1998.
서중석. 「이승만과 북진통일」, 『역사비평』, 여름, 1995.
외무부. 『외무행정의 10년』, 외무부, 1959.
_____. 『대한민국외교연표: 1948-1961』, 외무부, 1962.
_____. 『한국 외교 30년』, 외무부, 1979.
이도형. 「청구권과 맞바꾼 평화선」, 『월간조선』, 4월, 1986.

이춘근. 「군사안보와 자주국방외교」, 정일영 편. 『한국 외교 반세기의 재조명』, 나남, 1993.

이호재. 『한국외교정책의 이상과 현실』, 법문사, 1969.

한표욱. 『이승만과 한미외교』, 중앙일보사, 1996.

허 만. 「이승만의 대미외교, 그의 외교과정과 도전」, 동아일보사 편. 『현대사를 어떻게 볼 것인가Ⅲ』, 동아일보사, 1990.

홍석률. 「6·25 전쟁 직후 미국의 이승만 제거계획」, 『역사비평』, 가을, 1994.

_____. 「이승만정권의 북진통일론과 냉전외교정책」, 『한국사연구』, 85호, 1994.

李鍾元. 『東アジア冷戰と韓米日關係』, 東京: 東京大學出版會, 1996.

『동아일보』.

『조선일보』.

Kim, Se-Jin. *Documents on Korean-American Relations 1943-1976*, Seoul: Research Center for Peace and Unification, 1976.

U.S. Department of State. *Foreign Relations of the United States(FRUS) 1948. Vol. Ⅵ.(1974); 1949. Vol.Ⅶ, Part 2.(1976); 1950 Vol.Ⅶ.(1976); 1951 Vol.Ⅶ, Part 1.(1983); 1952-1954 Vol.ⅩⅤ, Part 1. Part 2.(1984); 1955-1957 Vol.ⅩⅩⅢ, Part 2(1993); 1958-1960 Vol.ⅩⅧ.(1994)*. Washington: Government Printing Office, 1974.

Bernstein, Barton J., "The Struggle over the Korean Armistice," B. Cumings, ed., *Child of Conflict*, Seattle: University of Washington, 1983.

Chang, Gordon H., "Eisenhower and Mao's China," G. Bischof and S. Ambrose. eds., *Eisenhower*, Baton Rouge: Louisiana State University Press, 1995.

Cumings, Bruce, "Introduction," B. Cumings, ed., *Child of Conflict*, 1983.

_____. *The Origins of the Korean War Vol. Ⅱ*. Princeton: Princeton University Press, 1990.

Gaddis, John L., *Strategies of Containment*, Oxford: Oxford University Press, 1982.

Hong, Yong-Pyo, "State Security and Regime Security," Ph.D. Dissertation. University of Oxford, 1995.

Kotch, John, "The Origins of the American Security Commitment to Korea," B. Cumings. ed., *Child of Conflict*, 1983.

Krasner, Stephen, "Structural Causes and Regime Consequences," S. Krasner, ed., *International Regimes*, Ithaca: Cornell University Press, 1983.

Merrill, John, "Internal Warfare in Korea, 1948-1950," B. Cumings, ed., *Child of Conflict*, 1983.

Weber, Max., "Politics as a Vocation," H. H. Gerth and C. W. Mills, *From Max Weber*, New York: Galaxy Book, 1958.

Woo-Cumings, Meredith., *Race to the Swift*, New York: Columbia University Press, 1991.

4장
이승만정부의 산업정책과 렌트추구[1]

1. 렌트추구와 부패

이승만정부는 소비재 위주의 수입대체산업화정책을 추구했다. 이 정책의 결과에 대해서는 평가가 엇갈린다. 이 정책의 일환으로 추진된 저환율정책이 당시 한국을 전형적인 렌트추구(rent-seeking) 사회로 만들었다는 부정적 평가[2]가 많은 가운데 일견 비합리적으로 보이는 정책의 이면에 숨어 있는 합리성을 발견하려는 노력도 전개되고 있다.[3]

이 글은 1950년대에 렌트와 부패가 만들어지는 구체적 메커니즘을 알아보고, 그것이 당시의 산업정책과 어떤 관련이 있는지를 살펴보겠다. 이 글은

---

* 이 글은 『세계정치』, Vol. 28 No. 2(2007)에 게재된 것을 수정 보완한 것임.

[1] 이 글은 문정인·김세중(편), 『1950년대 한국사의 재조명』(서울: 선인, 2004)에 실린 필자의 논문(「이승만정부의 수입대체산업화정책과 렌트추구 및 부패 그리고 경제발전」)을 수정·보완한 것이다.

[2] A. O. Krueger, *The Developmental Role of the Foreign Sector and Aid*(Cambridge, MA: Harvard University Press, 1979), ch.2; G. Tullock, "Rent-Seeking as a Negative-Sum Game," in J. Buchanan, Robert Tollison, and Gordon Tullock eds., *Towards a Theory of the Rent-Seeking Society*(College Station: Texas A&M University Press, 1980), pp. 28-29.

[3] Jung-en Woo, *Race to the Swift: State and Finance in Korean Industrialization*(New York: Columbia University Press, 1991), ch.4; 최상오, 「1950년대 외환제도와 환율정책에 관한 연구」, 성균관대 경제학박사논문, 2001; 김일영, 『건국과 부국』(서울: 생각의 나무, 2005); 박지향·김철·김일영·이영훈(엮음), 『해방전후사의 재인식』 제2권(서울: 책세상, 2006).

먼저 이승만정부가 왜 소비재 중심의 수입대체산업화를 산업정책의 기조로 택했으며, 이 일환으로 채택된 많은 정책수단들이 어떻게 렌트가 창출되고 부패가 싹틀 수 있는 조건을 구성했는가를 고찰하겠다. 다음으로 당시 행해진 렌트추구 및 부패의 대표적 사례를 골라 유형별로 살펴보고, 이런 렌트추구 및 부패와 경제성장과의 관계를 1960년대와 비교해서 살펴보는 것으로 글을 마치겠다.

뷰캐넌(J. Buchanan)은 렌트를 "어떤 자원의 소유자에게 그 자원을 다른 방식으로 사용했을 때 얻을 수 있는 것보다 많이 지불되는 부분"이라고 정의했다.[4] 렌트란 어떤 행위자(기업)가 가격을 조작해 그것이 경쟁상태에서 벗어나게 할 때 발생된다. 렌트는 여러 방식으로 창출될 수 있지만, 주로 국가개입을 통해 만들어진다. 국가가 규제나 특혜를 통해 시장에 개입할 경우 인위적 독점권이 형성될 여지가 생겨난다. 이때 각 행위자들은 이러한 독점권을 획득하기 위해 활동을 벌이게 되고, 여기서 성공한 일부 행위자는 초과이윤을 얻게 된다.[5] 렌트는 생산활동이 아니라 비생산활동인 독점권을 통해 얻어진 것이기 때문에, 사회 전체로 보면 새로운 가치가 창출된 것이 아니라 어떤 사람의 가치가 다른 사람에게 이전된 것에 불과하다.[6] 따라서 렌트추구 행위란 "어떤 사회구성원이 자기의 경제적 이익을 증진시키기 위해 국가개입이나 중재를 동원해 다른 구성원으로부터 자신에게로 부의 '합법적'(필자가 추가) 이전을 꾀하는 것으로 사회적으로 낭비적인 활동"이라고 할 수 있다.[7]

---

[4] James Buchanan, "Rent Seeking and Profit Seeking," in J. Buchanan, Robert Tollison, and Gordon Tullock eds., *Towards a Theory of the Rent-Seeking Society*, p. 3.

[5] David C. Kang, *Crony Capitalism: Corruption and Development in South Korea and the Philippines*(Cambridge: Cambridge University Press, 2002), pp. 12-13.

[6] G. Tullock, "The Welfare Costs of Tariffs, Monopoly, and Theft," *Western Economic Journal*, Vol.3, June, 1967, pp. 224-232; Anne O. Krueger, "The Political Economy of the Rent-Seeking Society," *American Economic Review*, Vol.64, No.3, 1974, pp. 291-303.

[7] 소병희, 『공공선택의 정치경제학』(서울: 박영사, 1993), pp. 95-96.

한편 이렇게 국가개입을 동원해 독점권을 얻기 위해 여러 행위자들이 서로 경쟁하는 과정에서 뇌물과 같은 불법적 대가가 지불되는 경우가 많은데, 부패는 바로 이때 발생된다. 물론 보다 일반적인 의미의 부패, 즉 정상적인 교환과정의 이면에서 이루어지는 불법적 대가의 수수를 뜻하는 부패는 국가개입 여부와 무관하게 발생할 수 있다. 순수하게 사적인 부분에서도 부패는 발생할 수 있다는 것인데, 이런 부패는 이 글의 관심 밖이다. 이 글은 국가개입으로 렌트가 창출될 여지가 발생했을 때 그것에 접근하기 위한 경쟁과정에서 발생하는 부패만을 문제 삼는다.

렌트 자체는 국가의 정책에 의거한 것이기 때문에 '합법적'으로 창출 가능하다. 그러나 렌트의 배분에 다가서는 과정에서는 대개 '비합법적'인 부패가 개재된다. 이때 불법적으로 지불되는 대가는 그것의 공여자(供與者)가 나중에 얻을 독점이윤의 양을 초과할 수 없다.[8] 이러한 대가지불은 나중에 기대되는 독점이윤에 대한 사전(事前)분배의 성격을 지닌 것이기 때문이다. 아울러 분배의 비율은 관여자들 사이의 상대적인 힘(力) 관계와 깊은 함수관계가 있다.

2. 왜 소비재 위주의 수입대체산업화 정책을 추진했는가?

6·25 전쟁은 경제 전체에 큰 타격을 입혔다. 인적 피해나 주택, 교육·위생시설 등의 생활기반시설 파괴는 말할 것도 없고, 도로, 철도, 발전 및 통신설비 등 사회간접자본도 극심한 손상을 입었다. 금속, 기계, 화학, 섬유, 식품 등의 각종 생산설비도 평균 60% 이상 파괴되고 말았다.[9] 산업시설의

---

8) G. Tullock, 「렌트추구의 사회적 비용」, 양운철 편, 『렌트추구 행위의 사회적 비용』(성남: 세종연구소, 1995), pp. 13-27.
9) 한국산업은행 조사부, 『한국 산업경제 10년사』(1955), pp. 996-997; 이대근, 『해방 후-1950

손실로 인한 극심한 물자부족과 전비(戰費)조달을 위한 통화증발 때문에 경제는 살인적인 인플레이션(hyper-inflation)에 시달리고 있었다.

이런 난관을 극복하기 위해 이승만정부는 하루빨리 경제를 재건·부흥하고 싶어했다. 하지만 당시 한국은 독자적으로 이것을 수행할 만한 능력을 지니지 못하고 있었다. 장기적인 부흥계획을 수립하고 집행할 정도로 능력을 갖춘 관료집단도 없었지만,[10] 보다 중요한 것은 그것을 추진할 재원을 확보할 수 없었다는 점이다. 1953~1960년 사이 한국은 정부 총수입의 72.5%를 원조에 의존하고 있었다. 이런 상태에서 경제재건에 필요한 투자재원을 국내저축만으로 충당하기는 어려웠고, 부족분은 해외재원에 의존해야 했다. 이 경우 해외재원은 크게 두 가지였다. 하나는 유엔(UN)군과 관련된 외환수입이었고, 다른 하나는 미국원조로 제공되는 재화를 판매하여 얻은 수입, 즉 대충자금(對充資金: counterpart fund)이었다.

이 시기 한국이 외환을 얻을 수 있는 통로는 수출, 외자도입 그리고 무역외수입의 셋이었다. 1950년대를 통틀어 수출은 2억 6800만 달러 정도였고, 외자도 314만 달러 정도 도입되었을 뿐이다. 결국 이 시기의 주된 외환수입원은 무역외수입이었다. 1952~1960년 사이 무역외수입은 6억 5600만 달러였는데, 그 중 81%가 정부거래에서 발생했다. 정부거래는 유엔군관련 외환수입이 거의 대부분을 차지했다. 그것은 1950년대 초반에는 유엔군 대여금 상환불(償還弗)로 구성되었고, 1950년대 후반에는 유엔군이 직접 매각한 달러와 유엔군의 직간접 군원불(軍援弗)로 구성되었다. 전쟁 중 한국정부는 참전 유엔군이 필요로 하는 환화(圜貨)경비를 한국은행으로부터 차입하여

년대의 경제』(서울: 삼성경제연구소, 2002), pp. 241-255.
10) 이러한 능력은 엘리트 관료들이 재무부와 부흥부를 중심으로 모이기 시작하는 1950년대 말에 가서야 어느 정도 나타난다. 그러나 이 무렵에도 이들이 조직화된 힘을 발휘할 만한 여건이 아직 갖추어지지 않았다는 점에서 한계가 있었다. 자세한 것은 Kim Il-Young, "The Race against Time: Disintegration of the Chang Myon Government and Democracy Aborted," Review of Korean Studies, Vol.7, No.3, 2004 참조.

대여해주고 그 대가를 달러로 상환받았는데, 그것이 유엔군 대여금 상환불이다. 이것은 휴전 이후 점차 사라졌고, 대신 1954년부터는 유엔군이 달러를 직접 경매하여 환화를 조달해 썼는데, 그것이 유엔군 직접 매각불이다. 유엔군은 자신들이 필요로 하는 재화나 서비스를 직접 구매하고 달러를 지불하기도 했는데, 그것이 유엔군 직간접 군원불이다.[11]

이 시기 한국정부의 주된 해외재원은 원조였다. 1950~1960년 사이 한국은 경제원조처(ECA), 한국난민원조(CRIK), 유엔한국부흥위원회(UNKRA), 국제원조처(ICA), 미 공법 480호(PL480) 등 다양한 기구를 통해 총 24억 1,000만 달러에 이르는 엄청난 양의 원조를 받았다.[12] 원조는 대개 재화의 이전이란 형태를 띠었기 때문에 이를 통해 직접 외환이 얻어지는 것은 아니었다. 원조물자를 판매한 수입은 대충자금 계정에 적립되었는데, 그것이 당시 정부수입의 70%를 상회했다. 정부는 이렇게 원조로 마련된 재원을 가지고 국방비나 재건투자를 비롯한 온갖 지출수요를 감당할 수 있었다.

문제는 원조로 마련된 재원의 운용방식을 둘러싸고 공여자인 미국과 수혜자인 한국 사이에 생각이 달랐다는 점이다. 미국은 한국경제의 최우선 과제가 경제안정이라고 생각했으나 한국은 재건이 우선이라고 여겼다. 당시 원조는 무상으로 제공되는 대신 그 운용에서 공여국의 허락을 받도록 되어 있었다. 따라서 상이한 구상을 지닌 두 나라 사이의 충돌은 불가피했다.

원조자금의 운용에 관한 미국의 구상은 이와 관련하여 한미 간에 맺은 두 협정의 내용을 보면 잘 드러난다. 1952년 12월 '대한민국과 국제연합사령부 간의 경제원조에 관한 협정'(일명 마이어[Meyer]협정)이 맺어졌으며, 그 이듬해 12월에는 국무총리 백두진과 경제조정관인 우드(C. T. Wood) 사이에 '경제재건과 재정안정계획에 관한 합동경제위원회 협약'(일명 백-우드 협정)

---

11) 최상오, 「1950년대 외환제도와 환율정책에 관한 연구」, pp. 39-53.
12) 한국은행, 『경제통계연보』(1962), p. 227.

이 체결되었다. 두 협정(약)은 여러 내용[13]을 담고 있었지만 골자는 한미 간에 '합동경제위원회'(CEB)를 설치하고, 그것을 통해 한국이 안정기조의 확립에 중점을 둔 정책 ―소위 중간안정정책― 을 추진하도록 감독하겠다는 것이었다. 이후 한국정부는 경제정책수립에서 '합동경제위원회'의 제약을 받을 수밖에 없었는데, 이 위원회는 한국의 정부조직법을 초월하는 경제운영에 관한 실질적인 최고의사결정기관처럼 군림하는 경우도 적지 않았다.[14]

미국이 한국에서 경제재건보다 안정에 중점을 둔 직접적인 이유는 경제적인 요인이었지만 그 이면에는 정치사회적 및 군사적 요인이라는 보다 깊은 이유가 있었다. 당시 한국은 통화팽창과 물자부족으로 인해 극심한 인플레를 겪고 있었다. 이 점에서 시중통화를 최대한 흡수하고 물자를 원활하게 공급해 인플레를 억제하는 것이 최우선 과제임은 분명했다. 다만 이것을 해결하는 방식 면에서 미국은 지나치게 단기적인 안정효과에만 신경을 썼다.

미국이 우선시한 것은 소비재 물자를 원활하게 공급함으로써 인플레를 잡고 민생안정을 이루자는 것이었다. 이를 위해 미국은 원조물자를 소비재 위주로 편성하는 한편 복구가 용이한 일부 소비재 생산부문에 소요되는 원자재도 원조의 일부로 들여왔다. 그러나 미국은 장기간의 대규모 투자가 요구되는 기간산업에 대해서는 통화를 팽창시키고 경제안정을 저해한다는 이유로 지원하기를 꺼렸다. 그 결과 당시 미국이 제공한 원조물자는 소비재와 원자재가 81%인데 반해 생산재와 시설재는 19%밖에 안 되는 기형적인 구성비율을 보였다.[15]

그러나 인플레 억제라는 경제적 요인이 미국이 단기적인 안정을 강조한 주된 이유는 아니었다. 미국이 한국에 엄청난 액수의 원조를 제공한 궁극적

---

13) 자세한 내용은 국회도서관 입법조사국, 『미국의 대한원조관계자료』, 제1집(1964), 제3집(1965); 한국산업은행조사부, 『한국 산업경제 10년사』(1956), pp. 936-959 참조.
14) 이대근, 『6 · 25 전쟁과 1950년대 자본축적』(서울: 까치, 1987), p. 123.
15) 이대근, 『해방 후-1950년대의 경제』, pp. 342-343.

이유는 한국을 동아시아의 반공보루국가로 만들기 위해서였다. 이러한 목적은 사회안정 없이는 달성되기 어려웠고, 바로 그 안정을 이루기 위해 미국은 막대한 원조를 소비재 물자 위주로 채웠던 것이다.

미국의 대한원조가 지닌 군사적 성격은 원조물자의 판매수입, 즉 대충자금에 대한 지출방식 면에서 미국이 한국정부에게 요구하는 내용을 보아도 드러난다. 미국은 한국정부가 대충자금의 가급적 많은 부분을 국방비에 쓰기를 강권했으며, 그 결과 한국은 1954~1960년 사이 대충자금 지출액의 34.8%를 국방비로 쓸 수밖에 없었다. 또한 미국은 이 자금의 가급적 많은 부분을 일본으로부터의 물자구입에 쓰라고 강요하다시피 했다. 한국은 1차 생산품 생산에 주력하고 여타 부족한 물자는 스스로 생산하기보다 일본에서 구매해 쓰라는 것이었다. 이러한 미국의 요구는 동아시아지역을 일본을 중심으로 재편해야 하고, 그를 위해서는 일본경제의 회복이 시급하다는 미국의 동아시아 정책구상[16]에 기반을 둔 것이었다. 특히 미국으로서는 6·25 전쟁 덕분에 팽창된 일본경제를 전쟁이 끝난 후에도 계속 지탱시켜줄 수 있는 수요를 창출하는 것이 급했고, 그 대상의 하나로 한국의 대일구매를 생각했다.[17]

결국 한국에 대해 안정을 강조하는 미국의 숨은 의도는 일본은 경제, 한국은 군사적 방위를 나누어 맡는 동아시아 국제분업관계를 완성시키려는 것이었다. 한국을 경제적으로 재건시키는 것은 애초부터 미국의 구상 속에는 들어있지 않았다.

한편 한국정부는 최우선 과제를 경제안정이 아니라 경제재건과 부흥이라고 보았다. 한국정부의 본래 구상은 원조재원을 사회기반설비와 생산재

---

16) Jung-en Woo, *Race to the Swift: State and Finance in Korean Industrialization*, pp. 52-57; 李鍾元, 『東アジア冷戰と韓米日關係』(東京: 東京大學出版會, 1996), pp. 105-127.

17) 이 점은 특히 NSC 5506, "Future of United States Economic Assistance for Asia," Secret, January 21, 1955, NSC Series, Policy Papers Sub-series, Box 14, WHO File, DDE Library에 잘 나타나 있다.

산업에 집중투자함으로써 조속한 시일 내에 한국경제를 재건하고 더 나아가 자립시키자는 것이었다. 그러나 이것은 경제안정을 우선시하는 미국의 반대에 부딪혀 수정될 수밖에 없었다. 이 과정에서 양국은 원조의 양과 구성비율, 운용방식 등 모든 면에서 사사건건 충돌할 수밖에 없었다.

원조당국, 즉 미국과 유엔은 전쟁 중에 이미 전후 한국경제의 재건을 위한 실태조사를 두 차례 실시했다. 그 결과 나온 것이 '네이산 보고서(Nathan Report)'와 '타스카 보고서(Taska Report)'다. 두 보고서의 공통된 결론은 한국경제의 조속한 재건을 위해서는 정부주도의 중장기 경제계획을 수립해 추진해야 한다는 것이었다. 특히 타스카 보고서에 의거하여 미국정부는 휴전과 함께 FOA자금 200만 달러를 한국에 지원키로 하고, 합동경제위원회에 그 구체적 사용내역을 협의하라는 지시를 내렸다.

한국은 이 문제를 협의하기 전에 이미 자체적으로 원조자금 운용계획을 수립했는데, 그 내용은 시멘트, 비료, 조선소, 발전소, 학교 등 사회기반설비에 투자를 집중하는 것이었다. 한국은 이 안에 따라 생산재 대 소비재가 7 대 3 정도로 구성된 원조물자를 제공해줄 것을 미국에 요청했다. 이것은 경제안정을 우선시하는 미국의 의도와는 상당한 차이가 있는 것이었다. 양국은 상당한 갈등과 조정을 거쳐 1953년 10월 '종합부흥 3개년계획'을 수립한다.[18] 이것은 미국이 제공하는 원조물자의 구성비율이 생산재 대 소비재가 3 대 7 정도로 역전된 것을 전제로 만들어진 것이었다. 따라서 그 내용도 자립지향의 측면은 상당 부분 포기되고 대신 안정기조를 유지하면서 소비재산업을 중심으로 재건을 지향하는 절충적인 성격을 지닐 수밖에 없었다.

1950년대 한국 산업정책의 기조인 소비재 중심의 수입대체산업화는 바로 이러한 배경에서 형성된 것이었다. 생산재 중심의 재건 및 자립의지가 소비재 위주의 수입대체산업화적 재건으로 위축된 데는 미국이 공여한 원조

---

18) 이대근, 『해방 후~1950년대의 경제』, pp. 279-286, 361-363.

의 내용이 큰 역할을 했다. 투자재원의 대부분을 원조에 의존해야 하는 한국으로서는 생산재 중심의 재건과 자립을 추진하기가 어려웠던 것이다.

3. 수입대체산업화와 렌트 및 부패 생성의 네 가지 경로

미국의 압력 때문에 산업정책의 방향을 바꿔야 하는 과정에서 한국정부가 생산재와 사회기반설비에 대한 투자의욕을 완전히 포기한 것은 아니었다. 한국정부는 가급적 생산재의 비중이 높은 원조를 보다 많이 확보하려는 노력을 멈추지 않았다. 우선 원조물자의 내용 면에서 한국은 가능하면 생산재의 비중을 늘려서 그것을 장기간이 소요되고 대규모 투자재원이 필요한 사회기반설비 및 기간산업의 복구와 확충에 충당하고자 했다. 미국이 이러한 한국의 요구에 적극 응하지 않았기 때문에 이 부문에서의 재건은 한계를 지닐 수밖에 없었다. 그래도 이승만정부는 제한된 생산재 원조물자를 비료, 시멘트, 판유리 등과 같은 대표적인 생산재 공장건설과 에너지 부족 문제를 해결하기 위한 전력개발사업, 석탄증산계획 등에 집중투자함으로써 상당한 성과를 냈다. 이와 함께 이승만정부는 소비재 원조물자를 기반으로 할 수 있는 산업화, 즉 소비재 위주의 수입대체산업화에도 노력을 기울였다. 그 결과 삼백(三白)산업, 즉 면방, 제분, 제당업을 중심으로 상당한 발전이 이루어졌다.[19]

이승만정부는 이러한 중점분야에 대한 집중투자 재원을 확보하기 위해 금융기관에 대한 통제를 강화했다. 당시 모든 금융기관은 귀속재산의 형태로 정부의 통제하에 있었기 때문에 이것은 어려운 일이 아니었다. 금융통제는 주로 저금리정책의 고수와 민간은행의 여신상한제 그리고 융자순위제로

---

19) 이대근, 『해방 후-1950년대의 경제』, pp. 364-379, 435-438.

나타났다.

이 시기 사채금리는 연 48~120%였으나, 정부는 은행의 일반대출금리를 연 20%를 넘지 못하도록 묶어 두었다. 특히 산업은행의 장기융자금리는 3~15% 수준으로 시중은행의 일반대출금리보다 훨씬 낮았다.[20] 이 시기 연평균 물가상승률이 22% 수준이었음을 생각한다면 은행대출의 실질금리는 마이너스였다고 볼 수 있다. 이런 상황에서는 금융자금에 대한 항상적인 초과 수요가 존재할 수밖에 없었다.[21]

더 나아가 정부는 융자순위제라는 제도를 도입해 각 산업을 갑·을·병 세 범주로 나누고 중점육성산업을 갑의 범주[22]에 위치시켜 저리의 융자를 집중해주는 정책을 폈다. 이것은 부족한 재원을 효율적으로 관리하여 경제재건을 이루기 위한 고육책이었지만, 이 와중에 렌트가 창출되고 부패가 싹틀 수 있는 여지가 생기는 것도 사실이었다.

국가가 희소한 자원에 대한 접근통로를 제한하고 있는 가운데 그것을 따내려는 경쟁은 필연적으로 자본가와 정치권력 내지는 관료들과의 유착을 불러왔다. 이승만 주변의 권력자들이나 관료들은 선별된 자본가에게만 여신에 대한 접근통로를 허용하는 대가로 그들이 개인적 혹은 정치적 목적으로 필요로 하는 자금을 염출해 썼던 것이다. 따라서 1950년대 국가의 금융통제정책은 렌트 창출과 부패 생성의 첫 번째 경로였다고 할 수 있다.

이승만정부는 미국으로부터 가급적 많은 양의 원조를 확보하기 위해 애썼다. 그래야만 대충자금의 규모를 키워 투자재원을 조금이라도 더 확보할 수 있기 때문이었다. 그러나 미국은 원조의 양을 늘리는 대신 한국정부에게

---

20) 산업은행의 대충자금융자는 3~10% 정도로 더 낮았다.

21) 이상철, 「수입대체공업화정책의 전개, 1953-1961」, 안병직 편, 『한국경제성장사: 예비적 고찰』(서울: 서울대학교 출판부, 2001), p. 463.

22) 당시 이 범주에는 제조업 대부분과 전기업, 광업, 군납업, 농림어업, 수출업, 전매사업 등이 속했다. 한국개발연구원, 『한국경제 반세기 정책자료집』(서울: 한국개발연구원, 1995), pp. 141-142.

세금을 더 거두고, 환율정책을 저환율 및 고정환율에서 고환율 및 변동환율로 바꾸라고 요구했다. 미국의 논리는 이러했다. 즉, 고환율정책은 시중 통화를 최대한 흡수할 수 있어 인플레 진정 효과가 있다. 고환율정책은 대충자금의 규모를 늘려주며, 이 확대분과 세금을 더 거둔 부분을 가지고 한국정부는 재정적자를 보전하고 안정화를 달성할 수 있다. 물가가 오르면 환율도 인상되는 변동환율제는 한국경제의 가격기구를 회복시켜줄 것이다.

이러한 미국의 강권에도 불구하고 한국정부는 저환율 및 고정환율 정책을 굳게 고수했다. 한국정부의 대응논리는 이러했다. 즉, 저환율정책을 취해야 원조물자의 국내 판매가격이 낮아지고, 생산비가 절감되어서 물가가 안정된다. 저환율정책이 대충자금의 규모를 축소시킬 수는 있다. 하지만 이러한 물가안정효과를 생각할 때 환율을 올리기보다는 원조의 양을 늘림으로써 대충자금의 규모를 키울 생각을 해야 한다. 고율의 인플레하에서 변동환율제를 시행하면 경비지출이 증대되고, 물가가 상승하는 연쇄반응이 일어나서 곤란하다. 세금을 더 걷기 위해 노력하겠지만 당시의 경제사정을 감안할 때 이 역시 한계가 있다. 결국 미국이 원조를 늘리는 것이 가장 좋은 방안이다.[23]

한국정부가 이렇게 저환율 및 고정환율 정책을 고집한 데에는 앞서 설명한 물가를 안정시키면서 좀 더 많은 원조를 받겠다는 목적 외에 두 가지 이유가 더 있었다. 하나는 유엔군에 대여한 환화(圜貨)의 대가로 상환받는 달러의 양을 늘리기 위해서였다. 환율이 낮을수록 대여금에 대한 달러수입이 늘어나기 때문에 이승만은 환율을 현실화하라는 미국의 강력한 요구에도 불구하고 저환율정책을 고집했다.[24] 이 정책에 대한 이승만의 집착은 병적

---

23) 최상오, 「1950년대 외환제도와 환율정책에 관한 연구」, pp. 208-213.
24) 그렇다고 이 당시 전혀 환율이 전혀 변하지 않은 것은 아니다. 미국과의 약속에 따라 환 대 달러의 환율은 1953년 60 대 1에서 1954년 2월 80 대 1, 1954년 12월 180 대 1, 1955년 8월 500 대 1 그리고 1960년 2월에는 650 대 1로 조금씩 높아져 갔다. 그러나 공정환율은 여전히 실세

일 만큼 강해서 1952년 자신에게 환율인상을 건의하던 재무장관 최순주를 사직하게 만들 정도였다. 따라서 1950년대 내내 재무장관과 관료들은 환율 안정을 최우선 과제로 생각할 수밖에 없었다.[25]

한국정부가 저환율정책을 고수한 또 하나의 이유는 이승만과 그 주변 세력의 정치적 계산 때문이었다. 당시 한국의 환율체계는 원면환율, 대충자금 예치환율, 공정환율 등으로 복잡하게 나뉘어져 있었지만, 대부분의 경우 공정환율이 자유시장환율의 절반에도 미치지 못하는 수준이었다.[26] 이런 상황에서 외환에 접근한다는 것은 곧 엄청난 차익을 보장받는 일이었다. 따라서 모든 자본가들은 국가가 보유하고 있는 외환을 배정받기 위해 애썼고, 이 과정에서 렌트가 창출되고 부패가 싹틀 수 있는 또 다른 여지가 생겨나게 되었다. 이때에도 이승만 주변의 권력자들과 관료들은 선별된 자본가에게만 외환에 접근할 수 있는 통로를 허용하고, 그 대가로 그들이 개인적 혹은 정치적 목적으로 필요로 하는 자금을 염출해 썼던 것이다. 따라서 1950년대 저환율정책은 렌트 창출과 부패 생성의 두 번째 경로였다고 할 수 있다.

원조물자의 판매대금인 대충자금의 운용방식도 문제였다. 앞서 설명했듯이 미국은 한국정부가 대충자금의 가급적 많은 부분을 국방비에 쓰기를 원했으며, 일본으로부터의 물자구입에도 할애할 것을 강권했다. 그러나 이승만정부는 이러한 미국의 대일구매 요구를 거부하면서 대충자금을 가급적 경제부흥에 돌리고 싶어했다. 특히 이승만은 일본으로부터 물건을 수입하는 대신 한국에서 생산할 것을 주장했다. 이것이 이 무렵 미국의 반대에도 불구하고 한국에서 수입대체산업화가 강행된 또 다른 이유였다.[27]

환율의 절반수준을 넘지 못했다.
25) 박병윤, 『재벌과 정치』(서울: 한국양서, 1982), p. 131; 김정렴, 『한국경제정책 30년사』(서울: 중앙일보사, 1990), pp. 74-78; 송인상, 『부흥과 성장』, pp. 149-150.
26) 김광석, L. E. Westphal, 『한국의 외환무역정책』(서울: 한국개발연구원, 1976), pp. 35-36.
27) 이러한 이승만의 대일구매 거부는 사실상 일본을 중심으로 하는 미국의 동아시아정책 전

이러한 수입대체산업화는 보호무역이라는 정책수단을 수반했다. 이 시기의 대표적인 소비재 수입대체산업은 삼백(三白)산업, 즉 면방, 제분, 제당이었다. 정부는 이 분야를 중점 발전시키기 위해 강력한 보호무역정책을 폈다. 당시 무역정책의 기본방침은 포지티브(positive) 시스템, 즉 수입목록에 오른 상품만 들여올 수 있는 제도였다. 그외의 제품은 수입제한품목과 금수(禁輸)품목으로 나뉘어져 있었는데, 국내에서 육성하는 수입대체산업품목은 수입제한으로 보호받고 있었다. 이런 보호조치는 유치(幼稚)단계에 있는 국내산업을 육성하기 위해 불가피한 측면도 있었다. 그러나 그 과정에서 경쟁이 인위적으로 제한됨으로써 렌트가 창출되고 부패가 싹틀 수 있는 여지가 생기는 것도 사실이었다.

이 경우 발생하는 렌트는 두 가지였다. 하나는 보호받는 산업분야에서 독점가격이 형성되기 때문에 발생하는 것이고, 다른 하나는 수입허가를 둘러싸고 발생[28]하는 것이었다. 따라서 자본가들은 보호산업 분야에 참여하거나 수입허가를 얻기 위해 노력했고, 이승만 주변의 권력자들과 관료들은 제한된 사람에게만 이 통로에 대한 접근을 허용하고, 그 대가로 자신들이 개인적 혹은 정치적 목적으로 필요로 하는 자금을 받아냈다. 따라서 1950년대 보호무역정책은 렌트 창출과 부패 생성의 세 번째 경로였다고 할 수 있다.

이 시기 렌트 창출과 부패 생성의 마지막 경로는 귀속기업체 불하였다. 이것은 수입대체산업화 정책과는 거리가 먼 조치이지만, 이 당시 중요한 렌트 발생 조건의 하나를 구성하기 때문에 언급해야 할 것 같다. 해방 당시 일

체에 대해 협조하지 않는 것과 같았다. 그러나 이승만은 한국의 안보적 가치를 최대한 활용하여 이러한 미국의 요구에 부분적으로만 응했다. 자세한 설명은 김일영, 「이승만정부에서의 외교정책과 국내정치: 북진·반일정책과 국내 정치경제와의 연계성」, 『국제정치논총』, 제39집 3호, 1999, pp. 258-259; Jung-en Woo, *Race to the Swift: State and Finance in Korean Industrialization*, pp. 47-58; 李種元, 『東アジア冷戰と韓米日關係』, pp. 186-203 참조. 이 문제에 관한 이승만의 단호한 의지에 관해서는 송인상, 『부흥과 성장』, pp. 149-150.

28) 물자는 부족하고 수입은 제한된 상황에서 수입허가를 얻는다는 것이 얼마나 많은 이득을 가져다주리라는 것은 명백하다.

본인들이 남긴 재산 —귀속재산(vested property) 또는 적산(敵産: enemy property)— 의 규모가 얼마나 되는지를 정확하게 산정하기는 쉽지 않다. 한 연구에 따르면 농지는 남한 전체 농지의 12.3%(논 16.7%, 밭 6.5%), 기업체는 고용노동자의 수나 생산액의 비중을 기준으로 볼 때 대개 전체의 1/3~1/2 수준이었다고 한다.[29] 이러한 귀속기업체를 민간에게 불하하는 법(귀속재산처리법)은 1949년 12월 만들어졌다.[30] 그러나 전쟁 전에는 불하가 실질적으로 이루어지지 않았다.

전쟁이 터지자 이승만정부는 생산을 활성화하여 물자공급을 늘리고 적자재정을 보충하기 위해 귀속기업체에 대한 불하를 서두르게 된다. 그리하여 1953년까지 전체 귀속기업체 불하건수의 약 43%가 매각되었고,[31] 종전 이후에도 매각은 계속되었다. 당시 귀속기업체는 상당히 유리한 조건으로 민간에게 불하되었다. 불하가격이 저렴했고, 불하대금도 고율의 인플레하에서 15년 분할납부토록 되어 있었으며, 이 대금마저도 은행의 특혜융자로 메워진 경우가 많았다. 따라서 많은 자본가들이 이 불하에 참여하기 위해 애썼고, 그 과정에서 렌트가 만들어지고 부패가 생겨날 수 있게 되었던 것이다. 이승만 주변의 권력자나 관료들은 선별된 사람에게만 불하의 기회를 제공하고, 그 대가로 자신들이 개인적 혹은 정치적 목적에서 필요로 하는 자금을 염출했다. 따라서 1950년대 귀속기업체 불하정책은 렌트 창출과 부패 생성의 네 번째 경로였다고 할 수 있다.

---

29) 김기원, 「미군정기 귀속재산에 관한 연구: 기업체의 처리를 중심으로」, 서울대 경제학박사논문, 1989, pp. 7-34.

30) 자세한 것은 김일영, 「농지개혁을 둘러싼 신화의 해체」, 『한국정치외교사논총』, 제22집 1호, 2000년, pp. 187-192; 박지향 · 김철 · 김일영 · 이영훈(엮음), 『해방전후사의 재인식』 제2권 참조.

31) 김윤수, 「8 · 15 이후 귀속기업체 불하에 관한 연구」, 서울대 경제학석사논문, 1988, pp. 46-48.

4. 렌트추구 활동과 부패의 유형별 내용

여기서는 1950년대에 어떤 부패 스캔들이 있었고, 각각은 앞서 살펴본 렌트 창출 및 부패 생성의 네 가지 경로 —금융통제정책, 저환율정책, 보호무역정책, 귀속기업체 불하정책— 와 어떻게 관련되는지를 살펴보려고 한다.

1950년대에는 크고 작은 렌트추구 활동 및 부패행위가 끊이지 않았다. 국민방위군 사건, 중석불 사건, 국방부 원면(原綿) 부정 사건, 산업은행 연계 자금 사건 등과 같은 대규모적인 사건 외에도 국제시계밀수 사건, 부산 범칙(犯則)물자 부정처분 사건, 금융오직(金融汚職) 사건 등 중소규모의 사건도 많았다. 여기서 이 모든 사건을 다 살펴볼 수는 없다. 보호무역제도하에서 잇따랐던 밀수라든지 정상배(政商輩)들이 정치인이나 관료와 결탁하여 벌인 갖가지 소규모적인 부정사건은 이 글의 관심 밖이다.[32] 그리고 국민방위군 사건[33]처럼 규모는 크지만 정경유착으로 일어난 것이 아니라 일부 인사들에 의한 국가예산 절취사건 같은 경우도 이 글의 고찰대상에서 제외된다.

이 글은 국가개입으로 렌트가 창출될 여지가 발생했을 때 그것에 접근하기 위한 경쟁과정에서 정치인, 관료, 기업가 사이에서 생겨났던 대규모적인 부패만을 문제 삼는다. 중석불 사건, 국방부 원면 부정 사건, 산업은행 연계자금 사건, 금융오직 사건이 이 범주에 속한다. 이런 대규모적인 부패 스캔들은 대개 선거와 같은 정치행사와 밀접하게 관련되어 벌어지는 수가 많았다. 여기서는 각 사건을 그것을 전후한 정치적 행사와의 연관 속에서 시간 순으로 살펴보겠다. 부패행위는 일단 일어나면 관련자들 간에 어떻게든 노출되지 않도록 해야 한다는 암묵의 이해공조가 성립하기 때문에 진상을 속

---

32) 이런 사건들에 대해서는 서병조, 『정치사의 현장: 증언 제1공화국』(서울: 중화출판사, 1981); 이병도 외 편, 『해방20년사』(서울: 희망출판사, 1965) 참조.

33) 이에 관해서는 김세중, 「국민방위군 사건」, 유영익, 이채진 공편, 『한국과 6·25전쟁』(서울: 연세대학교 출판부, 2002), pp. 91-143 참조.

속들이 밝히기가 쉽지 않다. 따라서 여기서는 각 사건이 렌트 창출 및 부패 생성의 네 가지 경로와 어떻게 관련되는지를 유형화하는 데 치중하고, 렌트의 분배과정에 대해서는 추적 가능한 범위 내에서만 언급하겠다.

1) 중석불 사건: 저환율정책과 보호무역 정책이 결합된 유형

중석불 사건은 1952년 피난수도 부산에서 일어난 부패 스캔들이다. 이 무렵 이승만 세력은 직선제 개헌공작[34]을 진행하고 있었고, 이를 성사시키기 위해서는 반대파 의원들을 무마하고, 관제민의(官制民意)운동을 동원할 자금이 필요했다. 아울러 다가올 정부통령 선거에서 쓸 비용도 마련해야 했다. 중석불 사건은 이러한 정치자금을 마련키 위해 저질러진 사건이었다.

1952년 3월 정부는 식량부족을 해결한다는 명목으로 중석을 팔아 벌어들인 달러와 기타 정부보유 달러 중 약 400여 만 달러를 민간업자에게 불하해 양곡과 비료를 수입토록 했다. 당시 정부의 외환관리규정에 따르면 정부보유불이나 중석불로는 양곡이나 비료를 도입할 수 없게 되어 있었다. 그럼에도 달러 불하는 재무부가 하고, 양곡과 비료 수입허가는 농림부가 하는 식의 부처 간 분업을 통해 이런 일을 가능하게 만들었다.

비료수입을 위해 정부는 남선무역회사 외 2개사에 73만5,500달러(중석불), 경북과수조합에 18만 8천 달러(정부보유불) 등 모두 92만3,500달러를 불하했고, 양곡수입을 위해서는 미진상사를 비롯한 14개 회사에 295만4천 달러(중석불), 삼호무역에 20만3천 달러(정부보유불) 등 모두 408만5백 달러를 불하했다. 이렇게 얻은 달러로 업자들은 비료 11,264톤과 소맥분(小麥粉) 9,940톤을 수입했다.

---

34) 이것이 소위 부산정치파동이다. 이에 관해서는 김일영, 「전시정치의 재조명: 6·25 전쟁 중 북진통일론과 두 갈래 개헌론의 관계」, 『한국정치외교사논총』, 제23집 2호, 2002년; 김일영, 「전쟁과 정치」, 유영익, 이채진 공편, 『한국과 6·25전쟁』, pp. 1-53; 박지향·김철·김일영·이영훈(엮음), 『해방전후사의 재인식』 제2권 참조.

정부 발표에 따르면 본래 이것은 정부의 감독 아래 영세농민과 도시빈민들에게 배급 내지는 공급되어야 했다. 그러나 수입업자들은 그 중 80%를 자유 처분함으로써 엄청난 폭리를 취했다. 당시 농림부가 산정한 가격은 비료는 가마당 47,100원, 밀가루는 43,000원이었는데, 수입물자가 시중에서는 비료의 경우 130,000~190,000원, 밀가루는 125,000원 정도에 거래되었다. 당시 국회는 무역업자들은 265억 원 정도 이득을 보았고, 소비자는 500억 원 정도 손해를 보았다고 추정했다.[35]

이 사건은 국회가 조사에 나서고 검찰에서도 수사를 했지만 진상은 제대로 밝혀지지 않았다. 농림부의 장관, 차관, 양정국장 세 사람이 책임을 지고 물러나고, 4개 회사 대표가 기소되었다가 얼마 후에 풀려났으며, 주무부처인 재무부는 한 사람도 처벌받지 않는 것으로 끝나고 말았다.

중석불 사건이 일어날 수 있는 환경적 조건을 제공한 것은 정부의 개입주의적 경제정책이었다. 이것은 정부가 외환을 인위적으로 낮게 평가하고 있고, 엄격한 보호무역정책을 펴고 있었기에 일어날 수 있었던 사건이었다. 당시 시중환율은 작게는 12,000 대 1에서 심한 경우 20,000 대 1까지 하기도 했으나 공정환율은 정부에 의해 6,000 대 1로 묶여 있었다. 따라서 많은 사람들이 이러한 환차익(렌트)을 얻기 위해 정부보유불에 접근하려고 애썼고, 그 와중에 부패가 싹텄다. 다시 말해 정치권을 등에 업은 일부 업자들이 정부보유불을 공정환율로 특혜배정받으려고 했고, 그 과정에서 뒷돈이 오갔던 것이다. 모든 물자가 귀했고, 무역은 엄격하게 국가의 통제를 받고 있던 때에 수입허가를 받는다는 것은 엄청난 이익을 보장받는 일이었다. 따라서 수입허가권에 접근하기 위한 경쟁도 치열했는데, 이 과정에서도 부패는 싹텄다. 이런 상태에서 정치권을 등에 업고 달러를 특혜배정받은 일부 업자들은 그것을 이용해 비료나 밀가루 같은 수입품을 들어와 유통시키는 과정에

---

35) 부산일보사, 『임시수도 천일』(부산: 부산일보사, 1985), pp. 599-602.

서 더 큰 이득(렌트)을 보았다.[36]

다만 중석불 사건에서 한 가지 유념할 것은 이 사건과 관련된 렌트추구 활동과 부패생성의 시발이 자본가가 아니라 정치권력이라는 점이다. 이 사건은 이범석이 이끄는 족청계가 중심이 된 원외 자유당 세력이 이승만의 집권연장을 위해 노력하는 과정에서 필요한 자금을 확보하기 위해 꾸민 일이었다. 따라서 일의 시발은 정치권이었다. 이 일에 재무부와 농림부를 중심으로 하는 관료들이 발 벗고 나섰고, 거기에 일부 업자들이 편승한 것이었다. 그러므로 이 사건은 "제작 이승만, 감독 족청계 의원인 양우정, 주연 백두진 재무장관, 조연 함인섭 농림장관 외 몇몇 장관과 다수 국회의원 그리고 일부 무역업자들이 엑스트라를 맡아 벌인 정치자금극(政治資金劇)"[37]이라고 할 수 있다.

마지막으로 이 사건으로 정치권이 어느 정도의 정치자금을 챙겼는지 정확히 알 수는 없다. 다만 무역업자들의 이득 추정액인 265억 원 중 적어도 100억 원 정도는 부산정치파동과 정부통령 선거의 정치자금으로 쓰였으리라는 것이 당시의 중평(衆評)이었다.

2) 국방부 원면 부정 사건: 원조물자의 특혜배정 유형

국방부 원면 부정 사건은 1956년 정부통령 선거를 앞두고 자유당이 선거자금을 마련하기 위해 저지른 일이다. 국방부는 1953년 11월부터 이듬해 6월 사이 FOA에 장병 월동용으로 쓸 원면 60톤(50만 달러 어치)을 요청하여 할당받았다. 이것을 국방부는 본래의 용도인 국군 월동용 이불과 방한복을 제작하는 데 사용하지 않고 3%를 제외한 거의 전부를 7개의 민간업자(이 중 4개

---

36) 환차익이나 수입품 판매이익은 모두 생산과정에서 창출된 가치가 아니라 유통과정에서 이전된 가치이므로 렌트이다.
37) 부산일보사, 『임시수도 천일』, p. 602.

는 유령회사였다)에게 한 관에 180환에 넘겼다. 이 과정에서 국방부는 원면을 민간업자들에게 배분하고 그들에게 군수용 월동복을 만들게 하는 데 필요한 자금이라고 하여 상업은행에서 3,780만 환을 융자받기까지 했다. 이렇게 해서 벌어들인 돈이 모두 약 2억 환[38]에 달했는데, 그것을 자유당에 정치자금으로 상납한 것이다. 이 사건 역시 국회에서 문제가 되었으나 진상을 가리지 못하고 손원일 국방장관이 사임하는 것으로 흐지부지 끝나고 말았다.[39]

국방부 원면 부정 사건이 일어날 수 있는 환경적 조건을 제공한 것 역시 정부의 개입주의적 경제정책이었다. 이것은 모든 부문에서 원자재가 부족한 상황에서 정부가 원조로 제공되는 물자에 대한 통제권을 독점하고 있었기에 일어날 수 있었던 사건이었다. 이 당시 원조물자에 접근하는 것은 커다란 초과이익(렌트)을 약속받는 것이었다. 따라서 많은 사람들이 원조물자에 다가서려 애썼고, 그 과정에서 부패가 싹텄다. 이 사건도 이런 맥락에서 벌어진 것이었다. 다만 이것 역시 렌트추구 활동과 부패생성의 시발이 자본가가 아니라 정치권력이라는 점에 주목해야 한다. 이 사건은 이기붕 중심의 자유당이 이승만과 이기붕이 정부통령 선거에서 동반 당선되도록 하기 위해 필요한 정치자금을 확보하기 위해 꾸민 일이었다. 따라서 일의 시발은 정치권이었다. 이 일에 국방부 관료들이 행동대원으로 나섰고, 거기에 일부 업자들이 편승한 것이었다.

이 사건 역시 진상이 규명되지 않아 업자들이 어느 정도의 이익을 챙겼고, 그 중 얼마가 정치권에 전달되었는지 정확히 알 수는 없으나 대략 2억 환 정도가 이기붕에게 정치자금으로 제공되었을 것으로 추정되고 있다.

---

38) 1953년 화폐개혁으로 화폐가치 1/100으로 낮아졌고 화폐단위도 원에서 환으로 바뀌었음에 유의해야 한다.
39) 이 사건에 관한 자세한 것은 서병조, 『정치사의 현장: 증언 제1공화국』, pp. 457-459; 이병도 외 편, 『해방20년사』, pp. 746-748 참조.

3) 산업은행 연계자금 사건: 금융통제 유형

산업은행 연계자금 사건은 1958년 5월 2일 총선거를 앞두고 자유당이 선거자금을 마련키 위해 저지른 일이다. 본래부터 산업은행은 정치자금의 유출통로라는 오명을 쓰고 있었다. 산업은행이 자금을 동원할 수 있는 주된 경로는 대충자금과 산업부흥국채의 발행이었다. 그러나 전자는 미국의 제약을 받고 있고, 후자는 국회의 동의를 거쳐야 했기 때문에 마음대로 사용하기가 쉽지 않았다. 이에 생각해낸 묘책이 바로 연계자금이라는 것이었다.

내용은 이러했다. 산업은행은 재무부의 승인을 얻어 산업은행 업무계획에 입각한 융자순위를 마련한다. 그다음 이 융자순위에 따라 한국은행에 대해 산업은행 이름으로 지불보증을 한다. 그리고 이 지불보증을 근거로 시중은행으로 하여금 한국은행에서 재할인을 받아 자금을 끌어내게 한 다음, 그것을 산업은행 관리계정에 넣어 지정된 기업에게 융자케 한다. 이것이 바로 연계자금이었다. 이것은 산업은행이 한국은행에서 돈을 빌려다가 자기들이 원하는 업자에게 융자해주는 것이지만, 그 과정에서 산업은행은 돈을 한 푼도 만지지 않는 기묘한 방안이었다. 시중은행 입장에서는 산업은행이 보증하는 가운데 한국은행 돈을 가져다가 융자해주고 중간에서 금리차익만 얻으면 되는 편한 장사였기 때문에 거부할 이유가 없었다.[40] 결국 정치권, 재무부, 한국은행, 산업은행, 시중은행 그리고 업자 등 모두가 손해볼 것이 없는 올 윈(all-win) 게임이 바로 산업은행 연계자금이었다.

이런 계획에 따라 산업은행은 1958년도 산업은행 업무계획 920억 환을 책정하면서 소위 기간산업 육성자금 80억 환 방출을 넣었다. 그리고 앞서 설명한 절차를 거쳐 각 시중은행으로 하여금 특정 업체에게 74억 환을 대출케 했다. 대출내역은 동립산업 7억, 동양사료 5억, 중앙산업 7억, 대한중공업 7억,

---

40) 박병윤, 『재벌과 정치』, pp. 145-146.

삼호방직 2억, 금성방직 2억 등 모두 74억 환이었으며,[41] 이 중 20%인 15억 환 정도가 자유당에 정치자금으로 흘러들어갔을 것으로 추정되었다.

이번에도 정부의 개입주의적 경제정책, 특히 금융기관에 대한 국가통제가 산업은행 연계자금 사건이 벌어질 수 있는 환경적 조건이 되었다. 인플레는 심하고, 은행금리가 정부에 의해 인위적으로 낮게 책정되어 있어 시중이자보다 훨씬 낮은 상황에서 은행자금에 대한 초과수요는 항상 존재할 수밖에 없었다. 은행융자에 접근하는 것 자체가 업자들에게는 커다란 초과이득(렌트)을 보장해주기 때문이다. 더구나 모든 융자가 정부의 엄격한 통제를 받고 있는 상황이라면, 업자들은 융자에 접근하기 위해 정치권을 대상으로 치열한 로비(lobby)를 했을 것이고, 그 과정에서 부패가 싹틀 소지가 컸다. 1950년대에 업자들이 정치권 내지는 관료와 결탁하여 은행융자에 접근한 예는 수없이 많았다.

그러나 산업은행 연계자금 사건은 정치권이 자신들의 필요에 따라 제도의 허점을 이용해 저지른 대규모 대출부정 사건이라는 점에서 여타 여신부정사건과는 달랐다. 1958년이면 자유당이 2년 뒤에 있을 정부통령 선거에서 이승만과 이기붕을 동반 당선시키기 위해 혈안이 되어 있을 시점이었으며, 이에 대한 사전준비작업으로 1958년 총선에서 반드시 원내 압도적 다수의 석을 차지하려고 애쓰던 때였다. 산업은행 연계자금 사건은 바로 이러한 정치공작에 쓸 자금을 마련하기 위해 꾸민 일이었다. 따라서 이번에도 일의 시발은 정치권이었고, 그것에 재무부, 한국은행, 산업은행, 시중은행이 행동대원으로 나섰으며, 거기에 일부 업자들이 편승한 것이라고 할 수 있다.

이 사건 역시 진상이 규명되지 않아 업자들이 어느 정도의 이익을 챙겼고, 그 중 얼마가 정치권에 전달되었는지 정확히 알 수는 없으나 대략 15억

---

41) 각 업체별 자세한 내역은 서병조, 『정치사의 현장』, pp. 549-551; 이병도 외 편, 『해방20년사』, pp. 963-965.

환 정도가 자유당에 갔을 것으로 추정되고 있다.

앞서 살펴본 세 사건은 모두 선거와 같은 정치행사와 관련되어 일어났고, 일의 시발점이 정치권이었다는 점에서 공통된다. 그러나 이와 달리 선거와 무관하게 벌어졌고, 자본가가 단순 편승 이상의 주도적 역할을 하는 사례도 있었다.

4) 금융오직 사건: 귀속기업체 특혜불하 유형

금융오직 사건은 저축은행 귀속주식 불하 및 융자를 둘러싸고 재무부, 한국은행, 저축은행 그리고 특정업자 사이에 벌어진 일로서 1959년 7월 국회에서 문제가 됨으로써 알려진 사건이다. 이 사건을 설명하기 위해서는 우선 은행불하 문제부터 살펴볼 필요가 있다.

앞서 설명했듯이 전쟁 중부터 귀속기업체 불하가 시작되어 1953년까지 전체의 약 43%가 매각되었다. 그러나 당시 정부는 특례법과 국무원 고시 제12호 및 제13호에 의거하여 중요 기업체 및 은행은 불하대상에서 제외시켰다.[42] 은행에 대한 불하논의는 종전 이후인 1954년부터 다시 나왔다. 이 해 정부는 재무부, 한국은행 그리고 관세청으로 구성된 시중은행 불하추진위원회를 조직하고 은행주식에 대한 민간불하에 착수했다. 그러나 주식가격이 너무 비싸고 한 사람이 입찰할 수 있는 구좌수와 주식의 양도방식이 제한되어 있는 등 공매조건이 너무 까다로워 쉽게 공매가 이루어지지 않았다. 그래서 입찰구좌수에 대한 제한을 철폐하고 소수가 독점주주로 될 수 있도록 공매조건을 완화시킨 1956년 3월에 가서야 비로소 은행불하가 실현될 수 있었다. 이때 흥업은행(후에 한일은행)과 조흥은행은 이병철에게, 저축은행(후에 제일은행)은 정재호에게 그리고 상업은행은 이한원에게 넘어가게 되

---

42) 김윤수, 「8·15 이후 귀속기업체 불하에 관한 연구」, pp. 43-44.

었다.[43] 이 중 저축은행 불하와 관련된 것이 금융오직 사건이었다.

1959년 국회가 규명한 사건의 진상은 이러했다. 1956년 은행불하 당시 저축은행 10만주 가운데에는 귀속주가 37,179주, 식산은행 청산주가 51,300주, 한국은행의 전신인 조선은행주가 300주 있었다. 1956년 4월 입찰에 부쳐진 귀속주는 조선제분 사장인 윤석순에게 주당 33,223환으로 모두 51,000주가 낙찰되었다.

그러나 자유당 정권의 갖가지 압력과 책동으로 나머지 주식들은 주가를 정하기가 어렵다는 구실을 붙여 낙찰자를 무시하고 삼호방직의 정재호와 1957년 12월 매매계약을 체결했다. 주가는 51,300주를 33,223환씩으로 결정했고 제2차 주인 27,778주를 27,610환으로 책정해 계약이 맺어졌다. 그리고 대금은 1958년 12월까지 분납 또는 완납키로 했었다. 그러나 당사자 정재호는 계약 당시에 2억9,966만7,800환을 냈을 뿐 대금납부기한까지 납부한 것은 1억7,001만6,200환에 지나지 않았다. 따라서 그동안 모두 4억6,967만4천환이 입금되었을 뿐이었다.

원래 귀속재산처리법 제21조에 따르면 계약조건을 위반할 때는 과태금을 징수하거나 또는 해약키로 되어 있었다. 그러나 자유당 정부는 계약의무를 이행하지 않은 정재호에게 따지기는커녕 오히려 기한을 1년에서 8년으로 연장해주는 파격적인 조치를 취했다. 애초 귀속주를 불하할 때 8년 상환으로 계약했다면 보다 비싼 값으로 귀속주가 불하되었을 것은 뻔한 일이었다.

그 후 정재호는 1958년 2월부터 3월까지 1개월 동안 식산은행주의 청산대금분 4억5천만 환을 납부해 모두 7억9,100만6,200환을 납부했다. 식산은행 청산주의 대금총액이 15억8,141만5,200환이었는데, 그 중 7억9,100만6,200환만 납부한 것이다.

바로 여기에 정재호의 교묘한 계산이 숨어 있었다. 당시 귀속재산처리

---

43) 자세한 것은 박병윤, 『재벌과 정치』, pp. 140-144.

법 제22조에 따르면 귀속재산 매각에 있어서 매각계약 당일로부터 2년 이내에 매각대금의 50% 이상을 납부하거나 4년 이내에 매각대금의 70% 이상을 납부하면 납부금 잔액에 상당하는 저당권 설정에 의해 귀속재산의 소유권이 이전될 때까지 관계자의 의무를 이행하도록 되어 있었다. 정재호는 이 규정을 철저히 악용했다. 즉, 식산은행 청산주의 과반에 해당하는 7억9,100만 6,200환만 내게 되면 식산은행 청산주 전체의 권리를 행사하게 되고, 그렇게 되면 식산은행 청산주가 과반수를 차지한 저축은행의 과반수의 주권을 행사할 수 있다는 점을 이용한 것이다. 그 결과 정재호는 1958년 4월부터 법적 하자도 별로 없이 작은 돈으로 저축은행의 과반수에 해당하는 대주주의 행세를 할 수 있게 되었다. 이것이 저축은행 귀속주 불하의 이면이다.[44]

이 사건은 자본가가 주도적 역할을 맡고 정치인이나 관료가 그것을 비호하는 조연을 맡은 가운데 제도의 허점을 최대한 이용하여 합법적으로 렌트를 추구한 경우다. 특히 이 사건은 렌트추구 과정에서 분명히 있었을 부패가 드러나지 않은 것이 특징이었다. 물론 정재호는 이승만정권 몰락 이후 부정축재자로 처벌을 받지만, 그것은 이 건에 관련된 것이라기보다는 그의 사업 활동 전반에 대한 포괄적인 정치적 판단에서 나온 것이었다.

5. 렌트추구 및 부패와 경제발전

이승만정부가 택한 수입대체산업화 정책은 렌트추구와 부패가 풍부하게 생성될 수 있는 토양을 제공했다. 본래 수입대체산업화란 시장에 대한 국가의 깊은 개입을 전제하는 것이다(금융통제 및 보호무역정책). 더구나 1950년 대 한국은 국가가 원조, 귀속재산 등 거의 모든 투자재원을 장악하

---

44) 서병조, 『정치사의 현장』, pp. 581-585.

고 있었기 때문에 국가에 대한 시장의 의존도는 수입대체산업화를 시행하는 통상의 나라들보다 훨씬 클 수밖에 없었다(저환율 및 귀속기업체 불하 정책). 수입대체산업화의 보편적 경향과 한국경제의 특수한 상황이 맞물리면서 당시 한국에서는 렌트추구와 부패가 생겨나기 쉬운 훌륭한 여건이 조성되었다.

시장에 대한 국가개입이 없어지지 않는 한 렌트추구와 부패는 항상 존재할 것이다. 따라서 렌트추구와 부패를 수입대체산업화 정책을 시행하는 국가나 경제가 침체되고 불안정하며 제대로 관리되지 않은 국가에서만 주로 생겨나는 현상으로 생각할 필요는 없다. 렌트추구와 부패는 수출지향산업화 정책을 통해 급속한 경제성장을 이룬 나라에도 그 못지않게 존재한다. 이들 나라에도 정보나 개인적 커넥션 또는 영향력 면에서 다른 사람보다 우월한 위치에 있는 정치·경제적 엘리트들이 자신들의 지위를 이용해 초과이윤을 추구할 만한 충분한 환경이 존재한다. 특히 수입대체와는 내용이 다른 수출지향을 위한 국가개입이 이런 활동에 우호적인 환경을 제공하고 있기도 하다.

흥미롭게도 한국에서는 이런 두 경우가 시기를 달리하여 모두 관찰되었다. 수입대체산업화의 1950년대와 수출지향산업화의 1960년대 이후가 그것이다. 두 경우 모두 정도의 차이는 있었지만 렌트추구와 부패가 적지 않았다. 그런데 1950년대에 비해 1960년대 이후는 비약적인 성장을 이룩했다. 그 이유가 무엇일까?

데이빗 강(David Kang)은 특수한 조건 아래서는 렌트추구 및 부패가 경제성장의 방해자라기보다 성장과 함께 가는(a function of growth) 측면이 있다고 말하면서 그 조건으로 국가(정치) 엘리트와 경제 엘리트 사이에 힘의 균형이 성립하고 그로 인해 상호볼모(mutual hostage) 상태가 성립하는 것을 들고 있다.[45] 하지만 그는 곧바로 자신의 주장이 경제성장을 설명하는 일반이론으로 비약하는 것을 경계한다. 경제성장은 렌트추구나 부패 같은 요인보다는 국제환경, 국가(제도 및 관료)의 성격, 경제정책 등과 같은 복합적인 요인들과 더 깊은 함수관계에 있다는 점을 그도 잘 알고 있기 때문이다.[46]

이승만 시기와 박정희 시기는 모두 정치와 경제의 유착에 기초하고 있다는 점에서는 차이가 없었다. 그러나 유착이 발생하는 경제적 영역과 특혜적 이익을 추구하는 방식은 서로 달랐으며, 그 결과도 소비적인 것과 생산적인 것으로 상반되게 나타났다.

이미 설명했듯이 1950년대의 정경유착은 주로 환차익, 수입허가나 원조물자 배정에서의 특혜, 정부재산의 특혜불하 그리고 저리자금의 융자 알선 등의 영역에서 일어났다. 그런데 1964년 5월 정부가 외환제도를 고정환율제에서 단일변동환율제로 바꾸고, 기본환율을 130 대 1에서 255 대 1로 인상하는 환율현실화 조치를 단행함으로써, 환차익을 노린 정경유착은 그 의미를 잃게 되었다. 수입허가권을 둘러싼 유착도 주요 수입품의 80~90%가 자동인가품목으로 설정되는 네거티브 시스템이 도입됨으로써 더 이상 특혜의 원천이 되기 어려워졌다. 그리고 원조물자와 정부재산의 특혜불하를 둘러싼 유착 역시 미국의 원조축소와 대부분의 귀속재산불하가 1950년대에 완료되었다는 점 때문에 그 의미가 퇴색되었다.

다만 저리의 융자를 알선하고 그 반대급부를 챙기는 유착만은 1960년대에도 여전히 지속되었지만, 그 내용과 결과는 판이했다. 1950년대에 소수의

---

45) David C. Kang, *Crony Capitalism: Corruption and Development in South Korea and the Philippines*, ch. 1, 7, 특히 pp. 3-12, 182-187. 사실 박정희정부하에서 정치 및 경제 엘리트 사이에 상호불모 상태가 성립했는지도 의문이다.

46) 데이빗 강은 렌트추구나 부패는 경제성장을 설명하는 하나의 변수에 불과하며, 특히 국가의 행위를 지나치게 합목적이고 선하게만 해석하는 발전국가론의 취약점을 보완하기 위한 변수 정도의 위상을 지닌다고 말하고 있다. David C. Kang, *Crony Capitalism: Corruption and Development in South Korea and the Philippines*, pp. 4-7, 11.

대기업에게 특혜적으로 제공된 저리의 융자는 주로 수입수요를 충당하는데 쓰였다. 그러나 박정희정부하에서의 저리의 융자와 외자는 주로 수출을 통해 성과를 내는 기업에게 주어지거나 국가가 필요로 하는 사회기반시설이나 기간(基幹)산업 분야에 투입되었다.[47] 존스(L. P. Jones)와 사공일은 이러한 차이를 다음과 같이 서술하고 있다.

> (1950년대에서: 필자) 1960년대로 들어서면서부터 경제활동이 영합(零合)에서 정합(正合)의 방향으로 전환되었다.…1950년대에는 정치적 및 관료적 유대가 특혜적 접근을 위한 필요충분조건이었다. 그러나 1960년대 이후부터는 관료적 (정치적이 아닌) 접촉은 단지 필요조건이었다. 특혜를 받게 되면 그것을 생산적으로 사용할 것이라는 점을 관료에게 확신시킬 수 있는 주장을 할 수 있어야 한다.…1950년대에는 영합거래의 가장 중요한 원천은…특혜적 외환과 원조였다. 1960년대 이후에는 특혜의 지배적 형태는 생산활동을 하기 위해서는 제반 기능이 결합되어야만 이윤을 낼 수 있는 산업융자이다. 여기에도 영합이전(零合移轉)은 있을 수 있으나 반드시 정합활동과 결부되어 있는 것이다.[48]

요컨대 똑같이 융자를 둘러싼 특혜의 추구라 할지라도 1950년대의 그것은 소비적이었다면, 1960년대의 것은 성과에 따른 보상의 성격을 지녔다는 점에서 보다 생산적이었으며, 바로 이 점이 두 시기의 차이를 낳았다고 할 수 있다.[49]

---

47) 특히 수출산업에 대해 국가는 저리의 수출특융 제공 외에 세금감면, 수입보조금이나 관세보조금 지급 등 갖가지 유인책을 제공하기도 했다.
48) 사공일, L. P. 존스, 『경제개발과 정부 및 기업가의 역할』(서울: 한국개발연구원, 1981), pp. 307-308.
49) 김일영, 「1960년대의 정치지형 변화」, 한국정신문화연구원(편), 『1960년대의 정치사회변동』(서울: 백산서당, 1999), pp. 339-341.

참고문헌

국회도서관 입법조사국. 『미국의 대한원조관계자료』, 제1집, 1964.

_____. 『미국의 대한원조관계자료』, 제3집, 1965.

김광석. L. E. Westphal, 『한국의 외환무역정책』, 한국개발연구원, 1976.

김기원. 「미군정기 귀속재산에 관한 연구: 기업체의 처리를 중심으로」, 서울대 경제학박사논문, 1989.

김세중. 「국민방위군 사건」, 유영익, 이채진 공편, 『한국과 6·25전쟁』, 연세대학교 출판부, 2002.

김윤수. 「8·15 이후 귀속기업체 불하에 관한 연구」, 서울대 경제학석사논문, 1988.

김일영. 「농지개혁을 둘러싼 신화의 해체」, 『한국정치외교사논총』, 제22집 1호, 2000.

_____. 「이승만정부에서의 외교정책과 국내정치: 북진·반일정책과 국내정치경제와의 연계성」, 『국제정치논총』, 제39집 3호, 1999.

_____. 『건국과 부국』, 생각의 나무, 2005.

_____. 「1960년대의 정치지형 변화」, 한국정신문화연구원(편), 『1960년대의 정치사회 변동』, 백산서당, 1999.

_____. 「전시정치의 재조명: 6·25 전쟁 중 북진통일론과 두 갈래 개헌론의 관계」, 『한국정치외교사논총』, 제23집 2호, 2002.

김정렴. 『한국경제정책 30년사』, 중앙일보사, 1990.

문정인·김세중(편). 「이승만정부의 수입대체산업화정책과 렌트추구 및 부패 그리고 경제발전」, 『1950년대 한국사의 재조명』, 선인, 2004.

박병윤. 『재벌과 정치』, 한국양서, 1982.

박지향·김철·김일영·이영훈(엮음). 『해방전후사의 재인식』, 제2권, 책세상, 2006.

부산일보사. 『임시수도 천일』, 부산일보사, 1985.

사공일. L. P. 존스, 『경제개발과 정부 및 기업가의 역할』, 한국개발연구원, 1981.

서병조. 『정치사의 현장: 증언 제1공화국』, 중화출판사, 1981.

소병희. 『공공선택의 정치경제학』, 박영사, 1993.

송인상. 『부흥과 성장』, 이십일세기북스, 1994.

이대근. 『6·25 전쟁과 1950년대 자본축적』, 까치, 1987.

_____. 『해방 후-1950년대의 경제』, 삼성경제연구소, 2002.

이병도 외 편. 『해방20년사』, 희망출판사, 1965.

이상철. 「수입대체공업화정책의 전개, 1953-1961」, 안병직 편, 『한국경제성장사: 예비적 고찰』, 서울대학교 출판부, 2001.

최상오. 「1950년대 외환제도와 환율정책에 관한 연구」, 성균관대 경제학박사논문, 2001.

한국개발연구원. 『한국경제 반세기 정책자료집』, 한국개발연구원, 1995.

한국산업은행 조사부. 『한국 산업경제 10년사』, 1956.

한국은행. 『경제통계연보』, 1962.

李鍾元. 『東アジア冷戰と韓米日關係』, 東京: 東京大學出版會, 1996.

A. O. Krueger, *The Developmental Role of the Foreign Sector and Aid*, Cambridge, MA: Harvard University Press, 1979, ch.2; G. Tullock, "Rent-Seeking as a Negative-Sum Game," in J. Buchanan, Robert Tollison, and Gordon Tullock eds., *Towards a Theory of the Rent-Seeking Society*, College Station: Texas A&M University Press, 1980.

David C. Kang, *Crony Capitalism: Corruption and Development in South Korea and the Philippines*, Cambridge: Cambridge University Press, 2002..

_____, *Crony Capitalism: Corruption and Development in South Korea and the Philippines*, ch. 1, 7.

G. Tullock, "The Welfare Costs of Tariffs, Monopoly, and Theft," *Western Economic Journal*, Vol.3, June, 1967; Anne O. Krueger, "The Political Economy of the Rent-Seeking Society," *American Economic Review*, Vol.64, No.3, 1974.

_____, 「렌트추구의 사회적 비용」, 양운철 편, 『렌트추구 행위의 사회적 비용』, 세종연구소, 1995.

James Buchanan, "Rent Seeking and Profit Seeking," in J. Buchanan, Robert Tollison, and Gordon Tullock eds., *Towards a Theory of the Rent-Seeking Society*, College Station: Texas A&M University Press, 1980.

Kim Il-Young, "The Race against Time: Disintegration of the Chang Myon Government and Democracy Aborted," *Review of Korean Studies*, Vol.7, No.3, 2004 참조.

5장
5·16 군사쿠데타, 군정 그리고 미국

1. 한국의 빅 브라더, 미국

미국이란 변수를 고려하지 않고 한국정치를 설명하기는 어렵다. 특히 한국정치가 미묘한 위기의 순간을 맞았을 때 미국이란 변수가 지닌 중요성은 더해진다. 부산정치파동(1952), 4월 혁명(1960), 5·16 군사쿠데타(1961), 12·12 군반란(1979), 5·17 군사쿠데타(1980), 6월 항쟁(1987) 등 한국정치의 주요 변동기마다 미국은 때로는 공개적으로 때로는 은밀하게 갖가지 공작과 영향력을 행사했다. 이러한 사태가 벌어질 때마다 한국의 정치인들도 미국의 동의와 지지를 구하기 위해 애썼다. 이 점에서 미국은 한국의 '빅 브라더(Big Brother)'였다고 해도 과언이 아니다.

이 글에서는 한국정치에 대한 미국의 영향력을 특히 군의 동향을 중심으로 살펴보고자 한다. 이 글은 5·16 군사쿠데타와 3년의 군정기간 동안 미국이 어떻게 그리고 얼마나 한국정치에 영향력을 행사했는가에 초점을 맞출 것이다. 하지만 5·16 쿠데타가 한국에서 군이 정치에 개입한 최초의 그리고 유일한 예가 아니라는 점에서 이 글은 역사적 맥락 속에서 5·16 쿠데

---

* 이 글은 『국제정치논총』, 41집 2호(2001)에 게재된 것을 수정 보완한 것임.

타를 고찰하고자 한다. 또한 미국이 이미 1950년대부터 한국군과 한국정치에 대해 지속적으로 영향력을 행사해왔다는 점에서 이 글은 5·16 쿠데타와 3년의 군정기간을 1950년대의 연장선상에서 이해하고자 한다.

이 글이 주장하려는 바는 다음과 같다. 첫째, 한국군의 정치화는 그것이 한국과 미국의 이중권력 아래 놓이는 순간부터 이미 시작되었다. 따라서 5·16 쿠데타가 발발하기 전부터 한국군은 이미 정치화되어 있었고, 다만 시기에 따라 정치화된 내용이 달라졌을 뿐이다. 둘째, 박정희의 쿠데타 음모는 다수가 알고 있었지만 아무도 저지하려 들지 않는 기묘한 상황 속에서 진행되었다. 미국이 이 거사를 '방임'한 것인지 아니면 '방심'한 것인지를 정확히 판단하기는 아직 이르다. 셋째, 쿠데타가 '혁명'으로 둔갑하는 데에는 미국의 묵인이 결정적이었다. 그러나 미국이 묵인으로 돌아서는 데에는 한국의 주요 지도자들이 보여준 실망스러운 태도가 큰 역할을 했다. 따라서 쿠데타 성공의 궁극적 요인은 미국의 태도이지만 일차적 책임은 장면이나 윤보선과 같은 당시 정치지도자들에게 돌아가야 한다. 넷째, 쿠데타를 묵인한 후에도 미국은 한국정치를 자신들이 원하는 방향으로 끌고 가기 위해 박정희와 김종필에 대한 분할지배전략을 구사했다. 미국은 온건한 박정희를 과격한 김종필로부터 격리시킴으로써 군정을 통제하고 민정이양을 조속히 실현시키려 했다.

2. 이중권력하에서 '이미' 정치화된 한국군: 중립도 정치적 선택이다

5·16 군사쿠데타가 터지기 전부터 이미 한국군은 정치화되어 있었다. 한국군이 지닌 정치성은 시기에 따라 그 의미가 조금씩 달라졌을 뿐 1950년부터 지속되고 있었으며, 5·16 쿠데타는 이러한 연장선상에서 이해되어야

한다. 이렇게 한국군을 일찍부터 정치화시키는 데에는 미국의 기여가 컸다. 여기서는 한국군이 언제, 어떻게 정치화되기 시작했으며, 그 내용이 어떻게 변해갔는지 그리고 이 모든 과정에서 미국은 어떤 역할을 수행했는지에 대해 살펴보겠다.

6·25 전쟁이 발발하면서 한국군은 이중권력 하에 놓이게 되었다. 전쟁이 터진 직후인 1950년 7월 15일 이승만 대통령은 원활한 전쟁수행을 위해 "현재의 적대상태가 지속되는 동안"이라는 단서를 붙여 모든 한국군에 대한 '통수권(command authority)'을 유엔군(실제로는 주한미군) 사령관에게 넘겼다.[1] 그 후 이것은 1954년 11월 17일 체결된 '한미합의의사록'[2] 제2조에서 "대한민국은 상호협의에 의하여 그렇게 하는 것이 상호이익에 가장 유리하기 때문에 변경하는 경우가 아니면, 유엔군사령부가 대한민국의 방위를 책임지는 한 그 군대를 유엔군사령부의 '작전통제권(operational control)' 하에 둔다"는 내용으로 바뀌어 오늘날까지 지속되고 있다.[3] 이로써 한국군은 한국 대통령의 통수권 밑에 있으면서 동시에 유엔군사령관의 작전통제권 아래에 속하는 이중의 지배구조 하에 놓이게 되었다.

이러한 이중적 지배구조는 두 지배력 사이에 협조가 잘 될 때에는 별 문제가 없다. 그러나 만약 둘 사이에 불협화음이 생겨 양쪽에서 오는 명령이 다를 경우 한국 군부는 선택의 문제에 직면하게 된다. 이러한 사태는 주로 한국정치가 격변과 혼란에 휩싸여 한미 간의 관계가 미묘할 때 발생했다. 이때 한국의 군부가 어떠한 선택을 하건 그 결정은 이미 고도의 정치성을 지닐

---

1) 원문은 Se-Jin Kim, *Documents on Korean-American Relations 1943-1976*(Seoul: Research Center for Peace and Unification, 1976), pp. 117-118.

2) 전문(全文)은 *Foreign Relations of the United States* (이하 *FRUS*) 1952-1954, Vol. XV, Part 2 (Washington: Government Printing Office, 1984), pp. 1876-1882 참조.

3) '한미합의의사록' 체결까지의 구체적 과정에 대해서는 김일영, 「이승만정부에서의 외교정책과 국내정치: 북진·반일정책과 국내정치경제와의 연계성」, 『국제정치논총』, 39집, 3호, 1999(b), pp. 252-256.

수밖에 없었다. 따라서 한국군의 정치화는 그것이 이중권력 하에 놓이게 되면서 이미 시작되었다고 할 수 있다.

지난 50여 년간 한국군은 여러 차례 정치적 결단을 내려야 하는 상황에 직면했다. 앞서 열거한 부산정치파동, 4월 혁명, 5·16 쿠데타, 12·12 군반란, 5·17 쿠데타, 6월 항쟁 등이 그 좋은 예다. 5·16 쿠데타가 나기 전에도 한국군은 이미 두 차례, 즉 1952년 부산정치파동과 1960년 4월 혁명에서 정치적 선택에 봉착했었다. 두 사건 모두에서 한국군은 정치적 중립을 선택했다. 그러나 이것은 군부가 대통령의 지시(정치개입)보다는 유엔군사령관의 명령(정치적 중립)을 선택한 결과였다는 점에서 진정한 중립적 선택이었다고 보기 어렵다.

주지하듯이 부산정치파동이란 1952년 5월 25일 이승만이 부산, 경남, 전남북 일원에 비상계엄령을 선포하여 헌정을 중단시키고 반강제적인 상태에서 직선제 개헌안을 관철시킨 친위쿠데타다. 당시 육군참모총장 이종찬 중장은 군이 정치에 개입할 수 없다는 이유로 이승만의 군대출동명령을 거부했다. 따라서 이승만은 원용덕이 지휘하는 헌병대에 의존해 친위쿠데타를 수행할 수밖에 없었다. 당시 한국군 수뇌부가 정치적 중립을 택한 결단은 분명 높이 평가할 만한 것이다. 하지만 이 일이 있기 전에 이미 군 수뇌부가 미군 측으로부터 이승만에 대한 미국의 평가가 부정적이라는 점을 계속 들어오고 있었다는 사실을 상기할 필요가 있다.

부산정치파동이 시작되기 전에 이미 미국과 국회 그리고 군부를 중심으로 다음 선거에서 이승만을 낙선시키고 장면을 당선시키려는 공작이 진행되고 있었다.[4] 이 작업의 중심에는 미국이 있었다. 무초(J. J. Muccio) 대사는

---

4) 자세한 설명은 김일영, 「전쟁과 정치: 6·25 전쟁 중 북진통일론과 두 갈래 개헌론의 관계」, 연세대 현대한국학연구소 제4차 국제학술회의(「한국과 6·25 전쟁」) 발표논문, 2000. 10. 6., pp. 19-28.

원내의 반이승만 의원들을 맡았고, 미8군사령관 밴 플리트(J. A. Van Fleet)는 한국군 장성들을 상대로 이 일을 진행시키고 있었다. 두 사람은 모두 의원들이나 장성들에게 미국이 반이승만 입장임을 암시하고 다녔다. 특히 밴 플리트는 이러한 암시를 통해 한국군이 이승만에 의해 정치적으로 이용되는 것을 막으려고 했다.

당시 한국군 수뇌부 일각에서는 이러한 미국의 암시를 이승만 제거 쿠데타로까지 확대시키려는 움직임도 있었다. 이 쿠데타 모의의 주모자는 육군본부 작전국장 이용문 준장과 그 밑에서 작전차장을 하던 박정희 대령이었다. 이 무렵 이용문은 1952년 5월 14일 장면 전 총리의 비서실장이던 선우종원을 찾아와 "이종찬 참모총장도 알고 있고, 밴 플리트 장군의 묵계도 얻어두었으니" 반이승만적인 의원들과 힘을 합쳐 쿠데타를 일으키자는 제안을 하기도 했다.[5] 그러나 이 단계에서 이종찬이나 밴 플리트가 진짜로 이 일에 동의했는지는 의문이다. 아마도 이것은 이용문의 의사가 짙게 반영된 행동으로 보인다.[6] 어쨌든 흥미로운 것은 이때 벌써 박정희가 쿠데타 음모의 중심에 있었다는 점이다.

5월 28일 이승만은 자신의 명령을 거부한 이종찬을 대구에서 부산으로 소환했다. 이종찬은 이승만을 면담하기 전에 미대사관에서 미해군무관과 먼저 접촉을 가지며, 그 후 밴 플리트와 함께 이승만을 면담하러 갔다. 거기서 이종찬은 이승만의 항명질책에 대해 자신은 유엔군사령관의 동의 없이 병력을 움직일 수 없다고 답변했으며, 밴 플리트가 곁에서 이를 확인해주었다.[7] 이러한 모든 정황을 두고 본다면 당시 군 수뇌부의 결단은 형식상 중립을 택한 것이지만, 사실은 미국의 의중을 반영한 것이라고 할 수 있다.

---

5) 선우종원, 『격랑 80년: 선우종원 회고록』(서울: 인물연구소, 1998), pp. 153-155.

6) 조갑제, 『내 무덤에 침을 뱉어라』 3권(서울: 조선일보사, 1998), pp. 39-43. 이 쿠데타 계획이 실행되지 못한 배경에 대해서는 김일영(2000), pp. 23-27.

7) 부산일보사, 『임시수도 천일』(부산: 부산일보사, 1985), pp. 199-200.

1952년 부산에서 한국군이 보여준 '불개입의 개입' 또는 '중립의 비중립성'은 1960년 4월 혁명 당시 서울에서 재연되었다. 4월 19일 오후 계엄이 발표되면서 시내에 군이 투입되었다.[8] 그러나 군은 경찰과 달리 시민들에게 발포하지 않았으며, 오히려 시민들과 호의적인 관계를 유지했다. 당시 AP통신은 "군대는 정숙히 서울로 들어왔다. 그들은 데모대원들에게 손뼉을 치던 연도의 구경꾼들로부터 환영의 갈채를 받았다. 몇몇 군인들도 미소짓고 손을 흔들었다"고 보도했다.[9] 이러한 군의 중립적 태도는 미국의 압력[10]과 함께 이승만을 하야시키는 데 결정적 역할을 했다. 그러나 이때 한국군이 보여준 정치적 중립도 성격에 있어서는 '불개입의 개입'이었다.

　6·25 전쟁 이후 한국군은 부산정치파동 당시와는 다른 의미에서 정치화되어 있었다. 이 당시 군의 정치화는 주로 부패와 선거관여로 나타났다. 6·25 전쟁이 끝나자 이승만은 탁월한 용인술을 가지고 이중권력 하의 정치화된 군부를 요리했다. 그는 군부의 직업적 이해(professional interests)를 가능한 한 보장해주면서 동시에 육군 특무대를 이용해 군부에 대한 감시를 게을리 하지 않았다. 또한 군 내부에서 특정 세력이 지나치게 비대해져 자신에게 도전하는 것을 막기 위해 몇 개의 파벌을 양성하여 서로 견제토록 하는 수법을 사용했다.[11] 이러한 용인술 덕에 이승만정부하에서 군부의 정치화는 주로 부패로 나타났다. 막대한 군수물자를 빼돌려 사리사욕을 채우고, 그 중

---

8) 이 병력이동은 유엔군사령관의 허락 아래 진행되었다. Telegram from the Embassy in Korea to the Department of State, April 19, 1960, FRUS 1958-1960 Vol. XVIII, 1994, pp. 618-620.

9) 조갑제(1998), p. 161에서 재인용.

10) 4월 19일 이후 사태가 급박하게 돌아가자 주한미대사 매카나기(W. P. McConaughy)는 수시로 경무대를 방문해 이승만에게 압력을 가했다. 특히 이승만이 하야하던 날인 26일의 방문과 사퇴압력에 대해서는 Telegram from the Embassy in Korea to the Department of State, April 26, 1960, FRUS 1958-1960 Vol. XVIII, 1994, pp. 639-644.

11) Se-Jin Kim, *The Politics of Military Revolution in Korea*(Chapel Hill: The University of North Carolina Press, 1971), ch. 3-4.

일부를 정치권에 상납함으로써 자신들의 진급을 보장받는 것이 1950년대 정치화된 군인의 대표적인 모습이었다. 그리고 선거 때마다 여당에 유리하게 군을 동원하는 것도 이 무렵 군의 정치화의 전형적인 모습이었다.

이렇게 부패와 선거개입을 자행하던 군부가 4월 혁명과정에서 돌연 정치적 중립을 표방하는 것은 부자연스러운 일이었다. 어째서 이런 돌변이 나타났는가? 미국의 영향력 탓이었다. 미국은 한국정치가 위기에 빠지자 한국군에 대한 이중권력구조를 이용해 군이 중립을 지키도록 했던 것이다. 이와 관련하여 당시 1군사령관이던 유재흥 중장의 회고가 주목을 끈다.[12] 그는 4·19 며칠 전 매카나기 대사의 만찬초대를 받았다. 그 자리에서 대사는 시위에 대한 군의 대책을 물었고, 그가 군의 정치불간섭 원칙을 밝히자 안심하는 표정을 지었다는 것이다. 당시 1군은 육군의 20개 전투사단 중 18개를 지휘하고 있는 명실상부한 군의 주력이었다. 이러한 군의 사령관을 초청해 매카나기는 질문의 형식을 지녔지만 사실은 미국의 의도를 넌지시 알려줌으로써 군이 중립을 지키도록 만드는 효과를 거두었다고 볼 수 있다.

이때에도 군 일각에서는 쿠데타의 움직임이 있었다. 그것은 크게 두 갈래였다. 하나는 이승만이 하야하지 않을 경우 봉기하자는 움직임이었다. 당시 1군사령관 비서실장이던 정승화 대령의 회고에 따르면, 4월 26일 군단장 회의에서 이승만 하야를 결의했으며, 만약 그것이 수용되지 않을 경우 이종찬 육군대학총장을 새 지도자로 옹립한다는 계획을 세웠다고 한다.[13] 그러나 이 움직임은 미국의 의도와 전혀 무관한 것은 아니었다. 당시 미국은 이승만이 사망 또는 불능 상태에 빠지거나 정부가 전복되는 위급한 상황이 발생했을 경우 대처방안으로 ① 현행 헌법절차를 준수하거나, ② 이승만 친위대나 이범석 등에 의한 쿠데타, ③ 국방장관이나 육군참모총장의 비호 아래

---

12) 조갑제(1998), p. 160-161.
13) 조갑제(1998), p. 178.

군부가 정권을 인수하는 것 등 세 가지를 상정하고 있었다.[14] 앞서 말한 한국군 일각의 쿠데타 음모는 미국의 대처방안 중 세 번째의 연장선상에 있는 것이었다. 그러나 이 움직임은 4월 26일 이승만이 하야함으로써 도상(圖上)계획으로 끝나고 말았다.

한편 박정희 소장을 중심으로 한 청년장교들 사이에서 또 다른 쿠데타 움직임이 있었다. 적어도 지금까지 공개된 자료에 의거해볼 때, 이것은 미국과 직접적인 연관이 없이 진행된 음모였다. 이들의 모의가 구체적으로 시작된 것은 1960년 1월이었다. 이들은 5월 8일 송요찬 육군참모총장이 미국을 방문하는 날을 잠정적인 거사일로 잡아 놓고 있었다. 그러나 중간에 4월 혁명이 터지고 이승만이 하야하는 바람에 이들의 계획에 차질이 빚어지고 말았다. 그러나 앞의 움직임과는 달리 이 음모는 장면 정부하에서도 계속되었다.

4월 혁명을 거치면서 군의 정치화는 그 양상이 변하기 시작했다. 사회의 민주화 움직임은 군에도 영향을 미쳤다. 군 내부에서도 이승만 독재에 협력했거나 부패한 고위장성들을 추방하자는 움직임이 일어났다. 청년장교들이 이러한 움직임을 주도했다. 이들은 부패한 정치군인들의 추방과 군의 혁신을 주장했다는 점에서 새로운 의미의 정치군인들이었다.

이들 청년장교들은 대개 민족주의적인 열망에 불타고 있었다. 이들은 조국의 경제적 후진성을 슬퍼하고, 어떻게 해야 '부국강병'을 이룩할 수 있는지 그리고 그것을 위해 가장 근대화된 조직인 군대가 할 역할은 무엇인지를 고민하는 사람들이었다. 그러나 이러한 청년장교들의 민족주의적 열망 뒤에는 진급이 더딘 데 대한 불만도 도사리고 있었다. 김재춘을 비롯한 육사 5기와 김종필을 대표로 하는 육사 8기가 이들의 주축을 이루고 있었다. 이들의 계급은 대개 중령이나 대령이었다. 이들의 선배들은 나이가 비슷함에도 불

---

14) Telegram from the Department of State to the Embassy in Korea, April 23, 1960, *FRUS 1958-1960 Vol. XVIII*, 1994, p. 637.

구하고 이미 대부분 장군이 되어 있었다. 그러나 이들은 인사적체 때문에 언제 장군으로 진급할지 알 수 없었다.

이런 상태에서 1960년 8월 27일 장면 정부는 10만 명을 감군한다고 발표했다. 이것은 결국 미국과 군부의 반발에 부딪혀 철회되고 말았지만,[15] 이 발표는 진급 문제에 대한 불만이 쌓인 청년장교들에게 대단히 실망스러운 것이다. 더구나 장면정부가 자신들이 요구하는 부패한 고위장교들에 대한 숙정은 게을리 하면서 군대 수만 줄이려 한다는 사실에 이들은 크게 분노했다.

이렇게 민족주의적 열망과 진급에 대한 불만에 차있던 청년장교들은 유사한 생각을 지니고 있던 박정희와 만나면서 반란을 계획하기 시작했다. 박정희는 이미 1952년 부산에서 이용문과 함께 쿠데타를 모의한 바 있는 인물이었다. 그런 그가 이번에는 청년장교들과 쿠데타를 꾸미기 시작했다. 박정희는 불과 10년 사이에 두 차례나 정부전복을 목표로 하는 반란을 시도하려 했다.

박정희는 당시 군부 내의 주요한 두 파벌인 서북파(평안 출신)와 동북파(함경 출신) 어디에도 속하지 못했다. 그는 북한이 아니라 남한, 그 중에서도 경북 출신이었다. 그는 남들보다 진급도 늦었다. 쿠데타를 일으키지 않았다면 그는 예편하도록 예정되어 있었다. 그러나 그는 청렴하고 민족주의적인 군인으로 청년장교들로부터 존경을 받았다.

민족주의적 열망과 진급에 대한 불만이 박정희와 청년장교들을 새로운 의미의 정치화된 군인이 되도록 내모는 요인들(pushing factors)이었다면, 4월 혁명 이후 전개된 사회적·이데올로기적 혼란은 이들을 군영 바깥으로

---

15) 장면정부는 경제 제일주의를 내세우며, 감군을 통해 확보한 예산을 경제로 돌리려고 했다. 그러나 이에 대해 미국, 특히 미군부는 크게 반발했다. 합참의장 렘니처(L. L. Lemnitzer)나 주한유엔군사령관 매그루디(C. B. Magruder) 같은 미군 지도자들은 장면정부가 휴전이라는 특수상황을 고려하지 않고 경제만을 생각한다고 불만을 토로했다(Memorandum of State-JCS Meeting(1960. 9. 30.), RG59, Records of State-JCS Meeting, 1959-1963, Box 1, National Archives). 이러한 미국의 반대 때문에 결국 감군안은 철회되고 말았다.

끌어내는 요인(pulling factors)이었다. 장면정부는 사회적 혼란에 대해 무기력한 대응으로 일관했다.[16] 이러한 혼란과 무기력은 군부가 정치에 개입할 수 있는 좋은 명분을 제공했다. 특히 통일 문제에 관해 학생들과 혁신진영이 내건 최대강령주의적(maximalist) 주장과 요구는 시민들을 불안하게 만들었고, 미국의 심각한 우려를 불러일으켰다. 박정희를 중심으로 한 일부 군부는 이러한 토양 위에서 쿠데타 음모를 계속 진행시켰던 것이다.

3. 기이한 쿠데타 음모: 다수가 알고 있었으나 아무도 저지하지 않았다

당시 쿠데타 준비는 반(半)공개적으로 진행되었다. 그것은 한국과 미국의 각종 정보기관에 포착되어 상부로 보고되었다. 그러나 아무도 그것을 적극적으로 저지하지 않았다. 참으로 이상한 쿠데타 음모였다.

미국은 장면 집권 3개월 만인 1960년 11월경부터 이미 한국정치와 장면정부의 장래를 걱정스럽게 바라보기 시작했다. 이 무렵 작성된 보고서는 "향후 몇 년 사이에 리더십과 세력편성에서 변화가 있을 것인데, 그 경우 현재 지배적인 보수 세력은 약화되고 사회주의 세력의 힘이 증대"될 것이라고 한국의 장래를 부정적으로 전망했다. 특히 미국은 한국 국민들 사이에서 통일에 대한 관심이 고조되고 민족주의적 감정이 발흥하는 것을 우려했다. 왜냐하면 그러한 분위기가 "한국의 중립화에 대한 관심을 증대시키고 한국에 대한 미국의 지도력을 저하"시킬 것이기 때문이었다.[17]

그러나 미국은 아직 한국의 사태를 절망적으로 보지는 않았다. 미국은 한

---

16) 자세한 설명은 Il-Young Kim, "Losing a Race against Time: Disintegration of the Chang Myon Government and Democracy Aborted," paper presented at the international conference on Park Chung Hee Era, 2000. 8. 23., pp. 19-33.

17) Prospects for the Republic of Korea, Nov 22, 1960, FRUS 1958-1960 Vol. XVIII, 1994, pp. 697-698.

국에서 군사쿠데타가 일어날 가능성이 아직 높지 않은 것으로 보았다. "한국의 상황이 상당히 악화되기 전에는 군이 민간정부를 대체하려 하지 않을 것이며, 현 상황에서 군사쿠데타의 가능성은 크지 않다"고 보았다.[18] 따라서 아직은 장면을 지원하되 만일에 있을지도 모를 돌발사태에 대비할 필요는 있다는 것이 1961년 초까지의 미국의 입장이었다. 즉, 미국은 합법적(내각 불신임이나 국회해산) 내지는 비합법적 방법(쿠데타나 암살)으로 장면정부가 무너질 경우에 대비한 계획을 지니고 있어야 하며, 이와 관련하여 한국에서 향후 유망한 지도자들에 대한 목록을 준비할 필요가 있다고 지적했다.[19]

그런데 1961년 3월 초 국제협력처(International Cooperation Administration: ICA) 한국지부의 기술자문을 역임했던 팔리(H. Farley)가 한국에 관한 비관적 전망을 담은 보고서를 백악관에 제출하면서 한국에 대한 미국의 우려는 다시 증폭되기 시작했다. "1961년 2월 한국은 병든 사회다"라는 문장으로 시작하는 이 보고서에서 팔리는 장면정부의 무능과 부패를 통렬히 비판하면서 이 정부가 4월을 넘기기 어려울 것이라고 전망했다. 내버려둘 경우 한국에서는 공산혁명이나 그와 비슷한 사태가 일어날 수도 있으며, 이것을 막기 위해 미국정부는 하루빨리 한국에 '특명전권대사(special envoy)'를 파견하여 개혁을 하도록 적극 개입해야 한다고 주장했다. 만약 그렇지 않으면 최악의 경우 군사쿠데타가 일어날지 모른다고 경고했다.[20]

국무부는 팔리의 보고서가 사태를 지나치게 비관적으로 보고 있으며 비현실적인 대안을 제시하고 있다고 반발했다.[21] 그러나 이 보고서에 충격을

---

18) 위의 문서, FRUS 1958-1960 Vol. XVIII, 1994, pp. 697-698.

19) As-88, Jan 24, 1961, 795B. 00/1-2461, RG 59, General Records of the Department of State, Central Decimal File, 1960-1963, Box 2181, National Archives.

20) The Situation in Korea, February 1961, 한국정신문화연구원 현대사연구소 편, 『5·16과 박정희정부의 성립』 제1집: 주제별 문서철(성남: 한국정신문화연구원, 1999), pp. 14-38; FRUS 1961-1963 Vol. XXII, 1996, pp. 424-425.

21) Telegram from the Embassy in Korea to the Department of State, Mar 11, 1961, 한국정신

받은 케네디(J. F. Kennedy) 대통령은 국무부와 미 중앙정보국(CIA)에게 한국 상황에 대한 정밀한 평가보고서를 제출하라고 명령했다. 이에 따라 미 중앙정보국은 3월 21일 한국에 관한 정보보고서를 국가안보회의(NSC)에 제출했다. 거기서 미 중앙정보국은 4월 혁명 1주년 기념시위가 1년 전처럼 격심하지는 않을 것이라고 하면서 한국의 사태를 단기적으로는 그렇게 비관적으로 전망하지 않았다. 그러나 이 보고서는 향후 몇 년 동안 한국에서 위기는 예외가 아닌 정상적인 모습이 될 것이라고 결론을 맺음으로써 장기적으로는 역시 한국의 전망이 밝지 않다고 평가했다.[22]

국가안보회의는 4월초부터 케네디 대통령의 지시에 따라 부처 간의 견해차이를 조정하여 새로운 대한정책을 마련하기 위한 준비에 돌입했다. 5월 초에는 이 작업을 전담할 특별팀(task force)이 만들어졌다. 그러나 "허약한 장면정부를 어떻게 사회경제적 개혁에 단호하게 착수할 수 있는 정부로 바꿀 것인가"의 문제를 둘러싸고 미 행정부는 여전히 의견의 일치를 보지 못하고 있었다. 이 무렵 미국 문서에는 장면정부를 계속 지원하는 방안과 보다 믿음직한 새로운 지도력을 창출하는 방안이 동시에 거론되고 있음을 볼 수 있다.[23] 이러한 시점에 한국에서 쿠데타가 발생했다. 팔리 보고서가 가정한 '최악의 경우'가 일어난 것이다.

그러면 미국은 박정희의 쿠데타 모의를 전혀 눈치채지 못했는가? 그렇지는 않다. 미 중앙정보국 한국지부는 적어도 1961년 4월에는 박정희가 주도

문화연구원 현대사연구소 편(1999), pp. 6-12; Il-Young Kim(2000), pp. 34-35.
22) Short-range Outlook in the Republic of Korea, March 21, 1961, *FRUS 1961-1963 Vol. XXII*, 1996, pp. 430-435.
23) First Draft Report of the Korea Task Force, May 15, 1961, RG 59, Lot 67D378, Box 9, Records of Department, Assistant Secretary, Richard N. Gardner, 1961-1965, National Archives, 박태균, 「5·16쿠데타와 미국: 비밀해제된 미국 문서를 중심으로」, 『역사비평』, 2001년 여름호, pp. 77-78에서 재인용.

하는 쿠데타 음모를 파악하고 있었다.[24] 5·16 쿠데타 직후 미 중앙정보국장 덜레스(A. W. Dulles)가 케네디에게 보고한 문서에는 한국지부가 4월 21일부터 26일까지 박정희의 쿠데타 계획에 대해 보고한 내용이 담겨져 있다. 주요한 내용만 발췌해보면 다음과 같다.

> 4월 21일: …한국정부를 뒤엎으려는 두 개의 쿠데타 중 하나는 2군 부사령관 박정희 소장이 주도하고 있다. 다른 하나는 이범석과 민족청년단원들에 의해 주도되고 있다. 사단장들을 비롯한 한국 육군 전체에서 쿠데타 계획이 논의되고 있다.
> 4월 23일: …활발하고 진지하게 쿠데타를 논의하고 계획하고 있는 중요한 집단이 존재한다는 충분한 증거가 있다.…
> 4월 24일: 군부 음모에 대한 장도영의 견해. 장도영은 박정희를 체포하고 싶지만 증거가 불충분하다고 한다. 그는 박정희 체포가 쿠데타를 촉발하게 될지도 모른다고 믿고 있다.…
> 4월 25일: 한국 육군방첩대가 쿠데타를 수사하고 있다.…장면은 4월 24일까지 쿠데타를 모르고 있지만, 한 신문발행인이 4월 25일 장면에게 알려줄 계획이다.
> 4월 25일: …4월 24일 장도영과 1시간 동안 만나 쿠데타에 관한 정보가 한국지부에 자발적으로 제공되었는데, 이것은 매그루더 사령관에게 곧 보고될 것이며, 그러면 매그루더가 아마 장도영과 이 문제를 의논하려 할 것이라고 말해주었다. 장도영은 1주일 전에 박정희가 자신에게 말했다고 언급했다. 장도영은 급작스러운 행동은 없을 것이라고 말했다.
> 4월 26일: 장면은 육군 내부의…쿠데타 모의를 알고 있다. 그는 이 소문을 심각하게 받아들이지 않으며 상황이 그렇게 위험하지 않다고 믿고 있다. 그는 장도영의 직무수행에 대해 만족하고 있다.…[25]

이 보고서에 근거해볼 때, 박정희의 쿠데타 모의는 공공연한 사실이었다.

---

24) 당시 미 중앙정보국 한국지부장인 실바(P. De Silva)는 회고록에서 자신은 쿠데타 며 칠 전에야 그것을 인지했노라고 밝히고 있지만, 그것은 사실과 다르다. Peer De Silva, 이기홍 역, 『서브 로자: 미국 CIA 비밀공작부』(서울: 인문당, 1983), p. 206.

25) Memorandum from Director of Central Intelligence Dulles to President Kennedy, May 16, 1961, *FRUS 1961-1963 Vol. XXII*, 1996, pp. 456-457.

장도영을 비롯한 한국군 수뇌부는 물론이고 육군 방첩부대도 이것을 탐지하고 있었으며, 여러 가지 경로를 통해 장면 총리에게도 보고가 들어갔다.[26] 미국은 물론 이 모든 움직임을 정확히 파악하고 있었다.

그런데도 아무도 이 음모를 적극적으로 저지하려 들지 않았다. 군의 책임자인 장도영은 이 문제가 불거져 나올 때마다 별로 심각하지 않다는 투로 문제를 덮어두려 했으며, 박정희를 감싸고 돌았다. 군지휘권을 쥐고 있는 미국도 이 문제에 적극적으로 대처하는 모습을 보여주지 않았다. 그 이유가 무엇일까?

쿠데타 주모자 중 한 사람인 김종필은 이 문제를 장도영의 이중플레이로 설명하고 있다. 당시 장도영은 미국과 박정희 그룹 양측으로부터 모두 쿠데타의 우두머리로 추대되고 있었다. 장도영은 이 사실을 감추기 위해 장면을 속이고 있었고, 그 와중에 미국보다 박정희 그룹이 먼저 쿠데타를 감행했다는 것이다.[27]

이 주장은 그럴 듯하지만 김종필의 증언 외에는 증명할 수 있는 증거가 아직 발견되지 않고 있다. 더구나 당사자의 한 사람인 장도영이 이런 사실을 부인하고 있기 때문에 그대로 받아들이기에는 아직 이르다.

미국이 박정희 그룹의 거사를 알면서도 '방임'한 것인지 아니면 우물쭈물하면서 '방심'하다가 허를 찔린 것인지를 정확히 판단하기는 아직 이른 것 같다. 앞서 지적했듯이 이 무렵 미국이 장면정부를 계속 지원하는 방안과 보다 믿음직한 새로운 지도력을 창출하는 방안을 동시에 고민하고 있었던 것

---

26) 이 점은 매그루더의 보고서에서도 확인된다. 그는 쿠데타 발발 다음 날 합참에 보내는 보고서에서 "서울 정부에서 일하거나 그 주변에 있던 모든 힘있는 사람들은 쿠데타 계획을 알고 있었으며, 최소한 그것에 반대하지 않았다"고 썼다. Telegram from the Commander in Chief, United Nations Command (Magruder) to the Chairman of the Joint Chiefs of Staff (Lemnitzer), May 17, 1961, FRUS 1961-1963 Vol. XXII, 1996, p. 459.

27) 조성관, "미 정보기관, 장도영 추대하여 장면정부 뒤엎으려 했다," 『월간조선』, 1993년 8월호; 조갑제(1998), p. 301, 313.

은 사실이다. 그러나 이제까지 공개된 문서 중 새로운 지도력 창출과 관련된 구체적인 움직임을 적시한 것은 아직 발견되지 않고 있다. 따라서 이에 관한 정확한 답은 아마도 더 많은 문서의 공개를 기다려야 할 것 같다.

다만 논리적으로 볼 때, 방임한 경우라면 박정희는 자신의 의지와 무관하게 미국에 이용당한 것이 된다. 그러나 방심한 것이라면 박정희의 쿠데타는 미국과는 무관하게 감행된 것이 될 것이다.

4. 쿠데타가 '혁명'으로: 유약한 장면과 근시안적 윤보선 그리고 미국의 묵인

소수의 군인들이 일으킨 쿠데타가 '혁명'으로 둔갑하면서 성공할 수 있었던 요인은 무엇인가? 여기서는 미국의 역할과 한국정치인들의 태도에 초점을 맞추어 이 문제를 살펴보겠다.

1961년 5월 16일 불과 3,600여 명[28]을 동원하여 일어난 군사쿠데타는 주한미대사관과 유엔군의 즉각적인 반발에 직면했다. 당일 오전 10시 18분 미 8군 공보처를 통해 매그루더 유엔군사령관과 그린(M. Green) 주한 미대리대사는 '장면정부에 대한 지지'와 '군내의 질서회복'을 요망하는 성명을 발표했다.[29] 특히 한국군에 대한 작전통제권을 지니고 있던 매그루더는 일부 군인들에 의해 자신의 권한이 침해당한 데 대해 불쾌감을 감추지 못하고 있었다. 이 때문에 매그루더는 5월 16일 오전 11시 30분경 윤보선 대통령을 면담하는 자리에서도 한국군을 동원하여 쿠데타를 진압하자는 강경책을 건의하

---

28) 당시 '혁명군'은 김윤근과 김동하가 이끄는 해병 1,000명, 문재준 등이 동원한 포병 1,000명, 박치옥 휘하의 공수단 500명, 이백일이 지휘하는 육군 1,000명 등에 불과했다. 한국군사혁명사편찬위원회, 『한국군사혁명사』 1집 (서울: 국가재건최고회의 한국군사혁명사 출판위원회, 1962), pp. 213-220.

29) Telegram from the Commander in Chief, U.S. Forces Korea (Magruder) to the Joint Chiefs of Staff, May 16, 1961, FRUS 1961-1963 Vol. XXII, 1996, pp. 450-451.

며, 5월 19일 쿠데타 주도 세력(을 대표하는 김종필)과 만나 대화를 시작하면서도 처음부터 이 점을 문제삼았다.[30]

이러한 한국 내에 있던 미국 포스트의 반발에도 불구하고 쿠데타가 성공할 수 있었던 까닭은 무엇인가? 5월 18일(워싱턴 시각) 미 중앙정보국은 케네디 대통령에게 제출한 보고서에서 그 이유로 "어떤 저항도 존재하지 않았고, 국민들은 무관심했으며, 장면 총리의 저항포기, 장도영의 이중 행동, 윤보선 대통령의 타협적 태도와 이에 기인한 합헌적인 정권이양 그리고 이에 따른 군사정권의 정통성 강화"를 꼽았다.[31] 이것은 사태의 본질을 꿰뚫은 지적이긴 하지만, 다분히 미국의 입장을 대변한 분석이라고 할 수 있다. 당시 3,600명을 동원하여 일으킨 군사쿠데타가 '혁명'으로 둔갑할 수 있는가의 여부를 결정하는 열쇠를 쥔 것은 미국이었다. 미국정부의 수용 여부에 따라 그것은 일부 군인들이 벌인 해프닝으로 끝날 수도 있고, 거창한 '구국의 혁명'으로 변모할 수도 있었다. 그런데 이 보고서에는 그 점이 누락되어 있었다.

한국 내의 미국(군)의 지휘부가 쿠데타에 대해 즉각 거부감을 보인 것과는 달리 미국정부는 유보적인 태도를 보여주었다. 국무부 대변인 화이트(L. White)는 5월 16일 정오(워싱턴 시각)의 정례 브리핑에서 미국은 한국에서 벌어지고 있는 유동적인 상황을 '주시'하고 있다고만 밝히면서, 매그루더와 그린의 성명은 그들의 직무범위 안에서 이루어진 것일 뿐이라고 해명했다.[32]

이러한 미국의 유보적인 태도는 5월 16일 밤 10시 45분(워싱턴 시각) 미

---

30) 천희상, "박정희·김종필-매그루더 비밀회담기록," 『월간조선』, 1991년 5월호, pp. 312-315.

31) 조갑제, "내 무덤에 침을 뱉어라," 296회, 『조선일보』, 1998년 10월 11일.

32) 보울즈 국무장관대리는 대통령에게 보내는 5월 18일자 보고서에서 이들의 행동을 "국무부의 사전승인을 얻은 것은 아니지만,…한국 국민들에게 한편으로는 미국이 민주주의적 제도를 유지·강화하는 데 관심을 쏟고 있고,…다른 한편으로는 이 쿠데타와 미국이 아무 관련이 없음을 보여주기 위해 필요한 조치였다"고 설명했다. Memorandum from Acting Secretary of State Bowles to President Kennedy, May 18, 1961, FRUS 1961-1963 Vol. XXII, 1996, pp. 463-464.

국무부가 주한미국대사관에 보낸 전문에서 보다 명확하게 드러난다. 거기서 국무장관대리 보울즈(C. Bowles)는 다음과 같은 훈령을 내리고 있다. "총리 및 내각 구성원들이 잠적했고, 대통령과 군지도부 및 핵심 공직자들이 쿠데타를 진압하거나 또는 어느 쪽을 펀드는 어떤 행동도 취하려고 하지 않는 기묘한 상황에서 장면정부가 큰 상처를 받지 않고 이 위기를 넘길 수 있을지 자신이 서질 않는다.…그러므로 사태가 명확해질 때까지 조심스러운 관망의 자세를 취하기로 했다. 우리는 계속해서 장면정부가 재건되기를 희망해야 하지만, 다음 두 가지를 피해야 한다. 한편으로는 장면정부의 재건에 역행하는 어떤 행동도 취해서는 안되지만, 다른 한편으로는…끝장났을지도 모를 이 내각의 운명과 미국이 공공연히 동일시되는 어떤 행동도 자제해야 한다."[33]

물론 미국의 이러한 애매한 태도를 부채질한 것은 한국 내의 미묘한 분위기였다. 군통수권자 중 한 사람인 장면은 잠적한 채 나타나지 않았고, 또 다른 사람인 윤보선은 친쿠데타적인 언행을 보임으로써 미국으로 하여금 쿠데타 진압 이후의 정치적 안정에 대해 자신감을 갖지 못하도록 만들었다.

주지하듯이 장면은 쿠데타가 나자 깔멜수녀원에 은신한 채 3일 동안 나타나지 않았다. 그런데 최근 공개된 미국자료에 따르면, 그가 이곳에서 외부와 완전한 연락두절 상태로 있었던 것이 아님이 밝혀졌다. 그는 매그루더와 그린이 민주당 정부를 지지하는 성명을 발표한 직후 미대사관에 두 차례 전화를 했다. 이 통화에서 그는 자신을 지지하는 성명에 감사를 표하면서 유엔군사령관이 상황을 맡아서 "권한을 행사"해달라고 요청했다.[34] 이튿날인 5월 17일에도 장면은 중개인을 통해 대사관에 편지를 보내왔다. 거기서 장면은

---

33) Telegram from the Department of State to the Embassy in Korea, May 16, 1961, FRUS 1961-1963 Vol. XXII, p. 455.

34) Telegram from the Embassy in Korea to the Department of State, May 16, 1961, Central Files, 795B.00, Box2182.

다시 쿠데타 세력에 대한 미국의 대응조치에 대해 물었다.[35]

장면이 이렇게 몸을 숨긴 채 매그루더에게 모든 (군사적)권한을 행사해 반란을 진압시켜달라고 요청했지만, 미국 입장에서는 이 문제가 그렇게 단순하지 않았다. 미국은 그동안 한국정치에 수없이 개입했지만, 그 방식은 대부분 은밀하고 간접적이었다.[36] 중요한 한국인에게 영향력을 행사해 그들로 하여금 미국이 원하는 방향으로 한국정치를 끌고 나가도록 하는 것이 일반적인 미국의 개입방식이었다. 따라서 미군을 진압에 동원하는 것은 처음부터 생각하기 어려운 방안이었다. 이 점은 매그루더가 쿠데타에 가장 반발했던 사람이었지만, 미군을 동원하는 것에 대해서만은 일관되게 반대했다는 사실에서도 잘 드러난다.[37]

그렇다면 남은 것은 한국군을 동원하는 것인데, 이를 위해서도 미국은 한국의 총리나 대통령의 재가를 얻으려고 애썼다. 제도상으로는 유엔군사령관이 한국군에 대한 동원권을 가지고 있었다. 그러나 미국은 한국정치에 직접 개입했다는 오명을 뒤집어쓰기 싫어했다. 따라서 미국은 자신에게 부여된 권한을 직접 행사하기보다는 한국지도자의 재가를 통해 그 권한을 행사하려 했다. 이러한 상태에서 매그루더에게 주어진 권한을 행사할 것을 요청하는 장면의 요구는 받아들여지기 어려웠다.

이에 매그루더는 총리가 부재한 상태에서 군통수권을 행사해야 할 윤보선에게 반혁명군의 동원을 요청하기 위해 5월 16일 오전 11시 30분 그린과 함

---

35) Telegram from the Embassy in Korea to the Department of State, May 17, 1961, Central Files, 795B.00, Box2182.

36) 부산정치파동 당시에도 이승만 전복공작을 꾀했지만, 그 방식을 항상 한국군을 동원한 쿠데타였지 미군이 직접 개입하는 것은 아니었다. 김일영(2000), pp. 23-28; 李鍾元, 「米韓關係における介入の原型: 'エヴァ-レディ計劃'再考」, 『法學』, 第58卷 第1號(1), 1994, 第59卷 第1號(2), 1995.

37) 5월 16일 새벽 3시 장도영은 쿠데타에 가담한 해병부대를 막기 위해 미군 헌병을 출동시켜달라고 요청했지만, 매그루더는 이를 거부했다. Telegram from the Commander in Chief, U.S. Forces Korea (Magruder) to the Joint Chiefs of Staff, May 16, 1961, FRUS 1961-1963 Vol. XXII, 1996, p. 449. 그 후로도 매그루더는 이 입장만은 굳게 견지했다.

께 청와대를 방문했다. 그러나 윤보선은 한국군 간에 유혈사태가 날 수 있다고 하면서 이러한 제안에 반대했다. 그뿐 아니라 그는 5월 17일에는 이 사태와 관련해 어떤 "불상사와 희생이 발생해서도 안 된다"는 친서를 일선지휘관들에게 전달함으로써 쿠데타에 내응하는 듯한 태도를 취하기까지 했다.[38]

매그루더는 이러한 윤보선의 친쿠데타적 언행을 정략적인 것으로 파악했다. 그가 보기에 "윤보선은 쿠데타를 정적인 장면을 제거하고 새로운 정부를 수립하기 위해 수용할 수도 있는 방안"으로 여기는 것 같았다.[39]

이렇게 총리는 겁에 질려 나타나지 않은 채 모든 것을 미국에게 미루고 있고, 대통령은 눈앞의 이익 때문에 한국군의 사용을 반대하고 있는 상황에서 매그루더는 자신이 처한 딜레마를 5월 17일 오전 11시 40분 합참에 보낸 전문에서 이렇게 쓰고 있다. "나는 이한림의 1군을 동원해 반란을 진압할 수도 있다. 다만 그것이 성공하더라도 복원될 정부가 이미 국민들의 지지를 잃었다는 점과 그 이후 정부를 이끌 지도자가 없다"는 점이 문제다. 따라서 "총리가 은신처에서 나온다면 내가 그를 얼마나 지지해야 할지도 의문"이라고 하면서 매그루더는 "나의 권한으로 한국군에게 반란진압 명령을 내리지 않을 것"이라고 결론을 맺고 있다.[40]

비슷한 시각에 그린도 장면이 보낸 중개인에게 "상황을 원상으로 돌리기 위한 지원과 힘은 반드시 한국인에게서 나와야 한다"고 강조하고 있었다. 그는 이를 위해서는 장면이 윤보선과 장도영을 만나야 한다는 말도 덧붙였다.[41]

요컨대 이제 미국은 초기의 관망자세에서 쿠데타에 개입하지 않는 쪽으

---

38) 홍규선, "윤보선 대통령의 24시," 『월간조선』, 1991년 6월호, pp. 506-517.

39) Telegram from the Commander in Chief, United Nations Command (Magruder) to the Chairman of the Joint Chiefs of Staff (Lemnitzer), May 17, 1961, FRUS 1961-1963 Vol. XXII, p. 458.

40) 위의 문서, pp. 460-461.

41) Telegram from the Embassy in Korea to the Department of State, May 17, 1961, Central Files, 795B.00, Box2182.

5장 5·16 군사쿠데타, 군정 그리고 미국

로 점차 방향을 틀기 시작했다. 이때 불개입이란 쿠데타에 대한 묵인 내지는 수용을 의미했다. 이러한 미국의 방향전환은 5월 18일 낮 12시 23분(워싱턴 시각으로는 5월 17일 밤 11시 23분) 미국무부가 주한미대사관에 보낸 전문에서 가장 잘 드러나고 있다. 여기서 미국은 장면의 회복불능을 거의 기정사실로 인정한 상태에서 "국민통합을 유지할 수 있으면서도 문민적 구성원이 다수를 차지하는 정부를 조속히 구성하되, 그것은 광범위한 기초를 지니고 있고 정파의 이해에 얽매이지 않는 책임있는 정부"여야 할 것이라고 방향을 제시했다. 아울러 "현재 구성되어 있는 혁명위원회가 이러한 방향으로 나아가지 못할 것으로 보이면, 가능한 모든 영향력을 동원하여 그 위원회에 작용을 가할 것"을 지시했다. 마지막으로 미국은 "윤보선에게 그 직위를 계속 유지케 함으로써 정부계승 작업이 최대한 합법적이고 연속적인 상태에서 추진될 수 있게 하라"는 명령도 내렸다.[42]

이 무렵부터 모든 상황이 쿠데타 세력에게 유리하게 전개되기 시작했다. 5월 18일에는 쿠데타 세력에게 가장 큰 군사적 위협이던 1군사령관 이한림이 체포되었고, 육사생도들이 '혁명'을 지지하는 가두행진을 벌여 시중의 분위기를 선도했으며, 그동안 잠적했던 장면이 나타나 내각 총사퇴를 결의하는 등 모든 것이 점차 쿠데타 세력에게 호의적으로 전개되어갔다.

이어서 5월 19일부터 매그루더와 쿠데타 지도부 사이에 몇 차례의 회동이 이루어졌다. 관망자세를 견지하는 동안 미국은 쓸데없는 오해를 피하기 위해 쿠데타 지도부와 공식적으로 만나기를 회피했다.[43] 그러나 쿠데타를 묵인하기로 한 이상 더 이상 면담을 회피할 이유가 없었다. 어쩌면 유엔군 사령관과 반란군 지도부가 만났다는 사실 자체가 미국이 이 쿠데타를 인정

---

42) Telegram from the Department of State to the Embassy in Korea, May 17, 1961, *FRUS 1961-1963 Vol. XXII*, 1996, pp. 461-462.
43) 이 동안은 주로 미중앙정보국 한국지부장인 실바가 쿠데타 지도부와 접촉했다. P. De Silva(1983), pp. 208-216.

했음을 상징하는 일이기도 했다. 이 회동의 결과 5월 26일에 군사'혁명'을 인정하는 대신 손상된 유엔군사령관의 작전통제권을 복원시킨다는 데에 합의하는 한미공동성명이 발표되었다.[44] 그 와중인 5월 22일(워싱턴 시각) 미국무부는 "혁명정권이 공약한 유엔지지와 사회개혁 및 헌정에의 복귀를 찬양하며, 조속한 시일 내에 합헌적인 절차로의 복귀를 촉구"한다는 성명을 발표했다.[45]

이렇게 볼 때 쿠데타가 '혁명'으로 둔갑하는 고비는 5월 18일이었다. 이날을 전환점으로 불과 3,600여 명의 병력을 동원하여 일으킨 쿠데타가 국내외적으로 기정사실로 받아들여지면서 구국의 일념에서 일으킨 '혁명'으로 변신할 수 있었다.

이제 최초에 제기했던 문제, 즉 소수의 군인들이 일으킨 쿠데타가 불과 이틀 만에 '혁명'으로 변모하면서 성공할 수 있었던 요인이 무엇인가로 돌아가보자. 최근 들어 잠적 3일 동안의 장면의 행적이 밝혀진 후 쿠데타 성공과정에서의 장면의 역할에 대해 새로운 주장이 나오고 있다. 그가 이 기간 동안 미대사관과 접촉하며 미국의 대응을 촉구했다는 점을 들어 그동안 그에게 가해졌던 비난은 부당하며 그는 결국 미국으로부터 버림받은 것이라는 주장이 나오고 있는 것이다. 군대 문제에 관한 한 장면에게는 권한이 거의 없었기 때문에 그에게는 책임질 일도 별로 없다. 책임을 져야 한다면 그것은 군을 실질적으로 관할하고 있는 사람, 즉 유엔군사령관이 져야 한다. 그런데도 매그루더는 자신에게 부여된 권한, 즉 쿠데타에 가담하지 않은 한국군 주력부대인 1군이나 미군을 동원하여 반란을 진압하기를 거부했다. 따라서 책무를 방기한 매그루더, 더 나아가 그 배후에서 불개입을 표명한 미국이 쿠데

---

44) 자세한 것은 천희상(1991), pp. 312-331.
45) AP, Washington, May 22, 1961. 한용원, 「5·16쿠데타의 발생과 전개과정」, 한배호(편), 『한국현대정치론 II』(서울: 오름, 1996), p. 72에서 재인용.

타를 성공시킨 장본인이라는 것이 이 주장의 골자이다.[46]

이러한 주장은 일면 타당하면서도 미국에게 지나친 기대를 걸고 있는 것이 아닌가 생각된다. 미국이 마음먹기에 따라 이 쿠데타는 해프닝으로 끝날 수도 있고 구국의 '혁명'으로 둔갑할 수도 있었던 것은 사실이다. 이 점에서 쿠데타를 성공시킨 '궁극적' 요인은 분명 미국의 묵인에 있었다고 할 수 있다. 그러나 왜 미국이 반란을 묵인할 수밖에 없었는가에 대해서도 생각할 필요가 있다. 미국이 한국정치에 개입하기 위해서는 적절한 명분과 매개체가 필요한데, 당시 미국은 이것을 발견하기 어려웠다. 만약 장면이 은신하지 않고 쿠데타 세력에 맞서는 모습을 보여주었더라면 그리고 윤보선이 정략에 얽매이지 않고 민간정부를 지키려는 노력을 했더라면, 아마도 미국은 관망이나 불개입과는 다른 행동을 취했을지도 모른다. 그러나 장면은 잠적한 채 미국의 대응만을 촉구하고 있고, 윤보선은 눈앞의 이익에 사로잡혀 쿠데타를 정략적으로 이용하려고 하는 상황에서 미국으로서는 개입의 적절한 명분과 동기를 찾기가 어려웠다.

이러한 한국정치인들의 유약하고도 근시안적 태도를 무시한 채 미국의 책임만을 따지는 것은 무리한 주장이다. 그것은 어찌 보면 상당히 미국에 비판적인 입장으로 보이지만, 사실은 미국에 너무 지나친 기대를 걸고 있는 생각이 아닌가 여겨진다. 미국은 전지전능한 국가도 아니며, 항상 자선을 베푸는 국가도 아니다. 미국도 그때 그때의 상황에 따라 전략적 선택을 해야 하며, 선택의 기준은 대부분 국익일 수밖에 없다. 1961년 5월 16일부터 사흘 동안 미국은 한국에서 불개입이라는 전략적 선택을 했으며, 미국으로 하여금 그러한 선택을 하게 만든 '일차적' 원인은 한국의 지도자들이 제공했음을 우리는 인정해야 한다.

---

46) 홍석률, 「5·16 쿠데타의 원인과 한미관계」, 『역사학보』 168집, 2000년 12월, pp. 80-83.

5. 빅 브라더의 분할지배전략: 박정희와 김종필을 분리시켜라

미국의 인정을 받은 후 군부는 '혁명'을 보존하는 일에 착수했다. 군정 3년 동안 쿠데타 주도 세력은 자신들의 정치기반과 조직을 확충하고(공화당 창당), 그것에 소요되는 물질적 자원을 장악하면서(4대 의혹사건을 통한 정치자금 마련), 경제적 성과를 통해 부족한 정당성을 메우려고 애썼다(경제개발계획의 시행). 그러나 이 모든 일들이 순조롭지만은 않았다. 미국의 압력과 국내정치 세력의 도전 그리고 군부 내의 갈등 속에서 그것들은 우여곡절을 거치며 진행되었다. 이러한 과정을 자세히 살펴보는 것은 이 글의 범위를 넘는다.[47] 다만 여기서는 군정에 대한 미국의 영향력과 관련하여 특기할 만한 점 한 가지만을 살펴보고자 한다. 이 무렵 미국은 한국을 자신들이 원하는 방향으로 유도하기 위해 갖가지 영향력을 행사했는데, 여기서는 그 중에서도 박정희와 김종필에 대한 미국의 분할지배전략에 대해 살펴보겠다.

미국은 쿠데타 발발 초기부터 쿠데타 주도 세력의 이념적 성향에 대해서는 그다지 염려하지 않고 있었다. 이 문제에 대한 미국의 의혹은 비교적 일찍 여러 경로를 통해 풀렸다. 5월 16일 아침 그린은 실바에게 매그루더가 박정희의 사상 문제에 대해 의혹을 지니고 있다고 말하자 실바는 그 문제는 전혀 의심할 것이 없다고 단정적으로 대답했다.[48] 이튿날 매그루더가 렘니처 합참의장에게 보낸 전문을 보아도 미국은 박정희에 대해 이미 소상하게 파악하고 있음을 볼 수 있다. 거기서 매그루더는 "박정희가 과거 공산주의에 가담했던 것은 사실이나 그 후 한국정부가 공산주의자들을 제거하는 데 협

---

47) 이에 관해서는 김일영, 「1960년대의 정치지형 변화: 수출지향형 지배연합과 발전국가의 형성」, 한국정신문화연구원 편, 『1960년대의 정치사회변동』(서울: 백산서당, 1999a]), pp. 295-318.

48) P. De Silva(1983), p. 213.

조함으로써 반공주의자의 명성을 얻었다"고 쓰고 있다.[49] 그리고 주미대사 장리욱이나 당시 미국에 체류하던 민의원 의장 곽상훈, 전참모총장 송요찬 등도 이 문제에 관한 미국정부의 의심을 일찌감치 해소시켜주었다.[50]

그러나 군정이 진행되면서 미국은 쿠데타의 두 주역인 박정희와 김종필을 점차 차별적으로 취급하기 시작했다. 미국은 박정희를 균형을 유지하기 위해 노력하는 신뢰할 만한 인물로 평가했다. 그러나 김종필은 군 내부의 파벌싸움을 야기시키고 갖가지 추문을 일으키며 무리한 경제정책을 추진하는 급진적인 민족주의자로서 위험시했다. 따라서 미국은 온건파인 박정희를 강경파인 김종필로부터 분리시켜 경제발전에 주력토록 만들고자 애썼다.[51]

미국은 대략 1962년 중반부터 김종필에 대한 견제를 시작했다. 이 무렵 소위 4대 의혹사건(증권파동, 새나라자동차 사건, 워커힐 사건, 빠찡꼬 사건), 통화개혁, 군부파벌 싸움의 격화 등 김종필이 관련된 갖가지 위험스러운 사건들이 터졌기 때문이었다.

1962년에 들어서면서 4대 의혹사건이 큰 사회 문제로 대두되기 시작했다. 이 사건들은 모두 쿠데타 주도 세력이 정치자금을 마련하기 위해 일으킨 것들이었는데, 그 배후에는 당시 중앙정보부장이던 김종필이 있었다. 이 추문은 이전부터 존재하던 쿠데타 세력 내부의 갈등을 가중시켰다. 당시 군부 내에는 육사 5기와 8기 간의 갈등, 함경도 인맥과 남한 인맥 간의 갈등, 민정참여파와 원대복귀파 사이의 갈등 등 많은 파벌싸움이 난무하고 있었고, 김종필은 항상 그러한 내분의 중심에 있었다. 추문이 터지자 많은 반(反)김종필

---

49) Telegram from the Commander in Chief, United Nations Command (Magruder) to the Chairman of the Joint Chiefs of Staff (Lemnitzer), May 17, 1961, *FRUS 1961-1963 Vol. XXII*, 1996, p. 459.

50) Donald S. Macdonald, *U.S.-Korean Relations from Liberation to Self-reliance, The Twenty-Year Record: An Interpretative Summary of the Archives of the U.S. Department of State for the Period 1945 to 1965* (Boulder: Westview Press, 1992), pp. 211-212.

51) D. S. Macdonald(1992), pp. 218-220.

세력들이 그것을 파헤쳐 김종필에게 타격을 가하려고 했고, 친김종필 세력은 그것을 막으려고 했다. 이 와중에 군의 내분은 더욱 심각하게 표출되었다.

1962년 6월 10일 통화개혁조치가 전격 단행되었다. 이것은 제1차 경제개발 5개년계획에 필요한 내자(內資)조달을 위해 1961년 7월경부터 추진되기 시작한 조치였다. 이 과정에서 쿠데타 주도 세력은 미국과 전혀 협의하지 않았다. 이 점은 통화개혁조치가 발표된 당일 열린 회의에서 버거(S. D. Berger) 주한미대사가 "한국경제의 안정과 성장을 위해 다액의 경제원조를 제공해오고 있는 미국과 하등의 사전협의 없이 이러한 중요한 경제정책을 추진한 데 대해 심각한 유감을 표명"한 데에서도 드러난다.[52] 미국은 이러한 무리한 경제조치의 배후에도 김종필이 있다고 생각했다.

이 무렵 버거가 국무부에 보낸 보고서에는 쿠데타 주도 세력 내부의 권력다툼과 박정희 및 김종필에 대한 미국의 입장이 잘 드러나 있다. 7월 23일자 전문을 보자. "거의 두 달 동안 군사정부는 출범 이후 최대의 위기를 겪었다. 최상층부에서의 (친김종필 세력과 반김종필 세력 사이의: 필자) 권력투쟁과 경제위기가 겹쳐져서 이러한 위기가 일어났다. 경제위기는 주로 잘못된 통화개혁과 주식시장의 파국으로 초래된 것이었다…박정희는 충돌하고 있는 모든 세력들로부터 지지를 끌어내야 하기 때문에 어느 편을 드는 것을 신중하게 피하고 있다…우리는 박정희를 계속 지지해야만 한다…현 상황에서 박정희는 우리의 최대 희망이다…이 시점에서 미국이 파벌적 권력투쟁에 직접 개입해서는 안된다. 이 문제에 대한 해결은 박정희에게 맡겨야 하며, 그의 해결방안이 우리의 목적과 어긋나는 수단을 포함하지 않는 한 우리는 그것을 수용할 태세를 갖추어야 한다. 그러나 상황이 악화될 경우 우리는 개입해야 할지도 모른다. 예컨대 김종필의 권력과 행동이 우리의 인내 범위를 벗어날 경우 우리는 그에게 반대하는 영향력을 행사해야만 할

---

52) 김정렴, 『한국경제정책 30년사』(서울: 중앙일보사, 1991), pp. 84-95.

수도 있을 것이다…".[53]

7월 27일자 전문에는 김종필에 대한 미국의 의심과 거부감이 보다 노골적으로 표현되어 있다. "기본적인 문제는 김종필과 중앙정보부의 권력이다…(중앙정보부의) 제1국은 통상적인 (정보)활동에 종사한다. 하지만 제2국은 정치, 경제, 입법, 공보라는 4개의 부서로 구성되어 있으며, 주요한 정책적 문제들에 관여하고 있다…우리는 제2국에 접근할 수 없다. 여기서 일하는 핵심인물 중 일부는 과거 공산주의 내지 좌익경력을 지니고 있거나 극렬한 반미성향을 지니고 있다…만약 박정희가 중앙정보부로 하여금 본연의 기능만을 하도록 만들 수 있다면, 우리는 호의적인 상태에서 김종필을 접촉할 수 있다. 그러나 김종필이 계속해서 이 모든 기능을 관장하려고 할 현실적 가능성이 있으며, 그럴 경우 우리는 그와 과연 접촉해야 하는지 그리고 한다면 어떻게 접촉해야 하는지라는 심각한 문제에 직면하게 될 것이다…".[54]

이에 대한 8월 5일자 답신에서 미국무장관 러스크(D. Rusk)는 박정희에 대한 미국의 신뢰를 재확인하면서 김종필과 중앙정보부에 대한 견제책으로 두 가지를 지시하고 있다. 첫째, "아무리 이행기일지라도 첩보기관이나 비밀경찰의 장(長)이 동시에 근대국가의 최고정책결정자나 제2인자가 되어서는 안 된다. 만약 김종필이 계속해서 중앙정보부를 맡고 싶어한다면, 그로 하여금 정책결정이나 집행분야는 손대지 말고 자신의 역할을 정보업무에 국한시키도록 해야 한다. 가장 시급한 것은 김종필이 자신의 전문화된 역할을 수용하는 것이다." 둘째, "위의 조치의 연장선상에서 (그동안 중앙정보부에 짓눌려 있던) 내각의 역할을 증대시키고 행정부의 집행부서들과 관료의 권한 및 효율성을 제고시킬 필요가 있다. 만약 이렇게 된다면 민정이양 이후에도 이러

---

53) Telegram from the Embassy in Korea to the Department of State, July 23, 1962, *FRUS 1961-1963 Vol. XXII*, 1996, pp. 581-585.

54) Telegram from the Embassy in Korea to the Department of State, July 27, 1962, *FRUS 1961-1963 Vol. XXII*, 1996, pp. 589-591.

한 관료조직이 혁명의 지속을 보장하는 강력한 수단이 될 수 있을 것이다."55)

흥미로운 것은 이 전문에 김종필을 제거하는 방안으로 그를 일본대사로 내보낼 수도 있다는 표현이 나온다는 점이다.56) 이 무렵 이것은 검토가능한 방안의 하나로 제시되었을 뿐이다. 하지만 이것은 결국 1963년 2월 김종필을 '자의반 타의반' 외유(外遊)시키는 것으로 구체화되었다.

1963년 초 민주공화당 창당 문제를 둘러싸고 군부의 권력투쟁은 극에 달해 있었다. 김종필이 중앙정보부와 그의 세력을 중심으로 공화당을 창당하자 그 과정에서 배제된 반김종필 세력이 크게 반발하면서 내분은 격화되었다.

1월 24일 버거가 국무부에 보고한 전문에 따르면, "박정희가 이 사태를 해결하기 위해 김종필을 공화당에서 손을 떼도록 하고 장기외유를 보내겠다"고 알려왔다고 한다.57) 이 전문에는 김종필의 외유를 박정희가 먼저 제안한 것으로 되어 있다. 그러나 앞서 살펴본 맥락에서 볼 때 이것은 미국이 먼저 제시하고 박정희가 그것을 수용한 것으로 보는 것이 타당할 것 같다. 미국무부가 간행한 공식 외교문서철(FRUS)에는 1962년 12월 8일부터 1963년 1월 23일까지의 외교문서가 빠져 있다. 따라서 언제 그리고 어떻게 미국이 이러한 제안을 했는지는 정확히 알 수 없다. 그러나 1962년부터 이미 미국이 김종필을 견제하기 위해 애써왔고, 그 방안의 하나로 대사로 내보낼 생각까지 한 적이 있었다는 점에 비추어볼 때, 이 안은 미국이 먼저 제시한 것으로 보는 게 타당할 듯하다.

이 무렵 미국의 관심의 초점은 순조로운 민정이양에 있었다. 미국으로서는 쿠데타 지도부 사이의 파벌싸움이 무력충돌로까지 번져 순조로운 민정

---

55) Telegram from the Department of State to the Embassy in Korea, Aug 5, 1962, *FRUS 1961-1963 Vol. X X II*, 1996, pp. 591-595. 이 문서에는 김종필에 대한 견제책 외에도 민정이양, 민간인들의 정치활동재개 그리고 선거 이후의 사태에 대비한 미국정부의 대책이 담겨져 있다.

56) 위의 문서, p. 592.

57) Telegram from the Embassy in Korea to the Department of State, Jan 24, 1963, Department of State, Central Files, 795B.00/1-2463, *FRUS 1961-1963 Vol. X X II*, 1996, p. 618의 주(1).

이양이 방해받는 것을 가장 우려했다. 따라서 미국은 어떻게 하든지 군 내부는 물론이고 군부와 민간정치인들 사이에서 타협을 모색하기 위해 애썼다. 과거에는 생각가능한 방안의 하나였던 김종필의 외유가 적극적으로 추진되기 시작한 것은 이러한 맥락에서였다. 그리고 같은 맥락에서 미국은 박정희가 민정에 참여하지 않고 자신의 역할을 과도기적 군정관리에 국한시키기를 바랬다. 이 무렵 민정이양과 관련하여 박정희에 대한 미국의 신뢰가 예전 같지 않았던 것이다.

이러한 미국의 생각과 고민은 1963년 2월 13일 버거는 국무부에 보낸 보고서에 잘 드러나 있다. 거기서 버거는 한국에 대한 미국의 대책으로 네 가지 시나리오를 제시하고 있는데, 요약해보면 다음과 같다.

첫째, 불개입. 그러나 이것은 가장 위험하며, 책임방기이다.
둘째, 박정희가 대통령에 출마하도록 하고 김종필을 그대로 두는 방안. 이것은 미국을 인기가 떨어지고 있는 정부와 같은 반열에 올려놓음으로써 결국 미국을 한국민들로부터 소외시키는 결과를 초래할 것임. 이것은 불안정하고 비민주적인 정부를 낳을 것이며, 김종필에게 지나친 권력을 부여할 것임.
셋째, 박정희에게 다음 세 가지를 말하는 방안. 즉, 김종필을 일 년 동안 외유시키고, 야당지도자들과 선거법 조정에 대해 협의하며, 그의 역할을 선거관리로 국한시키는 것이 좋겠다는 것임. 그러나 그가 이러한 조치가 심각한 불안정을 낳을 것 같다고 생각한다면, 우리는 그의 결정을 따라야 하며, 향후 우리의 태도는 선거결과와 사태진전에 따라 달라질 것임. 이 방안이 야당에 의해 받아들여질지 그리고 안정을 낳을지는 알 수 없음. 이것은 선거를 더 연기시킬 수도 있음.
넷째, 박정희와 야당지도자들에게 이렇게 말하는 방안. 즉, 유일한 해결책은 거국내각을 구성해 일 년간 다스리면서 그동안 새로운 선거법, 정당법, 헌법을 기초하는 것임. 이 경우 박정희를 대통령 직무대리, 허정을 총리로 하는 등의 새로운 정부가 구성될 수 있으며, 김종필은 한국을 떠나야 할 것임. 현재 이 방안이 많이 논의되고 있으나 실현가능성이 거의 없어 보임.[58]

---

58) Telegram from the Embassy in Korea to the Department of State, Feb 13, 1963, *FRUS*

이에 대한 답신에서 국무부는 버거에게 박정희로 하여금 선거에 출마토록 부추기지도 말고 그렇다고 공개적으로 막지도 말라는 지시를 내리고 있다. 모든 결정은 박정희 자신이 하도록 만들어야 하며, 다만 미국은 순조롭게 민정이양을 수행할 책임이 그에게 있음을 강조하는 데 그쳐야 한다. 김종필의 외유에 대해서도 지나치게 노골적으로 요구해서는 안 된다. 만약 박정희가 마음을 바꾸어 출마하고 김종필도 제거되지 않을 경우 한미관계는 어려워진다는 것이 국무부가 이러한 지시를 내리는 이유였다.[59]

이 전문의 내용은 물론이고 이때를 전후한 미국문서에 박정희로 하여금 선거에 출마하지 않도록 권해야 한다는 말이 자주 나오는 것으로 보아 위의 네 가지 방안 중 미국이 가장 무게를 둔 것은 셋째 아니면 넷째로 보인다. 어느 쪽이 되었건 박정희의 역할은 과도기 관리로 국한된다.

정국(政局)은 처음에는 미국의 의도대로 흘러갔다. 2월 18일 박정희는 9개항의 조건을 내걸고 민정불참 선언을 했고, 김종필은 20일 일체의 공직을 떠난다고 선언한 후 25일 장기간의 외유를 떠났다. 그러나 얼마 지나지 않아 박정희는 반혁명 사건, 군정연장 선언 등을 통해 군 내부의 반대 세력을 제거하고 민정불참 선언을 번복하자 미국은 당황하기 시작했다.[60] 특히 7월 12일 박정희가 반김종필 세력의 핵심인 김재춘을 중앙정보부장에서 퇴진시키고 김종필과 가까운 김형욱을 후임에 앉히자 미국은 박정희가 김종필을 귀국시키기 위한 준비를 하는 것이 아닌가 의심했다.[61]

미국의 거부감에도 불구하고 박정희는 민정에 참여해 10월 15일 대통령

1961-1963 Vol. XXII, 1996, pp. 622-624.

59) Telegram from the Department of State to the Embassy in Korea, Feb 14, 1963, *FRUS 1961-1963 Vol. XXII*, 1996, pp. 625-626.

60) 자세한 설명은 김일영(1999[a]), pp. 304-305.

61) Telegram from the Embassy in Korea to the Department of State, July 12, 1963, Department of State, Central Files, POL 15 S KOR. *FRUS 1961-1963 Vol. XXII*, 1996, p. 652의 주(1).

에 당선되었다. 그러나 김종필은 미국의 반대 때문에 대통령 선거가 끝난 후에야 귀국할 수 있었다.[62] 이렇게 본다면 민정이양과 관련된 미국의 구상은 절반만 관철되었다고 할 수 있다.

6. 역사는 반복되는가?

1952년 부산정치파동과 1961년의 5·16 쿠데타는 쿠데타의 성격, 인물의 역할, 미국의 개입방식 등 여러 가지 점에서 대비된다. 이 중 특히 주목을 끄는 것은 장면의 유약함과 미국의 분할지배전략이다.

장면은 5·16 쿠데타가 났을 때 잠적해서 미국에게 해결책을 의존하려던 것과 마찬가지로 부산정치파동 당시에도 병을 핑계로 미군 병원에 몸을 숨긴 채 나타나지 않았다. 이러한 그의 유약한 태도는 그를 지지하는 미국과 주변 사람들을 실망시켰으며, 더 나아가 미국으로 하여금 이승만의 권력연장기도와 박정희의 쿠데타를 인정하도록 만들었다.[63]

미국은 박정희를 인정한 후에도 군정을 자신들이 원하는 방향으로 몰고 가려고 박정희와 김종필을 분리시키는 전략을 구사했는데, 부산정치파동 이후에도 유사한 일이 벌어졌다. 미국은 이승만의 집권연장을 인정하면서도 그를 자신들의 영향력 아래 두기 위해 그와 이범석을 분리시키는 분할지

---

62) 대통령에 당선된 박정희는 국회의원 선거에 대비하기 위해 김종필을 불러들였다. 그러나 이때에도 미국은 김종필의 귀국을 저지하려 했다. 그가 귀국할 경우 강경파가 득세할지도 모른다고 우려했기 때문이었다. Telegram from the Department of State to the Embassy in Korea, Oct 22, 1963, FRUS 1961-1963 Vol. XXII, 1996, pp. 667-668. 귀국 후 김종필은 선거운동과정에서 여전히 민족주의와 대미자주성을 강조함으로써 미국을 자극했다. 이에 대해 버거는 그가 외유 이전과 별로 달라진 것이 없다고 개탄했다. 조갑제, "내 무덤에 침을 뱉어라," 451회, 『조선일보』, 1999년 6월 14일.
63) 자세한 설명은 김일영, 「정계의 영원한 초대받은 손님, 장면」, 『황해문화』, 1995년 여름호, pp. 261-266.

배전략을 구사했던 것이다.[64]

이러한 유사성이 단순히 우연적으로 발생한 것일까? 어쩌면 그것은 한국 정치에 대한 미국의 개입전략의 패턴을 보여주는 것인지도 모른다.

참고문헌

김일영. 「전쟁과 정치: 6·25 전쟁 중 북진통일론과 두 갈래 개헌론의 관계」, 연세대 현대한국학연구소 제4차 국제학술회의(『한국과 6·25 전쟁』) 발표논문, 2000. 10. 6.
_____. 「1960년대의 정치지형 변화: 수출지향형 지배연합과 발전국가의 형성」, 한국정신문화연구원 편, 『1960년대의 정치사회변동』, 백산서당, 1999a.
_____. 「이승만정부에서의 외교정책과 국내정치: 북진·반일정책과 국내정치경제와의 연계성」, 『국제정치논총』, 39집, 3호, 1999b.
_____. 「정계의 영원한 초대받은 손님, 장면」, 『황해문화』, 여름호, 1995.
김정렴. 『한국경제정책 30년사』, 중앙일보사, 1991.
박태균. 「5·16쿠데타와 미국: 비밀해제된 미국 문서를 중심으로」, 『역사비평』, 여름호, 2001.
부산일보사. 『임시수도 천일』, 부산일보사, 1985.
선우종원. 『격랑 80년: 선우종원 회고록』, 인물연구소, 1998.
조갑제. 「내 무덤에 침을 뱉어라」, 『조선일보』, 1998년 10월 11일, 1999년 6월 14일.
_____. 『내 무덤에 침을 뱉어라』 3권, 조선일보사, 1998.
조성관. 「미 정보기관, 장도영 추대하여 장면정부 뒤엎으려 했다」, 『월간조선』, 8월호, 1993.
천희상. 「박정희·김종필-매그루더 비밀회담기록」, 『월간 조선』, 5월호, 1991.
한국군사혁명사편찬위원회. 『한국군사혁명사』 1집, 국가재건최고회의 한국군사혁명사출판위원회, 1962.
한국정신문화연구원 현대사연구소 편. 『5·16과 박정희정부의 성립』 제1집: 주제별 문서철, 한국정신문화연구원, 1999.
한용원. 「5·16쿠데타의 발생과 전개과정」, 한배호(편), 『한국현대정치론 II』, 오름, 1996.
홍규선. 「윤보선 대통령의 24시」, 『월간조선』, 1991년 6월호.

---

64) 자세한 것은 김일영(2000), pp. 23-33.

홍석률.「5·16 쿠데타의 원인과 한미관계」,『역사학보』168집, 2000년 12월.

李鍾元.「米韓關係における介入の原型: 'エヴァ-レディ計劃'再考」,『法學』, 第58卷 第1號(1), 1994/ 第59卷 第1號(2), 1995.

Foreign Relations of the United States (이하 *FRUS*) *1952-1954*, Vol. XV, Part 2 (Washington: Government Printing Office, 1984).

FRUS 1958-1960 Vol. XVIII, 1994.

FRUS 1961-1963 Vol. XXII, 1996.

Se-Jin Kim, *Documents on Korean-American Relations 1943-1976*, Seoul: Research Center for Peace and Unification, 1976.

Kim, Se-Jin, *The Politics of Military Revolution in Korea*, Chapel Hill: The University of North Carolina Press, 1971.

_____, *The Politics of Military Revolution in Korea*, Chapel Hill: The University of North Carolina Press, 1971.

Kim, Il-Young, "Losing a Race against Time: Disintegration of the Chang Myon Government and Democracy Aborted," Paper presented at the international conference on Park Chung Hee Era, 2000. 8. 23.

Donald S. Macdonald, *U.S.-Korean Relations from Liberation to Self-reliance, The Twenty-Year Record: An Interpretative Summary of the Archives of the U.S. Department of State for the Period 1945 to 1965*, Boulder: Westview Press, 1992.

Peer De Silva. 이기홍 역,『서브 로자: 미국 CIA 비밀공작부』, 인문당, 1983.

6장
1960년대 한국 발전국가의 형성과정
수출지향형 지배연합과 발전국가의 물적 토대

1. '국가의 시대'의 개막과 '발전국가'의 등장

1961년 5월 16일 군부가 권력을 잡으면서 이 나라에는 '국가의 시대'가 개막되었다. 군은 처음부터 물리력은 확실하게 장악할 수 있었다. 그러나 이데올로기적 포섭과 물질적 재원에 뒷받침되지 않는 강제력은 곧 한계를 드러낼 수밖에 없었다. 따라서 군부는 경제적 성과를 추구하기 시작했는데, 그 방식은 국가주도형이었다. 군부는 국내외적으로 총동원된 자원을 의도적으로 왜곡배분시켜 자신들이 선정한 특정 부문을 먼저 발전시키는 불균형 발전전략을 구사했다. 이에 따라 국가는 사회를 압도하면서 질서와 발전의 중심에 자리잡기 시작했다. 그 와중에 때때로 억압이 질서와 발전으로 포장되어 강제되는 부작용도 나타났지만, 어떤 경우에도 국가의 중심성은 유지되었다.[1] '발전국가(developmental state)'의 전형이 한국에서도 나타나기 시작한 것이다.

이 글의 목적은 박정희 집권 전반기, 즉 군사쿠데타 이후부터 유신체제가

---

* 이 글은 『한국정치학회보』, Vol. 33 No. 4(2000)에 게재된 것을 수정 보완한 것임.
1) 이승만정부하에서도 국가는 사회를 압도했지만, 그것은 주로 질서의 측면에 국한되었다는 점에서 박정희 시기와 달랐다.

들어서기 전까지의 기간에 한국에서 발전국가가 어떻게 형성되었는지를 추적해보는 것이다. 발전국가의 형성을 제대로 고찰하기 위해서는 그것이 물리적 기초와 정당성의 기반 그리고 물질적 토대를 구비해가는 과정을 모두 추적해야만 한다. 그러나 여기서는 지면관계상 물리적 기초와 정당성의 기반이 마련되어가는 과정에 대해서는 간략한 스케치에 그치고, 초점을 물질적 토대가 마련되어가는 과정에 집중해보도록 하겠다.

발전국가란 "사유재산과 시장경제를 기본 원칙으로 하면서도 국가가 스스로 설정한 부국강병이란 목표를 위해 시장에 대한 전략적 개입을 거침없이 행하는 국가"[2]를 의미한다. 여기서 부국강병이란 후발 내지 후후발 산업화국가들이 한편으로는 경제발전 면에서 선발국가들을 추격(catch up)하고, 다른 한편으로는 선발국들의 정치경제적 팽창으로부터 자국을 보호하기 위해 국가적 목표로 설정한 것으로서, '방어적 근대화(defensive modernization)'로도 환치시킬 수 있는 개념이다.

어떤 국가가 부국강병 또는 방어적 근대화를 국가목표로 삼을 경우, 의회 및 정당정치는 비효율적인 것으로 배척되고 대신 행정적 효율성이 그것을 대체하여 경제발전을 이끄는 수가 많다. 그러나 이 경우에도 국가의 방향이나 목표설정과 관련된 지도자 개인이나 지도집단의 정치적 결단은 존재한다. 따라서 발전국가에서도 결단주의적(decisionist) 의미의 정치(J. Kocka 1966)는 존재하며, 그것은 경제적 합리성이나 행정적 효율성보다 오히려 우위에 있는 경우가 대부분이다. 그리고 이러한 결단에 따라 전략산업(target industries)이 정해지면, 그것을 발전시키기 위해 국가는 가용한 모든 자원을 동원하고, 그것을 의도적으로 왜곡배분하는 것이 일반적이다.

---

2) 이 개념은 본래 일본을 대상으로 한 존슨(C. Johnson)의 연구에서 비롯된 것이며, 오늘날 많은 학자들에 의해 한국과 대만의 경제발전을 설명하는 데에도 원용되고 있다(C. Johnson, 1981, ch. 1; P. Evans, 1995, ch. 3; 김일영, 1996, 495-496).

그런데 방어적 근대화를 지향하는 국가라고 해서 모두 전략적 시장개입을 할 수 있는 것은 아니다. 이를 위해서는 우선 사회에 대한 국가의 자율성(autonomy)이 커야 하며, 이러한 자율성은 반드시 상당한 국가능력(state capacity)을 동반하여야 한다.[3] 따라서 높은 국가 자율성과 능력은 발전국가의 또 다른 요건이라고 할 수 있다.

한국에서 이러한 발전국가의 등장요건의 일부, 특히 국가가 사회로부터 상대적으로 높은 자율성을 확보할 수 있는 기초적 조건은 1950년대에 마련되었다. 농지개혁이 단행과 그에 뒤이어 벌어진 6·25 전쟁은 한국사회의 전통적 지배계급인 지주의 몰락을 가져왔다. 새로운 자본가계급이 생겨났지만, 아직 그 규모가 작았고 자기재생산 능력을 갖추지 못했었다. 당시 국가는 일제로부터 미군정을 거쳐 한국정부로 이관된 막대한 귀속재산을 거머쥐고 있었고, 미국에서 들여온 원조물자에 대한 배분권도 지니고 있었으며, 외환 및 수출입에 대해서도 엄격한 통제를 가하고 있었다. 이러한 상태에서 유치(幼稚)자본의 성장은 국가 내지는 정치권력과의 결탁 없이는 이루어질 수 없었다. 그리고 해방 이후 활성화되었던 노동자, 농민 등의 사회계급 역시 농지개혁과 전쟁을 거치면서 그 세력이 급격히 약화 내지는 보수화되어버리고 말았다. 요컨대 지주가 몰락하고, 자본이 국가의존적이며, 여타 사회계급이 숨죽이고 있는 상황에서 국가의 상대적 자율성은 높을 수밖에 없었다(김일영, 1992).

그러나 국가의 자율성이 크다는 것은 발전국가의 요건 중 하나에 불과하다. 발전을 추진할 만한 능력을 수반하지 못한 자율적인 국가는 단순히 권위주의체제에 그치기가 쉽다. 아쉽게도 1950년대 한국의 국가는 이 경우에 해당되었다. 그것은 발전을 추진할 만한 인적·제도적·정책적·정치적 능력

---

3) 여기서 자율성이란 국가가 지배계급의 의사에 반해 활동할 수 있는 정도를 의미하며, 능력은 국가의 정책입안 및 집행능력을 뜻한다(T. Skocpol, 1985, 9-16).

을 구비하지 못했던 것이다.

　1961년 쿠데타로 등장한 군부가 1950년대의 국가에 결여되어 있던 이러한 여러 능력들을 어떻게 마련하면서 발전국가로 변모해갔는가를 살펴보는 것이 이 글의 목적이다. 우선 무력으로 권력을 장악한 군부가 '혁명'의 제도화를 통해 발전국가의 물리적 기초를 만들고, 1963년 선거를 통해 절차적 정당성의 기반을 마련해가는 과정을 간략히 추적하겠다(제2절). 다음으로 1964년을 전후하여 정부가 대외개방전략을 채택한 후, 그 맥락에서 이루어진 대표적 사건인 한일국교정상화와 베트남 파병에 대해 살펴보고(제3절), 이러한 일들이 지배연합의 성격변화 및 발전국가의 물적 기초 형성과 어떤 관련이 있는지에 대해 분석해 보겠다(제4절). 그리고 1967년 선거에서의 압승을 통해 정당성을 강화시킨 발전국가가 그 후 무리한 개헌 추진으로 스스로의 정당성의 기반을 훼손시켜 가는 과정을 추적하고(제5절), 결론에서는 이렇게 형성된 발전국가가 1970년대 초 위기에 빠지게 되는 과정에 대해 살펴보겠다.

2. '혁명'의 제도화과정: 발전국가의 물리적 기초와 정당성 기반의 형성

　1961년 5월 16일 박정희가 불과 3,600여 명의 군인을 동원하여 일으킨 군사쿠데타는 주한미대사관과 유엔군의 즉각적인 반발에 직면했다. 이렇게 한국 내에 있던 미국의 포스트가 반발했음에도 불구하고 쿠데타가 성공할 수 있었던 까닭은 무엇인가? 5월 18일(워싱턴 시간) 미 중앙정보국(CIA)은 케네디(J. F. Kennedy) 대통령에게 제출한 보고서에서 그 이유로 "어떤 저항도 존재하지 않았고, 국민들은 무관심했으며, 장면 총리의 저항포기, 장도영의 이중 행동, 윤보선 대통령의 타협적 태도와 이에 기인한 합헌적인 정권이양 그리고 이에 따른 군사정권의 정통성 강화"를 꼽았다(김일영, 1999, 291-292).

그러나 이 보고서에는 가장 중요한 요인인 미국의 역할이 누락되어 있었다. 이 사태가 일부 군인들이 벌인 해프닝으로 끝날지 아니면 '구국의 혁명'으로 둔갑할지의 여부를 결정하는 열쇠를 쥔 것은 미국이었다. 한국 내의 미국(군)의 지휘부가 쿠데타에 대해 즉각 거부감을 보인 것과는 달리 미국정부는 유보적인 태도를 보였다.[4] 그러나 국내 상황이 점차 쿠데타 세력에게 유리하게 전개되어가자, 미국은 5월 18일(워싱턴 시간) 그동안의 유보적인 태도에서 쿠데타를 수용하는 쪽으로 방향을 정했다. 이날 보울즈 국무차관은 하원 외교위원회에서 "한국의 정변은 그것의 합헌 여부를 떠나 반미정권의 등장을 의미하지 않으므로, 미국은 신정권을 승인할 것"이라고 발언함으로써 처음으로 쿠데타를 인정하는 태도를 취했다(한용원, 1996, 72). 이로써 쿠데타가 '구국의 혁명'으로 둔갑할 수 있었다(김일영, 1999, 293-295).

미국의 인정을 받은 후 군부는 일차적으로 물리력에 대한 안정적 통제권을 확보하는 일에 착수했다. 그것은 정군(整軍)작업과 각종 반혁명 사건에 대한 처벌을 통해 박정희·김종필 라인이 군을 확실하게 장악하는 것으로 나타났다. 군부는 군숙정과는 별개로 사회 전체에 대한 통제력과 침투력을 강화하고자 중앙정보부를 창설했다. 이것은 창립의 본래 취지인 대북한 및 해외관련 정보업무 외에 군정 기간 동안 정권을 안정시키고 군정 이후를 내다보는 새로운 정부조직과 정당체계를 연구하고 조직하는 산파 역할을 담당하였다.

한편 군부는 갖가지 민중주의적 정책을 통해 사회로부터 지지를 유도하고자 했다. 그들은 각종 사회악을 소탕한다는 명분 아래 폭력배, 부정공직자, 부정축재자, 사이비 언론, 밀수 등을 단속했다. 기존의 정당·사회단체

---

[4] 5월 16일 밤 미국무성은 "사태가 명확해질 때까지 조심스러운 관망의 자세를 취하기로 했다"는 내용의 전문을 주한미대사관에 보냈다(FRUS 1961-1963, 455).

를 정치혼란과 사회불안을 가중시킨 주범으로 몰아 모두 해산시켰고, 혁신계 정치인들과 노동운동 지도자 등 4천여 명을 용공분자로 몰아 구속시켰다. 그리고 농어민의 고리채부담을 덜어주는 조치도 취했다.

이러한 단호한 조치들은 5·16에 대해 초기에는 무덤덤하던 사람들을 호의적인 쪽으로 돌리는 데 일조했다. 이것은 당시 대표적인 여론주도 잡지로 지식층의 호응을 받던 『사상계』의 논조에서도 확인될 수 있다. 이 잡지는 5·16을 민주주의 혁명인 4·19의 연장선상에 있는 '민족주의적 군사혁명'으로 자리매김하면서 군사정부의 개혁조치들을 긍정적으로 평가했다(권두언, 1961, 34-35).

그러나 이러한 '혁명'에 대한 열광은 오래 가지 못했다. 지속적인 물질적 보상이 뒤따르지 않는 상황에서 열기의 지속을 기대하기는 어려웠다. 그리고 쿠데타 주도 세력이 연루된 갖가지 추문(醜聞)들이 터져나오면서 초반의 열기는 급속히 냉각되어갔다. 국민들에게는 끊임없이 서로 갈등·반목하면서 정치자금과 관련된 의혹사건이나 일으키는 군부가 파벌에 물들고 부패한 '구정치인'과 하등 다를 바 없게 여겨졌다.

군부에 대한 보다 강력한 도전은 외부로부터 왔다. 당시 미국은 한국정부 예산의 절반 이상과 국방비의 72.4%를 제공하고 있었다. 미국은 이런 경제적 수단을 가지고 한국의 정치과정에 개입할 수 있었다. 미국은 군부에게 구속한 정치인들을 석방하고 조속한 민정이양을 할 것을 촉구했으며, 쿠데타 세력은 이 요구를 거부할 수 없었다(D. S. Macdonald, 1992, 217).

'혁명'은 점차 위기를 맞고 있었다. 이 국면에서 박정희 세력은 '혁명'의 제도화와 물적 기반의 확충을 통해 권력의 연장을 시도했다. 전자는 민정에 참여하기 위한 정치적 준비작업으로 그리고 후자는 새로운 정치자금원의 마련과 경제개발계획의 추진으로 나타났다. 후자는 뒤에서 설명하고, 여기서는 전자를 먼저 살펴보겠다.

민정참여작업은 크게 두 방향으로 이루어졌다. 하나는 스스로의 정치적 조직기반을 만드는 것이었고, 다른 하나는 정치적 게임의 규칙을 가급적 자신들에게 유리하게 정비하는 일이었다. 군부는 1962년 3월 16일 정치활동정화법을 만들어 3천여 명의 '구정치인'들의 손발을 묶어놓고는 자신들의 정치적 기반이 될 민주공화당(이하 공화당)을 비밀리에 만들기 시작했다. 이 작업은 자금조달과 군부 내의 반발 등 많은 우여곡절 속에서도 꾸준히 진행되어 1963년 2월 26일 드디어 결실을 보기에 이르렀다(민주공화당, 1967, 28-50).

군부는 선거법과 정당법도 자신들에게 유리한 방향으로 손질했다. 이 과정에서 군부가 염두에 둔 것은 자신들이 만든 정당이 안정적 다수를 차지한다는 전제하에서 양당제를 수립하겠다는 것이었다. 이를 위해 군부는 국회의원 선거제도에서 기존의 소선거구 단순다수대표제에 비례대표제(지역구 의석의 3분의 1)를 가미했다. 사표방지와 직능대표가 이 제도를 도입하는 명분으로 들먹여졌지만, 실제로는 지명도가 떨어지고 지역기반이 약한 군 출신 인사들을 원내로 보다 많이 진입시키기 위해 도입된 것이다. 비례대표 의석의 배분방식에서도 제1당의 득표율이 50%를 넘으면 득표율에 따라 각 정당에 의석을 배분하나, 그렇지 않으면 제1당에 의석의 절반을 우선적으로 배정토록 되어 있었다. 그리고 제2당은 그 득표총수가 제3당 이하의 모든 정당이 얻은 표에 둘을 곱한 수보다 적을 때에는 제1당이 차지하고 남은 의석의 3분의 2를 배정받았다. 그러나 제3당 이하의 정당들은 남은 의석 중 득표수에 비례해 배분을 받되, 지역구에서 3석 이상이나 득표율에서 5%를 넘지 못한 정당은 배분에서 배제토록 했다. 이러한 배분방식은 제1당에게 비경쟁적 방식으로 안정의석을 확보해주고 제2당을 키워주면서 군소 정당의 난립을 막는 데 목적이 있었다(중앙선거관리위원회, 1973a, 183-225, 1571-1578).

그밖에도 군부는 양당제를 확립하기 위해 신당등록요건을 매우 엄격하게 규정한 정당법을 제정했다. 새 규정에 따르면, 정당은 중앙당과 함께 3분의 1 이상의 지역구에서 50명 이상의 당원을 확보한 지구당이 만들어질 경우에 한해 등록을 할 수 있도록 했다. 그리고 선거법에는 입후보자격으로 정당공천을 명기함으로써 무소속후보의 난립을 원천봉쇄하는 조항도 있었다.

이렇게 제도적으로 유리한 조건을 조성한 상태에서 박정희와 그의 세력은 1963년 정치적 게임의 무대에 본격 데뷔했다. 그해 10월 15일 대통령선거와 11월 26일의 국회의원선거가 공식 데뷔무대였다. 여기서 성공할 경우 그들은 그동안 구비했던 물리적 힘에다 국민적 지지라는 정당성까지 갖출수 있게 되지만, 그렇지 못할 경우 그들은 '병영으로의 후퇴'조차도 보장받기 어려운 지경이었다.

제5대 대통령선거에는 박정희(공화당), 윤보선(민정당), 허정(국민의당), 송요찬(자민당), 변영태(정민회), 오재영(추풍회), 장이석(신흥당) 등 7인이 출마했다. 선거결과는 박정희가 윤보선을 15만 6,026표 차이로 누르고 신승(辛勝)하는 것으로 끝났다. 이 선거는 개표가 완료되기 전에는 좀처럼 그 결과를 장담하기 어려운 박빙의 승부였다. 미국조차도 선거가 임박하자 박정희의 승리를 점치면서도, 혹시 있을지 모를 윤보선의 승리 가능성에 대비한 계획을 세우라는 지시를 버거(S. Berger) 대사에게 내릴 정도였다 (FRUS 1961-1963, 661; D. S. Macdonald, 1992, 225). 그럼에도 불구하고 이 선거에서 박정희가 이길 수 있었던 것은 야권후보의 난립과 풍부한 선거자금에 기반을 둔 물량공세 및 공화당의 조직력 그리고 각종 친여적 사회단체들의 도움 때문이었다(김일영, 1999, 304-313).

뒤이은 국회의원 선거에서 공화당은 예상을 뒤엎고 175석 중 110석을 차지하는 기대 이상의 성과를 거두었다. 이러한 공화당의 압승은 무엇보다도 선거제도가 자신들에게 유리했기 때문이었으며, 그밖에 압도적인 선거자금의 살포나 구자유당계 정치인들의 영입[5] 그리고 미국의 도움[6] 등도 승리의 요인으로 꼽을 수 있다(김일영, 1999, 313-317).

　1963년은 발전국가의 형성에서 중요한 한 해였다. 지난 2년간 '혁명'의 제도화 작업을 통해 자신들에게 유리한 정치제도와 규칙 및 조직기반을 만든 박정희와 군부 세력은 이해에 있었던 두 차례의 선거에서 승리함으로써 이제 절차적 정당성을 획득하게 되었다. 이로써 발전국가는 물리적 기반 외에 정당성의 토대까지 갖추게 되었다. 스스로를 '불운한 군인'으로 자처하며 말 위에서 내려온 박정희는 비교적 공정한 선거를 통해 대통령에 당선됨으로써 일단 민간 정치인으로의 화려한 변신에 성공했다. 그의 세력 역시 총선에서 압승을 거둠으로써 낯선 정계에 성공적으로 발을 들여놓았다.

3. 대외개방전략

　1963년은 또 다른 의미에서도 중요한 한 해였다. 박정희정부가 경제정책의 방향을 대내지향적인 수입대체에서 대외지향적인 수출지향으로 전환시킬 생각을 적극적으로 추진하던 때가 바로 이해였기 때문이다. 이러한 방향전환은 수출지향형 지배연합을 성립시켰고, 발전국가가 보다 안정적인 물적 토대를 마련하는 계기가 되었다.

　민족주의와 자주성에 기반을 둔 '혁명'이념에 따라 '혁명'정부가 애초에 구상했던 경제발전계획은 농업육성을 통해 국내시장을 확대하고 기간산업을 육성하여 수입대체 효과를 거둠으로써 자립경제를 지향한다는 것이었다. 이

---

[5] 공화당은 지명도가 부족한 군출신 대신 총 162명의 공천자 중 51명을 '구정치인'(그 중 28명은 구자유당계) 중에서 발탁했다. 이러한 공화당의 선거전술은 적중하여 공화당 공천으로 출마한 구자유당계 정치인들의 대부분이 당선되는 성과를 거두었다(김정원, 1985, 301).
[6] 그동안 여러 이유 때문에 유보해오던 원조 1,000만 달러를 선거 직전에 한국에 제공함으로써 공화당에게 유리한 국면을 조성했다(D. S. Macdonald, 1992, 226).

러한 구상은 1962년 시작된 제1차 경제개발 5개년계획에 그대로 반영되었다. 그러나 흉작으로 인한 쌀값파동(1963년 초), 개발에 따른 통화팽창과 수입수요의 확대, 통화개혁(1962년 6월)의 실패와 외자도입의 부진에 기인하는 자금(특히 외환)압박 등으로 경제개발은 초입부터 난관에 봉착했다.

이에 '혁명'정부는 미국의 강권(强勸)을 받아들여 재정안정정책을 추진하는 한편 경제개발계획의 수정에 착수했다. 1963년에 진행된 수정안 마련 과정에서 대두된 것이 바로 수출지향적 공업화였다. 이제 개발의 중점은 중농주의에서 공업으로, 기간산업 위주의 내포적 공업화에서 비교우위에 입각한 경공업 중심의 수출산업으로 옮아갔다. 이 수정안은 민정으로 탈바꿈한 박정희정부에 의해 1964년부터 착수되며, '한강의 기적'은 이 수정안의 성공에 힘입은 것이었다(김일영, 1996; 기미야 다다시, 1991; 박동철, 1993; D. H. Satterwhite, 1994).

이후 2년은 갖가지 분야에서 대외지향적 움직임이 확대재생산되는 기간이었다. 서독에 광부와 간호사의 파견, 브라질 이민선 출발, 선원 수출과 원양어업 개척, 울산정유공장에 대한 걸프의 투자와 같은 외자유치, 환율현실화와 외자도입법 제정, GATT 가입, 한일국교정상화 추진, 베트남 파병 검토 등이 모두 이 무렵 일어난 일들이었다. 이 모든 움직임의 백미(白眉)는 역시 한일국교정상화와 베트남 파병이었다. 두 사건은 당시 정치적으로 큰 쟁점이 되었을 뿐 아니라 향후 한국의 정치·경제에 심대한 영향을 미쳤기 때문이다.

1) 한일국교정상화

박정희정부 출범 이후 여야 대결의 불쏘시개 역할을 한 것은 한일국교정상화 추진의 문제였다. 선거에서 패배함으로써 의기소침해진 야권은 정부의 한일회담 추진 자세를 문제삼아 공격을 가함으로써 세력회복을 꾀했다.

야권이 주로 문제삼은 것은 회담에 임하는 한국측의 태도가 너무 저자세라는 점과 밀실흥정과정에서 정치자금의 수수와 같은 검은 거래도 있었다는 점이었다.

1964년 3월 6일 야권은 단합하여 '대일굴욕외교반대 범국민투쟁위원회'를 조직하고, 전국적인 반대유세를 시작했다. 3월 24일 전국 주요 대학의 학생들이 일제히 시위에 돌입하면서 사태는 점점 심각해져갔다. 학생들의 항의는 4·19 4주년 기념행사, '민족적 민주주의' 장례식(5월 20일), 단식투쟁 돌입(5월 30일부터) 등으로 그 열기를 더해가다가 마침내 6월 3일에는 1만 5천여 명의 학생들이 거리로 뛰쳐나오는 4·19 이후 최대 규모의 시위(소위 6·3사태)로까지 발전되었다.

이에 박정희는 계엄령을 선포하기로 결정하고, 버거 대사와 하우즈(H. Howze) 유엔군사령관을 불러 동의를 구했다. 이들은 이에 즉각 동의하면서도, 몇 가지 단서를 달았다. 국회의 문을 닫지 않는다는 것과 정부측의 잘못도 시정한다는 것이 단서의 내용이었다. 후자는 김종필의 퇴진을 지칭하는 것이었다(D. S. Macdonald, 1992, 227). 결국 계엄령을 통해 소요사태는 진정되지만, 김종필은 또 한 번 희생양이 되어 두 번째 외유에 오르게 되었다.

이 사태에서 미국이 보여준 이례적인 신속함은 그들의 동아시아 정책과 관련이 있었다. 당시 미국으로서는 한일 간의 관계를 하루빨리 정상화시켜야 할 필요가 있었기 때문이었다. 중국이 공산화된 후 미국의 동아시아정책 기조는 일본을 중심으로 하는 지역통합전략(regional integration strategy)이었다(H. Bix, 1973; 李鍾元, 1996; 김일영, 1999). 그런데 1950년대에는 이 구상이 부분적으로만 실현될 수 있었다. 그것은 한국, 미국, 일본 그리고 대만이 모두 정치·경제적으로 서로 연결되는 것으로 나아가지 못하고, 미국이 여타 국가들과 쌍무적인 관계를 맺는 것에 그치고 있었다. 이 전략이 미완성된 주된 이유는 이승만과 장개석이 일본과의 관계정상화를 완강하게 반대했기 때문이었다.

그런데 1950년대 말이 되면서 상황이 바뀌기 시작했다. 이 무렵 미국은 전후 최초로 달러 위기에 봉착했고, 그 결과 지금까지의 무상원조를 위주로 한 개발원조정책을 재고할 필요성에 직면했다(C. Kegley and E. Wittkopf, 1979, 134-137). 아울러 미국은 기존의 개발원조정책이 제3세계 국가들이 경제적 자생력을 갖게 만드는 데 그다지 효과적이지 못했다는 결론에도 도달했다. 그 주된 자극은 사회주의로부터 왔다. 당시 소련·중국·북한 등 사회주의국가들은 급속한 산업화에 성공하여 제3세계 국가들에게 하나의 대안적 발전모델로서 부상했다. 이에 미국은 이 지역의 국가들에게 보다 호소력이 있는 개발정책을 생각해내야 하는 필요성에 직면한 것이었다.

동아시아지역에서 미국이 이에 대한 해답으로 발견한 것은 원조를 차관으로 돌리면서 패전의 상처에서 벗어난 일본에게 이 지역에 대한 경제·군사적 지원의 일부를 분담토록 하는 방안이었다. 미국은 이것이 자신의 부담을 덜어줄 뿐 아니라 한국, 일본, 대만에게도 도움이 된다고 믿었다. 이들 세 나라가 상품시장과 자본수요라는 서로의 필요성을 충족시켜줄 수 있다고 생각한 것이었다. 그런데 이 방안은 필연적으로 동아시아 지역통합전략의 완성, 즉 일본과 한국, 일본과 대만 사이의 관계회복을 요구했다. 이러한 맥락에서 반일정책을 고집하던 이승만은 점차 미국에게 부담으로 작용하기 시작했고, 때마침 한국에서 부정선거를 계기로 국민들의 분노가 터져나오자 그 기회를 이용해 미국은 이승만이란 짐을 덜어버릴 수 있었다.

그 후 미국정부의 동아시아 관계자들은 기회가 있을 때마다 한일관계의 조속한 정상화를 바란다는 발언을 반복하면서 한국과 일본정부에 압력을 가했다. 평소 민주주의와 의회정치를 존중한다고 입버릇처럼 되뇌던 미국이 박정희정부의 계엄령 선포를 주저 없이 승인한 데에는 바로 이러한 국제정치적 배경이 있었던 것이다.

이러한 미국의 정책방향을 잘 알고 있었기에 장면과 박정희는 집권하자마자 일본과의 관계개선을 서둘렀다(李鍾元, 1994a; 李鍾元, 1994b). 특히 박정희정부에게는 대일관계의 개선을 서둘러야 하는 그 나름의 이유도 있었다. 미국의 원조가 급속히 줄어들고 있는 상황[7]에서 정부는 경제개발 5개년계획을 성공적으로 추진하기 위해 외자도입이 절대적으로 필요했다. 정부는 제1차 경제개발계획에 소요되는 약 7억 달러 중 외자로 약 62%인 4억2,600만 달러를 충당할 생각이었다. 그러나 계획에 착수한지 2년이 지난 1964년 말까지 외자도입은 목표액의 30%에 불과했다(『합동연감』, 1972, 42-44). 결국 당시 정부의 모든 외교적 노력은 외자도입에 집중될 수밖에 없었는데, 당시의 국제정치적 역학구도에서(특히 미국의 동아시아정책 구상과 관련시켜 보았을 때) 가장 손쉬운 외자도입원은 바로 일본이었다. 이것이 대일관계의 개선을 서두를 수밖에 없었던 한국측의 사정이었다.[8]

어쨌든 박정희정부는 미국의 묵인 하에 계엄령으로 정치적 위기를 일단 진정시킬 수 있었다. 해가 바뀌자 정부는 그동안 중단했던 한일국교정상화의 마무리를 서둘렀고, 그에 따라 한일회담 반대운동은 다시 불타오르기 시작했다. 학생들은 다시 거리로 뛰쳐나왔으며, 사회 각계각층에서 반대 집회 및 성명이 잇따랐다.

이 와중인 1965년 5월 3일 야권은 마침내 민중당이란 단일야당을 형성하는 데 성공했다. 그러나 6월 22일 한일협정이 조인되고, 8월 14일 그것이 국회에서 공화당 단독으로 비준되는 과정에서 대여투쟁방안을 둘러싸고 통합야당은 다시 분열되고 말았다. 당해체라는 강경투쟁을 주장하던 윤보선과

---

[7] 미국의 대한원조는 1957년을 고비로 급속히 줄기 시작했다. 원조액(단위는 달러)의 추이를 보면, 1956년(3억2,600만7천), 1957년(3억8,200만9천), 1958년(3억2,100만3천), 1959년(2억2,200만2천), 1960년(2억4,500만4천), 1961년(1억9,900만2천), 1962년(1억6,500만), 1963년(1억1,900만), 1964년(8,800만), 1965년(7,100만) 등이다(EPB 1964, 119;『합동연감』, 1967, 165).
[8] 그밖에 일본과의 관계회복은 박정희에게 새로운 정치자금원의 확보라는 이득도 가져다주었다.

는 자신들의 주장이 먹혀들지 않고, 또 통합야당의 당권을 장악하는 데도 실패하자 11월 탈당하여 이듬해 3월 신한당을 만들었다. 이로써 모처럼 이루어진 야당통합은 다시 수포로 돌아가고 말았다.

2) 한국군의 베트남 파병

한일국교정상화를 둘러싸고 농성, 시위, 진압 그리고 휴교나 계엄령과 같은 충돌이 반복되고 있는 와중에서 한국군의 베트남 파병이 꾸준히 진척되고 있었다. 1961년 11월 미국을 방문한 박정희는 군사정부에 대한 미국의 지지를 얻는 방안의 하나로 한국군을 베트남에 파견할 용의가 있음을 제안했다(D. S. Macdonald, 1992, 109). 이 제안은 아직 베트남에 대한 직접적인 군사개입을 유보하고 있던 케네디 정부에 의해 받아들여지지 않았다. 그 후에도 한미 간에는 몇 차례 유사한 제안과 거절이 반복되었다.

그러나 1963년 11월 출범한 존슨(L. B. Johnson) 행정부가 인도차이나에 대한 미국의 보다 적극적인 군사적 개입정책을 고려하기 시작하면서 사정은 변했다. 미국은 베트남에 대한 직접 개입의 명분을 높이기 위해 1964년 4월부터 우방국들의 협조와 참전을 요청하는 소위 '다국적동맹 캠페인(More Flags Campaign)'을 벌이기 시작했다. 그런데 이 제안은 다수의 동맹국들로부터 외면당했다. 이에 미국은 한국이 기왕에 제출했던 참전제안을 보다 진지하게 고려하기에 이르렀다(R. Blackburn, 1994, 1-30). 이후 한국은 미국의 동의와 독려 아래 1964년 9월 22일 의무반과 태권도 교관단 약 140명 파견을 시작으로, 이듬해 3월에 공병, 수송 등의 비전투요원(비둘기부대) 2천여 명 그리고 동년 10월에는 드디어 전투병력인 해병대(청룡부대)와 육군(맹호부대) 2만여 명을 보내는 등 1969년까지 연인원 약 5만 명이 파병되었다.

이러한 파병이 정치적으로 순조롭게 진행된 것은 아니었다. 국내적으로 그에 대한 반발이 만만치 않았으며, 특히 전투부대의 파병이 시작되면서부터는 정부는 여론의 강력한 반대에 부딪혔다. 휴전선의 불안, 전쟁의 명분, 미국의 부당한 압력 등이 반대의 논거로 들어졌지만, 야당을 중심으로 파병문제를 박정희의 국내정치적 책략의 일환으로 파악하여 반대하는 논리도 만만치 않았다. 박정희가 파병의 대가로 '정치자금을 확보'하여 '집권연장'을 꾀하고 있다는 것이 야당(특히 윤보선)의 주장이었다(『조선일보』, 1965. 1. 24.;『동아일보』, 1966. 1. 31.). 그러나 한일관계정상화 문제와 비교할 때 파병안에 대한 야당의 반대는 그렇게 강하지 않았다. 원내에서 반대토론을 전개한다든지 표결에 불참하는 것이 야당이 보여준 반대의 주종이었다. 그것은 당시 야당이 한일협정 반대투쟁에 힘을 집중해야 했던 탓도 있었지만, 야당의 주요 인사들에 대한 미국의 회유와 압력이 주효했기 때문이었다(D. S. Macdonald, 1992, 109-110).

앞에서 살펴보았듯이 이 무렵 박정희정부는 경제적으로도 어려웠고 한일국교정상화의 무리한 추진으로 정치적으로도 상당히 곤경에 처해 있었다. 그런데 어째서 정부는 베트남 파병이라는 또 하나의 정치적 부담을 스스로 졌을까?

미국은 베트남전에 군사적으로 직접 개입하기로 결정한 이후 한일관계정상화를 더욱 서둘렀다. 베트남전에 전력을 집중해야 하는 미국으로서는 한국에 대한 지원부담을 조금이라도 덜고 싶었고, 그 방법은 국교회복을 통해 일본이 그 짐의 일부를 맡아주는 길밖에 없다고 생각했다. 한국군의 파병도 한일관계회복이라는 전제 위에서 가능한 것이었다. 따라서 1964년 이후 미국에게 있어 한일관계정상화와 한국군의 베트남 파병은 한 묶음으로 처리되어야 하는 것이었다.

그런데 참전을 자청할 만한 한국측 이유는 무엇이었는가? 한일국교회복이 당시 한국정부가 절실히 필요로 하는 투자재원과 정치자금을 마련해주는 호기회였던 것처럼, 베트남 파병도 그와 유사하거나 그것을 상회하는 이득을 우리에게 가져다줄 것이라고 당시 집권층은 생각했다. 우선 정부는 파병을 통해 한국에 대한 미국의 군사적 안보공약을 보다 확고하게 할 수 있다고 생각했다. 1963년 말부터 정부는 미군의 부분철수론에 신경을 곤두세우고 있었다.[9] 특히 미국이 한일관계의 조기회복을 독려하면서 베트남전에 점차 깊이 개입해 들어가자 국내에서는 미국이 한국을 일본에게 일임하고 미군을 베트남으로 빼돌리려는 것이 아니냐는 우려까지 나오고 있었다. 물론 미국측에서는 번디(W. P. Bundy) 국무성 극동담당차관보나 맥나마라(R. S. McNamara) 국방장관 등이 나서서 "한일국교정상화 이후에도 한국에 대한 미국의 경제 및 군사적 지원은 계속될 것"(Se-Jin Kim, 1976, 284-285)이라는 확인을 해주었지만, 그것으로 한국정부의 안보적 불안감이 모두 가실 수는 없었다. 이에 정부는 한국군을 베트남에 보내겠다고 먼저 제안함으로써 미군이 한국에서 철수할 명분을 사전에 차단하고, 미국의 대한안보공약을 보다 확고히 하려고 했다. 또한 정부는 참전을 통해 신무기를 얻고, 한국군의 전투능력도 배양시킬 수 있겠다는 추가적인 계산도 했다. 이러한 정부의 계산은 어느 정도 주효하여, 미국은 파병의 대가로 한국군의 현대화에 소요되는 군사장비와 시설을 제공하며, 파병에 따른 공백을 메울 추가적인 군사비도 부담키로 약속했다(국회도서관 입법조사국, 1966, 79-81).

정부는 파병이 가져다주는 경제적 이익도 계산에 넣었다. 앞서 설명했듯이 정부는 1964년을 기점으로 개발계획의 방향을 수입대체에서 수출지향으로 바꾸었다. 그러나 해외시장을 개척한 경험이 일천한 한국으로서는 보다 많은 수출시장을 확보하는 일이 급선무였다. 이러한 관점에서 베트남은 더할 나위 없이 좋은 상품판매처였다. 따라서 정부는 파병의 대가로 베트남에

---

9) 실제로 하우즈 유엔군사령관은 1963년 12월 6일 한국에서의 군대(한국군과 미군 모두) 감축에 대한 제안서를 제출했으며, 그것은 미국내의 관계자들에 의해 검토 중이었다(FRUS 1961-1963, 671-672).

서 가급적 최대한의 경제적 이익을 보장받을 수 있도록 미국과 협상을 벌였다. 그 결과 베트남에 파견된 한국군이 사용하는 물자와 용역은 가급적 한국에서 구입하며, 미국이 베트남에서 국제개발처(AID)의 자금으로 시행하는 건설 및 구호사업에 소요되는 물자와 용역도 한국에서 구매한다는 등의 경제적 보장을 받아냈다. 이에 따라 한국은 1965~1973년 사이 베트남과의 무역에서 약 2억8,300만 달러를 벌어들일 수 있었다.[10]

파병은 당시 심각한 사회적 문제였던 높은 실업률을 해소시키는 데에도 도움이 되었다. 이 문제를 해결하기 위해 정부는 이미 1963년부터 대외개방정책의 일환으로 노동력의 해외수출을 적극 추진하고 있었다. 그 결과 그해 말 서독으로 광부가 진출하기 시작했으며, 간호사, 선원 등이 뒤를 이었다. 1965년 이들 해외취업자들이 국내로 송금한 외화는 상품수출액의 10.5%, 무역외수입의 14.6%나 되었다. 이러한 판국에 베트남전은 정부에게 국내의 유휴인력을 대규모적으로 소모시키면서 다량의 외화를 벌 수 있는 좋은 기회였다. 당시 미국은 한국군 파병에 따른 모든 비용(장비와 봉급 및 사상자에 대한 보상금 등)을 부담하기로 되어 있었다. 그리고 파병의 대가로 한국의 기업과 인력이 베트남 시장에서 활동할 수 있는 우호적 권리도 보장해주었다. 이에 따라 1965~1972년 사이 한국의 기업들이 벌어들인 수익과 군인과 노동자들이 받은 봉급 및 보상금은 모두 약 7억5,000여 만 달러에 달했다(Dong-Ju Choi, 1995, 207-211).

그밖에 정부는 파병에 대한 반대급부로 미국으로부터 조건이 좋은 공공차관을 다량 도입할 수 있었으며, 파병을 계기로 한국에 대한 미국의 안보공약이 보다 확고해짐에 따라 상업차관을 얻기도 한결 수월해졌다. 그 결과

---

10) 아울러 한국은 참전의 대가로 미국시장 진출에서도 상당히 우호적인 조건을 누릴 수 있었다. 그 결과 한국의 대미수출은 1965~1973년 사이 6배 이상 증대되었다(Dong-Ju Choi, 1995, 198-207).

1966~1972년 사이 총 35억 달러의 외자가 도입되었는데, 그 중 공공차관은 26.4%인 11억 달러였으며, 45.6%인 19억 달러는 상업차관이었다(Dong-Ju Choi, 1995, 214-222). 이렇게 도입된 공공차관은 주로 발전, 철도, 고속도로 등 기간설비건설에 투입됨으로써 그 후 한국경제가 도약하는 데 크게 공헌했다.

요컨대 박정희정부도 한일국교정상화와 한국군의 베트남 파병이 많은 부작용을 초래하고 자신들에게 상당한 정치적 부담을 가져다줄 것이라는 사실을 잘 알고 있었다. 그럼에도 불구하고 정부는 일단 국가의 발전방향을 대외개방으로 선회한 이상 그것이 가져올 경제적 및 군사적 이득이 훨씬 크다고 판단했다. 특히 베트남전 참전으로 얻은 10억 달러에 달하는 수입과 35억 달러가 넘는 차관 그리고 한일관계정상화로 일본에서 들어오기 시작한 6억 달러의 청구권 자금(무상원조 3억, 유상원조 2억, 민간상업차관 1억) 및 각종 차관이 합쳐져서 정부는 출범 초기 직면했던 만성적인 외환부족 문제를 상당히 해결할 수 있었다. 이 재원은 정부가 추진하던 경제개발계획에 우선적으로 투입됨으로써 경제적 성과를 토대로 정권의 안정과 연속을 기하려는 박정희의 의도를 실현시키는 데 기여했다. 또한 이것은 새로운 정치자금원으로서 정권의 안정화에 공헌하기도 했다.

4. 수출지향형 지배연합과 발전국가의 물적 기초의 형성

대외개방정책의 시행과 한일국교정상화 및 베트남 파병의 성사 이후 국내로 쏟아져 들어오기 시작한 외자는 한국의 지배연합과 국가의 성격을 바꾸어 놓았다. 기존의 수입대체형 지배연합 대신 수출지향형 지배연합이 한국사회에 군림하게 되었으며, 쿠데타와 선거를 통해 물리적 기반과 정당성의 기초를 마련한 발전국가는 이제 보다 안정된 물적 토대까지 갖추게 되었다.

1950년대 이승만정부의 경제성장전략의 주된 내용은 원조물자에 기초한 소비재 위주의 수입대체산업화였으며, 지배연합도 그와 관련된 업종을 중심으로 형성되었다. 당시 정부는 경제에 대해 원칙적으로는 자유(방임)주의를 표방했으나 실제로는 상당한 개입과 통제를 행사했다. 다만 이 개입이 장기적이고도 종합적인 계획에 기초하여 체계적으로 이루어졌다기보다는 권력자의 선호와 같은 자의적 근거에 기반을 둔 것이었다는 점에서 1960년대 이후의 개입과는 달랐다. 당시 정부개입이 주로 이루어졌던 분야는 환율, 수출입, 원조, 정부재산불하 등이었다. 일부 자본가들은 정치권력과 결탁하여 이 분야에서 특혜적 이익(지대)을 추구했으며, 그에 대한 반대급부로 정치권력은 정치자금을 우려내는 거래관계가 성립했다(Y. J. Cho, 1997, 208-210). 그 결과 성립한 것이 1950년대식의 정경유착에 기초한 수입대체형 지배연합이었다.

그런데 미국의 정책변화에 따라 1957년을 고비로 원조가 급속히 줄기 시작하면서 원조물자에 주로 의존하던 수입대체형 지배연합은 흔들리기 시작했다. 더구나 외환 및 무역부문에 대한 통제의 고삐를 죄던 이승만정부가 붕괴되고, 이에 기대어 치부하던 사람들이 부정축재자로 몰리면서 이 지배연합은 그 존립기반마저 위협받게 되었다.

이제 국내외적 여건 변화에 부응하는 새로운 지배연합의 형성이 필요한 시점이 되었다. 그러나 그것이 그렇게 용이한 일은 아니었다. 그를 위해서는 우선 원조를 대체할 만한 새로운 지대추구의 원천이 생겨나야만 했는데, 그것이 쉽지 않았기 때문이다.

먼저 군부는 국내자본에 눈을 돌렸다. 내자(內資)를 동원하기 위해 그들은 부정축재자들로부터의 재산환수와 화폐개혁 그리고 은행의 실질적 국유화와 개발금융기관화 등의 조치를 취했다. 그러나 이러한 조치들을 통한 내자동원은 기대한 만큼의 성과를 거두지 못했다.

1962년 6월 9일 군부는 사장(死藏)된 현금을 끌어내 경제개발에 필요한 자금을 확보하려는 목적에서 통화개혁을 전격 시행했다. 그러나 이것은 미국의 반발, 예상치 못한 부작용(매점매석, 물가폭등, 기업 자금난 등)의 속출 등의 이유 때문에 시행 34일 만에 사실상 원점으로 돌아가고 말았다. 이 조치는 화폐단위를 10분의 1로 절하하는 효과만을 가져왔을 뿐, 기대했던 내자동원은 거의 이루지 못한 채 끝나고 말았던 것이다(김정렴, 1990, 81-95).

군부는 본래 부정축재 환수조치를 통해 총 800억 환을 거두어들이려 했다. 그러나 이 계획 역시 중간에 수 차례의 변질과정을 겪으면서 환수액이 점차 축소되어갔다. 그리고 한때는 부정축재자로 지목된 재벌들이 경제개발계획에 따른 공장을 지어 그 주식을 국가에 헌납하는 방안도 나왔으나, 그것마저도 실효성 있게 지켜지지 않았다. 결국 1964년 말경 약 40억 원 정도가 환수된 것으로 알려졌는데, 이 정도로는 경제개발을 추진하기 위한 내자의 동원이란 목표를 충족시키기에는 역부족이었다(김진현, 1964, 169-177). 다만 성과가 있었다면 그것은 재벌에 대한 군부의 태도가 집권 초기의 적대적인 것에서 호의적인 것으로 바뀌었다는 점이다. 이제 군부는 재벌을 자신들이 정치를 해나가는 것뿐 아니라 경제를 발전시켜나가는 데 있어서의 파트너로 인식하기 시작했다.

그런데 이렇게 확립된 새로운 정치지배층(군부)과 자본(재벌) 간의 연결은 어디까지나 국가가 경제에 대해 우위에 선 연결이었다. 이러한 국가의 우위성은 일차적으로는 군부가 지닌 무력으로부터 나온 것이었지만, 그 못지않게 자본에 대한 국가의 우월성 확립에 공헌한 것은 은행을 실질적으로 국유화한 조치였다. 본래 시중은행은 미군정으로부터 귀속재산으로 넘겨받아 정부가 그 주식의 70% 이상을 소유하고 있었다. 그러나 1954~57년에 이루어진 수 차례에 걸친 주식공매를 통해 1957년이 되면 시중은행은 소수 재벌의 사금고로 전락하고 만다. 그러던 것이 쿠데타 이후 군부가 부정축재 환수 조치의 일환으로 재벌이 소유했던 시중은행주식을 몰수하면서 다시 은행에 대한 정부지분율은 23~31%에 이르게 되었다. 그리고 1961년 시중은행 주식의 10% 이상을 소유한 민간 대주주의 의결권을 제한한 '금융기관에 관한 임시조치법', 이듬해 한국은행을 재무부에 종속시킨 한국은행법 개정 등의 조치들을 통해 은행은 사실상 정부의 통제하에 놓이게 되었다.

은행, 즉 자금공급원을 장악함으로써 국가는 일단 자본에 대한 상대적 자율성을 높일 수 있는 최소한의 조건을 구비하게 되었다. 그러나 이로써 발전국가의 요건이 충족된 것은 아니었다. 발전국가가 되기 위해서는 이렇게 장악한 자원을 자신이 설정한 개발목표를 실현시키기 위해 동원·배분할 수 있는 의지와 능력이 있어야 했다. 이러한 의지와 능력을 갖추지 못하면서 상대적 자율성이 큰 국가는 발전국가라기보다는 약탈국가(the predatory state)의 성격을 띠기 쉬웠다(P. Evans, 1995, 45-47).

군부는 쿠데타로 집권한 직후부터 빈곤으로부터의 탈출을 목표로 세우고 장기적이고도 종합적인 경제개발계획에 착수했다. 그리고 국책은행인 한국은행과 산업은행뿐 아니라 시중은행도 실질적으로 국유화시켜 이 목표를 달성하기 위한 개발금융기관으로 만들어갔다(김상조, 1991, 246-251). 이를 위해 정부는 우선 은행법을 고쳤다. 금융기관의 자기자본 대 위험자산의 비율(은행법 제15조)을 종전의 100분의 10에서 150분의 10으로 개정했으며, 은행의 장기 증권투자 한도(은행법 제22조)를 종전의 요구불예금의 100분의 10에서 100분의 25로 높였다. 이로써 시중은행은 과거보다 훨씬 융통성 있게 정부의 개발금융수요에 대처할 수 있게 되었다. 실제로 1960년대 후반기 일반은행의 대출 중 50% 이상이 정부의 유도에 따른 장기 설비자금이었으며, 그밖에도 시중은행은 정부의 재정자금 부족을 메우는 역할[11]까지 맡

---

11) 정부발행 국공채 인수, 산업은행이 지급보증한 대출, 정부관리기업에 대한 대출 등이 그

아서 해야만 했다. 시중은행의 이러한 개발금융기관화는 단기적으로는 영세상공업자들이 은행에서 단기 상업자금을 융통할 수 있는 기회를 박탈했으며, 장기적으로는 우리나라 은행의 부실화를 가져왔다.[12] 그러나 개발의 초기단계에서 그리고 자본이 턱없이 부족하던 시점에서는 이러한 조치들이 경제의 압축적 성장에 상당한 효과를 발휘한 측면도 있었다.[13]

그런데 모든 은행을 개발금융을 조달하는 기관으로 만들었음에도 불구하고 여전히 투자재원은 태부족이었다. 총자본 형성에서 국내저축이 차지하는 비중이 1962년에는 25.4%였고, 1965년에도 49.1%에 불과했다(경제기획원, 1981). 그나마 3년 사이에 국내 저축의 비중이 이렇게 증가할 수 있었던 것도 정부가 반강제적인 수단까지 동원하여 대대적인 저축장려운동을 벌였기 때문이었다. 그리고 이러한 연장선상에서 획기적이었던 것은 1965년 9월에 단행된 '금리현실화' 조치였다. 이 조치의 핵심은 최고 수신금리를 종전의 연 16.8%에서 30%로 상향한 것이었다. 그 결과 시중은행의 예금은 1965~69년 사이에 연평균 71.6%라는 급속한 신장을 보였다(김상조, 1991, 252-253). 그러나 그래도 1970년 총자본 형성에서 국내 저축이 차지하는 비중은 64.7%에 지나지 않았다.

요컨대 내자를 최대한 동원하려는 정부의 노력에도 불구하고, 국내 재원의 부족으로 발전국가는 1960년대 중반까지는 여전히 그 물적 기초가 취약했다고 할 수 있다. 이 약점을 메우기 위해 정부는 부족한 투자재원을 어디에선가 조달해야만 했다. 원조가 급감하고 있고, 국내 자본의 동원에 한계가 있는 상황에서 이러한 원천은 자연히 외자도입과 수출증대로 인한 외화획득에서

실례(實例)다.
12) 따라서 당시 대부분의 영세 상공업자들은 계(契)와 같은 사금융(私金融)에 주로 의존해야만 했다.
13) 웨이드(R. Wade)는 신속한 투자를 할 수 있고, 부문별 유동성(mobility)을 높일 수 있으며, 기업이 단기적인 의사결정에 종속되는 것을 피할 수 있다는 점 등을 이러한 개발금융정책의 장점으로 들고 있다(R. Wade 1988, 133-134).

찾아질 수밖에 없었다. 그리고 이 두 가지 문제가 본격적으로 해결되는 계기가 된 것이 바로 앞에서 살펴본 한일국교정상화와 베트남 파병이었다.

이 두 사건을 계기로 막대한 외자가 유입되기 시작했으며, 상품 및 인력 수출의 문 역시 활짝 열리게 되었다. 공공차관의 경우, 1959~64년간의 누계가 1억1,800만 달러에 불과하던 것이 1965년 7,700만 달러, 1966년 1억5,400만 달러, 1969년 2억3,300만 달러 등으로 급증했으며, 상업차관도 1962~64년간의 합계가 1억2,000만 달러에 지나지 않던 것이 1965년 7,800만 달러, 1966년 1억500만 달러, 1969년 6억2,300만 달러 등으로 크게 늘어났다(한국산업은행 조사부, 1970). 수출도 1962년 5,500만 달러, 1963년 8,700만 달러, 1964년 1억1,900만 달러이던 것이 한일국교정상화와 베트남 파병이 이루어진 1965~66년경부터는 가속도가 붙어 1965년 1억7,500만 달러, 1966년 2억5,000만 달러, 1967년 3억2,000만 달러, 1968년 4억5,500만 달러, 1969년 6억2,300만 달러 등으로 급증했다(상공부, 1988, 109).

이로써 그동안 박정희정부를 괴롭혔던 투자재원의 부족문제는 상당 부분 해결되었다. 더구나 당시 도입된 대부분의 상업차관은 정부의 허가와 보증을 필요로 하는 것이었기 때문에, 정부는 내자의 동원·분배기관인 은행뿐 아니라 외자의 도입·분배권까지 장악하게 되었다. 이제 발전국가는 양적으로 안정적인 물적 기초를 갖추었을 뿐 아니라 내용적으로도 자본에 대해 우위에 설 수 있는 제도적 기반을 구비하게 되었다.

그러면 당시 자본은 국가가 모든 자금공급원을 장악했기 때문에 어쩔 수 없이 국가에게 복종한 것일까? 꼭 그렇지만도 않았다. 당시 국가는 자신의 지도에 따르는 기업에 대해서는 파격적으로 저리의 자금을 공급했기 때문에 모든 기업들은 적극적이고도 능동적으로 국가가 추진하는 개발계획에 참여하고자 애썼다. 당시 국가가 국내 은행과 해외차입을 통해 공급하던 자금의 금리는 시중의 일반금리에 비해 턱없이 낮았다. 국내 은행의 일반대출금리는 25%를 넘나들었는데 반해, 정부가 정책금융이란 이름으로 수출기업들에게 제공했던 수출지원자금의 금리는 6~7% 수준이었으며, 차관의 금리 역시 대개 7%선이었다(참고로 당시의 사채금리는 연 55%에 달했다). 따라서 기업들로서는 온갖 정치적 연줄을 동원하여서라도 수출금융과 차관을 얻으려고 애썼으며, 그것의 획득 여부가 곧 기업의 운명을 판가름했다고 해도 과언이 아니었다. 그리고 정치권은 자본에게 이러한 특혜를 알선하는 대가로 반대급부를 받아 챙기는 공생관계가 발생하게 되었다. 새로운 성격의 지배연합, 즉 수출지향형 지배연합은 바로 이러한 과정에서 발생하게 된 것이다.

그러면 수출지향형 지배연합이 수입대체형과 다른 점은 무엇인가? 그리고 수입대체형 지배연합은 발전국가와 양립할 수 없는 것인가? 양자 모두 정치와 경제의 유착에 기초하고 있다는 점에서는 차이가 없었다. 그러나 유착이 발생하는 경제적 영역과 특혜적 이익을 추구하는 방식은 서로 달랐으며, 그 결과도 소비적인 것과 생산적인 것으로 상반되게 나타났다.

앞서 밝혔듯이 1950년대의 정경유착은 주로 환차익, 수입허가나 원조물자 배정에서의 특혜, 정부재산의 특혜불하 그리고 저리자금의 융자알선 등의 영역에서 일어났다. 그런데 1964년 5월 정부가 외환제도를 고정환율제에서 단일변동환율제로 바꾸고, 기본환율을 130 대 1에서 255 대 1로 인상하는 환율현실화 조치를 단행함으로써, 이제 환차익을 노린 정경유착은 그 의미를 잃게 되었다. 수입허가권을 둘러싼 유착도 주요 수입품의 80~90%가 자동인가품목으로 설정되는 네거티브 시스템이 도입됨으로써 더 이상 특혜의 원천이 되기 어려워졌다. 그리고 원조물자와 정부재산의 특혜불하를 둘러싼 유착 역시 미국의 원조축소와 대부분의 귀속재산불하가 1950년대에 완료되었다는 점 때문에 그 의미가 퇴색되었다.

다만 저리의 융자를 알선하고 그 반대급부를 챙기는 유착만은 1960년대에도 여전히 지속되었지만, 그 내용과 결과는 판이했다. 1950년대에 소수의 대기업에게 특혜적으로 제공된 저리의 융자는 주로 수입수요를 충당하는 데 쓰였다. 그러나 박정희정부하에서의 저리의 융자와 외자는 주로 수출을 통해 성과를 내는 기업에게 주어지거나 국가가 필요로 하는 사회기반시설이나 기간(基幹)산업 분야에 투입되었다.[14] 따라서 똑같이 융자를 둘러싼 특혜의 추구라 할지라도 1950년대의 그것은 소비적이었다면, 1960년대의 것은 성과에 따른 보상의 성격을 지녔다는 점에서 보다 생산적이었다고 할 수 있다.

5. 발전국가의 완성을 향하여: 정치에 대한 행정의 추월

쿠데타와 선거를 통해 물리적 기반과 정당성의 기초를 마련한 발전국가는 대외개방정책을 통해 안정된 물적 토대까지 갖추게 됨으로써 이제 본궤도에 진입하게 되었다. 그러나 이러한 발전국가를 담당하고 있는 집권 세력에게는 여전히 자유롭지 못한 문제가 하나 있었다. 그것은 바로 정치적 경쟁과정이 항상 지속된다는 점과 그러한 게임의 규칙이 주는 제약이었다. 이들은 주기적으로 돌아오는 경쟁, 특히 1967년 선거를 피할 수 없었다. 그리고 이 경쟁에서 이겼다 해도 이들 세력의 핵심인 박정희는 게임의 규칙에 따라 더 이상 출전의 기회를 얻지 못하게 되어 있다는 데 이들의 고민이 있었다. 따라서 이들은 발전국가를 사회 내의 여러 계급뿐 아니라 의회 및 정당정치로부터도 자율성을 지닌 국가로 만들고자 했다. 이것은 정치가 실종되고, 오로지 행정적 효율성에 의해 지배되는 국가가 탄생하는 것을 의미했다. 이러한 정치 실종의 시작이 1969년 단행된 삼선개헌이며, 그것의 최종적 완성은 1972년 10월에 출범한 유신체제였다.

---

14) 특히 수출산업에 대해 국가는 저리의 수출특융 제공 외에 세금감면, 수입보조금이나 관세 보조금 지급 등 갖가지 유인책을 제공하기도 했다.

1) 두 번째 승부: 1967년 선거

1967년 5월 11일에 있은 제6대 대통령선거에는 박정희(공화당), 윤보선(신민당), 서민호(대중당), 전진한(한독당), 김준연(민중당), 오재영(통한당), 이세진(정의당) 등이 출마했다. 선거는 박정희가 유효투표의 51.4%인 568만8,666표를 얻어 41%인 452만6,541표를 얻은 윤보선을 116만2,125표 차로 눌러 이기는 것으로 끝났다.

이 선거에서 박정희가 크게 이길 수 있었던 것은 공화당이 앞서 설명한 대로 저리의 은행융자와 차관을 특정기업에 알선하면서 반대급부로 챙긴 정치자금을 풍부하게 사용한 탓도 있다. 하지만 보다 중요한 요인은 정부가 1차 경제개발계획을 성공적으로 추진했다는 사실이었다. 이 점은 박정희가 여촌야도(輿村野都)적인 투표성향 속에서도 지난 선거에 비해 서울에서 훨씬 선전했고,[15] 여타 도청소재지급 도시에서도 경기도와 전남북을 제외한 나머지 지역에서 박정희가 윤보선을 눌러 이겼다는 사실에서도 드러났다. 이러한 도시유권자들의 박정희에 대한 갑작스러운 지지증가는 그동안 이루어진 개발정책의 성과로밖에 볼 수 없다(김일영, 1999, 342-345).

이 선거에서의 승리를 통해 박정희는 자신이 이끄는 발전국가를 보다 확고한 정당성의 기반 위에 올려놓을 수 있게 되었다. 특히 이번 승리는 업적에 기초한 것이었다는 점에서, 발전국가는 1963년 선거를 통해 획득한 정당성과는 차원이 다른 정당성을 확보하게 되었다.

이로부터 한 달여 뒤인 6월 8일에 제7대 국회의원선거가 치러졌다. 여기에는 무려 11개 정당의 후보들이 난립하였지만, 당선자를 낸 것은 공화당과 신민당 그리고 대중당뿐이었다. 공화당은 50.6%의 득표율로 전체 의석의 70.6%인 129석(지역구 102, 전국구 27)을 얻는 대승을 거두었으며, 신민당

---

[15] 1963년 선거에서는 서울에서 박정희와 윤보선 사이에 430,425표의 차이가 났으나 이번 선거에서는 80,203표로 그 격차가 대폭 줄었다.

은 32.7%의 득표율로 45석(지역구 28, 전국구 17)을 얻었다. 그리고 대중당은 한 명만이 당선되었을 뿐이었다.

이 선거에서도 여촌야도 현상은 어김없이 나타났다. 신민당은 서울에서 14석 중 13석을, 부산에서 7석 중 5석을 차지하는 등 전체 지역구 당선자 28명 중 25명이 대도시에서 나왔다. 거꾸로 말하면 농촌에서는 거의 공화당 후보가 당선되었던 것이다.

이 선거에서 공화당이 얻은 129석은 개헌에 필요한 의석을 13석 초과하는 것이었다. 이러한 공화당의 압승은 한편으로는 박정희가 이끄는 발전국가의 정당성을 한층 강화시켜주었으며, 다른 한편으로는 4년 후의 박정희의 거취 문제를 고민하던 공화당에게 한 줄기 햇살과도 같은 것이었다. 그러나 이러한 개헌선을 확보하기 위해 공화당은 총선에서 조직과 자금을 동원한 무리를 범했으며, 이러한 부정은 선거 후 야당의 강력한 반발을 불러일으켜 오히려 상당 기간 동안 새로 출범한 박정희정부의 부담으로 작용하였다. 선거 직후부터 부정선거를 규탄하는 야당과 학생들의 항의시위가 이어졌으며, 야당이 개원(開院)을 거부하는 바람에 국회가 그해 11월 말에야 문을 열수 있었다. 그리고 이에 굴복해 공화당은 6명의 당선자를 출당(黜黨)조치할 수밖에 없었다.

2) 정치실종의 시발점, 삼선개헌

공화당은 부정선거를 둘러싼 야당의 공세를 무사히 넘기자 곧 박정희의 4년 후 거취 문제에 관한 제도적 제약을 없애는 데 착수했다. 원내에서 압도적 다수의석을 점한 공화당에게 신민당의 도전은 별로 문제가 되지 않았다. 오히려 공화당을 곤혹스럽게 만든 것은 박정희의 후계 문제를 둘러싼 당내의 파벌갈등이었다.

이 무렵 공화당 내에서는 1963년 선거에서 이기기 위해 외부에서 영입한 정치인들을 중심으로 하여 김종필에 맞서는 새로운 파벌이 형성되어 있었다. 이효상, 백남억, 김성곤, 김진만 등이 핵심인물들이었는데, 그들의 다수는 영남출신의 자유당계 구정치인들이었다. 그리고 정부 쪽에서는 이후락 대통령 비서실장과 김형욱 중앙정보부장이 반김종필 파벌에 가담하고 있었다. 이들은 김종필을 견제하고 박정희의 집권을 유지시켜야만 자신들의 설 자리가 생긴다는 것을 잘 알았기 때문에 서로 연대할 수 있었다. 그리고 이러한 이들의 이해관계는 은근히 집권연장을 바라는 박정희의 생각과 맞아 떨어졌다. 따라서 박정희의 외원(外援) 속에서 당 안팎의 반김종필 세력이 포스트 박정희를 노리는 김종필파에 대해 쐐기를 박은 것이 삼선개헌이었고, 그 과정에서 불거져나온 친김종필파의 거센 반발이 당을 분란으로 몰고 갔던 것이다.

그러나 이러한 내부갈등과 야당 및 학생들의 반대 속에서도 개헌안은 1969년 9월 14일 국회에서 여당 단독으로 통과되었고, 10월 17일 유권자의 77.1%가 참여한 국민투표에서 65.1%의 찬성으로 확정되었다. 이로써 박정희는 또 한 번의 4년에 도전할 기회를 갖게 되었다.

삼선개헌을 단순히 박정희 개인의 집권연장책으로만 보아서는 안 된다. 그것이 한국정치에 미친 영향은 그보다 훨씬 심원했다. 우선 그것은 의회 및 정당 정치가 실종되기 시작하는 계기가 되었다. 이를 계기로 정치에 대한 행정의 추월이 시작되며, 그 최종적 귀결은 행정적 효율성이 정치를 완전히 대체한 유신체제의 수립이었다. 그리고 이 개헌은 발전국가가 그동안 절차준수와 업적생산을 통해 쌓아온 정당성의 기반이 훼손되기 시작하는 기점이기도 했다.

삼선개헌은 그동안 공화당 내에서 파벌 간의 대립의 형태로나마 유지되던 당내 민주주의와 정당정치의 가능성을 잘라버리는 시발점이 되었다. 애초 김종필은 공화당을 창당하면서 그것을 자신의 정치적 기반으로 삼고자 했다. 이러한 구상에 따라 공화당은 강력한 사무국을 지닌 독특한 조직형태로 만들어졌으며, 국회운영이나 국회의원 공천을 포함한 모든 당무와 당재정의 관리도 사무국이 맡도록 되어 있었다. 그리고 집권 초기 당정 간에 빈틈없는 협조기구가 구축됨으로써 공화당의 영향력은 국회를 넘어 행정부로까지 확대될 정도였다. 위로는 청와대 연석회의부터 당무위원-국무위원 연석회의, 경제정책회의, 정책협의회 등의 각료와 당간부 수준의 협의체를 거쳐 아래로는 시·군 당정협의회에 이르기까지 긴밀한 당정협조체제가 구축되었다(서울대 행정대학원, 1965, 473-497; 김일영, 1998, 212-222). 이러한 당조직과 당정협조기구는 집권 초기에는 김종필의 영향력 및 그의 정치적 구상과 맞물리면서 어느 정도 힘을 발휘했다.

그런데 이러한 공화당 우위현상은 1965년경부터 와해되기 시작했다. 그 결정적 계기는 1964년 중반 김종필이 한일국교정상화의 무리한 추진에 대한 책임을 지고 당직을 떠나 두 번째 외유를 나간 일이었다. 김종필이 자리를 비운 사이인 1965년 초 반김 세력은 사무국 권한의 상당 부분을 국회의원(지구당 위원장)에게 이관하는 것을 골자로 하는 당헌개정 작업을 했다. 이때 당의 재정권도 사무총장에서 재정위원장으로 넘어갔으며, 그 자리는 반김파의 대표주자의 한 사람인 김성곤이 차지했다.[16] 김종필은 1965년 12월 다시 당의장으로 복귀하지만, 제도적으로나 재정적으로 과거와 같은 힘을 발휘하기 어려웠다.

그래도 아직 과거의 세력기반이 남아 있던 김종필에게 마지막 타격을 가한 것이 바로 삼선개헌이었다. 김종필 계열의 붕괴는 곧 공화당 우위파의 실권(失權)이자 당내민주주의의 조종(弔鐘)이었다. 당내에 복수의 파벌이 있

---

16) 이때부터 정치자금은 이후락 비서실장, 김형욱 정보부장, 김성곤 당재정위원장 그리고 장기영 부총리 겸 경제기획원장관으로 구성된 4인 협의회에서 전담했는데, 이들은 모두 반김 파벌에 속했다(김진, 1992, 262).

을 때에는 정치적 쟁점에 대해 의원총회에서 자유스러운 토론이 이루어지기도 했고, 대통령도 그 결과를 어느 정도 존중해주는 태도를 취했어야 했다. 그런데 삼선개헌으로 당내파벌의 한 축인 김종필 계가 사라지자, 이제 당에는 단일 파벌만 남게 되었고, 그것은 앞서 지적했듯이 박정희의 집권연장에서 자신들의 존재근거를 찾는 집단이었다.

이후 박정희는 반김 계열의 4인(길재호, 김성곤, 김진만, 백남억)을 중간보스로 삼아 당을 간접 통할했다. 그러나 4인 체제가 1971년 10·2 항명파동[17]으로 자신의 뜻을 거스르자 박정희는 그들마저 내치고 말았다. 이제 당내에는 어떤 파벌도 존재하지 않게 되었고, 의견의 불일치도 있을 수 없게 되었다. 당의 의견은 존재할 수 없게 되었고, 모든 결정은 청와대에서 내려져 하달되는 식으로 되었다. 당이 박정희의 친정체제 아래 들어가게 되었던 것이다.

당을 직접 통제함에 있어 박정희가 휘두르는 무기는 정치자금과 중앙정보부였다. 4인 체제를 몰락시킨 후 박정희는 그동안 4인 협의회(청와대 비서실장, 중앙정보부장, 공화당 재정위원장, 경제기획원 장관)에 맡겨두었던 정치자금 수납권한을 모두 회수하여 청와대 비서실장에게로 일원화시켰다(김정렴, 1997, 224-232). 이로써 공화당은 독자적인 자금조달 능력을 상실하고, 당 운영비를 청와대에서 내려오는 하사금에 의존하게 되었다. 박정희는 이렇게 당을 청와대에 재정적으로 종속시킴으로써 당에 대한 확고한 통제권을 확보할 수 있었다.

당에 대한 또 하나의 통제수단은 중앙정보부였다. 정보부의 정치공작은 이미 1960년대 초부터 문제시되었던 것이지만, 그래도 공화당이 자율성을 발휘할 때에는 정보부가 정치를 전담하지는 않았다. 그러나 당이 박정희의

---

[17] 신민당이 제출한 오치성 내무장관 해임결의안을 4인 체제가 박정희의 명령을 어기고 야당과 공모하여 통과시켜버린 사건을 말한다(김진, 1992, 288-292).

친정하에 들어가면서 당의 정치적 조정기능은 점차 쇠퇴하기 시작했다. 신민당은 더 이상 공화당의 협상의 파트너가 아니라 정보부의 공작의 대상이 되기 시작했다.

이렇게 의회와 정당이 정치로부터 소외되는 현상을 발전국가와 관련시켜본다면, 그것은 정치가 행정적 효율성에 의해 추월당하기 시작함으로써 발전국가가 드디어 사회(내의 여러 계급)뿐 아니라 정치로부터도 자율성을 확보하기 시작한 것을 의미했다. 특히 정당과 국회를 과시용 장식품으로 전락시켜가는 과정은 박정희가 자신의 친위조직인 비서실의 기능강화를 통해 행정부에 대한 통제권을 높여가는 과정과 함께 일어났다. 박정희는 공화당이나 국회를 의사결정과정에서 소외시켜 정책결정과정의 탈정치화를 도모하면서 비서실과 행정 각 부처의 실무자를 이용하여 자신이 관심이 있고 중요한 정책은 모두 직접 개입·결정하였다. 이를 위해 그는 우선 유능한 전문가와 관료를 선발해 비서실을 강화했으며, 그들을 통해 행정 각 부처의 업무 추진상황을 수시로 점검·조정·평가했다. 그리고 특정업무에 관해서는 비서실 내에 일종의 전담반(task force)을 두고 그 추진을 직접 독려하기도 했다. 이런 식의 비서실 운영은 한편으로는 국무회의와 행정부처의 재량권을 제약했지만, 다른 한편으로는 의회나 정당에 대한 행정부의 자율성을 높여주는 요인이 되기도 했다. 대통령의 우산 아래서 행정부가 국회나 정당의 정치공세를 피할 수 있었기 때문이다.

이렇게 확보된 정치적 중립성 밑에서 행정부는 대통령의 결단에 따라 설정된 고도의 '정치'적 목표를 달성하기 위해 최대의 도구적 합리성을 발휘할 수 있었다. 그러나 이러한 도구적 합리성 제고의 이면에서는 민주주의의 부식(腐蝕)과 같은 실질합리성의 훼손이 동반되고 있었고, 바로 거기에 완성을 향해 치달은 발전국가의 고민이 있었다.[18]

---

[18] 이러한 도구적/실질적 합리성과 발전국가를 연관시켜 박정희 시대를 평가한 것으로는 김

6. 발전국가의 위기

1960년대 한국의 발전국가는 쿠데타 성공, 두 차례의 선거에서의 승리, 대외개방전략을 통한 비약적인 경제성장 등을 통해 스스로의 물리적 기초와 정당성의 기반 그리고 물적 토대를 마련할 수 있었다. 그러나 1960년대 말경부터 이러한 기반들은 하나씩 무너지기 시작했으며, 발전국가는 점차 위기로 빠져들어갔다.

위기의 조짐은 외부로부터 왔다. 1968년부터 남북관계가 긴장되기 시작했으며, 베트남 파병을 계기로 그 어느 때보다도 보조를 잘 맞추어나가던 한미관계도 삐걱거리기 시작했다. 1968~69년은 6 · 25 전쟁 이후 한반도를 둘러싼 긴장이 가장 고조되었던 때였다. 북한 무장게릴라의 청와대 습격, 미국 정보수집함 푸에블로(Pueblo)호 피납, 울진 · 삼척 지역에 대한 북한 무장게릴라 침투, 미해군의 정찰기 EC-121 피격 등 남한과 미국에 대한 북한의 군사적 도발이 끊이지 않았기 때문이다. 이렇게 남한의 안보가 위협받고 있는 시점에, 1969년 새 대통령에 취임한 닉슨(R. Nixon)은 그해 7월 25일 괌(Guam)에서 "아시아지역의 국가들이 자신의 안보에 대한 일차적 책임을 지게 하겠다"는 내용의 닉슨 독트린(Nixon Doctrine)을 발표함으로써 한국민들을 놀라게 했다. 그리고 미국이 한국과의 한 마디 사전논의도 없이 1970년 6월 주한미군의 3분의 1 감축안을 발표하자 한국민들의 안보 불안감은 가중되었다. 그동안 미국의 안보우산 밑에서 발전국가를 안정적으로 이끌수 있었던 박정희가 받은 타격도 상당했다. 더구나 1971년 들어서면서 미국이 베트남전 이후 아시아의 장기적 안정을 위해 과거 침략국으로 규정했던 중국과 관계를 개선할 움직임을 보이자 한국민들은 안보의식은 불안감을 넘어 혼돈의 지경에까지 빠지게 되었다.

일영(1995, 208-256).

한미 간의 갈등은 군사·안보적인 데에서 그치지 않았다. 1968년 달러화의 위기 이후 미국을 비롯한 세계경제는 장기불황에 빠져들었다. 이에 미국은 자국경제를 보호하기 위해 1971년 10%의 수입부가세 부과와 몇몇 품목에 대한 수입쿼터제 실시 등을 골자로 하는 소위 신경제정책을 발표했다. 이것은 수출의 40%를 미국시장에 의존하고 있던 한국경제, 특히 섬유산업에 심각한 타격을 주었다. 게다가 닉슨 행정부의 베트남 철수정책에 따라 그동안 한국 경제의 고도성장을 지탱해왔던 베트남 특수(特需)도 사라질 지경에 처하게 되었다.

그러나 발전국가에 대한 보다 심각한 도전은 역시 내부로부터 왔다. 1960년대 말부터 경제는 위기에 빠져들었으며, 사회 내의 각종 세력들이 국가에게 도전하기 시작했기 때문이다. 1969년을 정점으로 경제성장이 둔화되기 시작했다. 1969년에 15.9%에 달했던 GNP 성장률이 1970년과 1971년에는 8.9%와 10.2%로 낮아졌다. 그동안 급속한 성장을 통해 물적 기반을 다지고 정당성을 키워오던 박정희정부에게 성장세의 둔화는 곧 물적 토대와 정당성의 기초가 훼손됨을 의미했다. 더구나 이러한 경제성장 둔화의 원인이 한국경제가 외채와 부실기업의 덫에 빠졌기 때문이라는 점을 감안한다면, 문제는 보다 심각했다.

이러한 경제위기에 덧붙여 발전국가를 더욱 곤혹스럽게 만든 것은 각종 사회 세력들의 도전이었다. 1969년 10월 전국섬유노조의 쟁의를 기점으로 점증한 노사분규는 1970년 11월 13일 전태일 분신 사건으로 그 상징적 절정을 맞게 되었다. 그리고 1971년에는 언론자유화운동, 사법파동, 빈민들의 봉기인 광주대단지 사건 등이 줄을 이었다. 이러한 사건들은 산업화의 역군이면서 제대로 대접받지 못한 노동계급, 산업화과정에서 소외된 농민과 도시빈민들, 성장지상주의에 매몰된 민주적 권리를 되찾으려는 지식인들의 불만이 터져나온 것이었다는 점에서 발전국가가 그동안 추진해온 불균형적 발전전략이 낳은 당연한 귀결이었다고도 볼 수 있다.

어쨌든 이러한 안팎으로부터의 도전 속에서 1971년 박정희는 또 한 번의 4년에 도전할 기회를 갖게 되었다. 4월 27일 치러진 대통령선거에서 박정희는 40대 야당후보인 김대중의 강력한 도전을 뿌리치고 약 94만 표의 차이로 대통령에 당선되는 데 성공했다. 그러나 한 달 뒤인 5월 25일의 국회의원선거에서는 지난 선거에서 45석을 얻는데 그쳤던 신민당이 44.4%의 득표율로 89석(지역구 65, 전국구 24)을 얻는 약진을 보인 반면, 공화당은 48.8%의 득표율로 113석(지역구 86, 전국구 27)을 얻는 데 그치는 부진을 보여주었다. 야당이 얻은 89석은 개헌저지선인 69석(전체 204석의 3분의 1)을 훨씬 초과하는 것이었다는 점에서 박정희와 공화당에게 큰 충격을 주었다.

이제 박정희는 제도적인 정치적 경쟁에서도 점차 쫓기는 입장이 되었다. 이러한 복합적인 난국을 타개하기 위해 박정희는 7·4 남북공동성명이나 8·3 사채동결조치 등을 발표하기도 했다. 전자는 변화하는 국제여건에 맞추어 남북관계를 개선하겠다는 것이었고, 후자는 심각한 경제위기를 탈출하기 위한 비상조치였다.

그러나 어떤 것도 박정희에게 궁극적인 해결책이 되지 못했다. 결국 박정희가 찾아낸 탈출구는 발전국가가 정치로부터의 자기해방을 선언하게 만드는 것이었고, 그것이 곧 유신이었다.

참고문헌

경제기획원.『외국인 투자백서』, 1981.
국회도서관 입법조사국.『한국외교관계자료집』, 1966.
기미야 다다시(木宮正史).「한국의 내포적 공업화전략의 좌절」, 고대 박사논문, 1991.
김상조.「금융부문의 구조와 변화」, 양우진 외,『한국자본주의분석』, 일빛, 1991.
김일영.「박정희체제 18년, 어떻게 볼 것인가」,『사상』, 겨울호, 1995.
_____.「한국의 정치·경제적 발전경험과 그 세계사적 위상」, 이우진, 김성주 (공편),

『현대한국정치론』, 나남, 1996.

_____. 「계급구조, 국가, 전쟁 그리고 정치발전: B. Moore 테제의 한국 적용 가능성에 대한 예비적 고찰」, 『한국정치학회보』, 1992년 26집 2호.

_____. 「한국 권위주의체제의 성격과 변화: 불완전포괄형, 일인지배하의 관료우위형 그리고 방어적 근대화를 위한 동원형」, 김영명(편), 『동아시아의 정치체제』, 한림대 아시아문화연구소, 1998.

_____. 「이승만정부에서 외교정책과 국내정치의 연계성: 북진·반일정책과 국가형성, 경제부흥 그리고 정권유지 사이의 상관관계를 중심으로」, 한국국제정치학회 국제학술회의 발표논문, 1999년 7월 9일.

_____. 「1960년대의 정치지형 변화」, 한국정신문화연구원 편, 『1960년대의 정치사회변동』, 백산서당, 1999.

김정렴. 『한국경제정책 30년사: 김정렴 회고록』, 중앙일보사, 1990.

_____. 『아, 박정희: 김정렴 정치회고록』, 중앙M&B, 1997.

김정원. 『분단한국사』, 동녘, 1985.

김 진. 『청와대비서실』, 중앙일보사, 1992.

김진현. 「부정축재처리 전말서」, 『신동아』, 12월호, 1964.

민주공화당. 『민주공화당 4년사』, 민주공화당기획조사부, 1967.

박동철, 「한국에서 '국가주도적' 자본주의 발전방식의 형성과정」, 서울대 박사논문, 1993.

상공부. 『무역진흥 40년』, 1988.

서울대 행정대학원 행정조사연구실. 『최고관리』, 1965.

오경환. 『정치자금의 내막』, 한그루, 1988.

중앙선거관리위원회. 『대한민국선거사』 제1집, 1973a.

_____. 『대한민국정당사』 제1집, 1973b.

한국산업은행 조사부. 『경제협력의 실적과 과제』, 1970.

한용원. 「5·16쿠데타의 발생과 전개과정」, 한배호(편), 『한국현대정치론 II』, 오름, 1996.

李鍾元. 「韓日國交正常化の成立とアメリカ―: 1960-65年」, 近代日本硏究會 編, 『近代日本硏究』 第16卷 戰後外交の形成, 東京: 山川出版社, 1994a.

_____. 「韓日會談とアメリカ: '不介入政策'の成立を中心に」, 日本國際政治學會 編, 『國

際政治』, 第105號, 1994b.

_____.『東アジア冷戰と韓米日關係』, 東京: 東京大學出版會, 1996.

_____.「李承晩政權とアメリカ: 冷戰の變容と代替勢力の摸索」,『アメリカ연구』, 第30號, 1996年 3月.

『합동연감』(1967, 1972).

『동아일보』.

『한국일보』.

『조선일보』.

EPB, Economic Survey(1964).

U.S. Department of State, *Foreign Relations of United States 1961-1963 Vol. XXII: Northeast Asia*, Washington: Government Printing Office, 1996.

Bix, Herbert P., "Regional Intergration: Japan and South Korea in America's Asian Policy," Frank Baldwin ed., *Without Parallel: The American-Korean Relationship since 1945*, New York: Pantheon Books, 1973.

Blackburn, Robert M., *Mercenaries and Lyndon Johnson's "More Flags": The Hiring of Korean, Filipino and Thai Soldiers in the Vietnam War*, Jefferson: McFarland & Company, 1994.

Cho, Y. J., "Government Intervention, Rent Distribution, and Economic Development in Korea," Masahiko Aoki et. al. eds., *The Role of Government in East Asian Economic Development: Comparative Institutional Analysis*, Oxford: Clarendon Press, 1997.

Choi, Dong-Ju, "The Political Economy of Korea's Involvement in the Second Indo-China War," Ph.D. Dissertation, University of London, 1995.

Evans, P., *Embedded Autonomy: States and Industrial Transformation*, Princeton: Princeton University Press, 1995.

Johnson, C., *MITI and the Japanese Miracle*, Stanford: Stanford University Press, 1981.

Kegley, C. W. and E. R. Wittkopf, *American Foreign Policy: Pattern and Processes*, New York: St. Martin's Press, 1979.

Kocka, J., "Karl Marx und Max Weber im Vergleich: Sozialwissenschaften zwischen Dogmatismus und Dezisionismus," *Zeitschrift für die Gesamte Staatswissenschaft*,

122, 1966.

Macdonald, D. S., *U.S.-Korean Relations from Liberation to Self-reliance, The Twenty-Year Record*, Boulder: Westview Press, 1992.

Satterwhite, D. H., "The Politics of Economic Development: Coup, State, and the Republic of Korea's First Five-Year Economic Development Plan(1962-1966)," Ph.D. Dissertation, University of Washington, 1994.

Skocpol, T., "Bringing the State Back In: Strategies of Analysis in Current Research," P. Evans et. al. eds., *Bringing the State Back In*, Cambridge: Cambridge University Press, 1985.

Wade, R., "The Role of Government in Overcoming Market Failure: Taiwan, Republic of Korea and Japan," Helen Hughes ed., *Achieving Industrialization in East Asia*, Cambridge: Cambridge University Press, 1988.

7장
박정희체제 18년
발전과정에 대한 분석과 평가

1. 최근의 사관논쟁: 망령을 불러내는 망령

문민정부 출범 이후 역사관 내지 역사에 있어 가치판단 문제를 둘러싸고 몇 차례 논쟁이 벌어진 바 있다. 국사교과서 시안(試案)에서 현대사의 몇몇 사건에 대한 용어선정 문제라든지 박정희 대통령 서거 15주기를 전후하여 있었던 그에 대한 평가 문제 그리고 12·12 및 5·18에 대한 평가 문제 등을 둘러싸고 벌어진 대립이 바로 그것이다. 그러나 이러한 대립이 최근 들어 비로소 나타난 것은 아니다. 그것은 가깝게는 문민정부 등장 이후부터 그리고 멀리는 1980년대 말 사회주의권의 붕괴 이후부터 내연(內燃)되어온 문제라고 할 수 있다.

1993년 출범한 문민정부가 기존 권위주의체제와의 단절성을 강조하고 자신을 3·1운동→임시정부→4·19혁명→5·18광주민주화투쟁→6월민주항쟁의 연장선상에 놓자, 일부 언론[1]이 보수적인 기득권층의 암묵적 동조를 등에 업고 공개적인 반격에 나섬으로써 이러한 대립과 논쟁은 이미 표면화된 바 있다. 당시 반론의 요지는 이러했다. 역사에 있어서 생략이란 있을

---

* 이 글은 『한국정치학회보』, Vol. 29 No. 2(1995)에 게재된 것을 수정 보완한 것임.
1) 주로 『조선일보』와 『월간조선』에 의해 주도되었다. 대표적인 글로 조갑제(1993) 참조.

수 없으므로 대한민국의 정통성은 독립운동→반공에 기초한 국가건설과 보위(이승만)→경제발전(박정희와 전두환)→민주화(노태우와 김영삼)로 이어지고 있다고 보아야 한다. 건국과 경제발전이 선행하지 않았다면 오늘날의 민주화도 불가능하다. 그러므로 현 정부에서 말하는 징검다리식의 선택적 계승이란 논리에 맞지 않는다는 것이다.

물론 이런 식의 사관논쟁은 과거에도 종종 있었다. 그러나 그것이 재연(再燃)된 근본 이유는 지난 1980년대 말 세계적으로 진행된 급격한 현실변화 때문이다. 특히 사회주의의 붕괴와 세계화의 물결이 기존의 가치관에 미친 충격은 매우 컸다.

사회주의권이 몰락하고 그 와중에 자주적·고립적 발전노선을 걸어왔던 북한이 곤경에 빠진 반면, 외자의존적·개방적 발전노선을 취했던 남한은 상대적으로 번영을 구가하고 있고, 더 나아가 남한의 개발독재형 발전노선이 동구나 중국, 동남아 등의 후발국들에 의해 하나의 모델로까지 추켜지고 있는 것이다. 이런 현실변화로 인해 역사학계에서 그동안 진행되어온 실증사관·민족사관·민중사관 사이의 대립구도와 그것의 연장선상에서 사회과학계에서 이루어진 근대화론과 자립적 발전론 사이의 대립구도가 보여왔던 오랜 평형관계가 깨어지게 되었다. 즉, 그간의 균형적 대립구도가 급격한 현실변화로 인해 후자에 비해 전자가 우세한 쪽으로 기울어지게 되었으며, 이런 시류에 편승하여 구기득권층 및 그에 동조하는 이데올로거(ideologue)들의 발언권이 한층 높아지고 있는 것이다. 그리고 세계화 추세에 대한 강조는 민족주의 내지 그에 기초한 모든 주장들을 마치 시대착오적이고 척결의 대상이나 되는 것인양 오해하게 만드는 감도 없지 않다.

따라서 역사해석을 둘러싼 갈등과 충돌이 사실은 그 본질에 있어서 1980년대 말 이후의 세계사적 변화에 편승한 보수기득권층의 헤게모니적 공세와 연관되어 있음을 우리는 알아야 한다. 그것은 단순하게 학문공동체 내에서의 이론적 논쟁에 그치는 문제가 아니다. 그것은 인간의 관념세계 —그중에서도 특히 중요한 역사관— 에서의 주도권을 누가 잡느냐는 문제와 결부된 현실적 문제인 것이다. 그러므로 이러한 헤게모니 투쟁의 결과가 향후 우리의 진로를 정함에 있어 결정적인 요소가 됨은 두말할 나위 없다. 개혁을 통한 전진이냐 타협을 통한 후퇴냐의 선택이 바로 이 문제와 관련해 정해질 수 있다.

이런 보수기득권층의 헤게모니적 공세에 대응함에 있어 무조건 과거를 부정하고 단죄하는 것만이 능사는 아니다. 이 점은 특히 박정희체제 18년의 경우에 더욱 해당된다. 기성세대의 대부분이 박정희체제에 대해 야릇한 향수를 지니고 있고, 또 그것을 이용해 기성언론이 "죽은 박정희를 불러내 산 김영삼을 쫓는 듯한 분위기"(고성국, 1994)를 조장하고 있는 시점에서 무조건 그 시대를 부정하고 단죄하는 것은 대항헤게모니(counter-hegemony) 마련에 효과적이지 않을 수도 있다. 물론 이에 대해 그것이 단순한 부정과 단죄가 아니라 박정희체제 지배이데올로기의 허위성에 대한 폭로와 비판(임현진·송호근, 1994)에 기초한 부정과 단죄임을 들어 항변을 제기할 수도 있다. 그러나 그럴 경우에도 대부분의 비판적인 글들이 지나치게 허위성과 부정적 측면의 폭로에만 초점을 맞추다 보니 이론적·과학적으로 정당하게 평가해주어야 할 부분에 대해서도 지나치게 소홀하게 되는 우를 범한 것이 사실이다.

따라서 이 글에서 필자는 박정희체제의 위상을 한국 산업화과정의 연장선상에서 정당하게 자리매김하고 그에 입각해 그의 집권 18년을 평가해줄 것을 제안한다. 다시 말해 박정희체제는 산업화 초기단계라는 시점과 분리시켜 평가되어서는 안 된다는 것이다. 그럴 경우 '필요악'이라든지 '방법론적 유보'[2] 등의 용어를 써가며 당시를 신화화하려는 정치 세력들의 논리와 무

---

[2] 안보와 경제발전을 위해 정치의 민주화와 통일의 추진은 잠시 접어두었다는 논리로서 그것은 1966년 대통령 연두교서의 다음과 같은 귀절에서 집약적으로 표현되고 있다. "우리가 지향

엇이 다르냐는 반문이 제기될 수도 있다. 그들이 노리는 것은 과거의 미화를 통한 현재 자신들의 위상강화다. 그러나 필자가 의도하는 바는 박정희체제의 위상을 산업화과정과 관련하여 자리매김해줌으로써 이제 그것의 시효가 만료되었음을 보여주려는 데 있다. 이미 고도산업화 단계에 돌입한 현시점에서 재평가라는 명분하에 당시의 망령(亡靈)을 다시 불러내는 것은 그야말로 망령(妄靈)에 지나지 않는다는 점을 보여주고 싶은 것이다. 이렇게 하는 것이 현실적으로 기성세대가 젖어 있는 야릇한 향수에 적절하게 대응하는 방안일 뿐 아니라 학문적으로도 박정희체제의 공과(功過)를 정당하게 평가하는 길이라 생각한다.

그런데 이런 평가가 정당성을 얻기 위해서는 선결되어야 할 이론적 및 규범적 쟁점들이 많다. 예컨대 경제발전이 박정희 때문인가 아니면 여타 요인들 탓인가, 정치체제의 유형과 경제발전 간에는 어떤 상관관계가 있는가, 발전전략은 자주·고립적인 것과 외자의존·개방적인 것 중 어느 것이 보다 나은가, 불평등과 갖가지 사회적 문제를 야기시키면서까지 경제발전은 추구될 만한 가치가 있는가 등이 그것이다. 이런 것들은 상당 부분 가치판단과 관련이 있는 문제들이다. 따라서 이 글에서는 먼저 가치판단의 준거점을 마련하는 문제를 생각해보고, 그에 입각하여 위의 쟁점들을 살펴보면서 한국현대사에서 박정희체제 18년이 지니는 위상을 자리매김해보도록 하겠다.

2. 가치판단의 준거점: 희생이 수반된 선택의 문제

박정희 집권 18년 동안 한국경제가 비약적으로 발전했다는 사실 자체에

하는 조국근대화야말로 남북통일을 위한 대전제요 중간목표인 것입니다. 통일의 길이 조국근대화에 있고, 근대화의 길이 경제자립에 있는 것이라면 자립은 통일의 첫 단계가 되는 것입니다"(대통령비서실, 1967, 48).

대해 의문을 제기하기는 어렵다.[3] 그러나 그런 발전을 어떻게 평가할 것이냐는 문제를 둘러싸고는 사람들 사이에 의견이 엇갈린다. 주지하듯이 이것은 가치판단과 관련된 문제로서, 이에 관한 태도에 따라 뒤에서 살펴볼 여러 쟁점들에 대한 입장도 달라질 수 있는 중요한 문제다. 이러한 가치판단의 준거점을 마련해보려는 것이 본 절의 과제다.

1990년대 초부터 비록 박정희가 쿠데타를 통해 집권하긴 했지만 국민을 절대빈곤으로부터 구하고 국가의 경제적 위상을 드높였다는 점에서 당시 성취된 경제발전을 적극적으로 평가해야 한다는 목소리가 높아져가고 있다. 그리고 그런 결과론적 논법에서 박정희 시대에 추구된 경제발전전략 — 외자의존·수출지향·국가주도— 이라든지 경제성장을 위해 정치발전과 통일을 잠시 접어두자는 '방법론적 유보'론에 대해서도 당시 시대여건에서 효율성 추구를 위해 불가피한 것이었다고 주장되고 있다(조갑제, 1993; 김정수, 1994; 이석제, 1994; 김성진, 1994).

그러나 절차와 과정을 보다 중시하고 삶의 질적 측면을 우선시하는 입장에서 이런 결과론적 논법에 대한 반발 또한 만만치 않다. 그들은 박정희체제가 지닌 태생적(胎生的) 한계 —친일경력이라든지 쿠데타를 통한 집권 등— 로부터 그의 정당성을 문제삼으면서 당시의 발전전략이 초래한 대외종속성·불균형성·반민중성과 방법론적 우회전략이 지닌 반민주성과 반민족(통일)성을 지적하고 있다. 따라서 그들은 삶의 질이란 면에서 박정희 시대는 퇴행의 시기였다고 주장하고 있다(김대환, 1993; 손호철, 1993; 고성국, 1994).

이러한 두 입장은 1960~70년대 친체제 세력과 반체제 세력의 논리

---

3) 물론 발전과 성장을 개념적으로 구분하거나 근대화개념을 세분하여 정의하면서 박정희 집권기는 성장이나 경제적 근대화에 해당될 뿐이라고 주장한다든지 또는 불균형, 종속성 등 갖가지 수식어를 동원해 당시를 제한적 의미에서의 발전 내지 성장으로만 보려는 사람들(김대환, 1993)이 적지 않다. 그러나 그들도 경제적 역량(capacity)의 증대 자체를 부인하지는 않는다.

의 연장선상에 있다. 일찍이 베버가 '행위의 이율배반(Die Antinomie der Handlungen)'을 설명하면서 이념형적으로 제시한 바 있는 '책임윤리(Verantwortungsethik)'와 '신념윤리(Gesinnungsethik)' 간의 구분을 원용한다면, 전자는 친체제 세력의 그리고 후자는 반체제 세력의 행위를 이끄는 준칙이라고 할 수 있다.

책임윤리의 신봉자는 목적달성을 위한 최적수단을 계산하여 행동한다. 그들은 가능한 여러 결단들이 가져올 결과들을 상상해보면서 자신이 원하는 결과를 가져올 수 있는 행위를 사건들의 구조 속에 도입하려는 사람인 것이다. 따라서 이것은 단순히 효과성에 대한 추구와 본인이 성취하려는 목표에 적합하고 효율적인 수단의 선택에 의해서만 정의되는 윤리다. 반면 신념윤리의 신봉자는 자신의 이상을 실현시킴으로 인해 생기는 여러 결과에 대해서는 명시적으로나 묵시적으로 전혀 고려함이 없이 스스로 본분이라고 생각하는 바에 대하여 신념(의무감)을 가지고 행동한다(M. Weber, 1980, 505-560; W. Schluchter, 1980, 55-74 ; J. Freund, 1981, 28-30).[4]

물론 이 두 윤리의 구별은 이념형적인 것이다. 양자는 이론적으로는 분명히 구분되지만, 현실에서는 양자가 서로 다른 비중으로 섞인 상태에서 행위가 이루어지는 것이 일반적이다.[5] 명백한 확신에 의해서 고쳐되지 않는 책임윤리는 없다. 예컨대 위에서 책임윤리에 속한 것으로 본 친체제적 논리도 박정희를 비롯한 당시의 집권엘리트들의 '조국근대화'에 대한 확고한 신념에 기반하여 성립된 것이 사실이다. 그러나 그 목표를 위하여 수단을 선택하는 과정에서 그들의 사고와 행동을 지배한 원칙은 분명 효과성과 효율성

---

[4] 책임윤리는 마키아벨리적 윤리에 그리고 신념윤리는 칸트적 윤리에 비견되기도 한다(R. Aron, 1967, 213).
[5] 사실 베버도 양자의 결합 속에서 '진정한' 인간의 표상을 보고 있다(J. Freund, 1981, 29). 그러나 이념형이 본래 유형화와 비교를 위해 인위적으로 구성된 개념임을 생각한다면, 이것은 전혀 문제가 되지 않는다.

이다. 그런 점에서 이들의 행위는 책임윤리에 입각해 있는 목적합리적 행위 (M. Weber, 1968, 24-26)라고 할 수 있다.

그런데 이때 이들을 지배한 효율성의 원칙의 내용은 (시장)경제적 계산에 입각한 것이라기보다는 정치적 산법(算法)에 기초한 것이었다. 목표의 구체적인 내용을 정하는 것에서부터 그것을 달성하기 위한 전략의 수립에 이르기까지 그들의 사고와 행위를 이끈 준칙은 시장경제의 신봉자(신고전파)들이 보기에는 비합리적으로 보이지만 (전략적)산업정책론자들의 눈에는 합리적이고 효율적으로 보이는 '개발주의(developmentalism)'의 논리[6]였다. 이러한 논리는 통상적 의미의 정치적 논리와도 달랐다. 경제의 논리에서 핵심인 자유경쟁과 교환이 무대만 정치적 시장으로 옮겨 이루어지는 것이 통상 의미에서의 정치의 논리라고 본다면, 정치의 실종을 그 특징으로 하는 박정희 시대의 주도논리가 그것과 같을 수는 없다. 박정희체제를 이끈 정치적 산법은, 베버(J. Kocka, 1966)나 슈미트(C. Schmitt, 1988)의 용어를 빌어 표현한다면, 결단주의(Dezisionismus)에 입각한 계산법[7]이며, 그런 점에서 당시는 독특한 효율성 원칙에 입각해 형식합리성을 추구함으로써 발전이 이루어진 시기라고 할 수 있다.

한편 필자가 신념윤리를 행위의 준칙으로 삼는다고 말한 반체제 세력의 행위에 책임윤리적 측면이 전혀 없는 것은 아니다. 그들도 목적달성을 위한 효율성의 측면에서 수단을 계산하기도 한다. 그러나 그들의 행위를 이끄는 근본적 원칙은 아무래도 그들이 믿고 있는 절대가치다. 그들에게는 그 가치

---

6) 개발주의의 논리란 "사유재산제와 시장경제를 기본틀로 하지만 산업화의 달성을 목표로 하고, 그것에 도움이 되는 한 정부가 장기적 관점에서 산업정책을 통해 시장에 대해 개입하는 것도 용인"(강조는 필자)하는 경제운용방식을 지칭하는 것으로서, 산업정책의 구체적인 내용으로는 중점산업의 지정 · 산업별지시계획 · 기술진보의 촉진 · 가격의 과당경쟁 규제 · 선택적 보호주의정책 · 보조금정책 등이 포함된다(村上泰亮, 1994(下), 9, 79-113).
7) 결단주의에 입각한 개발주의적 산법(算法)의 대표적 예로 시장경제적 합리성에 입각하고 있던 국제통화기금(IMF)이나 세계은행(IBRD)의 반대를 물리치고 집권층이 1970년대에 중화학공업화를 국가목표로 정하고 모든 자원을 동원해 그것을 추진하던 일을 들 수 있다.

의 실현가능성보다는 가치 자체의 가치가 더 중요했다.[8] 그런 점에서 그들의 행위는 보편적 기준에서라기보다는 그 가치의 관점에서만 합리적일 수 있는 것, 즉 가치합리적 행위(M. Weber, 1968, 24-26)라고 할 수 있다.

반체제 세력의 행위에 대한 이런 상대주의적 해석에 대해 많은 반론이 제기될 수 있을 것이다. 필자도 암울한 시대의 등불 역할을 했던 그들의 노력을 폄하(貶下)하려는 의도는 없다. 그들의 희생적 노력이 있었기에 친체제 세력의 맹목적 형식합리성 추구에 따른 사회적 왜곡이 그나마 완화될 수 있었던 것은 사실이다. 그러나 주술이나 종교의 지배로부터 해방(die Entzauberung der Welt)되어 생활의 모든 영역에서의 합리화의 진행을 특징으로 하는 현대세계에서 특정가치가 절대적 우월을 주장하기는 어렵다. 오늘날 인간은 가장 높은 가치를 박탈당하고 여러 가치들 간의 대립에 직면해 있다. 베버의 말대로 '올림푸스의 신들의 싸움' 속에 인간은 내던져진 것이다. 이런 현대사회에서 신념윤리에 입각한 가치합리적 행위가 절대적 합리성을 고집하기는 어렵다.

목표가 무엇이 되었건 주어진(정해진) 목표를 실현하기 위한 효율성의 관점에서 수단(도구)을 선택한다는 점에서 책임윤리에 입각한 목적합리적 행위가 상대적 의미에서 보편적으로 합리적일 수 있는 것은 사실이다. 그러나 목표를 소여(所與)된 것으로 보고 그에 대한 가치평가를 열어두고 있다는 점에서 이 경우의 합리성은 실질합리성이라기보다는 형식합리성(M. Weber, 1968, 85-86)이자 도구적 합리성(M. Horkheimer and T. W. Adorno, 1972)이다. 이때 형식합리성의 확산이 곧 실질합리성의 증대를 가져오는 것은 아니라는 점에 현대사회에서 보편화되고 있는 목적합리적 행위의 비극이 있다. 사회가 합리화 ―형식적인 면에서― 될수록 인간의 삶은 파편화되

---

8) 베버는 신념윤리에 입각한 행위의 대표적 예로 종교행위 ―특히 산상수훈― 를 들고 있는데, 박정희 시대에 반체제 세력의 주도적 인사들에 종교인이 많은 것도 시사하는 바가 크다.

고 예속화되기 때문이다. 베버는 이러한 모순을 '행위의 이율배반' 또는 '결과의 패러독스'라고 하면서 그것이 현대사회의 피할 수 없는 철장(鐵檻: iron cage)이라는 비관적 결론을 내리고 있다(R. Aron, 1967, 248-250, 255-258; A. Giddens, 1971, 183-184; J. Freund, 1981, 20-30, 108-114).[9]

1960-70년대에 경제발전의 대가로 자유나 형평 등의 중요한 가치가 희생된 것은 부인할 수 없는 사실이다. 이것은 당시 집권 세력이 책임윤리에 입각해 추구한 형식합리성이 결국 실질합리성을 해치는 이율배반적 결과를 가져온 것이라고 볼 수 있다. 물론 베버가 근대사회 전체를 대상으로 하여 내린 진단을 20여 년의 짧은 기간에만 적용하는 것은 약간 무리가 있다. 이런 이율배반적 과정은 현재에도 계속되고 있기 때문이다.

그럼에도 불구하고 베버의 이율배반론을 당시에 적용해보는 것이 의미가 있다고 생각하는 것은 다음 두 가지 이유 때문이다. 하나는 그것이 당시에도 대결했고 현재도 서로 팽팽하게 맞서고 있는 두 주장, 즉 친체제적 및 반체제적 주장이 공히 취하고 있는 양자택일 내지 흑백논리적 관점을 벗어날 수 있게 해주기 때문이며,[10] 다른 하나는 그것이 박정희 시대에 만들어진 많은 희생과 부작용이 모두 그 체제 탓으로만 환원될 수 있는 것인지 아니면 근대화 내지 산업화 과정의 불가피한 산물과 공유해야 할 부분이 있는 것인지라는 중요한 문제를 제기해주기 때문이다. 후자의 문제는 뒤의 3절 2항에서 살펴보고 여기서는 전자의 문제만 생각해보자.

베버의 '행위의 이율배반'론에 입각할 경우, 이미 지적했듯이, 양 진영의 주장이 모두 절대적 합리성을 주장하기는 어렵게 된다. 신념윤리에 기초한

---

9) 베버는 이런 비관적 보편사관에 니체로부터 고취된 투쟁과 권력 및 결단의 철학을 결합시키면서 그나마의 해결책을 국민투표적 지도자민주주의(Plebiszitäre Führerdemokratie)에서 찾고 있다(W. J. Mommsen, 1965, 1974).
10) 베버가 책임윤리와 신념윤리를 구분한 주목적은 바로 이런 양자택일이나 흑백논리를 벗어나기 위해서였다. 그런데도 베버의 행위유형을 양자택일적인 것으로 곡해하여 (역사)연구에 적용하는 경우가 자주 눈에 띈다(박명림, 1994).

반체제 세력의 논리는 그들이 신봉하는 절대가치(신념)에 입각할 경우에만 합리적일 수 있게 된다. 그리고 책임윤리에 기초한 친체제 세력의 논리는 수단적이고 도구적인 의미에서의 합리성은 주장할 수 있으나 그 합리성으로 소여(所與)된 목적을 거부하고 목적 자체를 논의의 대상으로 삼고자 하는 사람들까지 포섭하기는 어려우며, 또 결과의 패러독스로 인해 실질합리성의 훼손이 동시에 발생한다는 점에서 역시 한계가 있다. 따라서 양 진영이 공히 취하고 있는 내 주장만이 옳다는 식의 흑백논리적인 독단론은 버려야 한다.

그러면 어디로 가야 하는가? 두 가지 가치기준을 동시에 가지고 이 면에서는 긍정적인데 저 면에서는 부정적이라는 식의 절충주의적인 양가론(兩價論)[11]으로 갈 것인가, 아니면 이 기준에서는 이것이 옳고 저 기준에서는 저것이 맞다는 식의 상대주의적인 양시론(兩是論)으로 갈 것인가?

이에 대한 베버의 결론은 후자에 가깝지만 결단에 입각한 선택을 강조한다는 점에서 맹목적 니힐리즘은 아니다. 그는 사람들이나 사회들이 달성할 목적이나 실현해야 할 가치에 대해 의견의 일치를 볼 수 있다고는 믿지 않았다. 그리고 가치들 사이에 보편타당한 위계가 존재할 수 있다고도 생각치 않았다. 궁극적으로 여러 가치들은 서로 양립할 수 없기 때문에 우리들 각자는 선택을 하지 않을 수 없다. 행위의 영역에서 '선택'은 우리들에게 '강요'되며, 거기에는 반드시 '희생'이 따른다는 것이다(R. Aron, 1967, 214).

썩 내키지는 않지만 베버의 이런 상대주의적 비관론과 결단주의적 결론 속에 거부할 수 없는 진실의 일단이 담겨 있는 것도 사실이다. 우리의 삶이

---

11) "경제는 잘했는데 정치는 못했다"는 식의 시중에 널리 퍼진 평가가 양가론의 대표적 예가 될 수 있다. 그런데 이러한 상식은 이론적으로 엄밀한 검증을 필요로 한다. 다시 말해 그것이 하나의 가치기준으로서 성립하기 위해서는 그 전제로서 민주주의와 경제발전을 병행추진하는 것이 가능하다는 점이 이론적으로 증명될 수 있어야만 한다. 이 문제는 3절 1항에서 따져 볼 것이다.

어쩔 수 없는 가치의 선택과 그에 따라 치르지 않으면 안 되는 대가로 점철되어 있는 것이 사실이기 때문이다. 이렇게 선택과 결단이 운명이라면 사회과학자의 활동영역은 과연 무엇인가? 베버처럼 가치선택의 조건을 고려하는 데서 그쳐야만 하는가? 그렇지는 않다. 선택의 조건만을 고려할 것이 아니라 그 토대 위에서 가치를 선택하고 그에 입각해 연구를 진행시켜야 하는 것도 사회과학의 영역이다. 이것을 위해 새삼 해묵은 가치중립논쟁을 들먹일 필요는 없을 것이다.

　이제 문제가 되는 것은 선택을 위한 결단을 내림에 있어 고려해야 할 조건들의 구체적 내용이다. 필자는 먼저 다음 두 가지, 즉 시간의 흐름과 각 시점에서의 사회적 및 구조적 여건에 대해 고려할 것을 제안한다. 이때 시간의 흐름이나 시점과 관련하여 꼭 고려해야 하는 것이 산업화의 단계(성숙정도)이다. 이것은 모두 특정가치의 절대성을 주장하는 함정에 빠지지 않기 위해 마련된 것이다. 한 시점에서의 사회적 및 구조적 여건을 고려하는 것은 그 시점에서의 선택을 위한 판단에 도움을 줄 수 있으며, 그렇게 선택된 가치(목적)는 그 시점에서의 수단을 선택하는 기준이 될 수 있다. 그러나 이러한 선택이 다음 시점에서까지 절대적으로 타당한 것은 아니다. 그것은 한편으로는 선택 자체가 낳는 이율배반적 결과 탓이고 다른 한편으로는 선택에 동반된 희생이 가하는 반격 때문이다. 아울러 필자는 다른 나라와의 비교의 관점도 도입할 것을 제안한다. 실험을 할 수 없다는 점이 자연과학과 인간과학의 차이이다. 그런데 다른 나라의 경험은, 조건의 차이만 주의깊게 고려한다면, 우리가 스스로를 대상으로 하여 행할 수 없는 역사적 실험을 대행하여 준다는 점에서 의미를 찾을 수 있다. 따라서 타국의 경험을 고려함으로써 우리는 자신의 경험을 상대화시켜 그것에 대한 가치판단을 보다 객관적으로 할 수 있게 될 것이다.

3. 민주주의와 경제발전은 양립가능한가?

1960~70년대에 우리를 지배해온 가치의 선택지는 민주[12]와 발전으로 대별(大別)될 수 있다. 친체제측의 선택은 발전이었고, 그 목적을 위해 그들이 동원한 전략적 수단은 외자의존, 수출지향, 국가주도 그리고 개발독재였다. 반면 민주를 선택한 반체제측이 자신들의 가치실현을 위해 주장한 전략적 수단은 민주주의에 입각한 자주적, 균형적 발전, 요컨대 내포적인 공업화였다. 어찌 보면 반체제진영은 민주와 발전을 선택지라기보다는 병행추진이 가능한 것으로 보았다고도 할 수 있다. 따라서 여기서는 먼저 민주주의와 경제발전이 양립가능한지를 따져보고, 만약 그렇지 못할 경우 어떤 선택이 이루어져야 하는지 그리고 그 선택에 따라 이루어진 결과를 어떻게 평가할 수 있는지에 관해 살펴보도록 하겠다.

1) 발전지향적 권위주의체제와 경제발전 사이의 선택적 친화성

이 주제에 관한 이론적 및 경험적 연구는 무수히 많다.[13] 그러나 그들의 결론은 서로 다르다. 민주주의가 경제발전을 저해한다고 주장하는 사람들은 그 논거로 경제발전을 위해서는 투자재원의 마련을 위해 소비를 축소해야 하고 정치적 안정과 질서유지를 통해 합의에 기반한 강력한 국가행위를 끌어내는 것이 필요한데, 선거구민을 의식해야 하고 사회 내 여러 집단들로부터의 압력에 직면해야 하는 민주주의에서는 그런 필요조건을 확보할 수 없기 때문이라는 점을 들고 있다(K. de Schweinitz, 1959; W. Galenson, 1959; S. P. Huntington, 1968, 1975). 반면 민주주의가 경제발전을 촉진시

---

12) 여기서 이 개념은 통일이나 형평 등의 가치까지 포괄한 의미로 사용하겠다.
13) 이에 관한 개관은 L. Sirowy and A. Inkeles(1990); G. Sørensen(1991, 1994); D. Rueschemeyer, E. H. Stephens, and J. D. Stephens(1992, 12-39); A. Przeworski and F. Limongi(1993) 참조.

킨다고 주장하는 사람들은 그 근거로 민주주의야말로 자원의 효율적 배분을 보장하고 성장과 복지를 동시에 도모하며 정치적 안정과 질서유지를 통한 합의의 도출을 가능케 한다는 점을 들고 있다(A. Kohli, 1986; M. Olson, 1991, 1993). 따라서 이 문제에 관해서 현시점에서 할 수 있는 것은 몇 가지 계몽된 추측을 제공하는 것뿐이라고 고백하는 사람도 있다(L. Sirowy and A. Inkeles, 1990, 134; A. Przeworski and F. Limongi, 1993, 64; G. Sørensen, 1994, 139, 169-171).

이렇게 보편적 결론을 내기 힘든 문제에 본 논문이 새삼 개입하고 싶은 생각은 없다. 다만 필자는 여기서 이 문제를 규범적 차원이나 추상적 이론의 차원이 아닌 역사적이고 경험적 사실의 차원에서 생각해볼 것을 제안한다. 이에 대해 양적 분석방법을 사용해 수많은 나라들을 교차분석한 경험적 연구가 이미 많음을 상기시키면서 반론을 제기할 수도 있다. 그러나 그 연구들은 너무 짧은 기간을 연구대상으로 하고 있고, 민주적이거나 권위주의적이라고 명쾌하게 분류하기 어려운 나라들이 상당히 많으며(예컨대 어떤 국가들의 경우 어제는 준민주주의에서 오늘은 권위주의, 내일은 또다시 준민주주의로 매우 빠르게 움직이고 있다), 산업화와 민주화의 정도를 재는 보편적인 척도를 마련하기 어렵다는 점 등의 이유 때문에 그다지 신뢰를 받지 못하고 있다(G. Sørensen, 1994, 140-141). 아울러 필자가 하려는 것은 비교사적 접근이라는 점에서 양적 분석방법에 기초한 그들의 경험적 연구와는 다르다.

이론적 차원에서 민주주의와 경제발전이 양립하지 못할 이유는 없으며, 실제로 산업화의 성숙단계에 도달한 대부분의 서구국가들에서 그것은 경험적으로 실증되고 있기도 하다. 그러나 이런 조화가 과거 산업화의 성숙단계 이전에도 가능했을까? 다시 말해 산업화의 초기단계에서도 이들 국가들이 민주화와 산업화를 병행추진하거나 '선민주화, 후산업화'의 길을 걷는 것이

가능했는가?

이에 대해 흔히 선발산업화국가들인 영국과 프랑스, 미국 등이 정치혁명(시민혁명)과 경제혁명(산업혁명)을 순차적으로 겪었다는 점에 주목하면서 그것이 가능했다고 주장하는 사람들[14]이 많다. 그들은 더 나아가 이러한 관점에서 아메리카적 경험을 보편적 '모델'로 삼아 많은 후속국가들에 대해서도 그 기준을 그대로 적용하는 단선적 발전개념을 보여주고 있다. 한편 이러한 단선론에 대해 앵글로아메리카적 경험은 근대화를 이루는 다양한 길 중의 하나에 불과하며, 더 나아가 그것이 되풀이되기 어려운 '예외'에 지나지 않는다는 반론[15]도 만만치 않다.

그러나 필자가 보기에 영국은 모델도 예외도 아닌 '선구적 예(prototype)'에 불과하다.[16] 영국이 민주화와 산업화를 병행 내지는 순차적으로 추진했다는 것은 사실에 부합되지 않는 편견이거나 도그마다.[17] 19세기 영국에서 참정권의 범위가 얼마나 제한적이었고 노동운동에 대한 탄압이 얼마나 극

---

14) 대개 근대화론자들이 여기에 속한다. 근대화론의 역사인식에 대해서는 藪野祐三(1984) 참조.

15) "서구민주주의라는 것은 단지 특수한 역사적 상황에서 나타난 하나의 귀결에 불과"하며 "20세기의 70년대에 서서 되돌아본다면 비민주적이거나 심지어 반민주적인 근대화도 있었다는 부분적 진리가 제기"된다고 하면서 앵글로아메리카적 경험을 상대화시키는 무어의 주장(B. Moore, 1966, 159)이나 "근대화문제에 대한 자본주의적이고 민주주의적인 해결책은 되풀이 되는 것이 불가능"하다는 슈바이니쯔(K. de Schweinitz, 1964, 10-11)와 "역사적으로 보면 민주주의체제는 법칙이라기보다는 오히려 예외"였다는 벨러(H.-U. Wehler, 1975, 30) 식의 예외론적 주장 등이 모두 그에 해당된다.

16) 이에 관한 자세한 설명은 김일영(1995c, 제4장) 참조.

17) 이와 관련하여 독일을 '특수한 길'로 보는 역사학자들에 대해 의문을 제기하면서 영국이 결코 모델이 될 수 없음을 주장하는 엘리(G. Eley)나 블랙번(D. Blackbourn)의 주장은 주목할 만하다. 엘리는 '특수한 길'론자들이 19세기 영국에 대해 민주화의 정도는 과장하고 국가의 억압성 정도는 과소평가하고 있다고 비판하면서, 흔히 영국의 경험에 돌려지는 산업화와 민주화의 '조화로운 동시성'은 구체적인 역사지식에 반대되는 도그마일 뿐이라고 말했다. 민주주의가 시작되고 강화된 것은 통상 부르주아혁명으로 불리는 정치적 변혁이 발생한 한참 뒤이다(G. Eley, 1985, 62-74). 그리고 그때 그것을 추진하는 담당자가 되었던 것은 부르주아가 아니라 산업프롤레타리아를 위시하여 도시수공업자, 쁘띠부르주아지, 독립자영농 등이었다. 따라서 엘리는 부르주아를 항상 자유주의 및 민주주의와 연결시키는 것은 편견이라고 주장한다(G. Eley, 1985, 75-90). 부르주아가 진실로 원하는 바는 산업자본주의를 자유롭게 발전시키기 위한 법적·제도적 틀의 마련이지 정치적 자유주의는 아니라는 것이다.

심했는지 등을 생각해본다면 이 점은 쉽게 이해될 수 있다. 따라서 영국도 산업화를 어느 정도 성숙시킨 연후에야 민주화로 나아갔다는 점에서 후속 국가들과 다를 바 없으며, 그 점에서 영국은 선구적 예에 불과하다는 것이 필자의 생각이다.[18]

이와 같이 영국마저도 민주화에서 산업화로 나아간 것이 아니라 그 역의 경우의 선구적 사례라면 산업화 초기단계에 민주주의에 의거해서 경제를 도약시킨 사례를 찾기는 정말 어려워진다. 특히 그 범위를 후발산업화국가들과 그 이후에 본격적인 산업화를 추진한 국가들로 한정시킬 경우 그 예는 전혀 없다고 해도 과언이 아니다. 독일, 이탈리아, 일본 등의 후발산업화국가들뿐 아니라 사회주의적 방식의 산업화를 추진한 구소련이나 동구권 국가들 그리고 최근의 동아시아 신흥공업국들(NICs)에 이르기까지 산업화의 초기단계에서 민주주의와 경제발전을 성공적으로 병행시킨 나라는 없었다.[19] 그리고 사회주의권이 붕괴된 오늘에 와서는 권위주의적 자본주의 방식으로 산업화를 추진한 국가들만이 민주주의로의 비교적 순탄한 이행과정을 보여줌으로써 과거 제3세계 권위주의국가를 이론적으로 합리화시켜주는 도구라고 비난받던 헌팅톤의 이론(S. P. Huntington, 1968)이 오히려 경험적으로 증명되는 모습을 보이고 있다.

물론 지금까지 예가 없다고 해서 앞으로도 산업화 초기단계에서 민주주의와 경제발전을 양립시킨 사례가 등장하지 말라는 법은 없다. 이 점이 모든 경험론적 주장의 취약점인 것은 사실이다. 따라서 이것을 보편화시킬 수는 없다. 그러나 적어도 개연성 면에서 현재까지는 양립불가능성의 명제

---

18) 무라카미(村上)는 한걸음 더 나아가 영국의 절대왕정 시기를 최초의 개발독재 내지 '개발주의'의 선구적 예의 시기로까지 규정하고 있다(村上泰亮, 1994[상], 213-216, 233-314).
19) 이 문제와 관련하여 최근 제3세계 국가들 중 자주 비교의 대상이 되고 있는 국가는 인도와 한국 또는 인도의 개방화 이후의 중국이다. 그에 관해서는 G. Sørensen(1994, 142-152); 渡邊利夫(1987); 繪所秀紀(1991, 57-160) 참조.

가 절대적 우위에 있는 것은 사실이다. 그러므로 적어도 경험적으로는 산업화 초기단계에서 권위주의와 자본주의적 경제발전 사이에 '선택적 친화력(elective affinities)'이 있다고 말할 수 있다.

그렇다고 권위주의체제가 반드시 경제발전을 가져온다는 것은 결코 아니다. 제3세계에 존재하는 수많은 권위주의체제 중 경제발전에 성공한 나라가 오히려 예외에 속한다는 사실이 그것을 증명한다. 따라서 몇몇 나라에서 경제발전이 이루어질 수 있었던 동인(動因)을 권위주의로만 환원시킬 수는 없다. 그러나 그 국가들이 권위주의였던 것도 사실이다. 그렇다면 양자 간의 관계는 어떻게 되는가?

여기서 우리는 국가의 역할과 성격에 주목하게 된다. 산업화에서 민주화로 나아갔다는 점에서 영국과 여타 후발 및 후후발 국가들 사이에 별 차이가 없었던 것은 사실이지만, 그렇다고 양자 간에 전혀 차이가 없는 것은 아니다. 적어도 산업화과정에서 경제에 대한 국가개입의 정도 면에서는 양자 간에 차이가 있기 때문이다. 그러나 그것은 정도의 차이일 뿐 그 이상도 이하도 아니다. 다시 말해 영국은 국가개입이 없는 자유방임주의였고, 여타 국가들은 국가개입주의적이었다는 말은 결코 아니라는 것이다. 국가개입이 자본주의 발전과정과 불가분의 관계(an integral part)였다는 점은 오늘날 많은 학자들에 의해 지지되고 있다. 자유방임주의의 본질이 '불개입의 개입'이라는 주장(김일영, 1994, 87-88)이나 영국에서 '자유시장'의 등장은 결코 '자연발생적'이지 않고 '꾸준하고도 조직되고 통제된 (국가)개입주의가 광범위하게 증대'된 덕이라는 폴라니의 주장(K. Polanyi, 1944, 140)이 그 예에 해당된다.

그러면 무엇이 이러한 국가개입이나 역할에 있어 정도의 차이를 낳는가? 이와 관련하여 주목하게 되는 것이 거셴크론의 주장(A. Gerschenkron, 1962, 5-30)이다. 그는 일찍이 유럽의 후발산업화국가들에 관한 비교연구를 통해 산업화의 시점문제에 주목하면서 "각국의 산업화과정에서의 특징은 산업성장에 있어 도약을 이루기 직전의 그 나라의 '상대적 후진성'의 정도에 달려있다"고 주장했다. 이때 이러한 상대적 후진성의 정도에 의해 규정되는 요소로 산업성장의 속도, 대기업 우대, 중공업과 생산재산업에 대한 장려, 선진기술과 투자자본의 도입에 있어 해외의존, 소비수준의 압박, 농업의 경시, 우수한 인적 자원을 짧은 시간에 생산해내기 위한 국가적 방책의 역할, 개발이데올로기의 영향 등을 들고 있는데, 그것은 결국 국가역할의 증대를 말하는 것에 다름 아니다. 따라서 경제발전에서의 국가의 역할은 산업화의 시기가 상대적으로 늦을수록 일반적으로 커진다고 할 수 있다.

최근 들어 후발 내지 후후발 산업화 과정에서 나타나는 이와 같이 경제적 역할이 큰 국가를 지칭하기 위해 '발전지향형 국가(developmental state)'라는 개념이 많이 사용되고 있다. 학자마다 이것을 정의하는 방식이 통일되어 있는 것은 아니지만[20] 한 가지 공통된 것은 그것이 단순한 권위주의체제와는 차별성을 지닌다는 점이다.

역사적으로 보아 권위주의하에서 경제발전이 일어날 수 있었던 경우는 국가가 사회 내의 제계급 —지배 및 피지배계급 모두— 으로부터 상당히 자율적이면서도 발전을 도모하기에 적합한 정책적 및 제도적 능력을 갖추었을 때뿐이다. 이런 특징을 갖춘 국가를 본 논문에서는 '발전지향적'이라고 지칭하고 싶다. 그런 국가가 정책 및 제도를 운용하는 원칙은 이미 지적한 바 있는 개발주의, 즉 "사유재산제와 시장경제를 기본틀로 하지만 산업화의 달성을 목표로 하고 그것에 도움이 되는 한 정부가 장기적 관점에서 산업정책을 통해 시장에 대해 개입하는 것도 용인"한다는 것이며, 그러한 정책과 제도의 구체적인 내용으로는 중점산업의 지정, 산업별 지시계획, 기술진보의 촉진, 가

---

[20] 이에 대한 논의로는 C. Johnson(1982, 3-34, 305-324); G. White & R. Wade(1988, 1-29); A. Leftwich(1995, 400-427) 참조.

격의 과당경쟁 규제, 선택적 보호주의정책, 보조금정책 등이 있을 수 있다.

그러므로 이제까지의 경험에서 관찰될 수 있는 권위주의적 발전의 예는 모두 그 국가가 '발전지향적 권위주의'체제였기 때문이지 단순한 권위주의 체제였기 때문은 아니라고 할 수 있다. 이렇게 볼 때 민주화와 산업화 내지는 정치체제의 유형과 경제발전 간의 관계에 관한 지금까지의 논의는 정치체제의 유형을 민주주의나 권위주의라는 지나치게 일반적인 개념으로만 양분하여 생각함으로써 개도국의 발전과 관련된 문제의 본질을 놓친 감이 없지 않다. 린쯔(J. Linz, 1975)로부터 유래된 권위주의개념은 민주주의와 전체주의에 속하지 않는 나라들을 모두 포괄해야 한다는 점에서 외연(外延)이 너무 넓다. 따라서 그것은 다른 개념으로 보완되거나 갖가지 수식어를 사용하여 세분될 필요가 있다(김일영, 1993, 231-232; S. Haggard, 1990, 263-264; G. Sørensen, 1994, 141, 152-171).[21]

이렇게 본다면 앞에서 권위주의와 발전의 관계에 관해 필자가 제시한 명제는 수정되어 다음과 같이 보다 엄밀하게 표현될 수 있다. 즉, 적어도 경험적으로는 산업화 초기단계에서 발전지향적 권위주의체제와 자본주의적 경제발전 사이에 '선택적 친화력'이 있다.[22]

2) 발전지향적 권위주의체제하에서 이루어진 경제발전을 어떻게 볼 것인가?

이상의 논의를 통해 우리는 산업화의 초기단계인 1960~70년대, 특히 그 초두인 1960년대 전반의 한국 상황에서 민주주의와 경제발전이란 두 가치

---

[21] 본 논문과 같은 박정희체제에 대한 조건부적 옹호의 논리를 스탈린체제에 대한 옹호와 동일시하여 비판하는 손호철의 논리(1995, 152-155)는 권위주의 내부의 이런 구분을 전혀 무시한 것이며, 아울러 전체주의와 권위주의 간의 구분도 도외시한 것이다. 더 나아가, 존슨(C. Johnson, 1982, 19-20)의 개념을 빌려 표현한다면, 발전지향적 권위주의와 사회주의는 각각 계획합리성과 계획이데올로기성으로 구분될 수 있는데 그에게는 그런 구분도 전혀 문제시되고 있지 못하다.

[22] '동아시아에서 권위주의는 발전전략의 통합적 부분'이라는 우-커밍스의 주장도 이와 맥을 같이 한다(M. Woo-Cumings, 1994, 416).

가 병행추진이 어려운 선택지임을 확인할 수 있다. 이제 우리에게 남은 것은 선택의 결단이다. 그리고 그것은 희생을 동반할 수밖에 없다. 그 경우 어느 쪽을 선택하는 것이 보다 희생을 줄일 수 있을지는 아무도 장담할 수 없다. 그것은 양적으로 계산될 수 있는 문제는 아니다.[23]

이때 박정희체제의 가치선택은 발전이었고 필자가 보기에 그 선택은 현실성이 있었다. 그것은 민주라는 가치의 소중함을 무시하기 때문은 아니다. 그것은 매우 중요하며 어떤 경우에도 포기될 수 없는 가치다. 그럼에도 필자가 발전이란 가치를 옹호하는 것은 다음 두 가지 이유 때문이다. 하나는 이미 살펴보았듯이 산업화 초기단계에서 민주를 선택하여 발전을 성공적으로 이룬 선례가 없다는 경험적 근거 때문이다. 또 하나는 지극히 상식적인 것인데, 민주라는 가치가 중요하긴 하지만 그것이 만약 굶주림이나 절대빈곤과 배타적 선택(trade-off)관계에 있다면 생각을 달리할 수 있기 때문이다. 빵의 문제는 민주라는 가치를 의미있게 만드는 전제다. 전자 없는 후자는 그 의미가 지탱되기 어렵다.[24] 따라서 필자는 적어도 산업화의 초기단계에서는 민주보다 발전을 선택하는 것은 의미있다고 본다.[25]

이러한 가치선택에 입각할 경우 1960~70년대 박정희체제하에서 일어난 경제발전은 상당히 긍정적으로 평가될 수밖에 없으며, 그 과정에서 수반된 많은 희생은 가치선택의 결단에 부수되는 어쩔 수 없는 손실로 여겨지게 된

---

23) 이 점에서 박명림(1994)과 같이 인간적 비용(human cost)을 중요한 가치기준으로 삼는 것은 문제가 많다. 카(E. H. Carr)의 말처럼 짜르하의 농노와 스탈린 치하의 농민 중 어느 쪽이 더 고통스러운가는 양적으로 측정될 수 있는 문제가 아니다. 따라서 이 기준은 상반된 주장을 정당화하는 근거로도 충분히 사용될 수 있을 만큼 자의적인 것이 되기 쉽다.
24) 이와 관련하여 흥미있는 것은 최근 중국과 미국 사이에 벌어지고 있는 인권논쟁이다. 이때 중국측 주장의 골자는 '생존권이 곧 인권'이라든지 '우선적이고 최종적인 인권은 생존과 개발의 권리이며, 이것 없이는 다른 인권과 자유가 무의미하다'는 명제이다(N. D. Kristof and S. Wudunn, 1994).
25) 이 경우 필자의 이런 입장이 산업화의 성숙도(단계)와 관련된 조건부적인 것임을 다시 한번 상기시키고 싶다. 산업화의 진행에 따른 가치선택의 변화와 관련해서는 본 논문의 제5절 참조.

다. 이런 식의 평가에 대해 많은 비판이 제기될 수 있다. 만약 다른 가치판단에 입각할 경우 그것은 충분히 가능할 것이다.

그러나 그런 비판이 의미가 있기 위해서는 다음과 같은 문제가 먼저 고려되어야 한다. 우선 만약 우리가 발전이나 산업화 그 자체를 거부하지 않는다면 그 과정에서 필연적으로 초래되는 희생과 부작용도 어느 정도는 감수할 수밖에 없다는 점이다.[26] 지구상의 국가들 중 지난 200년 동안 전통적인 농업사회로부터 근대 산업사회로의 사회변동과정에서 발생한 문제들로부터 자유로울 수 있는 나라는 거의 없다. 이 과정을 자본주의화라는 입장에서 바라본 맑스에게나 합리화라는 관점에서 바라본 베버에게나 변동 그 자체는 피할 수 없는 운명이자 역사적 사실이었다. 그리고 이러한 운명적 과정에서 긍정과 부정 그리고 희망과 절망의 양면을 동시에 본다는 점에서도 두 대가(大家)는 같다. 맑스에게 있어 자본주의화는 임금노동자에 대한 착취가 가중(서구사회)되고 전통사회를 폭력적으로 해체(제3세계)시켜가는 절망의 과정이면서 동시에 사회주의로의 길을 닦는 희망의 도정(K. Marx, 1954; 1969)이었다면, 베버에게 있어 합리화는 관료화의 진행에 따른 형식합리성의 증대라는 긍정적 측면과 실질합리성의 훼손이라는 부정적 측면이 동시에 일어나는 이율배반적 과정이었다.[27] 따라서 우리가 어느 입장을 택하든 산업화과정에서 희생과 부작용의 측면을 부인할 수는 없으며, 또 그것은 역사적 경험에 비추어보아도 부정될 수 없는 사실이다.[28] 아울러 그런 희생과 부작용이 산업화 단계가 초기일수록 크다는 것도 우리는 역사적 경험을 통

---

[26] 물론 이 경우 삶의 질을 들먹이며 당시 이루어진 산업화 자체를 거부하는 가치관을 가진 사람도 있을 수 있으나, 그런 시대착오적이고 소박한 낭만주의자(naive romanticist)는 여기서 논외로 하겠다.

[27] 물론 두 사람의 궁극적 결론은 낙관론과 비관론으로 서로 갈린다. 산업사회론과 자본주의 사회론 사이의 대비에 관해서는 A. Giddens(1982, 29-53) 참조.

[28] 무라카미는 산업화와 자본주의를 개념적으로 구분하면서 오늘날 자본주의의 병폐로 간주되고 있는 것들의 많은 부분이 사실은 산업화의 부산물로 보아야 한다는 주장을 펴고 있다(村上泰亮, 1994(상), 218-222, 258-259).

해 알고 있다.

한국에서 이런 산업화가 본격적으로 시발된 것이 바로 박정희 집권하의 1960~70년대다. 그렇다면 여기서 당연히 제기해볼 수 있는 의문이 이 시대에 발생한 여러 문제들과 부작용들의 원인을 과연 어디로 귀속시켜야 하는가 라는 것이다. 흔히 주장하듯이 박정희체제 탓인가 아니면 산업화의 불가피한 부산물인가? 필자는 양자가 공유해야 할 문제라고 생각한다. 당시가 산업화 초기단계였기 때문에 발생할 수밖에 없었던 문제들 —예컨대 저임금·장시간노동·정치체제의 비민주성 등— 이 있었지만, 그것이 당시 한국이 추구했던 독특한 압축형 산업발전전략(strategies of compressed industrial development: 渡邊利夫 1984, 44-53)으로 인해 가중되었고 그 와중에서 자원의 왜곡배분이나 일인장기집권과 같은 현상도 낳았다고 볼 수 있다.

물론 산업화현상을 고려했다고 해서 박정희체제에 대한 여러 비판이 의미를 잃는 것은 아니다. 다만 산업화가 호오(好惡)의 가치판단을 떠난 피할 수 없는 운명과도 같은 과정이라는 점과 그러한 운명적 과정을 떠맡아 추진한 박정희체제에 그 시대의 모든 문제를 귀속시키는 오류를 범하지는 말자는 것이 필자가 말하고자 하는 바이다.

맑스와 베버에게 산업화과정이 긍정과 부정 그리고 희망과 절망의 이중적 과정으로 보였듯이 우리에게 박정희시대는 발전과 퇴행이 교차하는 시기였다. 그러나 분명한 것은 발전이 퇴행을 낳았으면서도 동시에 그것을 다시 발전으로 역전시킬 수 있는 기반도 마련해주었다는 점이다. 이런 점에서 발전은 퇴행의 전제조건이라고 할 수 있지만, 그 역은 성립하지 못한다. 이것은 베버에게 있어 형식합리성의 증대가 실질합리성을 해쳤지만 전자 없는 후자만의 요구가 무의미하고 공허한 것과 같은 논리이다.

4. 박정희체제에서 진행된 발전의 동인과 과정

1) 리더십이냐 편승이냐

박정희 집권 18년 동안 한국경제가 비약적으로 발전한 원동력이 무엇인가? 이것은 앞의 쟁점들에 비하면 가치판단이 상대적으로 덜 개입될 수 있는 문제다. 이에 관한 대표적인 두 견해가 '리더십'론과 '편승(free ride)'론이다.

당시 모든 희망을 잃고 패배감에 젖어 있던 이 나라 국민들에게 박정희는 탁월한 리더십을 바탕으로 '하면 된다'는 자신감을 불어넣으면서 그들을 동원하여 오늘의 경제발전을 이루었다는 것이 전자의 논리(김정렴, 1990; 정정길, 1994; 이석제, 1994)이다. 이에 반해 후자는 당시 박정희는 국내외적으로 이미 갖추어져 있던 경제발전 조건 ―미국의 아시아 정책변화, 이미 마련되어 있던 경제개발계획안, 양질의 풍부한 노동력, 이미 이루어진 농지개혁의 성과 등― 에 편승했을 뿐이기 때문에, 만약 박정희 아닌 다른 사람이 집권했어도 그 정도의 경제적 성과는 거두었고 그것도 민주적인 방식으로 성취했을 것이라는 주장(정헌주, 1985; 송원영, 1990)이다.[29]

이것은 한편으로는 '역사에 있어 개인의 역할'(E. H. Carr, 1961)이라는 역사철학의 오랜 논제를 상기시키면서 다른 한편으로는 '구조와 행위자'라는 사회과학의 쟁점(A. Giddens, 1979)을 연상시키는 문제처럼 보인다. 이런 쟁점들이 역사철학이나 사회과학에서는 이론적으로 가치있는 쟁점임이 분

---

[29] 한편 두 논리 사이를 가로지르는 다음과 같은 주장도 있다. 즉, 박정희 때문에 발전이 일어나긴 했지만 그의 리더십 탓이 아니라 민중부문에 대한 그의 일관된 억압성·배제성과 자본으로부터의 자율성 확보 때문에 가능했다고 하면서, 박정희가 아닌 다른 사람이라도 이러한 민중억압적 정책을 폈으면 동일한 고도성장이 가능했으리라는 주장(손호철, 1993, 42-43)이 그것이다. 이것은 박정희의 역할을 인정하지 않을 수 없으면서도 그에 대한 긍정적인 평가는 유보해야 하는 딜레마에서 마련된 절충적 논리가 아닌가 생각된다. 그런데 필자가 보기에, 우선 사회과학자가 박정희에 대해 긍정적 평가를 유보해야 한다는 강박관념에 사로잡혀 있어야 할 이유가 없고, 보다 근본적으로는 이 주장이 "리더십이냐 편승이냐"는 다분히 저널리스틱 하면서도 본질적이지 못한 문제설정의 논리를 완전히 탈각하지 못하고 있다는 점에서 한계가 있는 것 같다.

명하다. 그러나 그런 대립이 구체적인 사례연구의 수준에서는 순이론적 차원에서 논의되는 것만큼 그렇게 절대적이지 않을 수도 있다. 경험적 연구의 수준에서는 대립항 중 어느 한쪽에만 의존하면 온전한 설명이 어렵기 때문에 대개 양자가 함께 고려[30]되면서 그들 간의 관계 —예컨대 선차성(priority)— 를 문제시하는 경우가 많다. 그리고 그 경우 행위의 차원은 개별행위자 외에 특정 행위집단들이 고려되기도 한다.

이렇게 볼 때 지난 1960~70년대 한국에서 경제발전이 일어난 원인을 박정희 개인이나 구조적 여건 사이에서 양자택일적으로 찾으려는 기존의 논쟁은 문제에 대한 체계적이고 학문적인 설명을 추구하기보다는 다분히 저널리스틱하고 정치적 의도가 함유된 논쟁으로 보인다. 아울러 구조(적 여건에의 편승)에 대립되는 행위의 수준을 일개 정치지도자의 리더십으로만 환원시키는 것은 이 논쟁이 '구조와 행위'라는 사회과학의 논쟁에도 제대로 부합될 수 없음을 뜻한다. 그러므로 '리더십이냐 편승이냐'는 식의 논쟁은 애초 문제설정의 구도 자체가 잘못되었다고 할 수 있다.

따라서 필자는 발전의 동인이란 문제에 접근함에 있어 우선 인간과 역사(적 조건) 간의 변증법적 관계를 강조한 맑스의 다음과 같은 고전적인 언급을 상기시키고 싶다.

> 인간은 자신의 역사를 만들어가지만, 그들이 원하는 대로 그것을 만들 수 있는 것은 아니다. 인간은 스스로 선택한 환경하에서가 아니라 과거로부터 주어지고 전이되어 직접적으로 맞닥뜨려진 조건 아래에서 역사를 만들어가는 것이다(K. Marx, 1969, Vol 1, 398).

이러한 논리에 입각할 경우 '행위냐 구조냐'의 논쟁이 어쩌면 무의미하게

---

[30] 유사한 문제의식에서 동아시아 자본주의의 역동성을 분석함에 있어 거시-미시적 접근 간의 연계(Macro-Micro Nexus)를 강조하는 것으로 H. K. Kim(1994) 참조.

보일지도 모른다. 그리하여 변증법적 통일이란 거창한 구호 아래 행위(인간)와 구조(역사)를 절충시키는 상식적인 논리[31]에 만족할지도 모른다.

그러나 인간과 역사(적 조건) 간의 변증법적 관계를 상기시켰다고 해서 문제가 모두 해결되는 것은 아니다. 적어도 다음과 같은 문제들이 모두 규명될 때 비로소 발전의 동인이란 문제는 어느 정도 해명될 수 있다. 우선 역사적 조건과 인간의 구체적 내용이 문제시된다. 그 경우 전자와 관련해서는 내인과 외인 간의 관계라든지 정치(군사)적 요인과 사회경제적 요인 그리고 문화적 요인 사이의 관계[32] 등이 고려될 수 있으며, 후자와 관련해서는 국가와 같은 조직체 및 그 구성원과 사회 내의 중요한 제 계급이나 집단 등이 문제시될 수 있다. 그리고 이런 역사적 조건이 인간을 한계지우고 역으로 인간이 역사적 조건을 변화시켜나가는 구체적인 메커니즘도 문제시되는데, 특히 후자와 관련해서는 특정정책이나 집합행동 그리고 제도의 정비 등이 고려될 수 있다.

2) 과학적 분석틀의 구성: 세계체제, 사회계급 그리고 국가의 성격

한편 '리더십이냐 편승이냐'는 식의 저널리스틱한 논쟁에서 벗어나 발전의 동인이란 문제에 보다 체계적이고 과학적으로 접근한 것으로 동아시아 신흥공업국들의 경제발전에 관한 많은 연구성과들이 있다. 이러한 연구들은 과거에는 신고전파 경제학적 입장이나 종속이론적 입장에서 주로 이루어지다가 최근 들어서는 제도주의적 입장에 의거한 설명이 점차 힘을 얻어가고 있다.[33] 따라서 여기서는 동아시아 신흥공업국들의 경제발전에 관한 기존연

---

31) 예컨대 당시 우리 사회의 제반 여건이 경제성장의 가능성을 함유하고 있었는데, 그것이 박정희체제에 의해 최초로 점화되었다는 식의 논리.

32) 이 삼자 간의 관계에 대해서는 김일영(1995d) 참조.

33) 물론 이외에 문화론적 설명이나 정치발전론적 설명도 있을 수 있다(구범모·백종국, 1990).

구성과들을 재검토하면서 위에서 제기한 문제들을 해명해보기로 하겠다. 그 경우 주의주의(主意主義, voluntarism)와 구조주의의 한계를 극복하려는 노력으로서 제시되고 있는 제도주의적 설명에 특히 주목하고자 한다.

1950년대에 풍미하던 구조주의적 발전이론(R. Prebisch, 1950)에 근거하여 국가보호주의적으로 추진되던 남미의 수입대체산업화는 1960년대 들어 시장메커니즘의 자율성을 무엇보다도 강조하는 신고전파 경제학적 입장(B. Balassa, 1977; 1981)으로부터 비판을 받아왔다. 이러한 신고전파 이론 또한 두 방향으로부터의 비판에 직면하는데, 그 첫번째는 저발전의 원인을 외적 요인 —세계시장과의 연계— 에서 찾는 종속이론적 발상(A. G. Frank, 1967)이다. 그러나 그 후 등장한 제도론적 입장[34]은 동아시아 신흥공업국들의 경제발전 경험을 근거로 하면서 신고전파와 종속이론에 대해 양자 공히 국내 정치역학이 경제정책(의 변화)에 어떻게 제약을 가하며, 또 외적 환경에 대해 국가가 대응하는 과정에서 그것이 어떤 영향력을 행사하는지를 무시하고 있다고 비판(S. Haggard, 1990, 21)하고 있다.

종속론적 관점은 그 내부에 많은 편차가 존재(A. G. Frank, 1967; F. H. Cardoso and E. Faletto, 1979; P. Evans, 1978)하고는 있지만 종속개념에 너무 집착하면서 세계체제로부터의 구조적 제약을 지나치게 결정론적인 것으로 파악함으로써 그것에 대응하는 국가(전략)의 중요성을 과소평가한다는 점에서 공통된 한계를 드러내고 있다. 제도론자들도 특정국가 —특히 개도국— 에 가해지는 외적 제약의 중요성을 부인하지는 않는다. 그러나 그것만으로는 동아시아 신흥공업국들의 발전을 설명할 수 없다. 따라서 국제적 환경을 경직된 결정적 구조가 아니라 일련의 유동적인 제약들로서 보아야 하며, 그 안에서 국가들은 학습하고 그들의 활동영역을 확장시킬 수 있는 것으

---

[34] 이 글에서는 이 개념을 R. Wade나 A. Amsden 같은 (전략적)산업정책 옹호론자들이나 발전주의경제학자들(D. Lal, 1985)도 포함한 것으로 사용하겠다.

로 파악해야 한다는 것이 제도론자들의 생각(S. Haggard, 1990, 21-22)이다.

한편 주로 동아시아 신흥공업국들의 경제발전을 근거로 하여 제도론적 입장이 신고전파 이론에 대해 제기하는 의문은 다음 세 가지로 정리될 수 있다(R. Wade, 1990, 52-72; S. Haggard, 1990, 9-16, 21; Z. Önis, 1991, 109-110, 120-123).

첫째, 이 이론으로는 동아시아의 신흥공업국들이 왜 수입대체산업화로부터 수출지향산업화로 정책을 변화시켰는지를 설명할 수 없다. 거꾸로 말해 수출지향산업화정책이 진정으로 우월한 산업화전략이라면 어째서 다른 나라들이 그 정책을 채택하지 않았는지를 설명할 수 없다는 것이다. 그것은 이들이 어떤 정책이 발전에 미치는 정책적 효과에만 관심을 기울이고 정치, 특히 특정정책이 채택되는 과정에 대해서는 무관심하기 때문이다.

둘째, 이 이론에 따르면 정책만 올바르면 경제발전은 항상 가능하다는 과장된 결론에 이르게 된다. 예컨대 다른 개도국들도 동아시아 신흥공업국들과 같이 비교우위에 입각한 수출지향산업화정책을 추진하면 모두 경제발전을 보장받을 수 있다는 것이다. 물론 그들 나라들이 수출지향적 정책으로 돌아설 경우 약간의 경제적 성과는 거둘지 모른다. 그러나 동아시아의 모델이 다른 나라들에 그대로 복제될 수 있는 것은 아니다. 동아시아 신흥공업국들의 성공은 그런 정책을 선택한 탓이기도 하지만, 그보다 먼저 그 정책을 선택하도록 만든 국내외적 조건(환경)의 덕이기도 하기 때문이다. 바로 여기서 우리는 특정정책을 조건지우는 국제적 환경 및 국내의 사회경제적 구조와 제도적 환경을 고려하지 않으면 안 된다는 결론에 이르게 된다.

셋째, 이들이 주장하듯이 동아시아 신흥공업국들의 발전은 비교우위에 기초하여 이윤획득 가능성을 극대화한 결과 나타난 것이 아니라 국가가 국내 및 국제 시장의 힘들을 제어하고 그것을 국가목표 달성에 동원하는 전략적 역할을 수행한 결과로 봐야 한다는 점이다. 다시 말해 국가에 의해 시장이 대체되지는 않았지만 시장의 합리성이 국가가 정한 산업화의 우선순위에 의해 제약되고 지도되는 가운데 경제발전이 일어났던 것이다. 따라서 동아시아 신흥공업국들의 발전은 국가가 우위에 선 상태에서의 국가와 시장 간의 '공조(synergy)'의 결과[35]라고 할 수 있다.

이상의 검토를 기초로 제도론적 입장에 의거하여 발전을 설명하려 할 경우 세계체제로부터의 외적 제약과 내부에서 그것에 대응하는 국가 그리고 국가와 상호작용하는 사회라는 세 요인이 같이 고려되어야 함을 알 수 있다. 물론 그 경우 제도론의 독자성은 세 요인 중 국가를 자기 이해를 지닌 "행위자이면서 동시에 제도(조직체)"(S. Haggard, 1990, 42)로서 세계체제 뿐 아니라 사회 제세력과의 상호작용을 통해 그것들을 변화시켜나간다고 본다는 점에 있다. 그러나 필자는 여기서 한 걸음 더 나아가 세계체제와 사회라는 나머지 두 요인의 내용도 보다 정교하게 다듬어져서 국가와의 상호작용을 살펴보아야만 한국의 정치·경제적 발전 동인과 과정을 보다 적절하게 설명할 수 있다고 생각한다.

먼저 세계체제, 그 중에서도 특히 전후 미국 주도의 자본주의세계체제의 특징을 설명하기 위해서는 헤게모니개념을 도입(B. Cumings, 1987)하는 것이 유용하다.[36] 이 경우 헤게모니는 "경제, 정치, 국제안보관계에서 비헤게모니적 국가들이 벗어나서는 안되는 외적 한계(outer limits)를 명시"(B. Cumings, 1987, 49)하는 것을 의미한다.[37] 이러한 헤게모니에 의거하고 있는 전후의 팍스 아메리카나체제는 식민지를 토대로 하던 이전의 제국주의체제

---

35) 이것은 '지도된 시장경제(guided market economy)'(A. Amsden, 1989)나 '관리된 시장(governed market)' (R. Wade, 1990)의 결과로 표현되기도 한다.
36) 헤게모니개념에 대한 정의는 다르지만 전후의 냉전을 설명하기 위해 이 개념을 도입하는 G. G. Migone(1989)나 M. Caldor(1990) 등도 같은 맥락으로 보아 줄 수 있다.
37) 주지하듯이 헤게모니개념은 계급적 에토스라는 그람씨적 의미, 극소수 초강대국의 지배라는 중국식 용법 그리고 한 국가가 국가들 간의 관계를 규제하는 핵심적 규칙들을 결정하고 유지시킬 수 있으며, 또 기꺼이 그렇게 하려는 상태라는 코헨과 나이의 정의(R. Keohane and J. Nye, 1977, 42-46) 등 다양하게 정의되어 사용되고 있다.

와는 다른 새로운 제국(帝國)체제(new system of empire)였다. 미국이 설정한 외적 한계 —소위 광역권(Grand Area)— 는 비영토성, 보편성 그리고 개방성을 특징으로 했기 때문에, 그것은 아래로부터의 경쟁에 대해 기존의 어떤 제국주의체제보다도 개방적인 스타일의 헤게모니를 창출해낼 수 있었다. 다시 말해 광역권 내에서 국가들 간의 위계를 설정하긴 하지만 그것을 고정된 것으로 못박지는 않기 때문에 아래로부터 상승하려는 의지와 능력을 지닌 국가들에게는 활동의 여지를 제공하는 상당히 개방적이고 유연한 헤게모니가 바로 전후의 자본주의세계체제의 골간이라 할 수 있다. 그리고 이런 형태의 헤게모니에서는 때때로 안보에 대한 고려와 경제적 고려가 상충되기도 하는데, 그것은 미국에게는 약점으로 작용하겠지만 여타 나라들에게는 행동의 여지를 넓힐 수 있는 또 하나의 기회로 이용될 수 있다.[38]

대부분의 국가들에 대한 외부로부터의 구조적 제약인 전후 세계체제를 이렇게 설명하는 것은 다음과 같은 점에서 제도론적 입장을 보완해줄 수 있다. 즉, 국가는 자기 이해를 지닌 행위자이자 제도이기 때문에 활동의 여지를 가지기도 하지만, 그밖에 세계체제 자체 속에도 그런 활동의 여지를 제공해줄 수 있는 근거가 있다는 점이다. 아니 어쩌면 후자의 기반 위에서 전자가 가능하다고 하는 것이 보다 정확할지도 모른다. 과거와 같이 식민지를 기반으로 한 세계체제였다면 국가의 독자적 활동공간은 생각하기 어렵다. 전후의 세계체제가 독특한 헤게모니를 기반으로 하고 있고, 바로 그 헤게모니

---

38) 대표적인 예로 1950년대에 이승만체제가 누렸던 자율성을 들 수 있다. 당시 한국은 정치·경제 모든 면에서 거의 전적으로 미국의 원조에 의존하고 있었다. 그런데도 국가가 어느 정도의 자율적 활동공간을 가질 수 있었던 것은 당시 미국의 헤게모니 자체가 지닌 모순 때문이었다. 당시 미국은 한국에 대해 상호모순되는 세 가지를 동시에 바라고 있었다. 즉, 냉전의 첨병역할을 하기에 충분한 강한 국가(a strong state)이면서 탈집중화되고 방만한 재정운용을 하지 않으면서 시장경제원칙에 충실한 작은 국가(a small liberal state)가 되기를 그리고 동시에 지역통합전략상 동아시아지역의 중심인 일본에 종속된 국가(a dependent state)가 되기도 원했다. 그런데 한국정부는 동시에 충족될 수 없는 세 요구 사이에서 첫째 요구를 볼모로 삼아 나머지 두 요구에 대한 미국의 양보를 얻어내는 자율성을 발휘할 수 있었다. 이에 관한 자세한 설명은 J. Woo(1991, 43-60); 김일영(1995c, 제3-1장) 참조.

로부터 소속국가들의 활동여지를 제공하는 공간이 제공되고 있기 때문에 국가에 관한 제도론적 주장은 성립할 수 있는 것이다.

아울러 세계체제의 하위범주로서 지역체제(regional system)를 고려하는 것도 필요하다(B. Cumings, 1988, 252-256). 이것은 이론적 이유보다는 분석상의 편의 때문이지만, 동아시아와 같이 지역중심으로서의 일본의 역할이 장기간 지속된 지역[39]에서는 역사적 이유 때문에도 그것은 별도로 고려될 필요가 있다.

한편 국가와 상호작용하는 사회는 주요한 경제적 이해와 영향력을 지닌 이익집단이나 사회계급을 중심으로 분석되는 것이 일반적이다. 그 경우 고려되는 주요 행위집단은 전통적 지주계급, 자본가, 노동자 그리고 농민계급 등이며, 그들과 국가(엘리트)와의 (연합)관계가 주로 분석대상이 된다(F. C. Deyo, 1987; 백종국, 1992; S. Haggard, 1990, 33-42).[40]

그런데 세계체제와 국가 그리고 사회(내 제계급) 간의 상호작용이 체계적으로 분석되기 위해서는 삼자 사이의 매개항 역할을 하고 있는 국가를 개념적으로 보다 정교화시킬 필요가 있는데, 이와 관련하여 필자는 국가의 상대적 자율성, 능력(capacity) 그리고 강도(strength) 개념을 도입할 것을 제안한다.[41] 필자가 보기에 국가의 상대적 자율성이란 "국가가 지배계급과의 관

---

[39] 일본은 과거에는 독자적인 '대동아공영권'으로, 전후에는 미국의 지원하에 이 지역의 소중심(小中心, sub-center)으로 그리고 오늘날에는 미국과 더불어 이 지역의 이중적 헤게모니(dual hegemony)를 이루고 있는 국가로서 우리에게 다가서고 있다.

[40] 이와 달리 사회 내의 주요집단인 자본가와 노동자를 그들의 소속에 따라 생산시장과 노동시장에 위치시키고 각각에 대한 국가의 정책을 분석하는 국가-시장의 결합구조분석(임현진·송호근, 1993)도 있다. 이것은 각 시장에 대한 국가의 정책적 차별성 ―시장형성이냐 시장적 응이냐― 을 분석할 수 있다는 점에서 장점이 있지만, 산업화 이전이나 초기단계에서 중요한 계급인 지주와 농민을 위치시킬 장소가 없다는 점에서 문제가 있다. 다시 말해 이 분석틀로 1950년대까지 포괄하기는 어렵다는 것이다. 따라서 이 점과 관련해서는 필자가 아래에서 하듯이 지주와 자본가는 지배계급으로 그리고 농민과 노동자는 피지배계급으로 묶고 각각과 국가와의 관계를 국가의 자율성이나 능력 그리고 강도개념으로 살펴보는 것이 나을 것 같다.

[41] 약간 차이가 있긴 하지만, 이 개념에 대한 필자의 자세한 설명은 김일영(1992, 221-223)참조. 그리고 유사한 시도로는 Z. Öniş(1991, 123-125) 참조.

계에서 그들의 의사에 반해 목표를 세우고 정책을 입안할 수 있는 정도"인데 반해, 국가의 강도는 "국가가 피지배계급과의 관계에서 억압과 동의 중 어떤 수단에 더 많이 의존하는가"에 따라 강성(strong)과 약성(weak)으로 구분되는 개념이다. 그리고 국가능력은 '국가의 정책집행능력'으로서 그것의 크기는 국가가 제도적으로 어느 정도 정비되어 있고 또 어떤 목표를 위해 그것을 재정비할 수 있는가, 국가의 정책결정구조가 어느 정도 응집적인가, 국가가 보유하고 있는 각종 자원(resources)[42]은 어느 정도인가 등의 요인에 의해 결정된다.[43]

국가의 활동을 이상과 같이 개념화시킨다면 제계급과 국가 간의 세력관계를 따져보기가 훨씬 용이하리라 여겨지는데, 그 관계를 보다 명확히 하기 위해 먼저 국가의 상대적 자율성과 강도를 교차시켜 다음과 같은 표를 그려보았다.

〈표 7-1〉 국가의 상대적 자율성과 강도에 따른 국가유형분류

		국가강도	
		강성국가	약성국가
국가의 상대적 자율성	크다	A	B
	작다	C	D

이 표에 나타난 네 유형의 국가에 대해 각각 국가능력의 크고 작음을 대입시켜보면 적어도 '논리적'[44]으로는 여덟 가지 유형의 국가를 생각해볼 수 있다.

〈표 7-1〉에 나타난 네 유형의 국가는 우선 강성/약성 여부에 따라 권위주

---

42) 물리적 강제력, 물적 재화, 전문지식이나 경험(know-how)에 근거한 정책적 대안 등 갖가지 차원의 자원을 지칭한다.
43) 국가자율성과 능력에 대한 유사한 정의로는 T. Skocpol(1985, 9, 15-16) 참조.
44) 이러한 여덟 가지 유형 중에는 역사적으로 실례를 찾기 어려운 것도 있을 수 있기 때문에 '논리적'이란 단서를 달았다.

의(A와 C유형)와 민주주의(B와 D유형) 체제로 나눌 수 있으며, 과거 후발산업화국가들이나 제3세계의 국가들은 대부분 권위주의체제인 A나 C유형에 속한다고 볼 수 있다. 그 중 C유형은 지주와 같은 전통적 지배계급의 영향력이 퇴색하지 않은 나라에서 나타나기 쉽고, 그들의 힘을 무력화시킨 국가들에서는 A유형이 출현하는 것이 일반적이다. 그리고 이 두 유형의 국가도 국가능력의 크기에 따라 각각 둘로 나누어볼 수 있다. 그 때 C유형에서 국가능력이 작은 경우는 '전통적 엘리트를 위한 권위주의체제(authoritarian regime for traditional elite enrichment: ARTE)'로, A유형에서 국가능력이 작은 경우는 '국가엘리트를 위한 권위주의체제(authoritarian regime for state elite enrichment: ARSE)'로 명명할 수 있을 것 같다.[45] 그리고 두 유형 모두에서 국가능력이 큰 경우는 '발전지향적 권위주의체제'(developmental authoritarian regime: DAR)의 속성을 공유하는데, 다만 주체가 상이하므로 C유형의 것은 '(전통적 엘리트에 의한) 발전지향적 권위주의체제(DAR[TE])'로 그리고 A유형의 것은 '(국가엘리트에 의한) 발전지향적 권위주의체제(DAR[SE])'로 구분하면 될 것 같다.[46]

한편 민주적 체제에 속하는 B와 D유형도 국가능력에 따라 각각 둘로 나누어 볼 수 있다. B유형에서 국가능력이 작은 경우는 '민중주의체제(populist democratic regime: PDR)'로, D유형에서 같은 경우는 '사회적 기반부재의 취약한 민주주의체제(fragile democratic regime without social bases: FDR)'로 그리고 B와 D유형에서 반대의 경우는 각각 복지민주주

---

45) 각 유형의 대표적 예를 들어보면 ARTE에는 남미의 민중주의 등장 이전의 과두적 지배체제라든지 필리핀의 지주과두체제 등이, ARSE에는 아프리카에서 모부투(Mobute) 치하의 자이레나 아민(Amin) 하의 우간다 그리고 남미에서 뒤발리에(Duvalier) 하의 아이티나 소모사(Somoza) 치하의 니카라과 등이 해당될 것 같다.
46) DARTE에는 과거 비스마르크체제가 그리고 DARSE에는 전후의 대만 등이 해당된다고 할 수 있다. 이러한 용어들은 Sørensen(1994, 157-159)이 사용한 단어들을 약간 변형시킨 것이다. 그리고 ARSE, ARTE, DARTE, DARSE를 경도(硬度)에 따라 다시 연성(soft)과 경성(hard)으로 나누는 것도 가능할 것이다.

체제(welfare democratic regime: WDR)와 신보수적 민주주의체제(neo-conservative democratic regime: NCDR)로 명명할 수 있을 것 같다.[47]

이상의 논의를 표로 그려보면 다음의 〈표 7-2〉와 같다.

〈표 7-2〉 국가의 상대적 자율성, 강도 그리고 능력에 따른 국가유형분류

		국가강도						
		강성				약성		
국가의 상대적 자율성	크다	국가 능력	크다	DAR (SE)	국가 능력	크다	SDR
			작다	ARSE		작다	PDR
	작다	국가 능력	크다	DAR (TE)	국가 능력	크다	NCDR
			작다	ARTE		작다	FDR

이상의 논의에 입각해 박정희체제하에서의 정치·경제적 발전과정을 간략히 설명하면 다음과 같다.[48]

3) 박정희체제에서의 정치·경제적 발전과정

미국의 헤게모니 자체가 지닌 모순[49]을 이용해 어느 정도의 자율적 활동공간을 가지고 소비재 위주의 수입대체산업화를 추진하던 이승만체제에 대한 변화의 원동력은 외부로부터 왔다. 1958년부터 미국은 이제까지와는 달리 한국에 대해 안정화 프로그램의 시행을 강요하기 시작했으며, 원조도 감

---

47) 각 유형의 예를 찾아보면 PDR에는 남미의 민중주의체제나 아옌데정부가, FDR에는 한국의 장면정부가, WDR에는 서구의 사회민주주의정부가 그리고 NCDR에는 서구에서의 보수당정부가 속할 수 있다.

48) 이상의 분석틀에 입각해 필자는 지난 50년간의 각 체제의 성격을 국가엘리트를 위한 권위주의체제(이승만정부), 취약한 민주주의체제(장면정부), 발전지향적 연성권위주의체제(유신이전의 박정희정부), 발전지향적 경성권위주의체제(유신부터 전두환정부의 전반부), 전환기의 발전지향적 경성권위주의체제(전두환정부의 후반부), 전환기의 발전지향적 연성권위주의체제(노태우정부)로 규정한 바 있다. 자세한 것은 김일영(1995c, 제3장) 참조.

49) 자세한 내용은 앞의 주(38) 참조.

축하기 시작했다.[50] 그 결과 인플레는 진정되었지만, 투자와 성장이 위축되는 안정화 위기가 초래되고 말았다.[51] 여기에 이승만체제의 정치적 실책이 중첩되면서 6·25 전쟁 이후 무력해졌던 사회부문이 다시 활성화되었으나 이어진 군사쿠데타로 그것은 다시 탈정치화되고 말았다.

새로 등장한 군부는 발전, 즉 조국근대화를 목표로 정했다는 점에서 케네디정부의 정책노선과 일치했으나 그 구체적인 방법 면에서는 양자 간에 조금 거리가 있었다. 지지기반의 확충이 아쉬운 군부로서는 미국이 권하는 안정화보다는 도시토목사업을 통한 재정자금의 살포(실업 문제의 해결), 위축된 기업활동을 촉진시키기 위한 중소기업자금의 방출, 영농자금의 방출, 농어촌 고리채 정리, 농산물가격 유지제 등과 같은 민중주의적 정책을 선호할 수밖에 없었다. 따라서 이들이 우여곡절을 거쳐 1962년 1월에 공포한 제1차 경제개발 5개년계획[52]의 내용도 애초에는 농업육성을 통해 국내시장을 확대하고 중화학공업을 중심으로 수입대체산업화를 추진함으로써 자립경제를 지향한다는 것이었다.

그러나 1962~64년 사이 쿠데타 세력은 국내외적으로 어려움에 직면하자 기존의 개발계획안을 수정하기 시작했다. 당시 경제는 인플레이션의 격화, 외환파동, 개발계획의 실적부진 등으로 크게 곤란을 겪고 있었다.[53] 그리고 쿠데타 세력 자체도 갖가지 추문에 연루되고 민정이양 문제로 갈피를 못

---

50) 당시 미국은 국제수지 악화 때문에 원조를 차관으로 전환시키면서 근대화를 통해 제3세계를 사회주의 물결로부터 지키겠다는 '로스토우(Rostow)노선'으로 돌아서는데, 이것이 본격화되는 것은 케네디 행정부 당시이다(J. Woo, 1991, 69-78).
51) 원조가 1957년의 3억8,289만 달러를 고비로 급속히 줄어 1960년에 2억4,539만 달러까지 축소되자 GNP 성장률도 1957년의 8.7%를 정점으로 1958년 7.0%, 1959년 5.2%, 1960년 2.3%까지 급속하게 떨어졌다.
52) 이것이 수립되는 구체적인 과정과 그 이전에 마련되었던 제계획의 내용에 관해서는 木宮正史(1991, 45-57); 박동철(1993, 94-98) 참조.
53) 1962년의 흉작에 따른 이듬해의 곡가파동, 민중주의적 정책에 따른 자금방출로 인한 소비수용의 증대, 개발수요에 따른 수입수요의 확대, 외자도입 실적의 부진 등이 당시 인플레이션이 격화되고 외환파동이 일어나게 된 원인이다.

잡는 등의 정치적 딜레마에 빠져 있었다. 이런 상황에서 미국은 쿠데타 이후 고삐를 조금 늦추었던 안정화에 대한 요구의 강도를 다시 높이기 시작했다.[54] 이렇게 내외적 어려움이 겹친 상황에서 박정희정부는 미국의 강제성 권유를 받아들여 안정화 정책으로 돌아서는데, 그것은 기존의 제1차 경제개발계획의 내용을 보다 수출지향적인 것으로 수정하고 긴축정책을 통해 인플레이션을 억제시키는 조치로 나타났다.[55]

이러한 정책전환을 성공시키기 위해 박정희체제가 동원한 구체적인 정책적 수단들과 제도들에는 다음과 같은 것들이 있었다. 당시 정부는 투자재원의 부족으로 인한 외화획득의 절박성, 기술의 결여, 국내 시장의 협소 그리고 양질의 값싼 노동력이란 비교우위의 활용 등의 이유 때문에 외자의존정책 및 노동집약적 경공업부문을 중심으로 한 수출지향정책을 택할 수밖에 없었다. 따라서 박정희체제는 환율제도개혁(평가절하), 외자도입법 제정, 수출진흥확대회의 설치, GATT가입, '선택적' 무역자유화, 수출금융 설치, 조세수취체계 개선, 금리인상 등의 정책적·제도적 조치를 취하였다. 또 당시 외교적으로 한일관계정상화와 베트남파병이 이루어지는 것도 이와 무관하지 않다(J. Woo, 1991, 85-97; 정일용, 1994, 199-202). 그리고 시장기구만으로 성장에 필요한 자본재 부문의 투자와 생산능력을 증대시키기 어려웠기 때문에 박정희체제는 국가주도적 발전전략을 선택하여 외자·적자재정·통화증발에 의한 자본동원, 신용할당에 의한 자원배분, 가격통제 등의 정책을 실시하는 한편, 그것을 제도적으로 뒷받침하기 위해 경제기획원이나 경제담당특보 등의 기구를 신설해 경제정책결정기구를 중앙집중화하

---

54) 아울러 미국은 조속한 군정종식을 강요하는바, 그에 따라 1963년 민정이양이 단행된다.
55) 그러나 당시 국가는 인플레이션 억제보다는 수출증대에 주력하였다(박동철, 1993, pp. 115-116, 120). 한편 중화학공업의 건설방침은 단지 그 투자규모가 축소되었을 뿐 여전히 강조되고 있는데, 이것을 통해 우리는 박정희를 비롯한 쿠데타 세력의 경제관 ─부국강병 및 방어적 근대화─ 의 일단을 엿볼 수 있다. 이러한 중화학공업화가 1960년대에는 여러 가지 여건의 불비로 제대로 추진되지 못하다가 1970년대에야 본격 시행됨을 우리는 잘 알고 있다.

기도 했다(B. Cumings, 1987, 70-74; S. Haggard, 1990, 61-74; J. Woo, 1991, 97-106; 박동철, 1993, 190-198).

그러나 국가주도적 발전전략을 위해 박정희체제가 취한 가장 중요한 조치는 은행을 국가관리하에 둠으로써 자본에 대한 통제권을 확보하는 것이었는데, 이 체제가 이런 혁명적 정책을 실시할 수 있었던 것은 그 중심 세력이 정상적인 정치과정이 아니라 쿠데타로 등장했기 때문이다.[56] 그런 점에서 쿠데타는 군부체제의 태생의 한계이기도 했지만 동시에 그것이 국가주도의 발전지향적 정책을 펴나갈 수 있을 정도로 커다란 자율성 및 강도를 확보할 수 있게 해주는 기반이기도 했다.

이상의 논의를 근거로 할 때 이 시기의 국가는 자율성, 강도 그리고 능력 면에서 모두 크다는 점에서 '발전지향적 권위주의체제'(DAR[SE])라 할 수 있을 것 같다. 그리고 1960년대에는 아직 절차적 민주주의의 기본원칙이 어느 정도 지켜지고 있었다는 점에서 특히 '발전지향적 연성권위주의체제(soft DAR[SE])'로 규정하는 것이 좋을 듯싶다.

그런데 1960년대 말이 되면서 이런 외자의존 및 노동집약적 경공업제품 위주의 수출경제는 한계를 드러내기 시작했다. 그동안 취약한 재무상태에서 차관과 정부의 특혜적 지원에 의존해오던 기업들이 점차 원리금 상환압박을 받게 된 데다가 세계경제의 불황과 달러위기로 인해 미국을 비롯한 선진국들이 경공업제품에 대한 수입규제조치까지 취함으로써 수출에도 애로[57]가 발생하게 되었다. 이러한 경제적 어려움은 곧바로 GNP성장률 둔

---

[56] 당시 군부가 막강한 자율성을 누릴 수 있었던 배경에는 그들이 쿠데타를 통해 등장했다는 점 외에도 등장 이후 권력의 강화와 집중을 위해 중앙정보부 등의 제도를 갖추고 사회 제세력에 대한 통제를 강화한 탓도 있다. 그러나 보다 중요한 점으로 농지개혁과 전쟁을 거치면서 전통적 지배계급인 지주가 몰락했다는 점을 누락시키면 안 된다. 특히 이 점은 남미와 비교하여 한국·대만·일본이 경제발전에 성공할 수 있었던 중요한 사회 내적 요인으로 지목되는 것이다.

[57] 이밖에 1966~70년 사이 실질임금이 급속히 상승하여 국제경쟁력이 약해졌다는 점도 당시의 수출부진의 원인 중 하나이다.

화(1969년 15%에서 1970년 7.9%로), 인플레이션의 만연, 기업의 도산 · 휴업 · 은행관리의 격증과 그로 인한 실업자의 증가 등으로 나타났다.

그리고 이러한 경제적 곤란은 그 무렵부터 사회 문제로 등장하기 시작한 노동 및 빈민 문제[58]와 중첩되면서 박정희체제를 더욱 곤경으로 몰고 갔는데, 그 정점은 1971년 대통령 선거와 국회의원 선거 결과였다. 대선에서 야당후보인 김대중은 43.6%라는 높은 득표율을 보였으며, 총선에서도 야당은 개헌저지선을 20석 상회하고 과반수에서 13석이 모자라는 89석을 차지하는 성과를 거둠으로써 박정희체제에 대한 국민들의 지지가 철회되고 있음을 보여주었다.

이러한 국내의 정치 · 경제적 어려움에 북한으로부터의 공세라든지 닉슨독트린으로 인한 안보적 불안감[59] 등의 외적 곤경까지 중첩되면서 국가는 기존의 정책과 제도를 변경시키지 않을 수 없었는데, 그 주된 내용은 권위주의의 강화(유신)와 중화학공업화의 추진이었다.[60] 특히 후자는 미국의 반

---

58) 1970년의 노사분규는 1,656건으로 전년대비 10여 배나 증가했으며, 전태일 분신이라는 한국노동운동의 상징적인 사건이 일어난 것도 바로 그 해다. 아울러 그 이듬해에는 한진상사의 파월노동자들에 의한 KAL빌딩 방화라든지 광주대단지 사건과 같은 대규모적인 노동 및 빈민 문제들이 터지기 시작했다.

59) 당시는 북한 무장유격대의 청와대습격(소위 1968년 1 · 21사태) 및 동해안 침투사건, 미국 정보수집선인 푸에블로(Pueblo)호를 북한이 나포한 사건(1968. 1. 23.), 북한에 의한 미국정찰기(E-121) 격추사건(1969년) 등으로 남북한 간의 긴장이 종전 이후 가장 높아져 있을 때였다. 그런 때 미국이 '아시아의 미래는 아시아인의 손으로'를 표방하는 닉슨독트린을 발표(1969. 7.)하면서 주한미군의 철수를 단행하고 중국과 수교하는 등의 아시아로부터 발을 빼는 듯한 조치를 취하자 박정희체제의 안보적 불안감은 극도로 고조될 수밖에 없었다.

60) 유신과 중화학공업화가 시작되기 전에 이미 1971년 12월의 비상사태 선언과 '국가보위에 관한 특별조치법'의 제정, 1972년의 '경제의 안정과 성장을 위한 긴급명령 제15호'(소위 8 · 3 조치) 등의 조치들이 있었다. 이때 특별조치법은 노동권의 행사를 사실상 봉쇄했다는 점에서, 그리고 긴급명령은 사채동결이라는 초법적 수단으로 대기업의 금융부담을 덜어주려는 조치였다는 점에서 각각 유신과 중화학공업화의 사전정지작업에 해당한다고 볼 수 있다. 한편 이때 중화학공업화를 유신체제의 정당성 결여를 메우기 위한 수단으로만 보는 것은 옳지 않다. 앞서 서술했듯이 중화학공업화에 대한 박정희의 집착은 쿠데타 직후부터 계속되고 있으며, 1967년 이후 기계, 석유화학, 자동차, 철강, 조선 등의 공업을 육성 · 지원하는 법이 계속하여 만들어지고 있었다. 따라서 이런 생각과 노력들이 1960년대 말의 안보적 위기상황을 거치면서 보다 구체화되어 나타난 것이 1973년부터 시작된 중화학공업화라고 볼 수 있다. 이렇게 볼 때 결과적으로 유신체제가 중화학공업화의 추진에 도움을 주었다고 해서 후자를 전자를 정당

대 속에서 일본의 자본을 끌어들여 추진되었는데, 그때 국내에서의 추진주체는 경제기획원의 경제적 자유주의자들이 아니라 청와대와 상공부에 포진한 경제적 민족주의자들이었다(B. Cumings, 1987, 75-76; S. Haggard, 1990, 131). 그것은 강화된 권위주의체제인 유신체제만이 줄 수 있는 갖가지 정책적 특혜[61]와 사회·정치적 안정[62]의 도움을 얻으면서 철강, 화학, 비철금속, 기계, 조선, 전자 등의 6대 전략업종에 집중투자함으로써 단기간에 중화학공업을 육성하겠다는 정책이었다. 이때 이 정책의 특징은 단순히 중화학부문에서의 수입대체만을 목표로 하는 것이 아니라 궁극적으로는 이미 국제경쟁력이 약화된 경공업 대신 중화학공업을 수출산업으로 중점육성하겠다는 것이었다(정일용, 1994, 218).

이 정책은 1973년 밀어닥친 오일쇼크로 잠시 주춤하다가 그 이후 강행되는데, 그 결과 많은 자원의 비효율적 배분과 국민적 희생을 낳기도 했지만 세계체제 내에서의 한국의 위상이 제고되고 산업화의 성숙도를 높이는 토대를 마련[63]한 것도 사실이다.

그러면 유신체제의 수립과 중화학공업화정책이 국가와 사회 간의 관계를 어떻게 변모시켰는가? 우선 국가의 힘은 유신헌법의 제정과 그에 부속된 여러 강권조치 그리고 정책결정과정의 집중화를 통해 더욱 강화되었다. 유

화시키기 위한 보조수단으로만 해석하거나 또는 BA이론을 그대로 적용해 후자 —소위 심화(deepening)— 를 추진하기 위해 전자가 일어난 것처럼 해석하는 것은 모두 사실에 어긋난다. 방위산업의 추진과 관련해서는 오원철(1994) 참조.

61) 예컨대 갖가지 세제혜택, 보호장벽, 자본재수입에 대한 관세면제, 정책금융의 제공 등이 있었다. 특히 이것을 위한 금융정책과 제도의 구비에 관해서는 J. Woo(1991, 148-169) 참조.

62) 노동관계법의 개악으로 노동운동을 봉쇄하고, 긴급조치(특히 9호)로 모든 사회적 반대 세력을 압살시켰으며, 대통령 간선제와 유정회의 설치로 정상적인 정치과정의 진행마저도 왜곡시킴으로써 인위적으로 사회·정치적 안정을 이끌어냈다.

63) 이것이 가능했던 것은 앞에서 설명한 대로 미국헤게모니가 지닌 특수성과 1965년을 기점으로 한국이 미국과 일본이라는 이중헤게모니 하에 속하게 되었다는 점 때문이다. 그 이유는 당시 한국이 미국의 반대를 무릅쓰고 일본을 끌여들여 중화학공업화를 추진했다는 앞의 서술을 상기시키는 것으로 족할 듯싶다.

신헌법에 따라 대통령 간선제가 시행되고 국회 내에 유정회(維政會)가 설치되었으며, 또 그 부속조치로 긴급조치까지 시행됨으로써 정치는 형해화(形骸化)되었다고 해도 과언이 아니다. 이것은 그래도 의회 및 정당정치가 유지되던 1960년대와는 대조를 이루는 점인데, 이때 유명무실해진 의회와 정당을 대신해 정치를 주물렀던 곳이 바로 청와대비서실과 중앙정보부였다.[64]

이러한 권력집중현상은 경제정책의 결정과정에서도 나타났다. 유신 초기부터 경제정책결정과정에서 청와대비서실의 영향력이 해당부처를 압도하기 시작했으며,[65] 그런 경향은 중화학공업화정책의 추진을 경제기획원이 아닌 청와대 직속의 '중화학공업 추진위원회 기획단'이 맡게 되면서 보다 심해졌다.

그리고 이렇게 집중된 권력을 쏟아부어 추진한 사업이 중화학공업화였던 만큼 당시 대기업으로서는 그 사업에 참여하여 국가가 부여하는 갖가지 특혜를 누리기 위해 치열하게 경쟁을 벌일 수밖에 없었다. 이 과정에서 국가와 대자본 간의 관계는 소위 '정경유착'이라 불릴 만큼 밀접해졌지만, 그것은 어디까지나 국가가 우위에 선 상태에서의 유착임을 명심해야 한다.

마지막으로 유신 이후 피지배 민중, 특히 노동자에 대한 탄압이 강화되었음은 되풀이할 필요가 없다. 다만 농민에 대해서는 이중곡가제나 보조금지급과 같은 중농(重農)정책[66]이나 새마을운동 같은 동원화정책을 통해 그들을 정치적 지지기반으로 묶어두려는 지속적인 노력을 기울였다는 점이 부

---

[64] 엄밀히 말해 공화당의 허수아비화는 유신 이전인 1969년 4·8 항명파동으로 JP계를 제거하고 1971년 10·2 항명파동으로 4인체제를 몰락시키면서 이미 시작되었다.

[65] 유신 초기 경제기획원장관인 태완선은 "중요 경제정책결정의 실권은 나의 손을 떠나 김정렴 청와대 비서실장, 김용환 경제 제1수석, 남덕우 재무부장관의 트리오에게 넘어갔다"고 증언하고 있다(신성순 외, 1979, 47). 그 후 이들 대통령직계 경제관료들이 경제부처의 전면에 나서 1970년대 한국경제를 움직였음을 우리는 잘 알고 있다.

[66] 이러한 정책의 결과 농민의 생활이 실제로 개선되었는가와는 무관하게 당시 정부가 重農政策을 시행했다는 점은 인정되어야 한다. 정일용(1994, 225-226); S. Haggard & C. I. Moon(1993, 79).

기(附記)되어야 할 것같다.

이렇게 볼 때 유신체제는 1960년대에도 이미 상대적 자율성이 크고 강성이었으며 능력도 크던 국가를 세 가지 면 모두에서 더욱 강화시킨 것이라고 할 수 있다. 특히 절차적 민주주의도 무시되고 기본권조차 유린되던 시기였다는 점에서 유신체제는 이전의 연성(軟性)에 대비되는 '발전지향적 경성권위주의체제(hard DAR[SE])'라고 명명할 수 있을 것이다.

그러나 이런 발전지향적 경성권위주의체제도 두 번째 오일쇼크를 맞이하고는 동요하기 시작했으며, 그것이 유신체제하에서 계속된 한미 간의 갈등[67] 및 갖가지 반정부 시위와 어우러지면서 보다 심각해지다가 마침내 박정희의 암살로 체제 자체가 붕괴되기에 이르렀다. 이 과정에서 특히 야당이 여당을 득표율에서 1.1% 앞선 1978년 12월 총선은 그 분기점을 이루는 사건이었다. 이 선거 이후 야당과 재야 세력의 공세 격화, YH 사건을 필두로 한 노사분규의 심화, 야당총재의 의원직 제명 그리고 부마항쟁 등이 이어지면서 핵심 집권 세력의 내부분열로 유신체제는 종말을 고하고 말았다.

이상에서 살펴보았듯이 박정희체제 18년 동안 한국이 이룬 발전은 흔히 논의되듯이 어느 한 사람의 리더십 탓만도 그리고 모든 여건이 갖추어져 있었기 때문만도 아니다. 그것은 세계체제로부터의 구조적 제약과 역사적으로 형성된 사회적 조건 속에서 국가가 한편으로는 적절한 전략적 산업정책을 수립·집행하고 다른 한편으로는 그것의 추진에 필요한 제도들을 갖추면서 스스로를 강력한 발전지향적 권위주의체제로 변모시킨 결과로 보아야 한다.[68] 이러한 과정을 통해 국가는 스스로를 구조적으로 조건지웠던 세계

---

67) 당시 도덕외교를 주장하던 카터행정부와 박정희정부 간에는 인권 및 군사 문제 —특히 철군과 핵무기개발— 를 둘러싸고 갈등이 고조되고 있었다.
68) 이 경우 지도자 개인의 올바른 선택의 결단이 중요치 않은 것은 아니다. 그러나 그것이 곧 성공을 보장하는 것은 아니다. 그러한 결단은 정책적·제도적으로 뒷받침될 때 비로소 성공으로 다가갈 수 있다.

체제 내에서의 위상을 변화시키고 사회의 내부구조도 변형시켰던 것이다.

5. 발전지향적 권위주의체제의 변증법적 자기부정

발전지향적 권위주의체제하에서 산업화를 추진하는 과정에서 많은 희생이 뒤따른 것은 명백한 사실이다. 그러나 그렇게 해서 산업화를 일정 수준 이상으로 끌어올린 국가들만이 민주주의로 갔거나 이행 중에 있다는 것 또한 경험적으로 확인되는 사실이다. 이것은 법칙적이거나 보편적으로 주장될 수 있는 것은 결코 아니지만, 필자는 지금까지 관찰된 발전지향적 권위주의체제의 변증법적 '자기부정'과정에 주목하고 싶다. 이런 입장에서 볼 때 "서구식 민주주의는 문화적 차이로 인해 아시아에 그대로 적용하는 것이 문제가 있다"는 리콴유(F. Zakaria, 1994)의 발언[69]은 싱가포르에서의 발전지향적 권위주의체제의 변증법적 전개과정을 애써 도외시하고 자신의 기득권을 유지하려는 궤변으로 보이며, 아시아에 있어서도 문화적 차이를 떠나 산업화의 진전에 따른 민주주의로의 이행의 불가피성을 말하면서 '일부 국가에서의 민주주의 없는 경제성장은 단순히 과도기적 현상에 불과'하다는 김대중의 주장(D. J. Kim, 1994)[70]이 보다 설득력 있어 보인다.

그런데 문제는 이런 과도기의 종점, 다시 말해 발전지향적 권위주의체제의 변증법적 자기부정의 시점을 언제로 보느냐다. 이것은 발전지향적 권위주의체제하에서 추진되던 발전모델이 한계를 드러내는 시점을 찾는 문제라는 점에서 보다 객관적인 성격을 지닌 문제이기도 하지만, 그것과 무관하게

---

[69] 최근 싱가포르에서 주장되고 있는 '아시아적 민주주의' 또는 '공동체적 민주주의'론의 자세한 내용은 김일영(1995d, 4-6) 참조.

[70] 이와 관련하여 후쿠야마(F. Fukuyama)는 1992년 2월 22일자 L.A. Times에서 김대중과 유사한 비판을 이미 제기한 바 있다.

인간들 간의 세력관계나 주관적 의지에 의해 인위적으로 축소 또는 연장될 수도 있다는 점에서 보다 주체성이 개입되는 문제라고 할 수 있다. 또한 전환은 커다란 비용을 요구한다는 점에서 이것은 그 비용을 감당할 만한 성장의 시점을 찾는 문제이기도 하다.

한국의 경우 이러한 시점은 언제인가? 1970년대 초인가, 1980년인가, 아니면 1980년대 후반인가? 만약 1980년대 후반으로 본다면 한국에서 자기부정과정이 1987년에 시발된 것은 적기(適期)였다는 긍정적 평가가 이루어질 수 있다. 그러나 그 시점을 앞당겨 잡으면 유신체제(1970년대 초로 볼 경우)나 전두환체제(1980년으로 볼 경우)는 모두 이미 시효가 만료된 발전모델을 개인이익을 위해 인위적으로 연장시켰다는 평가를 받아야 한다.

이것은 객관적으로 증명하기가 어려운 문제다. 그러나 필자는 다음과 같은 이유에서 1980년을 그 시점으로 보고자 한다. 1970년대까지의 발전주의적 권위주의체제가 추진한 성장모델의 요체는 외자의존, 수출지향, 국가주도 그리고 개발독재였다. 그 중 앞의 두 가지는 내용상의 변화는 있지만 현재까지도 이어지고 있는 요소들이다. 그러나 국가주도는 1980년대 말 이후 그 해체가 가속화되고 있는 요소인데, 그 시발은 이미 1980년대 초부터였다. 당시 전두환체제는 경제적으로 자유화 조치들을 취하기 시작하는데, 그것은 미국의 압력 탓도 있지만 그간의 산업화 과정에서 성장한 사회 제부문, 특히 자본으로부터의 요구에 부응하는 측면도 있었다. 그런데 문제는 당시 경제부문에서의 이런 국가주도성의 완화에 상응하는 정치적 변화는 나타나지 않았다는 점에 있다. 세계체제와 사회로부터의 요구에 따라 경제에 있어 국가주도성의 해체는 시작되었으나 정치는 여전히 개발독재적 성격을 벗어나지 못하는 불균형이 초래되고 말았던 것이다.[71]

물론 정치의 자유화는 상당한 전환의 비용을 요구하는 문제이기는 하다.

---

71) 이에 관한 보다 자세한 설명은 김일영(1995c, III-5) 참조.

그러나 우리는 그것을 1980년대 초에 치렀어야 한다. 그리하여 경제와 정치 사이의 그간의 '희생적 격차'를 해소하고 새로운 발전모델을 모색했어야 한다. 박정희시대에 이루어졌던 개발방식으로는 이제 당시와 같은 형식합리성을 증진시키는 것조차 어렵게 되었기 때문이다. 따라서 전두환체제는 이러한 전환, 즉 발전주의적 권위주의체제의 변증법적 자기부정을 거부하고 시효만료된 모델을 인위적으로 연장하려 했다는 점에서 그 역사적 위상을 자리매김할 수 있다.

삼촌을 흉내내는 조카 나폴레옹 3세를 빗대기 위해 맑스는 다음과 같이 말했다. "헤겔은 어디선가 세계사에서 지극히 중요한 사건이나 인물은 모두 두 번 일어나거나 등장한다고 말했다. 그러나 그는 그것이 첫 번째는 비극으로, 두 번째는 소극(笑劇, farce)으로 나타난다는 말을 덧붙이는 것을 잊었다"(K. Marx, 1969, Vol 1, 398).

필자가 보기에 박정희와 전두환의 관계를 나타내기 위해 100여 년 전 맑스가 한 이 말보다 적절한 표현은 없을 것 같다. 그런데 최근 이들의 잔존 세력들이 자신들의 정치적 입지를 강화하기 위해 망령(亡靈)을 불러내고 있다. 그것은 이미 15년 전에 시효가 만료된 유령을 들먹인다는 점에서 망령(妄靈)에 해당된다. 따라서 필자는 맑스의 위의 표현을 다음과 같이 고치고 싶다. "역사에서 유사한 사건이나 인물은 모두 세 번 일어나거나 등장하는데, 그것이 첫 번째는 비극으로, 두 번째는 소극 그리고 마지막에는 광란극(狂亂劇, burlesque)으로 나타난다."

참고문헌

고성국. 「왜 당신 글이 문제인가」, 『길』, 1994, 6.
구범모·백종국. 「한국의 후발산업화 연구에 관한 문헌비평」, 『한국정치학회보』, 24-1, 1991.
김대환. 「박정희정권의 경제개발」, 『역사비평』, 23, 겨울, 1993.

김성진 (편). 『박정희시대』, 조선일보사, 1994.

김일영. 「농지개혁, 5·30선거 그리고 6·25 전쟁」, 『한국과 국제정치』, 11-1, 1995a, 봄·여름.

_____. 「정계의 영원한 초대받은 손님-장면론」, 『황해문화』, 1995b, 여름.

_____. 「한국에 있어 산업화와 민주화의 상관관계: 한국의 발전경험이 차지하는 세계사적 위상규명을 중심으로」, 『사회과학』 34권 2호(『현대한국정치론』[나남, 근간]에 수록예정), 1995c.

_____. 「정치발전, 경제발전 그리고 (정치)문화 사이의 상관관계: 남북한 사이의 비교를 중심으로」, 한국정치학회 광복50주년 기념 남북한관계 학술회의, 1995. 11(1995d).

_____. 「국가이론과 한국국가연구의 동향과 전망」, 성대 사회과학연구소(편). 『사회과학의 동향과 전망』, 한울, 1994.

_____. 「한국국가성격논의에 대한 방법론적 재고」, 『경제와 사회』, 1993, 봄.

_____. 「계급구조, 국가, 전쟁 그리고 정치발전」, 『한국정치학회보』, 26-2, 1992.

김정수. 「비전있는 매질로 수렁에 빠진 나라 건졌다」, 『월간중앙』, 1994, 11.

대통령비서실. 『박정희대통령 연설문집』 제3집, 1967.

박동철. 「1960년대 경제발전 기조의 형성과정」, 사회경제학회 1992년 6월 월례발표회 발표논문.

박동철. 「한국에서 '국가주도적' 자본주의 발전방식의 형성과정」, 서울대 박사학위논문, 1993.

박명림. 「6·25 전쟁의 발발과 기원」, 고려대 박사학위논문, 1994.

백종국. 「한국의 국가, 시민사회 그리고 지배연합의 변동」, 경남대 극동문제연구소(편), 『한국정치·사회의 새흐름』, 나남, 1992.

손호철. 『해방 50년의 한국정치』, 새길, 1995.

_____. 「박정희정권의 정치적 성격」, 『역사비평』, 23, 1993, 겨울.

송원영. 『제2공화국』, 샘터사, 1990.

신성순(외). 『한국의 경제관료』, 다락원, 1979.

오원철. 「20개 사단을 무장시켜라」, 『월간조선』, 1994, 6.

이서제. 「국가근대화를 위한 권력욕의 화신」, 『월간조선』, 1994, 6.

임혁백. 「민주주의와 자본주의」, 구영록교수 화갑기념논총 편찬위원회(편), 『국가와 전쟁을 넘어서』, 법문사, 1994.

임현진·송호근.「지연된 '전환'과 시장의 환상」, 최장집·임현진(공편),『시민사회의 도전』, 나남, 1993.

_____.「박정희체제의 지배이데올로기」, 역사문제연구소(편),『한국정치의 지배이데올로기와 대항이데올로기』, 역사비평사, 1994.

정일용.「1960, 70년대의 경제발전과 그 성격」,『한국사』 19권, 한길사, 1994.

정정길.『대통령의 경제리더십』, 한국경제신문사, 1994.

정헌주.「민주당정부는 과연 무능했는가」,『신동아』, 1985, 4.

조갑제.「박정희와 김영삼의 화해」,『월간조선』, 1993, 11.

渡邊利夫.「隣國は何を達成したのか」,『中央公論』, 1987, 3.

_____. 김창남(역),『현대한국경제분석』, 유풍출판사, 1984.

木宮正史.「한국의 내포적 공업화전략의 좌절」, 고대 박사학위논문, 1991.

藪野祐三.『近代化論の方法: 現代政治學と歷史認識』, 東京: 未來社, 1984.

村上泰亮. 노재헌(역),『반고전의 정치경제학』상·하, 서울: 삼성출판사, 1994.

繪所秀紀.『開發經濟學』, 東京: 法政大學 出版局, 1991.

Amsden, A., *Asia's Next Giant: South Korea and Late Industrialization*, New York: Oxford University Press, 1989.

Aron, R., *Main Currents in Sociological Thought*, Vol 2, London: Penguin Books, 1967.

Avineri, S., *Karl Marx on Colonialism & Modernization*, New York: Anchor Books, 1969.

Balassa, B., *Policy Reform in Developing Countries*, New York: Pergamon, 1977.

_____, *The Newly Industrializing Countries In The World Economy*, New York: Pergamon, 1981.

Blackbourn, D. and G. Eley, *The Pecurialities of German History*, Oxford: Oxford University Press, 1985.

Cardoso, F. H. and E. Faletto, *Dependency and Development in Latin America*, Berkeley: University of California Press, 1979.

Carr, E. H., *What is History?*, London: Penguin Books, 1961.

Cumings, B., "The Origins and Development of the Northeast Asian Political Economy," in F. C. Deyo, ed., *The Political Economy of the New Asian Industrialism*, Ithaca:

Cornell University Press, 1987.

_____, "World System and Authoritarian Regimes in Korea, 1948-1984," in A. Winckler and S. Greenhalgh, eds., *Contending Approaches to the Political Economy of Taiwan*, New York: M. E. Sharpe, Inc, 1988.

Deyo, F. C., "Coalitions, Institutions, and Linkage Sequencing," in F. C. Deyo, ed., *The Political Economy of the New Asian Industrialism*, Ithaca: Cornell University Press, 1987.

Eley, G., "The British Model and the German Road: Rethinking the Course of German History Before 1914," in D. Blackbourn & G. Eley, 1985.

Evans, P., *Dependent Development*, Princeton: Princeton University Press, 1978.

Frank, A. G., *Capitalism and Underdevelopment in Latin America*, New York: MRP, 1967.

Freund, J., 이종수(역), 『이해사회학』, 한벗, 1981.

Fukuyama, F., "Happiness More Valuable Than Conformity? New Asian Will Tell," *L. A. Times*, Feb 12, 1992.

Galenson, W., *Labor and Economic Development*, New York: Wiley, 1959.

Gerschenkron, A., *Economic Backwardness in Historical Perspective*, Cambridge: Belknap Press of Harvard University Press, 1962.

Giddens, A., *Capitalism and Modern Social Theory*, London: Cambridge University Press, 1971.

_____, *Central Problems in Social Theory: Action, Structure and Contradiction in Social Analysis*, London: Macmillan Press, 1979.

_____, *Sociology: A Brief but Critical Introduction*, London: Macmillan Press, 1982.

Haggard, S., *Pathways from the Periphery*, Ithaca: Cornell University Press, 1990.

Haggard, S. and C. I. Moon, "The State, Politics, and Economic Development in Postwar South Korea," in H. Koo ed., *State and Society in Contemporary Korea*, Ithaca: Cornell University Press, 1993.

Huntington, S. P., *Political Order in Changing Societies*, New Haven: Yale University Press, 1968.

Huntington, S. P. & J. I. Dominguez, "Political Development," in F. I. Greenstein & N. W. Polsby eds., *Handbook of Political Science* vol. 3. Reading: Addison-Wesley, 1975.

Horkheimer, M. and T. W. Adorno, *Dialectic of Enlightenment*, New York: Herder and Herder, 1972.

Johnson, C., *MITI and the Japanese Miracle*, Standford: Standford University Press, 1982.

Kim, D. J., "Is Culture Destiny?" *Foreign Affairs*, Nov/Dec, 1994.

Kim, H. K., "Between State and Market," *Asian Perspective*, 18-1, Spring-Summer, 1994.

Kocka, J., "Karl Marx und Max Weber im Vergleich: Sozialwissenschaften Zwischen Dogmatismus und Dezisionismus," *Zeitschrift für die Gesamte Staatswissenschaft*, 122, 1966.

Kohli, A., "Democracy and Development," in J. P. Lewis & V. Kallab eds., *Development Strategies Reconsidered*, New Brunwick: Transaction Books, 1986.

Kristof, N. D. and S. Wudunn, *China Wakes: The Struggle for the Soul of a Rising Power*, New York: Random House, 1994.

Lal, D., *The Poverty of Development Economics*, Cambridge: Harvard University Press, 1985.

Leftwich, A., "Bringing Politics Back In: Towards a Model of the Developmental State," *The Journal of Development Studies*, 31-3, Feb, 1995.

Linz, J., "Totalitarian and Authoritarian Regime," in F. I. Greenstein and N.W. Polsby eds., *Macropolitical Theory*, London: Addison-Wesley Publishing Co, 1975.

Marx, K., *Capital*, Moscow: Progress Publishers, 1954.

_____, "The 18th Brumaire of Louis Bonaparte," in K. Marx, *Selected Works*, Vol 1, Moscow: Progress Publishers, 1969.

Mommsen, W., *The Age of Bureaucracy*, New York: Harper Torch Books, 1974.

Moore, B., *Social Origins of Dictatorship and Democracy*, Boston: Beacon Press, 1966.

Olson, M., "Autocracy, Democracy and Prosperity," in R. J. Zeckhauser ed., *Strategy and Choice*, Cambridge: MIT Press, 1991.

_____, "Dictatorship, Democracy and Development," *American Political Science Review*, 87-3, Sep, 1993.

Önis, Z., "The Logic of the Developmental State," *Comparative Politics*, 24-1, Oct, 1991.

Polanyi, K., *The Great Transformation: the Political and Economic Origins of Our Time*, Boston: Beacon Press, 1944.

Prebisch, R., *The Economic Development of Latin America and Its Principal Problems*, New York: United Nations, 1950.

Przeworski, A. and F. Limongi, "Political Regimes and Economic Growth," *Journal of Economic Perspectives*, 7-3, Summer, 1993.

Rueschemeyer, D., E. H. Stephens, and J. D. Stephens, *Capitalist Development and Democracy*, Chicago: Univ. of Chicago Press, 1992.

Schluchter, W., "Bürokratie und Demokratie," in W. Schluchter. *Rationalismus der Weltbeherrschung*, Frankfurt: Suhrkamp, 1980.

Schmitt, C., 김효전(역), 『정치신학 외』, 법문사, 1988.

Schweinitz, K. de., "Industrialization, Labor Controls and Democracy," *Economic Development and Cultural Change*, 7, July, 1959.

_____, *Industrialization and Democracy*, New York: Free Press, 1964.

Sirowy, L. and A. Inkeles, "The Effects of Democracy on Economic Growth and Inequility," *Studies in Comparative International Development*, 25-1, 1990.

Skocpol. T., "Bringing the State Back In: Strategies of Analysis in Current Research," in P. Evans, D. Rueschemeyer & T. Skocpol eds., *Bringing the State Back In*, Cambridge: Cambridge University Press, 1985.

Sørensen, G., 김만흠(역), 『민주주의와 민주화』, 풀빛, 1994.

Wade, R., *Governing the Market*, Princeton: Princeton University Press, 1990.

Weber, M., *Economy and Society*, ed., by G. Roth and C. Wittich, New York: Bedminster Press, 1968.

_____, *Gesammelte Politische Schriften*, hg. von J. Winckelmann, Tübingen: J. C. B. Mohr, 1980.

Wehler, H.-U., *Modernisierungstheorie und Geschichte*, Göttingen: Vandenhoeck & Ruprecht, 1975.

White, G. and R. Wade, "Developmental States and Markets in East Asia: an

Introduction," G. White ed., *Developmental States in East Asia*, New York: St. Martin's Press, 1988.

Woo-Cumings, M., "The 'New Authoritarianism' in East Asia," *Current History*, Dec. 1994.

Woo, J., *Race to the Swift*, New York: Columbia Univ. Press, 1991.

Zakaria, F., "Culture Is Destiny: A Conversation with Lee Kuan Yew," *Foreign Affairs*, Mar/Apr, 1994.

8장
권위주의체제의 한국적 특성과 변화
불완전포괄형, 관료우위형 그리고 근대화를 위한 동원형

1. 문제제기

1) 권위주의체제의 한국적 특성

해방 이후 대부분의 기간 동안 한국의 정치체제는 권위주의적이었다. 1980년대 후반까지의 한국정치는 집권자만 바뀌었을 뿐 권위주의의 지속이라는 점에서는 큰 변화가 없었다. 그러나 권위주의적이었다는 주장만으로 한국정치체제의 성격이 충분히 설명되었다고 보기는 어렵다.

우선 이 주장으로는 한국의 권위주의체제와 제3세계 국가들에서 일반적으로 나타났던 것 사이의 유사성과 차이점을 설명할 수 없다. 그것은 한국 '권위주의'체제를 주장할 뿐, '한국' 권위주의체제의 특징에 대한 해명으로까지 나아가지 못하고 있다. 그 결과 오늘날 한국·일본·대만 등 동아시아 국가들과 관련하여 많이 제기되는 다음과 같은 질문들에 대해 그것은 설득력 있는 답을 제공하지 못하고 있다. 많은 제3세계 국가들 중 어째서 일부 동아시아 국가들에서만 경제가 성공적으로 발전했는가, 이런 경제적 성과는 이들 국가들의 정치체제의 성격이나 특징과 어떤 관계가 있는 것은 아닐까 그

---

* 이 글은 『한국정치외교사논총』, Vol. 20 No. 1(1998)에 게재된 것을 수정 보완한 것임.

리고 동아시아 국가들 간에는 정치체제의 성격 면에서 어떤 차이가 있는가?

권위주의 개념이 지닌 지나친 포괄성을 극복하기 위해 등장한 개념으로 '관료적 권위주의'[1]나 '발전지향형 국가(developmental state)'[2]가 있다. 그러나 전자는 개념의 위상(정치체계/국가/정치체제)을 둘러싸고 처음부터 혼란이 노정[3]되었고, 그것으로는 라틴아메리카와 동아시아의 국가들이 경제적 성과 면에서 차이를 보이는 이유도 설명하기 어려웠다. 후자는 이런 경제적 차이를 설명하는 데는 유용했으나, 본질적으로 그것의 관심은 정치체제보다는 국가에 있었다.[4] 그러므로 이 개념이 발전지향적 엘리트나 관료제와 같은 정치체제의 구성요소들에 관심을 기울였음에도 불구하고, 논의의 기본축은 여전히 국가-사회관계를 벗어나지 못했다.

한편 해방 후 한국정치체제가 권위주의적이었다는 명제는 시기에 따른 그것의 성격차이를 설명해주지 못한다. 같은 권위주의체제이면서도 이승만 시기와 박정희시기는 다방면에서 달랐으며, 또 박정희시기 안에서도 1972년을 전후하여 차이가 있다. 그런데 권위주의 개념만으로는 이런 차이를 규명하기 어렵다. 그러다 보니 이승만정권, 박정희정권 등 집권자의 이름을 통해 시기를 구분하는 비과학적 관행이나 권위주의란 말 앞에 갖가지 수식어들을 붙여 쓰는 방식이 통용되게 되었다. 집권자의 이름이 정치체제의 성격을 대신할 수 없음은 두말할 나위도 없다. 그리고 체제의 성격을 나타내기

---

1) Guillermo A. O'Donnell, *Modernization and Bureaucratic-Authoritarianism*(Berkeley: University of California, 1973).

2) Peter Evans, *Embedded Autonomy: States & Industrial Transformation*(Princeton: Princeton University Press, 1995), pp. 43-73.

3) David Collier, ed., *The New Authoritarianism in Latin America*(Princeton: Princeton University Press, 1979), pp. 34-40, 399-400.

4) 다음 주장이 그것을 잘 보여주고 있다. "경제발전에 성공한 특정국가들이 같은 유형의 정치체제를 지닌 것은 아니다. 따라서 이 발전은 특정유형의 정치체제보다는 국가의 특수한 성격과 밀접한 관계가 있는데, 그것이 바로 발전지향형 국가이다." Adrian Leftwich, "Bringing Politics Back In: Towards a Model of the Developmental State," *The Journal of Development Studies*, Vol.31, No.3(Feb. 1995), p. 400.

위해 준경쟁적, 사적, 군부, 유신 등의 형용사가 동원되었는데, 그것들은 대개 뚜렷한 기준 없이 현상적 특징을 포착하는 데 그치는 경우가 많았다.

따라서 권위주의란 개념은 해방 후 한국정치체제의 성격과 변화를 규명하는 데 최소한의 준거점밖에 안 된다고 할 수 있다. 그것은 일종의 유(類)개념으로서, 그 자체로부터 공간적(국가 간)·시간적(시기별) 종차성(種差性)이 저절로 해명되지는 않는다.

이 글의 목적은 한국 권위주의체제의 특징(종차성)을 규명하는 것이다. 여기서는 '분석적' 목적에서 정치체제의 구성요소를 대표와 선출의 메커니즘, 통제와 동원의 메커니즘 그리고 주요 정치제도들을 묶어주는 공식/비공식 규칙의 셋으로 나누고, 각 요소들이 한국에서는 어떤 모습을 지녔고, 또 민주화과정을 통해 어떻게 변화해왔는가를 살펴보고자 한다.

이 글이 주장하려는 바는 한국 권위주의체제가 이데올로기·계급·지역 등의 면에서 불완전포괄성을, 일인지배(personal rule)를 전제한 상태에서 여당우위로부터 관료우위형으로의 변화를 그리고 방어적 근대화를 위한 동원적 성격을 지니고 있다는 점이다. 그리고 이런 특성이 지난 10여 년간의 민주화과정을 거치면서 아직 완전히 탈각되지 못했다는 점도 제시될 것이다.

2) 정체체제의 구성요소와 권위주의체제

국가가 정치권력이 위치한 장소이자 그것이 제도적으로 표현된 총체라면, 정치체제는 그것이 행사되는 방식이라고 할 수 있다. 다시 말해 국가의 권력이 어떤 조건과 한계에서, 어떻게 행사되는가를 결정짓는 것이 정치체제다. 그리고 정치체제는 정부가 형성되고, 그 기능을 수행하는 방식을 결정지을 뿐 아니라 정당성의 토대, 즉 정부가 어느 정도 권위를 행사할 수 있는가도 규정한다. 이 경우 정부는 "국민들의 삶에 영향을 미치는 결정을 내리고 집행하는 개인들의 집단"으로 정의될 수 있다. 요컨대 정치체제는 국가의 정치제도와 조직의 규범 및 원칙을 구현하고 있는 것이며, 이런 규범과 원칙은 정부활동의 규칙과 과정을 통해 표현된다고 할 수 있다.[5]

정치체제는 흔히 민주주의, 전체주의 그리고 권위주의로 그 유형이 대별된다. 그 중 권위주의는, 흔히 인용되는 린쯔(J. Linz)의 개념 정의에 따르면, 다음과 같은 속성을 지니고 있다. 제한된 다원주의, 정교하고 체계적인 지도이데올로기가 미비된 반면 특정한 의식구조(mentalities) 정도만을 구비, 광범위하면서도 집약적인 정치적 동원능력의 부재 그리고 지도자(또는 집단)의 권력은 명확히 규정되지는 않았지만 예측은 가능한 정도의 한계 내에서 행사됨.[6]

그러나 이런 정의는 잔여범주(residual category)의 성격이 강하다. 린쯔의 정의에서 권위주의란 근대사회에서 민주주의나 전체주의에 속하지 않는 나머지 정치현상들과 겹쳐지기 쉽다. 이 경우 개념의 외연이 너무 넓으며, 이에 의존해서는 개별국가의 권위주의체제의 시공간적 종차성을 드러내기 어렵다는 문제가 발생한다.

이 글에서는 이런 난점을 해결하기 위해 정치체제를 '대표와 선출의 메커니즘', '통제와 동원의 메커니즘' 그리고 '주요 정치제도들을 묶어주는 공식/비공식규칙'이라는 세 가지 구성요소로 '분석적'으로 나누고, 각 요소의 특징과 변화를 추적함으로써 권위주의체제의 한국적 특성을 밝혀보고자 한다.

정치체제의 세 구성요소의 추출은 무엇보다도 정치와 관료 영역의 구분으로부터 출발한다. 많은 국가이론가들이 국가와 사회의 분리가 근대사회의 특징이라는 점은 이해했으나, 국가가 다시 행정조직으로서의 관료 영역과 비관료적인 정치 영역(의회 포함)으로 구성되어 있다는 점을 무시했다.

---

5) D. Collier, op. cit., pp. 402-403; Robert M. Fishman, "Rethinking State and Regime: Southern Europe's Transition to Democracy," *World Politics*, Vol.42, No.3(Apr., 1990), p. 428; Stephanie Lawson, "Conceptual Issues in the Comparative Study of Regime Change and Democratization," *Comparative Politics*, Vol.25, No.2(Jan. 1993), pp. 184-188.

6) Juan J. Linz, "An Authoritarian Regime: Spain," in Erik Allardt and Stein Rokkan, eds., *Mass Politics: Studies in Political Sociology*(New York: The Free Press, 1970), pp. 255-271.

그러나 베버(M. Weber)는 국가의 두 구성요소를 구분하면서, 정치와 관료 영역 간의 관계의 복잡성에서 근대 사회의 미래를 엿보는 실마리를 찾고 있다.[7] 여기서 (권위주의)정치체제 개념을 구체화시키기 위한 우리의 시도도 이런 베버의 문제의식으로부터 출발한다. 즉, 기존의 국가-사회관계 대신 사회-정치, 사회-관료 그리고 정치-관료 간의 관계라는 새로운 문제틀로 이에 접근하려는 것이다.

이 경우 앞서 언급한 정치체제의 세 구성요소 중 '대표와 선출의 메커니즘'은 사회-정치관계에, '통제와 동원의 메커니즘'은 사회-관료관계에 그리고 '주요 정치제도들을 묶어주는 공식/비공식규칙'은 정치-관료 간의 관계에 대응한다. 이 글에서는 대표와 선출의 메커니즘과 관련해서는 정당체계, 정당의 성격, 선거방식 등을, 통제와 동원의 메커니즘에서는 정치적 통제방식, 정당화 내지 동원 이데올로기의 성격과 내용 등을 그리고 정치제도들 간의 공식/비공식관계 부분에서는 행정부와 입법부 간의 관계를 중점적으로 살펴볼 생각이다.

2. 한국 권위주의체제의 기원: 국가로부터 정치와 관료의 분화로

그동안 한국 권위주의체제의 기원 및 발전과 관련하여 많이 언급된 것이 '과대성장국가'론이다.[8] 이것은 한국에서 국가가 사회에 비해 상대적으로 비대해질 수밖에 없었던 원인을 일본 및 미국에 의한 점령과 지배, 분단 그리고 전쟁에 대한 분석을 통해 설득력있게 제시했다.

그러나 이 이론이 주로 문제삼은 것은 국가와 사회 간의 관계였다. 따라

---

[7] 전성우, 「막스 베버의 지배사회학 연구」, 배동인 외, 『막스 베버 사회학의 쟁점들』(서울: 민음사, 1995), pp. 281-299.

[8] Jang Jip Choi, "Political Cleavages in South Korea," in Hagen Koo, ed., *State and Society in Contemporary Korea*(Ithaca: Cornell University Press, 1993).

서 이것을 통해서는 식민지 이후 사회에 대한 국가의 항상적 우위는 증명되지만, 그 국가가 시기에 따라 어떤 차이를 보이는가는 설명할 수 없다. 국가를 정치와 관료로 나누어 생각하는 것은 바로 이 점에서 필요하다. 여기서는 이런 구분을 염두에 두면서 한국 권위주의체제의 기원이란 문제를 주로 근대 이후로 국한시켜 살펴보겠다.

정치와 관료 간의 구분은 일본 식민지배하에서는 의미가 없었다.[9] 당시에는 정치는 없고 통치만이 존재했기 때문이다. 정치가 숨쉴 공간이 거의 허용되지 않는 상태에서 관료기구가 사회를 일방적으로 통치하는 것이 일본 식민지배였다. 따라서 이 시기에는 통치를 담당하는 관료 및 경찰기구가 발달할 수밖에 없었다.

그리고 한반도를 통치하기 위해 일본이 이식한 관료제는 다른 식민지국가에 비해 매우 규모가 큰 것이었다.[10] 잘 훈련된 대규모의 관료조직을 이용하여 조선총독부는 감시와 규제체제를 효과적으로 확립하여 사회 거의 모든 분야에 대한 침투력과 억압력을 강화할 수 있었다.[11]

이런 대규모적이면서도 잘 훈련된 관료 및 경찰 조직을 토대로 식민통치기구인 총독부는 사회에 대한 침투력과 억압력을 대폭 강화시킬 수 있었다. 그것은 위생, 교육, 사회사업, 각종 통계의 정비, 각종 감시·검열·규제체계의 확립 그리고 징세 등의 각종 부문에서 나타났다.[12] 식민통치기구의 이러한

---

9) 이에 비해 전근대사회(조선)에서는 정치와 관료의 구분이 모호했다. 조선에서의 양반계층은 정치가와 관료의 양면을 동시에 지니고 있었기 때문이다.

10) 일본제국주의의 특수성에 대해서는 Bruce Cumings, "The Legacy of Japanese Colonialism in Korea," in R.H. Myers and M.R. Peattie, eds., *The Japanese Colonial Empire, 1895-1945* (Princeton: Princeton University Press, 1984), pp. 482-487.

11) Michael Robinson, "The First Phase of Japanese Rule, 1910-19," in Carter Eckert et. al., *Korea, Old and New*(Seoul: Ilchokak, 1990), pp. 256-257, 259.

12) 김운태, 『일본제국주의의 한국통치』(서울: 박영사, 1986), pp. 202-229, 284-287, 360-388, 479-493. 조세징수와 관련하여 식민통치기구는 징세기구의 정비와 조세원의 정확한 포착과 확대에 노력을 집중했다. 전자의 작업은 이미 통감부 시절에 거의 이루어지며, 후자는 정확한 호구조사와 선세(船稅), 인삼세, 주세, 인지세 등과 같은 새로운 세목(稅目)의 추가 그리고 토

침투력 강화는 관료조직의 정비와 전문성 제고 외에 그것의 억압성, 특히 경찰조직의 도움이 없었다면 어려웠을 것이다. 당시 경찰은 규모도 컸지만 그 권한 또한 광범위해서, 단순한 치안업무 외에 위생, 민사소송의 조정, 집달리, 국경지대의 세관업무, 산림감시, 어업취체, 우편물보호, 실업(實業)지도 그리고 징세원조 등 실로 다양한 분야의 업무를 관장하고 있었기 때문이다.[13]

이에 반해 당시 사회는 매우 취약했다. 전통적인 지배계급인 지주는 식민통치기 국가가 시행한 토지조사사업으로 인해 체제에 융합되었고 전체적으로 자본가계급의 형성은 미미한 상황이었다. 그리고 총독부의 식민통치에 협력했던 극히 제한적인 자본가들만이 사업을 유지하고 성장시킬 수 있었다. 1930년대 들어 일본의 군국주의화가 급속히 진행되면서 노동자·농민 등 기층계급과 학생·지식인 집단은 강압통치로 인해 활동성을 상실하고 말았다.

요약하면 한반도 내에서 군대통수권과 입법·사법·행정 3권을 모두 행사하는 조선총독부의 통치는 전체주의에 가까운 모습이었다고 할 수 있다.[14]

해방은 독립국가의 수립이 아닌 또다른 외국지배로 이어졌다. 미군정의 정책기조는 기존의 제도적 틀을 유지하는 가운데 점진적 변화를 모색하는 것이었다. 진주하기 전부터 미군정이 한국에서 주목한 것은 강력한 좌파의 물결이었으며, 이에 대항키 위해 그들은 기존의 총독부 조직을 그대로 유지·활용하고자 했다. 따라서 일제하의 한국인 관리 및 경찰요원들이 유임

지조사사업 등을 통해 이루어졌다. 그 결과 합방 초기부터 이미 조세추출능력의 비약적 증진이 나타났는데, 지세수입은 1905년 215만여 원에서 1913년 600만여 원으로 3배 가량 증가하며, 총수입 역시 1905년 730만여 원에서 1911년 2,400만여 원으로 3배 가까이 증대된 것을 볼 수 있다. Atul Kohli, "Where Do High Growth Political Economies Come From?: The Japanese Lineage of Korea's 'Developmental State'," *World Development*, Vol.22, No.9, 1994, pp. 1276-1277.

13) 朝鮮總督府(編), 『施政二十五年史』(京城: 朝鮮總督府, 1935), p. 35.

14) 일본제국주의의 특수성에 대해서는 Bruce Cumings, "The Legacy of Japanese Colonialism in Korea," in R.H. Myers and M.R. Peattie, eds., *The Japanese Colonial Empire, 1895-1945* (Princeton: Princeton University Press, 1984), pp. 482-487.

되는 경우가 많았다.[15]

그러나 미군정은 약간의 변화도 모색했는데, 그것은 주로 과거 식민지 통치기구가 지닌 군국주의 내지 전체주의적 색채를 탈색시키는 작업이었다. 그 결과 우선 식민지하에서 미분화되었던 관료와 정치가 분리되기 시작했다. 이것은 정당·사회단체의 설익은 폭발과 그들과 구(舊)통치기구와의 충돌이라는 부작용을 낳기도 했지만, 정치가 움트기 시작하는 조짐임에는 틀림이 없었다. 이런 와중에 미군정은 후반에 접어들면서 정치적 게임의 규칙과 제도를 정비하기 시작했다. 과도입법의원의 탄생과 남조선 과도정부의 출범으로 형식적이지만 3권분립의 틀을 갖추었고, 보통선거권의 도입을 포함한 선거법 제정, 사법제도의 정비, 인권장전 등의 조치들이 잇따랐다.[16]

이런 미군정의 개혁조치들과 그것을 이어받은 대한민국에 생겨난 것은 형식과 내용이 괴리를 보이는 (자유)민주주의체제였다. 적어도 법적·제도적 형식 면에서 1948년 탄생한 이승만정부가 자유민주적임을 부인할 수는 없다. 그러나 그것을 운영·관리하는 집단과 환경적 요인은 결코 자유민주주의에 호의적이지 않았다. 앞서 언급했듯이 국가운영집단(정치인)과 관리집단(관료)의 다수는 구식민통치기구와 연결되어 있었고, 그들은 정치보다는 통치에 익숙한 사람들이었다. 미군정 당시 정치의 주요내용을 차지한 것이 좌우대립이었고, 이것은 건국 이후 남북한 간의 체제경쟁 형태로 확대되었다. 이런 상황에서 국가의 운영 및 관리 집단은 체제안정과 수호라는 미명 아래 새로 제정된 민주적 규칙보다는 과거의 낯익은 통치관행에 쉽게 기댈 수 있었다. 이런 경향은 남북 간의 체제경쟁이 전쟁의 형태로까지 비화되자

---

15) 1945년 10월에서 12월 사이 약 7만5천여 명의 한국인 관리들이 유임 또는 신규임용되는데, 해방 직후의 짧은 기간이었다는 점을 고려한다면 대부분은 기존 인원의 재배치가 아니었을까 짐작된다. History of United States Army Military Government in Korea, 1, pp. 29-30, 서주석, 「한국의 국가체제 형성과정: 제1공화국 국가기구와 6·25 전쟁의 영향」, 서울대 박사논문, 1996, p. 68에서 재인용.
16) 박찬표, 『한국의 국가형성과 민주주의』(서울: 고려대학교 출판부, 1997), pp. 262-321.

돌이키기 어려운 관성으로 자리잡게 되었다. 그리고 전쟁을 통해 국가의 억압기구가 급팽창하면서 이런 경향은 보다 강화되기도 했다.

한편 해방 이후 폭발적으로 분출하면서 정치의 소생을 주도했던 제반사회 세력과 계급도 남한 내에서의 좌파의 몰락과 농지개혁 그리고 전쟁을 거치면서 그 활력을 거의 상실했다. 특히 1950년 초반 단행된 농지개혁과 뒤이은 전쟁은 전통적 지배계급인 지주를 거의 몰락시켰고, 당시 인구의 70%를 점했던 농민계급을 탈정치화시키는 데 결정적으로 공헌했다.[17] 그 결과 국가의 운영 및 관리 집단이 (민주적)제도와 절차보다 (권위주의적 통치)관행에 의존해도 그것을 견제할 사회 세력이 부재한 상황이 조성되었다.[18]

요컨대 전체주의적인 식민통치체제는 미군정과 분단 그리고 전쟁을 거치면서 형식은 민주적이나 내용은 권위주의적인 기형적 체제를 낳았다. 이런 기형성은 전후 서구식 민주주의를 새로 이식받은 신생국들에서 공통적으로 나타난 현상이었다. 그러나 한국에서는 분단과 전쟁이란 특수성이 이런 현상을 보다 강화시켰다. 그것은 해방 이후 새롭게 움튼 정치의 공간을 협소하게 만드는 주된 요인으로 작용했으며, 그로부터 50여 년이 지난 오늘날까지도 한국정치의 장(場)을 규정하는 상수(常數)적 요인으로 작용하고 있다. 이제 한국 권위주의체제의 기원이 지닌 이런 보편성과 특수성에 주목하면서 권위주의체제의 한국적 특성이 무엇인지를 살펴보자.

---

17) 김일영, 「계급구조, 국가, 전쟁 그리고 정치발전: 무어 테제의 한국 적용가능성에 대한 예비적 고찰」, 장을병 외, 『남북한정치의 구조와 전망』(서울: 한울, 1994), pp. 47-80; 김일영, 「농지개혁, 5·30선거 그리고 6·25 전쟁」, 『한국과 국제정치』, 제11권, 제1호, 1995년, 봄·여름호, pp. 301-335 참조.

18) 바로 이 점이 한국의 국가가 자율성이 클 수 있었던 중요한 이유 중 하나다. 만약 지주계급이 몰락하지 않았더라면, 예측컨대 지주과두제적인 권위주의체제가 등장했을 것이다. 이 체제는 비민주적일 뿐 아니라 지배계급으로부터의 상대적 자율성도 결여했을 것이라는 점에서 한국에서 실제로 등장했던 권위주의체제와 상당한 차이가 있었을 것이다.

3. 한국 권위주의체제의 성격

1) 대표와 선출의 메커니즘: 불완전포괄형

이 절에서는 권위주의 시기 한국 정당체계의 형성과 변화과정, 정당의 성격과 기능 그리고 선거제도와 과정의 변화 등을 검토할 것이다. 여기서 주장하고자 하는 바는 이 시기의 한국 정당체계가 형식상 일당우위(one-party dominance)적이면서 동시에 이데올로기, 계급, 지역 등의 면에서의 '불완전' 포괄성[19]을 그 내용상의 특징으로 한다는 점이다.

권위주의적 일당우위 정당체계

많은 학자들이 지적하듯이 권위주의시대의 한국 정당체계는 참여정당의 수로만 보면 다당제였지만, 실제로는 일당우위형에 가까웠다. 역대 총선의 결과를 간략히 정리한 다음의 〈표 8-1〉에서 보듯이 1948~1987년 사이 한국에서는 모두 12차례의 국회의원 선거가 있었다. 선거에 참여한 정당의 수는 대개 10여 개였는데, 그 중 제1대 및 제2대 선거를 제외[20]한 여타 선거에서는 그 결과가 대개 집권당과 제1야당이 맞서는 양당구도로 나타났다. 물론 양당 간의 세력분포는 선거마다 조금씩 달랐다.

---

[19] 여기서 완전, 불완전이란 상대적인 개념임을 밝혀둔다. 어떤 체제도, 비록 그것이 민주적일지라도, 완벽하게 포괄적일 수는 없다. 그리고 같은 민주체제 내에서도 포괄성 면에서 서유럽과 미국 사이에 차이가 있을 수 있다(대개 서유럽이 상대적으로 우위). 그러나 어떤 체제가 사회 내의 다양한 이해를 반영하는 정도에서 보다 유연하고 포용적인가 아니면 경직적이고 배제적인가 그리고 후자라면 그 경직성과 배제성이 얼마나 체계적이고 제도화되어 있는가에 따라 정치체제들을 나누어볼 수는 있을 것이다. 완전, 불완전 그리고 비(非)포괄성 내지 단일포괄성이란 이런 맥락에서의 구분이다.

[20] 처음의 두 차례 선거에서는 국민들 사이에 아직 정당에 대한 관념이 뿌리내리기 전이었고, 또 야당은 있으나 공식적으로 정부·여당이라고 할 만한 정당이 부재한 상태였다. 이것이 표가 삼분되면서 무소속이 많이 당선된 이유였다.

〈표 8-1〉 역대 국회의원 선거 결과

국회의원 선거회수	참여정당수	주요 정당	의석분포
제1대 (1948. 5. 10.)	48 (사회단체 포함)	대한독립촉성국민회 한국민주당 무소속	55석(55-60석)* 29석(65-70석) 85석(50석)
제2대 (1950. 5. 30.)	39 (사회단체 포함)	대한국민당 민주국민당 무소속	24석(60석)* 24석(40석) 126석(50석)
제3대 (1954. 5. 20.)	14 (사회단체 포함)	자유당 민주국민당+무소속	114석 15석+68석
제4대 (1958. 5. 2.)	14 (사회단체 포함)	자유당 민주당	126석 79석
제5대 (1960. 7. 29.)	15 (사회단체 포함)	민주당 무소속	175석 49석
제6대 (1963. 11. 26.)	12	민주공화당 민정당	110석 41석
제7대 (1967. 6. 8.)	11	민주공화당 신민당	129석 45석
제8대 (1971. 5. 25.)	6	민주공화당 신민당	113석 89석
제9대 (1973. 2. 27.)	3	민주공화당 신민당	73석** 52석
제10대 (1978. 12. 12.)	3	민주공화당 신민당	68석** 61석
제11대 (1981. 3. 25.)	12	민주정의당 민한당+국민당	151석 81석+25석***
제12대 (1985. 2. 12.)	9	민주정의당 신한민주당	148석 67석(103석)****

자료: 중앙선거관리위원회, 『역대 국회의원 선거상황(제1~11대)』(서울: 중앙선거관리위원회, 1989) 및 『제12대 국회의원선거총람』(1985)에서 발췌
 * 괄호 안의 수는 무소속의 성분을 가려 파악한 실제 의석수
 ** 유정회 국회의원은 제외된 수
 *** 민한당과 국민당은 당시 집권 세력이 만들어준 관제야당이었기 때문에 의석수를 합쳤다
 **** 괄호안의 수는 선거 이후 와해된 민한당과 국민당 소속의원들까지 합한 수

제3~7대 선거의 경우는 양자 간에 힘의 역전이 일어날 가능성이 그리 높

지 않았다는 점에서 정당체계는 전형적인 일당우위형의 모습을 보여주었다. 그러다가 제8대나 제10대 선거에서와 같이 양당 간의 세력격차가 줄어 역전의 가능성이 엿보이면, 집권층은 예기치 않은 정변(政變)을 일으켜 그 가능성을 말살시키거나 또는 그들 내부에서 새로운 지배분파가 등장하여 신당창당을 통해 다시 일당우위구조를 복원시키는 경우가 많았다. 제9~11대 국회의원선거가 이에 해당되는데, 이 경우 정당체계는 형식상으로는 일당우위형이었지만 경쟁성이 심하게 제한되었다는 점에서 패권정당(hegemonic party)제에 가까웠다고 할 수 있다.

1971년 제8대 총선에서 야당인 신민당이 선전(善戰)하자 집권 세력은 이듬해 유신이란 친위쿠데타를 통해 야당의 도전가능성을 원천봉쇄했다. 그 후 두 차례의 선거는 대통령이 전체 의석수의 1/3을 선점(소위 유정회)한 가운데 치러졌으므로 전체적으로 경쟁성이 유지되었다고 보기 어렵다. 그런 와중에서도 1978년 제10대 총선에서 야당인 신민당은 경쟁성이 유지된 2/3 의석 중 의석수에서는 68(공화) 대 61(신민)로 조금 뒤졌으나 득표율 면에서는 31.7% 대 32.8%로 오히려 1.1%를 앞서는 약진을 보여준다. 그러나 이런 민주화의 기운은 신군부의 등장으로 압살된다. 그들은 여당뿐 아니라 야당까지 만드는 정치공작을 단행한 후 제11대 선거를 통해 다시 패권적 정당체계를 복원시켰다. 그리고 1983년 말부터 시작된 유화조치 속에서 재생한 신(한)민(주)당이 제12대 선거에서 많은 득표를 함으로써 일당우위형이 회복되었다.

그런데 일당우위형 정당체계가 항상 권위주의와 연결되는 것은 아니다. 일찍이 사르토리(G. Sartori)[21]는 이것을 정당 다원주의의 하위유형의 하나로 분류했으며, 펨펠(T.J. Pempel)[22]도 이것을 '흔치 않은' 민주주의(uncommon

---

21) Giovanni Sartori, *Parties and Party Systems: A Framework for Analysis*(Cambridge: Cambridge University Press, 1976), pp. 192-201. 여기서 사르토리는 predominant-party systems란 용어를 사용하고 있다.

22) T. J. Pempel, ed., *Uncommon Democracies: The One-Party Dominant Regimes*(Ithaca:

democracies)의 한 유형으로 간주했다. 이들은 민주적인 일당우위형 정당체계의 대표적인 예로 일본이나 스웨덴 등을 들고 있다. 그런데 왜 한국에서는 일당우위형 정당체계가 권위주의와 결합했을까?

한국의 경우 패권적 정당체계로 분류된 1972~1984년 기간의 국회의원 선거를 제외한 나머지 선거는 '어느 정도' 경쟁성을 보여주었다. 특히 위의 〈표 8-1〉에서 보듯이 제4대, 제8대 그리고 제12대 선거는 여야 간에 상당한 경합이 이루어진 선거라 할 수 있다. 물론 경쟁을 제약하는 요인이 전혀 없었던 것은 아니다. 선거 때마다 관권개입이 끊이지 않았고, 선거제도 자체에 원천적으로 경쟁성을 제약하는 요소도 상당히 있었다. 후자와 관련하여 대표적인 예는 1963년에 생겨난 전국구제도다. 이것은 명목상으로는 소선거구·단순다수대표제라는 기존의 국회의원 선거제가 지닌 결함을 비례대표제를 통해 보완하기 위해 도입되었다. 그러나 의석배분방식 면에서 제1당에 전국구 의석(지역구 의석의 1/3)의 절반을 우선적으로 배정[23]토록 함으로써 지역구에서의 경쟁을 보완하는 비례대표제라기보다는 오히려 그것을 원천적으로 훼손하는 '보너스'제에 가까운 모습을 보여주었다. 바로 이런 점들 때문에 한국에서는 일당우위형 정당체계가 권위주의로 흐르고 말았다고 하는지도 모른다.

그러나 이렇게 형식적인 정당체계나 선거과정에 대한 분석에 그칠 경우, 우리는 대표와 선출의 메커니즘이란 측면에서 한국정치체제를 권위주의적

Cornell University Press, 1990). 유사한 주장으로 Gerald L. Curtis, "Democracy in East Asia: The Relevance of Japanese Experience," in George T. Yu, ed., *Asia's New World Order* (London: Macmillan Press, 1997), pp. 16-42 참조.

23) 엄밀하게 말하면 제1당의 득표율이 50%를 넘으면 득표율에 따라 각 정당에 의석을 배분하나, 그렇지 않으면 제1당에 의석의 절반을 우선적으로 배정토록 되어 있다. 그런데 소선거구·단순다수제에서 제1당이 의석수가 아닌 득표율 면에서 절반을 상회할 가능성은 희박했다. 그러므로 이 제도는 결국 여당에게 비경쟁적 방식으로 안정의석을 확보해주기 위해 고안된 장치라고 할 수 있다. 아울러 이 제도는 직능대표보다는 지역기반이 취약한 군출신 인사들에게 정계진출의 기회를 주기 위해 마련된 제도이기도 하다.

으로 만드는 보다 본질적인 요인을 간과할 우려가 있다. 한국의 정당체계나 선거과정에는 가시적이지는 않지만 역사적으로 형성되어, 저변에서 끊임없이 작동하고 있는 모종의 선택성(selectivity)[24]이 존재했으며, 바로 그것이 정당의 이데올로기적, 계급적, 지역적 포괄성을 차단(배제)시키는 요인이 되었다. 따라서 이런 선택성에 대한 규명이 한국 권위주의체제에 대한 설명에서 핵심적이다. 이를 위해 우리는 정당체계와 선거의 역사적 형성과정과 변화를 보다 구체적으로 살펴볼 필요가 있다.

불완전포괄형 정당체계 및 선거과정

한국 정당체계와 선거과정의 포괄성을 가로막는 이데올로기적 선택성의 메커니즘이 형성된 것은 1945~1953년의 시기였다. 해방 이후 남한에는 정당과 사회단체의 설립은 폭발현상이 일어났다. 이들은 양적으로도 많았지만, 이데올로기적인 면에서도 광범위한 스펙트럼을 보여주었다. 그러나 미군정이 남한에 친자본주의적 정부의 수립을 목표로 하면서 이런 이데올로기적 스펙트럼은 점차 제약되기 시작했다. 군정이 그들의 기본노선에 부합되지 않는 정당·사회단체에 대해 형식상으로는 존립을 허용했지만, 실질적으로는 갖가지 배제의 메커니즘을 작동시켰기 때문이다.[25] 그러나 미군정 하에서는 이데올로기적 선택(배제)성의 작동범위가 아직 좌파에 그쳤고, 중도파로까지 노골적으로 확대되지는 않았다.

이런 모습은 1948년 5·10 선거까지 지속된다. 공식적으로는 이미 배제

---

24) 이것은 오페(C. Offe)의 선택성(Selektivität) 개념을 원용한 것으로, 그 의미는 '제도화된 배제규칙의 총체,' 다시 말해 어떤 일이 분명 사건임에도 체계적인 배제과정을 통해 그것을 '비사건(Nicht-Ereignissen: non-events)'으로 만드는 총체적 메커니즘을 일컫는 말이다. Claus Offe, "Klassenherrschaft und politisches System: Zur Selektivität politischer Institutionen," in C. Offe, *Strukturprobleme des kapitalistischen Staates*(Frankfurt/m: Suhrkamp, 1972), p. 74.

25) 자세한 것은 Bruce Cumings, *The Origins of the Korean War: Liberation and the Emergence of Separate Regimes, 1945-1947*(Princeton: Princeton University Press, 1981), ch.5, 6, 8, 9, 10 참조.

된 좌파는 물론이고 남북협상파를 중심으로 한 중간 세력(민족자주연맹 계열) 및 우파의 일부(한독당 계열)도 남한만의 단독정부수립에 반대한다는 명분으로 이 선거에 참여하지 않았다. 그러나 이 선거에서 다수를 차지한 무소속 의원의 성향을 면밀하게 분석해보면, 선거의 실제 결과는 독촉(이승만 세력) 55~60석, 한민당 65~70석, 무소속(소장파) 50석 정도로서, 이승만 세력, 한민당 그리고 진보적 무소속 3자 간의 정립(鼎立)구도였음을 알 수 있다.[26] 이 무렵 무소속 소장파 의원들의 성향이 주로 원외의 김구 및 김규식 세력의 노선과 근접했다는 점에서 5·10선거와 제헌국회 초기에는 정치권의 이데올로기적 수축이 아직 중도 내지 중도우파를 배제할 정도로까지 진척되지는 않았다고 할 수 있다.

이들에 대한 배제작업은 1949년 중반에 일어난 국회프락치 사건과 김구 암살을 계기로 본격화되었다. 이 두 사건은 원내외의 중도 및 중도우파 세력을 크게 위축시켰다. 비록 이듬해 두 번째 총선인 5·30 선거에서 '소수'의 중간파 인사들이 원내에 진출[27]하여 정치권의 이데올로기적 수축현상에 제동을 걸 기회가 마련되기도 했으나, 곧이어 터진 6·25 전쟁은 그마저 무산시키고 말았다. 우선 지도급 인사들이 대부분 납북됨으로써 중간파는 구심점을 상실했으며, 좌우 간의 갈등이 전쟁으로까지 비화된 상태에서 중간파의 입지는 더욱 좁아질 수밖에 없었다.

요컨대 한국의 정당체계와 선거과정에서 이데올로기적 선택성의 메커니즘은 1945~1953년에 형성되었다. 좌파(공산주의 세력)의 배제라는 그것의 기본틀은 미군정에 의해 제공되었다. 그러나 미국은 중간파까지 선택성의 범위에 넣지는 않았다. 우리와 마찬가지로 미군의 점령을 경험한 서독과 일

---

26) 김일영, 「농지개혁, 5·30 선거 그리고 6·25 전쟁」, pp. 304-309.
27) 이 선거에서 몇몇 중간파 인사들이 자신들의 이름을 내걸고 출마하여 원내로 진출한 사실의 의의를 충분히 평가해야 하지만, 그들의 진출규모를 과장해서는 안 된다. 위의 논문, pp. 309-323 참조.

본에서는 중도좌파(사회민주주의 세력)의 존립이 허용되었다.[28] 따라서 해방 후 한국정치를 규정하는 이데올로기적 선택성이 중도파와 민족주의적인 우파까지 배제할 정도로 협소해진 데에는 1948~1953년 사이의 분단과 전쟁 경험이 크게 작용했다고 할 수 있다.

전후 한국의 정당정치는 이렇게 역사적으로 형성된 이데올로기적 선택성의 메커니즘으로부터 자유로울 수 없었다. 그리고 이런 선택성의 메커니즘은 남북 간의 지속적인 긴장상황과 그에 편승한 갖가지 제도적 장치 —반공교육, 국가보안법, 연좌제 등— 의 구비를 통해 사회 저변으로 깊숙히 침윤되었다. 이런 상황에서 좌파의 정치참여는 '원천적'으로 배제되었다. 그에 비해 중도파는 간헐적으로 장내진입을 시도하나 그 결과는 매번 좌절로 끝났다. 1950년대 후반 조봉암을 필두로 한 진보당 실험과 4·19로 넓어진 1960년의 정치공간에서의 혁신 세력의 분출[29]이 그 예다. 그러나 전자는 조봉암의 사형과 당의 해산으로 그리고 후자 역시 뒤이은 군사쿠데타로 된서리를 맞아 전면해체로 결말지어졌다. 1961년 군부집권 이후에는 이런 중도파의 간헐적인 장내진출 시도조차 모습을 감추었으며,[30] 이런 현상은 1980년대 중반 이후 민주주의로의 이행과정이 시작될 때까지 지속되었다. 이 기간 동안 이들에게 허용된 위치는 장외였다. 따라서 권위주의체제하의 한국 정당정치는 이데올로기적인 면에서 불완전포괄성을 그 특징으로 한다고 볼 수 있다. 그리고 이런 이데올로기적 불완전포괄성은 한국 정당체계와 선거과정의 또다른 특징인 계급적인 면에서의 불완전포괄성과도 밀접하게 연관

---

28) 박찬표, 『한국의 국가형성과 민주주의』, pp. 335-338.

29) 당시 많은 혁신정당이 등장했지만, 원내진입에는 사회대중당(4석)과 한국사회당(1석)만이 성공했다.

30) 대중당이 1967년 선거에서 의석 하나를 얻은 것이 1961년 이후 혁신정당이 원내진입에 성공한 유일한 사례이나, 그마저도 곧 신민당에 편입되었다는 점에서 큰 의미가 없다.

된다.[31]

해방과 함께 한국에서는 식민지하에서 억눌렸던 계급갈등이 터져나오기 시작했는데, 그 주된 모습은 지주-소작 간의 갈등이었다. 그러나 이것은 정부수립 이후 농지개혁과 6·25 전쟁을 겪으면서 부분적 해소 및 잠복에 들어갔다. 두 사건을 통해 지주가 거의 몰락하고 영세한 규모였지만 많은 자영농이 탄생함으로써 문제가 일부 해소되었기 때문이다. 그러나 전후 정부의 농정(農政)실패로 농촌의 빈곤이 누적되었고, 그 결과 재판(再版)소작화 현상이 발생하기도 했다. 따라서 1950~1960년대 우리의 사회 문제의 핵심은 농업 부문이었다고 할 수 있다. 다만 당시 그것은 노골화되지 않고 잠복되어 있었다. 그것은 전쟁을 거치면서 사회 분위기가 보수화된 탓도 있었지만, 그보다는 이 문제를 대변하고 표출시켜줄 정치 세력이 부재했기 때문이다. 그리고 이런 부재는, 앞서 설명했듯이, 미군정, 분단, 전쟁 등을 겪으면서 역사적으로 형성된 이데올로기적 선택성이 한국정치의 장을 협애화시킨 결과라고 할 수 있다.

한편 1960년대를 거치면서 한국에는 새로운 성격의 계급 문제가 부상하기 시작했다. 산업화와 도시화가 진척되면서 노동자와 도시주변(빈민)계급이 증대되었고, 1960년대 말부터 그들이 자기 목소리를 내기 시작했다. 1960년 전체 노동력의 8.7%(61만 명)와 10.2%(71만 명)이던 노동자와 주변계급이 1975년에는 각각 21.1%(266만 명)과 11.5%(145만 명)으로 늘었다.[32] 그리고 1970년에는 무려 1,656건의 노사분규가 있었는데, 그것은 전년에 비

---

[31] 여기서 이데올로기와 계급을 별개의 문제로 다룬 것은 한국에서 양자가 겹치는 면과 그렇지 않은 측면을 동시에 지니고 있기 때문이다. 예컨대 민족주의적인 중도우파와 좌파는 대변하는 계급적 이해가 다르면서도 통일 문제에서는 생각이 유사할 수 있다. 그러므로 여기서 이데올로기란 사회경제적 이해의 반영으로서의 계급적 입장과는 다른 분단(통일) 문제를 둘러싼 다양한 입장을 주로 지칭한다.

[32] 같은 기간 농민은 66.2%에서 49.2%로 급감했다. 구해근, 「현대 한국 계급구조에 관한 시론」, 박현채 외, 『한국사회의 재인식 1』(서울: 한울, 1985), pp. 298-299.

해 10여 배 증가한 수치였다. 요컨대 1960년대를 거치면서 한국의 사회 문제도 점차 산업사회적 성격을 띠기 시작한 것이다.

그러나 이러한 산업사회적 계급 문제 역시 공식적인 정치의 장에서는 그것을 대변할 만한 정치집단을 발견할 수 없었다. 공식적인 정치무대는 여전히 미군정과 분단, 전쟁을 거치면서 형성된 이데올로기적 제약성을 벗어나지 못했다. 따라서 정치적 경쟁은 민주주의와 권위주의란 대립구도하에서 권력을 놓고 싸우는 보수적인 정파들 간에 주로 이루어졌다. 1960~70년대의 공화/신민당 그리고 1980년대 전반의 민정/민한·국민당 간의 경쟁은 모두 이 범주에 속한다. 이런 경쟁의 틀내에서 계급적인 문제는 항상 주변적인 의미 이상을 지닐 수 없었다.

당시 계급 문제는 소위 재야와 학생 세력에 의해서만 '부분적'으로 대변되었을 뿐이다. 그러나 그들은 공식적인 정치의 장 바깥에 있는 세력이었다. 이들 장외 세력과 장내 세력 사이에 연결이 전혀 없었던 것은 아니지만, 그런 접합점은 대개 정치적 민주화의 문제에 국한되었다. 따라서 권위주의체제하의 한국 정당정치와 선거과정은 이데올로기적인 면뿐 아니라 계급적인 면에서도 불완전포괄성을 보여주었다. 이런 현상은 1980년대 중반 이후의 민주화과정에서 노동운동과 긴밀하게 연결되어 있고, 또 통일 문제 등에서 진보적 입장을 지닌 사회집단이 독자적인 정치 세력화를 시도할 때까지 지속되었다.

마지막으로 지역적인 면에서의 불완전포괄성을 살펴보자. 이것은 이데올로기적 및 계급적인 면과 비교할 때 상대적으로 늦은 1960년대 말 이후 나타나기 시작했다. 다시 말해 그 이전에는 한국의 정당체계나 선거과정에 지역적 포괄성을 차단하는 선택성이 존재하지 않았다. 영남 세력을 일으킨 원조인 박정희가 등장하기 이전에도 영호남 간에 경제력 격차는 있었다. 예컨대 경제기획원에서 간행한 『광공업통계조사보고서』(1970)에 의거해

1960년의 지역별 제조업체수와 부가가치 생산액을 살펴보면, 서울·경기가 26.7%, 41.4%, 경상도가 35.4%, 38.4%인 데 반해, 전라도는 17.3%, 9.3%를 차지하는 데 그치고 있다. 이런 지역격차는 신의주와 부산을 잇는 일제의 식민개발정책, 전후 중국의 공산화로 인한 서해안 교역로의 봉쇄, 일본을 중심으로 한 미국의 동아시아전략, 6·25 전쟁이 영호남에 미친 차별적 영향 등 지정학적 요인들의 복합적 결과로 볼 수 있다. 그러나 1960년대 중반까지의 지역격차는 경제적인 면에 국한되었다. 정치적인 대표성 면에서 특정지역(특히 호남)이 불이익을 받는 경우는 거의 없었고, 또 선거과정에서 표의 동서분할 현상도 나타나지 않았다. 그 무렵까지 선거에서 나타난 주요 투표행태는 여촌야도였지 지역갈등(동서분할)이 아니었다.

한국의 정치과정에서 지역적 포괄성을 차단하는 선택성이 작동하기 시작한 것은 박정희가 1971년 선거에서 그의 정치적 열세를 만회하기 위해 지역감정을 정치적 자원으로 동원하면서부터였다. 이 선거부터 표의 동서분할 현상[33]이 발생하기 시작했고, 그 후 개발뿐 아니라 인사 등의 면에서 호남지역에 대한 불이익이 지속적으로 이루어졌다. 특히 김대중과 관련하여 끊임없이 진행된 탄압과 그 절정으로서의 광주사태(1980년)는 이후 지역갈등을 한국정치의 문제의 핵심에 자리잡게 만들었다.

그런데 유신과 전두환 체제하에서는 이런 지역갈등이 내연(內燃)될 뿐 문제로 표출될 수 없었다. 공식적인 정치의 장 내에서 그것을 대변할 통로를 찾을 수 없었기 때문이다. 당시는 40여 년에 걸친 권위주의 시기 중에서도 특히 억압이 심한 시기였다. 어떤 사회적 균열도 용납되지 않았으며, 탄압과 공작이 정치를 대체하던 강성권위주의 시기였다. 이런 체제하에서 지역갈등의 표출은 대개 봉쇄되거나 무시되어졌다. 이 문제를 상징하는 김대중과

---

[33] 이 선거에서 영남에서는 전체 투표자 중 박정희가 72%, 김대중이 23%, 호남에서는 각각 33%와 59%를 획득했다. 중앙선거관리위원회, 『역대대통령선거상황』(1971), pp. 146-147.

그 추종 세력은 장내진입이 차단되었으며, 그 결과 국회 내에서 이 문제는 의제로 상정될 수 없었다. 당시 지역갈등은 분명 중요한 사회 문제였음에도 권력집단에 의해 공식적인 정치의 장에서 의제화(議題化: agenda setting)가 차단되었다. 이 문제의 처리방식은 비결정(non-decision)[34]을 통한 선택성 발동의 좋은 예에 해당된다고 할 수 있다.

한국의 정당체계가 보여준 지역적 불완전포괄성은 1987년 이후 민주화 과정에서 호남 소외의 상징인 김대중이 평민당을 출범시킬 때까지 계속되었다. 평민당은 지역당이란 한계는 있었지만, 그동안 소외되었던 지역을 대변할 창구가 정치권 내에 마련되었다는 점에서 달리 평가할 측면도 지니고 있었다.

이상에서 정당체계와 선거제도 및 과정을 중심으로 대표와 선출의 메커니즘이란 측면에서 한국 권위주의체제의 특징을 살펴보았다. 그 결과 우리는 권위주의 시기의 한국 정당체계가 형식상 일당우위(one-party dominance)적이면서 동시에 이데올로기, 계급, 지역 등의 면에서 불완전포괄성을 그 내용상의 특징으로 함을 확인했다.

그런데 우리는 여기서 하나의 딜레마에 직면하게 된다. 한국의 정당체계와 선거과정이 불완전포괄성을 지녔다는 사실 자체가 한국정치에서 정당이나 선거가 갖는 의미를 제한적으로 만들고 있다는 점이다. 주지하듯이 권위주의 시대 한국에서는 정당과 선거가 제 기능을 못하는 수가 많았다. 정당은 사회집단들의 이해를 결집하고 표출하는 통로의 기능도 제대로 하지 못했고, 또 정책결정과정에서 핵심적 역할을 수행하지도 못했다. 전자의 기능은 무시되는 수가 많았으며, 후자의 역할은 대개 대통령과 기술관료들의 몫이었다. 따라서 한국 권위주의체제의 특징을 규명하기 위해 우리는 정당 및 의

---

34) P. Bachrach and M. Baratz, "Two Faces of Power," *American Political Science Review*, vol. 56, no. 4, 1962, pp. 947-952.

회를 중심으로 움직이는 정치인들과 행정부를 무대로 활동하는 기술관료들 간의 관계를 살펴볼 필요가 있다.

2) 정치제도들 간의 관계: 일인지배하의 여당우위형에서 관료우위형으로

입법부에 대한 행정부의 우위는 현대국가의 보편적 특징이다. 따라서 한국 권위주의체제의 속성으로 관료우위형을 거론하는 것이 어쩌면 진부하게 여겨질지도 모른다. 여기서는 다음 두 주장을 덧붙임으로써 이 문제에 생기를 불어넣어보겠다. 우선 한국 권위주의체제는 기본적으로 일인지배적 성격을 강하게 지니고 있었다. 그리고 그것은 대개 사회는 물론이고 정치에 대해서도 관료의 자율성이 상당히 큰 관료우위형이었지만, 정당(특히 여당)이 우위에 선 때도 있었다는 점이다.

전제로서의 일인지배적 성격

많은 학자들이 주장했듯이, 한국에서 사회영역에 대한 국가영역의 상대적 자율성은 크며, 그 원인으로는 흔히 일제 식민통치와 미군정, 분단, 전쟁 등으로 인한 억압기구의 팽창과 농지개혁과 전쟁으로 인한 전통적 지배층(지주)의 붕괴 그리고 국가에 의한 물적 재원(특히 금융)장악 등이 거론된다. 그런데 이런 주장은 국가(정치+관료)와 사회의 관계를 언급할 뿐, 국가 내에서 정치와 관료 간의 관계에 대해서는 어떤 시사도 주지 않고 있다. 강하고 자율적인 국가가 반드시 사회뿐 아니라 정치에 대해서도 우위를 지닌 관료와 일치되는 것은 아니다.

그동안 정치와 관료 간의 관계가 전혀 주목을 받지 못한 것은 아니다.[35]

---

35) 박동서, 「행정과 정치」, 이한빈 외, 『한국행정의 역사적 분석: 1948~1967』(서울: 한국행정문제연구소, 1969), pp. 61-71; 김광웅, 「행정과 정치」, 조석준 외, 『한국행정의 역사적 분석: 1968~1984』(서울: 서울대출판부, 1987), pp. 65-80; 박동서·김광웅 편, 『의회와 행정부』(서울: 법문사, 1989); 백영철, 『제1공화국과 한국민주주의』(서울: 나남, 1995).

그러나 기존연구는 대개 정치는 정당과 국회로 그리고 관료는 대통령을 포함한 행정부로 놓고, 양자 간의 관계를 견제와 균형을 위한 제도적 장치를 중심으로 살펴보았다. 즉, 국회가 행정부에 대해 각료임명동의권, 불신임권, 국정감사권 등을 지녔는가, 정부는 국회에 대해 거부권이나 해산권이 있으며 그 사용빈도는 어떤가 그리고 입법활동에서 정부와 국회의원의 비중이 어느 정도인가 등이 그들의 관심사였다.

그런데 과연 정치와 관료가 그렇게 단순명료하게 구분될 수 있고, 또 법적·제도적 측면만 살펴보는 것으로 양자 간의 진정한 관계를 알 수 있을까? 예컨대 대통령은 법적·제도적으로는 행정부(관료)의 수반이지만, 그 직책이 지닌 고도의 정치성을 생각한다면, 반드시 행정(관료)에만 국한시키기 어렵다. 특히 대통령이 거의 무소불위의 권한을 지닌 한국에서는 이런 경향이 더 심하다. 대통령은 비서실, 경호실, 정보기관 그리고 군부 등을 자신의 친위조직으로 거느리고 있을 뿐 아니라 대개의 경우 의회에서 압도적 다수를 차지한 집권당의 총수였다. 그는 이런 제도적 장치를 통해 국회와 행정부를 모두 통괄할 수 있었다. 대개 이런 친위조직들은 제도적으로 보장된 지위와 권한에 무관하게 막강한 권력을 휘둘렀다.[36] 시기에 따라 정도의 차는 있었으나, 심할 경우 비서실이 내각의 기능을 대체하고 경호실과 정보기관이 의회 내의 정치를 조종할 때도 있었다.[37] 이들 조직이 제도적 권한을 넘어설 수 있는 근거는 주로 대통령 개인과의 잦은 접촉기회 및 그로부터 받는 신임도였다. "어떤 사람이나 직책의 권력의 크기는 대통령과의 물리적 거리에 반비례한다"든지 "모든 권력은 청와대에서 나온다"는 식의 기묘한 공식

---

36) 예컨대 1960~70년대 일반적으로 비서실장과 경호실장은 장관급, 특별보좌관이나 수석비서관은 차관급이었다. 그러나 그들이 휘두른 실제 권한은 그보다 훨씬 컸다.
37) 이후락이 비서실장과 정보부장으로 일했던 때나 박종규와 차지철이 경호실장으로 근무할 때 특히 이런 경향이 심했다. 자세한 예화(例話)는 김진, 『청와대비서실』(서울: 중앙일보사, 1992) 참조.

이 만들어질 수 있는 나라가 한국이었다.

권위주의시대 한국에서는 봉건시대의 일인지배적이고 집권적인 정치전통[38]이 근대관료조직과 공존했다. 내각과 의회가 공식조직이라면 비서실과 경호실 및 정보기관은 근대관료제의 탈을 쓴 가산적(家産的, patrimonial) 조직이라고 할 수 있었다. 이런 현실에서 관행이 제도를 앞서는 일은 그다지 낯설지 않게 여겨졌다. 따라서 한국에서 대통령은 법적·제도적으로는 행정(관료)의 영역에 속하지만, 실제로는 정치와 관료의 공유면(共有面) 상에 위치하면서 그들보다는 상위에 있는 별도의 조직으로 볼 수 있다. 행정·입법·사법의 삼부(三府) 위에 대통령부(大統領府)라는 별개의 권부(權府)가 있다고도 할 수 있다.

그러므로 여기서는 이런 한국의 현실, 즉 대통령을 중심으로 한 일인지배를 전제한 상태에서 정치와 관료의 관계를 따져보겠다. 대통령이 정치와 관료를 각각 어떻게 그리고 얼마나 통할했고, 그에 따라 주요 정책결정과정에서 정치와 관료 간의 관계가 어떻게 변했는가에 논의의 초점이 맞추어질 것이다. 이때 정치와 관련해서는 국회와 정당(특히 여당)이 그리고 관료에서는 행정부의 공식적 심의기관인 국무회의와 고위관료가 주요 고려대상이 될 것이다.[39]

---

38) 일찌기 핸더슨은 이것을 소용돌이(Vortex)에 비유한 바 있다. Gregory Henderson, *Korea: The Politics of the Vortex*(Cambridge: Harvard University Press, 1968).

39) 여기서는 군부를 별개의 변수로 다루지 않을 생각이다. 박정희로부터 전두환에 이르는 시기는 분명 군부통치기였고, 그들의 영향력은 무시할 수 없었다. 특히 등장 초기에는 군부(보다 정확히는 군 출신 측근 세력)의 정치적 영향력이 더 컸다고 할 수 있다(예컨대 1960년대 전반의 김종필 세력이나 1980년대 초반의 청와대 세 허씨의 위세 등). 그러나 일단 안정기에 접어들고 일인지배가 확립되면, 군부의 주요인물들은 민간정치인으로 변신하면서 일인지배의 관리대상으로 포섭되는 경우가 대부분이었으며, 군 자체도 독자적 영향력을 잃는 것이 일반적이었다. 본질적으로 한국과 같은 일인지배체제하에서는 군부는 통치권자의 직할과 선택의 대상이었지, 그 역의 관계는 아니었다.

여당우위에서 관료우위형으로

제헌국회에서 이승만은 국회를 장악하지 못했다. 당시 국회의 세력분포는 이승만 세력, 한민(민국)당 그리고 무소속의 정립(鼎立)구도였으며, 이런 현상은 제2대 국회의 중반인 1952년까지 계속되었다. 당시 이승만은 원내에 확고한 지지기반을 갖지 못했기 때문에 중요한 사안에 대해 끊임없이 국회의 동의를 구하는 노력을 기울일 수밖에 없었다. 따라서 이 무렵은 한국 권위주의시기에서 예외적으로 행정부에 대해 국회가 우위에 섰던 때였다고 할 수 있다.

그러나 1952년 이승만이 자유당을 만들어 원내에 교두보를 마련하고, 부산정치파동[40]을 통해 국회의 기능을 무력화시키면서, 상황은 반전되어 국회에 대한 행정부의 우위가 확립되었다. 행정부는 국회 내의 견제 세력으로부터 해방됨으로써 점차 자율성을 높여가게 되었다. 드디어 권위주의의 정상적인 상태가 나타난 것이라고도 할 수 있는데, 이런 상태는 1980년대 중반까지 지속되었다.[41]

물론 그 와중에도 내부적 변화는 있었다. 시기별로 대통령의 일인지배 정도라든지 정당(여당)이나 국무회의의 위상 그리고 관료의 능력 등이 달랐으며, 그 결과 국회에 대한 행정부의 우위의 구체적인 모습도 조금씩 차이가 났다.

우선 박정희나 전두환과 비교할 때, 여당이나 국회, 국무회의 그리고 관료에 대한 이승만의 장악력은 상대적으로 떨어졌고, 때로는 간접적이었다.

---

40) 자세한 것은 김일영, 「부산정치파동의 정치사적 의미」, 『한국과 국제정치』, 1993년, 제9권 제1호(봄·여름) 참조.

41) 이 시기의 입법활동을 보아도 국회가 행정부에 비해 기능 면에서 열세였음이 드러난다. 즉, 제2대부터 제12대(1985년에 개원)까지의 국회에서 발의된 법안의 수는 전부 4,387건이었다. 그 중 의원발의는 1,883건(42.9%)이고 정부발의는 2,504건(57.1%)였다. 그리고 의원발의 법안 중 통과된 것은 754건(40%)였고, 정부발의 법안의 경우에는 1,698건(67.8%)가 통과되었다. 국회사무처의사국, 『의정통계집』(1996)에서 발췌.

초기에 이승만은 자유당의 창당공신인 이범석과 그 추종 세력(족청계)을 당 내에서 추방함으로써 당을 직접적으로 장악하기도 했다. 1953년 그는 당에 중앙당 부장제도를 도입하고 각 부장을 자신이 직접 임명함으로써 당에 대한 통제력을 높였다. 그러나 1950년대 후반으로 갈수록 당에 대한 그의 관여는 간접적이 되어갔으며, 그 틈을 이기붕과 그 추종 세력이 파고 들었다.

이기붕과 그 추종 세력이 형성된 계기는 1954년 제3대 총선거였다. 이때 전직 고급관료 출신들이 자유당의 공천을 받아 대거 국회의원에 당선되며, 그들이 이기붕을 중심으로 모인 것이다. 이들은 관계(官界)에서의 자신들의 과거 경력을 토대로 행정부에 영향력을 미칠 수 있는 사람들이었다. 이들이 떠나며 생긴 빈 자리가 대부분 그들의 부하직원들에 의해 채워졌기 때문이다. 따라서 이 선거를 계기로 적어도 인적 연계(connection) 면에서는 당이 행정부에 대해 영향력을 행사할 수 있는 기반이 마련되었다고 할 수 있다.[42]

정부에 대한 자유당의 영향력을 강화시키는 제도적 기반은 사사오입(四捨五入)개헌과 뒤이은 정부조직법 개정을 통해 이루어졌다. 이를 통해 국무총리제가 폐지되었다. 그것의 표면상 이유는 대통령의 권한강화였지만, 실제로는 개별 국무위원의 불신임권을 이용하여 행정부 전체를 자유당의 지배하에 두려는 것이었다.[43]

이후 이승만이 자유당에 대한 직접 관할을 점차 거두면서 정부에 대한 당의 영향력은 크게 신장되었다. 1950년대 말의 중요한 정책결정 중 하나인 『경향신문』 폐간결정에 대한 사례연구가 그것을 잘 보여주고 있다. 그에 따르면, 이 결정은 이승만이 거의 관여치 않은 상태에서 공식적인 최고정책결정기구인 국무원(국무회의)이 아니라 비공식 정책결정기구인 자유당 당무

---

42) 이한빈, 「최고관리」, 이한빈 외, 『한국행정의 역사적 분석: 1948~1967』, p. 394.
43) 이한빈, 『사회변동과 행정』(서울: 박영사, 1968), pp. 122-123.

회의에 일부 각료가 참석한 가운데 이루어졌다는 것이다.[44]

그런데 이런 행정부에 대한 자유당의 영향력 신장은 행정부에 대한 이승만의 장악력 저하와 비례적으로 진행되었다. 본래 이승만은 정부조직의 구조와 기능의 분화를 무시한 채 크고 작은 일을 모두 자기가 처리하려는 경향이 강했다.[45] 그는 정부조직을 공식적인 것이라기보다는 자신의 개인적 도구 정도로 여겼다. 그는 국무원도 공식적인 최고정책결정기구로 생각하지 않았다. 주1회 참석했지만, 그것은 정책결정이 한 사람에 의해 이루어진다는 사실을 감추기 위한 제스처에 지나지 않았다. 그리고 국무위원도 그들의 전문성보다는 자신에 대한 충성도를 기준으로 임명했으며, 그나마도 수시로 교체하는 수가 많았다. 그러나 말기에는 국무위원의 임명마저도 이승만 자신의 결정으로부터 당(이기붕)의 추천에 따른 결정으로 점차 옮아감으로써 행정부에 대한 그의 통할권은 점차 약화되어갔다.[46]

요약하면 1950년대 중반까지는 이승만이 행정부와 자유당을 직접 관할하는 가운데 의회에 대한 행정부의 우위가 유지되었다. 그러나 말기로 갈수록 당과 정부에 대한 이승만의 장악력이 떨어지자 그들 간의 관계는 의회에 대한 행정부의 기능적 우위가 유지되는 가운데, 실질 권력 면에서 행정부를 집권 자유당이 통제하는 기묘한 상태[47]로 변하게 되었다.

---

44) 한배호, 「경향신문 폐간결정의 사례」, 한배호, 『한국의 정치』(서울: 박영사, 1984), pp. 130-132.
45) 당시 국무원에서 정책제안을 한 비율을 보면, 대통령이 58%인 데 반해 국무총리를 포함한 각료 전체는 33%에 그치고 있다. 김운태, 『한국현대정치사: 제1공화국』, 제2권(서울: 성문각, 1976), pp. 406-408.
46) 6·25 전쟁 이후부터 경제부흥 관련분야에서는 이런 경향이 약화되고, 전문성이 고려되기도 했으나 그마저도 말기에 오면서 당에 휘둘리기 시작했다. 이한빈, 『사회변동과 행정』, pp. 127, 140-143.
47) 이 시기에 대해 행정부우위형(백영철)과 정치우위형(안병영)이라는 두 주장이 엇갈리고 있다. 그러나 필자가 볼 때, 이런 혼란은 집권 자유당과 의회를 구분하지 않은 데서 오는 것 같다. 백영철, 『제1공화국과 한국민주주의』, 제5장; 안병영, 「한국관료제의 전개과정」, 안해균 외, 『한국관료제와 정책과정』(서울: 다산출판사, 1994), pp. 79-80, 95.

이런 상태는 1960년대에도 일정 기간 계속된다. 그것은 쿠데타 주도 세력(특히 김종필)이 공화당을 강력한 사무국을 지닌 독특한 조직형태로 만들었기 때문이다. 사무국은 중앙에서부터 시·도·지역에 이르는 위계적인 조직을 갖추었으며, 중앙당에서 임명한 요원들이 그 업무를 관장토록 했다. 국회운영이나 국회의원 공천을 포함한 모든 당무와 당재정의 관리를 사무국이 맡도록 함으로써, 국회의원이 사무국을 모시는 것 아니냐는 비판과 불평이 있기도 했다.

그리고 쿠데타 주도 세력은 집권 초기 당정 간에 빈틈없는 협조기구를 구축함으로써 공화당의 영향력을 국회를 넘어 행정부로까지 확대시키려 했다.[48] 위로는 청와대 연석회의부터 당무위원-국무위원 연석회의, 경제정책회의, 정책협의회 등의 각료와 당간부 수준의 협의체를 거쳐 아래로는 시·군 당정협의회에 이르기까지 긴밀한 당정협조체제가 구축되었다.[49]

이러한 당조직과 당정협조기구는 시간이 갈수록 형식적이 되어갔지만, 집권 초기에는 김종필의 영향력 및 정치적 구상과 맞물리면서 그 힘을 어느 정도 발휘했다. 그리고 이런 조직편성 덕분에 1960년대 중반까지는 집권 공화당이 행정부와 국회를 압도할 것 같은 분위기였다. 그런 점에서 이 시기는 1950년대 말의 연속선상에 있었다고 할 수 있다.

박정희는 여타 대통령에 비해 훨씬 모든 권력을 자신의 주변에 집중시켰고 또 일인지배적이었다고들 한다. 이것은 틀린 말이 아니지만, 집권 초기부터 그런 것은 아니다. 초기에 그는 행정부는 거의 장악했지만, 공화당까지 완전히 수중에 넣지는 못했다. 그 좋은 증거가 당시 공화당에서 끊이지 않았

---

48) 당시 행정부에 대한 공화당의 영향력이 큰 속에서도 박정희는 각료임명에 있어 당출신의 정치인보다는 외부인사와 전문관료를 우대함으로써 행정부의 자율성과 효율성 및 정통성을 확보하려 했다. 초대 최두선 내각의 각료 18명 중 공화당 출신은 6명이었고, 2대 정일권내각에서는 3인이었다.
49) 서울대 행정대학원 행정조사연구실, 『최고관리』(1965), pp. 473-497 참조.

던 김종필계열과 반김종필계열 사이의 내분이다. 당시 한일국교정상화 등의 문제로 야당과 재야·학생의 강력한 도전에 직면해 있던 집권층에게 이런 당내분은 적전분열(敵前分裂)이자 자중지란이었지만, 박정희의 중재 노력에도 불구하고 쉽게 가라앉지 않았다.[50] 그의 당 장악력에 한계가 있었음을 보여주는 대목이다.

이런 공화당 우위현상은 1965년경부터 와해조짐을 보이다가 1969년의 삼선개헌과 1972년 유신정부의 수립을 계기로 막을 내리게 된다. 1965년 당헌개정과 뒤이은 반김종필계열 인사들의 정치자금 통로 장악으로 사무처조직을 토대로 공화당 우위를 주도해왔던 김종필계열은 제도상으로나 재정적으로 모두 열세에 놓이게 되었다.[51] 김종필계열에 대한 직접적인 공격은 1967년 선거 이후 박정희의 후계구도 문제가 불거지면서 노골화되었다. 김종필을 옹위하려는 세력과 박정희의 계속 집권을 바라는 세력(반김종필계열) 간의 암투에서 박정희는 후자의 손을 들어주었고, 그 결말은 김종필계열의 몰락과 3선개헌이었다. 김종필계열의 붕괴는 곧 공화당 우위파의 실권(失權)이었다. 그 후 박정희는 반김종필계열의 4인(길재호, 김성곤, 김진만, 백남억)을 중간보스로 삼아 당을 통할하다가 1971년 항명파동을 계기로 그들마저 내치게 된다. 당에 대한 직할체제가 시작된 것인데, 이 모든 것의 절정은 1972년의 유신이었다.

---

50) 자세한 것은 김용호,「공화당과 3선개헌」, 동아일보사,『현대사를 어떻게 볼 것인가 IV: 박정희와 5·16』(서울: 동아일보사, 1990), pp. 88-91 참조.

51) 1965년 초 공화당은 사무국 권한의 상당 부분을 의원(지구당 위원장)에게 이관하는 것을 골자로 하는 당헌개정작업을 했다. 이때 재정권도 사무총장에서 재정위원장으로 넘어갔다. 당시까지 정치자금은 박정희의 명령에 의해 이후락 청와대 비서실장과 장기영 부총리겸 경제기획원장관이 주로 관리했고, 공화당은 독자적인 정치자금창구를 갖지 못했었다. 그런데 이후락은 당내 반김종필계열의 적극적 후원자였다. 이런 상태에서 1966년 반김종필계열의 핵심인사 중 하나인 김성곤이 공화당의 재정위원장을 맡음으로써 반김종필계열이 재정적 권한까지 장악하게 되었다. 위의 논문, pp. 92-93; Dal-Joong Chang, *Economic Control and Political Authoritarianism: The Rise of Japanese Corporations in Korean Politics, 1965-1979*(Seoul: Sogang University Press, 1985), pp. 120-121.

유신은 정치를 실종시키고, 행정과 공작이 그것을 대신하게 만들었다. 유신헌법을 통해 박정희는 정당과 국회를 과시용 장식품으로 전락시키고, 비서실과 경호실 그리고 정보기관을 통해 정치와 행정을 모두 주무르기 시작했다. 이때를 전후하여 나타난 행정부에 대한 공화당의 영향력 감퇴는 당정협의체의 개최회수를 통해서도 확인된다. 예컨대 공화당 정책위원회 의장단과 관련분과위원장 및 관련국무위원과 당소속 국무위원 등으로 구성되는 정책심의회의 경우, 1968년에는 총 29회 열렸으나 1969~1972년과 1973~1979년에는 각각 연평균 22회 및 14.7회로 줄어들었던 것이다.[52] 그리고 국회의 국정감사권 폐지, 국회회기단축(150일 이내), 국무위원에 대한 국회 출석·답변요구의 제한, 국회 내에 유정회 설치, 대통령에게 국회해산권 부여, 대통령의 긴급조치 발동권 등의 제도적 변화를 통해 의회의 행정부 견제기능도 크게 약화되었다.

그 대신 등장한 것이 대통령이 친위조직을 통한 행정부의 직할이다. 박정희는 공화당이나 국회를 의사결정과정에서 소외시켜 정책결정과정의 탈정치화를 도모하면서 비서실과 행정 각 부처의 실무자를 이용하여 자신이 관심이 있고 중요한 정책은 모두 직접 개입·결정하였다. 이를 위해 박정희는 우선 유능한 전문가와 관료를 선발해 비서실을 강화했으며, 그들을 통해 행정 각 부처의 업무추진상황을 수시로 점검·조정·평가했다. 그리고 특정 업무에 관해서는 비서실내에 일종의 전담반(task force)을 두고 그 추진을 직접 독려하기도 했다.[53]

이런 식의 비서실 운영은 한편으로는 국무회의와 행정부처의 재량권을 제약했지만, 다른 한편으로는 의회나 정당에 대한 행정부의 자율성을 높여

---

52) 정정길,「정책과정」, 조석준 외,『한국행정의 역사적 분석: 1968~1984』, p. 508.
53) 경부고속도로나 울산공단 건설, 중화학공업화 추진, 새마을운동 등이 좋은 예다. 한영환,「한국의 경제발전과 행정체제의 대응능력」, 김광웅 편,『행정과 나라만들기』(서울: 박영사, 1996), pp. 242-245, 250-251.

주는 요인이 되기도 했다. 대통령의 우산 아래서 행정부가 국회나 정당의 정치공세를 피할 수 있었기 때문이다. 이렇게 확보된 정치적 중립성 밑에서 행정부는 대통령의 결단에 따라 설정된 고도의 '정치'적 목표를 달성하기 위해 최대의 도구적 합리성을 발휘할 수 있었다.[54]

1980년대는 유신시대와 비교해 기본틀은 변하지 않았으면서, 모든 점에서 정도가 조금 완화되는 수준이었다고 할 수 있다. 대통령의 일인지배적 성격은 여전했으나, 비서실을 통해 행정부를 장악하는 정도는 이전보다 완화되었다.[55] 이것은 전두환 자신이 박정희시대 이후락이나 차지철이 보여준 과오를 반복하지 않으려고 노력한 탓이었다. 따라서 그는 정책결정이나 집행의 실질적인 권한과 책임을 행정부처에 지우려고 시도했다.[56] 그러나 같은 시기 정부는 국무회의의 개최회수를 주2회에서 1회로 줄임으로써 국무회의의 형식화를 재촉하는 모순된 행동을 보여주었다. 그 결과 국무회의에서의 처리 안건수는 과거 연 1,200여 건에서 700건 정도로 줄게 되었다. 그리고 이 시기에도 중요한 경제 문제나 시국 문제, 공안 사건 등에 대해서는 여전히 공식적인 최고정책결정기구인 국무회의보다는 친위조직인 정보기관이나 경호실, 비서실 등이 관여하는 비공식적인 관계자회의가 실질적 권한을 발휘했다. 요컨대 정도 차이가 있을 뿐 이 시기에도 대통령이 친위조직을 통해 행정부를 통제하면서 정책결정의 핵심을 차지하고 있었다는 점은 이전과 다를 바 없었다.

유정회제도를 없앤 전두환정부하에서 여당이었던 민정당의 지위는 유신시대의 공화당에 비해 상대적으로 개선되었다. 당에서 행정부의 각료로 진

---

54) 이 점을 '발전지향형국가' 개념과 연관시켜 박정희시대를 설명한 것에 관해서는 김일영, 「박정희체제 18년, 어떻게 볼 것인가」, 『사상』, 1995년 겨울호, pp. 208-256.

55) 집권 초기에는 반정(反正)공신인 허화평, 허삼수 등이 비서실에 포진하여 위세를 과시하기도 했으나, 1982년 말 그들의 퇴진 이후에는 대체로 이런 방향으로 갔다.

56) 하워, 『청와대 24시』(서울: 정음사, 1985), pp. 47-51, 정정길, 「정책과정」, pp. 520-521에서 재인용.

출하는 빈도가 늘었으며, 당정 간의 협의도 보다 긴밀해지고 제도화됨으로써 정책결정과정에서 집권당의 영향력이 작용하는 경우도 상대적으로 많아졌다.[57] 그리고 1980년대 중반 이후에는 유신 이전과 같이 당내에 미약하나마 강온파 간의 노선갈등이 벌어질 조짐도 보였다.[58]

의회의 경우 1980년대 초반에는 그것이 하나의 강력한 여당과 그보다 열세인 두 개의 관제야당으로 이루어져 있었기 때문에 제 기능을 하지 못했다. 그러나 1985년 2·12 총선에서 관제야당이 소멸되고 신(한)민(주)당이란 자생야당이 생겨난 이후 의회는 행정부에 대한 견제라는 정치적 기능을 점차 회복하기 시작했다. 그리고 이것이 아래로부터의 시민사회의 폭발과 맞물리면서 1987년 6월민주항쟁으로 이어졌다.

이상에서 우리는 권위주의 시기 한국에서의 정치와 관료의 관계를 대통령의 일인지배를 전제한 상태에서 행정부, 의회 그리고 정당 등을 중심으로 살펴보았다. 아직 국가체제가 정비되지 않은 초기의 4년(1948~52)을 제외한 나머지 기간에는 기능 면에서 항상 의회보다 행정부가 우위에 있었다. 특히 1970년대 초부터 1980년대 중반 사이의 강성권위주의 시기에는 정치가 행정적 효율성에 압도되어 고사(枯死)의 위기를 겪기도 했다. 그러나 권위주의하에서도 실제 권력 면에서 여당이 행정부보다 우위에 서는 때도 있었는데, 1950년대 말경부터 1960년대 말까지의 10여 년이 바로 그때였다. 이 기간 중에는 여당정치가 어느 정도 유지되었다고 할 수 있다. 여당정치가 곧 정당정치는 아니다. 따라서 여당정치가 유지되었다고 해서 보다 민주적이었다거나 정치가 활성화되었었다는 결론은 도출될 수 없다. 자유당에 의한

---

57) 당시 당정 간의 협의체로 당정실무기획위원회, 경제문제연석회의, 당정조정협의회, 당정정책협의회 등이 만들어졌는데. 안해균, 『한국행정체제론』(서울: 서울대출판부, 1988), pp. 394-395.

58) 임혁백, 「5공의 민주화 투쟁과 직선제 개헌」, 동아일보사, 『5공 평가 대토론: 현대사를 어떻게 볼 것인가 VI』(서울: 동아일보사, 1994), p.467. 강온파 간의 갈등의 대표적 사례로 1985년의 학원안정법 파동을 들 수 있다.

여당정치가 시작되던 1950년대 말이 정치·행정의 모든 면에서 가장 비합리적인 권위주의체제의 시기였음을 상기할 필요가 있다.

3) 통제와 동원의 메커니즘: 방어적 근대화를 위한 동원형

한국 권위주의체제는 전체주의에 비견될만큼 체계적이고 공식적인 이데올로기를 갖지는 못했다. 한국에는 나찌즘이나 맑스-레닌주의, 주체사상과 같이 전 국민의 생활과 사고를 지배하고, 교도(敎導)하는 이데올로기체계는 없었으며, 그에 입각한 대규모적인 동원체계도 없었다.

그러나 우리에게도 해방 이후 국가 및 국민형성과정에서 접착제 역할을 한 것은 분명 있었다. 그것은 반공이었다. 이것을 체계적이면서 적극적인 지도이데올로기라고 보기는 어렵다. 오히려 이것은 공산주의를 금단(禁斷)의 영역으로 설정함으로써 사람들의 의식구조(mentalities)에 일정한 방향성을 부여하려는 소극적인 이데올로기라고 할 수 있다. 그러나 이것은 교육기관, 반공(또는 국가보안)법이나 연좌제, 공안기관 등의 갖가지 제도적 장치에 의해 뒷받침됨으로써, 효과적으로 국민들의 의식에 침윤되고 거기에 방향성을 불어넣을 수 있었다.

이런 반공적 의식구조는 분단과 냉전이라는 외생변수에 의해 생겨났고, 남북 간의 전쟁과 체제경쟁을 통해 지속적으로 확대재생산되었다. 반공은 종종 지배집단에 의해 통제의 수단이나 지배의 정당화 이데올로기로 변질되었다. 그들은 금단영역의 범위를 자의적으로 해석함으로써 종종 반공을 정치적 반대 세력에 대한 통제의 수단으로 이용했다. 반정부적인 정치인, 지식인, 학생들이 얼마나 많이 이 덫에 걸렸는지는 우리 모두 잘 알고 있다. 그리고 반공은 자주 지배집단에 의해 그들 통치의 비민주성을 합리화시키는 데 동원되었다. 그들은 자신들의 폭력성을 정당화하기 위해 '북한의 남침위협'이나 '남북 간의 긴장고조' 등의 수사(修辭)를 수시로 사용했다.

반공은 박정희시기에 와서 새로운 보완물을 발견하게 된다. 경제발전이 그것이다. 박정희가 내놓은 조국근대화라는 목표는 당시의 경제적 피폐와 맞물리면서 국민들로부터 상당한 호응을 얻었다. 박정희는 경제적 성과를 통해 부족한 정당성을 메울 수도 있었다. 이제 한국 권위주의체제는 반공과 경제발전이라는 두 바퀴로 달려가게 되었다. 이것은 정치군사적 및 경제적인 면에서 앞선 나라(북한 포함)의 공세에 대해 자국을 '방어'(반공)하는 가장 좋은 수단으로 '근대화'(경제발전)를 목표로 설정한 체제라고 할 수 있다. 다시 말해 '방어적 근대화(defensive modernization)'[59]를 위한 체제가 마련된 것이다.

이 체제에서 국정의 최우선순위는 근대화였다.[60] 민주니 자유니 하는 여타의 가치들은 그 자체로서는 중요한 것이지만, 근대화를 위해서는 상당기간 유보할 수 있다는 것이 박정희의 기본생각이었다.[61] 따라서 방어적 근대화는 반공과 마찬가지로 쉽게 탄압의 수단이나 지배의 정당화 이데올로기로 변질될 수 있었다.

그런데 반공은 탄압기능에 비해 동원기능이 좀 떨어졌던 데 반해, 방어적 근대화는 억압은 물론 동원이데올로기로서도 상당한 효과를 발휘했다. 그것은 조국근대화라는 목표가 당시 경제적으로 곤궁한 국민들로부터 상당한 호응을 얻은 탓도 있고, 또 근대화 자체가 본래 어느 정도 동원성을 지닌 까닭도 있다. 그러나 보다 중요한 것은 방어적 근대화가 지닌 국가주도성, 즉 위로부터의 동원에 의해 추진되는 근대화라는 점이다. 당시 정부는 국내의 모든 인적·물적 자원을 방어적 근대화라는 최우선 과제를 위해 동원했다. 모든 남자들은 동사무소라는 말단 행정조직을 통해 예비군이나 민방위

---

59) J. Woo, *Race to the Swift*(New York: Columbia University Press, 1991).
60) 예컨대 1970년대 초의 중화학공업화 추진은 경제적 합리성에 입각한 산업구조의 수직적 심화보다는 자주국방을 위한 방위산업의 육성이라는 차원이 더 강하게 고려되었다.
61) 박정희, 『국가와 혁명과 나』(서울: 지구촌, 1997), pp. 231-247.

등의 형태로 가용병력자원으로 관리·동원되었으며, 각 가정도 반상회라는 세포조직을 통해 관리·교도되었다. 새마을운동을 통해 농민으로부터 도시의 산업근로자들까지 동원되었다. 초등학교 학생들로부터 파월군인들에게 이르기까지 의무저축을 강요하여 형성된 국내자본은 국가에 의해 선정(targeting)된 특정산업의 발전을 위해 특혜적으로 쏟아부어졌다.

1980년대 초반에도 이런 방어적 근대화를 위한 동원화경향은 관성적으로 지속되었다. 당시 정부가 표방한 정치구호는 자율과 개방이었고, 교복자율화나 통금해제와 같은 몇 가지 자율화조치와 부분적인 수입자율화조치가 취해지기도 했지만, 그것은 당시의 정치사회적 본질과는 거리가 있는 것이었다. 시민사회, 특히 노동부문에 대한 억압은 이전과 차이를 발견하기 어려웠으며, 각종 자원을 정치적으로 동원하는 경향도 여전히 지속되었다.[62]

그러나 1980년대 중반부터 변화의 조짐이 나타나기 시작했다. 1983년 말부터 정부가 해직교수의 복직과 제적생의 복교 그리고 정치인의 해금 등 일련의 자유화조치들을 취하자, 그 공간을 이용해 시민사회가 부활하기 시작했다. 그리고 시민사회 내의 사회운동 세력들은 1985년 2·12 총선을 이용해 공식적인(제도권) 정치의 장내에 교두보도 마련하는데, 강력한 자생야당인 신(한)민(주)당의 탄생이 바로 그것이었다. 이제 지난 10여 년간 질식되었던 정치가 부활할 조짐을 보이기 시작했다. 그리고 이런 시민사회와 정치의 부활을 근거로 전(前)시기로부터 이어져오던 위로부터의 동원적 관성에 도전하여 아래로부터의 민주적 동원이 일어날 정치적 기반이 생겨나기 시작했다.

---

62) 다만 과거의 정치적 동원사업이 점차 속류화·희화화되는 부작용은 생겨났다. 애초 농촌진흥과 의식개혁의 차원에서 시작된 새마을운동이 국풍(國風)사업으로 전락하는 것 등이 그예다.

4. 민주화와 한국 권위주의체제의 변화

1987년 6월 이후 권위주의로부터 민주주의로의 이행과정이 시작되었다. 6월민주항쟁의 성과로 15년 만에 되찾은 직선에 의한 대통령선출이 그것의 상징적 출발점이었다. 비록 결과는 구권위주의체제의 핵심인물에 의한 권력의 승계로 끝났지만, 절차상 문제가 있는 것은 아니었다. 이후 한국에서는 미흡하지만 다방면에서 민주화가 진척되었고, 1992년 선거에서 마침내 민간인 대통령이 탄생하기에 이르렀다.

그런데 지난 1980년대 후반부터 시작된 민주주의 공고화 기간 동안 한국 정치체제에서 과거 권위주의체제의 특징이 얼마나 탈각되었는가? 새로운 정치체제 아래서 과연 얼마나 대표와 선출 면에서의 포괄성이 증대되었고, 일인지배는 제도의 지배로 바뀌었으며, 정치와 관료가 균형적 관계를 회복했고 그리고 방어적 근대화를 위한 동원성은 얼마나 옅어졌는가?

1987년의 개헌을 계기로 선거의 경쟁성을 보장하는 제도적 개선은 상당히 이루어졌다. 지난 15년간 국민들에게 정치적 소외감을 안겨주었던 대통령 간선제가 직선제로 대체되었다. 국회의원선거법에서도 문제조항이 많이 정비되었다. 먼저 전국구 제도를 개선하여 이제까지 의석배분에서 제1당이 누리던 과도한 혜택을 점차 완화시켰다.[63] 그리고 어떤 정당이 지역구에서 전혀 의석을 얻지 못하더라도 전체 득표율이 3% 이상이면 전국구 의석을 우선적으로 1석을 배정토록 봉쇄조항을 완화하여 군소정당이나 신생정당의 제도권 진입을 보다 용이하게 했다.

그리고 행정관청을 동원한 선거개입도 상대적으로 많이 개선되었다. 이 점은 지방자체제 실시 이후, 특히 1995년 6월 자치단체장 선거에서 야권(민

---

63) 우선 과다한 전국구 의석수를 줄여 국민대표성을 강화했다. 그리고 의석배분방식도 처음에는 의석수 비율로 고쳤다가 1994년 이후에는 다시 득표율 기준으로 개선했다.

주당과 자민련)이 승리한 이후에는 오히려 역개입을 우려할 정도로 나아졌다고 할 수 있다.

그러나 민주화 이후에도 정보기관을 통한 정부·여당의 선거공작은 그다지 개선되지 않았다. 공교롭게도 선거만 다가오면 벌어졌던 공안 사건과 북풍 그리고 색깔시비가 그 좋은 증거라고 할 수 있다. 민주화 이후에도 정보기관이 정치에 개입할 수 있었던 것은 한국의 민주화가 근본적으로 과거 권위주의 세력과의 단절보다는 타협과 협약을 통해 진행되었기 때문이다. 1987년 대선에서의 야권분열은 전두환과 태반(胎盤)이 같은 노태우의 집권을 가능케 했고, 김영삼 역시 1990년 3당합당을 통해 그 태반을 집어삼키고서야 권력을 장악할 수 있었다. 이렇게 단절보다는 연속을 특징으로 하는 민주화과정에서 권위주의체제하에서 정권 수호의 보루였던 정보기관은 항상 근본적 변화의 바깥에 위치할 수 있었다. 집권자에 따라 일부 요직을 중심으로 구성원이 바뀌기는 했지만, 조직의 성격과 기능은 그다지 변하지 않았다. 동일한 시기에 행정기관이 지방자치제의 도입이라는 외적 충격으로 커다란 변화를 겪었던 것과는 대조되는 모습이라고 할 수 있다.

권위주의시대 한국 정당정치와 선거과정의 특징이었던 이데올로기, 계급 및 지역적인 면에서의 불완전포괄성은 10여 년에 걸친 민주화의 노력에도 불구하고 완전히 탈각되었다고 보기 어렵다. 권위주의하에서 진보적 이데올로기 및 계급 문제는 주로 공식적인 정치의 장 바깥에 있던 재야 및 학생 세력에 의해서만 부분적으로 대변되었다. 이들 장외 세력과 장내의 정치인들 사이에 연결이 전혀 없었던 것은 아니지만, 그런 접합점은 대개 정치적 민주화의 문제에 국한되었었다. 이런 현상은 1983년 말 이후의 일련의 자유화조치들 속에서 보수적인 야당계 정치인들과 진보적인 사회운동 세력 간에 연계가 긴밀해지면서 약간 개선의 기미를 보였다. 1984년부터 1987년 중반까지는 두 세력이 긴밀한 연대와 소원한 관계(각개돌진)를 되풀이하면서 전두환정부를 무너뜨리려 애쓰던 기간이었다. 두 세력 간의 연대는 주로 뚜렷하고 가시적인 목표(선거, 개헌 등)가 있거나 위기국면에서 나타났다. 1985년 2·12 총선에서의 사회운동권의 신민당 지원, 1986년 초 개헌추진을 위한 '민주화운동국민연합' 결성, 1987년 초 박종철 사건을 계기로 한 두 세력의 연대 등이 그 예다. 그러나 목표가 성취되거나 위기를 돌파한 후에는 두 세력은 대개 제갈길로 가는 수가 많았다. 2·12 총선 이후 사회운동권은 독자노선을 걸었고, 동일한 양상이 1986년 4월 30일 정부의 개헌허용 발표 이후나 1987년 6·29 선언 직후에도 되풀이되었다. 따라서 이 기간 중에도 장외 세력과 장내의 정치인들 간의 관계가 근본적으로 변화된 것은 없었다. 그것은 다만 목전의 목표를 쟁취하기 위한 전술적 연합에 지나지 않았다. 장내 세력은 사회적 동원을 위해 사회운동 세력이 필요했고, 후자는 권위주의와 효과적 싸우기 위해 필요한 최대연합형성의 구심점으로서 전자가 요긴했을 뿐이었다.[64]

6·29 선언 이후의 사태전개과정에서도 이 점은 잘 드러났다. 6·29 선언은 최대한으로 확대된 민주화연합의 최소강령적 요구(직선제개헌)를 권위주의체제가 수용하고 민주화 연합 세력은 권위주의 지배엘리트들이 유리한 조건하에서 정치적 경쟁에 참여하는 것을 허용하는 '정치협약'[65]이었다. 그런데 시민사회의 힘에 기대어 개헌협상테이블로 진출한 야권은 의제를 헌법의 권력조항에 국한시키고자 했다. 그들에게 있어 사회운동 세력이 요구하던 실질적인 민주화를 위한 의제(사회경제적 개혁)들은 부담스러운 것이었으며, 그 점에서 여야의 정치인들은 이해가 일치했다. 따라서 한국에서 민주주의로의 이행은 초기부터 최대민주화연합이 해체된 상태, 즉 제도정

---

64) 임혁백, 「5공의 민주화 투쟁과 직선제 개헌」, pp. 465-466.
65) 임혁백, 「지연되고 있는 민주주의의 공고화」, 최장집·임현진 공편, 『한국사회와 민주주의: 한국민주화 10년의 평가와 반성』(서울: 나남, 1997), p. 34.

치권과 중산층 및 사회운동 세력의 관계가 소원한 가운데 시작되었다. 그리고 1987년 12월 대선에서 야권이 분열되고, 그것이 사회운동권의 분열로 전이됨으로써 결국 사회운동 세력은 스스로의 입지를 더욱 좁히고 말았다.

민주화 이행과정에서 사회운동 세력은 대략 두 가지 행동방식을 보여주었다. 하나는 집단적이고도 조직적인 차원에서 제도권 정치의 장으로 진입하려는 노력이고, 다른 하나는 개별적인 차원에서 기성정치권에 포섭되는 것이었다. 1987년 대선에서의 독자적인 민중후보 출마, 1988년과 1992년 총선에서의 민중(의)당의 참여 등 민중의 독자적인 정치 세력화를 꾀하는 시도가 꾸준히 있었다. 그러나 성과는 별로 없었다. 특히 1992년 총선에서는 선거법의 개선되어 전국적으로 3%만 득표해도 전국구 의석을 하나 배분토록 했으나, 민중당은 1.5%를 얻는 데 그치는 부진을 보여주었다. 이것은 근본적으로 1987년 이후의 모든 선거에서 통일, 계급, 분배 등의 모든 사회적 쟁점들이 인물과 지역갈등이란 원초적 쟁점에 묻혀버렸기 때문이다. 따라서 사회운동 세력이 스스로 공식적인 정치의 장으로 들어감으로써 이데올로기와 계급적인 면에서 한국정당과 선거체계의 포괄성을 높이려는 노력은 지난 10년간의 민주화 진척에도 불구하고 아직 미흡하다고 할 수 있다.

그러나 이러한 불완전포괄성은 민주화과정에서 사회운동 세력의 일부가 조직적이 아닌 개별적인 차원에서의 기존정당에 포섭됨으로써 어느 정도 완화될 수 있었다. 1988년 13대 총선을 앞두고 총 98명의 사회운동권 인사들이 야당인 평화민주당에 입당하여 그 중 10여 명이 국회의원에 당선되었으며, 1996년 15대 총선에서도 다수의 사회운동권 인물이 여당인 신한국당에 포섭되어 국회의 문턱을 넘는 데 성공했다.

따라서 지난 10여 년간의 민주화에도 불구하고, 한국정치는 전통적 '엘리트 카르텔'이 유지되는 가운데 약간의 인적 자원을 사회운동 세력으로부터 수혈받는 데 그쳤다. 오늘날 한국정치의 장은 유신, 5공, 6공 그리고 과거의 야당(민주화) 세력 등이 뒤엉킨 도가니(melting pot)와 같다. 그 속에서 사회운동 세력으로부터 충원된 사람들이 차지하는 몫은 얼마 되지 않는다. 그러므로 지난 10년 동안 한국정당과 선거체계에서 제도적 민주화의 진전과 이데올로기적 및 계급적 포괄성의 증대는 불균형적으로 진행되었다고 할 수 있다.

민주화 이전에 한국에서 지역문제는 비결정의 영역이었으며, 그것을 체계적으로 대변할 정당도 없었다. 1987년 이후 민주화과정에서 출범한 평민당은 지역당이란 한계는 있었지만, 그동안 소외되었던 호남을 대변할 창구가 정치권 내에 마련되었다는 점에서 긍정적 측면도 있었다. 그러나 이런 경향은 곧 충청(김종필), 경남(김영삼), 경북(노태우)을 배타적으로 대표하는 정당의 창출로 퍼져나갔고, 결국 전체적으로는 정당체계와 선거의 지역적 포괄성을 오히려 좁히는 결과를 가져왔다. 1990년 3당합당으로 여당은 지역포괄성을 높였으나 그것이 본질적으로 호남배제에 기초한 것이란 점에서 정당체계가 포괄성을 높이는 것과는 거리가 있었다. 그리고 1996년 15대 총선에서 충청권에 기반을 둔 자민련이 약진(50석)하고 지역기반이 없는 민주당이 참패(15석)함으로써, 결국 지난 10년간의 민주화과정에도 불구하고 지역 문제에 관한 한 별다른 진전이 없었음을 보여주었다.

오랜 세월 일인지배하의 관료우위형 정치구조에 젖어있던 한국에서 1988년 13대 총선 결과 탄생된 여소야대의 구조는 1952년 이래 의회의 견제 바깥에서 왕처럼 군림하던 대통령에게 모든 국정을 의회와의 협의 아래 국민의 의사를 존중하여 처리하도록 만들었다. 그런 점에서 여소야대 정국은 의회가 제 기능을 회복함으로써 정치와 관료 간에 힘의 균형이 회복될 수 있는 좋은 기회였다. 한국정치가 기존의 날치기, 밀어붙이기, 공작, 야합 등의 관행에서 벗어나 경쟁, 협상, 타협, 연합 등을 본질로 하는 의회주의를 연마하고 뿌리내릴 수 있는 호기이기도 했다.

그러나 근본적인 면에서 권위주의체제의 연장선상에 있던 노태우정부는 이런 새로운 환경에 적응하려 하지 않았다. 그들은 반공과 지역주의에 기반한 반호남연합(3당합당)의 결성을 통해 그들에게 생소한 여소야대를 친숙한 여대야소 구조로 재편함으로써 곤경을 벗어나려 했다.[66]

문민의 기치를 들고 탄생한 김영삼정부에서도 의회경시 현상은 그치지 않았다. 이것은 이 정부의 등록상표였던 개혁과정에서 법치와 인치(人治)를 둘러싼 논란이 끊이지 않았다는 점에서도 드러난다. 문민정부의 개혁은 청와대를 중심으로 한 위로부터의 개혁이었다. 그 과정에서 정당과 의회는 소외되었으며, 대통령은 국민과 역사에 직접 호소하는 일종의 민중주의적 모습을 보여주었다.[67] 그리고 1997년 초 김현철 사건에서 드러났듯이 김영삼은 자주 공식적인 제도(적 채널)보다 비공식적인 사조직이나 비선(秘線)조직에 기대어 국정을 처리했다. 따라서 지난 10여 년간의 민주화과정에도 불구하고 일인지배형으로부터 제도지배형으로의 변화 및 행정에 대한 정치(의회와 정당)의 기능회복은 별반 나아진 게 없다고 할 수 있다.[68]

민주화 이후에도 그 이전의 40여 년간 집권 세력이 통제와 정당화를 위한 효과적인 무기로 사용했던 반공이데올로기의 위력은 쉽게 사라지지 않았다. 더구나 전 지구적 탈냉전의 분위기 속에서도 한반도에서만은 강고하게 지속된 냉전상황은 민주화과정에서 반공의 약효를 지속시키는 데 기여했다. 그 좋은 증거가 잦은 공안정국 조성 및 선거를 전후해 조성되는 북풍

---

66) 앞의 글, pp. 37-38.
67) 최장집, 『한국민주주의의 조건과 전망』(서울: 나남, 1996), pp. 253-258.
68) 그런데 더욱 심각한 것은 민주화 이후 일인지배 현상이 정치체제의 차원을 넘어 정당의 차원에까지 확산되었다는 점이다. 과거에는 여당에서만 대통령이 당을 직할하는 일인지배 현상이 있었다. 야당에는 특정인(보스)을 중심으로 한 파벌은 있었지만, 일인지배는 없었다. 치졸한 파벌싸움은 야당의 결점이기도 했지만, 당내 민주주의의 일단을 보여주는 것이기도 했다. 그러나 민주화 이후 야당에도 파벌 간의 경쟁 대신 특정인 중심의 일사분란함이 자리잡게 되었다. 그 주된 이유는 지역갈등 때문이다. 특정인과 특정지역이 동일시되는 상황에서 당선에 모든 것을 걸고 있는 정치인들이 그들의 보스에게 절대 복종할 수밖에 없을 것이다.

과 색깔시비가 상당한 효과를 발휘했다는 점이다. 그러나 시간이 지날수록 반공의 통제 및 정당화 효과가 반감되었던 것은 사실이다. 이때 집권층에 의해 보완적인 동원이데올로기로 채택된 것이 바로 지역주의였다.

지역감정은 이미 유신 때부터 있었다. 그러나 박정희와 전두환은 그것을 암암리에 독점적으로 이용하려 했을 뿐, 그것이 공공연히 표출되는 것을 허용치는 않았다. 그 뚜껑을 열어준 것은 6·29 선언이었다. 이 선언에는 지역주의를 효과적으로 이용하면 자신들에게 승산이 있다는 권위주의 세력의 계산이 깔려 있었다. 1987년 이후 지역주의는 여야가 공히 사용하는 동원이데올로기가 되었으며, 그 효과는 엄청났다. 어떤 쟁점도 지역주의 앞에서는 무력해졌다. 그러나 최종적으로 그것의 과실을 향유하는 것은 항상 집권 세력이었고, 야권은 특정지역에서의 패권을 유지하는 것에 만족해야 했다. 따라서 지난 10년은 통제와 정당화 이데올로기로서 반공의 점진적 효력 상실과 지역주의의 동원이데올로기적 기능의 상승이 교차했던 시기라고 할 수 있다.

5. 맺음말

한국 권위주의체제의 특징은 불완전포괄성과 일인지배하의 관료우위성 그리고 방어적 근대화를 위한 동원성이었다. 이런 특성은 1980년대 후반부터 10여 년의 민주화과정을 거치면서 부분적으로 개선되긴 했지만, 아직 완전히 탈각되진 못하고 있다. 그동안 한국정치체제는 제도적인 면에서는 과거 권위주의적 특성을 많이 벗어났다. 그러나 대표와 선출 면에서의 포괄성의 증대 정도, 일인지배로부터 제도의 지배로 바뀌는 정도, 의회가 제 기능을 회복하는 정도 그리고 반공이나 지역감정과 같은 비합리적 동원이데올로기의 행사 정도 등과 같은 보다 구체적이고 실제적인 면에서는 아직 근본적으로 나아졌다고 보기 어렵다.

1997년 말 이래 한국은 새로운 현실을 맞고 있다. 수평적 정부교체와 IMF 관리체제가 그것이다. 1997년 12월의 제15대 대선은 몇 가지 점에서 유별났다. 사상 처음으로 여권이 분열하고 야권은 연합하는 기현상이 발생했으며, 역대선거에서 기승을 부렸던 정보기관의 개입이 별효과를 발휘하지 못했고, 그 결과 40여 년 만에 처음으로 권력교체가 특정지역 내부가 아닌 지역 간에 일어났다.

그러나 신정부는 처음부터 많은 어려움 속에 놓여 있다. 정치적으로 성향이 전혀 다른 세력과 연합하여 집권한 데서 오는 부담과 원내에서의 여소야대 정치구도가 신정부의 행동반경을 제약하고 있다. 다만 IMF 관리체제라는 국가적 위기상황이 역설적으로 신정부의 행보를 가볍게 하는 측면도 없지 않았다. 이런 위기상황은 그동안 불가능하게 여겨졌던 많은 일들을 가시권 내에 들어오게 했다.

우선 지난 50여 년 동안 지속적으로 정치에서 배제되었던 노동자계급이, 비록 정당의 모습은 아니지만, 노사정위원회라는 공식기구를 통해 포괄되기 시작했다. 그리고 이 기구를 통해 노동조합의 정치참여 합법화라는 합의가 도출되기도 했다. 만약 이 합의가 정상적으로 국회를 통과한다면, 그것은 한국 권위주의체제의 주요 특징의 하나였던 대표와 선출의 불완전포괄성을 개선하는 데 크게 기여할 것으로 보인다.

IMF의 요구로 한국은 정부는 물론이고, 재벌, 금융, 노동 등 모든 부문에서 근본적 변신을 강요받고 있다. 특히 시대적 과제로 제기되고 있는 정부의 군살빼기 작업(규제완화, 조직축소 등)과 대통령의 권한분산 및 청와대의 기구축소는 10여 년 만에 다시 찾아온 여소야대 구조와 맞물리면서 일인지배의 철폐와 관료우위의 약화 그리고 의회를 강화시킬 수 있는 호기회로 작용하고 있다. 더구나 김대중 대통령도 한국의 민주화를 위해 이 점이 얼마나 중요한지를 잘 알고 있었다. 그러면서도 그는 이 위기상황을 타개하기 위해 자신에게 힘(특히 인사 및 예산권)을 모아달라고 호소했다. 이는 마치 일인지배를 종식시키기 위해 마지막으로 일인지배를 요구하는 것과 마찬가지다. 이런 그의 정치적 실험이 성과를 거둔다면, 한국의 민주화는 1980년대 후반부터 IMF시기까지의 이행기를 지나 공고화의 단계로 접어들게 될 것이다.

참고문헌

구해근. 「현대 한국 계급구조에 관한 시론」, 박현채 외, 『한국사회의 재인식 1』, 한울, 1985.

국회사무처의사국. 『의정통계집』, 1996.

김광웅, 「행정과 정치」, 조석준 외, 『한국행정의 역사적 분석: 1968~1984』, 서울대출판부, 1987.

김용호. 「공화당과 3선개헌」, 동아일보사, 『현대사를 어떻게 볼 것인가 IV: 박정희와 5·16』, 동아일보사, 1990.

김운태. 『일본제국주의의 한국통치』, 박영사, 1986.

_____. 『한국현대정치사: 제1공화국』, 제2권, 성문각, 1976.

김일영. 「계급구조, 국가, 전쟁 그리고 정치발전: 무어 테제의 한국 적용 가능성에 대한 예비적 고찰」, 장을병 외, 『남북한정치의 구조와 전망』, 한울, 1994.

_____. 「농지개혁, 5·30선거 그리고 6·25 전쟁」, 『한국과 국제정치』, 제11권, 제1호, 1995, 봄·여름호.

_____. 「박정희체제 18년, 어떻게 볼 것인가」, 『사상』, 1995, 겨울호.

_____. 「부산정치파동의 정치사적 의미」, 『한국과 국제정치』, 제9권 제1호, 1993, 봄·여름호.

김 진. 『청와대비서실』, 중앙일보사, 1992.

박동서. 「행정과 정치」, 이한빈 외, 『한국행정의 역사적 분석: 1948~1967』, 한국행정문제연구소, 1969.

박동서·김광웅 편. 『의회와 행정부』, 법문사, 1989.

박정희.『국가와 혁명과 나』, 지구촌, 1997.

박찬표.『한국의 국가형성과 민주주의』, 고려대학교 출판부, 1997.

백영철.『제1공화국과 한국민주주의』, 나남, 1995.

서울대 행정대학원 행정조사연구실.『최고관리』, 1965.

안병영.「한국관료제의 전개과정」, 안해균 외,『한국관료제와 정책과정』, 다산출판사, 1994.

안해균.『한국행정체제론』, 서울대출판부, 1988.

이한빈.『사회변동과 행정』, 박영사, 1968.

임혁백.「5공의 민주화 투쟁과 직선제 개헌」, 동아일보사,『5공 평가 대토론: 현대사를 어떻게 볼 것인가 VI』, 동아일보사, 1994.

_____.「지연되고 있는 민주주의의 공고화」, 최장집, 임현진 공편,『한국사회와 민주주의: 한국민주화 10년의 평가와 반성』, 나남, 1997.

전성우.「막스 베버의 지배사회학 연구」, 배동인 외,『막스 베버 사회학의 쟁점들』, 민음사, 1995.

중앙선거관리위원회.『역대대통령선거상황』, 1971.

최장집.『한국민주주의의 조건과 전망』, 나남, 1996.

한배호.「경향신문 폐간결정의 사례」, 한배호,『한국의 정치』, 박영사, 1984.

한영환.「한국의 경제발전과 행정체제의 대응능력」, 김광웅 편,『행정과 나라만들기』, 박영사, 1996.

朝鮮總督 編.『施政二十五年史』, 京城: 朝鮮總督府, 1935.

Atul Kohli, "Where Do High Growth Political Economies Come From?: The Japanese Lineage of Korea's 'Developmental State'," *World Development*, Vol.22, No.9, 1994.

Adrian Leftwich, "Bringing Politics Back In: Towards a Model of the Developmental State," *The Journal of Development Studies*, Vol.31, No.3, 1995.

Bruce Cumings, "The Legacy of Japanese Colonialism in Korea," in R.H. Myers and M.R. Peattie, eds., *The Japanese Colonial Empire, 1895-1945*, Princeton: Princeton University Press, 1984.

_____, *The Origins of the Korean War: Liberation and the Emergence of Separate Regimes, 1945-1947*, Princeton: Princeton University Press, 1981.

Claus Offe, "Klassenherrschaft und politisches System: Zur Selektivität politischer Institutionen," in C. Offe, *Strukturprobleme des kapitalistischen Staates*, Frankfurt/m: Suhrkamp, 1972.

Robert M. Fishman, "Rethinking State and Regime: Southern Europe's Transition to Democracy," *World Politics*, Vol.42, No.3, 1990.

Stephanie Lawson, "Conceptual Issues in the Comparative Study of Regime Change and Democratization," *Comparative Politics*, Vol.25, No.2, 1993.

Dal-Joong Chang, *Economic Control and Political Authoritarianism: The Rise of Japanese Corporations in Korean Politics, 1965-1979*, Sogang University Press, 1985.

David Collier, ed., *The New Authoritarianism in Latin America*, Princeton: Princeton University Press, 1979.

Gerald L. Curtis, "Democracy in East Asia: The Relevance of Japanese Experience," in George T. Yu, ed., *Asia's New World Order*, London: Macmillan Press, 1997.

Giovanni Sartori, *Parties and Party Systems: A Framework for Analysis*, Cambridge: Cambridge University Press, 1976.

Gregory Henderson, *Korea: The Politics of the Vortex*, Cambridge: Harvard University Press, 1968.

Guillermo A. O'Donnell, *Modernization and Bureaucratic-Authoritarianism*, Berkeley: University of California, 1973.

J. Woo, *Race to the Swift*, New York: Columbia University Press, 1991.

Jang Jip Choi, "Political Cleavages in South Korea," in Hagen Koo ed., *State and Society in Contemporary Korea*, Ithaca: Cornell University Press, 1993.

Juan J. Linz, "An Authoritarian Regime: Spain," in Erik Allardt and Stein Rokkan, eds., *Mass Politics: Studies in Political Sociology*, New York: The Free Press, 1970.

Michael Robinson, "The First Phase of Japanese Rule, 1910-19," in Carter Eckert et. al., *Korea, Old and New*, Seoul: Ilchokak, 1990.

P. Bachrach and M. Baratz, "Two Faces of Power," *American Political Science Review*, vol.56, no.4, 1962.

Peter Evans, *Embedded Autonomy: States & Industrial Transformation*, Princeton:

Princeton University Press, 1995.

T. J. Pempel, ed., *Uncommon Democracies: The One-Party Dominant Regimes*, Ithaca: Cornell University Press, 1990.

2부
한국의 정치지형 변화와 이념적 좌표

9장
노태우정부에서의 정치사회적 갈등양상과 해결경험

1. 민주화와 정치사회적 갈등양상의 변화

한국은 1987년을 기점으로 민주화되기 시작했다. 이때를 전후하여 한국의 정치사회적 갈등양상도 변했다. 민주화 이전의 한국정치는 권위주의 대 민주주의, 성장(선성장 후분배의 단계론) 대 분배(성장과 분배의 병행론), 단계적 통일론(선건설 후통일) 대 통일우선론이라는 세 가지 갈등을 중심으로 전개되었다. 그 중에서도 갈등의 핵심은 역시 민주화, 즉 정치체제에서의 권위주의 혁파였다.[1] 이 당시에도 분배(경제적 민주주의)나 통일문제가 경시된 것은 아니었지만 주된 갈등은 역시 민주 대 반(反)민주의 축을 중심으로 전개되었다.

그러나 민주화가 되면서 민주 대 반민주의 갈등구조는 점차 그 의미가 퇴색해갔다. 정치적으로 민주화가 전혀 문제시되지 않은 것은 아니지만, 그 경우에도 그것은 정치체제의 민주화와 같은 거시적(macro) 차원보다는 각종 제도나 관행 속에 아직 남아 있는 권위주의적 잔재의 철폐와 같은 중범

---

* 이 글은 『분쟁해결 연구』, Vol. 7 No. 2(2009)에 게재된 것을 수정 보완한 것임.

1) Jang Jip Choi, "Political Cleavages in South Korea," Hagen Koo ed., *State and Society in Contemporary Korea*(Ithaca: Cornell University Press, 1993), pp. 13-50.

위(meso) 내지는 미시적(micro)인 차원으로 중점이 옮아갔다. 이러한 차원에서 새롭게 문제시되는 쟁점들로는 정당민주화, 제왕적 대통령제의 불식, 국가보안법 개폐, 시민단체를 포함한 각종 사회단체의 참정권 확대, 소수자(minorities) 인권보호 등이 있다. 요컨대 민주화 이후 국가의 자의적 권력행사로부터 개인의 기본적 자유는 어느 정도 확보되었지만, 개인이 누려야 할 자유의 양과 질을 둘러싼 논란은 여전히 계속되었던 것이다.

민주 대 반민주를 대신해 핵심적인 갈등요소로 떠오른 것이 신자유주의와 통일 그리고 지역갈등 문제다. 권위주의하에서는 신자유주의라는 문제가 전혀 대두되지 않았다. 당시 갈등의 한 축이었던 성장 대 분배는 서로 강조점이 다르다는 점에서는 대립했지만 양쪽 모두 시장보다는 국가에 의존해서 해결책을 모색했다는 점에서 공통점도 있었다.[2] 다시 말해 국가주도의 성장(근대화 세력)과 국가에 의한 분배(민주화 세력)가 맞서는 구도였던 것이다. 그런데 탈냉전과 글로벌화의 물결이 닥치면서 국가에 의존한 프로젝트는 그것이 성장우선이건 분배우선이건 모두 도전을 받게 되었다. 그러면서 등장한 것이 시장위주의 프로젝트인 신자유주의였다. 이에 성장우선주의자들은 그 동력을 국가보다는 시장에서 구하는 것으로 옮아갔으며 그와 함께 개방을 적극 지지하고 나섰다. 하지만 분배우선주의자들은 여전히 국가의 역할에서 문제의 해결을 기대하는 입장을 고수하면서 신자유주의에 반대하여 반(反)시장 및 반(反)개방의 입장을 주장하고 있다.[3]

지역갈등은 권위주의하에서도 있었다. 특히 박정희정부하에서 1960년대 말과 1970년 초에는 대선이나 총선에서 지역주의가 표출되기도 했다. 하지

---

2) 김일영, 「박정희 시대와 민족주의의 네 얼굴」, 『한국정치외교사논총』, 28집 1호, 2006, pp. 226-244; 김일영, 「조국근대화론 대 대중경제론」, 정성화(편), 『박정희 시대와 한국현대사』(서울: 선인출판사, 2006), pp. 190-225.

3) 김일영, 「한국에서 보수와 진보의 의미 변화와 현 위상: '뉴라이트', '뉴레프트' 그리고 자유주의」, 『철학연구』, 제100집, 2006, pp. 31-35.

만 유신체제부터 전두환정부까지의 보다 강화된 권위주의체제하에서는 지역갈등이 표출되기 어려웠다. 강화된 권위주의체제는 계층갈등이나 이념갈등뿐 아니라 지역갈등까지도 표출되는 것을 허용하지 않았기 때문이다. 하지만 민주화가 되자 이런 갈등들이 모두 터져나왔고 그 와중에 지역갈등 역시 표면화되기 시작했다. 특히 김영삼, 김대중, 김종필의 3김으로 상징되는 지역 간 대립구도는 지역 문제를 일거에 한국정치의 핵심적 갈등으로 부상시키고 말았다.[4]

통일 문제를 중심으로 한 이념갈등 역시 권위주의하에서 없지는 않았다. 하지만 냉전체제가 강고하고 남북대결 구도가 엄존하는 상황에서 그것은 노골적으로 표출되기가 쉽지 않았다. 이 문제 역시 민주화가 시작되면서 분출되기 시작했는데, 특히 1989년 베를린 장벽 붕괴와 1991년 소련 붕괴를 계기로 시작된 냉전체제의 와해는 이 문제를 둘러싼 갈등이 보다 활성화되는 계기가 되었다.

2. 과도기로서의 노태우정부

1987년 민주화가 시작된 후 우리는 이미 이미 네 차례 정권교체를 경험했으며 그 중 두 번은 보수와 진보 사이에서 정권이 바뀌는 수평적 정권교체였다. 이 정도면 한국 민주주의가 이행(transition)을 넘어 공고화(consolidation)단계에 들어섰다고 평가하는 데 손색이 없다.

하지만 노태우정부 시기는 권위주의로부터 민주화로의 이행이 막 시작되는 초기단계였다. 민주화와 더불어 정치사회적 갈등양상이 변화되기 시

---

[4] 김일영, 「지역주의의 또 다른 배경: 지정학적 요인과 야당 내부적 요인」, 『한국정치외교사논총』, 21집 2호, 1999년.

작했지만 노태우정부 시기는 아직 그러한 변화가 완전히 일어나기는 어려운 단계였다. 그런 의미에서 이 시기는 갈등양상의 변화가 일어나는 과도기였다고 할 수 있다. 특히 이런 과도기적 성격은 신자유주의 문제와 통일 문제에서 잘 드러났다.

노태우정부 시기에는 아직 글로벌화의 물결이 본격적으로 밀어닥치지 않았다. 1986년 시작된 우루과이라운드(UR) 협상은 노태우정부가 끝난 후인 1994년에야 타결되었고, 이듬해 세계무역기구(WTO)가 성립했다. 이 시기는 아직 글로벌화나 신자유주의라는 용어가 본격적으로 등장하기 전이었던 것이다. 따라서 경제적 갈등도 신자유주의를 둘러싸고 '시장·개방 대 반(反)시장·반(反)개방'의 양상으로 나타나지 않았다. 그보다는 노동자, 농민 등 각종 기층집단이 기존의 성장위주정책에 반대하면서 자신들의 권리와 몫을 주장하는 분배갈등이 이 시기의 경제적 갈등의 주된 양상이었다. 신자유주의에 대한 찬반이 갈등의 중심에 서게 된 것은 '세계화' 바람이 밀어닥친 김영삼정부 이후의 현상이라고 할 수 있다.

민주화가 되자 남북 문제도 제기되기 시작했다. 하지만 아직은 학생이나 일부 사회운동 세력이 중심이 되어 이 문제를 제기했고, 일반인들까지 여기에 가담한 것은 아니었다. 더구나 세계시각과 한국시각 사이의 격차도 남북 문제가 본격적인 정치사회적 갈등의 의제로 등장하는 것을 막는 걸림돌이었다. 1989년 베를린 장벽 붕괴와 1991년 소련 붕괴를 계기로 전 세계적 차원에서는 냉전이 끝났다. 하지만 한반도 차원에서는 아직 냉전이 지속되고 있었고, 더구나 북한이 핵개발을 하고 있다는 사실이 점차 문제가 되면서 남북 문제가 본격적으로 정치사회적 갈등의 중심으로 부각되기는 어려운 실정이었다. 남북 문제가 핵심의제가 되기 위해서는, 그리하여 이 문제를 둘러싸고 본격적인 남남갈등이 벌어지기 위해서는 '한반도 냉전구조의 해체'를 들고 나오며 '햇볕정책'을 추진한 김대중정부의 출현을 기다려야 했다.

따라서 이 시기는 권위주의시대의 주된 갈등이었던 정치적 민주화가 여전히 갈등의 주요내용을 이루었다고 할 수 있다. 특히 노태우 대통령이 군인 출신이고, 이 정부 자체가 기본적으로 전두환정부를 계승한 측면이 있다는 점에서 민주화 이후 정권장악에 실패한 야당과 재야 세력은 기존의 민주화운동의 연장선상에서 관성적으로 민주화를 주장했고, 그것이 국민들에게 어느 정도는 먹혀들어가는 시기였다고 할 수 있다.

3. 6·29 선언과 요구의 분출 그리고 '87년 체제'의 탄생

노태우정부 탄생의 모태는 1987년 6·29 선언이다. 이 선언은 당시 민주정의당(이하 민정당으로 약칭) 대통령후보였던 노태우가 이니셔티브를 가지고 만들어서 발표하는 모양새를 취했으나 실제로는 전두환 전(前)대통령이 제안하고 노태우 후보가 그것을 수용해서 발표한 것으로 알려졌다.[5]

6·29 선언은 직선제 개헌, 대통령선거법 개정, 김대중을 비롯한 시국사범들에 대한 사면·복권 단행, 기본권 신장을 위한 제도적 개선, 언론자유의 최대한 보장, 지방자치와 교육자치 실현, 정당활동의 자유보장, 모든 사회비리척결 등의 내용을 담고 있었다. 오랜 권위주의 통치를 감안한다면 이것은 분명 획기적인 내용이었다. 물론 이 선언은 사회경제적 민주화에 관한 것은 배제한 채 정치적(절차적) 민주화에 국한되었다는 점에서 내용상 한계가 있었다. 또한 군부 세력이 정치적 궁지에서 탈출하려는 방편으로 이 선언을 내놓았다는 점에서 의도가 순수치 않은 점도 있었다. 실제로 노태우는 이 선언을 계기로 강경한 군부 권위주의 정권의 핵심인물에서 군인이지만 민주화를 주도하는 부드러운 정치인으로 탈바꿈하는 데 성공했다. 하지만 적어도

---

5) 박철언, 『바른 역사를 위한 증언』(서울: 랜덤하우스코리아, 2005).

당시 시점에서 6·29 선언은 민주화로의 획기적 돌파구를 마련했다는 점에서 온 국민으로부터 환영받았던 것도 분명한 사실이다.

6·29 선언이 나온 직후부터 시민사회 내에서 갖가지 요구가 분출하기 시작했다. 이 선언으로 권위주의 국가의 억압이 완화되자 그동안 억눌렸던 온갖 사회적 요구가 봇물처럼 터져나오기 시작했다. 첫 번째 요구는 낮은 임금과 열악한 작업조건에 시달리던 노동계급으로부터 나왔다. 다른 계급에 비해 상대적으로 조직화가 용이했던 노동계급은 1987년 7월부터 9월 사이에 대파업을 일으켰고, 그 결과 그해 11월 28일 노동법이 개정되었다. 그 내용의 핵심은 1980년 국가보위입법회의에서 개악(改惡)된 노동관계법을 어느 정도 정상화하는 것이었다. 예를 들면, 노사분규시 냉각기간을 단축시켰고, 단위노조의 임단협(賃團協) 교섭 등에 개입이 금지된 제3자의 범위에서 전국조직이나 산별연맹 같은 상급조직은 제외시켰으며, 지역본부를 인정함으로써 노동자의 조직적 단결과 단체행동의 자유가 어느 정도 확장되게 되었다.[6]

하지만 당시 정치권의 주된 관심은 이런 노동법 개정 문제보다는 정치적 게임의 기본 룰(rule)인 헌법을 새로 만드는 일, 즉 개헌에 가 있었다. 군부 세력과 김영삼·김대중으로 대변되는 제도권 야당 세력은 수 개월 간의 논의와 타협을 통해 개헌안을 마련했다. 개헌안의 골자는 대통령 직선제와 단임제 그리고 기본권의 보장이었으며, 그 결과 이른바 '87년 체제'가 탄생했다. 개헌안의 내용은 절차적 민주화를 주로 약속한 6·29 선언의 틀을 크게 벗어나지 않는 것이었다. 경제조항의 경우 기존 헌법과 개헌안 사이에 근본적 차이를 발견하기 어려웠다. 이 점에서 개헌안에 대해 불만을 표시하는 목

---

[6] 하지만 개정노동법에서도 제3자 개입금지, 노조의 정치활동금지, 공무원과 교원의 단결권 금지, 복수노조금지 조항의 확대 등에 관한 조항은 그대로 유지되었으며, 그 결과 분쟁의 여지는 여전히 남아 있었다.

소리도 없지 않았지만, 적어도 당시 시점에서는 환영의 목소리에 파묻혀 존재감을 찾기 어려웠다. 이런 불만의 소리가 노골적으로 표출되기 위해서는 민주화 이후 상당한 시간이 흘러야 했다.[7]

어쨌든 87년 헌법에 의거해 1987년 12월 제13대 대통령선거가 치러졌다. 이 과정에서 권위주의하에서 눌려있던 지역주의가 분출하기 시작했다. 민주화 진영은 후보를 단일화하는 데 실패했고, 영남(특히 경남)과 호남에 각각 기반을 둔 김영삼과 김대중 후보가 독자 출마했다. 결과는 군부권위주의를 이어받은 노태우 후보의 당선이었다. 1987년 상반기를 뜨겁게 달구었던 민주화의 열망이 지역주의 앞에서 허망하게 무너지는 순간이었다. 그것은 지역주의가 민주화 이후의 한국정치를 규정하는 가장 중요한 요소가 될 것임을 확인시켜주는 순간이기도 했다.

4. 여소야대 구도하에서의 정치사회적 갈등해결 방식

1) 야당에 떠밀린 권위주의 청산

갓 출범한 노태우정부 앞에는 많은 과제가 쌓여 있었다. 오랜 권위주의 통치의 적폐(積弊)를 일소하고 민주적인 개혁을 단행하며, 경제정의를 실현하고, 더 나아가 남북관계개선과 분단극복을 위한 선도적 정책을 추진해야 했다. 그런데 이런 과제들은 모두 해결과정에서 상당한 정치사회적 갈등을 예비하고 있었으며, 그 중 일부(예컨대 분배갈등 문제)는 노태우정부가 출범하기 전부터 이미 제기되고 있었다.

만약 군부권위주의정권을 계승한 민정당이 1987년 대선에서의 승리의 여세를 몰아 이듬해 4월에 있은 제13대 총선에서도 과반을 넘는 원내

---

7) '87년 체제'의 평가에 관해서는 이 글의 결론 부분에서 언급한다.

다수당이 되었다면 이러한 여러 개혁과제들은 제대로 수행되기 어려웠을 지도 모른다. 한 정당이 행정부와 입법부를 모두 장악한 단점정부(unified government)의 상태에서 굳이 자신의 모태(母胎)를 도려내는 아픔을 감내하려고 하지 않을 것이기 때문이다.

하지만 1988년 4월 26일 치러진 총선에서 예상을 뒤엎고 여소야대라는 결과가 나왔다. 1987년 치러진 대선에서는 경남북과 호남 그리고 충청으로 나뉜 지역분할구도가 민정당(의 노태우 후보)에게 유리한 결과를 가져왔지만, 총선에서는 정반대의 결과를 가져왔던 것이다. 다시 말해 대선에서는 지역주의가 김영삼, 김대중 두 정치인을 반독재민주화투쟁을 상징하는 전국적인 지도자에서 지역적인 리더로 왜소화시키는 역할을 했고, 그 결과 군인 출신인 노태우가 당선될 수 있었다. 하지만 이 지역주의가 총선에서는 김영삼, 김대중 두 정치인이(더불어 김종필까지) 자신들의 지역에서 확실하게 의석을 확보할 수 있게 했으며, 그 결과 노태우의 정당인 민정당 역시 특정 지역을 대표하는 정당으로 함께 왜소화되고 말았던 것이다. 그리고 이 모든 것의 결과가 여소야대, 즉 분점정부(divided government)로 나타났다.

이제 노태우정부는 원내에서의 수적 열세 때문에 야당이 요구하는 개혁에 어느 정도는 순응할 수밖에 없었다. 특히 1988년 서울올림픽이 끝나자 야당 주도로 '5공 청산' 작업이 시작되었다. 국회에서는 '광주청문회'와 '5공 비리청문회'가 개최되었고, 마침내 1988년 11월 23일 전두환 전(前)대통령을 백담사로 '귀양' 보내기에 이르렀다. 이 모든 과정은 세 야당(통일민주당, 평화민주당, 신민주공화당)의 주도로 이루어졌고, 정부·여당은 마지못해 따라가는 형국이었다.

1988년 5공 청문회가 진행되던 기간 동안 그런대로 유지되던 3야 공조는 1989년에 접어들면서 흔들리기 시작했다. 특히 김대중이 다른 야당 대표들과의 약속을 깨고 노태우 대통령에 대한 중간평가를 유보하는 것에 동의하면서 야권공조에 금이 가기 시작했다.[8] 더 나아가 1989년에 문익환, 서경원, 임수경, 문규현 등의 방북 내지는 밀입북 사건이 이어지고, 이에 대한 반작용으로 공안정국이 조성되면서 야권의 동요가 더 심해졌다. 이 와중에 '5공 청산' 작업도 각 당의 이해가 얽혀 지지부진하게 진행되다가 마침내 1989년 12월 15일 1노3김이 회동해 '5공 청산' 연내 종결에 합의했다. 그 결과 12월 31일 전두환이 국회에 출석해 증언하는 것으로 과거청산 작업은 마무리지어지고 말았다.

요컨대 노태우정부 출범 이후 가장 먼저 그리고 첨예한 갈등으로 등장한 것은 과거청산 문제였다. 이것은 전 국민적 관심 속에서 그리고 원내 다수를 점하는 야당의 주도로 처음에는 빠른 속도로 진행되었으며, 집권 세력은 수적 열세와 국민적 여론에 밀려 마지못해 끌려가는 형국이었다. 하지만 시간이 갈수록 야권 사이의 공동전선이 허물어지면서 이 작업은 국민들의 기대와는 달리 깨끗이 그리고 실질적으로 매듭지어지지 못하고 상징적 인물을 유배시키는 선에서 끝나고 말았다. 더구나 1990년 초 민정, 민주, 공화 3당이 합당하는 정계개편이 일어나 원내 의석구도가 여소야대에서 여대야소로 바뀌면서 더 이상의 5공 청산 작업은 기대할 수 없게 되었다. 결국 권위주의 잔재에 대한 보다 실질적인 청산은 김영삼의 집권을 기다려야만 하게 되었다.

2) 분배를 둘러싼 갈등의 분출과 그에 대한 수동적 대응

이미 언급했듯이 6·29 선언으로 활동공간이 넓어지자 시민사회 내에서 갖가지 요구가 분출하기 시작했다. 가장 조직적인 움직임을 보여준 것은 노동자들이었다. 1987년 7월부터 9월 사이 노동자 대파업이 일어났으며, 이런

---

8) 박철언의 주장에 따르면 김영삼도 중간평가유보를 지지했다고 하는데, 사실 여부는 아직 확인되지 않고 있다. 박철언, 『바른 역사를 위한 증언』(서울: 랜덤하우스코리아, 2005) 참조.

노사분규는 1989년까지 이어졌다. 1986년 220여 건에 불과했던 노사분규가 1987년 노동자 대파업 이후부터 1989년까지 3년간 해마다 평균 2,400여 건씩 발생했다.

노동계급의 요구사항은 두 가지로 집결되었다. 그들의 활동을 제약하는 법적·제도적 장치를 개선하라는 것과 분배개선, 즉 임금인상이었다. 전자와 관련해서는, 앞서 설명했듯이, 1987년 7~9월의 대파업 이후 한 차례 노동법이 고쳐진 바 있었다. 하지만 노동계급은 이에 만족하지 않고 재개정을 요구했다. 1988년 10월 민주노조들과 재야단체는 연대해 '노동법 개정 전국운동본부'를 결성하고 노동법 개정운동을 전개했다. 요구의 초점은 복수노조 인정, 공무원에 대한 노동3권 인정, 노조의 정치활동 금지조항 삭제, 제3자 개입금지조항 삭제, 사용자의 직장폐쇄행위 금지, 주44시간 근로제 확보 등이었다.

이런 요구는 여소야대 국회 내에서 통일민주당(김영삼)과 평화민주당(김대중)의 도움을 받아 1989년 2월 노동법에 대한 부분적 재개정으로 실현되었다. 개정내용의 핵심은 방위산업체의 파업권을 공익사업체의 수준으로 완화, 하급공무원의 단결권과 단체교섭권을 인정하고 노조의 정치활동을 인정, 노조설립시 신고필증 즉시 교부 등이었다.

노동자들은 그동안 성장위주정책으로 인해 차별받아온 자신들의 처우를 개선하라고 요구했고, 민주화의 흐름 속에서 봇물처럼 터져나오는 이들의 요구를 정부가 과거 권위주의정권처럼 도외시만 할 수는 없는 노릇이었다. 그 결과 1987년 9%대의 임금인상률이 노태우정부 기간 중에는 해마다 16%씩 상승하기 시작했다. 5년 전체로 볼 때 임금이 115% 상승해 결국 소득이 거의 두 배가되는 결과를 가져왔다. 이것은 기업에게는 부담으로 작용했지만, 전체 국민 중에서 중산층의 비중을 늘리고 국내 수요를 창출하는 긍정적 효과를 가져온 것도 사실이다.

이런 긍정적 효과는 몇 가지 경제지표에서도 확인된다. 1987년과 1992년 사이 1인당 국내총생산(GNP)은 3,110달러에서 약 7,000달러로, 자동차 보유대수는 71만8천 대에서 320만 대로, 전화회선은 1,022만 회선에서 1,900만 회선으로 증대되었으며, 1991년 주택보급률은 74.2%로 늘어났다. '마이카(my car)'나 '마이홈(my home)'이란 단어가 유행하기 시작한 것도 이 무렵부터라고 할 수 있다.[9] 지난 20여 년간의 소득통계를 보아도 1987년 민주화 이후 불평등은 꾸준히 개선되다가 1997년 외환위기 이후 오히려 악화되는 양상을 보여주고 있다. 소위 '진보'라고 지칭되었던 김대중, 노무현정권 아래서 양극화가 훨씬 심화된 것이다.

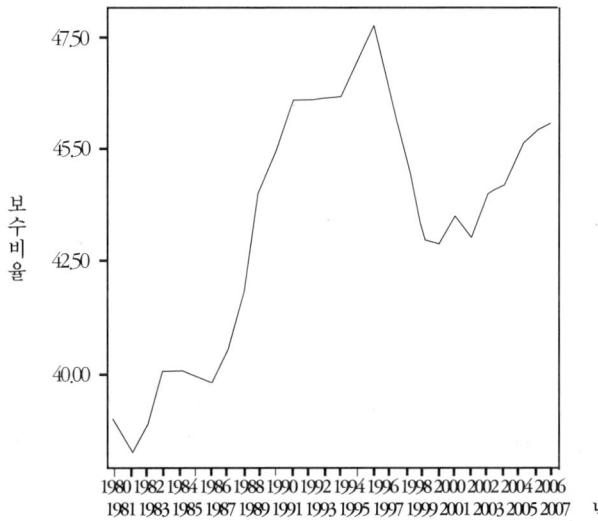

〈그림 9-1〉 국민총 가처분소득 중 피고용자 보수의 비율

자료: 통계청 한국의 사회지표(2008) p. 228에서 재구성[10]

---

9) 조갑제(해설), 『노태우 육성회고록』(서울: 조갑제닷컴, 2007), pp. 266-270, 299-300.
10) 신광영, 「현대 한국 사회의 불평등 구조 변화: 한국의 민주화, 세계화와 불평등」, 한국사회학회 특별학술회의(한국 자본주의의 성찰) 발표문(2009. 3. 20.), p. 5.

같은 시기 노동운동이나 사회운동과 관련하여 주목할 만한 움직임이 두 가지 일어났다. 첫째는 1989년 5월 28일 전국교직원노동조합(이하 전교조로 약칭)이라는 지식인 노동운동이 처음으로 등장한 점이다. 이들은 적어도 처음에는 자신들의 직업(집단)적 권익보다는 '참교육' 실현이라는 공적인 기치를 내건 노동운동이었다는 점에서 노동운동에 새 바람을 불러일으켰다. 물론 전교조는 당시 법으로 불법이었기에 끝까지 거기에 잔류했던 1,600여 명의 교사는 해직되고 말았다.[11]

두 번째로 전투적인 저항적 노동운동조직 외에 경제정의실천시민연합(이하 경실련으로 약칭) 같은 온건한 시민운동단체도 이즈음에 생겨났다. 경실련은 1988년 지가(地價) 및 주택가격의 급등 속에서 '경제정의'를 내걸고 토지공개념과 금융실명제 등을 제도개혁의 대안으로 제시하면서 등장한 시민단체였다. 이 단체는 급진적 민중운동과는 구별되는 체제 내적인 개혁주의 노선을 표방하면서 중간계층을 타깃으로 하는 온건시민운동을 표방했다는 점에서 참신했으며, 이후 한국사회에서 시민사회가 활성화되기 시작하는 계기가 되었다.

요컨대 노태우정부가 출범하기 전부터 민주화의 열기 속에서 분배를 둘러싼 갈등이 거세게 일어났다. 여소야대의 국면에서 노동계급의 요구사항은 야당의 지원에 힘입어 법적으로 일부 실현되기도 했으며, 이에 대해 노태우정부는 능동적이기보다는 수동적이면서 수세적인 자세로 임했다.

하지만 여소야대 구조하에서도 노태우정부가 경제민주화를 위한 몇 가지 조치를 시행하거나 시행을 검토하기도 했다. 노태우정부는 집권 초기 토지공개념관련 법안을 추진했다. 1989년에는 종합토지세 도입과 택지소유상

---

11) 이들 해직교사들은 후에 김영삼정부에 의해 복직되었으며, 김대중정부는 전교조라는 조직 자체를 합법화시켰고, 노무현정부는 이들을 적극 비호하기까지 했다. 하지만 이런 와중에 전교조는 점차 '참교육' 실현이라는 초기의 순수성을 잃고 집단적 이기주의와 정치투쟁을 일삼는 집단으로 변질되어갔다.

한제와 개발이익 환수제 그리고 토지초과이득세제 등을 시행했으며, 이듬해에는 재벌들에게 비업무용 부동산을 매각토록 하는 조치를 취했다. 아울러 공약사항이었던 금융실명제를 시행하기 위해 1989년 준비단을 발족하기도 했다.

그러나 앞서 언급한 각종 밀입북 사건을 빌미로 공안정국이 조성되면서 그 여파로 운동권과 노동운동 세력의 활동이 점차 퇴조하자 노태우정부의 개혁적 성격도 함께 퇴색되어 갔다. 더구나 1990년 초 3당 합당으로 정치적 기반이 안정되자 노태우정부는 애초 보여주었던 개혁적 조치를 모두 원점으로 되돌려버리고 말았다. 금융실명제는 부동산 가격폭등을 이유로 무기연기되었고, 재벌의 과잉토지소유 문제를 해결하기 위해 도입했던 토지공개념관련 정책도 그 중 일부가 헌법재판소에서 위헌판결을 받자 점차 흐지부지되고 말았다.

아울러 재벌개혁의 일환으로 추진하려던 업종전문화 정책도 재계의 반대에 부딪혀 제대로 추진될 수 없었다. 그동안 재벌들은 몸집(외형)을 불리기 위해 무분별한 투자를 벌이고 있었고, 그로 인한 과잉중복투자는 한국경제의 커다란 문제였다. 이에 노태우정부는 재벌들에게 주력업종을 3개씩 선택하면 그에 대해서는 정부가 적극 지원하겠지만, 나머지 업종에 대해서는 앞으로 여신을 규제하겠다는 일종의 재벌구조조정 정책을 내놓은 바 있었다. 하지만 이 역시 1990년이 넘어가면서 재벌의 반대에 부딪혀 용두사미로 끝나고 말았다.

3) 통일운동의 분출과 그에 대한 선제적 대응

민주화가 된 후에도 '운동권'은 한국사회의 '총체적 변혁'을 주장하며 노동운동을 중심으로 하는 계급운동과 함께 민족운동, 즉 반미자주화운동과 통일운동도 전개했다. 특히 이러한 반미자주화 및 통일운동의 중심에는

1980년 후반부터 한국사회에 침투하기 시작한 '주사파'(주체사상을 신봉하는 자들로 통칭 민족해방[NL]계열로 불렸음)가 있었다. 이들은 1988년 남북학생회담을 추진했고, 이듬해 1월 21일 전국민족민주연합(전민련)을 발족하여 재야저항운동을 조직적으로 정비했다. 더 나아가 1989년 여름에는 평양축전에 참가하기 위해 문규현과 임수경을 밀입북시켰으며, 문익환, 황석영, 서경원 등의 밀입북 사건도 이어졌다. 이들의 이런 모험주의적 행동은 1989년 공안정국이 조성되는 빌미를 제공했으며, 민정, 민주, 공화의 보수 3당이 합당하는 명분으로 작용하기도 했다.

하지만 여소야대 구도하에서도 노태우정부는 적어도 남북 문제에서만은 선제적이고 적극적인 자세로 임했다. 이미 살펴보았듯이 과거청산이나 경제적 갈등 문제를 해결하는 노태우정부의 태도는 수동적이고 소극적이었다. 그러나 노태우 대통령은 대북 문제에서만큼은 자신감을 가지고 취임사에서부터 '전방위적 외교정책'으로 북방정책을 펴나가겠다고 피력했으며, 같은 7월 7일 '민족자존과 통일번영에 위한 특별선언'(소위 7·7 선언)을 발표하기도 했다. 이 선언에서 노 대통령은 남북 간에 소모적 경쟁과 대결을 종식하고 각종 상호교류를 추진하며, 북한이 한국의 우방과 관계를 개선하고 교역하는 것을 반대하지 않고 돕겠다고 선언했다. 그리고 이런 기조 위에서 공산권 국가들에 대한 적극적 외교공세를 펼쳤는데, 그 결과 헝가리를 비롯한 여러 동구권 국가들과 차례로 수교했고, 마침내는 북한을 지원하는 두 축인 소련 및 중국과도 국교를 정상화하는 성공을 거두었다.[12]

일종의 원교근공(遠交近攻) 전략이라고 할 수 있는 북방외교가 성과를 내는 만큼 북한은 점점 고립되어갔다. 이러한 노태우정부의 선제적 대북정책에 남북관계 개선과 통일을 요구하던 운동권은 오히려 딜레마에 봉착하

---

12) 북방정책에 관해서는 하용출 외, 『북방정책: 기원, 전개, 영향』(서울: 서울대학교 출판부, 2003) 참조.

게 되었다. 통일을 계속 요구할 경우 열세에 빠진 북한이 한국에 흡수되는 사태가 초래될지도 모르기 때문이었다. 따라서 노태우정부의 북방외교와 대북선제외교조치는 당시 고조되고 있던 남북 문제를 둘러싼 국내적 갈등에서 이슈를 선점하는 효과를 거두었으며, 결과적으로 그런 갈등을 가라앉히는 데 상당한 효과를 발휘했다고 할 수 있다.

5. 여대야소 구도하에서의 갈등해결 방식의 변화

1990년 2월 15일 민정, 민주, 공화 3당이 합당하여 민주자유당(이하 민자당으로 약칭)을 만들었다. 명목상 내세운 합당의 이유는 한국과 같은 정치풍토에서는 여소야대 구도하에서 국정을 제대로 운영하기 어렵다는 것과 급변하는 국내외적 도전에 효율적으로 대처하기 위해서는 보수대연합이 필요하다는 것이었다.

하지만 3당은 각각 합당함으로써 얻는 이해관계를 계산하고 있었다. 우선 노태우 대통령의 집권 민정당은 여소야대로 인한 통치의 어려움을 합당을 통해 극복할 수 있고, 더 나아가 재집권의 토대를 마련할 수 있다고 생각했다. 노태우 세력은 재집권할 경우 그들이 일정 지분(사실은 최대 지분을 지닐 수 있을 것이라고 내심으로 기대했을지도 모르지만)을 가질 수 있는 내각제를 선호했다. 김종필 역시 충청권을 기반으로 해서는 절대 단독으로 집권할 수 없고, 고작해야 원내 제3당 내지는 제4당의 지위로 캐스팅 보트(casting vote)를 쥘 수 있을 뿐이라는 점을 잘 알고 있었다. 따라서 자신의 지분을 가지고 집권에 참여할 수 있는 내각제에 대해 김종필은 적극 찬동했다. 따라서 노태우와 김종필은 김영삼에게 합당의 조건으로 내각제를 수용하게 만들었다. 김영삼은 본래 내각제를 좋아하지 않았다. 하지만 그 역시 다른 세력과의 연합 없이는 김대중(평민당)에게도 뒤지는 원내 제3당의 위상을 탈피할 수 없으리라는 절박함에서 일단 내각제를 합당의 조건으로서 수용했다. 아마도 김영삼은 이 정도의 합의는 나중에 자신의 힘으로 뒤집을 수 있을 것이라고 계산했던 것 같고, 이런 그의 계산은 결과적으로 맞아떨어졌다. 아울러 재벌을 포함한 보수 세력 전체의 입장에서도 진보 세력의 집권 가능성을 차단하고 통치의 효율성을 높여 기업의 경제활동에 우호적인 조건을 만든다는 점에서 3당 합당에 대해 적극 환영하는 태도를 보였다.

한편 3당 합당은 김대중의 평민당과 고립시켰다는 점에서 일종의 반(反)호남연합이라는 성격도 띠고 있었다. 이러한 고립상태를 벗어나기 위해 김대중은 1991년 9월 10일 3당 통합에 불참한 사람들이 만든 민주당과 재야인사들을 참여시켜 민주당이란 이름의 새로운 야당을 만들었다. 이로써 정국은 민자당 214, 민주당 78, 기타 6으로 이루어진 여대야소 구도로 역전되게 되었다.

정국이 여소야대에서 여대야소로 바뀌자 정치사회적 갈등해결 방식도 달라지기 시작했다. 이제까지 원내에서의 수적 열세 때문에 야권의 공세에 끌려 노태우정부가 마지못해 진행하던 각종 민주화작업이 점차 흐지부지 되거나 미루어지기 시작했다. 과거(권위주의)청산작업의 경우 3당 합당이 이루어지기 전인 1989년 12월 15일에 1노3김이 연내에 '5공 청산'을 종결하기로 합의한 바 있지만, 사실 이 즈음에는 이미 3당 사이에 물밑에서 연합의 움직임이 마무리되고 있을 때였다. 따라서 3당 합당으로 원내 의석구도가 여대야소로 바뀐 후에는 '5공 청산'이란 말 자체를 들어볼 수 없게 되었고, 결국 보다 실질적인 권위주의 청산은 김영삼정부의 등장을 기다려야만 했다.

앞서 지적했듯이 민주화는 권위주의하에서 인위적으로 억눌려 있던 지역주의라는 판도라의 상자를 열어젖혔다. 민주화 이후 등장한 지역주의는 단순히 영호남만 가른 것이 아니라 영남을 남북으로 가르고 충청까지도 별개의 지역으로 만듦으로써 지역갈등을 보다 악화시키고 말았다. 이러한 소(小)지역주의의 발호는 민주화 직후 치러진 두 차례의 선거에서 서로 다른 결과를 낳았다. 소지역으로 분산된 표가 대선에서는 권위주의 세력의 후계자에게 승리를 안긴 반면, 총선에서는 각 지역을 대변하는 정당에게 확실하게 표를 몰아주어서 4당이 각 지역을 나누어 먹는 황금분할을 초래하고 말았다. 이런 상태에서 이루어진 3당 합당은 비호남연합이자 호남고립전략이었다. 이 점에서 3당 합당은 민주화 이후 주요갈등으로 부상한 지역 문제를 해결하기는커녕 소지역주의 문제를 대(大)지역주의로 되돌리면서 오히려 악화시키고 말았다. 다시 말해 영호남 간의 대립이라는 기존의 대지역주의가 민주화 직후 호남, 경남, 경북, 충청으로 잘게 쪼개지는 소지역주의로 되었는데, 3당 합당이 그것을 다시 호남 대 비호남이라는 '보다 큰 대지역주의'로 만들어버리고 말았다.

3당 합당으로 보수적인 지배연합이 재건되자 여소야대하에서 경제민주화를 추진하던 세력은 퇴장하고 각종 경제민주화 관련 조치들은 무기한 연기되거나 유야무야되어갔다. 이미 밝혔듯이 1989년에는 경제민주화 관련 여러 조치들이 발표되었다. 4월 11일에는 금융실명거래 실시준비단이 발족했으며, 다음날에는 종합토지세와 금융실명제 도입 등 경제현안에 관한 실천계획이 확정·발표되었고, 10월 4일에는 택지소유상한에 관한 법 등 토지공개념 관련 4개 법안이 국무회의에서 의결되었다. 하지만 1990년 초 3당 합당으로 정치적 기반이 안정되자 노태우정부는 애초 보여주었던 개혁적 조치를 모두 원점으로 되돌려버리고 말았다. 4월 4일 금융실명제는 무기연기되었으며, 재벌의 비업무용 토지매각조치나 업종전문화 정책 등도 갖가지 이유로 점차 흐지부지되고 말았다.

정치권에서 3당 합당이 무르익고 있을 즈음 재계도 단결하기 시작했다.

1989년 12월 6개의 전국 기업인단체가 서로 연합하여 경제단체협의회를 조직했으며, 이들은 보수집권층과 힘을 합쳐 노동계급의 공세에 맞서기 시작했다. 그동안 민주화 열기 속에서 그리고 여소야대라는 우호적 분위기 속에서 노동계급이 적극적으로 재분배를 요구했고, 이런 공세에 대해 인내를 보여주던 기업인들이 3당 합당으로 정국이 반전(反轉)되자 점차 제 목소리를 내기 시작했다. 정치권과 재계는 전노협에 대한 압박수위를 높이고, 무노동·무임금 원칙을 엄격하게 적용하며, 총액임금제 같은 임금 가이드라인을 부활시키는 등의 조치를 취했다.[13)]

마지막으로 노태우정부는 여소야대 정국하에서도 자신감을 가지고 적극 추진했던 북방정책의 성과를 바탕으로 3당 합당 후에는 북한을 압박하기 시작했다.[14)] 1991년 노태우정부는 정치, 경제, 외교, 국방 등 모든 점에서 한국에 비해 수세에 몰린 북한을 몰아세워 한국 측에 대단히 유리한 내용이 많이 담긴 '남북기본합의서'를 이끌어냈다. 이 합의서는 북한 군부에서 "이것은 당신네 협정이지 우리 협정이 아니다"라고 불평을 할 만큼 북한으로서는 크게 양보한 것이었다. 더 나아가 노태우정부는 북한의 핵개발을 저지하기 위해 한국에서 미국의 핵무기를 철수하는 대신 북한도 더 이상 핵개발을 하지 않도록 하는 '한반도비핵화선언'에도 합의했으며, 북한과 남한 내 '주사파'의 반대를 누르고 남북한이 동시에 유엔에 가입하는 성과도 이끌어냈다.[15)]

노태우정부는 한미관계에서도 상대적으로 자주성을 높여가는 방향으로 몇 가지 개선을 이룩했다. 공약사항이었던 평시작전통제권 반환을 약속받

---

13) 이 무렵 여소야대 정국하에서 노동계급에게 지나치게 유리하게 개정된 노동법을 재계의 구미에 맞게 재개정하려는 움직임도 있었으나 총선이 다가오는 바람에 이루어지지 못했다.

14) 조갑제(해설), 『노태우 육성회고록』(서울: 조갑제닷컴, 2007), pp. 124-139.

15) 당시 비핵화선언에 합의한 후 평양에서 개성으로 오는 승용차 안에서 북한의 김영철 소장은 한국의 박용옥 소장에게 합의서 문안의 90%가 남한 측 주장에 따른 것이니 만큼 "이것은 당신네 협정이지 우리 협정이 아니다"라고 불평을 늘어놓았다. Don Oberdorfer, *Two Koreas: A Contemporary History*, revised edition(Indianapolis: Basic Books, 2001), p. 264.

았으며, 용산기지 내의 골프장 부지를 반환받았다. 또한 군사정전위원회의 대표를 한국군 장성으로 교체하는 등의 조치를 취하기도 했다.[16] 결국 노태우정부는 적어도 외교 및 안보 분야에서는 원내의석분포와 무관하게 의제를 선점하는 적극적인 조치를 통해 갈등을 선제적으로 관리해나갔다고 할 수 있다.

6. '87년 체제'와 노태우정부, 어떻게 볼 것인가?

민주화 이후 20여 년이 지난 현 시점에서 '87년 체제'에 대한 평가는 엇갈린다. 대개 진보진영은 불만족스럽게 보는 반면 보수진영은 그 의의를 높게 평가하고 있다. 특히 근자 들어 또 다시 개헌의 필요성이 제기되고 있는데, 그 이면에는 1987년 개헌으로 탄생한 '87년 체제'에 대한 상이한 평가가 깔려 있다고 할 수 있다.

진보진영은 1987년에 만들어진 헌법에 따라 지난 20년 동안 절차적 민주주의가 어느 정도 갖추어졌다는 점은 인정한다. 하지만 그들은 이 헌법이 지역주의에 기반을 둔 보수정치 세력들 사이의 타협의 산물이기 때문에 민중의 이해를 대변하기에는 부족하다고 본다. 특히 민주화 이후 신자유주의가 내습(來襲)함으로써 사회적 양극화가 심화되었고, 그 결과 실질적 민주주의는 별로 나아지지 않았다. 따라서 한국정치는 '87년 체제'로 대변되는 1단계 민주화를 넘어서 2단계 민주화로 나아가야 한다는 것이 진보진영의 주장이다.

그런데 진보진영은 '87년 체제'의 극복방안과 관련하여 다시 둘로 나뉜다. 한쪽에서는 '87년 체제'의 극복방안으로 사회경제적, 생태적 그리고 평

---

16) 김일영·조성렬, 『주한미군』(서울: 한울, 2003), 제3장 참조.

화지향적 의미에서 민주주의가 심화될 수 있는 방향으로 헌법을 전면적으로 고치자는 개헌론을 주장하고 있고, 다른 한쪽에서는 개헌 문제의 제기가 신자유주의로 인한 사회적 양극화의 문제를 흐릴 수 있기 때문에 개헌보다는 정당정치의 활성화를 통해 사회적 소수파의 참여를 증진해야 한다고 주장하고 있다.[17]

한편 보수진영은 '87년 체제'의 의미를 보다 적극적으로 평가한다. 민주주의는 본래 절차적인 것이고 '87년 체제'의 성립으로 이런 민주화의 과제는 어느 정도 달성되었다. 따라서 이러한 민주주의가 포퓰리즘(populism)에 빠지지 않고 보다 심화되기 위해서는 한편으로는 자유주의를 보다 발전시킬 필요가 있고, 다른 한편으로는 선진화를 통해 지난 20년 사이 실종되어버린 성장동력을 되찾아야 한다. 다시 말해 '87년 체제'는 극복의 대상이 아니라 자유주의의 심화와 선진화를 통해 심화되어야 한다는 것이 보수진영의 입장이다.[18]

'87년 체제'의 성립과 함께 탄생한 노태우정부는 적어도 법적·제도적 절차 면에서는 의심할 여지가 없는 민주적인 정부이다. 국민이 직선을 통해 대통령을 선출했으므로 이 정부는 절차적으로 나무랄 데 없는 정당성을 구비했다. 국회와 사법부의 권한과 자율성이 상대적으로 크게 강화되었다. 국회의 국정감사권이 부활되었고, 대통령의 국회해산권이 없어졌으며, 국회는 국무총리와 대법원장 및 헌법재판소장에 대한 임명동의권을 행사할 수 있게 되었다. 법관은 대법관회의의 동의를 구해 대법원장이 임명하게 되었으며, 대법원장과 대법관의 임기를 6년으로 연장되었고, 헌법재판소가 신설되

---

17) 전자에 속하는 것으로 함께하는 시민행동(엮음), 『헌법 다시 보기: 87년 헌법 무엇이 문제인가』(서울: 창비, 2007)가 있고, 후자의 주장을 펴는 예로는 최장집 외, 『어떤 민주주의인가』(서울: 후마니타스, 2007)가 있다.
18) 김일영, 「미완의 프로젝트로서의 한국 자유주의」, 박세일 외(엮음), 『공동체 자유주의: 이념과 정책』(서울: 나남, 2008); 김일영, 「참여민주주의인가 신자유주의적 포퓰리즘인가」, 『의정연구』, 10권 1호, 2004.

는 등 사법부의 위상과 자율성도 크게 신장되었다. 민주주의의 꽃이라고 할 수 있는 지방자치제도 30년 만에 부활했다. 언론의 자유를 옥죄던 악법인 언론기본법이 폐지되었고, 언론은 적어도 정치권력으로부터는 어느 나라에도 뒤지지 않는 자율성을 맛보게 되었다. 그리고 노동운동이 활성화되는 등 정치사회적 자유도 크게 신장되었다.

그러나 이러한 절차적 정당성을 구비했음에도 불구하고 노태우정부는 여러 가지 면에서 정당성 부족과 능력 부족에 시달렸다. 그래서 노태우정부는 국민들에게 '변형된 군부정권' 정도로 인식되는 경우가 많았다.

우선 노태우정부의 정당성 부족은 5공화국을 계승했다는 점과 득표율이 36.6%로 낮았다는 점에서 오는 태생적 한계였다. 노태우 대통령이 획득한 표는 양적으로도 작았지만 내용상으로도 지역편중적이었다. 그는 경상도 지역에서는 유효투표의 57.1%를 차지했지만 호남에서는 10.8%를 얻는 데 그쳤다. 집권 이후 노 대통령은 이런 정당성과 대표성 부족을 메우기 위해 여러 모로 노력했어야 했다. 하지만 그는 엘리트 충원 면에서 5공화국 인맥의 범위를 벗어나지 못했으며, 그 결과 인사가 특정지역에 편중되게 실시될 수밖에 없었다. 더구나 이런 편중은 3당 합당 이후 더욱 심화되었다.

노태우정부는 민주화 이후 터져 나오는 국민들의 폭발적 요구를 효율적으로 수용·관리하지 못함으로써 무능력하다는 비판에 시달렸다. 특히 사상 초유의 여소야대 정국하에서는 그것을 관리할 경험도 없고 타협과 대화의 정치능력도 부족해서 무능하다는 비판의 목소리가 더 높았다. 3당 합당 후에는 정책을 추진하는 여건이 조금 나아졌지만, 그 경우에도 대화와 타협보다는 수의 논리로 밀어붙이는 수가 많았다. 아울러 세 세력이 합쳐진 거대 여당 자체가 대권을 염두에 둔 계파갈등에 몰두하는 바람에 국정이 난맥에 빠지는 경우도 자주 생겨서 결국 무능하다는 인상을 완전히 탈색하지 못한 채 정권을 마무리하고 말았다.

그 결과 5공 청산, 사회경제적 민주화, 산업구조조정 등 많은 중요한 과제들이 노태우정부에서는 해결되지 못하고 다음 정부로 넘겨지고 말았다. 노태우 대통령은 과도기를 담당한 사람으로서 민주화 과정 자체가 역전되지 않도록 한 점은 인정할 수 있다. 하지만 그의 소극적이고 수동적 리더십은 많은 중요한 개혁을 해결하기보다는 지연시켜 다음 정권으로 넘기는 결과를 초래했다. 이 점에서 그의 통치기 자체가 과도기였지만 그의 통치스타일도 과도기적이었다고 할 수 있다.

참고문헌

김일영. 「미완의 프로젝트로서의 한국 자유주의」, 박세일 외(엮음), 『공동체 자유주의: 이념과 정책』, 나남, 2008.
_____. 「박정희 시대와 민족주의의 네 얼굴」, 『한국정치외교사논총』, 28집 1호, 2006.
_____. 「조국근대화론 대 대중경제론」, 정성화(편), 『박정희 시대와 한국현대사』, 선인출판사, 2006.
_____. 「지역주의의 또 다른 배경: 지정학적 요인과 야당 내부적 요인」, 『한국정치외교사논총』, 21집 2호, 1999.
_____. 「참여민주주의인가 신자유주의적 포퓰리즘인가」, 『의정연구』, 10권 1호, 2004.
_____. 「한국에서 보수와 진보의 의미 변화와 현 위상: '뉴라이트', '뉴레프트' 그리고 자유주의」, 『철학연구』, 제100집, 2006.
김일영 · 조성렬. 『주한미군』, 한울, 2003.
박철언. 『바른 역사를 위한 증언』, 랜덤하우스코리아, 2005.
신광영. 「현대 한국 사회의 불평등 구조 변화: 한국의 민주화, 세계화와 불평등」, 한국사회학회 특별학술회의(한국 자본주의의 성찰) 발표문, 2009.
조갑제(해설). 『노태우 육성회고록』, 조갑제닷컴, 2007.
최장집 외. 『어떤 민주주의인가』, 후마니타스, 2007.
하용출 외. 『북방정책: 기원, 전개, 영향』, 서울대학교 출판부, 2003.
함께하는 시민행동(엮음). 『헌법 다시 보기: 87년 헌법 무엇이 문제인가』, 창비, 2007.
Don Oberdorfer, *Two Koreas: A Contemporary History*(revised edition), Indianapolis:

Basic Books, 2001.

Jang Jip Choi, "Political Cleavages in South Korea," Hagen Koo ed., *State and Society in Contemporary Korea*, Ithaca: Cornell University Press, 1993.

10장
참여민주주의인가 신자유주의적 포퓰리즘인가
김대중 및 노무현정권과 포퓰리즘 논란

1. 신자유주의와 포퓰리즘의 이율배반적 결합

최근 라틴아메리카와 동유럽에서는 기묘한 현상이 관찰되고 있다. 이제까지 서로 결합하기 어렵다고 여겨지던 포퓰리즘(populism)과 신자유주의가 공존하는 역설적인 현상이 나타나고 있는 것이다. 그 결과 몇몇 학자들에 의해 '신자유주의적 포퓰리즘(neo-liberal populism)'이라는 이율배반적 개념의 적용가능성이 조심스럽게 개진되고 있다(D. Dresser, 1991; K. Roberts, 1995, 82-116; K. Weyland, 1999, 379-401).

포퓰리즘과 신자유주의는 양립하기 어렵다는 것이 기존의 통념이었다. 포퓰리즘은 다양한 의미로 쓰였지만, 라틴아메리카에서 그것은 대개 수입대체산업화의 발전단계와 결부되어 사용되었다.[1] 이때 포퓰리즘은 정책 면에서 보호주의, 국가개입주의, 재정팽창 등으로 나타났다. 이러한 포퓰리즘은 그 후 이 지역에 밀어닥친 외채위기와 관료적 권위주의정권의 등장 및 안정화정책(stabilization policy) 때문에 퇴색하고 말았다(R. Kaufman and B.

---

* 이 글은 『의정 연구』, Vol. 10 No. 1(2004)에 게재된 것을 수정 보완한 것임.

1) 라틴 아메리카의 포퓰리즘을 특정시기의 재분배정책과 결부시켜 생각하는 경향은 오도넬의 관료적 권위주의론 이후 특히 강해졌다(G. O'Donnell, 1973, 53-85; F. Cardoso and E. Faletto, 1979, ch. 5, 6).

Stallings, 1991, 31-32). 관료적 권위주의정권이 경제위기를 극복하기 위해 추진한 안정화 정책은 대외개방을 포함한 경제자유화와 재정억제 등을 핵심으로 하는 신자유주의 정책이었다. 시장메커니즘에 따른 경제운용을 강조하는 신자유주의가 국가의 인위적 개입을 내세우는 포퓰리즘과 서로 조화되기 어려운 것은 당연했다.

그런데 1990년대 이후 라틴아메리카는 물론이고 사회주의로부터 시장경제로 전환 중인 동유럽 국가들에서 포퓰리스트적인 지도자가 등장해 신자유주의적인 개혁을 추진하는 현상이 일어나고 있다. 페루의 후지모리(Alberto Fujimori), 아르헨티나의 메넴(Carlos Menem), 폴란드의 바웬사(Lech Walesa) 정권 등이 대표적 예로 꼽혔다. 이들은 포퓰리스트적 전술을 구사해 선거에서 이겼으면서도 취임 이후 다수 대중에게 단기적으로는 상당한 불이익을 안겨줄 수 있는 시장개혁을 단행했다. 이러한 구조조정이 가져오는 정치적 어려움 속에서도 이들은 여전히 대중적 지지를 어느 정도 유지했고, 심지어 후지모리와 메넴은 재선되기도 했다(K. Weyland, 1999, 379).

이러한 신자유주의적 포퓰리즘 현상은 우리에게 두 가지 이론적 문제를 제기하고 있다. 우선 이것은 포퓰리스트적인 정치지도자가 다수 대중에게 불이익을 주는 신자유주의적 구조조정정책을 시행하면서도 어떻게 대중적 지지를 유지하는가라는 의문을 던지고 있다. 어떤 조건에서 포퓰리스트적 정치와 신자유주의적 경제가 공존가능한가가 문제시되고 있는 것이다. 이러한 문제제기는 포퓰리즘을 과연 특정 시기나 단계의 특정정책과 연결시키는 것이 과연 옳은가라는 보다 일반이론적인 의문으로 연결된다. 다시 말해 포퓰리즘을 어떻게 개념정의할 것인가라는 보다 근본적인 문제에 직면하게 되는 것이다.

아울러 신자유주의적 포퓰리즘 현상은 민주주의 공고화 이후의 한국정치에 대해서도 시사하는 바가 적지 않다.[2] 김대중정권의 출범은 한국현대사에서 최초의 수평적 정권교체였으며, 1987년 시작된 한국의 민주화가 이행(transition)을 넘어 공고화(consolidation)의 단계로 들어간 신호이기도 했다. 그러나 이때부터 언론, 학계, 재계, 노동계, 시민단체 등으로부터 집권 세력에 대해 신자유주의와 포퓰리즘이라는 상반된 비판이 동시에 쏟아졌다. 김대중정권에 대해 진보진영은 중산층과 서민을 희생시키는 신자유주의 정책을 추종하고 있다고 공격했고, 보수진영은 대중영합적인 포퓰리즘 정책을 통해 경제의 활력을 떨어뜨리고 있다고 몰아세웠다. 이러한 양상은 노무현정권 들어서도 별로 달라지지 않았다. 노무현정권 역시 진보와 보수 양진영으로부터 신자유주의와 포퓰리즘이라는 상반된 비판에 직면하고 있다.

이 대목에서 우리는 몇 가지 추가적인 의문에 봉착한다. 민주주의 공고화 이후 한국정치를 설명함에 있어서 우선 포퓰리즘이라는 비판이 과연 타당하며, 더 나아가 신자유주의적 포퓰리즘 개념은 얼마나 유효할 것인가라는 물음이 제기될 수 있다. 이 질문은 앞서 제기한 포퓰리스트적 정치와 신자유주의적 경제가 양립할 수 있는 조건이 한국에서도 관찰되는가의 문제로 모아질 수 있다. 만약 이 개념이 한국정치를 설명하는 데 어느 정도 유효성을 지닌다면, 우리는 다음과 같은 이어지는 의문에 직면한다. 즉, 민주화과정에서 신자유주의적 포퓰리즘 현상은 과연 피하기 어려운 함정인지, 만약 그렇지 않다면 이를 회피할 수 있는 전략은 무엇인지 등이 추가적인 문제로 제기되는 것이다.

이 글은 앞에서 제기한 여러 문제들을 김대중정권과 노무현정권을 대상으로 하여 살펴보고자 한다. 한국의 민주화가 시작된 것은 1987년부터이고, 이들 두 정권 이전에 노태우 및 김영삼정권이 있었다. 그런데도 이 글의 범위를 김대중정권 이후로 잡은 것은 두 가지 이유 때문이다. 첫째는 김대중정

---

[2] 이런 관점에서 이루어진 연구로는 김일영(1999); 金一榮(2002); 박기덕(2002).

권이 심각한 경제위기 상황에서 등장했다는 점이고, 둘째는 소수파 정권이었다는 점이다. 위기상황은 신자유주의적 개혁에 대한 국민적 합의를 이끌어내는 데 유리하게 작용했으며, 이 점은 노무현정권으로까지 이어지고 있다. 원내 소수파였다는 점은 김대중정권으로 하여금 기존의 대의제도를 우회하고 싶은 유혹을 느끼게 만들었으며, 현재의 노무현정권은 김대중정권보다 더 소수파라는 점에서 같은 유혹을 더욱 크게 받고 있다고 할 수 있다. 거꾸로 본다면 노태우 및 김영삼정권은 심각한 경제위기 상황도 아니었고 원내 다수파였다는 점에서 '상대적'으로 신자유주의적 포퓰리즘의 유혹에서 자유로울 수 있었을 것이고, 바로 그 점 때문에 이 글의 연구대상에서 제외되었다.

2. 신자유주의적 포퓰리즘의 등장과 변화 메커니즘

1) 포퓰리즘: 민주주의의 그림자

포퓰리즘은 사람마다 용법이 다르고, 특히 언론이나 정치권이 지나치게 편의적으로 사용함으로써 많은 현상을 지칭하면서도 사실은 속 빈 강정 같은 개념(catch-all, but void concept)이 되고 말았다. 그 결과 이 개념이 신발은 있지만 거기에 맞는 발은 어디에도 없는 '신데렐라의 유리구두' 같이 되어버렸다고 비꼬는 학자도 있다(Y. Mény and Y. Surel, 2002, 3). 하지만 모호하고 불완전하다고 이 개념을 버릴 수는 없다. 그럴 경우 우리는 중요한 경험적 실재(實在)를 설명할 수 없게 되기 때문이다.

포퓰리즘 개념은 다양하게 쓰였지만 대개 네 가지로 분류해볼 수 있다. [3]

---

3) 이것은 로버츠와 웨이랜드의 분류를 기초로 필자가 재구성한 것이다(K. Roberts, 1995, 84-88; K. Weyland, 1999, 380-381).

첫째, 경제적 관점에서 포퓰리즘을 방만한 재정운용과 관련시키는 시각이다(J. Sachs, 1990; R. Dornbusch and S. Edwards, 1991, 7-13). 이것은 대중소비욕구에 부응 내지 영합하기 위해 정부가 재정팽창적이고 재분배적인 정책들을 무책임할 정도로 시행하는 것을 말한다.

둘째는 역사적·사회학적 관점이다(G. Germani, 1978; E. Cardoso and A. Helwege, 1991, 46-50). 이 시각은 포퓰리즘을 산업화 초기단계에서 전형적으로 나타나는 여러 계급들 사이의 사회정치적 연합을 강조한다. 반드시 그렇지는 않지만 경제적 관점과 역사적·사회학적 관점은 종종 결합되어 사용되기도 한다. 앞서 언급한 라틴아메리카의 경우가 그 대표적 예다. 즉, 수입대체산업화 단계에서 보호주의, 국가개입주의, 재정팽창 등의 정책을 사용한 1930~40년대의 아르헨티나나 브라질을 포퓰리즘이라 칭할 경우가 바로 이에 해당된다.

셋째, 정치적 관점으로서 이 경우 포퓰리즘은 개인의 캐릭터(character)에 강하게 의존한다는 의미에서의 인격적 지도자(personalist leaders)가 기존의 정치적 대의제도를 우회하거나 자신의 밑에 종속시킨 상태에서 대중과 맞상대하여 그들을 직접 조종하거나 동원하는 방식을 말한다(N. Mouzelis, 1985; C. de la Torre, 1992, 396-399).

마지막은 종합 내지는 절충적 관점이다(K. Roberts, 1995, 88-89). 각 관점이 고립되어서는 포퓰리즘 현상을 파악하는 데 한계가 있기 때문에 종합적 시각이 필요하다는 것이 이 입론(立論)의 근거이다. 이 관점은 포퓰리즘의 핵심적 특징으로 다음 다섯 가지를 들고 있다. ① 정치지도자가 개인의 캐릭터에 크게 의존하면서(personalistic) 동시에 가부장적 내지는 온정주의적(paternalistic) 리더십을 보여줌, ② 이질적이면서도 다양한 중하위 사회계급 간의 정치적 연합에 의존, ③ 정치지도자가 기존의 정치적 대의제도를 우회하거나 자신의 밑에 종속시킨 상태에서 대중과 직접적인 관계를 맺으려 하며, 그 결과 정치적 동원이 위에서부터 아래로(top-down) 이루어짐, ④ 잡다한 이데올로기가 혼합되어 있는데, 반엘리트적(anti-elitist)이고 기존질서에 대해 공격적(anti-establishment)이면서 중하층에 영합하는 담론이 지배적임(E. Laclau, 1977, 173; 1980, 91), ⑤ 민중부문의 지지를 끌어내기 위한 물질적 토대를 마련하기 위해 광범위한 재분배정책을 동원함.[4]

이 글은 포퓰리즘과 같은 복합적인 현상을 설명함에 있어서 종합적 관점의 유용성을 기본적으로 인정하면서도 포퓰리즘 개념을 보다 역동적이고 유연한 것으로 만들기 위해 몇 가지 수정·보완을 가하고자 한다. 종합적 관점에서 내세우는 다섯 가지 특징 중 앞의 네 가지는 주로 정치적·사회학적 차원인 데 반해 마지막 하나는 경제적 차원과 관련된 것이다. 포퓰리즘 개념을 정태성에서 벗어나 보다 동태적인 것으로 사용하기 위해서는 우선 이 개념을 특정시기의 특정정책과 관련시키는 경제주의적 시각에서 벗어나야 한다. 다시 말해 포퓰리즘이 반드시 산업화 초기 내지는 수입대체산업화 단계에서의 국가개입주의적 재정팽창정책과 연계되어야 할 이유는 없다는 것이다. 그러면 그것을 특정시기는 빼고 특정정책, 즉 대중영합적 경제운용정책과 연결시키는 것은 어떤가? 이 역시 포퓰리즘의 정치적 역동성을 간과하고 있다는 점에서 문제가 있다. 포퓰리스트적 지도자들이 대중적 지지를 얻기 위해 재정을 방만하게 운용하면서 재분배에 치중할 가능성이 높은 것은 사실이다. 그러나 어떤 조건하에서는 그들도 신자유주의적 구조조정정책을 수행할 수밖에 없으며, 그럴 경우 그들은 정치적 지지를 유지하기 위해 나름대로 기민함을 보여줄 만한 자질과 능력을 지니고 있다. 종합적 관점에서 제시하는 다섯 번째 특징은 바로 이 점을 놓치고 있다. 따라서 이 글은 포퓰리즘을 '정책'의 차원에서 해방시켜 '정치'의 차원으로 올려서 생각할 것을 제안하고자 한다.

---

[4] 구체적 내용은 조금 다르지만 이념형적 포퓰리즘 개념에 대해서는 P. Taggart(2000, 10-22; 2002, 66-70).

정치의 차원에서 볼 때, 포퓰리즘의 특징은 앞의 종합적 관점에서 제시된 네 가지가 적실성이 있어 보인다. 다만 그것은 포퓰리즘의 특징만을 서술하고 있지 그것이 민주주의와 갖는 관계에 대해서는 설명이 부족하다. 민주주의와 포퓰리즘은 서로 어떤 관계에 있으며, 어떤 조건에서 전자가 후자로 타락하는지 그리고 포퓰리즘은 언제 신자유주의와 친화성을 보이는지 등에 대해 부가적인 설명이 필요하다.

현대 민주주의는 간접, 즉 대의제 민주주의(representative democracy)다. 대의제 민주주의는 현대사회의 다양성과 복잡성 때문에 도입되었지만, 그것의 과점(寡占)적 성격과 절차적 성격 때문에 끊임없는 비판에 직면한다. 그 결과 사람들은 직접민주주의의 이상을 동경하게 되는데, 이 과정에서 두 가지 변형체(variants)가 등장한다. 참여민주주의(participatory democracy)[5]와 포퓰리즘[6]이 그것이다.

양자는 모두 대의제 민주주의가 보여주는 절차적 참여의 의례성 내지는 공허함 및 그것이 지닌 엘리트적 속성에 불만을 지닌다. 참여민주주의는 이 문제점을 기존의 대의제도 외에 작업장 수준으로까지 시민의 참여를 확대시키거나 자발적 결사체와 매개집단을 보다 많이 개발하고 공공영역에서의 교화된 시민들 간의 토론과 심의를 통해 결론을 도출하는 방향으로 해결하려고 했다(C. Pateman, 1970; J. Elster[ed], 1998; P. Hirst, 1994). 반면 포퓰리즘은 지도자와 대중 사이에 무매개적이고 직접적인 관계를 맺음으로써 이 문제를 풀려고 했다. 이 경우 지도자는 개인의 캐릭터에 크게 의존하면서 가부장적 성격을 띠며, 대중[7]은 원자화된 모습을 보여준다. 지도자는 기존의

---

5) 여기서 참여민주주의는 최근 논의되는 심의(deliberative) 민주주의나 결사체(associative) 민주주의 등을 모두 포괄하는 개념으로 사용되고 있음을 밝힌다.
6) 이 경우 포퓰리즘은 엄밀하게 말하면 포퓰리스트 민주주의(populist democracy)라고 할 수 있으나, 여기서는 포퓰리즘으로 통칭하겠다. 포퓰리스트 민주주의 개념에 대해서는 P. Mair(2002, 88-92).
7) 원자적이고 무매개적인 대중 개념에 대해서는 W. Kornhauser(1960).

사회질서나 대의민주주의가 지닌 엘리트적 및 과점적 속성을 공격하면서 대의제도를 우회하거나 자신의 밑에 종속시킨 상태에서 대중과 직접적이고 무매개적 관계를 맺으려 한다.

이렇게 볼 때 포퓰리즘은 민주주의 자체의 대립물이라기보다는 대의제 민주주의의 한계를 극복하려는 두 방향의 시도 중 하나로 볼 수 있다. 다만 참여민주주의가 보다 긍정적인 방향에서 그것을 개선하려는 시도라면 포퓰리즘은 상대적으로 부정적인 방향에서의 교정노력이다. 민주주의가 존재하는 한 그리고 그것이 기술적인 이유 때문에 대의제적 성격을 버리기 어려운 한 포퓰리즘의 가능성은 상존(常存)한다(Y. Papadopoulos, 2002, 46-50). 이 점에서 포퓰리즘은 '민주주의의 그림자(a shadow cast by democracy itself)'라고 할 수 있다(M. Canovan, 1999, 2-3).

이상에서 설명한 대의제 민주주의와 직접 민주주의, 참여민주주의 그리고 포퓰리즘 사이의 관계를 그림으로 나타내면 아래와 같다.

〈그림 10-1〉 대의, 참여, 직접 민주주의와 포퓰리즘 사이의 관계

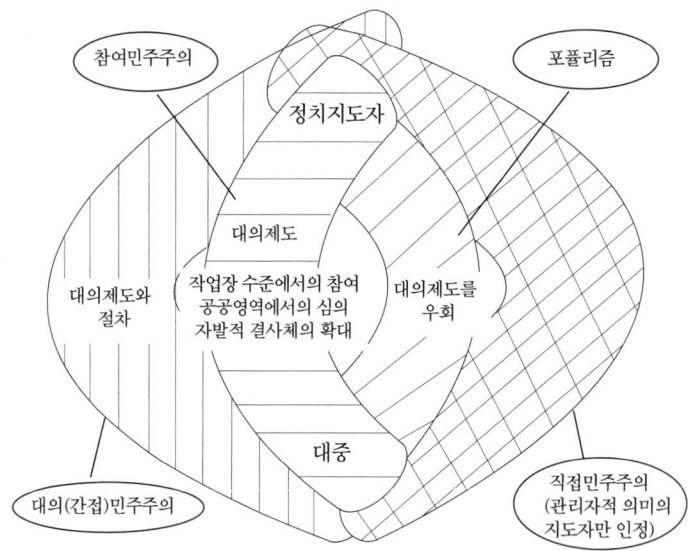

2) 신자유주의적 포퓰리즘의 역동성

그러면 정치차원의 포퓰리즘은 어떤 조건에서 경제정책 차원의 신자유주의와 친화성을 갖는가? 포퓰리스트적 정치와 신자유주의 경제는 언제 공존이 가능하며, 얼마나 공존이 가능한가? 요컨대 신자유주의적 포퓰리즘의 역동성(dynamism), 즉 등장 및 변화 메커니즘은 어떠한가?

양자가 공존하려면 우선 심각한 경제위기가 있어야 한다(K. Roberts, 1995, 96-97; K. Weyland, 1999, 393-397). 신자유주의적 포퓰리즘 현상이 관찰되는 라틴 아메리카나 동유럽 국가들의 경우 공통적으로 심한 경제위기를 경험했으며, 그 원인은 대개 과도한 국가개입주의에 의한 수입대체산업화나 계획경제로 인한 것이었다. 이러한 위기에 봉착하면 대부분의 정권은 그것을 극복하기 위해 국가주도형 경제의 비효율성을 시정하고 보다 시장지향적인 개혁정책, 즉 신자유주의 정책을 수행할 수밖에 없다. 이것은 국제통화기금(IMF)이 '워싱턴 컨센서스(Washington Consensus)'[8]에 입각해 구조조정정책을 강요하는 탓도 있지만 시장지향적 개혁의 불가피성에 대한 사회적 합의가 어느 정도 형성되어 있기 때문이기도 하다.

어떤 정치지도자가 본래 포퓰리스트적 성향을 지녔어도 이런 상황에서는 신자유주의 정책을 수용할 수밖에 없다. 그는 우선 정권의 안정과 유지를 위해 이러한 선택을 할 것이고, 더 나아가 이 위기를 잘 극복함으로써 자신의 카리스마를 증명하고 싶어한다는 점에서 오히려 적극적으로 신자유주의적 개혁을 추진하기도 한다. 포퓰리스트적 정치와 신자유주의 경제정책이라는 서로 어울리기 어려운 두 개념은 이럴 때 상봉하게 된다.

이런 국가적 위기상황에서는 사회·정치적 반대집단들이 불만을 표출하

---

[8] 1990년대 초 IMF, 세계은행, 미국정부 등에서 일하는 관료와 학자들이 합의한 제3세계 국가들이 시행해야 할 구조조정조치들을 일컫는 말로서, 정부예산 삭감, 자본시장 자유화, 외환시장 개방, 관세인하, 국가기간산업 민영화, 외국자본에 의한 국내 우량기업 합병·매수 허용, 정부규제 축소, 재산권 보호 등이 그 내용이다.

기가 쉽지 않다. 노동계급은 어느 정도의 불이익을 감수하면서 신자유주의적 개혁 대열에 동참할 수밖에 없으며, 야당 역시 위기극복을 위한 협력의 틀 내에서의 반대로 자신의 목소리를 한정할 수밖에 없다. 이런 상태에서 정치지도자는 스스로의 포퓰리스트적인 성격을 상대적으로 덜 드러내면서 신자유주의적인 개혁을 추진할 수 있다.

그러나 다음 두 경우 모두 그 중 하나의 상황에 직면하면 정치지도자(나 그의 정권)는 포퓰리스트적 전술에 의존하거나 대중영합적인 경제정책을 시행할 유혹에 빠지기 쉽다. 하나는 선거가 다가오는 경우이고, 다른 하나는 정당과 같은 매개조직이 제대로 발달하지 못했거나(K. Roberts, 1995, 97-108; K. Weyland, 1999, 383-389) 그것이 어느 정도 제도화되었어도 정권 자체가 원내에서 소수파의 신세를 면치 못하는 경우다.

우선 선거가 다가오면 정치지도자는 신자유주의적 개혁 정책을 계속 시행할 것인가에 대해 심각한 고민에 빠진다. 이제까지 그는 신자유주의적 구조조정정책을 성공시킴으로써 자신을 과시하고 스스로의 안정된 기반을 마련하고자 했다. 그러나 이러한 개혁의 추진은 시간이 갈수록 그에 대한 대중들의 지지도 하락으로 이어진다. 개혁정책은 장기적으로는 경제의 체질개선과 재도약을 위해 꼭 필요한 것이지만 단기적으로는 대다수 계층에게 상당한 불편과 희생을 요구한다. 그동안 특권을 누리던 자본은 어느 정도의 자산가치 하락을 감수해야 하고, 노동은 실업증대와 고용불안이라는 대가를 지불해야만 한다. 따라서 대부분의 사람들은 이러한 개혁정책의 불가피성을 인정하면서도 그들이 치러야 하는 불편과 손실 때문에 이를 선호하지 않는 경향이 있다. 특히 희생 면에서 자본보다는 노동이 상대적으로 큰 비용을 치를 수밖에 없다는 점에서 정권의 지지도 하락은 불가피하게 된다. 이런 상황에서 선거가 다가오면 정치지도자는 지지도를 회복하고 선거에서 승리하기 위해 대중영합적인 선심정책으로 선회하기 쉽다.

만약 집권 세력이 원내 소수파이거나 정당조직 자체가 미약할 경우, 정치지도자는 의회나 정당 같은 대의제도를 우회하거나 그것을 종속시킨 상태에서 구조조정과정에서 보다 원자화되고 탈조직화된 대중과 직접 상대하려는 전술을 구사하고 싶은 유혹에 빠질 가능성이 더 커진다. 대통령이 속한 정당이 입법부에서 다수를 차지하지 못한 분점정부(divided government) 상황에서는 세 가지 국정운영방식을 생각해볼 수 있다. 의회 다수파와의 협의를 포기하고 일방적으로 국정을 끌고 가는 것과 "대중에게 직접 달려가는 식(go public)" 그리고 의회 다수당과 협상[9]하는 방식이 그것이다(G. Cox and S. Kernell, 1991). 그런데 정치지도자가 포퓰리스트적 속성을 지녔으면서 정당조직이 미약할 경우 이 정권은 두 번째 방식을 택할 확률이 그만큼 높다. 다시 말해 이 정권은 의회를 우회해 대중을 포함한 원외 세력에게 직접 호소함으로써 그들을 지지 세력으로 동원하고, 그들로 하여금 기존 질서와 제도(대의제 및 관료제)에 대해 공격을 가하게 만드는 방법에 의지할 가능성이 크다.

3. 김대중정권: 신자유주의적 관치경제하에서의 포퓰리즘

김대중정권은 경제위기 속에서 지역연합을 통해 소수파 정권으로 출범했다. 이 정권은 이런 난관을 극복하기 위해 개혁정책과 포용(햇볕)정책을 시행했고, 갖가지 정치적 전술도 구사했다. 그러나 이 정권은 임기 내내 좌로부터는 신자유주의, 우로부터는 포퓰리즘이라는 비판에 시달려야 했다. 이러한 비판이 과연 얼마나 타당하며, 신자유주의적 포퓰리즘 현상이 한국에서도 나타났다고 볼 수 있을까?

---

9) 협상도 특정정당과 공식적이고도 지속적으로 협력하는 방식과 사안에 따라 협력의 파트너가 되는 정당을 바꾸는 방식 그리고 정당 차원이 아니라 다른 당의 개별의원들을 대상으로 협조를 구하는 방식으로 나누어볼 수 있다(K. Strøm, 1990).

1) 지역연합을 통해 탄생한 소수파 정권

1987년 6월 항쟁으로 민주화가 진행되자 잠복했던 지역주의는 수면 위로 떠올랐다. 민주화는 권위주의정권을 퇴진시켰지만, 그로 인해 권위주의정권이 억누르고 있던 시민사회 내부의 이해갈등이라는 판도라의 상자도 열렸다. 이 상자 속에서 계급, 이념 등 여러 갈등이 튀어나왔지만, 그 중 가장 대표적이면서 특히 선거국면에서 여타 문제를 압도한 것은 지역갈등이었다.

이러한 심각한 지역균열구도하에서 김대중 세력은 소수파를 벗어나지 못했다. 이 세력은 호남과 수도권 일부를 확고하게 장악했지만, 그 이상도 이하도 아니었다. 1990년 호남을 고립시키는 3당합당이 이루어짐으로써 이 세력의 고립은 심화되었다. 이러한 고립을 탈출하기 위해 1997년 김대중은 김종필과 호남과 충청을 엮는 지역연합(소위 DJP연합)을 결성했다. 이러한 지역연합은 당시의 경제위기상황 및 집권당인 '한나라당'의 내분 등과 어우러지면서 김대중에게 권력을 안겨주었다. 그러나 집권 이후에도 김대중정권은 여전히 원내에서 소수파를 면치 못했다. '국민회의'(77석)와 '자민련'(43석)을 합해도 원내과반수를 넘는 165석을 지닌 '한나라당'에 못미쳤기 때문이다. 이 점에서 김대중정권은 대통령이 속한 정당과 원내과반수를 차지한 정당이 서로 다른 '분점정부(divided government)'였다.

소수파 정권으로 출발했다는 점과 이념과 정책 면에서 편차가 큰 '국민회의'와 '자민련'이란 두 세력이 연합해 집권했다는 점은 처음부터 김대중정권의 행동반경을 제약했다. 이것은 김대중정권과 그 이전의 김영삼정권을 구분하는 중요한 차이점이었다. 김영삼정권도 유사하게 이질적인 세력의 연합 위에서 탄생했다. 그러나 그것은 원내다수의석을 점한 '통합정부(unified government)'였기 때문에 집권 후 보다 자유롭게 개혁을 추진할 수 있었다. 원내에서 야당의 저항을 용이하게 따돌릴 수 있었고, 당내의 반(反)개혁적 세력도 어느 정도 정리할 수 있었다. 그러나 소수파로 출발한 김대중정권은 이러한 여유를 누릴 수 없었다. '한나라당'은 원내에서의 수적 다수를 이용해 출범 초부터 김대중정권을 압박해들어갔다. 여야는 총리인준 문제를 비롯한 모든 일에서 사사건건 충돌했다.

2) 협공 당하고 있는 개혁정책: 신자유주의적 관치경제

김대중정권은 경제가 IMF의 금융지원을 받아야 할 정도로 심각한 위기에 빠진 상황에서 등장했다. 위기 속에서 소수파로 출범한 김대중정권에게 개혁정책의 성패는 정권의 운명과 직결되는 것이었다. 개혁은 경제위기라는 국가적 차원의 문제를 해결하기 위해서도 필요했지만, 그것의 성공이 가져올 국민적 지지는 소수파라는 정권차원의 약점을 보완해주는 것이기도 했다.

이 무렵 한국이 맞은 경제위기의 근저에는 오랜 국가개입주의의 부작용이 도사리고 있었다.[10] 과거 한국의 권위주의정권은 국가개입주의와 재정적 수단의 동원을 경제정책의 기조로 삼았다. 하지만 두 정책 모두 수입대체나 재분배보다는 수출주도와 성장을 목표로 한 것이었다는 점에서 라틴아메리카의 그것과는 달랐다.[11] 이러한 한국의 성장 위주의 국가개입주의는 빠른 경제성장을 가져왔으나 부작용 또한 만만치 않아 1997년 결국 한계에 봉착하고 말았다.

따라서 김대중정권의 개혁정책은 국가주도적 성장정책의 문제점을 바로잡는 방향으로 추진될 수밖에 없었다. 이러한 노력은 전임자인 김영삼정권 때에도 있었지만, 본격화된 것은 역시 금융위기를 당한 이후인 김대중정권 때부터였다. 당시 국가적 위기를 맞아 어느 누구도 국가주도를 시장주도적

---

10) 이것은 금융위기의 원인이 관치경제에만 있다는 뜻은 아니다. 관치경제를 자유화하는 과정에서 한국정부의 준비소홀과 외국 투기자본의 농간 등도 위기발발에 기여했다.
11) 이 점에서 한국에는 라틴아메리카와 같은 포퓰리즘(대중영합적 경제정책)의 전통은 별로 없었다고 할 수 있다.

인 경제로 개혁하는 데 대해 이의를 달기 어려웠고, 본래 상대적으로 분배지향적이었던 김대중은 이 기회를 이용해 신자유주의자로 변신할 수 있었다.[12]

김대중정권은 출범 직후 상환연장협상과 외자도입 그리고 외평채 발행 같은 응급조치를 통해 다급한 외환유동성 위기를 극복하는 한편 재벌·노동·금융·공공 등 네 부문에 대한 강도 높은 구조조정을 실시하는 개혁정책을 시행했다. 금융부문은 5개의 시중은행과 17개의 종합금융회사, 5개의 리스회사, 4개의 보험사가 퇴출되었으며, 살아남은 금융기관들도 합병, 외자도입 등을 통해 강도 높은 구조조정을 강요받았다. 공공부문에서도 정부는 작고 효율적인 정부를 만든다는 목표로 정부조직을 개편하고, 공무원의 수를 감축했으며, 규제개혁을 단행했다. 재벌에 대한 개혁은 김대중이 대통령 취임사에 밝힌 바 있는 5대 원칙기업경영의 투명성 제고, 상호지급보증 해소, 재무구조개선, 핵심업종 설정과 중소기업에 대한 협력 그리고 경영자의 책임성 확립에 따라 진행되었다. 그 결과 20여 개의 재벌계열사를 포함한 55개의 기업이 퇴출되고, 81개 업체가 기업개선작업(workout)에 들어갔으며, 공정거래위원회를 통한 부당내부거래에 대한 감독강화, 업종전문화를 위한 '빅딜(big deal)' 등이 이루어졌다. 노동부문에서는 노사정위원회의 합의에 따라 노동부문의 정치참여를 확대하는 대신 정리해고제와 근로자파견제를 법제화함으로써 노동시장의 유연성이 어느 정도 확보되었다(김수길 외, 2003, 1, 2부).

이러한 응급조치와 개혁작업으로 1년 후인 1999년부터 경제는 점차 안

---

[12] 김대중이 쓴 『대중경제론』은 세 가지 판본(板本)이 있다. 첫 번째 판본인 1971년 대통령 선거용 공약책자. 이것은 실제로는 박현채가 주도하여 쓴 것으로 알려졌다. 이를 보면 분배주의자로서의 김대중의 면모가 적나라하게 드러난다(김대중, 1971). 이 점에서 박정희가 국가주도적 성장론자였다면 김대중은 국가주도적 균형 내지는 분배론자라고 할 수 있다. 두 번째 판본은 그가 미국 망명 중이던 1980년대 초 유종근의 도움을 받아 쓴 것이고(김대중, 1986), 그것을 수정·보완해 1990년대 중반 출간한 것인 마지막 판본이다(김대중, 1997). 뒤의 두 판본은 첫 번째 것에 비해 많이 완화되긴 했지만 그래도 분배적 정의를 앞세우는 그의 면모가 완전히 없어진 것은 아니다.

정을 되찾기 시작했다. 다음의 〈표 10-1〉에서 보듯이 국내총생산(GDP)은 1998년 6.7% 성장에서 1999년에는 10.9% 성장으로 돌아섰으며, 외환보유고도 1997년 88.7억 달러에서 1999년 740.5억 달러로 크게 증대되는 등 모든 점에서 경제여건이 급속하게 개선되어갔다.

〈표 10-1〉 한국경제의 주요 거시지표

(단위 %)

	1996	1997	1998	1999	2000	2001
GDP 성장률	6.8	5.0	-6.7	10.9	9.3	3.0
소비자물가증가율	4.9	4.5	7.5	0.8	2.3	4.1
실업률	2.0	2.6	6.8	6.3	4.1	3.7
가용외환보유고(10억$)	29.42	8.87	50.09	74.05		
어음부도율	0.14	0.40	0.38	0.33	0.26	0.23

출처: 통계청, 『한국통계연감 2001』

그런데 경제가 어느 정도 회복되자 사회 각 부문으로부터 개혁정책에 대한 불만이 쏟아지기 시작했다. 그 사이 경제위기극복이라는 명분에 밀려 손해를 감수하던 각 계층이 제 몫 찾기를 시작한 것이다. 대다수 사람들이 투명성과 시장의 원리를 강조하는 개혁이 관치에 물든 경제의 체질을 개선하고 한국경제를 재도약시키기 위해 필요하다는 점을 인정했다. 그러나 이런 개혁작업은 단기적으로 대다수 계층에게 상당한 희생을 요구했다. 자본은 투명성을 요구받았고, 그 과정에서 상당한 자산가치의 하락을 겪었다. 노동은 실업증대와 고용불안을 대가로 치러야 했다. 그러나 경제가 나아지자 사람들은 이러한 손실을 더 이상 감수하려 들지 않았다.

그동안 국가, 자본, 사회운동 세력이 모두 개혁이라는 용어를 사용했지만, 그 의미가 서로 달랐다는 점이 이때부터 확인되기 시작했다. 국가는 관치금융과 재벌경제 그리고 방만한 공공 및 노동 부문을 혁신시키기 위한 조치를 개혁으로 이해했다. 자본은 모든 규제를 철폐하고 시장 위주로 나아가는 것을 개혁으로 보았다. 그리고 사회운동 세력은 관치금융개선과 재벌혁파도 좋지만 구조조정 과정에서 발생하는 기층부문의 희생을 국가가 가급적 줄이거나 떠맡아야 하는 것을 개혁의 내용으로 주장했다.

이러한 상태에서 김대중정권이 추진하는 개혁에 대해 자본과 사회운동 세력은 모두 불만을 품을 수밖에 없었다. 시장지상주의를 선호하는 자본 측에서는 정부가 보다 더 많이 그리고 빠르게 기업에 대한 규제를 풀지 않는 점을 불만스러워 했다. 자본의 입장에서 볼 때 정부가 추진한 빅딜이나 기업에 대한 노동자 정리해고 자제압력, 출자제한, 부채비율제한 등은 모두 시장의 원칙에 어긋나는 것이었다. 원내 다수당인 '한나라당' 역시 정부에 대해 과도한 관치(官治)의 청산과 대폭적인 규제완화를 주장했다. 반면 사회운동 세력은 김대중정권이 재벌은 빨리 혁파하지 않으면서 구조조정의 모든 부담을 기층민중에게 전가시키고 있다고 불만을 토로했다. 그들이 볼 때 이 정부의 개혁정책은 사회안전망도 마련하지 않은 상태에서 노동부문에 대한 구조조정만을 강행하는 신자유주의적 개혁으로 보였다. 결국 김대중정권의 개혁정책은 좌우 양측으로부터 정반대의 이유 때문에 협공을 당했다. 자본과 '한나라당'은 과소시장으로 그리고 사회운동 세력은 과잉시장으로 이 정권의 개혁을 비판했다.

신(新)관치경제라는 우측의 비판에 대해 김대중정권은 자신들의 정책이 낡은 관치의 유산을 청산하기 위해 불가피하게 필요한 만큼만 시장에 개입하는 것이라고 항변했다. 그러나 무리한 빅딜 추진이나 정치적 동기에서 특정기업을 선호하는 등의 정책 때문에 항변보다는 비판이 더 크게 들렸다. 이렇게 볼 때, 김대중정권의 초기는 경제위기 극복을 위한 신자유주의적 개혁이 관치의 관성 속에서 진행되는 가운데 그 부담을 떠안은 사회기층 세력의 불만이 높아가는 시기였다고 할 수 있다.

3) 정치적 난관극복 전술과 포퓰리즘의 유혹

개혁정책이 자본과 사회운동 세력 양쪽으로부터 협공당해 어려움에 봉착한 가운데 2000년 4·13 총선이 다가오자 집권 세력은 이 난관을 극복하기 위해 세 가지 전술을 동원했다. 우선 자신들의 전통적 지지기반이었던 중하위층, 특히 서민층의 지지를 회복하기 위해 '생산적 복지(workfare)'정책을 시행하기 시작했다. 둘째로 원내다수의석을 확보하기 위해 그동안 추진하던 야당의원 빼오기나 동진(東進)정책 외에 시민단체를 외곽지원 세력으로 동원하는 정치전술을 구사했다. 마지막으로 선거에 임박해 남북정상회담이 성사되었음을 발표하는 정치공학도 동원했다. 이 중 생산적 복지와 같이 어느 정도 필수불가결한 것도 있었지만 대부분은 지지율을 만회하기 위해 대중에게 영합하는 성격을 띤 것이었다.

생산적 복지정책

'생산적 복지' 개념은 김대중이 1999년 8·15 경축사에서 처음 언급했다. 이전까지 그는 민주주의와 시장경제의 '병행'(발전)론을 내세웠으나 1999년 중반부터 거기에 생산적 복지론을 추가시킨 '삼위일체'론을 주장하기 시작했다(김일영, 1999, 15-18).

생산적 복지론의 핵심은 정부가 시민의 근로능력과 필요에 따라 최적의 복지를 제공하겠다는 것이다. 정부가 ① 식량과 의복 같은 기초생필품을 보장하고, ② 근로능력을 제고하기 위하여 교육 및 직업훈련을 제공하며, ③ 직업을 창출한다는 것이 골자였다. 이를 통해 정부는 경제성장과 복지의 균형을 잡으면서 투자와 창의력을 촉진하고자 했다(H. Moon and K. Yoo, 1999, 1, 9).

8·15 경축사 이후 정부는 생산적 복지론을 뒷받침하는 많은 후속대책을 내놓았다. 농어민의 빚보증 7조 원을 정부가 대신 서주기로 한다든지, 국민

기초생활보장법의 수혜범위를 3배로 늘린 것, 주거안정을 위해 근로자 전세자금 대출한도를 배로 올려 3천만 원으로 하고, 연간 10조 원 이상의 국민주택기금을 확보해 주택건설자금의 대출금액을 확대하고 금리를 내리는 것, 저소득층 중고생 자녀 40만 명에 대한 학비면제 및 대학생과 대학원생에 대한 융자확대 등이 그 예다. 그리고 김대중 자신도 2000년 1월 20일 개최된 '새천년 민주당'(이하 민주당) 창당대회에서 빈곤가계는 정부로부터 연 100만 원까지 보조금을 수령하게 될 것이라고 천명하였다. 그는 의료보험, 고용보험, 산재보상보험 및 연금제도라는 4대 국가보험체제를 통하여 국민들에게 평생토록 안정적인 복지를 제공할 것이라는 약속도 덧붙였다.[13] 이에 대한 후속대책으로 청와대 경제수석은 종합금융소득세제의 부활, 주식과 채권에 대한 이전소득세제 실시 등의 재원 확보방안을 발표하였다.

이러한 생산적 복지정책은 신자유주의적 경제개혁을 보완하기 위한 사회안전망 확충이라는 점에서 그 필요성에 대해서는 이론의 여지가 있을 수 없다. 특히 4대 국가보험체제를 조기에 수립하고 거기서도 배제되는 빈곤층을 위해 국민기초생활보장제의 수혜범위를 확대한 것 등은 그동안 성장 위주의 길을 걸어온 한국 발전국가의 문제점을 시정하는 초석을 쌓은 것으로 높이 평가할 수 있다(김연명, 2000, 7-21; 양재진, 2003, 413-415).

그러나 이런 정책은 선거를 앞두고 지지율을 만회하기 위해 성급하게 발표된 측면이 강했다. 그러다 보니 이를 위해 정부가 내놓는 후속대책들이 생산적 복지개념과는 거리가 있고, 오히려 선거를 겨냥한 선심성 복지정책에 가까운 경우가 적지 않았다. 가장 큰 문제는 이 정책들이 예산확보에 대한 충분한 검토 없이 제시되는 수가 많았다는 점이다. 그 결과 청와대 경제수석

---

[13] 이밖에도 생산적 복지정책으로 학비 및 주택 융자제도, 소득세와 생필품에 대한 특별소비세의 감축, 컴퓨터의 대중화, 3퍼센트 이하의 인플레이션 유지 등을 공약하였다(『한국경제신문』, 2000.1.21.; 박기덕, 2002, 59-60).

이 내놓은 재원확보방안이 자본시장을 위축시킬 수 있다는 이유 때문에 정부관료에 의해 즉시 부정되는 사태까지 발생했다. 이것은 근본적으로 정부가 재정에서 복지지출이 차지하는 비중에 대한 장기적 비전 없이 선거에 임박해 단기적으로 이 문제에 접근했다는 것을 보여주는 것이다. 다음의 〈표 10-2〉에서 보듯이 GDP에서 보건복지부 예산이나 사회보장비가 차지하는 비중은 2001년을 고비로 감소세로 돌아서고 있다는 점도 이를 반증한다(양재진, 2003, 414-415).

〈표 10-2〉 복지비용의 연도별 추이

	1998	1999	2000	2001	2002
보건복지부 세출예산 (전체예산대비 %)	4.1	5.0	6.0	7.5	7.1
사회보장비 (GDP 대비 %)	1.01	1.26	1.55	1.97	1.80

출처: 보건복지부 주요통계(http://www.mohw.go.kr)

결국 김대중정권의 생산적 복지정책은 장기적으로 보아 그 의의가 큼에도 불구하고 충분한 재정적 준비 없이 선거에 임박해 시행됨으로써 단기적으로는 포퓰리즘적이라는 비난에 시달려야 했다. 아울러 충분한 재정적 뒷받침이 부족하다 보니 수혜대상층으로부터도 생색만 내고 내실이 부족한 정책이라는 비판을 받을 수밖에 없었다. 그 결과 생산적 복지정책 역시 좌우로부터 협공에 시달려야 했다.

이렇게 좌우로부터 협공을 당하더라도 경제사정이 계속 나아지고, 개혁정책이 가시적인 성과를 냈다면 김대중정권은 별 문제가 없었을지도 모른다. 그러나 앞의 〈표 10-1〉에서 보듯이 2000년 하반기부터 경제는 다시 어려워지기 시작했고, 이러한 경제침체는 이 정부의 개혁정책을 더욱 어렵게 만들었다. 따라서 정부가 2001년 2월 말까지 재벌, 금융, 공공, 노동의 4대부문 개혁을 완료하겠다고 공언했지만, 2002년까지도 상황은 별로 나아지지 않은 상태에서 김대중정권은 임기를 마쳐야 했다.[14]

소수파 탈피 전술

김대중은 김종필과의 지역연합을 통해 집권에 성공했다. 그러나 이러한 연합을 통해서도 집권 세력은 지역 및 원내의석 면에서 소수파의 지위를 벗어나지 못했다. 이런 상태에서 김대중정권이 개혁정책을 밀어붙이기는 쉽지 않았다. 이념적 편차가 큰 '자민련'과 연합했다는 점도 김대중정권의 내부 정체성을 훼손했고 개혁의 추진을 어렵게 만들었다.

김대중정권은 2000년 4·13 총선을 이러한 딜레마를 탈출하는 계기로 삼고자 했다. 이를 위해 김대중은 '국민회의'를 발전적으로 해체하고 외부로부터 새로운 인물들을 영입해 '민주당'을 창당했으며, 그 과정에서 내각제 개헌 약속을 저버림으로써 '자민련'과도 결별했다.

총선 결과를 좋게 만들기 위해 김대중과 '민주당'은 각종 원외단체, 특히 시민단체를 정치적 외곽지지 세력으로 동원하는 포퓰리스트적 전술도 구사했다. 이 무렵 시민단체들은 지역과 정파적 이해관계를 초월하여 정치권 전체를 대상으로 부패정치인을 추방시키자는 '낙천·낙선운동'을 벌이고 있었다. 이 운동이 전개될 경우, 오랜 기간 야당이었고 상대적으로 진보적 인사가 많은 '민주당'보다는 지난 수십 년간 집권해온 보수 세력의 결집체인 '한나라당'과 '자민련'이 더 큰 피해를 입을 수밖에 없었다. 따라서 시민단체의

---

14) 2002년 당시의 상황을 보면, 부채비율제한과 출자제한을 강조한 기업구조조정에도 불구하고 상장기업의 3분의 1이 영업이익으로 이자도 감당하지 못하는 형편에 있었다. 엄청난 공적 자금을 두 차례나 퍼부은 금융구조조정은 신(新)관치라는 또 다른 문제점에 직면했다. 공공부문 개혁의 경우 정부조직법을 세 번이나 고쳤지만 정부조직은 오히려 더 비대해졌고 공기업구조조정 역시 지지부진을 면치 못했다. 노동부문 구조조정의 경우 노동시장의 유연성은 약간 확보되었지만, 그로 인해 발생한 실업 문제와 주요 부문에서의 강력한 노동조합의 저항은 여전히 정부의 과제로 남아 있었다.

이러한 캠페인이 명백히 실정법을 위반했음에도 불구하고 김대중은 "국민의 뜻", "시대적 흐름" 등의 표현을 쓰면서 그것을 "법률로만 얽어매서는 안 될 문제"라고까지 옹호했다(『조선일보』, 2000. 1. 20.). 집권 세력은 시민단체가 주도한 부패정치인 추방운동의 물결에 편승하여 이들과의 연합을 달성함으로써 총선에서 승리하고자 하였고, 시민단체의 낙천·낙선운동은 이러한 집권 세력의 목적에 '의도치 않게' 공헌했다고 할 수 있다.

이 모든 시도에도 불구하고 선거결과는 '민주당'의 패배로 귀결되었고, 집권 세력이 포퓰리즘적인 정치전술을 구사했다는 비판만 가중되었다. '민주당'은 원내과반수는 물론이고 다수당이 되는 데에도 실패했다.[15] 또 다시 분점정부가 탄생한 것이다. 더구나 '자민련'과의 공조붕괴로 정국운영이 더욱 어렵게 되었다. 지역균열도 개선의 기미가 보이지 않았다. 요컨대 4·13 총선은 김대중정권의 딜레마를 해결해주지 못했다.

이런 딜레마를 해결하기 위해 김대중은 '자민련'과의 공조를 부활시켰다. 그러나 대북 문제를 둘러싼 이견으로 2001년 8월 제2차 DJP 공조는 결국 깨졌고, 김대중정권은 소수파의 딜레마를 해결하지 못한 채 남은 기간을 어렵게 보내야 했다.

남북정상회담의 정치공학적 차원

김대중정권의 대북포용정책은 한반도를 둘러싼 오랜 냉전구조를 해체시키려는 야심에 찬 프로젝트로서 그 의의가 크다. 특히 이 정책의 절정인 남북정상회담과 6·15 공동 선언은 남북간에 불신 대신 믿음을, 갈등과 대결 대신 화해와 평화를 이루기 위한 초석을 다진 것으로서 높이 평가될 수 있다.

그러나 이러한 포용정책도 국내정치적 맥락과 전혀 무관한 것일 수는

---

15) 총 273석 중 '한나라당'-133, '민주당'-119(115 + 무소속4), '자민련'-17, '민주국민당'-2, '한국신당'-1 그리고 무소속 1의 결과가 나왔다.

없었다. 특히 불법적으로 대북송금을 하면서까지 남북정상회담을 서둘러 성사시킨 이면에는 소수파를 벗어나려는 김대중정권의 정치적 계산이라는 측면도 깔려 있었다. 이러한 계산에서 4·13 총선 사흘 전에 남북정상회담이 성사되었다고 발표되었다. 이 회담은 분명 커다란 역사적 의의를 지닌 것이었지만, 발표 날짜의 선택은 다분히 정치공학적으로 이루어졌다고 할 수 있다.

기대와 달리 이 발표가 실제로 총선에 미친 영향은 미미했다. 오히려 영남지역에서는 65석 중 64석을 한나라당이 차지하는 역작용이 빚어지기도 했다. 하지만 6월 13일에서 15일 사이 남북정상회담이 실제로 이루어지자 그것이 국내정치에 미친 영향은 컸다. 정상회담 이후의 후속조치들, 즉 두 차례의 이산가족상봉, 4차례의 장관급회담, 최초의 국방장관회담, 김용순 특사의 제주도 방문, 경협실무접촉 등은 국내정치의 온갖 쟁점들을 묻어버릴 정도였다. 정상회담의 회오리바람 속에서 '한나라당'을 비롯한 보수 세력들은 한동안 정신을 차리지 못했다.

그러나 이러한 열기는 오래 가지 못했다. 국내의 정치·경제·사회적인 주요 쟁점들이 문제로 부각되면서 정상회담이 불러일으킨 회오리바람은 급속히 잦아들기 시작했다. 경제위기, 의약분업파동, 각종 금융스캔들 등이 불거져나오자 사람들의 관심은 남북관계로부터 자신들의 이해관계가 걸린 국내 문제로 곧 이동하고 말았다. 대북사업을 전담하고 있는 현대가 경제적으로 어려움에 봉착하면서 '대북 퍼주기 시비'가 일어난 것이라든지 대북강경노선을 취하는 부시가 미국 대통령이 된 것 등도 남북 문제를 얼어붙게 만드는 데 기여했다. 결국 남북정상회담 자체는 그 의미가 컸지만, 그것이 노린 국내정치적 효과는 기대만큼 크지 않은 상태에서 김대중정권은 남은 기간 동안 어렵게 정국을 풀어가야만 했다.

4) 김대중정권과 신자유주의적 포퓰리즘 현상

김대중정권은 경제위기 속에서 지역연합을 통해 소수파 정권으로 출범했다. 김대중은 본래 분배지향적 성향을 지녔지만, 당면한 경제위기를 극복하기 위해 이 정권은 신자유주의적 구조조정정책을 시행할 수밖에 없었다. 이에 대해 보수진영은 신(新)관치라고 그리고 진보진영은 기층에게 부담을 전가시키는 신자유주의라고 상반된 비판을 퍼부었다.

선거가 다가오자 이 정권은 소수파의 딜레마를 벗어나기 위해 여러 전술을 구사했다. 우선 생산적 복지정책을 시행했는데, 이것은 신자유주의적 구조조정과정의 부작용을 보완하기 위한 사회안전망을 마련하면서 동시에 이러한 구조조정으로 불이익을 받은 사람들을 다시 지지층으로 모으기 위한 것이었다. 이 점에서 생산적 복지정책에는 당위적 필요의 측면과 대중영합적 포퓰리즘의 측면이 동시에 담겨있었다.

이 정권은 선거에서 이기기 위해 기존의 정당을 해체·재구성하고, 시민단체를 외곽지지 세력으로 동원하는 정치전술을 구사했다. 일부 원외 세력을 동원했다는 점에서 이러한 정치전술이 포퓰리즘적 색채를 띤 것은 사실이다. 그러나 이런 전술을 구사하는 궁극적 목적이 원내 다수당 창출이었고, 원외 세력의 동원은 특정국면에서 그것을 위한 수단적 의미로 구사되었다는 점에서 이러한 정치전술을 포퓰리즘 그 자체로 보기는 어렵다. 다시 말해 이 전술이 기존 대의제도(의회나 정당)를 전면적으로 무시하고 우회하려 한 것은 아니었다는 점에서 그것을 포퓰리즘 자체보다는 부분적으로 그런 성격을 지닌 전술 정도로 보는 것이 옳을 것 같다.

엄밀하게 볼 때, 김대중정권은 포퓰리즘 정권이 되기에는 그 기반이 너무 협소했다. 이 정권이 기대고 있는 특정지역 기반만 가지고는 포퓰리스트적이 되기 어려웠고, 다른 지역과 연합을 구성해도 다수가 되기 어려운 것은 마찬가지였다(박기덕, 2002, 65). 그럼에도 불구하고 그동안 김대중정권에 대해 포퓰리즘적이라는 비판이 가해진 것은 한편으로는 개념을 남용한 측면이 있고, 다른 한편으로는 앞서 보았듯이 이 정권이 부분적으로는 그런 전술을 구사했기 때문이다. 따라서 이 정권에 대해 포퓰리즘이라는 개념을 사용할 수 없는 것은 아니나, 이제부터라도 그 비판은 제한적 내지는 부분적 의미로 사용되어야 할 것이다.

결론적으로 김대중정권은 형용모순적인 신자유주의적 관치경제 아래에서 포퓰리스트적 정치전술을 필요에 따라 선택적으로 구사한 정권이라고 규정할 수 있다. 이 점에서 라틴아메리카나 동유럽국가들에서 나타난 신자유주의적 포퓰리즘 현상은 한국에서는 부분적으로만 관찰된다고 할 수 있으며, 관치의 관성이라는 점이 추가되는 것이 한국만의 특징이라고 볼 수 있다.

4. 노무현정권: 경제정책 부재 속에서의 디지털 포퓰리즘의 가능성

김대중정권과 마찬가지로 노무현정권 역시 원내 소수파라는 한계를 안고 출범했다. 출범 당시의 경제상황도 1997년 말 수준의 위기는 아니었지만 상당히 좋지 않았다. 따라서 두 정권의 초기 조건은 정도의 차이가 있을 뿐 유사했다. 둘 다 처음부터 의회를 장악한 거대 야당의 견제와 공격에 시달려야 했고, 나쁜 경제상황 때문에 고생해야만 했다. 언론과의 불화 탓에 초기의 밀월기(蜜月期)를 맛보지 못한 점도 비슷했다.

조건이 유사할 경우 대처방안도 비슷한 패턴을 보이기가 쉬웠다. 우선 경제여건을 개선하기 위해 애써야 하며, 소수파의 한계를 극복하기 위한 여러 정치전술을 고민할 수밖에 없었다. 집권 초 노무현정권이 내놓은 해법은 '국민 참여'와 '균형발전' 그리고 '동북아중심 구상'이었다.[16]

---

16) 이것은 2003년 2월 21일 대통령직 인수위원회에서 노무현정권의 3대 국정목표로 발표되

1) 경제정책의 실종

집권 초기 1년 동안 노무현정권은 이러한 구상을 실현시키기 위해 애썼다. 그러나 이와 관련하여 각종 위원회가 만들어지고 로드맵(road-map)만 난무했지 실제 이루어진 일은 별로 없었다. 일찍이 필자는 취임 6개월을 맞은 노무현정권을 가리켜 NATO, 즉 일은 않고 말만 많은(No Action Talk Only) 정권이라고 지칭(김일영, 『중앙일보』, 2003. 8. 26.)한 바 있다. 물론 정권담당자들은 1년이 평가를 내리기에는 너무 짧고 의회나 언론환경이 극히 비우호적이어서 일을 추진하기가 어렵다고 항변할지도 모른다. 그러나 임기의 5분의 1이 지나도록 말만 하고 책상에서 도상(圖上)계획만 세우고 있다면 자칫하면 그 계획안은 실천의 기회를 놓치거나 다음 정권의 몫이 될 수도 있다. 전임 김대중정권이 취임 직후부터 민주주의와 시장경제의 '병행(발전)론'을 내세우며 발 빠르게 개혁에 착수했고, 1년 반 후에는 거기에 생산적 복지론을 추가시킨 '삼위일체론'을 실천에 옮긴 것과 비교한다면, 지난 1년 동안 노무현정권이 보여준 모습은 태만이거나 무능의 소치로 밖에 볼 수 없다. '준비된' 대통령과 준비되지 않은 대통령의 차이를 보는 것 같아 안타깝기도 하다.

투자와 내수가 얼어붙고 청년실업자가 넘쳐나며 생계형 자살자가 속출하는 상황에서 '동북아중심 구상'은 국민들에게는 너무 공허하고 멀리 있어 보였다. 그러다 어느 날 갑자기 등장한 '2만 불 시대'는 개혁, 안정, 성장 사이를 오락가락하는 무원칙한 경제구호(장하성, 2003)로서 좌우 모두를 만족시키지 못했다. 좌측은 노무현정권이 성장지향으로 돌아서는 것은 원칙을 저버리고 스스로의 지지기반을 무너뜨리는 짓이라고 비판했고, 우측은 경제현실은 죽어가고 있는데 정부가 응급조치조차 하지 않는다고 볼멘소리를

었으며, 25일 취임사에도 그대로 반영되었다.

해댔다. 설사 노무현정권이 지속적으로 개혁을 추진한다고 해도 그 기조는 김대중정권과 같이 신자유주의적 성격을 띨 수밖에 없었다. 이 경우 서민을 위한다는 노무현정권으로서는 복지 문제에 신경을 써야 하는데, 집권 1년이 지나도록 이 정권은 '참여복지'라는 구호 외에는 어떤 구체적 프로그램도 제시하지 못하고 있다. 그리고 '균형발전' 문제를 비롯한 국가적으로 중요한 많은 문제들 역시 집단 내지는 지역 간 이해관계의 상충이라는 덫에 걸려 표류하고 있다. 이 모든 것의 귀결은 성장률 3.1%라는 낙제점으로 나타났다.

2) 디지털 참여인가, 디지털 포퓰리즘인가

노무현정권은 김대중정권 같이 소수파였다. 국회는 과반수의 의석을 점한 한나라당에 장악되어 있었고, 영향력이 큰 일부 언론이나 이익집단과의 관계가 썩 좋지 않다는 점에서는 두 정권이 비슷했다. 그래도 김대중은 자신의 정당(국민회의와 민주당)만은 확고하게 장악하고 있었는데 노무현은 자신을 대통령으로 만들어준 민주당 내에서도 지지기반이 약했다.

그러나 노무현은 한 가지 강점을 지니고 있었다. 그를 지지하는 사람들이 수적으로 다수를 점하지는 못했지만 지역적으로는 김대중정권보다 넓었으며, 매우 열정적이고 연대성이 강하며 참여적이라는 점이었다. 특히 사이버 공간에서 그들의 영향력은 절대적이었으며, 그러한 결집력은 필요하면 온라인(on-line)을 넘어 오프라인(off-line)으로 연결되었다. 노무현 지지 세력은 평소에는 오프라인에서 원자화된 개인으로 존재했지만, 온라인에서는 대단히 조직적인 모습을 보여주었다. 동시에 다수가 시공간을 초월하여 접속과 이탈을 반복할 수 있다는 온라인 세계의 특징을 이용하여 그들은 항상 일정 수준 이상의 참여와 연대를 유지했다. 그러다가 중요한 쟁점이 생기면 그들의 참여는 즉각 오프라인으로 확대되어 '노짱'을 지키자는 움직임으로 나타났다.[17] 이 점에서 노무현정권은 원외에 열성적 지지층을 지닌 원내 소수파였다.

노무현정권은 이러한 열세를 벗어나기 위해 몇 가지 노력을 기울였다. 우선 서열파괴의 파격적 정부인사를 통해 관료조직을 장악하려고 했다. 이것은 정부조직에 새 바람을 불어넣기도 했고, 몇 개 부처에서 성과를 거두기도 했다. 하지만 조직혁신을 위한 인사가 아니라 자기 편 심기 식의 '코드' 인사 아니냐는 시비가 끊이지 않았다. 급격한 세대교체 과정에서 그동안 자기분야에서 경력을 쌓은 프로페셔널들이 하루아침에 무능하고 비도덕적인 집단으로 몰려 설 자리를 잃고 말았는데, 그에 대한 반발도 만만치 않았다. 더구나 그 자리를 메운 사람들 일부가 아마츄어리즘이나 도덕적 해이를 노정함으로써 코드인사의 문제점에 대한 논란이 그치지 않았다.

다음으로 노무현정권은 국민 참여를 증진시키기 위해 애썼다. 노무현정권이 출범하면서 내세운 세 가지 목표 중 '균형발전'과 '동북아중심 구상'은 이미 살펴보았듯이 뚜렷한 성과가 없었다. 이에 비한다면 '국민참여'는 지난 1년 동안 노무현정권이 그래도 가장 활력을 보여준 부문이었다. 이 정권은 네티즌(netizen)의 파워를 정치적으로 동원하여 집권에 성공한 최초의 정권답게 갖가지 국정현안은 물론이고 심지어 인사 문제에 대해서도 국민, 보다 정확히는 네티즌의 의견을 구했다.

---

17) 이들이 추구하고 있는 목적의 정당성 여부를 별도로 한다면, 노무현 지지층은 한국에서 '스마트 몹(smart mobs)'의 선구적 모습을 보여준다고도 할 수 있다. 본래 '몹', 즉 군중이라는 부정적이고 수동적 의미를 지닌 말이다. 군중은 역사의 주체라기보다는 지배층의 상징조작의 대상이었으며, 대량소비사회의 부속품으로서 원자화된 상태에서 고독과 무력감을 느끼는 존재였다. 그런데 라인골드는 이러한 군중이 인터넷과 휴대전화로 무장하면서 똑똑해졌다고 주장했다. 그들은 인터넷을 통해 모은 정보를 집단적으로 조직화하고 공통된 관심사를 찾아내 서로 간의 교신을 통해 쉽게 행동으로 옮길 수 있는 적극적인 주체로 변했다. 이를 가리켜 라인골드는 '스마트 몹'이라 했다(H. Rheingold, 2003; 김일영, 『동아일보』, 2004. 2. 20.). 그러나 '노짱'에 대한 이들의 맹목적성과 그것이 정치적으로 이용될 가능성 등을 고려할 때, 이들은 '스마트 몹'이 아니라 '사이버 홍위병'으로서 아래에서 설명되는 '디지털 포퓰리즘'의 동원대상으로 전락될 위험성도 크다.

민주주의에서 참여증진의 당위성에 대해 의문을 제기하는 사람은 아무도 없을 것이다. 그러나 노무현정권이 참여증진을 부르짖은 데는 이러한 민주주의의 고양 외에도 원내의 열세를 원외의 지지 세력을 동원함으로써 만회하려는 정치적 계산도 깔려 있었다. 그 결과 지난 1년 동안의 노무현정권의 참여증진 노력은 두 가지 문제를 야기시켰다.

첫째, '국민참여'라는 구호와는 달리 참여가 국민 전체보다는 네티즌을 중심으로 이루어지는 경우가 많았다. 그 결과 젊은층의 의견이 상대적으로 과대(過大) 대표되는 수가 많았으며, 그 중에서도 결집력과 행동력이 강한 친(親)노무현 성향의 네티즌의 의견이 보다 많이 반영되는 편향이 발생했다. 이 와중에 청와대가 자신들에게 우호적인 사이버 논객을 관리하여 여론조작을 시도하고 있다는 의혹이 제기되기도 했다(김광선, 손봉석, 『브레이크뉴스』, 2004. 1. 15., 2004. 1. 20.).

만약 사이버 공간을 통한 국민참여가 이러한 편향이나 왜곡없이 잘 이루어졌다면 노무현정권의 시도는 디지털시대의 참여민주주의의 새로운 모델을 보여줄 수도 있었다. 그러나 적어도 아직까지는 '디지털 참여(digital participation)'보다는 '디지털 포퓰리즘(digital populism)'으로 전락할 가능성을 더 많이 보여주고 있다. 앞에서 밝혔듯이 자신의 리더십을 개인적 캐릭터에 크게 의존하는 지도자가 대의제도를 우회하여 대중과 직접적인 관계를 맺으려고 시도하는 것이 포퓰리즘의 중요한 특징 중 하나였다. 지난 1년 동안 노무현정권은 열세인 대의제도를 우회하여 대중과 무매개적 관계[18]를 맺는 수단으로 사이버 공간을 적극 활용함으로써 인류역사상 처음으로 디지털 포퓰리즘의 가능성을 보여주었다. 이런 참여 과정에서 노무현정권과 코

---

18) 이것의 가장 좋은 예는 노무현의 재신임 발언이다. 그는 자신의 열세와 지지율 하락을 돌파하기 위해 국회의 협력을 구하는 대신 헌법에도 없는 재신임 문제를 들고 나와 원외에 있는 자신의 열성적인 지지층을 동원하려 했다. 재신임 발언 이후 노무현은 '노사모'를 독려하는 친서를 보내기도 했다(『조선일보』, 2003. 10. 13.).

드가 맞는 네티즌들이 '사이버 홍위병(cyber red guard)'으로 동원되어 사이버 공간의 익명성에 기대어 기성질서를 공격하는 작업도 꾸준히 이루어졌는데, 이 역시 디지털 포퓰리즘의 가능성을 보여주는 증거라고 할 수 있다. 특히 이들이 기존질서에 대해 보여주는 '분노의 정치(politics of anger)'(A. King, 2003) 내지는 '배설(排泄)의 정치(politics of catharsis)'는 포퓰리즘의 공격성과 파괴성을 그대로 보여주고 있다.

둘째, '국민 참여'의 증진이 이견(異見) 해소를 통한 사회 안정으로 이어지지 못하고 갈등의 증폭과 사회 불안으로 귀결되고 말았다. 노무현정권은 '참여정부'라는 별칭에 걸맞게 온갖 쟁점에 관해 공론조사라는 이름하에 국민의 의견을 구했다. 이러한 쟁점에는 수년간 엄청난 예산이 투입되어 추진되었지만 각종 이익집단이나 시민단체들의 반대에 부딪혀 난항을 겪고 있던 국책사업도 포함되어 있었다. 그러나 노무현정권은 참여와 개방을 증진시키는 데에만 신경을 썼지 이해갈등을 조정하는 효율적인 제도적 장치를 만드는 데는 상대적으로 노력을 기울이지 않았다. 그 결과 참여와 개방이 증가할수록 갈등과 불안도 함께 올라가는 부작용이 나타났고, 참여의 증대가 정권의 정당성을 오히려 훼손하는 결과를 빚고 말았다. "제도화가 따르지 않는 참여가 정치적 퇴행(political decay)을 가져올 수도 있다"(S. Huntington, 1968, ch.1)는 헌팅턴의 고전적 명제를 이 정권은 무시했던 것이다.

5. 대표성과 책임성있는 포퓰리즘은 가능한가?

김대중정권은 신자유주의적 관치경제 아래에서 포퓰리스트적 정치전술을 필요에 따라 선택적으로 구사한 정권이었다. 지난 1년을 가지고 평가하기는 성급한 감이 없지 않지만, 노무현정권은 경제정책 면에서는 아직 정체를 드러내지 '못하고' 있다. 그러나 정치면에서 노무현정권은 디지털 포퓰리즘으로 갈 가능성을 짙게 보여주었다. 이런 성향이 앞으로도 지속될지 여부는 상당 부분 4월 15일의 17대 총선 결과에 달려 있다. 이 선거에서 안정 다수를 획득하면 노무현정권은 의회정치로 복귀할지 모르나 그렇지 않으면 원외 세력을 이용하거나 그것에 의존하려는 유혹을 더 크게 느낄 수도 있기 때문이다. 17대 총선에서 여당이 절반을 조금 넘는 152석을 차지한 것은 '적어도' 이 점에서는 다행스럽다. 그러나 강화된 선거법에 따라 올해 안에 재보선이 치러질 지역구가 적지 않고, 거기에 열린우리당 당선자 다수가 포함되어 있다는 점에서 노무현정권이 포퓰리즘의 유혹에서 완전히 벗어났다고 안심하기에는 이른 것 같다(김일영, 2004, 32-34).

그러면 민주화 과정에서 (신자유주의적) 포퓰리즘 현상은 과연 피하기 어려운 함정인가? 만약 그렇지 않다면 이를 회피할 수 있는 전략은 무엇일까?

경제가 위기이고, 집권 세력이 소수파인데다 정치지도자의 자질까지 포퓰리스트적인 경우 이런 함정을 피하기는 쉽지 않다. 그러나 정치경제적 조건이 유사해도 지도자가 포퓰리스트적이지 않다면 이러한 함정에 빠질 가능성은 훨씬 줄어든다. 소수파의 한계를 극복하기 위해 지도자가 반드시 대의제도를 우회해 대중들과 직접적인 관계를 가져야만 하는 것은 아니다. 대신 지도자가 리더십을 발휘해 의회 다수파의 협조를 이끌어낸다면 아무리 소수파 정부라도 대의제 틀 내에서 국정운영이 가능하다(G. Cox and S. Kernell, 1991). 이 점에서 지도자를 식별하는 국민(유권자)의 안목이 무엇보다도 중요하다.

한편 참여증대를 통한 대표성(representation)의 제고도 대의제의 한계를 보완하고 민주주의를 보다 심화시키는 데 매우 중요하다. 하지만 그 못지않게 중요한 것이 정부의 통치능력(capability)과 책임성(accountability)이다(A. Przeworski, S. Stokes and B. Manin[eds], 1999, ch.1). 통치능력과 책임성이 뒷받침되지 않은 상태에서의 참여 증진은 혼란을 부추기면서 포퓰리즘으로 전락하기 쉽다. 따라서 노무현정권은 지금부터라도 참여에만 신경쓸 것이 아니라 스스로의 통치능력과 책임성을 제고하는 데 보다 노력을 기울여야 할 것이다.

참고문헌

김광선, 손봉석. 「청와대, 논객 통해 사이버 여론 조작 의혹」(2004년 1월 15일); 「청와대 홍보실, 사이버 논객 빈번히 만나」(1월 20일), http://www.breaknews.com (검색일 2004. 1. 20.).
김대중. 『김대중씨의 대중경제 100문 100답』, 대중경제연구소, 1971.
_____. 『대중경제론』, 청사, 1986.
_____. 『대중참여경제론』, 산하, 1997.
김수길 외. 『금고가 비었습니다: DJ 정권 5년의 경제 실록』, 중앙 M&B, 2003.
김연명. 「변혁기 한국 사회보험의 현황과 과제」, 『사회복지』, 가을, 2000.
김일영. 「'김대중 모델'의 정체성: '제3의 길'과 '신자유주의적 민중주의' 사이의 기로에 선 '김대중 모델'」, 제23차 아태평화재단 학술회의 발표문, 1999.
_____. 「民主化過程における新自由主義とポピュリズムの二律背反的な結合: 金大中政權の改革および太陽政策と政治戰略を中心に」, 名古屋大學 CALEシンポジウム 발표문, 2002.
_____. 「말보다 일하는 정부가 되라」, 『중앙일보』(8월 26일), 2003.
_____. 「'짱'과 '엄지족'이 만날 때」, 『동아일보』(2월 20일), 2004.
_____. 「17대 총선의 의미와 향후 정국 전망」, 『월간 넥스트』, 2004년 5월호.
박기덕. 「민주주의 공고화 과정의 경제개혁과 집권 세력의 위기극복을 위한 정치전략」, 세종연구소 정책연구 2002-9, 2002.
양재진. 「노동시장유연화와 한국 복지국가의 선택」, 『한국정치학회보』, 37집 3호, 2003.
장하성. 「개혁만이 안정과 성장을 달성하는 길이다」, 『철학과 현실』, 가을호, http://www.chosun.com/w21data/html/news/200309/200309230375.html (검색일 2003. 12. 1.).

『조선일보』. 2000년 1월 20일.

『조선일보』. 2003년 10월 13일.

Canovan, Margaret, "Trust the People! Populism and the Two Faces of Democracy," *Political Studies*, Vol.47, No.1. 1999.

Cardoso, Eliana and Ann Helwege, "Populism, Profligacy, and Redistribution," in R. Dornbusch and S. Edwards eds., *The Macroeconomics of Populism in Latin America*, Chicago: University of Chicago Press, 1991.

Cardoso, Fernando H. and Enzo Faletto, *Dependency and Development in Latin America*, Berkeley: University of California Press, 1979.

Cox, Gary and Samuel Kernell, *The Politics of Divided Government*, Boulder: Westview Press, 1991.

Dornbusch, Rudiger and S. Edwards, "The Macro-economics of Populism," in R. Dornbusch and S. Edwards eds., *The Macroeconomics of Populism in Latin America*, Chicago: University of Chicago Press, 1991.

Dresser, Denise, *Neopopulist Solutions to Neoliberal Problems: Mexico's National Solidarity Program*, San Diego: Center for US-Mexican Studies, 1991.

Elster, Jon ed., *Deliberative Democracy*, Cambridge: Cambridge University Press, 1998.

Germani, Gino, *Authoritarianism, Fascism, and National Populism*, New Brunswick: Transaction, 1978.

Hirst, Paul, *Associative Democracy*, Amherst: The University of Massachusetts Press, 1994.

Huntington, Samuel P., *Political Order in Changing Societies*, New Haven: Yale University Press, 1968.

Kaufman, Robert R. and Barbara Stallings, "The Political Economy of Latin American Populism," in Rudiger Dornbusch and Sebastian Edwards eds., *The Macroeconomics of Populism in Latin America*, Chicago: University of Chicago Press, 1991.

King, Anthony, "The Politics of Anger," *Newsweek*, October 22, 2003. http://www.msnbc.com/news/979258.asp(검색일 2003. 10. 19.).

Kornhauser, William, *The Politics of Mass Society*, London: Routledge and Kegan Paul,

1960.

Laclau, Ernest, "Towards a Theory of Populism," in E. Laclau, *Politics and Ideology in Marxist Theory*, London: New Left Books, 1977.

_____, "Populist Rupture and Discourse," *Screen Education*, No.34, 1980.

Mair, Peter, "Populist Democracy vs Party Democracy," in Y. Mény and Y. Surel eds., *Democracies and the Populist Challenge*, New York: Palgrave, 2002.

Mény, Yves and Yves Surel, "The Constitutive Ambiguity of Populism," in Yves Mény and Yves Surel eds., *Democracies and the Populist Challenge*, New York: Palgrave, 2002.

Moon, Hyongpyo and Kyongjun Yoo, "Orientation of Unemployment and Welfare Policy in the Future," *KDI Policy Forum*, No.106, 1999.

Mouzelis, Nicos, "On the Concept of Populism," *Politics and Society*, Vol.14, No.3, 1985.

O'Donnell, Guillermo A., *Modernization and Bureaucratic-Authoritarianism: Studies in South American Politics*, Berkeley: Institute of International Studies, 1973.

Papadopoulos, Yannis, "Populism, the Democratic Question, and Contemporary Governance," in Y. Mény and Y. Surel eds., *Democracies and the Populist Challenge*, New York: Palgrave, 2002.

Pateman, Carole, *Participation and Democratic Theory*, Cambridge: Cambridge University Press, 1970.

Przeworski, Adam, Susan C. Stokes and Bernard Manin eds., *Democracy, Accountability, and Representation*, Cambridge: Cambridge University Press, 1999.

Rheingold, Howard, 이운경(역), 『참여군중』, 황금가지, 2003.

Roberts, Kenneth M., "Neoliberalism and the Transformation of Populism in Latin America: The Peruvian Case," *World Politics*, Vol.48, No.1, Oct, 1995.

Sachs, Jeffrey Y., *Social Conflict and Populist Politics in Latin America*, San Francisco: ICS Press, 1990.

Strøm, Kaare, *Minority Government and Majority Rule*, New York: Cambridge University Press, 1990.

Taggart, Paul, *Populism*, Buckingham: Open University Press, 2000.

_____, "Populism and the Pathology of Representative Politics," in Y. Mény and Y. Surel eds., *Democracies and the Populist Challenge*, New York: Palgrave, 2002.

Torre, Carlos de la, "The Ambiguous Meanings of Latin American Populism," *Social Research*, 59, Summer, 1992.

Weyland, Kurt, "Neoliberal Populism in Latin America and Eastern Europe," *Comparative Politics*, Vol.31, No.4, July, 1999.

11장
한국정치의 새로운 이념적 좌표를 찾아서
'뉴라이트'와 '뉴레프트' 그리고 공통된 지평으로서의 자유주의

1. 정체성 혼란에 빠진 한국

1) 기억을 둘러싼 계급투쟁

남남갈등이 날이 갈수록 심해지고 있다. 보수와 진보는 사사건건 서로 부딪히고 있다. 두 진영은 대북정책이나 대미정책, 사회경제정책 등 정책적인 면에서도 서로 대립하고 있지만, 가장 많은 갈등이 과거를 해석하는 문제를 둘러싸고 벌어지고 있다.

50여 년 전에 세워진 맥아더 동상을 두고도 보수와 진보는 존치와 철거로 팽팽하게 맞서고 있다. "미국이 개입하지 않았더라면 해방 직후 한국은 사회주의체제로 갔을 것이고, 6·25 전쟁도 큰 희생 없이 북한의 승리로 끝나 통일이 되었을 것"이라는 강정구 교수의 발언은 잠잠하던 국가보안법 개폐 논란에 다시 불을 붙이고 말았다.

과거사를 둘러싼 갈등은 "기억을 둘러싼 계급투쟁"이라고 할 수 있다. 과거의 사건이나 인물을 어떤 의미체계로 이해할 것인가를 두고 벌어지는 현재의 갈등에는 현 국면에서 경쟁·대립하고 있는 정치·사회집단들의 이해

---

* 이 글은 『한국정치외교사논총』, Vol. 27 No. 2(2006)에 게재된 것을 수정 보완한 것임.

관계와 세력관계가 깊이 반영되어 있기 때문이다.

이러한 갈등을 지켜보면서 '국가정체성'이 위기에 봉착했다고 걱정하는 목소리가 높다. 이런 우려는 충분히 이해할 만하다. 하지만 국가정체성보다는 '국민적 정체성(national identity)'이라는 표현이 더 나을 것 같다. 국가정체성이라고 할 경우 획일적이고 하향적(top-down)이면서 고정되어 있다는 인상을 강하게 준다. 그것은 도전받아서는 안되는 신성불가침의 영역으로 보이며, 그것을 어길 경우 커다란 위기가 온다는 경고의 의미도 담겨 있다. 반면 국민적 정체성은 자발적 구성과 해체 그리고 재구성에 상대적으로 열려 있다는 느낌을 준다는 점에서 훨씬 유연하게 보인다. 그것은 시대가 변함에 따라 혼란에 직면할 수 있지만 반드시 원래의 모습으로 복귀해야 하는 게 아니라 새롭게 재구성될 수 있는 가능성이 열려 있다는 점에서 보다 탄력적이다.

2) 냉전적·배타적인 국민적 정체성의 형성

근대국민국가(modern nation-state)의 발전과정은 국가건설(state-building), 국민형성(nation-building), 정치적 참여의 증진(participation), 분배의 개선(distribution)이라는 네 단계를 거친다. 이러한 네 단계의 구분은 역사적이라기보다는 분석적이다. 따라서 각 단계의 순서는 국가에 따라 달리 나타날 수 있다(Rustow, 1967, 32-37).

한국에서는 이 네 가지 과정 중 앞의 세 가지가 동시에 주어지면서 국민국가가 건설되었다. 1948년 정부가 수립되면서 적어도 법적·제도적으로는 영토와 주권을 지닌 국가가 만들어졌고, 보편적 참정권을 지닌 국민이 탄생했기 때문이다. 물론 이것은 형식상의 국민국가의 탄생에 불과했다. 곧이어 전쟁이 터짐으로써 주권이 위협받고 영토가 재조정되었다. 그리고 국민들이 헌법상 부여된 참정권을 실질적으로 누리기까지는 상당한 시간이 소요되었다. 이 점에서 한국에서의 국민국가 건설은 꽤 긴 기간의 어려운 과정을 거쳤다고 할 수 있다.

이 중 특히 어려운 것은 사람들에게 '한국' 국민으로서의 의식을 갖게 만드는 일이었다. 정부수립 이후 38선 이남에 살고 있던 사람들은 대한민국 국민으로 편입되었다. 그러나 의식 속에서 그들은 '한국' 국민이라기보다는 남북한의 구분이 없는 '조선인'으로서의 정체성을 지니고 있었다. 다시 말해 '한국'의 국민적 정체성은 아직 형성되어 있지 못했던 것이다.

국민적 정체성은 구성원들이 국가의 여러 상징, 즉 언어, 역사, 신화, 제도 등을 함께 내면화함으로써 형성된다. 이런 내면화는 국민들이 집단적으로 국가의 존재와 행동을 체험함으로써 일어난다. 국가의 존재에 대한 체험은 국내적으로 일어나기도 하고 대외관계 면에서 벌어지기도 한다. 국내 차원에서는 구성원들은 조세부과, 법령이나 정책의 시행 등과 같은 강제성을 띤 조치들을 통해 국가를 체험하기도 하고, 국가가 베푸는 시혜적인 조치(각종 복지혜택)나 민주화 같은 대규모적 정치참여를 통해 체험하기도 한다. 대외적으로 국가를 체험하는 방식은 통상(通商)이나 스포츠 교류 등이 있지만, 가장 확실한 것은 전쟁이다. 적과 동지를 분명하게 함으로써 구성원들이 배타적 동류의식을 갖도록 만드는 데는 전쟁 만한 것이 없다(Bloom, 1990).

정부수립 당시 남북한에 살던 주민들은 공통된 국가의 상징을 내면화하고 있었다. 이 점에서 그들은 '한국'과 '북한'이 아니라 아직 '조선'에 속하는 사람으로서의 정체성을 지니고 있었다. 이들이 각각 '한국'과 '북한' 국민으로서의 정체성을 갖기 위해서는 자신들이 속한 국가의 존재와 행동을 체험하는 대내외적 계기가 필요했다. 이 무렵 '한국'의 국민적 정체성 확립과 관련된 대표적인 계기는 6·25 전쟁의 발발과 그로 인해 강화된 반공이었다.

3년간의 전쟁을 겪으면서 남한 사람들은 북한(공산주의)에 대한 적개심을 키우게 되었다. 그들은 이전의 내부적 좌우갈등에서는 미처 깨닫지 못했던 배타적 구별을 북한(공산주의)에 대해 느끼기 시작했다. 북한(공산주의)을 동족이 아니라 적으로 느끼게 되는 배타성이 '한국'의 국민적 정체성을 확립하는 데 크게 기여했다. 전쟁은 외적인 차별지움을 통해 내적인 통합을 강화하는 효과를 냈던 것이다. 이 점에서 북한의 김일성은 한국의 국민(적 정체성)형성의 일등 공신(?)이라고 할 수 있다(김일영, 2005, 170-174).

6·25 전쟁을 계기로 훨씬 강화된 반공정책 역시 북한과 구별되는 한국의 국민(적 정체성)형성에 적지 않게 기여했다. 반공정책은 전쟁통에 확산된 대북 적개심 때문에 국민들에게 별 무리 없이 받아들여지기도 했다. 동시에 적지 않은 사람들이 주변에서 '부역(附逆)'의 경험을 지닌 사람들이 반공의 이름으로 심한 고초를 겪는 것을 지켜보아야 했다는 점에서 반공정책은 두려움 속에서 내면화되기도 했다. 이 점에서 이 시기 반공정책은 인권을 침해하거나 반대파를 탄압하는 데 악용되는 등의 부작용을 적지 않게 낳았다. 그러나 반공정책이 지닌 억압성과 부작용 외의 또 다른 측면, 즉 '한국' 국민으로서의 정체성 형성을 통한 통합 내지는 내부적 단결효과를 전적으로 부인할 수만은 없다.

3) 남북화해와 새로운 국민적 정체성 형성의 필요성

그러나 전쟁과 반공을 통해 형성된 국민적 정체성은 분명 한계가 있었다. 그것은 냉전적 정체성이고, 배타적 정체성이었기 때문에 냉전이 끝나거나 남북 간에 긴장이 완화되면 언제든지 위기에 봉착할 수 있었.

1998년 출범한 김대중정부가 대북화해정책인 '햇볕정책'을 추진하고 2000년 6월 남북정상회담까지 개최하면서 냉전적·배타적인 국민적 정체성은 커다란 도전에 직면하게 되었다. 일부 국민들, 특히 전쟁을 겪지 못하고 풍요 속에서 자란 젊은 세대를 중심으로 북한을 대결보다는 화해와 협력의 대상으로 보자는 움직임이 급속히 확산되었다. 이러한 움직임은 기존의 냉전적·배타적인 국민적 정체성과 충돌하기 시작했고, 남남갈등이나 기억을 둘러싼 계급투쟁은 바로 이런 배경에서 생겨났다. 노무현정부가 등장하고 '386세대'가 권력의 핵심으로 진입하면서 이러한 갈등은 더욱 증폭되었다.

시대가 바뀌고 세상이 달라졌기 때문에 새로운 국민적 정체성이 필요해진 것은 사실이다. 남남갈등은 새로운 국민적 정체성을 만들어가는 과정에서 어쩔 수 없이 겪어야 하는 산통(産痛)으로도 볼 수 있다. 그러나 최근의 남남갈등은 그 도가 지나쳐 소모적 갈등으로 비화되는 것 같아 우려를 낳고 있다. 국가를 한 단계 선진화(upgrade)시키는 것이 시급한 시점에 국력을 쓸데없는 곳에 소진하고 있는 것 아닌가 하는 걱정이 여기저기서 들려오고 있다.

이제 남남갈등을 치유하기 위해 우리 모두가 나서야 할 때다. 이 점에서 여전히 냉전적이고 배타적인 국민적 정체성에만 안주하려는 보수 세력은 반성해야 한다. 그들은 여전히 "무엇에 반대한다"(반공 및 반북)는 소극적 태도에 머물고 "무엇을 지향하고 실현시키려 한다"는 적극적인 모습을 보여주지 못했다. 동시에 진보 세력도 별 성과는 내지 못하면서 "민족의 이름으로" 모든 것을 바꾸고 달리 해석하려고 듦으로써 내적 분란만 가중시키고 있다. 양측은 대화와 소통을 통해 새로운 국민적 정체성을 마련하려고 노력해야 한다.

이 글은 이러한 노력의 단초를 자유주의에서 찾으려고 한다. 오늘날 보수, 진보 양쪽이 공히 딜레마에 처한 것은 자유주의에 대한 인식의 불충분성과 관련이 깊다. 자유주의에 대한 인식을 보다 심화시킬 때 두 진영은 구(舊)보수와 구(舊)진보가 아니라 새로운 보수(한국적 맥락에서의 '뉴라이트')와 새로운 진보(한국적 맥락에서의 '뉴레프트')로 거듭나게 될 것이며, 그럴 경우 양 진영은 지금보다는 훨씬 근접한 위치에서 서로 만나 대화하면서 보다 생산적인 경쟁을 할 수 있으리라 생각된다.

2. 한국에서 보수와 진보의 의미 변화

1) 진보가 유행인 시대

오늘날 한국에서 진보는 일종의 유행이 되었다. 반면 보수라 하면 무언가 시대에 조금 뒤진 것 같다는 인상을 주고 있다. 이 점은 2003년『동아일보』에서 실시한 여론조사에서 잘 드러나고 있다. 이에 따르면, 한국인들은 진보라는 말을 듣고 개혁·발전(25.6%), 젊음·적극성(6.0%), 인터넷·컴퓨터(2.3%), 민주주의(1.1%) 등 36.5%가 긍정적인 이미지를 떠올렸다. 하지만 보수는 구세대(8.8%), 정치인(5.2%), 50·60대(2.9%), 고정관념(2.7%), 뒤떨어짐(1.9%), 답답함(1.4%) 같은 부정적인 연상을 하는 비율이 30%에 달했다고 한다(『동아일보』, 2003년 4월 2일). 최근 들어 노무현정권의 무기력함에 실망한 사람들이 일부 중도로 옮겨가는 모습을 보여주고 있기는 하다. 하지만 그들이 보수로 옮겨가지는 않는다는 점에서 이런 변화를 사회 전체의 보수화의 조짐으로 보기에는 아직 이른 것 같다.

어떤 사회에서 진보가 늘어난다고 너무 우려할 필요도 없고 보수가 다수라고 지나치게 안심할 필요도 없다. 어차피 양자는 사회를 구성하는 양축이고 서로 엎치락뒤치락하면서 사회를 구성해나가기 때문이다. 진정으로 걱정해야 하는 것은 보수와 진보의 진정한 의미가 무엇인지도 모르거나 그에 대해 깊이 생각하지도 않은 채 그때그때의 유행에 따라 어느 한편으로 쏠리는 사람이 많은 경우다. 이런 사회는 경박성과 휘발성(volatile) 때문에 안정을 찾기가 어려운데 최근 한국도 이런 모습을 보이는 것 아닌가 싶어 걱정스러울 때가 많다.

따라서 여기서는 우선 한국적 맥락에서 보수와 진보가 무엇을 의미했고 또 의미하는지를 국가권력과 기능, 통일 및 대북정책, 미국과 글로벌화에 대한 태도 등 세 가지 기준에 따라 정리해보겠다.

2) 첫째 기준: 국가권력과 국가기능의 차원

민주화 이전의 핵심과제는 정치체제로서의 권위주의의 혁파였다. 이때에도 경제적 민주주의, 즉 분배의 문제가 경시된 것은 아니었지만 중심적 균열구조는 역시 민주주의 대 권위주의였다(Jang Jip Choi, 1993, 13-50). 그러나 민주화가 진행되면서 이러한 대립항이 지닌 의미는 점차 퇴색해갔다. 정치적으로 민주화가 문제시되는 경우에도 그것은 정치체제의 민주화와 같은 거시적 차원보다는 각종 제도나 관행 속에 아직 남아 있는 권위주의적 잔재의 철폐와 같은 중범위 내지는 미시적인 차원으로 중점이 옮아갔다. 이러한 차원에서 새롭게 문제시되고 있는 쟁점들로는 정당민주화, 제왕적 대통령제의 불식, 국가보안법 개폐, 시민단체를 포함한 각종 사회단체의 참정권 확대, 소수자(minorities)의 권리보호 등이 있다. 요컨대 민주화 이후 국가의 자의적 권력행사로부터 개인의 기본적 자유는 어느 정도 확보되었지만, 개인이 누려야 할 자유의 양과 질을 둘러싼 논란은 여전히 계속되고 있는 것이다(김일영, 2001, 5-6).

민주화 이후 민주 대 권위를 대신해 핵심적인 균열구조로 떠오른 것은 신자유주의의 문제, 즉 국가 대 시장의 관계였다. 권위주의하에서는 이러한 문제가 대두되지 않았다. 당시의 경제적 쟁점이었던 분배 대 발전은 양쪽 모두 시장보다는 국가에서 해결방안을 모색하는 것들이었다. 그런데 탈냉전과 글로벌화의 물결이 닥치면서 국가에 의존한 프로젝트는 그것이 발전우선이든 분배우선이든 모두 도전을 받게 되었다. 그러면서 등장한 것이 시장위주의 프로젝트인 신자유주의였다.

한국에서 보수와 진보의 의미는 민주화 이후 새로 등장한 균열구조인 국가-시장관계와 거시적인 것으로부터 미시적인 것으로 차원이 옮아간 정치적 민주주의의 문제를 종합적으로 볼 때 비로소 파악될 수 있다. 전자는 시장에 대한 국가개입의 정도를 문제삼는다는 점에서 국가(의 경제적)기능과 관련된 차원이고, 후자는 국가로부터 개인의 자유가 보장되는 정도를 문제삼는다는 점에서 국가권력과 관련된 차원이라고 할 수 있다(Bobbio, 1990, 11-13; Il-Young Kim, 2001, 32-41). 그리고 국가기능의 차원은 경제발전 초기단계에서의 개발을 위한 개입과 성숙단계에서의 재분배를 위한 개입으로 나누어 생각될 수 있다.

한국에서 구(舊)보수와 구(舊)진보를 대표하고 있는 근대화 세력과 민주화 세력은 국가권력으로부터 개인이 누릴 수 있는 자율성의 정도에 대해서도 서로 견해가 달랐다. 이 문제와 관련하여 권위주의하에서는 노동3권과 참정권(대통령 직접선거권), 반공법(국가보안법) 등이 주로 쟁점으로 부각되었다. 근대화 세력은 경제발전과 국가안보를 위해 기본권을 일부 제약할 수도 있다고 주장한 반면, 민주화 세력은 어떤 이유로든 기본권을 제약해서는 안 된다고 맞섰다.

그러나 국가-시장 관계 면에서는 근대화 세력과 민주화 세력 모두 시장보다는 국가에게서 문제해결의 실마리를 찾았다는 점에서 유사했다. 물론 두 세력이 국가에게서 기대하는 바는 경제개발과 재분배로 서로 달랐다. 근대화 세력은 국가에 기대 '선성장 후분배'를 추구했고, 민주화 세력은 성장과 분배가 같이 가야 한다고 주장하면서 그러한 균형을 잡는 중심축을 국가에게서 구했다. 그리고 이 무렵만 해도 자본은 국가에 기대거나 국가의 보호막 속에서 성장했기 때문에 근대화 세력과 보조를 맞출 수밖에 없었다.

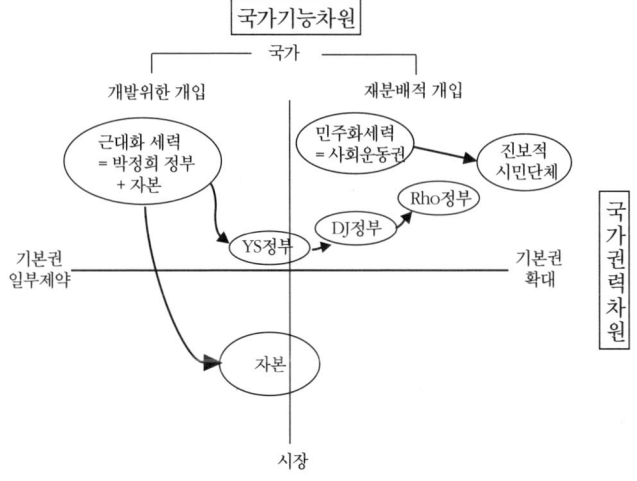

〈그림 11-1〉 국가권력 및 국가기능의 차원에서 본 보수와 진보의 의미 변화

그러나 1980년대 말경부터 국내적으로는 민주화가 시작되었고, 국제적으로는 탈냉전과 글로벌화의 물결이 이는 가운데 시장의 우위를 강조하는 신자유주의가 밀어닥쳤다. 이러한 움직임에 발맞추어 자본이 가장 먼저 국가의 보호막을 벗어나고자 했다. 이미 1980년대부터 '민간주도경제'를 주장하던 자본은 마침내 재벌 총수가 정치로부터의 자립성을 추구하는 것을 넘어 정치 자체를 장악하려고 드는 사태(정주영의 대통령 출마)까지 연출했다. 정부 역시 국가경쟁력 강화를 화두로 삼아 시장원리에 적응하려고 애썼다. 김영삼정부부터 주장된 개혁 또는 규제완화가 그것의 표현이라고 할 수 있다. 결국 민주화·탈냉전·글로벌화의 물결 속에서 한국의 신(新)보수는 과거와 같은 국가의존성에서 벗어나 시장중심적 성향으로 발 빠르게 변신하는 모습을 보여주고 있다.

과거 민주화운동 세력은 시대변화에 발맞추어 진보적 성향의 각종 시민단체로 변신했다. 이들은 탈냉전 이후 글로벌화의 물결에 맞서 시장의 위험성을 경고하면서 경제정의(분배) 면에서 국가는 여전히 할 역할이 남아 있음을 강조했다. 오늘날 이들은 자신들의 목표를 시장지상주의자들, 즉 신자유주의 세력에 대한 반대에 맞추고 있다.

민주화가 되면서 과거 권위주의하에서 개인의 기본권 신장과 관련하여 논란이 되었던 문제들 중 노동3권과 참정권(대통령 직접선거권) 문제는 해결되었다. 그러나 개인의 사상과 양심의 자유와 관련된 국가보안법 개폐 문제라든지 시민단체를 포함한 각종 사회운동단체들의 참정권의 범위 문제, 소수자의 인권보호 문제 등은 여전히 논란거리로 남아 있었다. 이에 관해 시장중심주의로 변신한 신보수는 무제한적인 자율성보다는 자유민주주의와 시장경제라는 기본가치를 지키기 위해 필요한 법치주의의 틀 내에서의 자율성을 강조하는 모습을 보여주고 있다. 반면 진보적 시민단체로 탈바꿈한 신진보는 개인의 기본권 보호와 자율성 신장이 가장 중요하고, 그를 위해서는 과거의 잘못된 법체계에 지나치게 구애받을 필요가 없다고 하면서 '시민 불복종'까지도 불사하겠다는 태도를 보이고 있다.

3) 둘째 기준: 통일 및 대북정책

앞서 살펴본 국가권력과 기능의 차원은 보수와 진보를 구별함에 있어 대부분의 나라에 적용될 수 있는 보편적 기준이다. 그러나 한국인을 대상으로 여론조사를 해보면 이 차원, 특히 국가권력 차원에 비해 국가기능의 차원에서는 보수와 진보가 그렇게 확연히 구분되지 않는다. 2002년 1월 『중앙일보』가 실시한 국회의원 및 국민 이념성향조사 결과가 이 점을 잘 보여주고 있다. 이에 따르면 국회의원과 일반국민 모두 정치 및 사회적 차원에서는 이념적 차이를 비교적 뚜렷이 드러냈다. 그러나 재벌개혁, 소액주주와 집단소송제, 복지정책 등 세 가지 질문을 기초로 물어본 경제적 차원에서는 이들 사이에 격차가 가장 작게 나타났다(『중앙일보』, 2002년 2월 2일-3일 참조). 아마도 국가-시장 관계 또는 국가의 시장개입 정도에 대한 한국인들의 인식도가 낮기 때문이 아닐까 짐작된다. 이에 반해 이제 살펴보려는 통일 및 대북정책의 차원은 한국에서만 적용될 수 있는 특수한 기준이며, 그러면서도 한국인들 사이에서 보수와 진보의 차이를 가장 확연하게 드러내주는 중요한 기준이다.

이승만으로 대표되는 건국 세력과 박정희로 대표되는 근대화 세력은 모두 2단계 통일론을 표방했다. 이승만은 '선(先)건국 후(後)통일'을 주장했고, 박정희는 '선(先)건설 후(後)통일'을 내세웠다. 이들 모두 목표로서의 통일을 부인하지는 않았지만, 그것을 먼 목표로 설정했다. 남북이 분단되어 있고, 남한이 북한에게 경제 및 군사적으로 뒤진 상태에서는 통일보다는 국가건설이나 경제발전이 먼저라는 것이 이들 주장의 요체였다.

이에 대해 민주화 세력은 통일을 누구도 부인할 수 없고 부인해서도 안 되는 민족의 최우선 과제로 전제했다. 그들은 통일 없이는 경제발전도 민주화도 한계가 있을 수밖에 없다고 생각했다. 이 세력의 대표적 인물인 장준하는 "통일에의 길은 아직도 멀고 험난하다. 그렇지만 그 길은 기필코 우리가 가야 할 길이다. 우리 한 사람, 몇 사람의 재산과 지위와 명예가 희생되어서라도 가야 할 길"(장준하, 1985, 59; 김일영, 2005, 6-8)이라고 말할 정도로 통일을 우선시했다. 이들은 이런 통일지상주의적 입장에서 2단계 통일론을 주장하는 건국 세력과 근대화 세력을 반(反)통일 세력이라고 몰아붙였다.

그런데 1980년대 후반이 되면서 정치발전과 경제발전 면에서 남한이 북한을 압도하게 역전되었고, 냉전도 자본주의 진영의 승리로 끝나고 말았다. 이러한 상황변화는 남한의 보수와 진보 세력의 통일에 대한 입장을 뒤바꿔놓고 말았다. 과거 2단계 통일론을 주장하던 보수 세력은 둘로 갈라지는 모습을 보여주었다. 일부 급진 분파는 흡수통일론, 즉 이 기회에 곤경에 처한 북한을 붕괴시켜 남한에 흡수통일시키자는 주장을 내놓았다. 보다 온건한 분파는 급속한 통일추진이 가져올 부작용을 우려해 점진적인 통일방안을 선호하고 있다. 이들은 북한 붕괴까지 고려하고 있지는 않지만 김정일정권을 바꾸지 않고는 북한에 어떠한 의미 있는 변화도 기대하기 어렵다고 생각한다. 따라서 이들은 김정일정권과의 무조건적 화해·협력보다는 그들의 가장 취약점인 인권 문제 등을 꾸준히 제기해 정권교체를 유도해야 한다고 주장한다. 그리고 그 길이야말로 시간이 조금 걸려도 통일로 가는 가장 확실하고도 올바른 길이라고 보고 있다.

남북한 사이의 우위가 뒤바뀌자 통일우선주의를 주장하던 진보 세력은 딜레마에 빠지고 말았다. 남한이 압도적 우위에 선 상태에서의 통일우선론은 곧 남한주도의 흡수통일을 말하는 것이 되기 때문이었다. 이에 이들은 통일은 나중 문제이고 남북 간의 화해와 협력을 통한 장기공존이 우선이라는 '선(先)공존 후(後)통일' 노선으로 돌아섰다. 이러한 새로운 2단계 통일론은 김대중정부가 출범하여 '햇볕정책'을 추진하면서 한국정부의 공식입장이 되었고, 노무현정부에서도 이어지고 있다.

〈그림 11-2〉 통일 및 대북정책의 차원에서 본 보수와 진보의 의미 변화

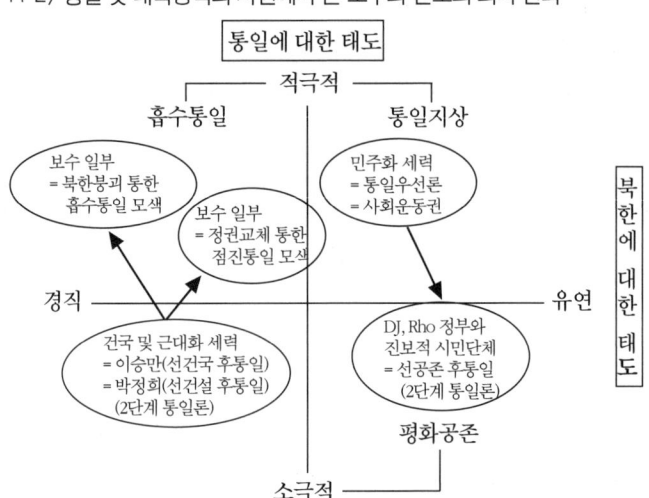

여기서 우리는 다음과 같은 흥미로운 의문에 봉착하게 된다. 오늘날 김대중 및 노무현정부와 진보 세력이 주장하는 '선(先)공존 후(後)통일'과 과거 이승만이나 박정희가 주장했던 '선(先)건국 후(後)통일'이나 '선(先)건설 후(後)통일' 사이에 논리구조상 다른 점이 무엇이 있을까? 내용이 다를 뿐 둘 다 2단계 통일론 아닌가? 그런데 어째서 건국 및 근대화 세력과 오늘날 인권을 내세우면서 북한의 정권교체를 요구하는 세력은 반통일 내지 반민족적인 세력으로 비판받아야 하고, 민주화 세력과 그를 이어받았다는 김대중·노무현정부 및 일부 시민단체는 진보적이고 민족주의적이면서 평화를 애호하는 세력으로 찬양되어야 할까? 이러한 차이가 정치프로파간다의 우열에 의한 것인지 인식의 오류에 따른 것인지 알 수 없는 일이라 하겠다.

4) 셋째 기준: 미국과 글로벌화에 대한 태도

근대화 세력은 자본 부족을 적극적 외자도입으로 메우면서 수출지향적인 방식으로 산업화를 추진하여 상당한 성과를 거두었다. 이것은 오늘날과 같은 글로벌화의 관점에서 보면 개방성이 부족하다고 평가할 수 있겠지만 당시 기준에서는 상당히 세계시장지향적이고 개방적인 노선이었다고 평가할 수 있다. 아울러 근대화 세력은 북한의 위협에 효과적으로 대처하면서 외자도입원과 수출시장을 안정적으로 확보하기 위해 미국과의 동맹을 매우 중시했다.

그러나 민주화 세력은 이러한 근대화 세력의 산업화 추진방식을 외자의존적이라고 비판하면서 이런 방식으로는 양적 성장만 가져오고 결국에는 대외종속을 심화시킬 뿐이라고 매도했다. 당시는 동서냉전과 남북 간의 긴장이 지속될 때였기 때문에 민주화 세력은 미국에 대해 노골적인 자주성을 추구하기는 어려웠다. 하지만 근대화 세력과 비교할 때 이들은 상대적으로는 미국에 대해 자주적이었다.

<그림 11-3> 미국과 글로벌화에 대한 태도의 차원에서 본 보수와 진보의 의미 변화

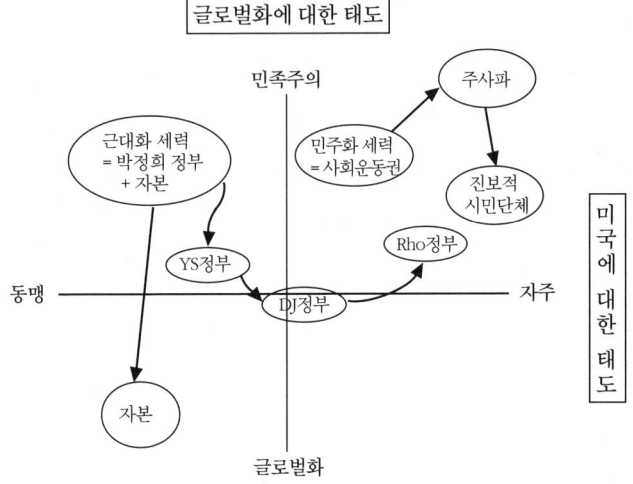

　　1990년대 들어 글로벌화의 물결이 밀어닥치자 근대화 세력 중 자본이 가장 먼저 그 흐름에 부응했고, 정부도 그 방향으로 나아갔다. 그러나 글로벌화에 적응하는 속도와 범위 면에서 자본과 정부 사이에는 차이가 있을 수밖에 없었고, 그 점이 오늘날 규제 완화나 철폐를 둘러싸고 정부와 자본 간의 주요한 갈등으로 나타나고 있다.
　　반면 민주화 세력은 1980년대 후반을 거치면서 폐쇄적이면서 극단적으로 민족주의적인 주체사상의 영향력에서 벗어나지 못하고 있다. 민주화 세력을 이어받은 진보적 시민단체들은 이러한 폐쇄적 민족주의의 영향력으로부터 완전히 자유로울 수 없었다. 이들의 민족주의적 성향은 1990년대 탈냉전과 남북화해 그리고 글로벌화의 물결 속에서 반미자주화와 신자유주의 반대로 나타났다. 특히 대미'자주성'은 김대중정부가 대북화해정책을 추진하면서 보다 확산될 수 있는 조건이 조성되었고, 노무현정부의 출범으로 주사파의 영향을 강하게 받은 소위 '386세대'가 권력의 핵심으로 진입하면서 더욱 탄력을 받고 있다.

3. 한국의 보수와 진보가 직면한 딜레마

앞에서 보았듯이 한국의 보수와 진보는 시기와 쟁점에 따라 상당한 의미 변화를 겪었다. 변화의 진폭은 진보에 비해 보수가 상대적으로 컸다. 앞의 그림들을 놓고 볼 때, 보수는 2사분면과 3사분면 사이를 넘나드는 변화를 보여준 데 반해, 진보의 변화는 1사분면을 벗어나지 못하고 있기 때문이다. 그러나 세 그림에서 우리가 간취(看取)해야 할 핵심은 보수와 진보가 유연성 면에서 상대적 차이를 보여주고 있다는 점이 아니다. 그보다는 보수와 진보가 모두 스스로의 활동영역을 정함에 있어 특정한계를 넘어서지 못하고 있다는 점이 더 중요하다.

보수는 2사분면과 3사분면 사이를 맴돌면서 1사분면이나 4사분면으로, 즉 X축의 오른쪽으로까지 활동반경을 확대시키지 못하고 있다. 진보는 1사분면을 벗어나지 못한 채 스스로의 행동반경을 4사분면으로, 즉 Y축의 아래쪽으로까지 넓히지 못하고 있다. 이러한 경직성 때문에 오늘날 한국의 보수와 진보는 공히 시대에 뒤졌다는 평가를 받고 있다. 양 진영의 딜레마는 모두 자유주의에 대한 인식의 불충분성과 밀접하게 관련되어 있다.

1) 진보의 딜레마: 자유주의에 대한 인식 부족

한국의 진보의 가장 큰 문제점은 자유주의에 대한 인식이 불충분하고 편의적이라는 점이다. 그들은 경제적 자유확대의 효율성을 인정하지 않은 채 그로 인한 부작용에만 주목하고 있으며, 그들이 내세우는 정치적 자유는 민족 앞에서는 한없이 작아지는 모습을 보이고 있다. 이 점은 세 그림 모두에서 진보의 활동영역이 1사분면을 넘어서지 못하고 있다는 사실에서 가장 잘 드러난다.

〈그림 11-1〉과 〈그림 11-3〉의 Y축은 경제적 의미의 자유, 즉 국내시장에

서의 경제활동의 자유와 국제시장에 대한 개방정도를 나타내고 있다. 애초 한국의 보수와 진보는 모두 시장보다는 국가에 의존하여 각각 발전과 분배를 추구했다. 그동안 경제가 성장하고 탈냉전과 글로벌화의 물결이 밀어닥치자 보수는 발 빠르게 시장원리의 효율성을 승인하면서 시장주도경제와 국제적 개방의 방향으로 움직였다. 그러나 진보는 시장의 불완전성과 무자비함을 강조하고 시장실패로 인해 발생하는 열패자(劣敗者) 문제에 관심을 집중하면서 이에 대한 대안을 여전히 국가에서 구하는 모습을 보여주고 있다. 따라서 진보는 시장 대 국가, 성장 대 분배, 개방 대 보호 등의 대립항에서 후자를 지지하고 있으며, 이 모든 것을 총괄하여 '신자유주의 반대'를 내세우고 있다.

그러나 한국의 진보는 시장과 개방에 대해 반대만 할 뿐 그것을 넘어서는 대안과 성과를 보여주지 못하고 있다. 이렇게 진보가 반대만 하고 있는 동안 진보성향의 정권이 책임지고 있는 한국경제는 성장동력을 찾지 못한 채 방황을 거듭하고 침체를 벗어나지 못하고 있으며, 그 속에서 사회적 양극화는 날로 가중되고 있다.

〈그림 11-1〉의 X축은 정치적 의미의 자유, 즉 비(非)시장영역에서 국가권력의 간섭으로부터 개인의 자유(기본권)가 보장되는 정도를 나타내고 있다. 이 영역에서 진보는 일관되게 기본권 확대를 주장해왔고, 이 점에서 진보진영은 보수진영에 대해 "우리야말로 진정한 자유주의 세력"이라고 주장할 수 있는 근거가 되기도 했다.

그러나 정치적 자유 면에서 진보가 누렸던 우위는 〈그림 11-2〉의 북한 문제와 마주치면 그 한계를 드러낸다. 북한에서 자행되고 있는 수많은 기본권 침해 사례에 대해 진보진영은 "민족의 이름으로" 포용할 것을 주장하고 있기 때문이다. 이로써 그들이 오랜 기간 동안 남한에서 실현하려고 노력해 왔던 개인의 기본권과 관련된 가치들이 '민족'이라는 상위의 가치 앞에서는 언제든지 유보될 수 있는 것임이 드러났다. 그들은 남한에서는 자유주의자였지만 한반도 차원에서는 민족주의자임을 자인하고 말았다. 그들은 이 모든 것이 전쟁을 막고 평화를 지키기 위해서라고 합리화했다. 하지만 그들은 "개인의 기본권이 지켜지지 않는 상태에서의 평화가 결국 누구를 위한 평화인가"라는 의문으로부터 자유롭지 못했다.

그밖에도 한국의 진보는 미래보다는 과거를 주된 전장(戰場)터로 삼는다는 점에서 이름값을 못하고 퇴영(退嬰)성을 보여주고 있다. 이들은 문제만 생기면 "우리는 당신(이나 당신 부모)이 일제나 권위주의 시대에 무엇을 했는지 알고 있다"는 식의 논리로 상대편을 공격하고 있다. 이러한 과거사 원죄(原罪)론은 정책을 둘러싼 생산적 토론을 막을 뿐더러 자칫하면 진보가 그렇게도 경멸하는 이념적 색깔론에 비견되는 역사적 색깔론으로 귀결될 수도 있다. 이념적 색깔론이 한국 보수의 편협한 자유주의 이해에 귀인(歸因)하는 것이라면, 역사적 색깔론은 진보 역시 자유주의에 대한 인식이 부족함을 보여주는 것이라 할 수 있다.

2) 보수의 딜레마: 자유주의에 대한 편협한 이해

한국의 보수도 진보 못지않게 많은 문제를 안고 있다. 글로벌화의 물결이 밀어닥치자 보수는 국가의존에서 시장주도로 발 빠르게 변신했다. 그러나 보수는 국가의 보호막 아래에서 오랜 기간 동안 키워왔던 악습을 하루아침에 떨쳐버리지 못하고 여전히 정경유착에 기대고 부패한 모습을 보여줌으로써 국민적 지탄에 직면해 있다. 따라서 보수가 시장과 개방의 효율성을 주장하는 것은 좋으나 그것을 위해 규제를 철폐하라고 주장하는 것이 마치 시장에서 대자본의 횡포를 저지하고 불투명성을 막을 수 있는 최소한의 장치를 제거하라고 요구하는 것처럼 비춰지고 있다. 〈그림 11-1〉과 〈그림 11-3〉에서 보수는 Y축의 아래로(2사분면에서 4사분면으로) 내려온 것까지는 좋으나 2사분면 시절의 관성을 떨치지 못해 변신의 진정성을 의심받고 있는 것이다.

보수의 또 다른 문제점(어쩌면 최대의 약점)은 〈그림 11-1〉에서 X축의 오른쪽으로 이동하지 못하고 있다는 점이다. 냉전하에서는 안보와 경제발전이라는 명분 때문에 노동3권이나 사상과 표현의 자유를 일부 제약하는 것이 어느 정도 용인되기도 했다. 그러나 냉전이 끝나고 남북 간에 화해의 분위기가 조성되었음에도 한국의 보수는 여전히 반공과 국가보안법의 보호막을 벗어나려 하지 않고 있다. 국가보안법 개폐를 둘러싼 논란에 대해서는 별도의 장(場)에서 논의하기로 하고, 여기서는 일단 보수의 문제점과 관련하여 두 가지만 지적하고자 한다.

첫째, 북한에 우호적이거나 미국을 공격하는 주장이 나오면 보수진영은 습관적으로 이념적 색깔론을 들먹이면서 국가보안법 저촉 여부를 따진다는 점이다. 이제 이 정도의 주장은 시민사회나 학계 내에서 토론을 통해 스스로 걸러낼 수 있을 정도는 되었다. 따라서 한국의 보수는 개인의 사상을 검증하기 위해 습관적으로 국가(법)의 판단에 기대는 의존성에서 벗어나야 한다. 이런 습관적 의존성 때문에 보수는 반대진영으로부터 "진정한 자유주의 세력인가"를 의심받고 있는 것이다. 아울러 동맹을 중시한다 해서 반드시 친미사대적(親美事大的)으로 보여야 할 필요는 없다는 점도 유념할 필요가 있다.

둘째, 보수 진영은 〈그림 11-1〉에서 남한에서의 기본권 제약 가능성에는 찬성하면서 〈그림 11-2〉에서 북한에 대해서는 기본권 보장과 확대를 요구해야 한다고 주장하는 모순을 노정하고 있다. 물론 북한에 대해 요구하는 것이 모름지기 인간이라면 누려야 할 최소한의 기본권이라는 점에서 남한에서 논의되는 것과 등치시키기는 어렵다. 그러나 북한 인권 주장이 보다 설득력을 갖기 위해서는 보수는 이러한 모순을 해결하려고 노력할 필요가 있다. 남한 내부의 기본권 침해도 제대로 해결하지 못하면서 북한의 기본권 운운할 자격이 있느냐는 진보진영의 반대논리를 잠재우기 위해서도 보수는 자유주의에 대한 기존의 편협한 이해를 재고할 필요가 있다.

4. '뉴라이트'와 '뉴레프트'의 만남의 광장: 자유주의

1) 미완의 프로젝트로서의 한국 자유주의

오늘날 한국의 보수와 진보가 직면한 딜레마는 모두 자유주의에 대한 이해의 부족 내지는 편협함과 깊은 관련이 있다. 보수는 기본적으로 시장의 자율성을 옹호하면서도 그것의 허용 정도 면에서 경제적 시장과 정치·사상적 차원 사이에서 편차를 드러내고 있다. 경제적 자유와 정치·사상적 자유의 허용 정도 면에서 차이를 드러낸다는 점은 진보도 마찬가지다. 그러나 보수가 경제적 자유를 더 중시한다면 진보는 시장과의 불화 내지는 시장에 대한 신뢰의 부족 때문에 정치·사상적 자유를 더 중시하는 경향을 보인다.

상황이 이러함에도 우리는 그동안 자유주의보다는 민주주의만을 지상과제로 생각하고 살았다. 권위주의 통치하에서 민주화 내지 민주주의의 실현이 최우선 과제로 인식되는 것은 당연했다. 그러나 1987년 민주화 이후에도 민주주의는 전환(이행), 공고화, 심화 내지는 실질화 등으로 이름을 바꾸어가면서 여전히 현실정치 및 담론세계에서 헤게모니를 행사해왔다. 현재의 모든 병폐는 실질적 민주주의(주된 내용은 참여의 증진과 분배의 개선)가 채 실현되지 않았기 때문이라고 치부되었다. 거꾸로 말해 민주주의가 심화되기만 하면 모든 문제는 해결될 것이라는 발상이 그동안 우리의 머리 속을 채우고 있었다.

과연 민주주의는 만병통치약일까? '참여정부' 아래서 국민의 정치참여가 획기적으로 증대되었음에도 불구하고 국민들의 정치적 소외감과 불안감 그리고 정치적 갈등은 왜 줄지 않는 것일까? 민주주의의 진전 속에서 특정 문제 —예컨대 북한과 관련된 이념 문제뿐 아니라 일본과 관련된 친일파, 위안부, 식민지 근대화 문제 등— 에 대해 일부 사람들이 '표현의 자유'를 제약당하고 있다고 느끼는 것은 필자만의 기우(杞憂)일까? 보수진영은 말할 것도 없고 개혁과 혁신을 외치는 진보진영의 주장과 행태에서 심심찮게 국가주의 내지 집단주의의 그림자를 발견하는 것은 필자만의 편견일까? 어째서 한국의 민주주의는 인권이나 자유 같은 인류 보편의 가치 면에서 남한과 북한에 대해 이중의 잣대를 가지게 되었을까? 그것은 우리가 그동안 민주(주의)만을 문제로 인식하고 자유(주의)의 문제를 고민하지 않았기 때문은 아닐까?

이제 자유주의는 보수와 진보, 남한과 북한 가릴 것 없이 모두가 고민해야 할 문제다. 보수와 진보는 현재 직면한 딜레마를 헤쳐나가기 위해서도 그 원인이 되는 자유주의에 대한 인식의 불충분성을 메우기 위해 애써야 한다. 위기에 봉착한 남한의 민주주의를 올바른 방향으로 심화시키기 위해서도 자유주의의 문제를 성찰해야 하고, 북한을 개혁과 개방으로 이끌기 위해서도 같은 문제를 숙고해야 한다. 이 점에서 한국에서는 민주주의뿐 아니라 자유주의 역시 '미완(未完)의 기획(project)'이라고 할 수 있다(김일영, 2005, 1-2).

2) 자유주의의 전제 위에서 생산적으로 경쟁하는 '뉴라이트'와 '뉴레프트'

한국의 보수와 진보는 자유주의에 대한 인식을 보다 심화시킬 필요가 있다. 보수는 투명성 부족을 해소해야 하고, 국가보안법의 도움 없이도 자생력이 있음을 보여주어야 한다. 진보는 시장과의 불화를 끝내고 시장의 효율성과 공존하는 법을 배워야 하고, 민족 앞에서도 자유가 위축되지 않음을 보여주어야 한다. 이럴 때 양 진영은 새로운 보수(한국적 맥락에서의 '뉴라이트')와 새로운 진보(한국적 맥락에서의 '뉴레프트')로 거듭나게 될 것이다.

이러한 '뉴라이트'와 '뉴레프트'가 앞의 〈그림 1, 2, 3〉의 세 좌표축에서 점하는 위치는 낡은 보수 및 진보의 그것과는 다를 수밖에 없다. '뉴라이트'와 '뉴레프트'는 모두 자유주의에 대한 인식을 심화시켰다는 점에서 좌표축의 중앙을 중심으로 과거에는 취약했던 4사분면에서 보다 구심(求心)적으로 만나게 될 것이다. 그동안 구(舊)보수와 구(舊)진보는 각각 2·3사분면과 1사분면에 위치한 채 원심(遠心)적으로 대립하는 모습을 보여주었다. 그러나 〈그림 11-4〉의 차원에서 '뉴라이트'는 정치·사상적 자유권에 대한 인식을 심화한 결과 X축의 오른편으로 나아가고, '뉴레프트'는 시장의 효율성을 어느 정도 승인하여 Y축의 아래로 나아간 결과 양 진영은 과거에는 가장 취약했던 4사분면에서 서로 만나 생산적으로 대화하면서 경쟁할 수 있게 될 것이다.

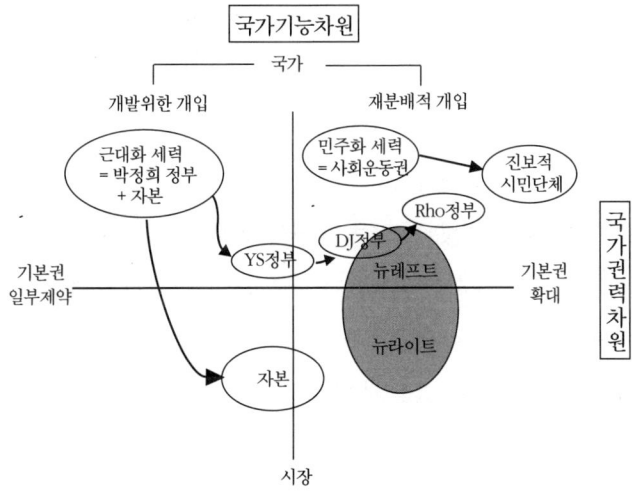

〈그림 11-4〉 국가권력 및 국가기능의 차원에서 본 '뉴라이트'와 '뉴레프트'의 위상

〈그림 11-5〉의 차원에서 '뉴라이트'와 '뉴레프트'는 자유주의에 대한 숙고 위에서 북한의 인권 문제를 보다 심각하게 받아들이기 때문에 대북지원정책의 유연성 면에서 정도의 차이는 있겠지만 적어도 현재보다는 거리가 좁혀진 상태에서 서로 대화하고 경쟁할 수 있을 것이다.

〈그림 11-5〉 통일 및 대북정책의 차원에서 본 '뉴라이트'와 '뉴레프트'의 위상

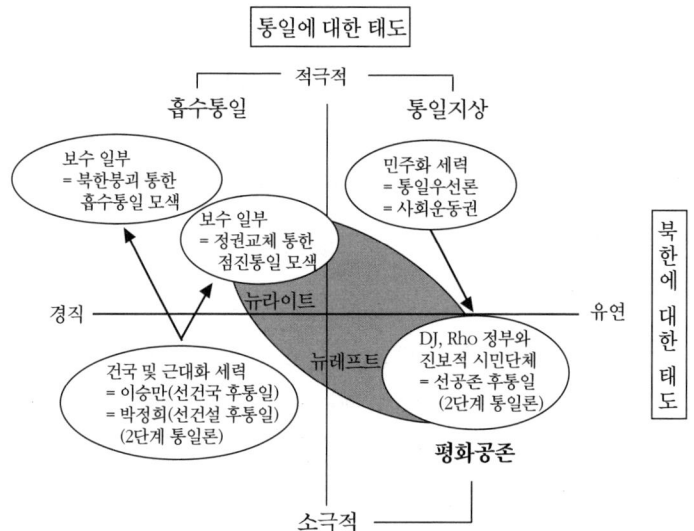

〈그림 11-6〉의 차원에서 '뉴라이트'는 개방과 한미동맹을 중시하되 과거와 같은 맹목성에서는 벗어난다는 점에서 그리고 '뉴레프트'는 개방의 불가피성을 인정하되 그것의 부작용을 최소화하려고 노력하고 한미동맹보다는 '동아시아' 지역의 네트워크형 협력을 더 중시한다는 점에서 양자는 보다 생산적 대화를 이끌어갈 수 있을 것이다.

〈그림 11-6〉 미국과 글로벌화에 대한 태도의 차원에서 본 '뉴라이트'와 '뉴레프트'의 위상

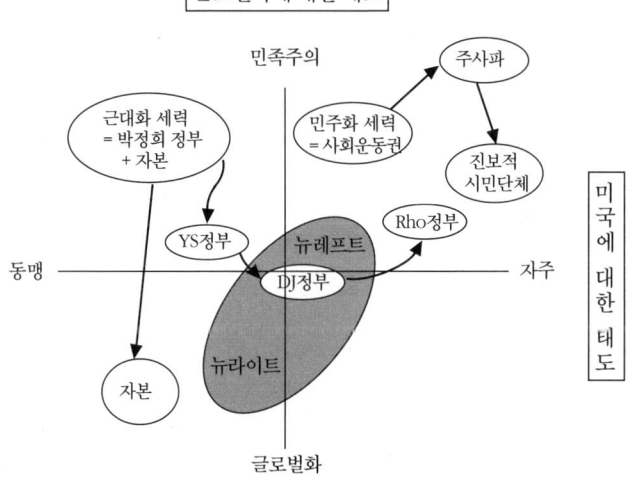

마지막으로 각 차원을 종합해 좌표축 상에서 '뉴라이트'와 '뉴레프트'의 위상을 그려보면 아래와 같다. 양자는 기존의 그림에서 취약했던 4사분면의 공백을 메우면서 서로 접근하여 생산적 경쟁을 할 수 있을 것으로 생각된다.

〈그림 11-7〉 '뉴라이트'와 '뉴레프트'의 생산적 경쟁구도

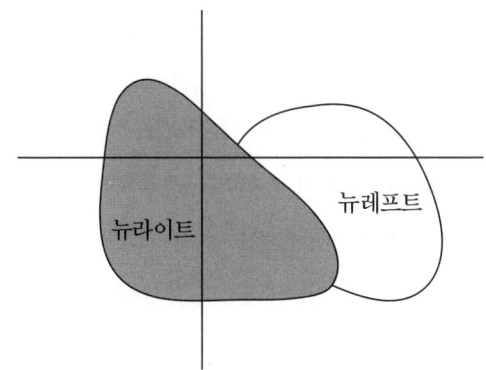

5. '뉴라이트'의 지향점: 작지만 강한 국가, 책임 있는 강한 사회

1) 작지만 강한 국가

'뉴라이트'는 한편으로는 개인의 자유를 확대하고 시장을 강조하면서도 다른 한편으로는 법과 질서를 내세우면서 국가의 권위를 회복해야 하는 이중의 과제를 안고 있다. 이 숙제는 '작지만 강한 국가', 다시 말해 국가기능(state function)의 범위는 축소하면서 국가의 능력(state capacity)은 오히려 키우는 국가를 건설함으로써 어느 정도 달성될 수 있다(Fukuyama, 2005).

구보수와 구진보는 성장과 분배라는 서로 다른 목표를 추구하고 있지만 국가에 의존해 추진한다는 점에서는 동일했다. 구보수는 성장을 위한 국가개입을 주장했고, 구진보는 분배를 위한 국가개입을 요구했다. '뉴 라이트'는 기본적으로 '큰 시장, 작은 국가(정부)'를 통한 성장을 추구한다는 점에서 구보수 및 구진보와 다르다.

여기서 작은 국가란 국가의 활동범위를 꼭 필요한 것으로 제한하는 국가이지 할 일을 안 하거나 못 하는 능력 없는 국가를 뜻하지는 않는다. 현대국가는 다양한 기능을 수행한다. 국방, 치안, 거시경제관리, 재난구제 등의 공공재를 제공하는 최소기능으로부터 교육, 의료보험, 시장부양, 더 나아가 재분배정책을 실시하는 최대기능에 이르기까지 실로 국가의 기능은 다양하다. 한국과 같은 개도국에서는 국가는 금융부문을 장악하고 경제개발을 주도하는 기능까지도 수행했다.

이러한 국가기능의 확대는 서구에서는 복지국가의 병폐를 그리고 한국 같은 개도국에서는 발전국가의 병폐를 낳았다. 양자는 내용은 달랐지만 원인이 지나친 국가개입에 있다는 점에서는 유사했다. 따라서 이에 대한 처방은 시장으로부터 국가의 후퇴로 나타났다. 이것은 서구에서는 탈상품화(decommodification)된 영역에 대해 재상품화(recommodification)를 증진시키는 것으로 나타났고(Offe, 1984, 15-18), 한국 같은 개도국에서는 민영화와 규제완화 내지는 철폐로 나타났다. 적어도 이런 경향만 가지고 보면 '워싱턴 콘센서스(Washington Consensus)'가 곧 '글로벌 콘센서스(Global Consensus)'로 될 것 같아 보였다.

그러나 이 합의에서는 한 가지 빠진 것이 있었는데, 그것이 바로 국가능력의 차원이다. 그들은 국가기능을 축소하는 문제에만 관심을 기울였고, 그것과는 별개로 국가능력의 차원이 있다는 점에 대해서는 신경을 쓰지 못했다. 국가능력이란 "국가가 정책을 입안하고 시행하며, 법을 깨끗하고 투명하게 집행하는 제도적 능력"을 말한다. 이미 말했듯이 국가기능의 축소가 국가능력의 감소를 의미하는 것은 아니다. 오히려 기능의 축소는 능력의 증대와 같이 가야 효율적인 국가가 될 수 있다. 1997년 말 한국이 외환위기를 맞은 주요한 원인 중 하나는 아무런 '준비 없이' 글로벌화를 수용했기 때문이다. 여기서 '준비'란 국가기능의 축소를 메울 수 있는 국가의 정책적·제도적 능력의 증대를 의미한다.

한국에서 국가기능(간섭)은 분명 축소될 필요가 있다. 이런 축소는 경제적 영역뿐 아니라 정치적 영역에서도 일어나야 한다. 과거와 같이 국가가 금융기관을 장악해 개발금융기관화해서도 안 되고 시장에 대한 지나친 규제도 완화 내지는 철폐되어야 한다. 아울러 개인에게 맡겨두어도 될 정치적 자유의 영역에 대한 국가간섭도 과감히 철폐되어야 한다. 정치적 참여권은 보다 확대되어야 하고 사상과 양심의 자유를 제약하는 법규도 조속히 철거되어야 한다.

다만 국가는 이러한 기능축소로 인해 발생할 수 있는 여러 문제들에 대응할 수 있는 제도적·정책적 능력을 높여야 한다. 시장을 개방하되 투기자본을 통제할 수 있는 제도적 장치를 갖추어야 하고, 개방의 부작용으로 발생하는 각종 문제들에 대응하는 능력 —이해갈등 조정 능력이나 사회안전망 구축 능력 등— 을 높여야 한다.

사상의 자유를 확대함으로써 생겨나는 정체성 혼란도 과거의 것을 고집하고 강요하기보다는 새로운 정체성을 만들어가는 데 국가가 앞장설 수 있어야 한다. 특정인의 발언을 친북이나 반미라고 단죄하는 국가능력은 더 이상 필요치 않다. 그보다는 국민들이 합의할 수 있는 새로운 정체성을 만들어갈 수 있는 능력이 국가에게 절실히 요구된다. 이 경우 필요한 가치기준은 자유주의다. 국가는 기본권 확대가 남한뿐 아니라 북한에게도 중요하다는 점을 견지해야 한다. 이를 위해 국가는 국민들에게 북한의 생활상과 인권 현실을 있는 그대로 공개해야 한다. 북한이 사실상(de facto) 국가적 실체임을 부인하지 않지만 동시에 통일의 대상이기 때문에 남한이 북한의 현실을 개선하는 데 기여하고 개입할(engage) 여지가 있음을 명확히 밝혀야 한다. 그리고 한국의 궁극목표가 북한의 정상국가화를 통한 통일지향임을 분명히 해야 한다. 국가가 이런 기준을 가지고 확고한 대북정책을 세우고 실천할 때 국민들이 정체성 혼란을 극복하고 새로운 정체성으로 나아갈 수 있을 것이다.

마지막으로 능력 있는 국가는 민주화 이후 이익집단 정치의 만연으로 추락한 국가의 공적 권위를 되찾아야 한다. 현행법이 지고지선은 아니지만 그동안 이익집단뿐 아니라 시민단체까지 나서서 법질서를 존중하지 않고 의도적으로 무시하는 바람에 국가의 권위가 상당히 훼손되었다. 특히 노무현 정부가 한편으로는 무능력하고 다른 한편으로는 권위주의 파괴와 권위의 훼손을 혼동함으로써 정상적인 국가에게 필요한 최소한의 권위마저도 추락하고 말았다. 능력을 가진 강한 국가는 공적 권위를 보유한 국가다. 공적 권위는 법의 깨끗하고 투명한 집행을 보장하는 전제조건이다.

2) 여전히 남은 문제

'뉴라이트'는 여전히 미완성이며, 많은 한계를 안고 있다. 여기서는 한국

보수의 혁신을 표방하는 '뉴라이트'가 직면하고 있는 문제점을 지적하는 것으로 글을 마치고자 한다.

우선 작지만 강한 국가와 맞닥뜨려야 하는 사회가 과연 어떤 모습을 지녀야 하는지에 대해 '뉴라이트'는 아직 명확한 상을 지니고 있지 못하다. 과거 권위주의적인 발전국가하에서의 국가-사회는 영합(zero-sum)의 관계였으며, '강한 국가-약한 사회'의 조합으로 나타났다. 민주화 이후 한국의 시민사회는 급성장했다. 각종 이익집단의 힘이 세지고 시민단체의 목소리도 커져서 이제는 권위가 추락한 국가의 위상을 걱정하는 소리가 나올 정도가 되었다

잠정적이지만 '뉴라이트'가 생각하는 국가-사회관계는 비영합(non zero-sum)적인 것이다. 국가가 강하고 능력이 있어야 하지만, 사회 역시 그에 대응할 수 있을 정도로 강해야 한다. 강한 사회는 강한 국가의 타락을 막아준다는 점에서, '강한 국가와 강한 사회'의 조합(Weiss and Hobson, 1995, 2-10; 김일영, 2001, 117-122; 김일영, 2005, 434-439)이 '뉴라이트'가 지향하는 전체사회상이다.

그러나 강한 사회의 구체적인 내용이 무엇인가에 대해서는 여전히 의문이다. 이익집단과 시민단체의 다양화 및 활동 강화가 그들의 사회적 책임성 강화와 어느 정도 조화를 이룰 수 있을지가 이 고민의 핵심이 될 것 같다.

'뉴라이트'의 두 번째 고민은 작지만 강한 국가라는 지향점에 담긴 서로 다른 가치관을 어떻게 조화시키느냐의 문제다. 작은 국가가 지향하는 자유주의적 가치관과 강한 국가가 지향하는 유기체적 보수주의 가치관 사이의 모순을 어떻게 해소시키느냐가 과제라는 것이다. 예컨대 사상과 양심의 자유에 제약을 두지 말자는 점에서는 '뉴라이트'는 명확한 입장을 취할 수 있다. 그러나 최근 들어 점차 중요성을 더해가고 있는 많은 포스트 모던적 문제들에 대해 과연 '뉴라이트'가 어떤 답을 줄 수 있을지 아직 준비가 되어 있지 못함을 고백해야 할 것 같다.

물론 이런 고민은 현실정치에서는 전략적 실용주의로 해결가능할지도 모른다. 그러나 적어도 이론적 차원에서는 해결하기 어려운 모순과 문제점 및 준비부족을 안고 있음을 한국의 '뉴라이트'는 고백해야 할 것 같다. 따라서 한국의 '뉴라이트'는 "결코 완성을 선언하지 않는다"는 말로 미래의 부단한 개선을 약속할 필요가 있다.

참고문헌

김일영. 「통일정책과 국내정치: 김대중정부의 포용정책과 개혁정책을 중심으로」, 『통일정책연구』, 10권 2호, 2001.
_____. 「한국에서 발전국가의 기원, 형성과 발전 그리고 전망」, 『한국정치외교사논총』, 23집 1호, 2001.
_____. 「참여민주주의인가 신자유주의적 포퓰리즘인가: 김대중 및 노무현정권과 포퓰리즘 논란」, 『의정연구』, 10권 1호, 2004.
_____. 「권위주의적 발전국가와 자유주의: 박정희정권을 중심으로」, 동아일보 창간 85주년 기념학술회의(한국의 자유주의 전통) 발표논문, 2005년 5월 28일.
_____. 「박정희 시대의 세 가지 민족주의」, 한국정치외교사학회 추계학술회의(한국 내셔널리즘과 21세기의 선택) 발표논문, 2005년 9월 30일.
_____. 『건국과 부국』, 생각의 나무, 2005.
김일영·조성렬. 『주한미군: 역사, 쟁점, 전망』, 한울, 2003.
복거일 외. 『21세기 한국: 자유, 진보 그리고 번영의 길』, 나남, 2005.
이근식. 『자유와 상생』, 기파랑, 2005.
한국정치외교사학회 편. 『한국정치와 헌정사』, 한울, 2001.
Bloom, William, *Personal Identity, National Identity, and International Relations*, Cambridge: Cambridge University Press, 1990.
Choi, Jang Jip, "Political Cleavages in South Korea," Hagen Koo ed., *State and Society in Contemporary Korea*, Ithaca: Cornell University Press, 1993.
Fukuyama, Francis, 『강한 국가의 조건』, 황금가지, 2005.
Kim, Il-Young, "State-Society Relations in the Constitutions of Korea," *Korean Social*

Science Journal, Vol. 28, No. 2, 2001.

Norberto, Bobbio, *Liberalism and Democracy*, London: Verso, 1990.

Offe, Claus, *Contradictions of the Welfare State*, Cambridge: The MIT Press, 1984.

Rustow, Dankwart A. *A World of Nations: Problems of Political Modernization*, Washington D.C.: Brookings Institution, 1967.

Weiss, Linda and John Hobson, *States and Economic Development: Comparative Historical Analysis*, Cambridge: Polity Press, 1995.

12장
현대 한국에서 자유주의의 전개과정[1]
헌법규범과 헌법현실의 괴리와 극복과정을 중심으로

1. 왜 자유주의가 문제인가?

한국인들은 미국 버지니아공대에서 벌어진 조승희 씨 총기난사 사건에 대해 "집단적인 죄의식"을 느끼고 있다. 미국의 시사주간지 『타임(Time)』(2007. 4. 18.)이 보도한 내용이다. "개인보다 집단이 우선시되는 한국의 민족주의적 관점"에서 볼 때 한국인들이 "집단적 책임의식"을 느끼는 것은 당연한 일이라고 하면서 이 잡지는 한국인들은 2002년 미군 장갑차에 치여 여중생 두 명이 죽었을 때에도 '반미'라는 집단적 대응방식을 보여주었다고 지적했다.

조승희 사건은 여러 각도에서 분석될 수 있다. 하지만 적어도 한국인에게 이 사건은 개인과 집단(민족 내지는 국가)을 구분하지 못하는 우리의 집단주의(민족주의)적 사고방식을 다시 한 번 확인시켜준 사건이었다. 한국에서 개인을 단위로 사고하는 자유주의가 뿌리내린다는 게 얼마나 어려운가를 확인시켜준 사건이었던 것이다.

---

* 이 글은 『한국정치외교사논총』, Vol. 29 No. 2(2008)에 게재된 것을 수정 보완한 것임.
1) 이 논문은 성균관대학교의 2005학년도 삼성학술연구비에 의하여 연구되었음.

권위주의정권 시절 우리의 경험 속에서 집단주의(국가주의 내지는 민족주의)적 사고나 행동양식을 찾아내는 것은 전혀 어렵지 않다. 권위주의정권이 집단주의(국가주의적)를 동원하는 것은 어쩌면 당연했다. 그러나 그에 반대하는 진영도 그 못지않게 집단주의(민족주의적)에 의존하는 모습을 보여주었다. 유신 말기 YH무역 노동자들이 신민당사 점거 농성을 마치면서 부른 노래가 노총가(勞總歌)와 함께 '애국가'였고 전태일 열사에 대한 묵념과 함께 조국과 민족을 위한 묵념을 했는데, 이것은 "일상생활 속에서 체험된 '국민적 정체성'이 그 국가에 대한 저항 과정에서도 언제든 튀어나올 수 있음"을 보여주는 좋은 예라고 할 수 있다(황병주, 2004, 507-508). 아울러 "일본 제국주의와 한국 민족주의, 북한 사회주의와 남한 자본주의, 우익 국가주의와 좌익 인민주의를 서로 대립하면서도 친밀하게 만들어주는 요소"가 바로 국가, 국민, 민족이라는 지적은 그 시절 우리들 '모두' 속에 체화되어 있던 집단주의적 속성을 날카롭게 집어낸 것이라 할 수 있다(김철, 2005; 신형기, 2003).

그러면 민주화 이후에는 이러한 집단주의적 성향이 얼마나 사라졌을까? 예를 들어, 일본과 관련된 문제들, 즉 친일파, 위안부, 식민지 근대화, 독도 등에 대해 우리가 과연 민족주의적인 국민정서의 눈치를 보지 않고 마음껏 의견을 개진할 수 있다고 자부할 수 있을까? 보수진영은 말할 것도 없고 개혁과 혁신을 외치는 진보진영의 주장과 행태에서 심심찮게 국가주의 내지 집단주의의 그림자를 발견하는 것은 필자만의 편견일까? 보수·진보 모두 국가·민족·민중·계급·민주 등의 거대담론을 앞세워 개인이나 사(私)적 영역을 훼손하고 있지는 않은가? 그것은 우리가 민주주의만을 문제로 인식하고 자유주의를 별개의 문제로 고민하지 않은 데서 기인하는 것으로 판단된다.

이 글은 이런 문제의식에서 해방 이후 한국의 자유주의 전개과정에 대해 살펴보려고 한다. 서구 자유주의는 절대왕정과 대결하는 과정에서 생겨났다. 한국 자유주의 역시 권위주의와 대결하는 과정에서 발달했다. 하지만 한국은 식민지와 분단이라는 특수한 역사적 경험을 지닌 나라다. 따라서 한국의 자유주의는 민족주의와 반공의 강한 영향력에서 자유로울 수 없었다. 이 글은 서구와 한국 사이의 역사적 경험의 차이가 현대 한국에서의 자유주의 발전에 어떤 특징을 가져왔는가를 살펴보고자 한다. 우선, 이 글은 자유주의를 정치적 차원(국가권력으로부터 개인의 기본권이 얼마나 확보되는가)과 경제적 차원(국가가 시장에 어느 정도 개입하는가)으로 나누고, 서구와 한국에서 각각이 전개되는 과정을 고찰할 것이다. 둘째, 이 글은 한국 자유주의의 특징의 하나로 헌법규범과 헌법현실 사이의 괴리현상에 주목하고 한국 자유주의의 전개과정을 이러한 괴리의 극복과 관련시켜 살펴볼 것이다. 셋째, 권위주의시대 한국의 집권 세력과 반대 세력은 차별성 못지않게 집단주의적이라는 점에서 유사성을 지니고 있었다. 이러한 공통점은 민주화 이후까지, 특히 반대 세력이 권력을 잡아 새로운 집권 세력으로 변한 후까지도 영향을 미쳐 오늘날 한국의 자유주의를 여전히 끝내지 못한 숙제로 남기고 있음을 이 글은 보여주고자 한다.

2. 자유주의, 헌정주의 그리고 민주주의

서양에서는 자유주의와 헌정주의(constitutionalism) 그리고 민주주의가 별개로 발전하는 가운데 서로 독특한 관계를 맺으면서 자유민주주의적 헌정주의가 생겨났다. 반면 한국에서는 건국과 더불어 자유민주주의적 헌정주의가 주어졌고, 그 결과 셋을 구분해서 생각하는 전통이 약했다. 그러나 오늘날 한국이 민주주의 하나로 모든 것이 해결되지 못하고 자유주의와 헌정주의가 여전히 미완성의 과제로 남아있는 사회라면, 지금부터라도 삼자를 분석적으로 분리시켜 생각해볼 필요가 있다. 따라서 여기서는 단순화의 위험을 무릅쓰고 서구에서 삼자의 관계가 발전해온 과정을 간략히 재구성하고, 각각의 기본요소를 추출해보겠다.

자유주의의 기본원리는 개인주의다. 전근대적 공동체로부터 개인이 분화된 후 그들의 이기심(자기보존욕구)에 기대어 다시 구성된 것이 근대 (시민)사회이며, 이러한 사회 속에서의 개인의 삶이 공적 권력으로부터 최대한 간섭받지 않아야 한다는 것이 자유주의의 핵심원칙이다. 이러한 개인의 삶은 권리의 관점에서 정의되며, 이때 보호받아야 할 권리 중 가장 핵심적인 것이 소유권(생명권 포함)이다. 이 점에서 자유주의의 기본원리인 개인주의는 '소유집착적 개인주의(possessive individualism)'라고 할 수 있다(C. B. Macpherson, 1962).

자유주의가 소유권을 중심으로 하는 개인의 기본권을 지키기 위해 국가 '권력'을 제한할 필요가 있다고 생각하는 것은 사실이다. 그러나 이런 국가가 '기능' 면에서 반드시 자유방임적(laissez-faire)이어야만 하는 것은 아니다. 그 이유는 첫째, 자유주의자들 중에도 시장에 대한 '제한적' 국가개입의 불가피성을 주장하는 사람들이 적지 않기 때문이다. 예컨대 19세기 말-20세기 초의 '사회적 자유주의(social liberalism)'[2]나 2차 대전 이후 독일의 '질서자유주의(ordo-liberalism)' 같은 '신자유주의(new liberalism)'는 빈곤이나 독점 문제를 해결하기 위한 국가개입의 필요성을 인정했다. 다만 그것이 재분배를 위한 개입으로 확대되는 것은 극력 경계했다(B. Parekh, 1992, 164). 특히 질서자유주의는 '사회적 시장경제(social market economy)'를 추구하는데, 국가 기능의 범위와 관련해 그것은 재산권 보호와 치안유지에 한정하는

---

[2] 최근의 신자유주의(neo-liberalism)와는 구분되는 19세기 말부터 20세기 초의 신자유주의(new liberalism), 특히 사회적 자유주의에 관해서는 이근식(2001, 36-52) 참조.

자유방임주의에 비해서는 보다 적극적이지만, 재정운영을 통한 총수요조절을 주장하는 케인즈주의(Keynesianism)나 적극적인 부의 재분배를 추구하는 복지주의보다는 소극적이다. 정부는 시장경제의 질서를 확립하기 위해서는 개입해야 하지만, 개별적 자원배분과 관련된 개입은 반대한다는 것이 질서자유주의의 입장이다.[3]

두 번째 이유는 자유주의를 자유방임국가와 동일시할 경우 자유주의 형성기에 유럽국가들이 시장(자본주의) 그 자체를 만들어내기 위해 얼마나 폭력적으로 개입했는가를 놓칠 우려가 있기 때문이다. 성숙한 자유주의에서는 국가가 거추장스러운 존재일 수 있다. 하지만 그것의 탄생과 성장을 위해서는 국가가 산파(産婆)와 보모 역할을 했다는 점을 잊어서는 안 된다(K. Polanyi, 1944).

요컨대 자유주의와 국가의 경제적 기능의 관계는 시간의 추이에 따라 가변적이기 때문에 자유방임국가나 최소국가(minimal state)가 자유주의의 핵심요소가 되기는 어렵다. 그보다는 국가권력에 대한 제한 또는 제한정부(limited government) 정도가 자유주의의 핵심과 가깝다. 이 경우 국가권력에 대한 제한은 경제적 기능만이 아니라 국가권력의 행사범위와 한계를 법으로 정하는 문제, 즉 헌정주의와 관련시켜 보다 폭넓게 생각할 필요가 있다. 대의제의 원리(principle of representation), 권력분립(separation of power), 법의 지배(rule of law) 등은 이 과정에 생겨났으며, 그 결과 확립된 것이 '헌정적 자유주의(constitutional liberalism)'다.

그런데 헌정주의, 특히 대의제의 원리에 입각한 법제정은 법을 제정하는

---

[3] 구(舊)서독에서 사회적 시장경제 아래서 국가가 시장에 어느 정도 개입하는가는 정권의 성격에 따라 신축적이었다. 기민·기사당 정권은 본래적 의미의 질서자유주의가 추구하는 개입범위를 넘지 않았다. 하지만 1960년대 중반 사민당이 집권하자 사회적 시장경제라는 이름 아래 케인즈주의에 입각한 '경제에 대한 총체적 조정' 개념이 도입되고 국가개입이 확대되었다. 그러나 이 글에서는 질서자유주의(사회적 시장경제)를 본래적 의미로 사용하겠다(박광작, 1982, 155-183; A. Peacock and H. Willgerodt, 1989).

소수집단이 자의적 결정을 내릴 수 있다는 위험에 항상 노출되어 있었다. 이를 방지하기 위해 헌정적 자유주의는 저항과 혁명의 가능성을 열어두기도 했지만, 보다 원리적인 차원에서 인민에게 주권이 있음을 확인하는 절차가 필요했다. 이 과정에서 도입되는 것이 민주주의다. 일차적으로 민주주의는 인민주권 내지는 주권재민의 원리를 확인하기 위해 필요했다. 이러한 확인 과정은 때로는 폭력을 수반한 혁명의 모습을 띠기도 했다. 하지만 그 최종적 귀결은 인민주권의 원리를 확인하는 절차를 마련하는 것이었다. 인민주권과 대의제라는 두 원리를 연결시켜주는 절차로 도입된 것이 선거와 그 결정원리로서의 다수결이었다.

그러나 헌정적 자유주의와 민주주의의 만남이 처음부터 순조로운 것은 아니었다. 헌정적 자유주의에게 민주주의의 원리와 절차는 양날의 칼이었다. 전자는 스스로의 결함을 메우고 정당성을 높이기 위해 후자가 필요했지만, 후자의 전면적 수용은 전자의 기반을 허물어뜨릴 수 있었다. 이러한 딜레마를 해결하기 위해 헌정적 자유주의는 인민개념에 대한 제한적 해석에 기대어 다수결에 입각한 선거절차 역시 제한적으로만 시행하려 했다. 인민을 재산과 교양을 갖춘 시민, 즉 부르주아로 국한하고자 했던 초기의 헌정적 자유주의에게 표의 보편성과 등가성을 전제로 한 다수결원리에 따른 선거의 전면적 채택은 두려운 정치실험이었다. 이들은 다수의 이름으로 개인의 자유가 침해될 수 있다는 점도 우려했다. 따라서 이들은 상당 기간 동안 민주주의의 원리와 절차를 제한적으로만 도입하는 '자유주의적 독재(liberal autocracy)'를 시행했다(F. Zakaria, 2003, 20, 45-51).[4]

그러나 보편적 참정권을 요구하는 인민의 요구에 밀려 헌정적 자유주의는 결국 민주주의 원리와 절차를 전면적으로 도입할 수밖에 없었다. 헌정적 자유주의와 민주주의의 전면적 결합으로서의 '자유민주주의(liberal

---

4) 보비오는 이것을 '자유주의적 비민주주의'라고 부른다(N. Bobbio, 1990, 45-49).

democracy)'는 이때에야 생겨났다. 이 경우 민주주의는 인민주권이라는 원리적 측면보다는 그 전제 위에서 정부를 선출하는 절차로서의 의미가 더 강하게 되었으며(N. Bobbio, 1990, 1-13), 다수결의 원리 외에도 보통선거권(대중참여), 복수정당 간의 공정한 경쟁을 전제로 한 자유선거 등이 내용의 핵심을 이루게 되었다. 이 과정에 언론·출판·집회·결사의 자유와 같은 확대된 기본권이 공정한 경쟁을 위한 전제로서 추가되었다.

20세기 후반 들어 민주주의의 의미를 절차적 차원을 넘어 원리의 차원으로 확대해석하면서 국가의 경제적 기능을 재분배 문제 개선으로까지 늘리자는 '확대된 사회적 자유주의(enlarged social liberalism)'가 등장했다. 사회민주주의 정당이 집권하여 복지국가를 추구하는 게 그 대표적 예다. 그러나 이것은 재정적자 누증, 도덕적 해이로 인한 경제역동성 저하 같은 부작용을 낳았다. 이에 20세기 말경부터 국가가 시장으로부터는 가급적 철수하되 정치적 권위를 확립하고 질서를 유지하기 위해 사회에 개입하는 기능은 강화해야 한다는 주장이 힘을 얻어갔는데, 그것이 '신자유주의(neo-liberalism)'다.

이상에서 설명한 서구 자유주의의 변모과정을 도식화해보면 〈표 12-1〉과 같다.

그리고 자유주의와 헌정주의 그리고 민주주의의 핵심요소를 단순화의 위험을 무릅쓰고 정리해보면 다음과 같다.

 자유주의: 개인주의, 사적 소유권 비롯한 최소한의 기본권(언론·출판·집회·결사·종교의 자유 같은 확대된 기본권은 자유주의가 민주주의와 만났을 때 비로소 보장), 제한정부

 헌정주의: 대의제 원리, 권력분립, 법의 지배

 민주주의: 원리적 측면-인민주권(인민의 지배)

     절차적 측면-보통선거권, 복수정당 간 경쟁을 통한 선거, 다수결원리

<표 12-1> 서구 자유주의의 유형화[5]

			국가 '권력' 차원 (자유주의의 정치적 차원)	
		기본권 보장 안됨	제한적 참정권과 최소한의 기본권만 보장	보편적 참정권 허용 확대된 기본권 보장	보편적 참정권 허용 기본권 무제한 허용
국가의 경제적 '기능' 차원 (자유주의의 경제적 차원)	최소			19세기 후반~20세기 전반의 고전적 자유주의 - 자유방임주의 - 자유주의적 독재에서 자유민주주의로 점진적 이행	
				20세기 말의 신자유주의(neo-liberalism) - 경제적 개입은 가급적 줄이고 정치적 권위와 질서 확립을 위한 사회 개입은 강화 - 자유민주주의	
	중간	제한적 개입	헌정적자유주의 - (시장 메커니즘의 창출을 위한) 제한적 개입 - 자유주의적 독재(liberal autocracy)	신자유주의(new liberalism): 1) 19세기 말~20세기 초의 사회적 자유주의(social liberalism) - 빈곤문제 해결을 위한 개입 2) 2차 대전 이후 서독의 질서자유주의(ordo-liberalism) - 시장 질서를 유지(주로 독점문제 해결)하기 위한 개입 - 사회적 시장경제 추구 - 질서자유주의적 민주주의	
	최대	복지(재분배)적 개입			20세기 후반의 확대된 사회적 자유주의(enlarged social liberalism) - 재분배를 위한 개입 - 사회민주주의
		중상주의적 개입	절대왕정		

3. 권위주의시대 헌법규범 속에서 구현된 한국 자유주의

서구에서 자유주의, 헌정주의 그리고 민주주의는 자의적 국가권력에 대항하는 가운데 각각 별개로 발전했으며, 그것의 결합물인 헌정적 자유민주

---

5) 중상주의는 자유주의의 출현 이전 상태이고, '확대된 사회적 자유주의'는 자유민주주의를 넘어 사회민주주의를 지향한다는 점에서 엄밀하게 말하면 둘을 자유주의의 유형으로 보기는 어렵다. 다만 여기서는 자유주의의 변모과정을 한눈에 보여주기 위해 편의상 둘을 포함시켰다.

주의 역시 오랜 투쟁의 결과 얻어진 획득물이다. 반면 한국에서는 헌정적 자유민주주의가 건국과 더불어 일시에 주어졌는데, 이 점은 제헌헌법을 보면 잘 드러난다.

제헌헌법은 ① 평등권(법 앞의 평등), ② 자유권(신체, 거주·이전, 통신, 신앙과 양심, 언론·출판·집회·결사, 학문과 예술, 재산권 등), ③ 참정권(선거 및 피선거권, 공무담임권 등), ④ 사회권(교육권, 노동권, 근로3권, 이익분배균점권, 생활무능력자에 대한 보호권, 남녀평등권 등), ⑤ 기타 각종 청원권 등 많은 기본권을 국민들에게 보장했으며, 삼권분립을 명문화하고 있다. 제헌헌법은 헌정적 자유주의의 기본요소인 사적 소유권과 권력분립뿐 아니라 그것이 민주주의와 결합한 후에야 도입되는 보통선거권과 각종 확대된 기본권은 물론이고 바이마르(Weimar)헌법에서 처음 도입되었던 사회권까지도 보장하고 있다.

따라서 건국과 더불어 한국은 적어도 헌법규범 상으로는 어느 나라와 비교해도 손색이 없을 정도로 자유주의와 헌정주의 그리고 민주주의의 기본요소를 모두 갖춘 나라가 되었으며, 이 점은 유신 시기를 빼고는 대체로 유지되었다. 제헌헌법을 통해 일시에 주어진 헌정적 자유민주주의의 기본요소들이 권위주의하의 여러 헌법에서도 명목상으로는 유지·확대되었기 때문이다(김일영, 2001, 29-39).

제헌헌법에는 자유권이 폭넓게 허용되었으나 "법률에 의하지 아니하고는"이라는 법률유보조항 때문에 이러한 권리들이 실효성(實效性) 있게 보장되지 못했다. 이에 대한 반성으로 4·19 이후 3차 개헌(1960년 6월 15일)으로 만들어진 제2공화국 헌법에서는 법률유보조항이 삭제되었다. 그리고 "국민의 자유와 권리를 제한하는 법률의 제정은 질서유지와 공공복리를 위하여 필요한 경우에 한한다"는 제헌헌법 제28조 2항도 "국민의 모든 자유와 권리는 질서유지와 공공복리를 위하여 필요한 경우에 한하여 법률로 제한할 수 있다. 단, 그 제한은 자유와 권리의 본질적인 내용을 훼손해서는 아니 되며 언론·출판에 대한 허가를 규정할 수 없다"고 고침으로써 국민의 자유권을 대폭 신장시켰다. 자유권은 제3공화국 헌법에서도 확대되었다. 이 헌법에는 고문금지, 변호사의 도움을 받을 권리, 구속적부심사청구권이나 인신보호영장청구권 등이 추가되었으며, "언론·출판에 대한 허가나 검열과 집회·결사에 대한 허가는 인정하지 아니 한다"(제18조 2항)고 규정했다.

그러나 이러한 자유권의 지속적인 확대는 유신헌법으로 역진(逆進)의 길을 걷게 되었다. 우선 제헌헌법의 독소조항이었던 법률유보조항이 신체, 거주·이전, 직업선택, 주거, 통신, 언론·출판·집회·결사 등의 자유에 관한 조항에 다시 부가되었다. 구속적부심사권과 인신보호영장청구권을 보장하는 조항과 언론·출판·집회·결사에 대한 검열과 허가를 부인했던 조항이 아예 삭제되어버렸다. 그리고 3차 개헌으로 들어갔던 기본권의 본질적 내용의 침해금지조항(질서유지와 공공복리를 위해 법률로서 기본권을 제한하더라도, 그것이 자유와 권리의 본질적인 내용을 훼손해서는 안 된다)도 삭제되었다.

제헌헌법에 규정되었던 사회권 중 교육권, 노동권, 근로3권, 생활무능력자에 대한 보호권, 남녀평등권 등은 제3공화국 헌법에서도 그대로 보장되었다. 하지만 제헌헌법에 있던 이익분배균점권은 이때 삭제되어 다시는 복원되지 않았다. 대신 제3공화국 헌법은 인간다운 생활을 할 권리를 추가시켰다. 그러나 유신헌법이 들어서면서 사회권 중 근로3권은 전면 부인되었다. 제5공화국 헌법에서도 근로3권 중 단체행동권에 대한 제약은 여전히 남아 있었다. 하지만 이 헌법에는 사회권과 관련하여 행복추구권, 평생교육권, 환경권 등 새로운 내용이 추가되었다.

제헌헌법 이래 헌법규범상으로 국민의 평등권과 참정권이 제약된 적은 없었다. 다만 참정권의 경우 그것의 실질적 향유 정도는 시기에 따라 차이가 있었다. 특히 대통령 간선제일 때가 문제였다. 우리 헌정사에는 모두 네 차례의 간선제가 있었다. 두 차례의 원내 간선제(제헌헌법과 1960년 내각제헌법)와 두 번의 선거인단에 의한 간선제(유신과 제5공화국)가 그것이다. 전자는 별 문제가 없었으나, 후자에서는 국민의 의사가 제대로 반영되기 어려웠다. 통일주체국민회의나 대통령선거인단을 통한 대통령 선출은 국민들이 지닌 대통령 선택권을 사실상 형해(形骸)화시켰다는 점에서 민주주의 원리에 대한 심각한 도전이었다.

유신헌법에서 나타난 보다 심각한 문제점은 헌정주의의 기본요소인 삼권분립의 원칙을 훼손했다는 것이다. 헌법의 배열순서부터 여타 헌법과는 크게 달랐다. 일반적으로 헌법의 통치구조 부분은 국회, 정부, 법원의 순으로 장(章)이 배열되고, 정부라는 장 밑에 대통령과 정부가 절(節)로 배치되어 있었다. 그런데 유신헌법은 통일주체국민회의, 대통령, 정부, 국회, 법원의 순으로 장이 배열되었다. 국민의 대표기관인 국회가 앞에 오는 것이 일반적인데, 유신헌법에서는 정부가 먼저 나왔고, 대통령은 정부와 별도로 그보다 앞서 배치되었으며, 다른 나라에서 유례를 찾기 어려운 통일주체국민회의를 "국민의 주권적 수임기관"이라는 이유로 가장 앞에 두었던 것이다. 아울러 대통령은 국회의원 3분의 1을 추천하여 통일주체국민회의의 동의를 얻어 임명하도록 했으며, 통일주체국민회의는 개헌에 관한 최종의결권과 통일정책에 관하여 심의권을 지니고 있으면서 스스로의 의장인 대통령을 선출하는 권한도 가지고 있었다. 요컨대 유신헌법에서는 대통령과 정체불명의 통일주체국민회의에 의해 국회의 권한이 상당 부분 침해됨으로써 삼권분립을 통한 견제와 균형의 원리가 실현되기 어려웠다.

앞장에서 살펴보았듯이 자유주의에는 정치적 차원과 경제적 차원이 있다. 전자가 국가로부터 개인의 기본권이 보장되는 정도를 문제삼는 국가 '권력'의 차원이라면, 후자는 국가가 시장에 개입하는 정도를 문제삼는 국가 '기능'의 차원이라고 할 수 있다. 이제까지는 국가권력 차원에서 권위주의시대의 헌법을 살펴보았다. 적어도 이 차원에서 볼 때 유신시대를 빼면 한국이 헌법규범상 자유주의가 아니었다고 말할 근거가 없다. 각종 기본권은 폭넓게 보장되고 있었으며, 점차 그 범위가 확대되어갔기 때문이다. 그러면 국가의 경제적 기능 차원에서 볼 때 이 시기 헌법은 어땠는가? 이를 위해서는 헌법의 경제조항을 살펴볼 필요가 있다.

제헌헌법 제84조는 "대한민국의 경제질서는…사회정의의 실현과 균형 있는 국민경제의 발전을 기함을 기본으로 삼는다. 각인의 경제상 자유는 이 한계 내에서 보장된다"고 함으로써 경제적으로 자유와 평등(정의)이 충돌할 경우 후자를 우선시함을 명확히 했다. 그리고 주요 자원과 자연력에 대한 원칙적 국유(제85조), 농지분배규정(제86조), 공공성을 지닌 기업에 대한 국영 내지는 공영원칙(제87조), 긴급사태시 사기업에 대한 국공유 내지는 통제 가능성 원칙(제88조) 등 그 내용 면에서 놀라울 정도로 국가통제적이다. 다시 말해 제헌헌법의 경제조항은 광범위한 국유화와 사회화의 규정하에 공공복리를 위해 국가가 시장에 깊이 개입할 수 있음을 규정한 것이었다(Il-Young Kim, 2001, 45-47).

제헌헌법 제84조는 제3공화국 헌법에서 "대한민국의 경제질서는 개인의 경제상의 자유와 창의를 존중함을 기본으로 한다"(제111조 1항)와 "국가는 모든 국민에게 생활의 기본적 수요를 충족시키는 사회정의의 실현과 균형 있는 국민경제의 발전을 위하여 필요한 범위 안에서 경제에 관한 규제와 조정을 한다"(제111조 2항)로 바뀌었다. 우선 '사회정의와 경제의 균형발전'과 '개인의 경제적 자유'의 순서가 뒤바뀜으로써 제3공화국 헌법은 제헌헌법에 비해 개인의 경제적 자유에 보다 강조점을 두었다고 할 수 있다. 하지만 여전히 사회정의와 경제의 균형발전을 위한 국가개입을 강조하고 있는데, 대부분의 헌법학자들이 이것을 '사회적 시장경제(social market economy)' 원칙을 강조한 것으로 해석하고 있다.[6] 이 점에서 사유재산제와 자유경쟁을 기본원리로 하는 시장경제질서를 근간으로 하되 시장의 질서를 확립하기 위해 국가가 경제에 대해 규제와 조정을 한다는 '질서자유주의'가 권위주의 시대 한국 헌법이 지향하는 경제질서의 원칙이었다고 할 수 있다.

4. 권위주의시대의 헌법현실과 한국 자유주의의 빈곤

여러 가지 기본권이 헌법에 보장되었다고 해서 현실에서 그것이 실현되었던 것은 아니다. 참정권은 보편적으로 부여되었지만 현실정치에서는 선거의 4대 원칙 중 자유 및 비밀선거 원칙이 관권이나 금권의 개입으로 훼손되는 수가 많았다. 정당 간의 자유로운 경쟁도 관권의 개입이나 공작정치 때문에 자주 손상을 입었다. 노동3권도 안보와 경제발전을 이유로 행사되지 못하는 경우가 많았다. 언론·출판·집회·결사의 자유나 양심의 자유가 권력기관의 개입이나 반공법(국가보안법) 같은 특별법에 의해 제약되는 경우도 적지 않았다. 사회권 중에는 재정능력의 미비로 실제로는 유보되는 것이 더 많았다. 재산권은 보장되었고, 조세법률주의도 확립되었지만 건국 초기(특히 1950년대까지) 인구의 70%를 점하는 농민이 자신의 노동의 결과에 대해 배타적 권리(소유권)를 안전하게 확보했는지에 대해서는 의문의 여지가 있다. 당시 국가는 농민들로부터 임시토지수득세, 농지상환금 등 법적 근거를 지닌 세금을 징수했을 뿐 아니라 법적 근거가 없는 각종 잡부금까지 거두어들임으로써 전체 수입의 60% 이상을 빼앗아가는 약탈성(predatory)을

---

[6] 111조의 1항은 시장경제의 원칙을 밝히고 있고, 2항은 경제질서가 지향해야 하는 사회정의를 표명하고 있기 때문에 둘이 합해져서 사회적 시장경제를 천명하고 있다는 것이 이들의 논거다(권영성, 1989, 154, 160-161; 김철수, 1995, 98-106; 허영, 1996, 160-163).

보여주기도 했기 때문이다(이대근, 2002, 222-223). 권력분립 원리도 실제로는 지켜지기 어려웠다. 압도적 여대야소에서 대통령이 여당 총재를 겸하고 있고, 더 나아가 공작정치까지 동원하는 상황에서 국회는 대통령의 하위기관으로 전락하는 수가 많았다. 사법부 역시 대통령이 임면권을 쥔 상태에서는 하위의 지위를 벗어나기 어려웠다.

결국 헌법규범과 헌법현실 사이에는 상당한 괴리가 있었고, 이 점은 한국에서 헌정적 자유민주주의, 특히 자유주의가 전개되는 특수한 조건을 형성했다. 서구에서는 현실에서 개인의 자유와 권리를 쟁취하려는 노력과 투쟁의 성과에 비례하여 헌법규범이 정비되어갔다. 반면 한국의 헌정적 자유민주주의는 헌법규범으로 먼저 주어지고 헌법현실이 그것을 수렴해가는 거꾸로 된 형국을 보였다. 그 결과 헌법규범과 헌법현실 사이의 간극을 좁히는 작업이 한국에서 헌정적 자유민주주의를 위한 투쟁의 목표가 되었다. 집권 세력은 분단상황과 경제발전의 절박성을 앞세워 헌법규범과 헌법현실 사이의 괴리를 합리화하려 했고, 반대 세력은 민족(통일)과 민주(주의) 그리고 민중(의 삶 개선)을 내세우며 헌법(제도)상으로만 존재하고 실제로는 유보되었거나 제대로 실천되지 못하고 있는 각종 기본권을 현실에서 구현하고자 했다. 이하에서는 권위주의시대 집권 세력과 반대 세력의 논리를 박정희 시기를 중심으로 살펴보겠다.

1) 집권 세력의 논리: 단계론과 국가유기체론

박정희에게 자유주의, 민주주의, 통일, 경제발전, 국가안보, 민족주의 등의 관계는 어떠했고, 우선순위는 어땠는가? 그리고 그 속에서 자유주의는 어떤 위상을 차지했는가? 대부분의 한국인들은 자유주의보다는 자유민주주의라는 용어를 주로 사용했으며, 이 점에서 박정희도 별로 다르지 않았다. 그가 민주주의와 독립된 별개의 개념으로서 자유주의라는 말을 사용한 적이 거의 없기 때문에 자유주의에 대한 그의 정돈된 생각을 알기는 쉽지 않다. 따라서 여기서는 그가 국가와 개인의 관계를 어떻게 파악했고 자유민주주의를 어떻게 이해했는지를 통해 자유주의에 그의 생각을 간접적으로 알아보고자 한다.

박정희는 국가와 민족과 나를 무매개적으로 연결시키면서 나를 국가와 민족 속에서 용해시켜버리고 있다. "우리의 창의와 협력을 바탕으로 나라가 발전하며, 나라의 융성이 나의 발전의 근본임을 깨달아"라는 국민교육헌장의 내용이나 "나를 확대한 것이 즉 우리 국가다. 우리 민족이라고 할 때의 우리도 역시 마찬가지이다.…따라서 국가가 잘 되는 것은 내가 잘 되는 것이며, 국가를 위해서 내가 희생을 하고 봉사를 하는 것은 크게 따지면 나 개인을 위해서 봉사하는 것이고 우리 자신을 위해서 희생하는 것"이라는 1970년 1월 9일 연두기자회견 내용이 그것을 증명하고 있다. "국민의 한 사람 한 사람이 '나'와 '국가'를 하나로 알고 국력배양을 위해 총력을 기울여야 할 것"이라는 1972년 제8대 대통령 취임사나 "민족과 국가라는 것은…영생하는 것입니다. 특히 하나의 민족이라는 것은 영원한 생명체입니다. 따라서 민족의 안태와 번영을 위해서는 그 민족의 후견인으로서 국가가 반드시 있어야 하겠습니다. 국가는 민족의 후견인입니다. 국가 없는 민족의 번영과 발전이라는 것은 있을 수 없는 것"이라는 1973년 연두기자회견에서의 언급도 같은 맥락에서 이해될 수 있다. 결국 박정희에게 개인은 그 자체로서의 의미보다는 국가와 민족과 일체를 이룰 때에만 의미 있는 존재였으며, 이 점에서 그는 자유주의와는 거리가 먼 국가유기체론적 생각을 지녔다고 할 수 있다(김정훈, 2000, 179-180).

박정희에게 민주주의라는 단어는 버릴 수는 없었지만 우선순위에서 항상 뒤로 밀리는 것이었다. 이 점은 그가 민주주의라는 단어 앞에 항상 무엇인가 수식사를 붙이고 싶어했다는 점에서도 드러난다. 집권초기부터 그는 서구식 자유민주주의를 무능하고 부패하며 사대주의적인 구(舊)정치인들이 맹목적으로 추종하는 것으로 비판하고 대신 "민족이념을 바탕으로 한 자유민주주의", 즉 "민족적 민주주의"를 내세웠다. "우리가 바라는 민주주의란 서양식의 민주주의가 아니라 우리 사회와 정치형편에 알맞은 민주주의를 해나가야 된다"(박정희, 1962[2005a], 178)고 하면서 그는 민주주의 자체보다는 그것을 실현하기 위한 전제인 민족(주의)적인 것에 더 강조점을 두었던 것이다.

시간이 지나가면서 박정희의 강조점은 "민족적 민주주의"에서 그것을 실현하기 위한 전제인 경제적 자립으로 점차 옮아갔다. 그는 1967년 4월 14일 '자립에의 의지'라는 방송연설에서 "민족적 민주주의의 제1차적 목표는 '자립'에 있습니다.…자립에 기반을 두지 않는 민족주체성이니 민주주의니 하는 것은 한갓 가식에 불과하다는 것이 나의 변함없는 신조"라고 하면서 그는 민주보다 민족이 앞서고 민족에 선행하는 게 경제발전이라는 논리를 내세웠다.

분단국가의 지도자였던 박정희에게 통일은 피할 수 없는 목표였지만, 일차적 관심사라기보다는 중간단계를 거쳐 먼 미래에 성취되어야 하는 이차적 관심사였다. 그에게 통일보다 앞서는 것은 경제발전이었다. 발전을 통해 한편으로는 남한 내부의 단결을 이루고 다른 한편으로는 북한을 따라잡은 상태에서의 통일만이 그에게는 의미가 있었다. 따라서 그는 "내부에 빈곤을 두고서 반공이나 승공을 할 수 있다고 생각하는 것은 무용한 도로(徒勞)이기에…승공이나 반공의 관건이 빈곤의 추방에 있다"(1963년 '자유의 날' 담화문)고 역설하였으며 "경제적으로 군사적으로 실력의 절대우위를 확보하여…(북한으로 하여금: 필자 추가) 승복하게 하자는 것이다.…경제개발 5개년 계획은 그대로 조국통일운동이요, 전쟁을 막는 길이요, 북한동포를 구출하여 우리 민족의 평화와 복지를 약속하는 길"(1968년 '국군의 날' 유시)이라고 주장했다. 이 점에서 그의 통일론은 '선(先)건설·후(後)통일' 또는 '경제개발을 통한 승공통일'이라는 '2단계 통일론'이라고 할 수 있다.

그러면 박정희는 민주(주의)나 통일에 앞서는 경제발전을 어떤 방식으로 이룩하겠다는 것인가? 여기서 우리는 '선(先)성장·후(後)분배'론과 수출지향산업화의 논리 및 그 목표로서의 '자립경제'론과 조우(遭遇)하게 된다. 이와 관련하여 그는 1970년 '각 노조간부들에게 보낸 친서'에서 "노임이 비싸서 상품가격이 올라 수출이 적어지면 어떤 결과가 일어나겠는가?…노임이 적정수준에서 유지되어야 물건을 값싸게 생산하여 많이 수출할 수 있는 것이며, 수출증대가 공업발전과 고도성장을 촉진하여 고용증대와 임금향상을 가져오게 되는 것"이라고 말했다(김보현, 2005, 54). 아울러 "천연자원이 빈약하고 국내시장이 협소한 우리나라의 경우, 유일한 성장잠재력인 풍부한 인적 자원을 최대한 활용하기 위해서는 수출에 역점을 둔 외향적 개발전략이 유일한 활로"라는 말도 했다(박정희, 1978[2005b], 283).

한편 박정희가 경제발전과 같은 비중으로 중요시한 것이 국가안보였다. 이것은 반공의 이름으로 그의 집권초기부터 나타났지만 북한의 대남공세가 적극화된 1968년 이후 보다 강화되었다. 이 무렵 북한은 1·21사태, 울진·삼척무장공비침투, 푸에블로(Pueblo)호 납치, EC-121기 격추 등 남한과 미국에 대해 호전적 공세를 펼쳤다. 이에 대해 미국이 적극 대응하기는커녕 미온적인 태도를 보이고, 더 나아가 중국과 화해하고 주한미군까지 일방적으로 철수시키려 하자 박정희의 안보적 위기감은 극도로 고조되었다(V. Cha, 2004, 106-117). 이러한 북한에 대한 두려움과 미국에 대한 불신 속에서 나온 것이 '자주국방'이다. "긴장완화라는 이름 밑에 열강들이 제3국이나 중소 국가들을 희생의 제물로 삼는 일이 충분히 있을 수 있다"(매일경제신문사, 1977, 182)고 하면서 그는 "1970년대 초의 우리나라 사정은 세계 열강이 이 땅에서 각축하던 1세기 전 구한말 당시의 그것과 비슷했다. 당시 열강들은 그들 위주의 질서와 이익을 위해 중소(中小)국가들을 희생의 제물로 삼는 것을 당연한 것처럼 생각하는 경향이 없지 않았기 때문"(박정희, 1978[2005], 258)에 우리도 "앞으로는 전적으로 미국에만 의지하겠다는 생각은 깨끗이 버려야 한다"(김보현, 2005, 52)고 주장했다.

박정희에게 (국가)안보는 민주(주의)와 통일을 먼 과제로서 뒤로 밀치고 일차적 과제의 자리를 차지했던 (경제)발전과 같은 반열(班列)에 설 수 있는 과제였다. 그는 안보와 발전은 동전의 양면과 같은 관계이며, 그 바탕 위에서 장차 민주와 통일이 이룩될 수 있다고 생각했다. 발전 없는 안보는 공허하고, 안보 없는 발전은 맹목적이었다. 안보와 발전 사이의 이러한 관계를 가장 잘 드러내는 말이 당시 유행하던 "싸우면서 건설하자"는 슬로건이었으며, 그것은 후발산업화 국가에서 나타나는 '방어적 근대화(defensive modernization)'의 한국적 표현양식이었다.

요컨대 박정희는 개인이 자유나 권리만을 주장하기보다는 개인과 집단(민족과 국가)이 하나가 되는 상태(국가유기체론)를 선호했으며, 민주와 통일은 중요하지만 그것을 달성하기 위해서는 성장과 안보라는 선결조건이 충족되어야 한다('선성장·후분배[민주]'와 '선안보[건설]·후통일')는 단계론적 사고방식을 가지고 있었다. 그가 자유주의에 대해 별도로 언급한 적은 없지만 유추컨대 그는 단계론적 사고 위에서 자신의 발전 및 안보 우선론을 자유주의의 기반을 만드는 작업으로 생각했을 것 같다.

2) 반대 세력의 논리: 병행론과 민족(통일)지상주의

박정희가 성장과 안보에 우선성을 두는 단계론을 피력했다면 반대진영은 통일을 중심에 두고 민주와 발전을 동시에 문제삼는 병행론을 내세웠다. 반대진영에게 민족통일의 문제는 민족의 삶 전체와 밀접하게 연관되어 있었다. 우선 이들은 통일을 이루지 못함에서 오는 정치적 비민주성을 문제삼는다. 분단상황이 권위주의정권의 '폭력과 테러' 그리고 원시적 매카시즘(McCarthyism)을 합리화시켜주는 근거가 되고 있다는 것이다. 다음으로 이들은 분단으로 인한 경제적 모순을 문제삼는다. 식민지하에서 형성된 예속적이면서 파행적인 경제구조가 해방 이후에도 분단 때문에 시정되지 못하고 있다. 분단 때문에 한국경제는 대미 및 대일 예속성을 탈피하지 못하고 있으며, 균형발전도 하지 못하고 있다는 것이다.

반대진영은 박정희의 권위주의적 통치에 저항하고 민중의 삶을 개선하며 통일을 앞당기기 위해 많은 노력을 기울였다. 이들은 재야명망가들을 중심으로 '민주수호국민협의회'(1971년), '민주회복국민회의'(1974년), '민주주의와 민족통일을 위한 국민연합'(1979년) 등의 연합조직을 만들어 민주화를 요구했고, '도시산업선교회'나 '가톨릭농민회' 등을 통해 노동자와 농민의 삶의 조건을 개선하려 했다.

이런 활동의 중심인물 중 한 사람인 함석헌은 "정치하는 사람들은 매양 서양식 민주주의를 그대로 모방할 수 없다느니, 후진국이기 때문에 아직은 강력한 지도자가 필요하다느니 (하면서: 필자)…조금도 민중을 민주주의로 성의 있게 가르치려 하지 않았다.…민중은 도리어 민주주의적으로 나가려 하는데 정치인들이 그것을 방해했을 뿐"이라고 박정희의 민족적(내지는 한국적) 민주주의론을 비판했다(함석헌, 1983, 74).

또 다른 중심인물인 문익환 역시 1976년 3·1절 민주구국선언문에서 "유신헌법으로 허울만 남은 의회정치가 회복되어야 한다.…자유로이 표현되는 민의를 국회는 법제정에 반영시켜야 한다.…사법권의 독립을 촉구한다"(이나미, 2004, 11)고 주장했다. 또한 그는 '선성장·후분배'의 단계론에 대해서도 "국방력도 경제력도 길러야 하지만 민주역량의 뒷받침이 없을 때 그것은 모래 위에 세운 집과 같다"고 반박했는데, 결국 그(들)가 원한 것은 민주주의의 기초 위에서 안보와 발전을 함께 추구하자는 병행론이었다.

1971년 제7대 대통령선거에서 박정희에 맞서 신민당 후보로 출마했던 김대중도 병행론을 내세웠다. 그는 박정희의 민족적 민주주의에 반대해 '대중민주주의'를 주장하면서 그와 함께 '대중경제'를 동시에 추구해야 한다고 주장했다(김일영, 2006a, 184-189, 201-217). 특히 민주주의 실현과 분배 문제 해결을 통한 국민적 단합이야말로 북한의 위협을 지켜내는 안보의 핵심이므로 이 선거에서 반드시 박정희 독재를 종식시켜야 한다고 역설했다.

이렇게 반대 세력이 집권 세력에 비해 자유민주주의를 보다 중시하고 성장과 분배의 조화를 추구한 것은 사실이다. 하지만 두 세력은 이런 차이점 못지않게 공통점도 보여주었는데, 그 대표적인 인물이 장준하였다. 그는 정치적 비민주성과 경제적 종속 및 저발전을 모두 분단과 연결시키는 민족(통일)지상론자였는데, 여기서 우리는 박정희 못지않은 집단주의의 그림자를 발견할 수 있다.

장준하는 민족통일을 아무도 부인할 수 없는 민족의 최우선 과제로 전제했다. "통일에의 길은 아직도 멀고 험난하다. 그렇지만 그 길은 기필코 우리가 가야 할 길이다. 우리 한 사람, 몇 사람의 재산과 지위와 명예가 희생되어서라도 가야 할 길이다"(장준하, 1972[1985], 59). 특히 그는 개인을 희생하고서라도 달성해야 하는 목표가 민족통일이라고 하면서 "정치이념도 생활조건도 심지어 사생활까지도 통일을 위해서 방해가 된다면 이에 대한 집착을 탁 털고 홀홀히 나서는 인간이 되어야만 통일을 말할 수 있고 통일운동에 가담할 수 있다"고 했다(장준하, 1972[1985], 40).

더 나아가 장준하는 개인도 민족 속에서만 의미가 있는 존재라고 주장했다. "민족적인 생명과 따로 존재하는 자기, 민족의 생명이 끊어진 뒤에도 살아 있는 자기, 민족이 눌리고 헐벗고 있을 때 그렇지 않은 자기는 이미 자기 아닌 자기이며, 그렇기에 자기의 생명을 실현하는 인간이 아닌 것이다…민족의 생명, 민족의 존재가 이미 없어져버릴 때는 민족의 한 사람인 그의 개인적인 인간적인 생명과 존재조차 없어져버리는 것이다"(장준하, 1972[1985], 50).

이렇게 민족(통일)지상주의적인 사고를 가졌기에 장준하에게는 정치적 자유도 민족을 전제할 때에만 의미가 있는 것이었다. "정치적 자유는 그 자체도 기본적인 것이지만 보다 큰 민족적 자유를 확보하기 위한 수단이기에 더욱 중요한 것이다"(장준하, 1972[1985], 58). 자유는 그 자체로서 절대적 가치를 가진 것이 아니라 민족의 번영과 발전, 특히 통일을 위해 필요한 수단으로서의 의미를 지닌다는 것이다(김대영, 2003, 156).

더 나아가 장준하는 민주주의도 민족의 하위범주로 생각했다. 민주주의는 추상적인 것이 아니라 주체가 존재해야 한다면서 그는 '한민족의 민주주의'를 주장했다(김대영, 2003, 155). 이때 한민족에게 가장 중요한 것은 식민지하에서는 민족해방이고 분단 이후는 통일의 쟁취다. 이런 맥락에서 그는 민주화 투쟁을 한편으로는 아직도 한국을 지배하고 있는 친일파와의 투쟁으로, 다른 한편으로는 민족통일을 쟁취하기 위한 투쟁으로 생각했다. 광복군 출신이었던 그는 박정희에 대한 반대를 일본에 대한 민족해방운동의 연장선상에서 이해했다. "그동안 광복군 출신자로서 일군장교 출신인 박정희가 주도하는 정권이 이 나라를 지배하는 이 세상에서, 참 치욕스럽게 살아왔다. 그래서 누구보다도 나는 박정희를 미워했다"(김보현, 2005, 150)는 그의 고백이 이를 증명하고 있다. 그런가 하면 그는 민주주의를 통일을 달성하기 위한 수단으로 생각했다. "공산노예에 대항하기 위해서는 우리 국민이 한시라도 '집권층의 노예'라는 생각을 갖지 아니하는 상황이 조성"(장준하, 1968[1985], 147)되어야 하며, 그를 위해서는 자유민주주의적 기본권을 보장해야 한다는 것이다. 그런데 통일을 원치 않는 특권계급이 국민의 힘을 하나로 결집하는 민주주의를 거부하고 있다. 바로 그렇기 때문에 우리는 민주화 투쟁을 해야 하고 그것은 곧 통일을 위한 길이다(김대영, 2003, 160, 162).

이 대목에서 우리는 서로 맞서 싸우던 장준하와 박정희 사이에 묘한 유사성을 발견하게 된다. 민족과 통일을 위해 개인의 삶을 희생할 수도 있다는 장준하식의 민족(통일)지상주의 논리는 민족과 통일 대신 국가와 발전을 그 자리에 대입시킨 박정희의 주장과 논리구조상 별반 다를 것이 없다. 국가, 민족, 통일, 발전 같은 거대담론에 매몰되어 개인이 그 자체로서의 존립근거를 찾기 어려운 점도 비슷하다.

이런 집단주의적 사고는 박정희정부하에서는 많은 민중들에게 그들의 피와 땀을 조국건설에 바치도록 요구했지만, 반대 세력에게는 일부 젊은 학생들에게 그들의 생명을 민족의 제단 앞에 바치도록 만드는 의도치 않은 결과를 가져왔다. 1975년 서울대 농대생 김상진은 "민족과 역사를 위한 길이고,…조국의 민주주의를 쟁취하는 길이며…사회정의를 구현하는 길이라면 이 보잘 것 없는 생명, 바치기에 아까움이 없다"(김보현, 2004, 4)고 하면서 할복자살했다. 그리고 이런 행렬은 1980년대까지 이어져 1986년에는 전방입소교육을 "양키의 용병교육"이라고 거부하면서 서울대생 김세진, 이재호가 분신자살하는 사태까지 일어났다(김일영, 2006b, 236).

한편 집권 세력과 반대 세력 사이에는 또 하나의 유사성이 있는데, 시장에 대한 국가개입을 당연하게 여기는 것이다. 박정희정부가 국가주도로 경제개발을 추진했음은 널리 알려진 사실이며, 1962년 시작된 경제개발 5개년계획이 그 대표적 증거다. 박정희는 자본과 원자재 그리고 시장이 모두 부족한 한국에서는 국가가 주도하여 외자를 도입하고 수출산업을 중점육성하는 발전방식이 가장 적실성 있다고 생각했다.[7] 이에 대해 반대진영은 박정희의 외자의존적 수출지향산업화 방식에 대해서는 비판적이었지만 국가가 경제를 주도해야 한다는 점에 대해서는 의견을 달리하지 않았다. 다시 말해 국가개입 자체에 대해서는 두 세력이 일치했지만 개입의 목적에서는 서로 견해가 달랐

---

7) 이와 관련된 박정희의 언술은 이미 앞에서 언급했기에 반복하지 않겠다.

다. 집권 세력은 외향적 산업화를 그리고 반대 세력은 내포적 산업화와 재분배를 위해서 국가를 활용하고자 했던 것이다. 그리고 이러한 개입은 헌법에 규정된 질서자유주의가 추구하는 제한적 개입을 훨씬 넘어서는 것이었다.

경제발전에 관한 반대 세력의 생각을 가장 잘 보여주는 것 중 하나가 박현채가 써서 김대중의 이름으로 발표된 '대중경제론'이다(김일영, 2006a, 201-212). 대중경제론은 박정희식 특권경제와 대중경제를 대비시킨다. 특권경제는 대외의존성과 구조적 파행성 및 이중구조를 특징으로 하는 데 반해 대중경제는 자립적 국민경제 건설과 구조적 균형성을 지향한다.[8] 대중경제가 추구하는 바는 "대외의존도가 높은 국민경제의 파행성을 극복하는 것으로서 자립적 국민경제 구조의 실현이다." 여기서 자립적 국민경제란 "일정한 지역적 분업의 토대 위에서 지역적 시장권을 형성케 하고 지역적 시장권에 입지하는 중소기업과의 유기적 관련하에 생산재 생산부문을 선도로 하는 국민적 산업에 의한 상대적 자급자족체제를 실현"하는 것이다. 이것은 "국민경제의 이중구조와 공업구조의 파행성을 시정하고 국내시장, 국산원자재와 긴밀히 관련지워진 공업구조를 갖는" 것이며, "국민경제의 이식형적 특수성이 가져온, 국내에 분업연관을 갖고 있지 않는 그리고 생산재 생산부문이 없는 국민적 산업을 생산재 생산부문을 선도로 한 국내적 분업관련을 갖는 산업으로 전환하여 국내 농어업 및 광업 등 추출산업과 긴밀히 관계지워지도록 하는" 것을 의미한다.

이렇게 국민경제가 통일된 자율적 재생산권을 이루기 위해서는 국가가 경제에 개입하여 경제를 계획적으로 운용하는 '한국형 혼합경제체제'가 필요하다. 국가는 단순히 경제를 '유도'하는 데에 그치지 않고 적극적으로 '선도'하는 역할까지 해야 하는데, 그 내용으로는 다음 세 가지가 있다. 첫째, 국

---

[8] 대중경제에 관한 설명에서 출처가 별도로 명기되지 않은 인용은 모두 대중경제연구소(1971, 56-63)에서 이루어졌다.

가는 "생산재 생산공업을 선도부문으로 하여 그 밑에 대기업과 중소기업이 상호분업관계에 의해 협동적 피라미드형"을 이루도록 공업구조를 재편성하는 데 앞장서야 한다. 둘째, 국가는 농업을 재편성하는 정책적 개입을 통해 농공 간의 불균형을 시정해야 한다. 마지막으로 국가는 "사회의 실질적인 생산력인 근로대중의 지혜와 능력을 최대한 발휘케 하는 동시에 그들의 복지를 제도적으로 그리고 사전적(事前的)으로 보장·확대하는 일련의 경제시책"을 펴야 한다.

이상에서 설명한 권위주의시대 한국 자유주의의 여러 양상을 앞서 살펴본 서구 자유주의의 유형화를 설명한〈표 12-1〉을 원용하여 도식화해보면 다음의 〈표 12-2〉와 같다.

〈표 12-2〉 권위주의 시대 헌법규범과 헌법현실에서 나타난 한국 자유주의의 양상들

			국가 '권력' 차원 (자유주의의 정치적 차원)	
			기본권 일부 제약 참정권 형식적 보장	확대된 기본권을 실질적으로 보장 참정권도 실질적으로 보장
국가의 경제적 '기능' 차원 (자유주의의 경제적 차원)	최소			
	중간	제한적 개입		헌법규범상으로는 자유민주주의(정치적)와 질서자유주의(경제적)가 혼합 헌법현실 면에서 반대 세력은 '민주적 발전국가'를 지향 - 병행론(민주주의와 경제발전의 동시추구) - 민족(통일)지상주의 - 내포적 발전과 분배개선을 위한 국가개입주의
	최대	복지(재분배)적 개입		
		개발을 위한 개입	헌법현실 면에서 집권 세력은 '권위주의적 발전국가'를 지향 - 단계론(선성장·후분배=민주) - 국가유기체론 - 외향적 발전을 위한 국가개입주의	

3) 차별성 못지않은 유사성: 집단주의와 국가개입주의 그리고 자유주의의 빈곤

반대 세력이 집권 세력에 비해 자유민주주의를 보다 중시하고 성장과 분배의 조화를 추구한 것은 사실이다. 하지만 두 세력은 집단주의와 국가개입

주의라는 두 가지 점에서 근접성을 보여주었다. 개인보다는 국가와 발전, 민족과 통일이 우선되었으며, 시장에 대한 국가의 장기적이고도 전략적 개입은 당연한 것으로 수용되었다. 서로 대립하는 두 세력이 자유주의의 빈곤이라는 점에서 유사성을 보여주는 까닭은 어디에 있을까?

서구와 비교할 때 한국의 자유주의는 중요한 요소 하나를 결여하고 있었는데, 그것은 개인주의였다. 서구 자유주의의 기초인 개인은 전근대적 공동체의 제약에서 풀려나 자기소유권(self-ownership) 보호를 중심으로 하는 권리지향성을 보여주는 인간이다. 이들은 새로운 규범과 결사체, 더 나아가 사회를 만들어 스스로의 권리를 보호하고자 했는데, 이때 이들의 행위를 이끈 준칙은 이기심이었다. 하지만 오랜 유교전통 속에서 살아온 한국에서 이런 개인이 생겨나기는 쉽지 않았다. 공(公)이 사(私)보다 먼저이고 집단(크게는 국가부터 작게는 가족까지)이 개체에 앞서며 개체는 그런 집단 속의 존재로서만 의미가 있다는 유교적 전통 속에서 권리지향적인 개인이 단기간에 탄생하기는 쉽지 않았다. 따라서 그들은 헌법규범상으로는 개인이었지만 헌법현실에서는 전근대적 굴레에서 아직 벗어나지 못한 개체로서 국가에 의해 휘둘리고 있었다.

이 점은 1950년대 당시 농촌사회를 현장조사한 연구결과들에서 잘 드러나고 있다. 이에 따르면, 당시 농촌은 여전히 반상(班常)의 신분차별이 인간관계나 사회생활을 규정하는 주된 요인으로 작용하고 있었으며, 사람들을 묶어주는 가장 보편적이고 안정적인 자발적 결사체는 친족집단뿐이었다(이만갑, 1960; 김일영 외, 2006). 그러나 이러한 친족집단의 역할은 씨족의 공동업무(관혼상제에서의 상부상조나 족보 편찬 등)를 처리하는 범위를 넘지 못했다. 따라서 이들은 자신의 이익을 보호해줄 어떤 이익결사체도 지니지 못한 채 국가와 맞닥뜨려야 했다. 이들은 법적으로는 나무랄 데 없는 개인이었지만, 실제로는 국가에 대해 자신들의 이해관계를 매개할 어떤 중간집단도 지니지 못한 채 모래알처럼 뿔뿔이 흩어져 사는 존재였다(이영훈, 2000, 81-82). 이들은 국가에 대해 스스로의 권리를 주장하기보다는 권력 앞에서 움츠러들고 권력에 의해 동원되기 쉬운 존재였다. 헨더슨이 한국정치의 특징을 모든 것이 정점을 향해 빨려 올라가는 '회오리바람(vortex)'으로 규정한 것은 이러한 관찰에 힘입은 것이었다(G. Henderson, 1968).

유교의 집단주의적 전통이 구한말과 식민지기를 거쳐 해방 이후까지 영향력을 잃지 않은 데에는 민족주의와 반공 탓이 컸다. 아직 전근대의 공동체적 제약을 채 탈각하지 못하고 있던 조선인에게 일제의 국권침탈로 인해 식민지적 굴레가 덧씌워졌다. 그들은 '이중의 부자유' 상태에 빠졌으며, 그것을 벗어나기 위해 반제(反帝)와 반봉건(反封建)이란 두 가지 투쟁을 전개했다. 하지만 국가를 잃은 상태에서 반봉건보다는 반제에 상대적 비중이 두어질 수밖에 없었으며, 이 과정에서 개인의 해방(자유와 권리)은 민족의 해방(자유와 권리)을 통해서만 이루어질 수 있는 것으로 치부되었다. 오랜 집단주의 전통은 식민지하에서 (반제)민족주의의 물결 속에서 안식처를 찾았던 것이다.

해방으로 국가를 되찾았지만 수립된 것은 통일국가가 아니라 분단국가였다. 해방으로 반제의 과제가 해소됨으로써 민족주의는 힘을 잃었어야 했지만 분단현실이 그것을 되살려냈다. 반대 세력은 분단국가를 결손(缺損)국가(broken state)라 비판하면서 민족통일 없이는 진정한 경제발전과 민주주의가 어렵고 또 무의미하다는 민족(통일)지상주의를 내세웠다. 따라서 통일이 달성되는 날까지 민족주의는 여전히 의미 있다는 것이 이들의 주장이었는데, 앞서 살펴본 장준하가 대표적 인물이다.

이에 반해 집권 세력은 민족통일도 중요하지만 그 전에 반쪽에서라도 국가를 세우고 그 국가의 경제와 안보 역량을 배양하는 것이 먼저라고 생각했다. 그것의 표현이 이승만의 '선건국·후통일'론과 박정희의 '선건설·후통일' 및 '선안보·후통일'론이었다.⁹⁾ 이들은 통일에 앞서 건국·건설·안보의 과제를 달성하기 위해 반공을 강조했다. 이때 반공은 자유 자체를 억압하는 전체주의(공산주의)에 반대한다는 점에서 '방어적 자유주의'의 성격을 띤 것이었다. 하지만 반공으로 인해 사상과 표현의 자유가 억압될 가능성이 있었고, 또 실제로 집권 세력이 반공을 반대 세력을 탄압하고 국민을 대대적으로 동원하는 도구로 활용했었기 때문에 반공은 자유주의에 반하는 성격도 동시에 지니고 있었다(강정인, 2002, 49-53).

요컨대 전근대의 집단주의 전통은 식민지와 분단을 거치면서 민족주의와 국가주의 및 반공을 통해 온존됨으로써 집권 세력과 대항 세력이 서로 대립하면서도 차별성 못지않게 유사성을 보이는 근거를 제공했다.

한편 집권 세력과 반대 세력이 모두 국가가 개인의 경제활동에 개입하는 것을 당연시하는 까닭은 어디에 있을까? 그 뿌리는 유교에서 찾을 수 있을 것 같은데, 유교의 경제관념은 경제에 대한 도덕의 우위와 단순재생산 지향의 개입주의 경제로 요약될 수 있다(김일영, 2000, 470-473). 유교는 사유재산과 부의 축적 자체를 부인하지는 않는다. 하지만 경제활동을 사회 전체의 도덕성을 고양하기 위한 수단으로 보지 목적으로 보지는 않는다. 따라서 부의 축적이 도덕성을 훼손(예컨대 부의 지나친 편재[偏在])하는 것을 방지하기 위해 국가는 경제활동에 개입해야 한다는 것이다.

이렇게 사회적 '균(均)'을 추구하는 유교적 국가개입주의는 20세기 초 등장한 사회주의 계획경제 및 수정자본주의 등과 어우러지면서 한국의 좌우 세력 모두에게 커다란 영향을 미쳤다.¹⁰⁾ 계획경제를 내세우는 좌파가 국가의 경제개입을 주장하는 것은 당연하다. 하지만 해방부터 건국 초기에는 우

---

9) 이러한 '2단계 통일론'에 관해서는 김일영(2005, 77-83; 2006c, 35-37, 49-50) 참조.
10) 유교의 '균' 개념과 사회주의의 친화성에 관해서는 溝口雄三(1989, 191-195); 溝口雄三/中嶋嶺雄(1991, 29-32) 참조.

파도 그 못지않게 국가개입주의를 지지했다. 이 점은 한국독립당(한독당)과 한국민주당(한민당)의 강령과 정책 및 제헌헌법을 보면 잘 드러난다.

한국 보수우파 정당의 뿌리인 한민당의 강령에는 "근로대중의 복리증진을 기함"이란 내용이 나오고 정책에는 "주요산업의 국영 또는 통제관리"와 "토지제도의 합리적 재편성"이 명기되어 있다. 중도우파 정당인 한독당의 당강(기본강령)에는 "계획경제제도를 확립하여서 균등사회의 행복생활을 보장"하고 "토지는 국유를 원칙"으로 한다는 내용이 있고, 당책(행동강령)에는 "토지는 인민에게 분급하여 경작케 하되 극빈한 농민에게 우선권이 있게 할 것"과 "교통, 광산, 삼림, 수리, 운수, 전기, 어업, 농업 등 전국성의 대규모 생산기관은 국가 경영으로 한다"고 되어 있다(송남헌, 1985, 126, 188-189). 이 모든 것의 결정판이 앞서 살펴본 제헌헌법의 경제조항이다.

이러한 경제관은 내포적 공업화론으로 이어졌다. 내포적 공업화론은 식민지형 산업구조를 탈피하여 자립경제를 확립하자는 것이었다. 식민지형 산업구조란 "선진공업에 예속되어 있는 원시산업(광업 및 농업)과 역시 선진국의 중화학공업 내지 소비재공업의 매판시장이 되어 있는 소비재가공업 혹은 단순 소비시장밖에 없는 산업구조"다. 한국은 "원시산업과 소비재가공업 사이에 가교(架橋)역할을 하는 기초적 생산재공업을 건설하여 내포적(intensive) 또는 내향적(inward-looking) 공업화를 달성"해야만 자립경제를 이룰 수 있다. 이를 위해 국가는 내자를 적극 동원해 경제적 예속성을 탈피하기 위한 산업구조의 변혁에 집중배분해야 한다. 구체적으로는 수입대체산업을 육성하되 국가가 계획을 세워 투자의 내용이 매판적 소비재가공업으로 가는 것을 막고 기계, 금속, 화학 등의 기초공업에 집중될 수 있도록 해야 한다는 것이다(박희범, 1968, 71-73, 81, 89-93).

이런 내포적 공업화론은 보수, 진보를 가릴 것 없이 당시 지식인 사회에서 상당히 일반화된 견해였으며,[11] 박정희도 집권초기에는 유사한 생각을 지니고 있었다.[12] 따라서 박정희정부가 만든 '제1차 경제개발 5개년계획안'(이하 1차 계획) 역시 내포적 공업화론에서 자유롭지 못했다. 이 계획안은 '자립적 성장과 공업화의 기반조성'을 위해 "자유기업의 원칙을 토대로 하되 기간 부문과 그밖의 중요 부문에 대해서는 정부가 직접 관여하거나 간접적으로 유도정책을 쓰는 '지도받는 자본주의체제'를 견지"해야 한다고 했다. 이 계획안의 골자는 수출보다는 수입대체, 소비재보다는 중화학과 기간산업, 농공 간의 균형, 외자보다는 내자, 자율보다는 계획과 지도 등이었는데, 이것은 내용 면에서 내포적 공업화론과 별반 다를 것이 없었다(한국개발연구원, 1995, 203-207).

그러나 '1차 계획'안이 소기의 성과를 내지 못하고 경제가 점차 나빠지자 박정희는 산업화 방식을 내포적인 것에서 외향적인 것으로 전환하게 된다. 그 결과 '제1차 경제개발 5개년계획 보완계획'(이하 보완계획)이 만들어지는데(木宮正史, 1991, 151-159), 조국근대화론으로 통칭되는 박정희 모델은 이때부터 만들어지며 그것은 곧 모태(母胎)였던 내포적 공업화론과 어느 정도 거리를 두는 것을 의미했다. '보완계획', 즉 조국근대화론의 핵심적 내용은 대외지향성(수출지향과 외자의존), 중화학공업 중시 그리고 강력한 국가주도성으로 요약될 수 있다. 이 중 대외지향성, 다시 말해 경공업제품 중심의 수출지향과 높은 외자의존성은 분명 내포적 공업화론의 대내지향성과의 단절을 통해 만들어졌다. 하지만 다른 두 측면인 중화학공업 중시와 국가주도성은 내포적 공업화론의 연장선상에 있는 것이다. 집권 세력과 반대 세력이

---

11) 당시 교수 761명과 언론인 754명 등 총 1,515명의 지식인을 대상으로 한 여론조사에 따르면, 45%가 통제된 자본주의의 필요성을 인정했고 16% 정도만 자유주의적 자본주의를 지지했다(홍승직, 1967, 176).
12) 이 점은 대표적인 내포적 공업화론자인 박희범, 박동묘, 최문환 등이 군정의 경제고문으로 참여한 데서도 드러난다(김일영, 2006b, 190-194).

국가개입주의 면에서는 공통되지만 개입의 목적 면에서는 외향적 · 불균형적 성장과 내포적 · 균형적 발전으로 서로 차이가 나는 이유가 바로 여기서 시작되었다고 할 수 있다(김일영, 2006b, 194-200, 218-225).

5. 민주화 이후의 한국 자유주의

1987년부터 민주화가 시작되었다. 처음에는 과거 권위주의 집권 세력(노태우정부)이나 그것을 일부 계승한 세력(김영삼정부)이 권력을 장악했지만 1997년 수평적 정권교체(김대중정부)를 계기로 본격적인 집권 세력의 교체가 시작되었다. 과거 집권 세력이던 근대화 세력은 반대 세력이 되었다. 대신 과거 반대 세력이던 민주화 세력은 일부가 집권 세력이 되고 나머지는 이런 집권 세력에 대해 '비판적 지지'를 보내는 '시민운동' 세력으로 분화되었다.

민주화에 이어 탈냉전과 글로벌화의 물결이 밀어닥쳤다. 이로 인해 오랫동안 우리 모두를 지배해오던 반공과 국가개입주의가 흔들리기 시작했다. 특히 김대중정부가 출범해 대북포용정책을 본격 추진하면서 집권 세력이 '민족'화해를 주장하고 반대 세력이 '국가'안보를 주장하는 역전현상이 벌어졌다. 글로벌화로 인해 국가에 의존한 프로젝트는 그것이 성장우선이든 분배우선이든 모두 도전을 받게 되었다. 그러면서 등장한 것이 시장 위주의 프로젝트인 '신자유주의(neo-liberalism)'였다.

민주화는 한국의 헌정적 자유민주주의의 오랜 특징인 헌법규범과 헌법현실 사이의 괴리를 현격하게 줄였다. 이제 헌법에 규정된 각종 기본권은 현실에서도 대부분 실현되게 되었다. 이로써 국가권력으로부터 개인의 기본권이 어느 정도나 보장되는가라는 자유주의의 정치적 측면에서 권위주의하에서 근대화 세력과 민주화 세력이 보여주었던 차별성의 의미는 점차 퇴색해갔다. 설사 자유주의나 민주주의 그리고 헌정주의가 문제시될 경우에도 그것은 정치체제의 민주화 같은 거시적(macro) 차원보다는 각종 제도나 관행 속에 아직 남아 있는 권위주의적 잔재의 철폐 같은 중범위(meso) 내지는 미시적인(micro) 차원으로 중점이 옮아갔다. 그 결과 과거 민주화 세력(새로운 집권 세력과 그에 우호적인 시민운동 세력)과 과거 근대화 세력(새로운 반대 세력)은 정당민주화, 제왕적 대통령제 불식, 국가보안법 개폐, 시민단체를 포함한 각종 사회단체의 참정권 확대, 소수자(minorities)의 권리보호 등 새로운 쟁점을 놓고 대립하게 되었다. 새로운 반대 세력(과거 근대화 세력)은 무제한적인 자율성보다는 자유민주주의와 시장경제라는 기본가치를 지키기 위해 필요한 법치주의의 틀 내에서의 자율성을 강조하고 있다. 반면 새로운 집권 세력과 그에 우호적인 시민운동 세력(과거 민주화 세력)은 개인의 기본권 보호와 자율성 신장이 가장 중요하고, 그를 위해서는 과거의 잘못된 법체계에 지나치게 구애받을 필요가 없다고 하면서 '시민불복종'까지도 불사하겠다는 태도를 보이고 있다. 요컨대 민주화 이후 국가의 자의적 권력행사로부터 개인의 기본권은 대부분 확보되었지만, 그것의 양과 질을 둘러싼 논란은 여전히 계속되고 있는 것이다.

민주화 이후 헌법규범상으로 볼 때 국가의 경제적 기능은 좀 더 확대되었다. 제헌헌법의 사회국가적이고 국가통제적이며 개입주의적인 경제조항은 그 후 개헌과정에서 조금 완화되기는 했지만 본질적으로 크게 변하지는 않은 채 민주화 이후까지 이어졌다. 1987년 6월 항쟁의 성과물로 쟁취한 현행(제6공화국) 헌법은 경제질서의 기본원칙을 "대한민국의 경제질서는 개인과 기업의 경제상의 자유와 창의를 존중함을 기본으로 한다"(제119조 1항)와 "국가는 균형 있는 국민경제의 성장 및 안정과 적정한 소득의 분배를 유지하고, 시장의 지배와 경제력의 남용을 방지하며, 경제주체 간의 조화를 통한 경제의 민주화를 위하여 경제에 관한 규제와 조정을 할 수 있다"(제119조

2항)로 규정하고 있다. 앞서 살펴본 제3공화국 헌법과 비교할 때, '개인의 경제적 자유'를 원칙으로 하면서도 필요한 경우 '국가가 경제를 규제 · 조정'할 수 있다고 밝힌 점에서는 별 차이가 없다. 다만 시대변화를 반영하여 국가개입의 목적을 좀 더 세세하게 나열했다. 즉, 제3공화국 헌법에 '사회정의와 경제의 균형발전'이란 식으로 포괄적으로 표현되던 것을 '균형성장 및 안정, 적정한 소득분배, 독과점 방지, 경제주체 간의 조화' 등으로 좀 더 구체화시켰다는 것이다. 그런데 국가개입의 목적으로 "경제의 민주화"를 못 박고 있고, 그것의 구체적 내용 속에 "적정한 소득의 분배를 유지"해야 한다는 게 포함된 점은 주목할 필요가 있다. 국가개입의 목적으로 소득재분배까지 규정한 것은 시장의 질서를 확립하기 위해 국가가 경제에 대해 규제와 조정을 한다는 '질서자유주의'의 원칙을 넘어선 것으로 볼 수도 있기 때문이다. 이렇게 본다면 과거 헌법이 지향하던 사회적 시장경제, 즉 질서자유주의 원칙은 민주화 이후 헌법규범 면에서 기본적으로 지속되고 있으면서도 그 이상의 개입까지 허용한다는 점에서 '확대된 사회적 자유주의'의 원칙이 '일부' 수용된 것으로 볼 수 있을 것 같다.

민주화 이후, 특히 글로벌화가 밀어닥친 후부터 헌법현실 면에서 국가의 경제적 기능의 범위를 둘러싸고 여러 세력이 보여주는 분화양상은 좀 더 복잡하다. 앞에서 보았듯이 권위주의하에서 집권 세력과 반대 세력은 헌법에 규정된 질서자유주의가 지향하는 제한적 개입을 훨씬 넘어서는 개입(전자는 외향적 산업화를, 후자는 내포적 산업화 및 재분배를 위한)을 추구했다. 이러한 개입주의 경향으로부터 가장 먼저 벗어나려 한 것은 자본, 즉 기업부문이다. 그들은 국가의 보호막 아래서 성장했지만 1980년대부터 '민간주도경제'를 입에 올리기 시작했고, 1990년대 이후 글로벌화의 물결이 밀어닥치자 헌법의 경제조항을 없애는 것을 포함해 가능한 모든 규제를 철폐하자고 요구하고 있다(이진순 · 정순훈, 1997). 국가 역시 개입의 범위를 축소하면서 시장원리에 적응하려고 애썼다. 김영삼정부는 '세계화'를 내세우며 개혁과 개방을 추진했다. 김대중정부는 질서자유주의에다가 '생산적 복지(workfare)'를 가미해 규제를 철폐하면서 사회안전망을 갖추는 '제3의 길(the third way)'의 정치를 추구했다(김일영, 1999; 2002; 2004).

이러한 새로운 집권 세력의 정책에 대해 새로 등장한 반대 세력은 분파에 따라 두 가지 상반된 태도를 보여주었다. 우선 '시민운동'(과거 민주화 세력이었으나 김대중 집권 이후 '비판적 지지'로 돌아선) 세력은 정부의 개혁 정책을 사회안전망도 마련하지 않은 상태에서 노동 부문에 대한 구조조정만을 강행하는 신자유주의적 개혁이라고 비판했다. 정부가 재벌은 빨리 혁파하지 않으면서 구조조정의 모든 부담을 기층민중에게 전가시키고 있다는 것이었다. 따라서 이들은 글로벌화의 물결에 맞서 시장의 위험성을 경고하면서 경제정의(분배) 면에서 국가는 여전히 해야 할 역할이 남아 있음을 강조했다. 반면 야당(과거 집권[근대화] 세력이었으나 이제 정권을 잃어 반대진영이 된) 세력은 정부가 보다 더 많이 그리고 빠르게 기업에 대한 규제를 풀지 않는 점을 불만스러워 했다. 이들이 보기에 정부가 추진한 '빅딜(big deal)'이나 기업에 대한 노동자 정리해고 자제 압력, 출자제한, 부채비율제한 등은 모두 시장의 원칙에 어긋나는 것이었다. 따라서 이들은 정부에 대해 과도한 관치(官治)의 청산과 대폭적인 규제완화를 주장했다.

결국 오늘날 새로운 집권 세력의 개혁·개방정책은 두 부류의 비판 세력으로부터 정반대의 이유 때문에 협공을 당하고 있다. 새로운 반대 세력 중 과거 근대화 세력을 이어받은 측(야당과 자본)은 과소(寡少)시장을 이유로, 과거 민주화 세력을 이어받은 측(시민운동 세력)은 과잉(過剩)시장을 이유로 새로운 집권 세력의 정책을 비판하는 것이 노무현정부의 양상이다.

이상에서 설명한 민주화 이후 한국 자유주의의 여러 양상을 앞서 살펴본 서구 자유주의의 유형화를 설명한 〈표 12-1〉을 원용하여 도식화해보면 다음의 〈표 12-3〉과 같다.

〈표 12-3〉 민주화 시대 헌법규범과 헌법현실에서 나타난 한국 자유주의의 양상들

			국가 '권력' 차원(자유주의의 정치적 차원)	
			자유민주주의와 시장경제의 기본 가치를 지킨다는 방어적 목적을 위해서는 기본권 일부 제약 가능	기본권 가급적 무제한 허용
국가의 경제적 '기능' 차원 (자유주의의 경제적 차원)	최소		헌법현실 면에서 새로운 반대 세력 중 과거 근대화 세력을 이어받은 측(야당과 자본)은 가급적 모든 규제철폐를 통한 신자유주의를 주장	헌법규범상으로는 - 정치적: 자유민주주의 - 경제적: 질서자유주의에다가 확대된 사회적 자유주의의 원리가 일부 혼합
	중간	제한적 개입		
		복지 (재분배)적 개입		헌법현실 면에서 새로운 반대 세력 중 과거 민주화 세력을 이어받은 측(시민운동)은 신자유주의에 반대하면서 경제정의(분배) 면에서 국가역할이 남아 있음을 강조
	최대		헌법현실 면에서 새로운 집권 세력은 - 정치적: 자유민주주의를 지향 - 경제적: 한편으로는 신자유주의적인 개혁·개방을 추구하면서 다른 한편으로는 사회안전망을 마련해야 하는 이중 과제에 직면	
		개발을 위한 개입		

6. '미완의 프로젝트'로서의 한국 자유주의

민주화 이후 한국 자유주의는 크게 발전했다. 자유주의의 정치적 차원에서 헌법규범과 헌법현실 사이의 괴리는 사라졌다. 헌법에 규정된 기본권은 현실에서도 대부분 실현되었다. 그 결과 집권 세력과 반대 세력 사이의 차이점이 과거에 비해 크게 완화되었다. 대신 자유주의의 경제적 차원에서 과거 두 세력이 보여주던 유사성은 민주화 이후 차별성으로 바뀌었다. 외향적 성장과 내포적 발전이란 서로 다른 목적을 달성하기 위한 수단을 공히 국가에서 구하던 두 세력이 민주화가 되고 글로벌화가 밀어닥치자 상대적으로 시장을 중시하는 입장과 여전히 국가에서 해결책을 구하려는 입장으로 차별

화되었기 때문이다.

민주화 이후 한국 자유주의가 정치 및 경제 차원에서 이렇게 분화·발전되었음에도 불구하고 그것의 기초인 개인주의가 미성숙한 탓에 집단주의 성향은 쉽게 사라지지 않았다. 운동권 학생들이 스스로를 '애국애족의 전사'라고 칭하는 데에서 우리는 한국사회의 곳곳에 스며들어 있는 국가(민족)주의의 잔영(殘影)이 진보진영이라고 비껴가지 않음을 관찰할 수 있다(박노자, 2001, 20, 149-156). 유홍준이 『한겨레』(2002. 6. 11)에 "붉은 악마는 그들의 핏속에 여전히 민족과 국가라는 유전적 인자가 자리잡고 있음을 보여주었다"고 자신 있게 서술하는 것에서 한국 진보주의자들에게 내장되다시피(embedded) 한 국가(민족)주의의 그림자를 발견할 수 있다(김철, 2005, 11-12).

민주화 이후 과거와는 다른 이유 때문에 표현의 자유가 여전히 제약받고 있는 현실도 우리에게 자유주의의 중요성을 다시 한 번 일깨워주고 있다. 그동안 우리는 국가권력의 부당한 개입으로부터 사상과 양심 그리고 표현의 자유를 지키기 위해 애썼으며, 그 과정에서 주로 국가보안법을 문제삼았다. 하지만 우리는 민주화 이후, 특히 '참여정부' 출범 이후 국가권력과 무관하게 시민사회 내에서 온-오프라인(on-off line)을 넘나들며 자행되는 자발적 언어폭력에 의해서도 표현의 자유가 심각하게 제약될 수 있다는 점에 대해서는 관심을 기울이지 않고 있다. 특히 민족주의(예컨대 일본이나 북한)와 관련된 문제가 쟁점이 될 경우 민족의 이름으로 광풍(狂風)과도 같은 언어폭력이 자행되었다. 이럴 때 다름(difference)의 인정에서 나오는 관용(tolerance)을 찾아보기는 어려웠으며, 표현의 자유는 법적으로는 보장되었지만 실제로는 위축될 수밖에 없는 상황이 조성되었다. 그런데도 우리 사회에서 자유는 민족이나 민주보다 후순위를 차지하는 주제였다.

그런가 하면 한때 자유와 민주의 이름으로 박정희의 '민족적 민주주의'

와 '한국적 민주주의'를 비판하던 세력이 오늘날에는 박정희가 구사하던 것과 유사한 논리로 북한의 김정일체제를 옹호하고 있다. '한국적 민주주의'를 용납하지 못하던 이들은 '북한적 민주주의'에 대해서는 한없는 관용을 보이고 있는데, 그때 이들이 동원하는 논리가 '민족'의 이름으로 '북한의 특수성'을 용납하자는 것이다. 한국적 특수성은 이해 못 하지만 북한적 특수성은 납득하자는 것인데, 이러한 변전(變轉) 과정에서 이들은 과거 자신들이 지녔던 중요한 가치의 하나인 자유를 잃어버리고 말았다. 그 결과 이들은 논리적 일관성을 잃은 채 북한에 대해 정당하게 발언하고 개입할 수 있는 기회를 스스로 봉쇄하고 말았다. 이 역시 자유를 망각하고 민족을 앞세운 결과였다.

사태가 이런데도 우리는 그동안 민주주의만을 문제삼았다. 민주주의만 잘되면 모든 문제가 잘될 것이라는 '민주주의=만병통치약'의 등식이 우리의 사고를 지배해왔다. 권위주의하에서 민주화가 지상과제인 것은 당연했다. 그러나 1987년 민주화 이후에도 민주주의는 전환(이행), 공고화, 심화 내지는 실질화 등으로 이름을 바꾸어 가면서 여전히 현실정치 및 담론세계에서 헤게모니를 행사하고 있다. 현재의 모든 병폐는 실질적 민주주의가 채 실현되지 않았기 때문이라고 치부되었다. 거꾸로 말해 민주주의가 심화되기만 하면 모든 문제는 해결될 것이라는 발상이 현재의 한국사회, 특히 진보진영 사람들의 머리 속을 채우고 있다.

그러나 현시점에서 우리가 진정 고민해야 할 문제는 민주주의가 아니라 자유주의다. 민주주의가 중요하지 않다는 말이 아니다. 한국의 민주주의는 여전히 미완성이며 민주주의의 심화는 한국정치의 중요한 과제다. 하지만 한국 민주주의를 제대로 심화시키기 위해서도 이제는 자유주의의 문제를 성찰할 때가 되었다. 민주와는 다른 자유의 문제를 별개의 범주로 고민하는 것이 '민주화 이후의 민주주의'(최장집, 2003) 문제를 올바르게 생각하는 단초를 제공할 수 있다는 말이다. 뿐만 아니라 자유주의는 북한 문제를 바르게 풀기 위해서도 고민해야 할 문제다. 북한을 올바른 개혁과 개방으로 이끌기 위해서도 이 문제를 숙고해야 한다는 점에서 자유주의는 한국을 넘어 한반도 차원에서 고민해야 할 문제라고 할 수 있다.

요컨대 한국에서는 민주주의뿐 아니라 자유주의도 '미완의 프로젝트(unfinished project)'[13]임을 인식해야 한다. 그리고 두 프로젝트를 완성시키는 기초는 좀 더 성숙된 개인의 출현에서 찾아야 하지 않을까 생각된다. 민주주의의 심화를 위해서는 자유주의를 좀 더 발전시켜야 하고, 자유주의의 발전을 위해서는 국가, 민족, 민중, 계급 등의 집합개념에 매몰되지 않으면서 동시에 평균(平均)주의 속에서 자기정체성을 잃어버리지 않는 개인이 좀 더 발전될 필요가 있다는 것이다. 이렇게 성숙되고 계몽된 개인들이 다시 모여서 국가, 민족, 민중, 계급 같은 집합개념을 재구성할 때 그것은 현재와는 다른 함의를 지닌 집합개념이 될 것이다.

참고문헌

강정인(편). 『민주주의의 한국적 수용』, 책세상, 2002.

권영성. 『헌법학원론』, 박영사, 1989.

김대영. 「장준하의 정치평론 연구(2)」, 『한국정치연구』, 제12집 2호, 2003.

김보현. 「박정희정권기 경제개발: 민족주의와 발전 그리고 모순」, 성균관대학교 정치학 박사논문, 2005.

_____. 「박정희정권기 저항엘리트들의 이중성과 역설」, 제2회 비판정치학대회 발표논문, 2004.

김일영. 「조국근대화론 대 대중경제론」, 정성화(편). 『박정희 시대와 한국현대사』, 도서출판 선인, 2006a.

---

[13] 이것은 하버마스(J. Habermas)의 표현을 인용한 것이다. 그는 1980년 '아도르노 상'(Theodor Adorno Prize)을 받으면서 Die Moderne: Ein unvollendetes Projekt라는 제목의 강연을 했고, 1992년 레클람(Reclam) 출판사에서 같은 제목으로 책을 출간한 바 있다. 이것의 정확한 영어 번역은 Modernity: An incomplete Project이지만, 그 후 출간된 이 주제를 다룬 영어책들은 'unfinished project'라는 표현을 사용하고 있다(M. P. D'Entreves and S. Benhabib, 1996).

_____. 「박정희 시대와 민족주의의 네 얼굴」, 『한국정치외교사논총』, 제28집 1호, 2006b.

_____. 「한국에서 보수와 진보의 의미 변화와 현 위상: '뉴라이트', '뉴레프트' 그리고 자유주의」, 『철학연구』, 100집, 2006c.

_____. 『건국과 부국』, 생각의 나무, 2005.

_____. 「참여민주주의인가 신자유주의적 포퓰리즘인가」, 『의정연구』, 10권 1호, 2004.

_____. 「한국 헌법과 '국가-사회'관계」, 한국정치외교사학회 엮음. 『한국정치와 헌정사』, 한울, 2001.

_____. 「유교, 강성국가 그리고 남북한의 발전격차」, 『유교사상연구』, 14집, 2000.

_____. 「'김대중 모델'의 정체성: '제3의 길'과 '신자유주의적 민중주의' 사이의 기로에 선 '김대중 모델'」, 23차 아태평화재단 학술회의 발표문, 1999.

김일영·박지향·김철·이영훈(편). 『해방전후사의 재인식』 제2권, 책세상, 2006.

김정훈. 「분단체제와 민족주의: 남북한 지배담론의 민족주의의 역사적 전개와 동질이형성」, 『동향과 전망』, 2000, 봄호.

김 철. 『'국민'이라는 노예』, 삼인, 2005.

김철수. 『한국헌법』, 법영사, 1995.

대중경제연구소(편). 『김대중 씨의 대중경제 100문 100답』, 범우사, 1971.

매일경제신문사(편). 『박정희 대통령의 지도이념과 행동철학』, 매일경제, 1977.

박광작. 「'사회적 시장경제'이념의 변천과정」, 『사회과학』, 19권, 1982.

박노자. 『당신들의 대한민국』, 한겨레신문사, 2001.

박정희. 「우리 민족의 나아갈 길」, 박정희. 2005a. 『하면 된다! 떨쳐 일어나자』, 동서문화사, 1962.

_____. 「민족중흥의 길」, 박정희. 2005b. 『나라가 위급할 때 어찌 목숨을 아끼리』, 동서문화사, 1978.

박희범. 『한국경제성장론』, 고려대출판부, 1968.

송남헌. 『해방3년사』 Ⅰ, 까치, 1985.

신형기. 『민족이야기를 넘어서』, 삼인, 2003.

이근식·황경식 편. 『자유주의란 무엇인가』, 삼성경제연구소, 2001.

이나미. 「박정희정권기 자유민주주의 담론」, 제2회 비판정치학대회 발표논문, 2004.

이대근. 『해방후·1950년대의 경제』, 삼성경제연구소, 2002.

이만갑. 『한국농촌의 사회구조』, 한국연구도서관, 1960.

이영훈. 『한국 시장경제와 민주주의의 역사적 특질』, 한국개발연구원, 2000.

이진순·정순훈. 『시장경제질서와 헌법』, 자유기업센터, 1997.

장준하. 「국토방위와 정신무장」, 『사상계』, 8월호, 『장준하 문집』 제1권, 1968.

_____. 「민족주의자의 길」, 『씨알의 소리』, 9월호, 1972. 장준하 선생 10주기 추모문집 간행위원회(편). 『장준하 문집』 제1권, 1985.

최장집. 『민주화 이후의 민주주의』, 후마니타스, 2003.

한국개발연구원. 『한국경제반세기 정책자료집』, 한국개발연구원, 1995.

함석헌. 『함석헌 전집』, 제14권, 한길사, 1983.

허 영. 『한국헌법론』, 박영사, 1996.

홍승직. 『지식인과 근대화: 한국인의 태도 조사』, 고려대 사회조사연구소, 1967.

황병주. 「박정희 체제의 지배담론과 대중의 국민화」, 임지현·김용우 엮음. 『대중독재』, 책세상, 2004.

金一榮. 「民主化過程における新自由主義とポピュリズムの二律背反的な結合: 金大中政權の改革および太陽政策と政治戰略を中心に」, 名古屋大學 CALEシンポジウム 發表文, 2002.

溝口雄三. 『方法としての中國』, 東京: 東京大學出版會, 1989.

_____·中嶋嶺雄(編著). 『儒教ルネサンスを考える』, 東京: 大修館書店, 1991.

木宮正史. 「한국의 내포적 공업화전략의 좌절」, 고려대 박사논문, 1991.

Bobbio, N., *Liberalism and Democracy*, London: Verso, 1990.

Cha, Victor D., 김일영·문순보(역), 『적대적 제휴』, 문학과 지성사, 2004.

D'Entreves, M. P. and S. Benhabib eds., *Habermas and the Unfinished Project of Modernity*, London: Polity, 1996.

D. H. Satterwhite, "The Politics of Economic Development: Coup, State, and the Republic of Korea's First Five-Year Economic Development Plan(1962-1966)," Ph.D. Dissertation, University of Washington, 1994.

Henderson, G. *Korea: The Politics of the Vortex*, Cambridge: Harvard University Press, 1968.

Kim, Il-Young, "State-Society Relations in the Constitutions of Korea," *Korean Social*

Science Journal, Vol. XXVIII, No.2, 2001.

Macpherson, C. B., *The Political Theory of Possessive Individualism*, Oxford: Clarendon Press, 1962.

Parekh, B., "The Cultural Particularity of Liberal Democracy," *Political Studies*, Vol. XL, 1992.

Peacock, A. and H. Willgerodt eds., *Germany's Social Market Economy: Origins and Evolution*, London: Macmillan, 1989.

Polanyi, K., *The Great Transformation: the Political and Economic Origins of Our Time*, Boston: Beacon Press, 1944.

Zakaria, F., *The Future of Freedom: Illiberal Democracy at Home and Abroad*, New York and London: W.W. Norton & Company, 2003.

13장
한반도의 '긴 평화'와 한미동맹
'삼위일체+1' 구조의 형성과 변화 그리고 전망

1. 정전체제: '불안정한 안정'이자 '긴 평화'

지난 1953년 이래 한반도는 정전체제 아래 있었다. 정전체제는 평화상태가 아니라 전쟁을 '잠시' 멈춘 휴전상태의 연장선상이라는 점에서 그 '불안정성'이 주로 강조되었다. 정전체제가 안정되지 못한 상태인 것은 사실이다. 이 체제 아래서 한반도는 전쟁의 문턱까지 간 적도 몇 차례 있었다. 1968~1969년 북한은 한국과 미국에 대해 그 어느 때보다도 강한 도발(1·21사태, 울진·삼척 무장공비 침투, 푸에블로[Pueblo]호 납치, EC-121기 격추 등)을 감행하여 한반도에 전운(戰雲)을 고조시켰다. 1994년에는 북한의 핵개발을 저지하기 위해 미국이 북한 핵시설에 대한 정밀폭격(surgical strike)까지 정책적 검토선상에 올림으로써 한반도는 또 한 차례 전쟁의 공포에 떨어야만 했다.

하지만 정전체제하에서 한반도에 전쟁이 없었던 것도 사실이다. 소규모적이고 일시적이며 특정지역에 국한된 분쟁은 있었지만 전면전은 없었던 것이다. 55년 동안 전쟁이 없었던 상태, 이것은 단순히 '불안정'한 상태가 아

---

* 이 글은 『국방정책연구』, Vol. 24 No. 3(2008)에 게재된 것을 수정 보완한 것임.

니라 '불안정한 안정' 상태라고 볼 수 있지 않을까?

미국의 대표적 외교사가인 개디스(John Lewis Gaddis)는 일찍이 제2차 세계대전 이후의 국제체제, 즉 냉전을 '긴 평화(long peace)'의 시기라고 지칭한 바 있다. 이 체제는 도덕과 정의에 기초하지도 않았고 전 세계를 자의적이고 인위적으로 갈라놓았으며 끊임없이 적대감을 불러일으키는 체제였다. 하지만 그것은 보다 세심하게 디자인되었던 제1차 세계대전 이후의 국제체제보다 두 배가 넘는 45년간 지속되었으며, 이러한 내구성은 19세기의 메테르니히(Metternich)체제나 비스마르크(Bismarck)체제에 비견될 만하다는 것이 개디스의 논거였다.[1]

개디스가 냉전을 지칭한 것과 같은 의미로 한반도에서 반 세기 넘도록 지속된 정전체제를 '긴 평화'의 시기로 볼 수 있지 않을까? 정전체제 역시 한반도를 자의적이고 편의적이며 임시적으로 갈라놓았고 어떤 의미에서도 도덕과 정의에 기초했다고 보기 어렵다. 하지만 이 체제는 60년 가까이 유지되는 내구성을 보여주었으며 몇 차례의 전쟁위기를 무사히 넘기는 탄력성도 보여주었다.

개디스가 '긴 평화'론을 주장한 지 얼마 되지 않아 냉전이 끝났다. 그는 1997년 출간된 후속 저작에서 냉전시기의 '긴 평화'를 진정한 의미의 평화로 본 자신의 주장이 단견이었음을 고백하고, 그것은 '계속 불안한' 상태의 평화였다고 자신의 견해를 일부 수정했다.[2] 하지만 이렇게 수정됨으로써 '긴 평화' 개념은 오히려 한반도의 정전체제를 표현하기에 더욱 적합한 용어가 되었다. 이미 언급했듯이 정전체제 아래서 1953년 이후 지속된 평화는 '불안정

---

1) John Lewis Gaddis, The Long Peace: Inquiries into the History of the Cold War(New York: Oxford University Press, 1987), p. 216.

2) John Lewis Gaddis, We Now Know: Rethinking Cold War History(New York: Oxford University Press, 1997); 차상철, 「개디스(John Lewis Gaddis)의 '새로운' 냉전사: '오래된' 전통주의학파에로의 '신중한' 회귀」, 『해외한국학평론』, 제2집 (2001), pp. 18-20.

한 안정' 상태였기 때문이다.

대체 한반도의 '긴 평화'는 어떻게 가능했을까? 분단된 지 얼마 지나지 않아 한반도는 3년간의 열전(熱戰)을 치렀다. 이 전쟁은 왜 일어났으며, 그 이후의 '긴 평화'는 어디서 기인하는 것인가? 정전체제만으로 과연 이런 '긴 평화'가 가능했겠는가? 만약 아니라면, 지난 55년 동안 한반도에서 또 한 차례의 열전을 억지할 수 있는 구체적인 제도적 장치는 무엇이었을까? 그것의 원형적 모습은 무엇이고, 그 사이 어떤 변화를 겪었는가? 냉전시대에 '긴 평화'를 유지해주던 제도적 장치가 탈냉전(post cold war)시대에도 여전히 유효하며, 탈탈냉전(post-post cold war)이라는 테러전 시대에도 같은 기능을 하고 있는가? 만약 그렇지 않다면, 한반도는 '긴 평화'(불안정한 안정)를 이어가거나 '또 다른 의미의 평화'(보다 항구적인 안정)를 만들어내기 위해 어떤 제도적 장치를 모색하고 있는가? 이런 문제들을 살펴보는 것이 이 글의 목적이다.

한반도의 '긴 평화'는 어느 한쪽의 일방적 노력만으로 가능하지는 않았다. 한미동맹과 그것을 뒷받침하는 미일동맹뿐 아니라 조중(朝中)동맹과 조소(朝蘇)동맹 등이 복합적으로 작용하여 만들어진 동북아지역의 세력균형이 한반도에서 전쟁을 억지하는 효과를 가져왔다. 하지만 이 글은 '긴 평화'의 기원과 변화 및 전망을 주로 동북아 세력균형의 가장 중요한 축 중의 하나인 한미동맹에 초점을 맞추어 살펴볼 생각이다. 미국은 정전협정을 통해 한반도에서 서로 총을 쏘는 상태를 '일단' 멈추게 만들었다. 그 후 미국은 한국과의 동맹('한미상호방위조약')을 통해 북한의 남침을 막으면서 한국과 '합의의사록'을 체결해 한국의 북진도 막는 '이중의 잠금(double containment)' 장치를 한반도에 마련했고, 그것을 보다 확실하게 하기 위해 주한미군에게 인계철선(引繼鐵線, trip-wire) 역할을 맡도록 했다. 그 결과 한미동맹은 '삼위일체+1'이라는 독특한 구조를 지니게 되었다. 이러한 구조적 틀은 큰 변화 없이 탈냉전 초기까지 이어졌다. 하지만 테러와의 전쟁 이후 미국의 전략적 필요와 한국의 정치적 변화 및 경제적 발전으로 인해 동맹의 원형적 구조가 변화를 요구받고 있는데, 이 글은 이런 과정을 전반적으로 되돌아보면서 동시에 내다볼 생각이다.

2. 냉전기 미국의 동아시아 봉쇄정책: 적극적 및 소극적 개입주의

냉전은 미·소 두 강대국이 긴장관계를 지속하면서도 전쟁상태로는 발전하지 않는 예외적인 상황이었다. 이렇게 전쟁은 피하면서 긴장만 유지하는 상황을 관리하기 위해 미국이 선택한 외교·안보정책의 기조는 봉쇄(containment)였다.[3] 봉쇄란 자유민주주의와 시장경제 체제를 지키기 위해 소련 공산주의의 팽창을 막는 미국의 정책이다. 이것은 국제관계에서 전부터 있던 행동방식이었지만 냉전시대처럼 글로벌한 차원에서 장기간 구사된 적은 없었다.

'글로벌'(global) 차원에서 볼 때 냉전시기 미국의 외교·안보정책은 기본적으로 봉쇄의 틀에서 벗어난 적이 없었다. 다만 그것을 실현하는 방법 면에서는 시기에 따라 좀 더 공세적·개입주의적이거나 방어적·고립주의적인 것으로 차이가 있을 수 있었다.

이러한 경향은 동아시아라는 '지역(regional)' 차원에서도 대체로 관철되었다. 미국의 아시아정책도 봉쇄의 기본 틀을 유지했다. 글로벌 차원에서 미국의 봉쇄대상이 소련이었다면 아시아지역에서의 주된 봉쇄대상은 중국

---

[3] 봉쇄 외에 억지(deterrence)전략도 있었다. 억지란 상대편에게 두려움을 갖게 해서 어떤 행동을 포기하게 만드는 것으로서, 공포의 핵균형상태에서 서로가 상대에게 공격적인 행동을 취하지 못하게 하는 데 효과가 있었다. 이에 관해서는 Joseph S. Nye, Jr., *Understanding International Conflicts: An Introduction to Theory and History*(New York: Longman, 2000), 양준희 옮김, 『국제분쟁의 이해』(서울: 한울, 2003), pp. 168-169.

과 북한이었다. 다시 말해 중국과 북한에 대한 효과적인 봉쇄를 통해 일본을 위시해 한국과 여타 동아시아국가들의 안전을 확보하겠다는 것이 지역 차원에서의 미국의 목표였다. 다만 이를 수행하는 방법 면에서 미국은 시기에 따라 적극적 개입주의와 소극적 개입주의 내지는 상대적 고립주의 사이를 오갔다.

〈그림 13-1〉 냉전기 미국의 봉쇄정책과 그것의 두 가지 표현

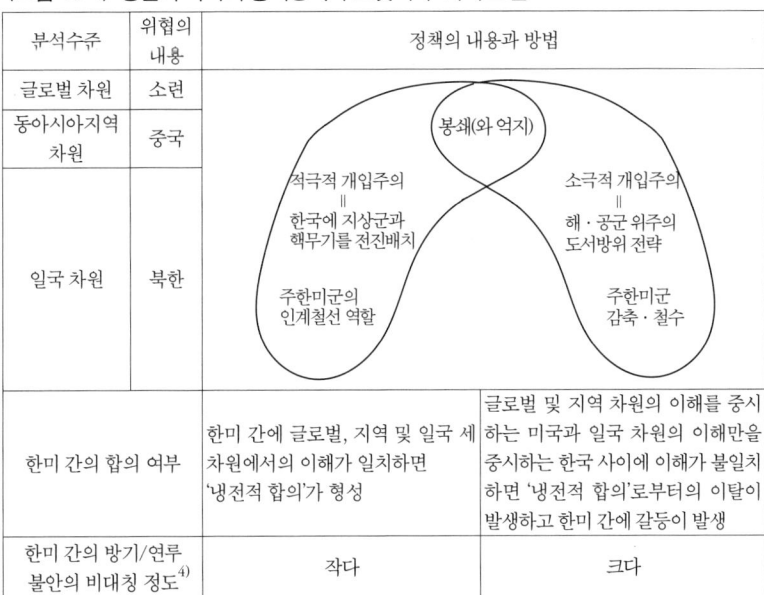

이러한 방법상의 차이는 군사전략 면에서 지상군 및 핵무기에 대한 의존

---

4) 냉전시기 주한미군을 둘러싼 한미 간의 줄다리기는 방기(放棄, abandonment)와 연루(連累, entrapment) 사이의 불안정한 비대칭성(asymmetry)으로 표현될 수 있다. 북한의 안보위협에 직면했던 한국은 주한미군이 철수해 미국으로부터 방기되는 사태를 우려했고, 미국은 주한미군 때문에 한반도의 위기에 지나치게 연루되는 것을 두려워했다. 결국 버림받음과 휘말림의 두려움 사이의 불균형이 이 시기의 한미관계를 틀 지었다고 할 수 있다. 동맹관계에서 방기와 연루의 딜레마에 대해서는 Victor D. Cha, *Alignment Despite Antagonism: The US-Korea-Japan Security Triangle*(Stanford: Stanford University Press, 1999), 김일영·문순보 옮김, 『적대적 제휴: 한국, 미국, 일본의 삼각안보체제』(서울: 문학과 지성사, 2004), 2장 참조.

도로 구분해볼 수 있다. 적극적 개입주의 정책을 펼 경우 아시아에 대한 미국의 방위정책은 한국과 같은 전략적 요충 국가에 지상군과 핵무기를 전진 배치(forward presence)시키고 유사시 개입을 피하지 않겠다는 전략으로 나타났다. 반면 소극적 개입주의(상대적 고립주의) 정책을 펼 경우 미국의 정책은 한국 같은 나라에 대한 지상군과 핵무기의 직접 주둔을 가급적 줄이는 대신 일본, 필리핀 같은 섬나라에 보다 강화된 해·공군력을 주둔시켜 동아시아지역을 방어하겠다는 일종의 도서방위(島嶼防衛)전략으로 나타났다.

이러한 방법상의 차이는 '일국(local)', 즉 한반도 차원에서도 그대로 드러났다. 적극적 개입주의 정책을 펼 경우 미국은 상당 규모의 지상군과 핵무기를 한국에 전진 배치시키다가 소극적 개입주의로 돌아설 경우 그것을 감축하거나 철수하는 정책을 폈다.

3. 한미동맹의 원형적 구조('삼위일체+1')의 형성

미국의 대한정책은 처음에는 소극적 개입주의로 나타났다. 한반도에 미군이 처음 진주한 것은 해방 직후인 1945년 9월 8일이다. 하지만 이때 진주한 미군은 정부수립 이듬해인 1949년 6월 29일 5백여 명의 군사고문단을 남기고 모두 철수했다. 이 당시의 주한미군철수정책은 동아시아에 대한 미국의 방위정책이 소극적 개입주의로 나타난 최초의 예라 할 수 있다. 이 점을 가장 극명하게 보여주는 것이 1950년 1월 발표된 소위 '애치슨 라인(Acheson line)'이다. 미 국무장관 애치슨(Dean Acheson)은 미국언론협회(National Press Club) 연설에서 미국의 태평양 방위선(defensive perimeter)은 알류샨열도에서 일본과 류큐열도(오키나와)를 거쳐 필리핀에 이른다고 하면서 한국과 대만을 미국의 방위선에서 제외시켰다. 이것은 한국을 포기하겠다는 선언은 아니었지만,[5] 동아시아를 지키기 위해 한국에 군대를 두는 대신 섬나라들에 해·공군을 주둔시켜 이 지역에 대한 방위 문제를 해결하겠다는 전형적인 도서방위전략이었다.

그러나 한반도에서 전쟁이 발발하자 상황은 역전되었다. 미국은 공세적 개입주의로 전환하여 대규모 군대를 한국에 파견하고 전쟁에 관여하기 시작했다. 미국이 이렇게 개입주의로 돌아선 배경에는 한국을 잃을 경우 자신들의 동아시아정책의 중심축인 일본까지 위험해질 수 있다는 전략적 계산이 깔려 있었다.

이 전쟁에서 미국은 잠시 동안 봉쇄정책에서 벗어나 롤백(roll-back) 정책이라고 할 수 있는 북진을 감행하기도 했다. 하지만 중국이 개입하자 미국의 정책은 다시 본래의 기조인 봉쇄로 복귀했고, 그 결과 6·25 전쟁도 통일이 아니라 어정쩡한 봉합상태인 휴전으로 마무리되고 말았다. 1953년 7월 27일 '정전협정'이 체결되었고, 이를 통해 남북한과 미국, 중국 등 6·25 전쟁 당사국들은 총을 쏘는 행위를 '일단' 멈추었다.[6]

이승만은 이러한 전쟁종결 방식에 격렬하게 반발했고, 그 대가로 한국의 안보를 미국이 제도적으로 보장할 것을 요구했다. 그 결과 체결된 것이 '한미상호방위조약'(이하 '상호방위조약')이다.[7] 이 조약을 통해 한국은 미국으로부터 안전을 보장받았고, 미국은 북한의 또 다른 군사적 모험 기도

---

5) 애치슨은 곧이어서 방위선 바깥에 있는 나라들에 대한 공격이 이루어진다면 "우선은 공격 받은 국민들이 그에 저항해야 하지만, 그 다음에는 유엔헌장 아래에서 전체 문명세계가 개입"할 것이라고 밝히고 있다. 이로 미루어보아, 이 연설의 요체는 흔히 알려져 있듯이 한국을 포기하겠다는 것이 아님을 알 수 있다. Speech by Secretary Acheson on a Review of United States Policy to 1950, Jan. 12, 1950, Se-Jin Kim, *Documents on Korean-American Relations 1943-1976*(Seoul: Research Center for Peace and Unification, 1976), pp. 87-88.

6) '정전협정' 체결까지의 자세한 경과에 관해서는 김일영, 「이승만정부에서의 외교정책과 국내정치: 북진·반일정책과 국내정치경제와의 연계성」, 『국제정치논총』, 제39집 3호 (1999) 참조.

7) '상호방위조약' 체결까지의 자세한 경과에 관해서도 김일영, 「이승만정부에서의 외교정책과 국내정치」, 참조.

에 쐐기를 박았다("당사국 중 어느 일방의 정치적 독립 또는 안정이 외부로부터의 무력침공에 의하여 위협받고 있다고…인정할 때에는…단독으로나 공동으로나…적절한 조치를 협의와 합의하에 취할 것이다"[제2조]). 아울러 미국은 미군을 한국 영토에 유엔군의 일원이 아니라 미군 자체 자격으로 주둔시킬 수 있는 법적 근거를 마련했다("상호합의에 의하여 결정된 바에 따라 미합중국의 육군, 해군과 공군을 대한민국의 영토 내와 그 주변에 배치하는 권리를 대한민국은 이를 허여(許與)하고 미합중국은 이를 수락한다"[제4조]).[8]

그러나 미국은 이 조약을 통해서도 한 가지 중요한 문제를 해결하지 못하고 있었는데, 그것은 바로 한국군의 단독북진을 막기 위해 한국군에 대한 작전통제권을 계속 유엔군 산하에 두는 문제였다. 미국은 이 문제를 해결하기 위해 다각도의 노력을 기울였고, 그 최종 결과물이 1954년 11월 17일 체결된 '경제 및 군사 문제에 관한 한미합의의사록'(Agreed Minute Relating to Continued Cooperation in Economic and Military Matters, 이하 '합의의사록')이다.

미국 입장에서 볼 때 '합의의사록'의 핵심은 미국이 '상호방위조약'을 통해서도 확보하지 못했던 한국군에 대한 작전통제권을 계속 갖게 되었다는 점이다. "대한민국은 상호협의에 의하여 그렇게 하는 것이 상호이익에 가장 유리하기 때문에 변경하는 경우가 아니면, 유엔군사령부가 대한민국의 방위를 책임지는 한 그 군대를 유엔군사령부의 작전통제권(the operational control)하에 둔다"고 규정한 '합의의사록' 제2조가 미국의 숙원을 풀어준 해결사였던 것이다.

대신 이승만은 미국으로부터 군사 및 경제 면에서의 지원을 약속받았

---

[8] 한국전쟁 당시 미군은 유엔군 자격으로 한국에 왔기 때문에 정전 이후 미군 자격으로 주둔하기 위해서는 새로운 법적 근거가 필요했다.

다.[9] '상호방위조약'을 통해 한국은 미국으로부터 안보를 보장받았다. 그러나 이 조약에는 여타 면에서의 지원에 관한 내용이 없었다. 이러한 군사 및 경제 면에서의 지원을 약속한 것이 '합의의사록'이다. 거기에는 한국군의 규모에 대해 "경제안정과 확보가능한 자원의 범위 내"라는 기준을 제시하면서, 부속문서(B)를 통해 총 72만 명을 넘지 않는 수준에서 병력[10]을 유지시키도록 미국이 원조하겠다는 내용도 있고, 또 7억 달러에 달하는 원조에 관한 내용도 있었다.[11]

결국 미국은 한반도의 전쟁상태를 끝내기 위해 '정전협정'으로 일단 서로 총을 쏘는 상태를 잠정 중단시켰다. 그리고는 남북 양측에 의한 도발을 막고 한반도에서 '차가운 평화(cold peace)'를 유지하기 위해 '상호방위조약'과 '합의의사록'을 체결했다. '상호방위조약'으로 북한의 남침을 막고 '합의의사록'으로 남한의 북진을 막는 '이중의 봉쇄(double containment)' 장치를 마련했던 것이다.

그러나 미국은 '정전협정'과 '상호방위조약' 그리고 '합의의사록'으로 이루어지는 한반도 안정유지의 '삼위일체' 구조를 만든 후에도 여전히 만족하지 못했다. 남한이나 북한이 기습적으로 군사적 행동을 감행할 경우 '상호방위조약'과 '합의의사록' 만으로는 그것을 제어하기에 충분치 않았기 때문이다. 더구나 '상호방위조약'에는 유사시 미국이 자동개입한다는 내용은 없었기 때문에[12] 과연 그 조약만으로 군사적 억지효과가 충분할지에 대해 미국

---

9) 이 점에서 한미동맹은 자율성과 안보를 맞바꾼 비대칭적 동맹의 전형적 예에 속한다고 볼 수 있다. 김우상, 「한·미동맹의 이론적 재고」, 『한국과 국제정치』, 20권 1호 (2004년 봄), pp. 12-13.

10) 애초 '상호방위조약'에서 합의된 군대의 규모는 총 67만9천 명이었다. 그러나 '합의의사록' 작성과정에서 그 규모가 증대되어 해·공군 강화와 10개의 예비사단을 합쳐 총 72만 명으로 증대되었다.

11) U.S. Department of State, *Foreign Relations of the United States*(이하 *FRUS*) 1952-1954 Vol. ⅩⅤ: *Korea, Part*2(Washington: Government Printing Office, 1984), pp. 1876-1882.

12) 이승만은 유사시 미국이 '자동적이고도 즉각적으로(automatically and immediately)' 개

은 확신이 없었다.

이러한 취약점을 보완하기 위해 미국은 한국에 지상군 2개 사단(보병 2사단 및 7사단)과 공군으로 이루어진 미군을 두되 그 주둔지를 서울 북방의 서부전선으로 결정했다. 이렇게 지상군 위주로 편성된 주한미군을 '전진배치(forward presence)'시킨 것은 동아시아 및 한반도에서의 주한미군의 역할과 깊은 관련이 있었다.

우선 '동아시아'(지역) 차원에서 주한미군은 주일미군과 분업관계를 이루면서 미국의 동아시아정책의 핵심인 일본을 지키고 동북아시아의 안정을 확보하는 전진방어기지 역할을 담당했다. 주한미군은 지상군 위주로 편성되어 전방방어를 맡고, 주일미군은 해·공군 및 해병대 중심으로 구성되어 유사시 후방지원을 하도록 역할분담이 되었던 것이다. 주한미군과 주일미군 사이의 이러한 분업적 편제 속에서 한국군은 전방방어기지 역할을 충실히 수행하기 위해 72만 명(1957년 주한미군의 핵무장 이후는 63만 명)의 병력을 대부분 육군 위주로 편성했다. 여기에는 미국의 안보우산 아래서 자위력(自衛力)만 지니게 된 일본에게 안보적 위협을 주지 않기 위해 한국군이 대규모 해·공군력을 보유하는 것을 미국이 원치 않았다는 점도 작용했다.[13]

다음으로 '한반도'(일국) 차원에서 주한미군은 대북 인계철선 역할을 통해 '상호방위조약'의 미비점을 보완하는 것이 주 임무였다. 미국은 주한미군을 서울 북방의 서부전선에 주둔시킴으로써 북한이 서울을 겨냥해 기습남침할 경우 미군을 공격할 수밖에 없게 만들었다. 미군이 직접 공격받을 경우

입한다는 구절을 넣고 싶어 했으나 미국의 반대로 관철시키지 못했다. RG 59, 795.5/8-653, August 6, 1953, NA. 그 결과 조약에는 양국 중 어느 한쪽이 위험에 처할 경우 적절한 조치를 취하는 구체적인 방안으로 "각자의 헌법상의 수속에 따라 행동할 것"(제3조)이라고 명기되었다. 자동개입조항에 관한 자세한 설명은 김일영·조성렬,『주한미군: 역사, 쟁점, 전망』(서울: 한울, 2003), p. 71; 심지연·김일영 편,『한미동맹 50년: 법적 쟁점과 미래의 전망』(서울: 백산서당, 2004), 1장 참조.

13) 李鍾元,『東アジア冷戰と韓米日關係』(東京: 東京大學出版會, 1996), p. 80.

'상호방위조약'의 자동개입 조항의 유무와 무관하게 미국은 한국 문제에 개입할 수밖에 없게 된 것이다. 아울러 주한미군은 서울 북방에 배치됨으로써 한국군이 북한에 대해 독자적인 군사적 행동을 감행(예컨대 이승만의 북진통일)하는 것도 억지할 수 있는 효과를 갖게 되었다. 미국은 '합의의사록'을 통해 한국군에 대한 작전통제권을 장악했지만, 북진의 길목에 미군을 직접 주둔시킴으로써 한국군에 대한 견제를 보다 확실하게 했던 것이다. 미국은 한국에 주둔하고 있는 자국 군대에게 자발적으로 이러한 인질(인계철선) 역할을 맡김으로써 북한의 남진과 남한의 북진을 동시에 막고 한반도(더 나아가 동북아)에서 현상을 유지할 수 있었다.

요컨대 미국은 '정전협정'으로 한반도에서 전쟁상태를 일단 멈추었고, '상호방위조약'으로는 북한의 남진을 그리고 '합의의사록'으로는 남한의 북진을 막을 수 있게 되었으며, 주한미군을 전진배치시켜 인계철선 역할을 맡도록 함으로써 남진과 북진을 동시에 막는 보다 확실한 안전장치가 되도록 했다. 이러한 '삼위일체+1' 구조[14]가 지난 55년 동안 한반도(더 나아가 동북아)에서 불안정한 현상유지, 즉 '긴 평화'를 가능하게 만든 한국(과 미국)측의 제도적 장치의 원형이라고 할 수 있다. 이것은 냉전시기는 물론이고 탈냉전 초기까지도 근본적 변화 없이 원형적 구조가 유지되면서 '긴 평화'를 유지하는 기능을 수행했다. 하지만 그 사이 몇 차례 변화 조짐은 있었는데, 그 대표적 예가 닉슨(R. Nixon) 행정부와 카터(J. Carter) 행정부 당시의 주한미지상군 감축 내지는 철수 시도였다.

---

14) '삼위일체+1' 구조에 관해서는 김일영, 『건국과 부국』(서울: 생각의 나무, 2005), 제3장; 김일영, 「이승만정부의 북진·반일 정책과 한미동맹의 형성」, 하영선 외, 『한국외교사와 국제정치학』(서울: 성신여대출판부, 2005), pp. 209-218 참조.

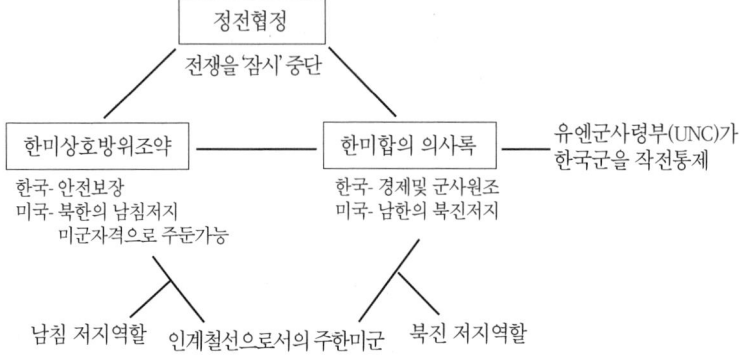

〈그림 13-2〉 한반도 안정의 제도적 원형으로서의 '삼위일체+1' 구조

4. 냉전기 및 탈냉전 초기 '삼위일체+1' 구조의 변화

휴전 당시 32만5천 명에 달했던 주한미군은 차츰 철군해 지상군 2개 사단을 위주로 하는 7만 명 정도가 한국에 계속 주둔하게 되었다. 대북인계철선 및 일본과 동아시아의 안정을 지키는 전진방어기지 역할을 하던 주한미군은 1957년 일본에 있던 전술핵무기가 한국으로 이동·전진배치 됨으로써 억지기능을 보다 강화하게 되었다.[15]

그러나 이러한 주한미군 전진배치전략에 대해 미국 내에서 이론(異論)이 전혀 없었던 것은 아니다. 주한미군의 규모와 효율성(고비용 부담) 및 역할을 둘러싼 논란은 미국 조야(朝野)에서 때때로 제기되었는데, 냉전기에 두 차례 그리고 탈냉전 초기에 한 차례 그런 문제제기가 있었다.

---

15) 애초 서울 북방에 전진배치된 핵무기는 1975년에 보다 안전한 후방기지로 옮겨졌고, 1991년 12월 남북한이 '한반도 비핵화에 관한 공동선언'에 합의함으로써 한반도에서 철수했다. 자세한 내용은 김일영·조성렬, 『주한미군: 역사, 쟁점, 전망』, 3장 참조.

1) 닉슨 독트린과 '삼위일체+1' 구조의 부분 조정

1969년 출범한 닉슨정부가 6·25 전쟁에서의 적대국이었던 중국과 손을 잡고 베트남전쟁에서 발을 빼려 하면서 휴전 이후 유지되어오던 '삼위일체+1' 구조는 변화의 조짐을 보였다. 1960년대 상반기에도 미국은 이 구조를 변화시키려는 움직임을 보인 적이 있었다. 당시 미국은 주한미군의 일부를 빼내 베트남으로 돌리려는 움직임을 보였고, 이를 막기 위한 것이 한국이 베트남에 군대를 보낸 주된 이유 중 하나가 되었다.[16] 그러나 미국이 베트남에서 철수하려 함으로써 한국군의 베트남 파병은 이제 주한미군 감축을 막는 효과를 더 이상 발휘할 수 없게 되었다. 남은 것은 주한미군의 감축을 받아들이되 한국의 방위력 손실을 가급적 최소화하고, 더 나아가 한반도 안정의 기틀인 '삼위일체+1' 구조의 골격을 유지할 수 있는가의 여부였다.

1970년 내내 한·미 양국은 이 문제를 둘러싸고 갈등과 조율을 거듭했다. 두 나라는 국방장관 회의와 애그뉴(S. Agnew) 미부통령의 방한을 통해 이 문제에 대한 한미 간의 의견차이를 조정했다. 박정희정부는 주한미군 6만 명은 북한의 위협을 생각할 때 적정 규모이며, 아직 5만여 명의 한국군이 베트남에 나가 있는 상태에서 미군 2만 명을 갑자기 빼내가는 것은 북한의 오판을 불러일으킬 우려가 크다는 논리로 주한미군감축에 반대했다. 그러나 닉슨정부의 입장은 완강했으며, 대신 미국이 국군현대화 계획을 위해 향후 5년간 15억 달러의 군사원조를 제공하겠다고 했다. 결국 한미 양국은 1971년 2월 6일 두 나라 간에 주한미군감축과 한국군 현대화의 조건에 대해 합의가 이루어졌다는 공동성명을 발표했다.

이에 따라 미 제7보병사단의 철수·해산과 3개 공군비행대대의 철수 그

---

16) 1960년대 상반기의 주한미군 감축 시도에 대해서는 마상윤, 「미완의 계획: 1960년대 전반기 미 행정부의 주한미군철수논의」, 『한국과 국제정치』, 19권 2호(2003년 여름) 참조.

리고 비무장지대를 따라 최전선에 배치됐던 제2보병사단의 후방이동배치 등이 단행되었다. 이러한 조치는 미군 병력 2만 명의 감축을 뜻하는 것이었으며, 비무장지대 인근의 방위책임을 한국에 넘기는 것이기도 했다.[17]

그러나 제7보병사단이 철수하고 제2보병사단이 후방으로 이동 배치되었다고 해서 미국이 주한미군의 인계철선 역할을 포기한 것은 아니었다. 미군은 비무장지대의 최전방에서 물러났을 뿐 여전히 서울 북방에서 유사시 미국의 자동개입을 보장하는 인계철선의 역할을 계속하고 있었다.[18] 따라서 닉슨정부의 주한미군감축정책은 '삼위일체+1' 구조에 부분적인 변화를 가져오기는 했지만 그 구조의 틀 자체를 바꾸는 것은 아니었다. 주한미군은 그 규모가 축소되긴 했지만 여전히 '정전체제' 위에서 '상호방위조약'에 따라 유엔군이자 미군의 자격으로 주둔하면서 한국군에 대한 작전통제권을 쥔 채 인계철선 역할을 수행하고 있었던 것이다.

한편 주한미군감축에 대응하기 위해 한국과 미국은 연합방위태세를 강화시켰다. 이 일환으로 창설된 것이 '한미 제1군단(ROK-US 1st Corps)'이다. '한미 제1군단'은 예하에 미군부대 없이 한국군 1군단, 5군단, 6군단을 작전통제하면서 과거 미 1군단이 지키던 서부전선에 대한 방어를 담당했다. 1973년 3월 베트남에 파병되었던 한국군이 모두 철수했다. 이에 한국은 미군이 서부전선에 대한 방어를 포기하는 경우에 대비하기 위해 그해 7월 제3군을 창설했다. 그 후 한국군 3군은 문산지역을 방어하는 한국군 1군단을 작전통제하고, '한미 제1군단'은 한국군 5군단과 6군단을 작전통제하는 것

---

17) 본래 미 제2보병사단은 비무장지대 서부전선 17마일 범위에 배치되어 있었다. 그러나 1971년 3월 이후부터 미군은 판문점(공동경비구역)을 제외하고는 최전선에 배치되지 않았다.
18) 하지만 미국은 군대를 주둔시키되 한반도의 위기에 지나치게 휘말리기(entrapped)를 피하고 싶어했고, 이 점에서 제2보병사단의 후방배치는 연루의 불안을 상대적으로 줄인다는 의미가 있었다. 1960년대 후반, 특히 1968~69년은 정전 이후 남북한 및 북미 간의 긴장이 가장 고조된 때였고, 당시 미국은 실제로 연루의 불안을 심각하게 느끼고 있었다.

으로 업무가 분장되었다.[19]

 동시에 미국은 한미연합군의 대북작전개념을 방어에서 공세로 전환시켰다. 6·25 전쟁 이후 북한에 대한 유엔군의 작전계획은 기본적으로 방어적인 것이었다. 그것은 북한이 남침할 경우 한미연합군은 이를 격퇴하고 휴전선을 다시 복구한다는 제한적 목표를 지닌 방어전략이었다. 그러나 1974년부터 한미연합군은 공세적인 '전진방어(forward defense)' 전략을 도입했다. 그 결과 대규모 야포부대를 비무장지대 남쪽 최전방까지 북상시킴으로써 언제든지 북한 영토를 공격할 수 있는 태세를 갖추었고, 미 제2보병사단 소속의 2개 여단은 북한의 공격이 있을 경우 개성을 장악하는 임무를 맡게 되었다.[20]

2) 카터의 철군정책: '삼위일체+1' 구조에 대한 전면적 구조조정 시도와 좌절

 1977년에 등장한 카터정부는 집권 초부터 선거공약이던 주한미군 철수를 정책화하기 시작했다. 그해 5월 5일 미국정부는 '대통령 명령(Presidential Directive: PD)'/국가안보회의 문서 12호(NSC 12), 약칭 PD/NSC-12를 통해 철수일정을 공표했다.[21] 이에 따르면, 1978년까지 주한 미 제2보병사단의 1개 전투여단(6,000명)을 즉각 철수하고, 이어서 1980년 6월 말까지 두 번째 여단과 모든 비전투병력(9,000명)을 철수하도록 되어 있었

---

19) 이정훈, "'혈맹'에서 촛불시위 '타깃'으로: 주한미군의 어제와 오늘," 『신동아』, 2003년 1월호, pp. 338-351.
20) 이러한 변화를 주도한 사람은 1973년 중반 한미 제1군단 사령관으로 부임한 홀링스워드(J. F. Hollingsworth) 중장이다. Don Oberdorfer, *Two Koreas: A Contemporary History*, revised edition(Indianapolis: Basic Books, 2001), pp. 61-62. 북한은 한미 연합군의 이러한 공세적 전략에 같은 방법으로 대응했다. 북한 역시 야포를 비롯한 주요 군사력을 비무장지대 인근으로까지 전진배치시켰다. 그 결과 서울은 북한군의 대포와 로켓의 사정거리 안에 들어가게 되었고, 한반도의 긴장은 더욱 고조되었다.
21) 카터의 철군정책에 관해서는 村田晃嗣, 『大統領の挫折: カ-タ-政權の在韓米軍撤退政策』 (東京: 有斐閣, 1998) 참조.

다. 잔여 병력과 주한미군사령부 그리고 핵무기의 완전철수는 1982년까지로 예정되어 있었다.

주한미지상군을 철수하는 대신 미국은 다음과 같은 것들을 약속했다. 첫째, 미국은 이 지역에 배치된 공군과 해군을 유지할 것이며, 거기에는 12대의 F-4 전투기로 구성된 1개 비행대대의 미 공군력을 증강시키는 것이 포함된다. 둘째, 미국은 한국에서 정보, 통신, 병참과 관련된 미군병력을 유지할 것이다. 셋째, 미국은 미 제2보병사단이 보유하고 있던 대략 8억 달러 상당의 군사장비들을 한국에 아무런 대가없이 이전할 것이다. 넷째, 미국은 해외군사판매(Foreign Military Sales, FMS) 차관을 늘릴 것이며, 무기판매에서 한국에게 우선권을 부여할 것이다. 다섯째, 미국은 방위산업에서 한국의 자주국방계획을 지원하기 위해 특별한 노력을 기울일 것이다. 여섯째, 미국은 한국과 합동군사훈련을 지속해나갈 것이다. 일곱째, 미군철수가 시작되기 전에 한미연합사령부와 같은 구조를 마련하여 작전효율성을 증대시키도록 할 것이다.[22]

그러나 이러한 반대급부를 약속했음에도 불구하고, 카터의 철군안은 격렬한 반발에 직면했다. 그것은 무엇보다도 카터정부가 '감축'이 아닌 '철수'라는 용어를 사용했기 때문이다. 위에서 언급한 미국정부의 약속내용을 보면 주한미지상군이 철수해도 후방지원부대는 남고, 공군력도 증강시키겠다는 것이기 때문에 미국이 이 지역에 대한 억지력을 완전히 잃는 것은 아니었다. 다시 말해 카터의 철군정책이 1950년 애치슨의 태평양방위선과 같은 도서방위전략으로 후퇴하는 것은 아니었다.[23] 그러나 그것은 지상에서의 한국 방위기능의 방기라는 점에서, 더구나 주한미군의 인계철선기능마저도 완전

---

22) Victor D. Cha, 김일영·문순보 옮김, 『적대적 제휴: 한국, 미국, 일본의 삼각안보체제』, pp. 452-453.

23) 村田晃嗣, 『大統領の挫折: カータ-政權の在韓米軍撤退政策』, pp. 242-243.

히 포기한 것이라는 점에서 정전 이후 한반도 안정을 가져온 제도적 장치인 '삼위일체+1' 구조를 뿌리째 뒤흔들 수 있는 발상이었다.

미국 조야는 물론이고 한국, 일본 같은 동맹국들의 강력한 반발 때문에 카터의 철군정책은 결국 철회되고 말았다.[24] 미국정부는 1979년 2월 9일 "현지 정세와 북한 군사력에 대한 재평가작업이 끝날 때까지 철군계획을 잠정보류한다"고 발표했고, 같은 해 7월 20일에는 결국 1981년까지 주한미군철수를 중지한다고 공식 발표했다. 이로써 카터의 철군정책은 1978년 3천여 명의 미지상군만 철수한 채 종료되고 말았고, 근본적인 구조재조정 위기에 처했던 '삼위일체+1' 구조도 복원되게 되었다. 주한미군은 인계철선이라는 본래의 역할로 되돌아가서 남침을 막는 '상호방위조약'과 북진을 막는 '한미합의의사록'이라는 '이중의 잠금'장치를 보완하는 기능을 담당하게 되었다.

그렇다고 해서 '삼위일체+1' 구조에 전혀 변화가 없었던 것은 아니다. 이 시기 국제적 여건의 변화 때문에 한미 군사협력관계에 중요한 변화가 일어났다. 1975년 제30차 유엔(UN) 총회에서 '유엔군사령부 해체' 결의안이 통과되는 일이 벌어졌다. 데탕트 분위기 속에서 공산측이 제출한 결의안이 비동맹국가들의 지원 속에 통과되는 사태가 발생한 것이었다. 이에 미국은 유엔군사령부 해체 이후 한미 양 군을 어떤 체제로 운영할지에 대한 모색을 서둘렀다.

이 과정에서 미국은 주한미군철수를 결정하면서 반대급부로 제시했던 공약 중 하나인 "한미연합사령부와 같은 구조를 마련하여 작전 효율성을 증대시키겠다"는 방안을 앞당겨 추진하기 시작했다. 그 결과 양국은 1978년

---

24) 이 경과는 김일영, 「미국의 주한미군 정책변화와 한국의 대응: 주한미군에 관한 냉전적 합의의 형성과 이탈 그리고 새로운 합의의 모색」, 한용섭(편), 『자주냐 동맹이냐』(서울: 오름, 2004), pp. 211-212.

11월 유엔군사령부의 한국군에 대한 작전통제권을 계승한 새로운 기구로서 '한미연합사령부(ROK-US Combined Forces Command, CFC)'를 창설하여 유엔군사령관이 한미연합사령관을 겸하도록 했다.[25] '한미연합사령부'의 창설은 1968년 10월 창설된 '한미기획단'과 1971년 7월 만들어진 '한미 제1군단'을 잇는 조치였으며, 이로써 한미연합방위체제는 이제 명실상부하게 '통합(연합)적' 성격을 띠게 되었다.[26]

〈그림 13-3〉 '삼위일체+1' 구조의 부분 수정

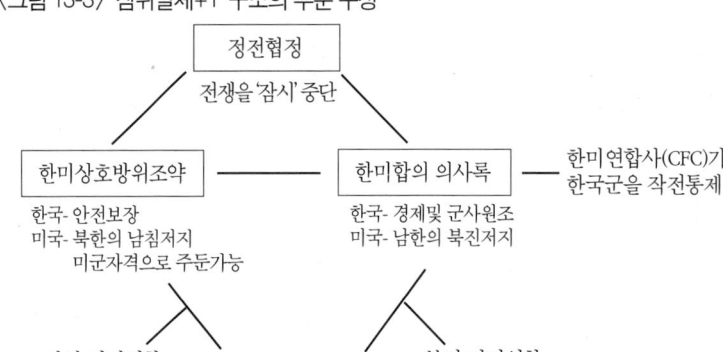

〈그림 13-3〉에서 한미연합사가 통합형 지휘체계 아래서 한국군을 작전통제하는 메커니즘을 보다 자세히 그려보면 〈그림 13-4〉와 같다.

---

25) 이 무렵 한미 양국은 재평가된 북한의 위협에 대처하고 주한미군의 감축에도 대비하기 위해 대규모 병력이 참가하는 '팀 스피리트 연합훈련'을 매년 실시하여 전쟁억지력을 크게 제고시켰다.
26) 더 나아가 1980년 3월 14일 한미 양국은 '한미 제1군단'을 '한미연합야전군사령부'(ROK-US Combined Forces Army, CFA, 약칭 '한미야사')로 개편하고, 미 육군중장을 사령관에 앉혔다. 이후 '한미야사'는 기동부대로 탈바꿈한 한국군 5군단과 6군단을 후방에서 작전통제했으며, 한국군 3군은 한국군 수 개 사단을 이끌고 최전방의 철책선 방어를 담당하게 되었다. 이정훈, 「혈맹에서 촛불시위 '타깃'으로: 주한미군의 어제와 오늘」, pp. 338-351.

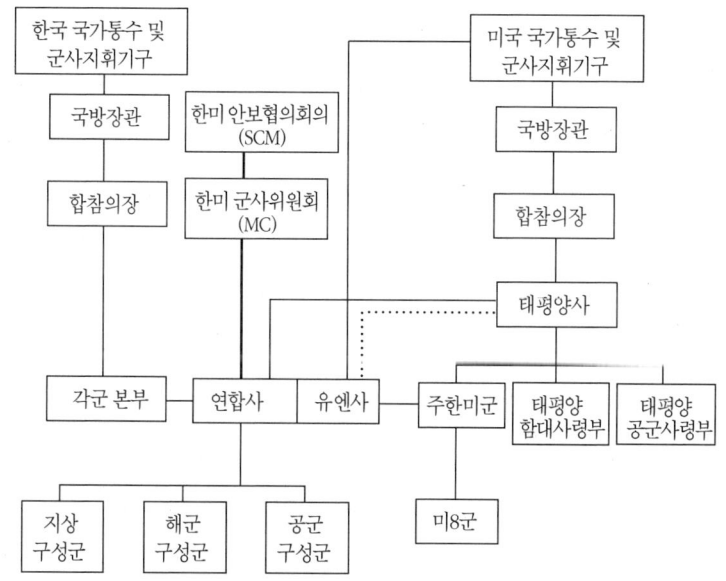

〈그림 13-4〉 한미연합방위체제(1978년 11월)

출처: 佐藤達也(編), 『朝鮮半島の軍事地圖』(東京: 社會評論社, 1985), p. 87.
참조: 1. 실선은 작전통제관계이며, 점선은 협조 및 지원관계임.
2. 주한미군은 전시에는 연합사에 작전통제됨.

3) 탈냉전 초기 미국의 주한미군 정책 변화: '삼위일체+1' 구조의 변화 조짐

냉전이 와해되자 미국 내에서는(특히 의회를 중심으로) 예산감축과 합리적 군비집행을 위해 해외주둔 미군병력의 규모를 감축하고 구조를 개편해야 한다는 목소리가 높아져갔다. 이러한 배경에서 부시(G. Bush)정부가 마련한 새로운 동아시아정책이 1990년 4월 발표된 '동아시아 전략구상(EASI)'이다.[27]

이 구상은 태평양을 미국의 중요한 경제적·전략적 생명선으로 자리매김하고 동아시아에 대한 경제적 접근(access)을 중요한 국익으로 규정했다.

---

27) 이것이 마련되는 경과는 村田晃嗣, 『大統領の挫折: カータ-政權の在韓米軍撤退政策』, pp. 256-259.

더 나아가 미국이 아시아-태평양지역에서 지역적 균형자이자, 안정의 보증인 역할을 완수하기 위해서는 전략적 억지를 전제로 하여 지역분쟁에 기동적으로 대처하는 전방전개전략과 위기대응능력을 갖추어야 한다고 밝히고 있다.

이러한 전략적 판단 아래서 이 구상은 향후 10년간 3단계에 걸쳐 동아시아(한국, 일본, 필리핀)에 주둔하고 있는 미 지상군과 일부 공군병력을 감축한다는 계획을 밝혔다. 제1단계(1990~92년)로 동아시아 전체에서 총 1만5,000명의 미군을 감축하는데, 한국에서는 공군 2,000명과 지상지원부대 5,000명 등 7,000명의 비전투요원을 감축하겠다는 것이다. 제2단계(1993~95년)에서는 1단계의 성과를 보아 감군을 단행하고, 한국과 관련해서는 북한의 위협을 재평가한 뒤에 제2보병사단의 재편을 검토하는 것으로 되어 있다. 또한 이 단계에서는 평시작전통제권을 한국측에 반환하는 것이 명시되어 있다. 제3단계(1996년 이후 5년간)에서는 지역안정이 깨지지 않는 범위 내에서 병력을 감축하되, 한국과 관련해서는 이 단계가 완료될 때까지는 미군이 한국방위의 주도적 역할에서 지원적 역할로 전환하고, 한국군이 대신 주도적 역할을 담당하는 것을 기대한다고 되어 있다. 그리고 이 단계에서 한국군 주도의 방위태세가 갖추어질 경우 억지목적의 소규모 미군만 잔류시키고 '한미연합사령부'의 해체를 검토한다는 내용도 담고 있었다.[28]

1990년부터 1992년 사이 이 구상에 따라 주한미군은 제2보병사단 3여단 병력을 중심으로 한 육군 5천 명과 공군 2천 명 등 7천 명이 철수하여 3만6천 명 수준으로 감축되었다. 그리고 '한국 방위의 한국화'를 위한 주한미군의 역할 변경에 따라 '한미연합사령부' 예하의 '지상군구성군사령부(GCC)'의 사령관에 한국군 장성이 임명되었고, 서부방위의 주임무를 맡고 있던 미

---

28) Department of Defense(이하 DoD), A Strategic Framework for the Asian Pacific Rim: Looking toward the 21th Century, DoD Report to Congress, Washington, D.C., April, 1990.

군 주도의 '한미야사(CFA)'가 해체되었으며, 판문점 공동경비구역(JSA)에 대한 한국군의 경비책임이 증대되었고, '군사정전위원회(MAC)' 수석대표도 한국군 장성으로 임명되었다. 그밖에 1992년 10월 미국 워싱턴에서 열린 제24차 '한미연례안보협의회의(SCM)'에서의 합의에 따라 1994년 12월 1일 한국군에 대한 평시작전통제권을 한국 합참의장이 돌려받게 되었다.[29]

그러나 '동아시아 전략구상'의 내용 중 위에서 언급한 것 이외의 사항은 실행에 옮겨지지 못했다. 북한의 핵개발 의혹이 불거졌기 때문이었다. 따라서 부시정부 말기부터 주한미군의 추가감축이 계획대로 진행될 수 없었고, 1993년 클린턴(Bill Clinton)정부가 들어오면서 이 구상은 거의 사장(死藏)되고 말았다.

클린턴정부는 기존의 '동아시아 전략구상'을 재검토한 후 1995년 2월 '동아시아 전략보고'(East Asia Strategic Report, EASR)[30]라는 새로운 정책을 발표했다. 이 보고서를 통해 클린턴정부는 주한미군을 현 수준으로 동결할 방침임을 분명히 했고,[31] 북한에 대한 압력수단이 될 수 있는 팀 스피리트 훈련의 지속 여부에 대해서는 불명확한 채로 남겨두었다.

이렇게 볼 때 탈냉전 초기(부시와 클린턴정부)에는 한반도에 '긴 평화'를 가져온 제도적 장치인 '삼위일체+1' 구조의 틀을 변화시켜나가겠다는 방향과 내용은 대략 정해졌지만 실행단계까지는 아직 미치지 못했다고 할 수 있다. 글로벌 차원에서 냉전은 끝났지만 동아시아(지역) 차원에서는 한반도(일국)를 중심으로 그것이 아직 진행 중이라는 사실, 특히 핵무기 개발과 관련된 북

---

29) 서주석, 「한미 안보협력 50년의 재조명」, 한국국방연구원 연구보고서, 1996, p. 90, 97; 김일영·조성렬, 『주한미군: 역사, 쟁점, 전망』, 6장 참조.

30) DoD, *The United States Security Strategy for the East Asia-Pacific Region*, Washington, D.C, February 1995.

31) 이 점은 1997년 5월에 발표된 「4개년 국방검토보고서(*Quadrennial Defense Review Report*(QDR) 1997)」와 1998년 11월 발표된 「동아시아 전략보고-II」에서도 아태지역에 10만 명 규모의 미군을 유지키로 했다는 내용으로 재확인되었다.

한의 모험적 행동이 동아시아의 안정을 깨뜨릴 수 있다는 점 그리고 중국이 미국의 잠재적 위협요인으로 급속하게 부상하고 있다는 점 등이 미국으로 하여금 주한미군의 단계적 감축안을 서둘러 시행하지 못하게 만들었다. 다시 말해 글로벌 차원의 탈냉전과 동아시아(지역)와 한반도(일국) 차원에서의 냉전 지속 사이의 시간적 갭은 미국과 한국 모두에게 '삼위일체+1' 구조의 근본적 틀을 바꾸는 것이 아직 시기상조임을 재확인시켜주었다.

하지만 이 무렵 한국은 냉전종식이라는 국제전략환경의 변화와 그에 따른 주한미군감축에 대응하기 위해 미국과 동맹의 미래 구상에 대해 그 어느 때보다도 활발하게 협의를 진행했다. 이렇게 마련된 전략구상들 속에는 주한미군의 미래 개편방향과 관련해 시사적인 내용이 많이 포함되어 있었다. '동아시아 전략구상'에 나오는 단계적 감축안의 내용도 큰 틀 면에서는 새로 모색되어야 할 합의의 내용에 대해 시사하는 바가 적지 않았다. 이 점은 비슷한 시기에 한미 간에 이루어진 공동연구, 특히 냉전붕괴 이후 남북관계개선이 예상되는 상황에서 한미동맹과 주한미군의 중장기적 위상을 어떻게 이끌어갈 것인가에 관한 공동연구의 내용을 보면 보다 잘 드러나 있다.

1992년 10월 열린 제24차 '한미연례안보협의회의'의 합의에 따라 한국국방연구원(KIDA)과 미국의 랜드연구소(RAND)는 1993~1994년 공동연구를 통해 「21세기를 지향한 새로운 한미동맹」[32]이라는 보고서를 작성했다. 이 보고서는 한미동맹의 발전과정을 남북한 군사적 대치, 남북화해와 통일단계, 통일 이후의 3단계로 나누고, 첫 단계에서는 현재와 같은 견고한 한미동맹이 유지되어야 하지만, 다음 두 단계에서는 주한미군과 한국군이 동북아 안정과 평화에 공동 기여하는 '지역안보를 위한 동맹'의 형태가 가장 바람직하다는 결론을 내렸다. 이러한 '지역안보동맹'을 통해 미군을 계속 주둔시킴으

---

32) Jonathan D. Pollack, Young Koo Cha et. al., *A New Alliance for the Next Century: The Future of the US-Korean Security Cooperation*(Santa Monica: RAND, 1995).

로써 한국은 중국·일본·러시아 등 주변 강국이 통일 이후 한반도에 군사적으로 개입하는 것을 견제할 수 있다. 대신 미국은 일본과 한국에 주둔하고 있는 미군을 근거로 아시아·태평양 지역에서의 안보 및 경제적 이익을 안정적으로 확보할 수 있다. 이러한 '지역안보 동맹'을 위해서는 주한미군의 규모를 지상군의 경우 현재의 2만8천 명에서 절반 이하로 줄이고, 대신 해·공군 위주의 전력을 유지하면 될 것이라고 이 보고서는 밝히고 있다.

유사한 작업이 그 후 두 차례 더 있었다. 이 보고서가 나온 후 한미 양국은 동맹의 중장기적 발전방향에 대해 지속적 대화가 필요함을 공감하고 1995~1996년에는 '중장기한미안보대화'를 그리고 1999~2001년에는 '한미동맹미래발전공동협의'를 가졌다. 특히 1996년 10월 제28차 '한미연례안보협의회의'에 보고된 '안보대화'는 남북대치단계에서는 현재와 같은 한미연합방위체제를 유지하되 북한의 위협이 소멸되었을 때는 점진적으로 연합지휘체제와 주한미군 구조조정을 추진하는 것이 바람직하다는 내용을 담고 있었다. 특히 이 보고서는 북한위협이 소멸될 경우 한반도 방위는 한국군이 주도하고 미군이 지원하며, 지역방위는 미군이 주도하고 한국군이 지원하는 형태로 변해야 한다고 주장했다.

결국 이 무렵 한미 양국이 합의한 동맹의 장기적 변화 방향은 주한미지상군의 대폭 감축과 해·공군력의 강화, 한국방위의 한국화와 주한미군의 지역방위군화, 한미동맹의 지역안보동맹화, 한미연합방위체제의 재검토 등으로 요약될 수 있다. 물론 이것은 북핵 문제가 급박했던 당시 여건에서는 아직 실행단계에 들어가지 못했다. 하지만 이것은 언제든 실행에 옮겨지면 기존의 '삼위일체+1' 구조의 근본적인 틀을 바꿀 가능성을 지닌 내용이었다.

5. '삼위일체+1' 구조의 근본적 재조정 움직임

동맹의 장기비전을 모색하던 1990년대 중반까지만 해도 이러한 논의 자체와 실현의 시점은 시간적으로 상당한 격차가 있는 문제로 여겨졌다. 하지만 조지 W. 부시정부가 출범하고 미국이 테러전을 시작하면서 그리고 한국에서는 "반미면 좀 어떠냐!"던 노무현이 대통령이 되면서 이러한 시간격차는 급속히 줄어들기 시작했다. 그 결과 지난 55년 동안 한반도의 안정을 가져오던 제도적 틀인 '삼위일체+1' 구조의 네 가지 구성요소 각각에 근본적인 변화의 조짐이 나타나고 있다.

1) 미국의 군사변환과 주한미군의 성격변화: 인계철선에서 신속기동군으로

2001년 9·11 테러는 탈냉전 이후 미국이 직면한 위협이 무엇인지를 명료하게 해주었다. 이 사건 이후 미국은 테러공격을 필두로 하여 대량살상무기의 확산과 중국의 급부상이라는 세 가지를 주된 위협으로 인식하게 되었다. 따라서 미국의 외교·안보전략도 이러한 새로운 위협에 효율적으로 대처하는 방향으로 수정되었는데, 이 맥락에서 나온 핵심개념 중 하나가 '군사변환(military transformation)'이다.[33]

군사변환이란 보다 나은 무기를 생산하기 위해 새로운 기술을 사용하는 것과 같은 협소한 개념이 아니다. 그것은 보다 포괄적인 개념으로서 핵심은 전 세계적 방위태세를 재조정하는 것, 즉 군사력의 형태, 배치, 수, 능력뿐 아니라 동맹의 본질을 쇄신하는(updating) 것이다. 동맹의 성격변화와 관련하여 미국은 러시아와의 관계를 협조적인 것으로 전환했고, 북대서양조약기구(NATO)의 구조를 재조정했으며, 아태지역에서는 일본, 한국, 호주와의

---

[33] Douglas J. Feith, "Transforming the United States Global Defense Posture," *The DISAM Journal*, Winter, 2003-2004, pp. 33-37.

동맹관계를 발전시켜 이들 동맹국이 글로벌 및 지역적 차원에서 등장하는 새로운 위협을 막는 데 일정한 역할을 하도록 했다. 이것은 미국이 새로운 위협에 대처하기 위해 이들 동맹국 및 우호국들과의 네트워크의 구조를 재조정하려는 노력의 일환이다.

　이러한 동맹의 변화와 함께 미국은 세계적 방위태세도 변환시켰다. 기존의 미국의 방위태세는 냉전시대의 사고와 현실을 반영하고 있었다. 미군은 여전히 냉전시대에 소련을 겨냥한 주둔지에서 전진배치를 통한 방어와 인계철선의 역할을 수행하고 있었던 것이다. 미국은 지금 테러나 대량살상무기 같은 새로운 위협에 직면하고 있다. 그것은 발칸, 페르시아만, 중앙아시아 등의 지역에 위치한 국가나 테러집단으로부터 발생하고 있다. 이에 대처하기 위해서는 신속하고 경량화된 미래형 전력이 필요하다. 이제 미군은 머물며 싸우는 것(fight in place)이 아니라 주둔기지에서 멀리 떨어진 전장일지라도 그곳에 전력을 신속하게 투사하는 것(to project power into theaters)을 목표로 삼아야 한다. 이를 위해서는 지구적 차원의 신속이동배치가 지역적인 전진배치를 대체하는 새로운 개념이 되어야 한다. 이에 미국은 이러한 배치의 유동성이 효과를 거두기 위해 미군이 유연하게 투입, 이동, 철수(to move smoothly into, through, and out of host nations)할 수 있도록 하는 법적·제도적 지원(예컨대 해당 내용을 주둔군지위협정[SOFA]에 추가하는 것 등)을 동맹국들에게 요구하고 있다.

　요컨대 군사변환이란 미국이 새로운 위협에 대처하기 위해 동맹과 군대를 변화시키는 것인데, 그 핵심은 병력수준(force levels)이 아니라 전력(force capabilities)이며, 머물며 싸우는 것이 아니라 싸우기 위해 움직이는 신속이동배치 그리고 그것을 위한 동맹의 재조정이다.

　'해외주둔미군 재배치계획(Global Defense Posture Review, GPR)'은 이러한 군사변환작업의 틀 내에서 해외주둔미군을 신속투사에 가장 적합한 형태로 재배치하기 위한 방안으로 등장했는데, 그 핵심개념은 들고 나는 (in and out) 것이 자유로운 '전략적 유연성(strategic flexibility)'이다. 이를 위해 미국은 군 구조를 신속화 · 경량화 · 첨단화의 방향으로 개편하고 있는데, 주한미군도 여기서 예외가 될 수 없었다. 미국은 동남아시아에서 발생할 수 있는 테러와 북한의 핵무기 개발을 포함한 대량살상무기 확산 기도 그리고 중국과 관련하여 발생가능성이 높은 대만해협의 분쟁 등에서 주한미군이 보다 적극적인 역할을 하기를 바라고 있다. 따라서 주한미군을 기존의 고정군(static forces)에서 벗어나 하루빨리 기동군(mobile forces)으로 재편하는 작업을 진행하고 있다. 주한미군을 한반도 차원에서 대북인계철선 역할을 주로 하던 냉전형 붙박이 군대로부터 지구적 차원에서 해외 분쟁지역으로 신속하게 투입될 수 있는 탈냉전형 신속배치군으로 변환시키고 있는 것이다.[34]

이를 위해 주한미군은 기지재배치작업을 진행 중이다. 그동안 주한미군은 대북인계철선 역할을 하기 위해 서울 북방에 주둔했었는데, 이제 그 역할을 포기하고 지역방위군 및 신속기동군이 되기 위해서는 기지를 재배치할 필요가 생겼다. 이에 한미 양국은 2012년까지 2단계로 나눠 미 2사단과 용산 기지를 한강 이남으로 옮기는 작업을 진행 중이다. 이전지로 선택된 곳은 오산과 평택인데, 이곳은 각종 미군사령부와 주요시설이 집중되어 장차 주한미군의 심장부 역할을 하는 기지가 될 것이다. 두 곳 모두 미군이 유사시 신속 전개하기에 최적의 장소이다. 오산은 유사시 신속기동군이 발진하는데 필수적인 미 7공군의 중심이고, 평택은 한국의 2함대사령부가 위치한 곳으로 미국은 이곳을 통해 초고속정을 이용해 주한미군을 신속기동시

---

34) 이근,「탈냉전기 미국의 동아시아 전략과 한미동맹의 미래」, 2004년 한국정치학회 하계학술회의 발표문, pp. 64-65. 2003년 4월 20일 라포트(Leon J. LaPorte) 한미연합사령관은 MBC와의 인터뷰에서 "인계철선은 미 2사단 장병에게 모욕적인 발언이며, 이미 파산한 개념"이라고 밝힌 바 있다.

킬 수 있을 것이다.[35] 또 다른 허브(hub)가 될 대구・부산권[36]은 원래부터 미 육군과 해군의 후방병참기지가 있는 곳으로 앞으로도 같은 역할을 수행할 것이다.

기지재배치와 함께 주한미군은 그동안 자신들이 맡았던 대북관련 특정임무(유사시 신속한 지뢰살포작전, 북한 특수작전부대의 해상침투저지, 수색 및 구조작전, 근접 항공지원통제, 후방지역 화생방 오염제거, 공대지 사격장 관리, 헌병임무, 작전기상임무, 공동경비구역 경비책임, 대화력전)를 한국군에게 서둘러 이양하는 작업을 진행 중이며, 이미 상당 부분 마무리되었다.

아울러 미국은 37,500명 규모이던 주한미군을 2008년 말까지 25,000명 수준으로 줄이기로 한국과 합의하고 그 사이 단계적으로 감축을 진행시켜 2008년 초 28,500명까지 줄였다. 원래대로라면 2008년 말까지 3,500명이 추가 감축되어야 했는데, 지난 2008년 4월 초 한미 정상회담에서 양국 지도자가 동결에 합의해 2008년 말 현재 28,500명 수준을 유지하고 있다.

2) 전시작통권 환수와 '한미연합사' 해체 그리고 평화협정의 모색

미국이 주한미군을 전략적 유연성을 높이는 방향으로 재조정하는 동안 '진보'를 표방한 노무현정부는 '협력적 자주국방'을 추진했다.[37] 이것은 한편으로는 주한미군의 성격변화와 감축에 대응해 한국의 국방력을 증강시키겠다는 것이었지만 다른 한편으로는 군사적 자주성을 높여서 미국이 추진하는 전략적 유연성으로 인해 한국이 불필요한 분쟁에 연루(entrapped)되지

---

35) 이런 점 때문에 주한미군의 중심기지가 오산・평택에 들어설 경우 중국이 민감하게 반응할 수도 있다.
36) 한국 해군력의 본산인 진해가 여기에 포함된다는 점에 주목할 필요가 있다.
37) 협력적 자주국방에 관해서는 김일영, 「미국의 주한미군 정책변화와 한국의 대응: 주한미군에 관한 냉전적 합의의 형성과 이탈 그리고 새로운 합의의 모색」, pp. 228-229.

않겠다는 의도도 포함되어 있었다. 이를 위해 노무현정부는 미국과의 협상을 통해 한미연합사령관이 보유하고 있는 전시작전통제권을 2012년에 돌려받기로 합의했다. 그때가 되면 '한미연합사'는 자동적으로 해체되고, 주한미군은 미국이 새로 설치할 '미 한국사령부(US KORCOM)'에 편성될 것으로 알려졌다.[38] 이 경우 한국군과 주한미군은 별도의 지휘체계 아래서 병렬적으로 움직이되 유사시 전시작전기획협조단(WOPCG)을 통해 협력을 유지할 것으로 보인다.

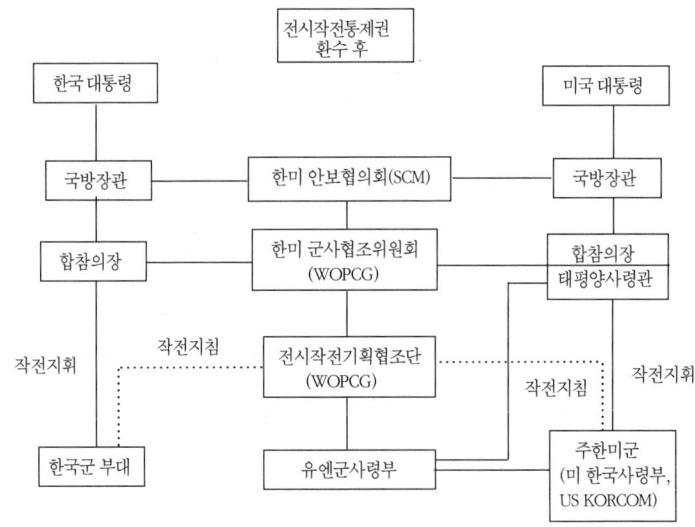

〈그림 13-5〉 전시작전통제권 환수 이후 한·미 간의 작전지휘체계(예상)

한편 2005년 9월 19일 제4차 6자회담에서 남북을 비롯한 관련 당사국은 "적절한 별도 포럼에서 한반도의 영구적 평화체제에 관한 협상"을 갖기로

---

38) 현재의 미8군사령부는 하와이로 옮겨가고 한국에는 전방전투지휘소(OCPK)를 두고 그 산하에 제2보병사단을 둔다는 말도 있다. 이럴 경우 한반도 유사시에는 미 한국사령부가 OCPK를 작전통제하지만 평시에는 하와이에 있는 8군사령부가 OCPK를 작전통제해 한반도 범위를 벗어나는 분쟁에도 개입할 수 있게 한다는 것이다. 『중앙일보』, 2008년 6월 5일.

합의했으며, 이 내용은 2007년 2·13 합의에서 재확인되었다. 노무현정부는 집권초기부터 한반도 평화체제구축에 대한 강한 집착을 드러냈고[39] 그것은 9·19 공동성명을 통해 드디어 해결의 실마리를 찾았다. 이런 합의의 배경에는 미국이 필립 젤리코(P. Zelikow)의 구상에 따라 북한의 비핵화를 전제로 한반도 종전선언을 적극 모색한 탓도 있었다. 현재까지 북핵 문제의 해결이 만족스럽게 진행되지 않아 아직 이 합의가 구체적인 행동으로 옮겨진 바는 없다. 하지만 북한의 비핵화라는 전제가 풀리면 이 문제는 언제든 협상의 테이블에 올려질 준비가 갖추어지게 되었다.

6. 도미노 효과의 지속인가 혹은 새로운 균형의 모색인가?

현재 지난 1953년 이후 한반도에서 '긴 평화'를 가능하게 했던 제도적 틀인 '삼위일체+1' 구조는 근본적인 구조재조정의 국면에 처해 있다. '삼위일체+1' 구조의 네 가지 구성요소 중 세 가지에서 근본적인 변화의 조짐이 나타나고 있기 때문이다.

그동안 한반도 차원에서 인계철선 역할을 자임하던 주한미군은 이제 전략적 유연성 개념에 입각해 지구적 차원에서 활동하는 신속기동군으로 변모하고 있다. 이는 미국의 군사변환전략에 따른 것인데, 이로 인해 '삼위일체+1' 구조 중 (+1) 부분에서 커다란 변화가 일어나고 있다고 할 수 있다.

휴전 이후 '유엔군사령부'에서 '한미연합사령부'로 이어지면서 미국이 실질적으로 보유했던 한국군에 대한 (전시)작전통제권이 2012년 한국군에게 반환되고 '한미연합사령부'가 해체되는 대신 '미 한국사령부'가 설치될 예정

---

39) 2003년 8월 국정홍보처가 펴낸 「한반도 평화체제 구축」이나 이듬해 3월 국가안전보장회의(NSC)가 펴낸 「참여정부의 안보정책 구상: 평화번영과 국가안보」 등의 책자에 모두 평화체제 추진에 관한 내용이 담겨 있다.

이다. 이것은 한국의 요구사항이면서 주한미군의 전략적 유연성을 높이기 위한 미국의 이해관계도 반영된 결과다. 어쨌든 이로 인해 이제 '삼위일체+1' 구조의 한 축인 '한미합의의사록'이 형해화(形骸化)되게 되었다.

마지막으로 정전체제를 평화체제로 바꾸려는 시도는 '삼위일체+1' 구조의 또 다른 한 축인 '정전협정'에 근본적 변화를 가져올 수 있다. 이것은 아직 실현되지는 않았지만 북핵 문제가 해결되고 '평화협정'마저 가시화될 경우 '삼위일체+1' 구조는 네 개의 축 중 세 개가 근본적 변화에 직면하게 될 것이다.

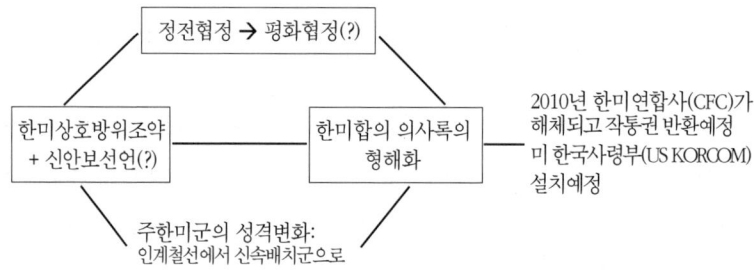

〈그림 13-6〉 전면 구조재조정 중인 '삼위일체+1' 구조의 현황

이런 변화가 도미노(domino) 효과를 일으켜 '삼위일체+1' 구조에서 마지막 하나 남은 축인 '상호방위조약'마저 변화시킬지 아니면 탈냉전 및 테러전 시대에 걸맞은 한미동맹으로 발전해 동북아시아에서 새로운 균형을 찾아갈지는 아직 미지수다. 실용적 보수정권을 자임하는 이명박정부가 출범한 현 시점에서 일부 진보진영에서 주장하듯이 '한미상호방위조약'마저 개정하여 '삼위일체+1' 구조를 완전히 붕괴시키는 방향으로 갈 가능성은 희박해 보인다. 그보다는 '상호방위조약'을 유지한 상태에서 한미 양국이 '신(新)안보선언' 같은 것으로 그것을 보완하는 방향으로 갈 가능성이 더 높아 보인다.

문제는 새롭게 구조조정 될 한미동맹이 과연 동북아시아에 과거와 같은 안정과 균형을 가져올 것인가다. 이 문제는 많은 부속질문을 수반한다. 즉, 글로벌 동맹으로 업그레이드되고자 하는 한미관계가 평화체제, 더 나아가 통일한국에 어떻게 조화될 수 있는지, 신속기동군으로 변한 주한미군과 병렬형 지휘체계를 갖춘 한미 군사관계는 평화체제나 통일한국과 어떻게 양립할 수 있는지, 이 경우 유엔군사령부의 위상과 역할은 어떻게 되는지, 이러한 문제를 둘러싼 한미 간의 조정과정을 주변국, 특히 중국은 어떤 눈으로 바라볼지 등 많은 추가적인 질문들이 답을 기다리고 있다. 이런 문제들에 대한 답은 아직은 명확히 나와 있지 않다. 한미 양국은 물론 주변국들은 이에 대한 답을 발견해 한반도와 동북아에서 새로운 균형구조를 수립하기 위해 노력 중이다. 특히 지난 5년간 급격한 변화를 겪어온 한미 양국은 현재 많은 점에서 미세조정(fine tuning) 작업을 진행 중이다. 한반도가 또 다른 '긴 평화'로 갈 것인가의 여부는 이러한 노력과 조정작업의 결과에 달려 있다고 할 것이다.

참고문헌

국가안전보장회의(NSC), 『참여정부의 안보정책 구상: 평화번영과 국가안보』, 2004.
국정홍보처, 『한반도 평화체제 구축』, 2003.
김우상. 「한·미동맹의 이론적 재고」, 『한국과 국제정치』, 20권 1호, 2004, 봄.
김일영. 「이승만정부에서의 외교정책과 국내정치: 북진·반일정책과 국내정치경제와의 연계성」, 『국제정치논총』, 제39집 3호, 1999.
_____. 「미국의 주한미군 정책변화와 한국의 대응: 주한미군에 관한 냉전적 합의의 형성과 이탈 그리고 새로운 합의의 모색」, 한용섭(편), 『자주냐 동맹이냐』, 오름, 2004.
_____. 「이승만정부의 북진·반일 정책과 한미동맹의 형성」, 하영선 외, 『한국외교사와 국제정치학』, 성신여대출판부, 2005.
_____. 『건국과 부국』, 생각의 나무, 2005.
김일영·조성렬. 『주한미군: 역사, 쟁점, 전망』, 한울, 2003.
마상윤. 「미완의 계획: 1960년대 전반기 미 행정부의 주한미군철수논의」, 『한국과 국제정치』, 19권 2호, 2003년 여름.

서주석. 「한미 안보협력 50년의 재조명」, 한국국방연구원 연구보고서, 1996.

심지연·김일영(편). 『한미동맹 50년: 법적 쟁점과 미래의 전망』, 백산서당, 2004.

이 근. 「탈냉전기 미국의 동아시아 전략과 한미동맹의 미래」, 2004년 한국정치학회 하계학술회의 발표문.

이정훈. 「'혈맹'에서 촛불시위 '타깃'으로: 주한미군의 어제와 오늘」, 『신동아』, 2003년 1월호.

차상철. 「개디스(John Lewis Gaddis)의 '새로운' 냉전사: '오래된' 전통주의학파에로의 '신중한' 회귀」, 『해외한국학평론』, 제2집, 2001.

李鍾元. 『東アジア冷戰と韓米日關係』, 東京: 東京大學出版會, 1996.

佐藤達也 編. 『朝鮮半島の軍事地圖』, 東京: 社會評論社, 1985.

村田晃嗣. 『大統領の挫折: カ-タ-政權の在韓米軍撤退政策』, 東京: 有斐閣, 1998.

『중앙일보』, 2008년 6월 5일.

Cha, Victor D., *Alignment Despite Antagonism: The US-Korea-Japan Security Triangle*, Stanford: Stanford University Press, 1999, 김일영·문순보 옮김. 『적대적 제휴: 한국, 미국, 일본의 삼각안보체제』, 문학과 지성사, 2004.

Department of State, *Foreign Relations of the United States*(이하 FRUS) 1952-1954 Vol. XV: Korea, Part2 (Washington: Government Printing Office, 1984).

Department of Defense(이하 DoD), A Strategic Framework for the Asian Pacific Rim: Looking toward the 21th Century, DoD Report to Congress, Washington, D.C., April, 1990.

DoD, Quadrennial Defense Review Report (QDR)(1997).

DoD, The United States Security Strategy for the East Asia-Pacific Region, Washington, D.C, February 1995.

Feith, Douglas J., "Transforming the United States Global Defense Posture," *The DISAM Journal*, Winter, 2003-2004.

Gaddis, John Lewis, *The Long Peace: Inquiries into the History of the Cold War*, New York: Oxford University Press, 1987.

_____, *We Now Know: Rethinking Cold War History*, New York: Oxford University

Press, 1997.

Kim, Se-Jin, *Documents on Korean-American Relations 1943-1976*, Seoul: Research Center for Peace and Unification, 1976.

Nye Jr., Joseph S., *Understanding International Conflicts: An Introduction to Theory and History*, New York: Longman, 2000, 양준희 옮김. 『국제분쟁의 이해』, 한울, 2003.

Oberdorfer, Don, *Two Koreas: A Contemporary History* (revised edition), Indianapolis: Basic Books, 2001.

Pollack, Jonathan D. and Young Koo Cha et. al., *A New Alliance for the Next Century: The Future of the US-Korean Security Cooperation*, Santa Monica: RAND, 1995.

김일영 교수 연구업적 목록

〈저 · 역서〉

1. 『정당과 정당체계의 변화: 접근과 해석』, 오름, 2011 (역서).
2. 『건국과 부국: 이승만 박정희 시대의 재조명』(개정판), 기파랑, 2010.
3. 『품격있는 보수를 꿈꾸다: 고 김일영 교수 칼럼집』, 이담북스, 2010.
4. 『콜로서스: 아메리카 제국 흥망사』, 21세기북스, 2010 (역서).
5. 『헌법논쟁 : 민주주의 대 입헌주의』, 논형, 2009 (역서).
6. 『녹색부국으로 가는 길』, 문화체육관광부, 2008 (공저).
7. 『한국현대사』, 기파랑, 2008 (공저).
8. 『대한민국 60년, 성찰과 전망』, 지식산업사, 2008 (공저).
9. 『한국행정 60년: 1948-2008』, 전4권(Vols4), 법문사, 2008 (공저).
10. 『대한민국 건국60년의 재인식』, 기파랑, 2008 (공저).
11. 『공동체자유주의: 이념과 정책』, 나남, 2008 (공저).
12. 『대안교과서 한국근현대사』, 기파랑, 2008 (공저).
13. 『다시 쓰는 한국근현대사 : 포스트수정주의적 시각에서』, 기파랑, 2008 (공저).
14. 『새 헌법 연구』, 경기개발연구원, 2007 (공저).
15. 『북핵퍼즐: 빅터 차 vs 데이비드 강, 관여전략 논쟁』, 따뜻한 손, 2007 (역서).
16. 『박정희 시대와 한국현대사』, 도서출판 선인, 2006 (공저).
17. 『한국 내셔널리즘의 전개와 글로벌리즘』, 백산서당, 2006 (공저).
18. 『미래의 정치, 신뢰의 정치』(GRI연구총서10), 경기개발연구원, 2006(공저).
19. 『이승만 대통령의 역사적 재평가』, 연세대 출판부, 2006 (공저).
20. 『청소년을 위한 우리 역사 바로 보기』, 성신여대출판부, 2006 (공저).
21. 『해방전후사의 재인식』, 1권, 2권, 책세상, 2006(편저).
22. 『박정희 시대 연구의 쟁점과 과제』, 도서출판 선인, 2005 (공저).
23. 『21세기 한국: 자유, 진보 그리고 번영의 길』, 나남, 2005 (공저).
24. 『아! 대한민국: 한국현대사 40년, 격동의 100대 드라마』, 랜덤하우스중앙, 2005 (공저).
25. 『한국현대사: 진실과 해석』, 나남, 2005 (공저).
26. 『한국현대사의 허구와 진실: 고등학교 근현대사 교과서를 비판한다』, 두레시대,

2005 (공저).
27. 『한국외교사와 국제정치학』, 성신여대 출판부, 2005 (공저).
28. 『건국과 부국: 현대한국정치사강의』, 생각의 나무, 2005 (단독저서).
29. 『자주냐 동맹이냐: 21세기 한국 안보외교의 진로』, 오름, 2004 (공저).
30. 『1950년대 한국사의 재조명』, 도서출판 선인, 2004 (공저).
31. 『변화하는 세계 바로보기』, 나남, 2004 (공저).
32. 『적대적 제휴: 한국, 미국, 일본의 삼각안보체제』, 문학과 지성사, 2004 (역서).
33. 『디지털 시대의 민주주의와 포퓰리즘』, 철학과 현실사, 2004 (공저).
34. 『근대극복을 꿈꾸는 동아시아의 도전』(동아시아 정체성 시리즈 제4권: 정치), 청어람 미디어, 2004 (공저).
35. 『한미동맹 50년: 법적 쟁점과 미래의 전망』, 백산서당, 2004 (편저).
36. 『통일시대와 법』, 중앙대학교 출판부, 2003 (공저).
37. 『주한미군: 역사, 쟁점, 전망』, 한울, 2003 (2인 공저).
38. 『한국과 6·25 전쟁』, 연세대학교 출판부, 2002 (공저).
39. 『한국정치와 헌정사』, 한울, 2001 (편저).
40. 『한국정치연구의 쟁점과 과제』, 한울, 2001 (공저).
41. 『1960년대의 정치사회변동』, 백산서당, 1999 (공저).
42. 『동아시아의 정치체제』, 한림대 아시아문화연구소, 1998 (공저).
43. 『맑스주의와 민주주의』, 성균관대학교 출판부, 1996 (편저).
44. 『현대한국정치론』, 나남, 1996 (공저).
45. 『사회과학의 동향과 전망』, 한울, 1994 (공저).
46. 『남북한 정치의 구조와 전망』, 한울, 1994 (공저).
47. 『현대국제정치론』, 대왕사, 1991 (공저).
48. 『1950년대 한국사회와 4.19혁명』, 태암출판사, 1991 (공저).
49. 『현대사를 어떻게 볼 것인가』, 제3권 동아일보사, 1990 (공저).
50. 『현대정당정치론』, 대왕사, 1990 (공저).
51. 『현대사상과 정책』, 대영문화사, 1989 (공저).
52. 『현대자본주의 정치이론』, 백산서당, 1989 (공저).
53. 『현대사상과 정책』, 대영문화사, 1989 (공저).
54. 『제3세계의 민주화와 한국의 위상』, 인간사랑, 1989 (공저).
55. 『도해 정치경제학(1): 자본주의』, 동녘, 1989 (역서).

56. 『현대사조의 실상과 허상』, 형설출판사, 1988 (공저).
57. 『남북한의 비교연구』, 일월서각, 1988 (역서).
58. 『인간과 권력』, 대왕사, 1988 (역서).

〈논문〉

1. 「노태우정부에서의 갈등 양상과 해결경험」, 『분쟁해결연구』 6집 2호, 2008.
2. 「중고생을 위한 안보교재 편찬 및 내용에 관한 연구 : 민주화 시대(1987년~현재까지)」, 『안보학술논집』 19집 1호, 2008.
3. 「'촛불시위'의 희망과 불안」, 『계간 철학과 현실』, 2008, 겨울호.
4. 「한반도의 '긴 평화'와 한미동맹: '삼위일체+1' 구조의 형성과 변화 그리고 전망」, 『국방정책연구』, 24권 3호, 2008년 가을호(통권 81호).
5. 「한국 행정 60년의 정치적 맥락: 정치사와 행정사의 연구접점으로서의 한국 발전국가의 형성과정을 중심으로」, 『한국 행정 60년: 1948-2008』, 전4권, 법문사, 2008.
6. 「새로운 사회계약이 필요한 때」, 『행정포커스』 5호, 2008.
7. 「박정희정권, 어떻게 볼 것인가」, 『본질과 현상』 13호, 2008.
8. 「신익희, 건국에 참여한 임정출신의 현실주의자」, 『한국사 시민강좌』, 제43집, 2008.
9. 「촛불시위': 왜 일어났고, 성격이 무엇이며, 어떻게 수습할 것인가?」, CFE Report No.50 (자유기업원 발행), 2008.07.07.
10. 「한국에서 '기획' 개념과 제도의 역사적 기원과 발전」, 『한국동북아논총』, 13권 2호(통권 47호), 2008.
11. 「朴正熙対金大中: 祖国近代化論と大衆経済論を中心に」, 『韓国研究センタ-年報』, Vol.7, 2007.3.
12. 「한국 대통령제의 성공과 헌법의 권력구조 조항 수정」, 『세계헌법연구』, 14권 1호, 2008.
13. 「한국정치의 위기와 이명박정부의 과제」, 『계간 철학과 현실』, 2008, 봄호.
14. 「이승만정부의 산업정책과 렌트추구 그리고 경제발전」, 『세계정치』, 8집, 2007.
15. 「현대 한국에서 자유주의의 전개과정: 헌법규범과 헌법현실의 괴리와 극복과정을 중심으로」, 『한국정치외교사논총』, 29집 2호, 2007.
16. 「박정희 대 박현채: 조국근대화론 대 민족경제론」, 『월간조선』, 2007, 11월호.
17. 「신자유주의적 포퓰리즘과 진보정치 10년」, 『계간 철학과 현실』, 2007, 가을호.

18. 「한국에서 보수와 진보의 의미 변화와 현위상: '뉴라이트,' '뉴레프트' 그리고 자유주의」, 『철학연구』, 100집, 2006.
19. 「조국근대화론 대 대중경제론: 1971년 대선에서 박정희와 김대중의 대결」, 정성화 (편), 『박정희 시대와 한국현대사』, 도서출판 선인, 2006.
20. 「이승만 장기집권의 토대, 부산정치파동과 발췌개헌」, 『신동아』, 2006, 10월호.
21. "In Search of New Ideological Orientation in the Korean Politics: 'New Right', 'New Left', and Liberalism as Their Common Basis", *Korea Focus*, Vol.14, No.3, Autumn, 2006.
22. 「5·16은 쿠데타인가 근대화혁명인가?」, 『월간조선』, 2006, 9월호.
23. 「박정희 시대와 민족주의의 네 얼굴」, 『한국정치외교사논총』, 28집 1호, 2006.
24. 「주한미군과 한미군사동맹」, 『월간조신』, 2006, 7월호.
25. 「통치자로서의 이승만 대통령」, 유영익(편), 『이승만 대통령의 역사적 재평가』, 서울: 연세대출판부, 2006.
26. 「한국정치의 새로운 이념적 좌표를 찾아서: '뉴이이트'와 '뉴레프트' 그리고 공통된 지평으로서의 자유주의」, 『한국정치외교사논총』, 27집 2호, 2006.
27. 「한국, 성공의 역사」, 복거일, 김정호, 박효종 외, 『21세기 한국: 자유, 진보 그리고 번영의 길』, 나남, 2005.
28. 「박정희 시대 연구의 쟁점과 과제」, 정성화(편), 『박정희시대 연구의 쟁점과 과제』, 도서출판 선인, 2005.
29. 「이승만정부의 외교정책에 대한 재평가: 반일정책을 중심으로」, 『한국동북아논총』, 10권 4호(통권 37호), 2005.
30. 「박정희 시대와 자유주의」, 『월간NEXT』, 2005, 7월호.
31. 「역사 교과서인가 '민족민주' 운동사 교재인가?」, 교과서포럼 (편), 『한국현대사의 허구와 진실: 고등학교 근현대사 교과서를 비판한다』, 두레시대, 2005.
32. 「단독정부수립과 그 역사적 의미」, 『월간 NEXT』, 2005, 1월호.
33. 「미국의 주한미군 정책변화와 한국의 대응」, 한용섭 (편), 『자주냐 동맹이냐: 21세기 한국 안보외교의 진로』, 오름, 2004.
34. 「수정주의적 관점의 〈한국 근현대사〉교육과 신세대 장병의 국가안보관」, 『정신전력 학술논집』, 2005.
35. 「6·25전쟁 직후 한미동맹의 성립과 그 의의」, 『국가보훈처 학술논문집(1) 철학과 현실』, 2005.
36. 「17대 총선의 역사적 의미와 정당체계 재편 전망」, 『한국동북아논총』, 9권 3호(통권

32집), 2004.
37. 「주한미군 재조정, 어떻게 볼 것인가」, 『철학과 현실』, 65호, 2004.
38. "The Race against Time: Disintegration of the Chang Myun Government and Aborted Democracy," The Review of Korean Studies, Vol.7, No.3, September, 2004.
39. 「해외주둔 미군 재배치계획과 주한미군의 미래」, 『군사논단』, 2004, 가을호.
40. 「참여민주주의인가 신자유주의적 포퓰리즘인가: 김대중 및 노무현정권과 포퓰리즘 논란」, 『의정연구』, 10권 1호(통권 17호), 2004.
41. 「17대 총선의 의미와 향후 정국 전망」, 『월간 NEXT』, 2004, 5월호.
42. 「민주화, 신자유주의적 포퓰리즘 그리고 한국: 김대중정권과 노무현정권을 중심으로」, 『철학연구』, 64호, 2004.
43. "The North Korean Nuclear Program and External Connections," Korean Journal of Defense Analysis, Vol.16 No.1, 2004 (SSCI 등재 학술지).
44. 「노무현정부, 이래선 안된다」, 『월간 NEXT』, 2004, 1월호.
45. 「북한 붕괴 시 한국군의 역할 및 한계」, 『국방연구』, 46권 2호, 2003.
46. 「주한미군과 한반도 내 핵전력의 변화」, 『안보학술논집』, 14집 1호, 2003.
47. 「주한미군 재조정: 왜, 어디까지 그리고 어디로」, 『계간 사상』, 2003, 가을호.
48. 「주한미군 재편: 배경, 경과 그리고 전망」, 『한국정치외교사논총』, 25집 1호, 2003.
49. "Time to Keep Going: The Role and Structure of US Forces in Unified Korea," Pacific Focus, Vol.18 No.1, 2003.
50. 「한국에서 국무총리의 제도적 위상과 정치적 위상 간의 괴리: 역대 국무총리와 대통령, 국회, 집권당 사이의 관계를 중심으로」, 『한국정치외교사논총』, 24집 3호, 2002.
51. 「공동체적 토지공유사상과 통일 후 북한토지제도의 변화방향: 헨리 조지의 토지가치공유사상의 관점에서」, 『전통과 현대』, 2002, 겨울호.
52. 「Jung-en Woo, 『속도경쟁: 한국 산업화에서의 국가와 금융』」, 『해외한국학평론』, 제3집, 2002.
53. 「Victor Cha, 『적대적 제휴: 한미일 삼각안보관계』」, 『해외한국학평론』, 제3집, 2002.
54. 「전시정치의 재조명: 6·25 전쟁 중 북진통일론과 두 갈래 개헌론의 관계」, 『한국정치외교사논총』, 23집 2호, 2002.
55. 「아시아 안보와 한국-인도간의 전략적 협력관계의 모색」, 『계간 사상』, 2002, 봄호.
56. "Asian Security and India-Korea Strategic Cooperation," Korean Journal of Defense Analysis, Vol.14 No.1, 2002 (SSCI 등재 학술지).

57. 「통일정책과 국내정치: 김대중정부의 포용정책과 개혁정책을 중심으로」, 『통일정책연구』, 10권 2호, 2001.
58. "State-Society Relations in the Constitutions of Korea," Korean Social Science Journal, Vol. 28 No. 2, 2001.
59. 「한국에서 발전국가의 기원, 형성과 발전 그리고 전망」, 『한국정치외교사논총』, 23집 1호, 2001.
60. 「5.16 군사쿠데타, 군정 그리고 미국」, 『국제정치논총』, 41집 2호, 2001.
61. 「위기의 김대중정부: 진단과 전망」, 『전통과 현대』, 2001, 여름.
62. 「시간과의 경쟁에서의 패배: 장면정부의 해체와 유산된 민주주의」, 『황해문화』, 2001, 봄호.
63. 「유교, 강성국가 그리고 남북한의 발전격차」, 『유교사상연구』, 14권, 2001.
64. 「한국의 역대 헌법에 나타난 '국가-사회'관계」, 『한국정치학회보』, 34집 2호, 2000.
65. 「농지개혁을 둘러싼 신화의 해체」, 『한국정치외교사논총』, 22집 1호, 2000.
66. 「한국의 근대성과 발전국가」, 『사회과학』, 39집 1호, 2000.
67. 「G. 헨더슨. [한국: 회오리바람의 정치]」, 『해외한국학평론』 1집 1호, 2000.
68. 「1960년대 한국발전국가의 형성과정: 수출지향형 지배연합과 발전국가의 물적 기초의 형성을 중심으로」, 『한국정치학회보』 33집 4호, 1999 (이 글은 「1960년대의 정치지형의 변화」라는 논문을 절반 이하의 분량으로 축약한 것임).
69. 「이승만정부에서의 외교정책과 국내정치: 북진·반일정책과 국내정치경제와의 연계성」, 『국제정치논총』 39집 3호, 1999.
70. 「지역주의의 또다른 배경: 지정학적 요인과 야당 내부적 요인」, 『한국정치외교사논총』 21집 2호, 1999.
71. 「권위주의체제의 한국적 특성과 변화」, 『한국정치외교사논총』 20집 1호, 1998.
72. 「'이승만 수정주의'에 대한 수정」, 『한국현대사연구』, 창간호, 1998.
73. 「냉전=분단, 발전지향국가 그리고 경제발전: 한국의 경험으로 중심으로」, 『통일문제연구』 10권 2호, 1998.
74. 「동아시아 발전모델의 재검토(서평)」, 『한국정치학회보』 30집 3호, 1995.
75. 「박정희체제 18년: 발전과정에 대한 분석과 평가」, 『한국정치학회보』 29집 2호, 1995.
76. 「한국에 있어 산업화와 민주화의 상관관계 : 한국의 발전경험이 차지하는 세계사적 위상규명을 중심으로 」, 『사회과학』 34권 2호, 1995.
77. 「한국에 있어 산업화와 민주화의 상관관계」, 『사회과학』 34권 2호, 1995.

78. 「박정희체제 18년, 어떻게 볼 것인가」, 『계간사상』 7권 4호, 1995.
79. 「농지개혁, 5・30선거 그리고 6・25 전쟁」, 『한국과 국제정치』 11권 1호, 1995.
80. 「정계의 영원한 초대받은 손님: 장면론」, 『황해문화』 3권 2호, 1995.
81. 「부산정치파동의 정치사적 의미」, 『한국과 국제정치』 9권 1호, 1993.
82. 「한국 국가성격논의에 관한 방법론적 재고」, 『경제와 사회』 17호, 1993, 봄.
83. 「계급구조, 국가, 전쟁 그리고 정치발전: B. Moore 테제의 한국 적용가능성에 대한 예비적 고찰」, 『한국정치학회보』 26집 2호, 1992.
84. 「마르크스주의 정당논의」, 『중소연구』 14집 2호, 1990.
85. 「4・19혁명의 정치사적 의미」, 『사회과학』 29집 1호, 1989.
86. 「그리스에 있어서 정치체제의 변동과 민주화의 전망」, 『사회과학』 27집 2호, 1988.

〈칼럼 및 좌담〉

1. 「2009 한국, 어디로 가야하나(9): 정권투쟁형 정치에서 국가경영형 정치로」, 『조선일보』, 2009. 5. 18.
2. 「법에 따라 처리하고 사면으로 풀자」, 『중앙일보』, 2009. 5. 5.
3. 「2009 한국, 어디로 가야하나(3): 언제 갑자기 닥칠지 모르는 통일」, 『조선일보』, 2009. 3. 2.
4. "Beyond New Right to Procons," Korea Focus, January 2009.
5. 「한나라, 분열 아닌 분화 필요하다」, 『동아일보』, 2009. 2. 4.
6. 「2009 한국, 어디로 가야하나: 창조, 파격적 대응만이 세계질서의 급류를 이겨내는 길」, 『조선일보』, 2009. 1. 1.
7. 「새로운 사회계약 필요하다」, 『동아일보』, 2008. 12. 30.
8. 「'뉴라이트'를 넘어 '프로콘'으로」, 『조선일보』, 2008. 12. 13.
9. 「오바마 당선의미 '아전인수' 말아야」, 『동아일보』, 2008. 11. 12.
10. 「동북아공동체에 관한 3개국 공동학술회의」, 『朝日新聞』, 2008. 10. 23.
11. 「건국 60주년 좌담」, 『경향신문』, 2008. 7. 30.
12. 「'촛불'의 희망과 불안」, 『조선일보』, 2008. 6. 12.
13. 「이명박정부 대북정책 좌담」, 『매일경제』, 2008. 5. 19.
14. 「한국근현대사 대안교과서 집필자 좌담」, 『위클리조선』 2001호, 2008. 4. 21.
15. 「투표용지에 '기권란'이 있었더라면」, 『조선일보』, 2008. 4. 11.

16. 「제18대 총선 평가 좌담」, 『경향신문』, 2008. 4. 11.
17. 「선거를 말한다: 제18대 총선 자문위원단 좌담회」, 『경향신문』, 2008. 3. 25.
18. 「'운동권 좌파' 왜 실패했나」, 『위클리 조선』, 1986호, 2007. 12. 31.
19. 「성찰적 보수가 필요하다」, 『조선일보』, 2007. 12. 22.
20. 「이번 대선도 왜곡된 결선투표로 가나」, 『조선일보』, 2007. 11. 20.
21. 「한나라당, 사람을 쇄신하라」, 『중앙일보』, 2007. 8. 22.
22. 「민주화 20년, 지식인의 죽음: 좌담-민족주의 논쟁」, 『경향신문』, 2007. 7. 28.
23. 「'통합' 간판 내건 '야합'」, 『조선일보』, 2007. 7. 26.
24. 「6월혁명 20년, 민주화 20년: 좌담」, 『경향신문』, 2007. 6. 11.
25. 「대선은 YS와 DJ의 최후의 승부처인가?」, 『조선일보』, 2007. 6. 4.
26. 「선생님, 우리들의 선생님」, 『조선일보』, 2007. 4. 14.
27. 「누가 헌법적 위기를 과장하는가?」, 『조선일보』, 2007. 3. 10.
28. 「진보가 아직도 통일 세력인가?」, 『조선일보』, 2007. 2. 10.
29. 「제도보다는 사람 탓이다」, 『조선일보』, 2007. 1. 13.
30. 「'한국정치 10년 주기설'과 2007년」, 『조선일보』, 2006. 12. 29.
31. 「현직, 전직 그리고 기억의 정치」, 『조선일보』, 2006. 12. 9.
32. 「국민이 DJ에게 듣고 싶은 말」, 『조선일보』, 2006. 11. 11.
33. "Common Threat Perception key to Alliance: Discord over North Korea Threatens to Dissolve Korea-U.S. Ties," *Korea Herald*, 2006. 8. 18.
34. 「진보정치의 버블 붕괴」, 『조선일보』, 2006. 6. 1.
35. 「오독(誤讀)에 기초한 단정적 평가가 더 문제」, 『교수신문』, 2006. 4. 4.
36. 「해전사 인식 vs 재인식: 릴레이 논쟁」, 『조선일보』, 2006. 2. 18.
37. 「'뉴레프트'의 출현을 반기며」, 『조선일보』, 2006. 1. 19.
38. 「'맞짱' 인터뷰: New Right vs New Left」, 『문화일보』, 2006. 1. 19.
39. 「1.2 개각과 '조폭의 의리'」, 『문화일보』, 2006. 1. 4.
40. "Still in an Age of Infertility," *JoongAng Daily*, 2005. 12. 29.
41. 「2005년, 여전히 불임의 시대」, 『중앙일보』, 2005. 12. 29.
42. 「황우석 논란에 웬 보수·진보?」, 『중앙일보』, 2005. 12. 8.
43. "Let Sleeping Ghosts Lie," *JoongAng Daily*, 2005. 11. 19.
44. 「망령(亡靈)을 불러내는 한국정치」, 『중앙일보』, 2005. 11. 17.
45. 「강정구 파문: 보수,진보 두 논객 무릎 맞대다」, 『중앙일보』, 2005. 10. 28.

46. "Minister Must Take Responsibility," *JoongAng Daily*, 2005. 10. 24.
47. 「'강 교수 건' 소모적 정쟁 끝내라」, 『중앙일보』, 2005. 10. 21.
48. "The Meaning of Self-reliance," *JoongAng Daily*, 2005. 10. 8.
49. 「작전통제권 환수하면 자주군대인가」, 『중앙일보』, 2005. 10. 6.
50. "Hero Worship and Witch-hunt," *Korea Focus*, Vol.13, No.5 (Sep-Oct, 2005).
51. "Hero-making and Witch-hunts," *JoongAng Daily*, 2005. 9. 20.
52. 「영웅 만들기와 마녀사냥」, 『중앙일보』, 2005. 9. 15.
53. "Be Cautious about Optimism," *JoongAng Daily*, 2005. 8. 27.
54. 「평화협정, 끝이 아니라 시작이다」, 『중앙일보』, 2005. 8. 25.
55. 「과거사, 청산만이 능사 아니다」, 『중앙일보』, 2005. 8. 4.
56. 「한국사회 100대 드라마, 정치: 노무현 대통령 집권」, 『중앙일보』, 2005. 7. 21.
57. "A Clash of Alliance and Peace," *JoongAng Daily*, 2005. 7. 18.
58. 「평택, 부안 짝 안 나려면」, 『중앙일보』, 2005. 7. 14.
59. 「탄핵 역풍 거품 빠진 4.30 재보선」, 『조선일보』, 2005. 5. 2.
60. "박정희 시대 평가" 토론회, 『조선일보』, 2005. 3. 18, 『중앙일보』, 2005. 3. 18.
61. "한국현대사 어떻게 볼 것인가" 좌담, 『동아일보』, 2005. 2. 21.
62. "한국 근현대사 교과서 편향성" 좌담, 『중앙일보』, 2005. 2. 14.
63. 저서 『건국과 부국』 인터뷰, 『동아일보』, 2005. 1. 29.
64. 저서 『건국과 부국』 인터뷰, 『조선일보』, 2005. 1. 29.
65. 「좌편향 현대사 교육, 제자리 돌려놓자」, 『조선일보』, 2005. 1. 6.
66. 「인터뷰: 노 정부 3년차 전망」, 『주간조선』 1836호, 2005. 1. 6.
67. 「'파르티잔 국회' 언제까지」, 『중앙일보』, 2005. 1. 3.
68. 「청소년 역사강좌: 박정희 시대와 근대화」, 『동아일보』, 2004. 12. 7.
69. 「(미 대선 D-1) 부시-케리 비교: 케리가 당선되면」, 『한국일보』, 2004. 11. 1.
70. 「동맹과 '위협인식'의 공유」, 『조선일보』, 2004. 9. 16.
71. 「에너지 안보와 해상교통로 확보 그리고 동맹외교」, 서울대학교 행정대학원 한국정책지식센터(http://www.know.or.kr) 공기업포럼, 2004. 9. 6.
72. 「아버지 지우기와 찾기」, 『조선일보』, 2004. 8. 19.
73. 「해상교통로와 한미동맹」, 『조선일보』, 2004. 7. 22.
74. 「대통령은 정무수석이 아니다」, 『조선일보』, 2004. 6. 22.
75. 「버림받음과 휘말림 사이의 균형」, 『조선일보』, 2004. 5. 25.

76. 「56년만에 '진보' 복원된 국회」, 『조선일보』, 2004. 4. 26.
77. 「여소야대 뒤집기」, 『동아일보』, 2004. 4. 26.
78. 「득표의 내용이 중요하다」, 『동아일보』, 2004. 4. 2.
79. 「총선 패배한 쪽이 물러서야」, 『조선일보』, 2004. 3. 17.
80. 「한국정치와 쿠데타」, 『동아일보』, 2004. 3. 15.
81. 〈신아크로폴리스〉 강좌: 비무장지대, 공동경비구역 그리고 분단의 역사, 『동아일보』, 2004. 3. 11.
82. 김일영, 심지연 (편), 『한미동맹 50년』(백산서당)에 대한 소개기사, 『조선일보』, 2004. 2. 25.
83. 「노무현정부 1년 전문가 좌담」, 『매일경제』, 2004. 2. 25.
84. 「노무현정부 1년 한미관계 여론조사: 주한미군의 미래」, 『한국일보』, 2004. 2. 24.
85. 「짱과 엄지족이 만날 때」, 『동아일보』, 2004. 2. 20.
86. 「낙선운동과 부메랑」, 『동아일보』, 2004. 2. 9.
87. 「세배와 사랑방 정치」, 『동아일보』, 2004. 1. 5.
88. 「리멤버 2003, 불임의 시기」, 『동아일보』, 2003. 12. 26.
89. '신자유주의적 포퓰리즘 현상과 한국'이란 본인 발표 논문에 관한 소개 기사, 『중앙일보』 및 『문화일보』, 2003. 12. 5, 『조선일보』 및 『동아일보』, 2003. 12. 6.
90. 「전 일병과 국가의례」, 『동아일보』, 2003. 12. 1.
91. 「책임총리제 총선에 맡겨야」, 『동아일보』, 2003. 11. 14.
92. 「재신임, 혁명가의 행동」, 『조선일보』, 2003. 10. 13.
93. 「대통령 당적 확실한 선택을」, 『동아일보』, 2003. 10. 1.
94. 「말보다 일하는 정부가 되라」, 『중앙일보』, 2003. 8. 26.
95. 「'배설의 정치' 이제 그만」, 『동아일보』, 2003. 7. 4.
96. 「대통령 구해야 야당이 산다」, 『조선일보』, 2003. 6. 27.
97. 「대통령의 결단을 바란다」, 『조선일보』, 2003. 6. 2.
98. 「'통합의 리더십'은 어디에」, 『동아일보』, 2003. 5. 6.
99. 「역사적 고찰로 미군 없는 한미동맹 고찰」(본인의 저서 『주한미군: 역사, 쟁점, 전망』 [한울, 2003]에 대한 서평), 『교수신문』, 2003. 5. 5.
100. 「주한미군 역할 객관적 평가」(본인의 저서 『주한미군: 역사, 쟁점, 전망』[한울, 2003]에 대한 서평), 『조선일보』, 2003. 5. 3.
101. 「한미관계 변화 속 주한미군 위상」, 『중앙일보』, 2003. 4. 26. (본인의 저서 『주한미

군: 역사, 쟁점, 전망』[한울, 2003]에 대한 서평).
102. 「통일 이후 주한미군의 역할」, 『동아일보』, 2003. 4. 26. (본인의 저서 『주한미군: 역사, 쟁점, 전망』[한울, 2003]에 대한 서평).
103. 「기획좌담: 우리 시대의 진보와 보수, 새로운 대화를 찾아서」, 『교수신문』, 창간 11주년 기념특별호, 2003. 4. 14.
104. 「'3대 의혹' 털고 출발하라」, 『동아일보』, 2003. 1. 20.
105. 「2003년 특집 신년대담: 21세기 새 정부, 문화대국 창달의 주역」, 『미래한국』, 2003. 1. 5.
106. 「참된 지도자 감별법」, 『동아일보』, 2002. 12. 13.
107. 「'뺄셈의 정치' 포기할건가」, 『동아일보』, 2002. 11. 20.
108. 「총론만 있고 각론은 없다」, 『중앙일보』, 2002. 9. 28.
109. 「인사청문회의 교훈」, 『중앙일보』, 2002. 8. 29.
110. 「철저한 검증이 인준 잣대」, 『동아일보』, 2002. 8. 21.
111. 「개헌, 그들만의 드라마」, 『동아일보』, 2002. 7. 8.
112. 「院 구성이 흥정대상?」, 『동아일보』, 2002. 5. 23.
113. 「대통령 탈당논의 늦었다」, 『동아일보』, 2002. 4. 29.
114. 「비공식정치 해체하라」, 『중앙일보』, 2002. 4. 24.
115. 「경선불복 안된다」, 『동아일보』, 2002. 3. 11.
116. 「청와대가 공개한 전직대통령 통치사료」, 『주간조선』, 2002. 1. 24.
117. 「'輿 정치실험' 공정성이 열쇠」, 『동아일보』, 2002. 1. 8.
118. 「패자만 있는 게임」, 『중앙일보』, 2001. 12. 11.
119. 「옴부즈맨 칼럼(2)」, 『동아일보』, 2001. 11. 24.
120. 「옴부즈맨 칼럼(1)」, 『동아일보』, 2001. 10. 13.
121. 「희망을 잃은 시대」, 『조선일보』, 2001. 10. 4.
122. 「DJ정권의 정체불명 정책」, 『동아일보』, 2001. 8. 2.
123. 「선거법 개정 서둘러라」, 『조선일보』, 2001. 7. 30.
124. 「6功5過 국민이 공감할까」, 『동아일보』, 2001. 5. 14.
125. 「대권후보, 국정부터 힘써라」, 『대한매일』, 2001. 5. 5.
126. 「국가가 시장에서 발뺄 때 아니다」, 『주간동아』, 2001. 2. 22.
127. 「민심 등진 '의원 貸貸'」, 『조선일보』, 2001. 1. 4.
128. 「輿, '초재선의 소리' 새겨 들어야」, 『동아일보』, 2000. 9. 18.

129. 「'南南대화'가 우선이다」, 『동아일보』, 2000. 6. 19.
130. 「돈 덜 쓰려는 노력 먼저 해야」, 『동아일보』, 2000. 5. 19.
131. 「박정희, 어떻게 볼 것인가」, 『조선일보』, 1999. 10. 26.
132. 「대한민국 50년: 총리위상」, 『중앙일보』, 1998. 8. 19.

색인

(ㄱ)

가치합리적 행위 234
개발독재 228, 238, 241, 267
개인주의 414, 417, 435, 445
개입주의 143, 145, 147, 434-435, 437, 441-442, 454-457
거창양민학살 61-62, 68
경제개발 5개년계획 181, 198, 201, 259, 432, 439
고립주의 119, 454-456, 496
공공차관 205-206, 211, 496
공화구락부 61-62, 64-65, 67, 69-70
관료우위형 275, 277, 295, 298, 313
관료적 권위주의 276, 347-348
국가개입 52, 128-129, 141, 151, 242, 415, 423, 432, 442
국가능력 191, 256-257, 405-406
국가안보회의 98, 100, 168, 465
국가유기체론 424-425, 428, 434
국가의 강도 256
국가자율성 256
국가정체성 382
국민방위군 61-62, 64-65, 67, 141
국민적 정체성 382, 383-385, 412
국제협력처 167
국회프락치 사건 20-21, 26-28, 34, 289
군정설 81
권위주의 239, 242, 244, 256, 262-263, 275-278, 286-287, 292, 310-311, 315, 338-339, 387-388, 399, 406, 413, 440
귀속재산처리 21-22, 29-35, 45, 140, 149
근대국민국가 382

금융실명제 334-335, 339
금융통제정책 136, 141
긴급조치 263-264, 303

(ㄴ)

낙천·낙선운동 366-367
남남갈등 326, 381, 385
남노당 22, 28, 42
남북기본합의서 340
남북정상회담 363, 367-368, 384
남북협상론 21
노동법 328, 332, 340
노동운동 194, 240, 262-263, 292, 334-335, 343
노사분규 221, 262, 265, 291, 328, 332
농민상환액 23, 46
농지개혁 17-45, 47-52, 54, 140, 191, 248, 261, 283, 289, 291, 295
뉴라이트 324, 381, 385, 399-400, 401-404, 406-407, 448
뉴레프트 324, 381, 385, 399-403, 448, 487, 491
닉슨독트린 262

(ㄷ)

당정협조 217, 301
대의민주주의 354
대중경제 324, 360, 430, 433, 487
대중영합 349, 352, 356, 359, 369
대충자금 130-131, 133, 136-138, 146
도서방위전략 457, 466
동아시아 전략구상 469, 471-472
동원화정책 264

디지털 포퓰리즘 370, 372-376

(ㄹ)
롤백정책 105, 497

(ㅁ)
목적합리적 행위 233-234
문민정부 227, 314
민주국민당(민국당) 19, 21, 26-28, 31-33,
    41-44, 53, 60-66, 68-69, 74
민정이양 158, 182-186, 194, 259, 260
민주직 민주주의 199, 426, 430, 445
민족주의 164-166, 180, 186, 194, 197, 228,
    263, 290-291, 324, 393-394, 397,
    403, 411-413, 424, 436-437, 445
민주공화당 183, 195, 285, 330

(ㅂ)
반공포로석방 87
발전국가 18-19, 52, 54, 152, 179, 189-192,
    197, 206-207, 209-216, 219-221,
    364, 404, 407, 434
발전지향적 권위주의체제 238, 244, 257,
    261, 265-266
발췌개헌 53, 60-61, 78, 80-82, 84, 89
방어적 근대화 190-191, 260, 277, 306-309,
    315, 428
베트남파병 260
보수대연합 337
보호무역 139, 141-143, 150
봉쇄정책 13, 454-455, 457
부산정치파동 53, 60-61, 75, 77, 81, 83,
    88-89, 107, 142, 144, 157, 160,
    162, 174, 186, 298, 487, 490
부정축재 환수조치 208-209
북진론(북진통일론) 21, 102
분점정부 330, 357-358, 367
분할지배전략 158, 179, 186

불완전포괄형 275, 284, 288
비례대표제 195, 287

(ㅅ)
사관논쟁 227-228
산업은행 연계자금 사건 141, 146-147
삼선개헌 213, 215-218, 302
생산적 복지 363, -365, 369, 371, 443
선건설 후통일 323, 392, 402
선공존 후통일 392, 402
소장파 20-21, 25-28, 31-34, 101, 289
수동적 민주화 93
수입대체산업화 127-129, 134-135, 138-
    139, 150-151, 207, 251-252, 258-
    259, 347, 351, 355
수입대체형 지배연합 206-207, 212
시민사회 305, 308, 311, 328, 331, 334,
    358, 398, 407, 445
시민운동 334, 440-441, 443-444
신념윤리 232-235
신라회 73, 74, 79-80
신민당 214-215, 218-219, 285-286, 290,
    292, 311, 412, 430
신속기동군 474, 476, 479
신자유주의 324, 326, 341-342, 347-350,
    352-353, 355-357, 359-360, 362,
    364, 369-370, 372, 375-376, 387,
    389-390, 394, 396, 414, 417-418,
    440, 443-444, 448
신정동지회 61, 62, 64-69
4대 의혹사건 179-180

(ㅇ)
압축형 산업발전 247
애치슨 라인 456
에버레디 계획 87, 107-108
여소야대 313-314, 316, 329-332, 334, 336-
    340, 343

색인 497

여촌야도 214-215, 293
열린우리당 376
워싱턴 컨센서스 355
원면부정 사건 141, 144-145
유신체제 189, 213, 216-263, 265, 267, 325
유정회 263-264, 285-286, 303-304
인계철선 453, 455, 460-462, 464, 466,-468, 474-476, 479-480
일당우위 정당체계 284
5·16 군사쿠데타 77, 157-158
5·30 선거 19, 35, 41, 43-44, 289
5공 청문회 330
6·15 공동 선언 367
6·29 선언 311, 315, 327-328, 331

(ㅈ)
자민련 310, 313, 358, 366-367
자유당 44, 53, 60, 66, 68-70, 73-74, 80-82, 84-88, 122, 144-149, 197, 216, 285, 298-300, 305, 337
자유민주주의 282, 390, 413, 416, 418-419, 424-426, 430-431, 434, 440-441, 444, 448, 454
자유주의 23, 240, 324, 342, 385, 387, 395-400, 402, 406-407, 411-417, 422-425, 428, 433-434, 437, 441, 446
자유화 조치 267
작전통제권 159, 171, 177, 340, 458, 461, 464, 468, 470-471, 478-479
저환율정책 127, 137-138, 141-142
전시정치 59, 60-61, 89-90, 142, 488
정전협정 453, 457, 459, 461-462, 468, 480
정치자금 65, 73, 142, 144-147, 179-180, 194, 199, 201, 203, 206-207, 214, 217-218, 302
정치화 45, 54, 158-160, 162-165, 219, 259, 283, 303
제5대 대통령선거 196

제6대 대통령선거 214
제7대 대통령선거 430
제헌헌법 25, 73, 82, 419-422, 438, 441
족청계 74, 82, 84-88, 144, 299
준민주주의 239
중석불 사건 141-144
중앙정보부 180, 182-183, 185, 193, 216, 218, 261, 264
중화학공업화 233, 260, 262-264, 303, 307
지가증권 27-28, 46-49
지대추구 96, 207
지역주의 314-315, 324-325, 329-330, 338-339, 341, 358
지역통합전략 199-200, 254
지주계급의 몰락 52-53
지주보상액 23, 32, 46
진보당 88, 117, 290
집단주의 400, 411-413, 430, 432, 434-437, 445

(ㅊ)
참여민주주의 342, 347, 353-354, 374, 348
책임윤리 232-236
청구권 자금 206
청와대 비서실 218, 264, 302
7·7 선언 336

(ㅌ)
탈정치화 45, 54, 219, 259, 283, 303
통일운동 86, 335, 426, 430
통일주체국민회의 421
통화개혁 180-181, 198, 208
특혜불하 148, 152, 212

(ㅍ)
패권정당 286
평민당 294, 313, 338
포스트 수정주의 94

포퓰리즘 342, 347-355, 357, 359, 363, 365,
　　　367, 369, 370, 372-376, 448
87년 체제 327-329, 341-342

(ㅎ)
한미상호방위조약 86-87, 89, 103, 107,
　　　113-114, 453, 457, 462, 468, 480
한미연합사령부 466-468, 470, 479
한미합의의사록 89, 114-115, 159, 458,
　　　467, 480
한민당 43, 289, 438
한일국교정상화 97, 192, 198, 201-204,
　　　206, 211, 217, 302
합동참모본부 78, 80, 105
행위의 이율배반 232, 235
헌정적 자유주의 415-416, 418-419
헌정주의 413, 415, 417, 419, 421, 441